BIBLIOTHÈQUE INTERNATIONALE ET DIPLOMATIQUE

I

# GUIDE PRATIQUE

## DES

# CONSULATS

PUBLIÉ

### sous les auspices du Ministère des Affaires Étrangères

PAR

## MM. ALEX. DE CLERCQ & C. DE VALLAT

ANCIENS MINISTRES PLÉNIPOTENTIAIRES

---

### 5ᵉ ÉDITION

mise à jour d'après les plus récents documents officiels

PAR

## M. Jules DE CLERCQ

CONSUL GÉNÉRAL DE FRANCE A GÊNES

---

TOME PREMIER

PARIS

## A. PEDONE, ÉDITEUR

LIBRAIRE DE LA COUR D'APPEL ET DE L'ORDRE DES AVOCATS

13, RUE SOUFFLOT, 13

---

1898

BIBLIOTHÈQUE INTERNATIONALE ET DIPLOMATIQUE

I

# GUIDE PRATIQUE

## DES

# CONSULATS

I

# GUIDE PRATIQUE

## DES

# CONSULATS

PUBLIÉ

## sous les auspices du Ministère des Affaires Étrangères

PAR

## MM. ALEX. DE CLERCQ & C. DE VALLAT

ANCIENS MINISTRES PLÉNIPOTENTIAIRES

---

### 5ᵉ ÉDITION

mise à jour d'après les plus récents documents officiels

PAR

## M. Jules DE CLERCQ

CONSUL GÉNÉRAL DE FRANCE A GÈNES

---

TOME PREMIER

## PARIS
## A. PEDONE, ÉDITEUR
LIBRAIRE DE LA COUR D'APPEL ET DE L'ORDRE DES AVOCATS
13, RUE SOUFFLOT, 13
—
1898

# AVANT-PROPOS

DE LA PREMIÈRE ÉDITION

A travers les révolutions qui, depuis un siècle, ont si profondément modifié les limites comme les institutions du plus grand nombre des États, il est un fait qui surgit entre tous et dont la rapidité des communications tend constamment à agrandir la portée.

Ce fait immense, c'est la progression incessante des rapports internationaux, c'est aussi le besoin de plus en plus senti d'en régler les effets et de faire protéger, par des représentants de chaque nation, les intérêts si nombreux, si variés, si grands, qui en surgissent.

L'institution des consulats, de ces agences officielles que chaque nation établit sur les points où ses intérêts se groupent et commandent leur création, a grandi en proportion de ces nouveaux besoins, et aujourd'hui la France voit son pavillon arboré et ses postes consulaires établis sur le globe entier.

Il est, dès lors, devenu de nécessité rigoureuse de déterminer, d'une manière plus précise encore que par le passé, la position, les rapports, les obligations et les attributions des consuls, tant vis-à-vis de l'administration métropolitaine de l'Etat dont ils sont les délégués, que vis-à-vis de leurs nationaux à l'étranger et des diverses autorités du pays où ils sont établis.

L'ouvrage que nous publions a pour but de faire con-

GUIDE DES CONSULATS.                                                     I

naître quels sont ces rapports, ces obligations, ces attributions, à l'égard de tous et selon chaque nature d'affaires.

Après avoir esquissé à grands traits l'histoire et l'objet de l'institution consulaire (livre Ier), en avoir tracé l'organisation actuelle (livre II), notre *Guide* saisit le consul au moment où il entre en fonctions, le place tour à tour en face des diverses catégories de personnes avec lesquelles ses relations vont s'ouvrir, et, pour chacune de ces relations, lui indique la marche qu'il doit suivre.

Arrivé à son poste, veut-il se rendre compte des rapports qu'il doit avoir ou entretenir, soit avec les agents de son propre consulat, soit avec les autorités territoriales ? il les trouve exposés au livre III de notre ouvrage.

Cette connaissance acquise, veut-il se faire une juste idée de ses devoirs vis-à-vis des administrations centrales de sa nation, spécialement du ministère dont il est le délégué ? il trouve ces devoirs tracés au livre IV, ainsi que les diverses formules que les règlements ou l'usage déterminent pour les remplir.

Le livre V complète le précédent ; il explique les rapports à entretenir avec les missions diplomatiques, les autres consuls, les autorités françaises dans nos ports et les départements de l'intérieur.

Les devoirs et les relations envers les autorités bien définis dans toutes leurs parties, viennent les attributions vis-à-vis des nationaux: leur développement forme l'objet du livre VI. Ces rapports embrassent non seulement ce qui a trait à la résidence, à la police, à l'administration proprement dite, mais encore aux fonctions d'officier de l'état civil et aux actes publics que les nationaux ont à passer ou à faire en pays étranger.

Le livre VII envisage les devoirs des consuls comme magistrats et juges, il trace les règles et les limites de leur juridiction, la forme de procéder et le mode d'exécution de leurs décisions.

Le livre VIII (premier du tome II) est consacré entièrement aux rapports des consuls avec le ministère de la marine, dont ils sont les administrateurs à l'étranger, soit comme comptables, soit comme chargés de la police de la navigation marchande, de la gestion des sauvetages, de l'administration des prises, etc.

Nous exposons sommairement, dans le livre IX, l'ensemble des règles auxquelles est soumise aujourd'hui la comptabilité des chancelleries des postes diplomatiques et consulaires.

Un dernier livre est destiné à l'examen des attributions des agents délégués par les consuls dans les divers ports de leur arrondissement pour seconder leur action ou y suppléer.

C'était une dernière obligation que nous avions à accomplir pour compléter notre travail.

Comprenant combien il était important que cet ouvrage pût être consulté avec fruit par tous ceux que leur service ou leurs intérêts mettent en contact avec les consuls, à l'étranger ou en France, nous nous sommes efforcés d'envisager les principes que nous exposions et les questions que nous avions à résoudre sous ces deux points de vue, afin de permettre aux officiers de marine, aux administrateurs, aux négociants et industriels dont les rapports s'étendent au-delà des frontières de la France, d'y trouver tous les renseignements propres à les éclairer sur les secours et la protection qu'ils peuvent attendre des consuls.

Cet ouvrage est donc essentiellement pratique, c'est la science et la théorie consulaires mises en action dans toutes leurs ramifications; avec le *Formulaire* que nous avons déjà publié (1), il doit être, si nous avons atteint notre but, ce que son titre promet, le *Guide pratique des Consulats*, et tenir lieu de beaucoup de livres dont le mérite est incontestable, mais qui, malgré la science qui y abonde, ne s'adressent pas aux mêmes besoins que le nôtre, et laissaient dès lors une lacune que nous avons cherché à remplir.

Vingt-cinq ans d'études et d'expérience dans la carrière elle-même, des recherches approfondies aux sources les plus certaines, des solutions puisées dans les documents émanés des autorités les plus compétentes, des conseils pris près d'hommes vieillis dans la pratique ou dont la position officielle est la récompense de longs services, telles sont les garanties que nous offrons à nos collègues des consulats et à tous nos lecteurs.

Puisse ce livre répondre à nos efforts ! (2)

Octobre 1851.

---

(1) *Formulaire des chancelleries diplomatiques et consulaires*, 3 vol. in-8°, 6ᵉ édition, Paris, 1890-1893. — Les documents cités dans le *Guide*, dont le texte figure au *Formulaire*, sont suivis du signe (F.).

(2) En présentant la 5ᵉ édition du *Guide pratique des Consulats*, j'acquitte une dette de reconnaissance en remerciant publiquement des précieux conseils qu'ils m'ont donnés, ainsi que de l'utile concours qu'ils m'ont prêté en vue de la refonte et de la mise au point de l'ouvrage de mon père et de M. de Vallat : MM. Belliard, ministre plénipotentiaire, directeur honoraire, conseil des chancelleries ; Durassier, directeur de la marine marchande au ministère de la marine ; Meunier, administrateur de l'établissement des Invalides de la marine ; Gazay, consul général de France à Constantinople ; de Cazotte et du Boys, sous-directeurs à la direction des consulats, et Fernand Roger, agent-comptable des Chancelleries. (J. C.)

# TABLE DES MATIÈRES

DU TOME PREMIER

—————

LIVRE V. — Des rapports des consuls
AVEC LES AUTORITÉS FRANÇAISES ET LES PARTICULIERS
ÉTABLIS EN FRANCE.

CHAPITRE Iᵉʳ. — Rapports généraux des consuls
avec les missions diplomatiques, les consuls généraux
et leurs collègues.

Section Iʳᵉ. — *Correspondance les consuls avec les chefs d'établissements consulaires et les agents diplomatiques.*

## LIVRE VI. — DES FONCTIONS DES CONSULS
### DANS LEURS RAPPORTS ALEC LEURS NATIONAUX
### ÉTABLIS EN PAYS ÉTRANGERS.

### CHAPITRE Iᵉʳ. — Organisation des chancelleries.

### CHAPITRE II. — De la résidence des Français
### en pays étranger.

#### SECTION Iʳᵉ. — Des lois auxquelles sont soumis les Français
#### en pays étranger.

#### SECTION II. — Des droits et des obligations des Français
#### en pays étranger et de l'intervention des consuls à leur égard.

#### SECTION III. — Du droit à la protection française
#### en pays étranger et du respect dû par les Français à l'autorité
#### consulaire.

CHAPITRE V. — **Des actes et contrats reçus
dans les chancelleries
des postes diplomatiques et consulaires.**

CHAPITRE IX. — Des dépôts dans les chancelleries
des postes diplomatiques et consulaires.

SECTION. Iʳᵉ. — De la réception et de la conservation des dépôts.

SECTION II. — De la transmission des dépôts en France.

LIVRE VII. — DE LA JURIDICTION DES CONSULS.

CHAPITRE IV. — De la juridiction consulaire en Perse.

————

# ERRATA

Page 300, ligne 24, au lieu de chapitre *V*, lire chapitre *VI*.

Page 301, ligne 10 (même rectification).

Page 361, ligne 12, au lieu de *du sexe masculin,* mettre : *sans distinction de sexe (le mari et la femme ne pouvant toutefois être témoins ensemble dans le même acte)* (1) — et en note : (1) Loi du 7 décembre 1897.

Page 401, ligne 18, après *Français*, mettre : *sans distinction de sexe (le mari, etc.,* comme ci-dessus).

Page 450, note 1, après *préliminaires*, ajouter : nᵒˢ 55, 58 et 59, édition de 1897.

# GUIDE PRATIQUE DES CONSULATS

## LIVRE PREMIER

### DE L'INSTITUTION CONSULAIRE FRANÇAISE EN PAYS ÉTRANGER

---

## CHAPITRE PREMIER

### Du but et de l'origine des Consulats et du caractère public des Consuls.

**1. But et origine de l'institution consulaire.** — Les consuls sont des agents du gouvernement chargés de protéger à l'étranger le commerce et la navigation de leurs nationaux.

Cette mission, qui trouve ses limites plutôt que ses règles dans le droit conventionnel et les usages locaux, s'applique aux personnes, aux navires, aux propriétés et aux intérêts des Français à l'étranger, et donne lieu à une diversité d'attributions qui feront l'objet des livres suivants.

L'institution des consuls se rattache évidemment, par son origine, aux magistratures qui, dans l'antiquité, se trouvaient préposées à la protection des étrangers et au jugement de leurs différends; mais elle n'apparaît d'une manière historique et dans une forme rapprochée de sa forme actuelle qu'à l'époque des croisades.

Ce fut alors que l'on vit les Italiens, les Provençaux et les Catalans suivre pas à pas les conquêtes des armes chrétiennes et préluder à la prospérité future de leur commerce en instituant des consuls dans tous les ports où s'organisaient leurs corporations marchandes. Nous voyons, dès le treizième siècle, Marseille proclamer dans ses statuts municipaux le respect des propriétés des étrangers, même en temps de guerre, et, réclamant pour ses concitoyens des garanties semblables, envoyer sur toute la côte de Syrie, en Egypte et dans l'Archipel, des *consuls d'outre-mer*, chargés exclusivement de veiller au maintien de leurs franchises, de juger les différends des négociants et de transmettre aux magistrats *consuls de la cité* les informations propres à contribuer au développement de son commerce.

A la même époque se formaient dans le Nord les comptoirs de la Hanse avec leurs aldermans, dont les attributions correspondaient exactement à celles des agents consulaires du Midi.

Grandissant avec l'extension constante des relations commerciales et subissant le contre-coup de la concentration successive des pouvoirs publics, les consuls cessèrent bientôt d'être les simples mandataires d'une ville ou d'une corporation, et, revêtant un caractère officiel plus considérable, ils purent agir et parler au nom de l'État tout entier qui les avait commissionnés.

Devenus alors les magistrats et les protecteurs officiels de leurs nationaux, ils reçurent leur institution du gouvernement même de leur pays et durent le plus souvent, dans l'intérêt bien entendu de leur propre indépendance, renoncer à toute rémunération particulière en dehors de leur traitement public.

**2. Des règlements français sur les consulats.** — En France, ce fut Colbert qui, en 1669, par son *Mémoire au roi*, et, quelques années après, par l'ordonnance générale de 1681, donna au corps consulaire une organisation qui servit de modèle à la législation de tous les autres peuples en cette matière.

Un siècle plus tard, l'ordonnance de 1781 (1), monument plein de sagesse et dont la plupart des dispositions sont encore en vigueur, réunit en un seul corps de lois les divers

___

(1) V. le texte de cette ordonnance, t. II du *Formulaire des chancelleries diplomatiques et consulaires.*

arrêts du conseil, ordonnances, édits ou règlements concernant, soit les consulats, soit la résidence et le commerce des Français dans le Levant et en Barbarie, successivement publiés depuis 1681.

L'ordonnance de 1781, commentée par une excellente instruction générale du ministre des affaires étrangères du 8 août 1814 (1), resta, à quelques modifications près, la législation en vigueur jusqu'à la réforme générale des consulats, en 1833.

Le gouvernement fut conduit à cette mesure par la nécessité de mettre la législation consulaire en harmonie avec les principes du nouveau corps de droit civil et criminel de la France, le besoin de mieux définir les fonctions administratives des consuls et la nécessité d'appliquer aux perceptions des chancelleries les formes tutélaires consacrées pour la comptabilité publique.

Préparée par les travaux successifs de deux commissions, dont la première datait de 1825 et la seconde de 1830, cette réforme fut enfin réalisée par M. le duc de Broglie, alors ministre des affaires étrangères, à l'aide d'une nouvelle commission spéciale, dont les délibérations furent successivement sanctionnées sous forme d'ordonnances et insérées au *Bulletin des lois* dans le courant de l'année 1833. (2)

**3. Caractère public des consuls.** — Les publicistes des dix-septième et dix-huitième siècles ont longuement examiné la question de savoir si les consuls étaient ou non des ministres publics. Suivant en cela l'opinion de Wiquefort, qui n'en faisait que des agents commerciaux et des juges marchands, Vattel, Martens et Klüber, sans tenir suffisamment compte des modifications apportées dans l'institution,

---

(1) V. cette instruction, *Formulaire des chancelleries*, t. II.

(2) La première commission était présidée par le savant M. Pardessus et avait M. Sauvaire-Barthélemy pour secrétaire-rapporteur. La seconde, placée sous la présidence de M. le baron Deffaudis, eut pour secrétaire M. Louis de Clercq. La troisième commission était présidée par le ministre lui-même, qui avait près de lui, comme secrétaire-rapporteur, M. Buthiau.

ont dénié aux consuls la qualité d'agent politique, qui est cependant inhérente à leurs fonctions.

Quiconque, dit Steck dans son *Essai sur les consuls*, est chargé par son souverain des affaires de l'Etat et des intérêts de la nation; n'est-il pas un ministre public? Le doute n'est pas possible : quel que soit leur rang hiérarchique, quelle que soit leur position de subordination vis-à-vis d'autres agents institués par le même gouvernement et accrédités auprès du même Etat, qu'ils agissent et parlent en leur nom et sous leur responsabilité, ou en vertu d'instructions expresses de leurs chefs, les consuls n'en sont pas moins revêtus d'un caractère public; comme envoyés officiels et accrédités de leur pays, ils sont ministres, et leurs personnes comme leurs domiciles doivent participer du respect dû à la nation qui les a commissionnés.

Quelques auteurs, en écrivant sur le droit des gens, et spécialement sur les consuls, entre autres Borel, ont évité de se prononcer sur la question du caractère diplomatique des consuls et se sont bornés à déclarer que la protection du droit des gens ne saurait leur être déniée; c'était éluder la solution de la question, car tout individu en pays étranger est placé sous la protection du droit des gens, et la question est de savoir si, indépendamment de cette protection générale dont ils doivent être les premiers gardiens, les consuls ne jouissent pas des immunités que le droit des gens accorde aux agents officiels des gouvernements étrangers. Nous ne pouvons à cet égard rien faire de mieux que de reproduire l'opinion émise par un savant publiciste, ancien ministre des affaires étrangères du Portugal, M. Pinheiro Ferreira (1), en faisant observer toutefois que les immunités qui couvrent et protègent le corps consulaire ne sauraient s'appliquer qu'aux agents qui, n'exerçant pas le commerce, sont directement rétribués à titre de fonctionnaires publics par l'Etat

_____

(1) *Cours de droit public interne et externe*, par le commandeur S. Pinheiro Ferreira, 2 vol. in-8°, Paris, 1830.

qui les a institués et envers lequel ils sont liés par leur qualité de citoyen.

« Dans leur origine, dit M. Pinheiro, les consuls n'ont été que de simples fondés de pouvoirs, établis par la prévoyance des négociants pour défendre les intérêts de leur commerce dans les pays étrangers. En cette qualité, quelque étendues que fussent la sphère de leurs attributions et l'influence qu'en s'en acquittant ils exerçaient sur les intérêts publics, ils ne pouvaient être considérés comme des agents ou ministres publics, puisqu'ils ne tenaient pas leur mandat de la nation, mais seulement d'une fraction plus ou moins considérable de la nation.

· » Mais lorsque, dans la suite, ces agents, au lieu de ne représenter que le commerce de telle ou telle place, devinrent les représentants du commerce national; dès que ce ne furent plus les corporations du commerce, mais les gouvernements qui les nommèrent, et qu'ils furent chargés de protéger, auprès des autorités du pays, non seulement les intérêts des individus qui voudraient se servir de leur entremise, mais aussi les intérêts de l'Etat lui-même dans une latitude plus ou moins considérable, selon le degré de confiance qui leur était accordé par le gouvernement, les consuls ont dû être considérés, dès ce moment, comme des *Agents publics* auprès des gouvernements étrangers, ou *Agents diplomatiques*, quoique d'un ordre inférieur à ceux qui, dans le but de veiller aussi sur les intérêts publics, étaient accrédités auprès des autorités supérieures du gouvernement du pays où ils étaient appelés à exercer leurs fonctions. Mais, de même que les chargés d'affaires ne sont pas moins agents diplomatiques que les envoyés, parce qu'ils ne sont accrédités qu'auprès du ministre d'Etat chargé des relations extérieures, tandis que ceux-ci le sont auprès du souverain, les consuls ne sauraient être exclus du corps diplomatique, c'est-à-dire du nombre des *Agents publics* auprès des gouvernements étrangers, parce qu'ils ne sont accrédités qu'auprès des agents du gouvernement d'un ordre inférieur à celui du ministre...

» C'est une grave méprise de refuser aux consuls le caractère diplomatique, parce que le diplôme de leur charge n'est pas expédié sous la forme de lettres de créance, mais de lettres patentes ou lettres de provision, ayant besoin d'un *exequatur* ou confirmation du souverain du pays où ils ont à exercer leurs fonctions. Cette diversité, quant à la forme des diplômes, ne peut établir qu'une différence spécifique entre les consuls et les autres agents diplomatiques, mais elle ne saurait les exclure de leur corps ; de même que la différence entre les diplômes qui accréditent les ambassadeurs, les envoyés et les chargés d'affaires, ne fait que les partager en trois ordres différents du corps diplomatique, sans qu'on puisse induire que les derniers n'appartiennent pas, aussi bien que les premiers, au même corps...

» La forme de lettres patentes et l'apposition de l'*exequatur* n'ont aucun rapport avec le caractère diplomatique du consul : de même que ces formalités ne contribuent pas à le lui conférer, elles ne sauraient empêcher qu'il en soit investi ; leur but est de lui fournir un titre qui constate, auprès des autorités administratives et judiciaires du pays, sa capacité comme fondé de pouvoirs, pour ester légitimement devant elles dans les affaires de leur compétence qui exigeront la présence de ces fondés de pouvoirs des parties qui, par l'entremise du gouvernement, sont censées les avoir autorisés à y représenter leurs intérêts. » (1)

4. **Immunités, prérogatives, pouvoirs et attributions des consuls.** — La France a constamment entendu donner à ses consuls, comme elle l'a reconnu aux consuls étrangers envoyés chez elle dans les mêmes conditions, le caractère d'agents diplomatiques, en ce sens, dit l'instruction royale du 8 août 1814, « qu'ils sont reconnus par le souverain qui les

_____

(1) M. Pinheiro Ferreira, *Notes sur le Précis du droit des gens*, par G.-F. Martens, note 67.

» reçoit comme officiers du souverain qui les envoie, et que
» leur mandat a pour principe, soit des traités positifs, soit
» l'usage commun des nations, ou le droit public général. »

Tel est le principe de droit posé par le droit français; mais
ce principe n'y est pas vivifié par l'exposé ou la constatation
de ses conséquences et ne pouvait guère l'être d'une manière purement théorique, car les droits et prérogatives des
consuls, participant du caractère des droits et prérogatives
diplomatiques, se modifient non-seulement selon les nations
et les traités, mais aussi d'après les attributions que chaque
gouvernement donne à ses agents.

Ainsi, on doit tout d'abord distinguer entre les agents consulaires dans le Levant, en Barbarie ou dans l'Extrême-Orient
et ceux qui résident dans les pays de chrétienté.

En effet, dans les pays musulmans, nos consuls, tout en
relevant hiérarchiquement de l'ambassadeur de France à
Constantinople, ou du ministre de France à Tanger, jouissent, d'après les traités, de la plénitude des privilèges, prérogatives et immunités concédés aux agents diplomatiques
du premier rang.

« Les consuls de France jouiront de tous les privilèges du
droit des gens » (c'est-à-dire des privilèges et franchises
diplomatiques), dit le préambule de la capitulation de 1740
entre la France et la Porte ottomane. « Le roi de France
pourra établir dans l'empire du Maroc la quantité de consuls
qu'il voudra pour représenter sa personne dans les ports
dudit empire », déclare le traité de 1767 entre la France et le
Maroc. Dans le Levant donc, comme en Barbarie, les consuls
de France sont de vrais ministres publics; comme tels, leur
personne est inviolable : ils ne peuvent être retenus prisonniers ou arrêtés sous aucun prétexte; ils sont indépendants
de toute justice territoriale; leurs familles, les officiers consulaires attachés à leur mission et leurs gens participent à
ces immunités; la maison consulaire est sacrée, et nos consuls ont le droit absolu d'y arborer le pavillon national; par
suite, nul ne peut s'y introduire par force, et aucune autorité

territoriale ne peut y exercer publiquement le moindre acte de juridiction.

Le libre exercice de la religion du consul résulte expressément de l'inviolabilité de son domicile, de même que le droit d'asile, bien que la plus grande réserve doive être apportée dans l'exercice de ce droit, dénié aujourd'hui en Europe aux ambassadeurs eux-mêmes, mais maintenu dans le Levant et en Barbarie comme un privilège découlant forcément de leur droit de juridiction et du principe de l'exterritorialité, fiction en vertu de laquelle leur maison est censée faire partie du territoire même de l'Etat qu'ils représentent.

Une des conséquences de l'assimilation complète des consuls du Levant et de Barbarie aux ministres publics est leur exemption de tous tributs et impositions locales, soit directes ou indirectes : ils doivent donc être exemptés du paiement des droits de douane sur les provisions qu'ils font venir du dehors pour leur usage personnel.

Ils ont pareillement le droit de choisir parmi les gens du pays tels interprètes, drogmans, talebs, écrivains et employés musulmans, juifs ou autres, qu'il leur plait. La même liberté leur est acquise quant aux domestiques dont ils ont besoin, et qui, tant qu'ils restent au service des consuls, participent à leurs immunités et sont dispensés de tout service militaire, de toute imposition personnelle ou autre taxe semblable.

Dans l'intérêt de la sûreté des consuls, non moins que pour rehausser la dignité de la charge dont ils sont revêtus, ils ont droit, dans le Levant et en Barbarie, à une garde d'honneur, qui leur est donnée par l'autorité territoriale. Ces gardes ou janissaires sont payés par le consul, logés dans sa maison et relèvent exclusivement de lui tant qu'ils sont à son service.

En outre, dans quelques pays, au Maroc notamment, les consuls reçoivent à titre gratuit une maison du souverain pour s'y établir, eux et leurs archives. Ailleurs, comme en Syrie, ils ne peuvent se loger que dans un quartier déterminé de la ville, désigné sous le nom de *Quartier Franc*, isolé et indépendant, mais qui, dans ce cas, se trouve en entier couvert de la protection de leur pavillon.

Le traité du 24 septembre 1844 entre la France et la Chine, celui du 17 novembre suivant avec l'iman de Mascate, ceux des 12 juillet 1855, 9 octobre 1858 et 4 juin 1886 avec la Perse, le Japon et la Corée (1), reconnaissent à nos consuls établis, soit à Canton, soit dans les autres ports du céleste Empire ouverts au commerce étranger, ainsi que sur tous les points de l'imanat de Mascate, de la Perse, du Japon et de la Corée, non seulement les mêmes droits et privilèges que ceux généralement concédés aux consuls dans les pays musulmans, mais encore le droit exclusif de juridiction sur leurs nationaux. Il faut reconnaitre, toutefois, que ces traités sont beaucoup moins explicites que nos capitulations avec la Porte Ottomane, et l'insertion qui y a été faite de la clause du traitement de la nation la plus favorisée semble dans la pratique pouvoir soulever plus d'une discussion sur son véritable sens.

Les privilèges, immunités et attributions des consuls dans les pays de chrétienté sont plus limités qu'en Orient et dépendent, soit de traités spéciaux, soit uniquement de l'usage : ils varient par conséquent à l'infini. Cependant, il est quelques principes qui sont généralement admis chez les nations chrétiennes : ainsi, nulle part, les consuls n'ont la juridiction criminelle sur leurs nationaux (sauf une cert ine autorité de police sur les équipages des bâtiments de commerce) ; leur autorité se résume le plus souvent dans une juridiction volontaire sur leurs nationaux et un simple arbitrage dans les affaires litigieuses, soit civiles, soit commerciales. (2) etc., etc.

_____

(1) V. le texte de ces différents traités, à leurs dates respectives, dans le *Recueil des traités de la France*, de 1713 à 1803, 19 vol. in-8°. Paris, A. Pedone, éditeur.

(2) G.-F. Martens, *Précis du droit des gens moderne*, § 118. En vertu de cette juridiction volontaire, on admet généralement que les consuls peu-

Nos consuls ont, en principe, les pouvoirs et attributions
que leur accordent les lois, décrets et règlements français ;
mais ils ne doivent exercer que ceux de ces pouvoirs qui leur
sont reconnus par les stipulations des traités ou concédés
par l'usage. Il est d'ailleurs à remarquer qu'en aucun cas,
les traités, quels que soient les termes qu'ils emploient, n'ont
pour objet de mettre les consuls en mesure d'exercer des
pouvoirs autres ou plus étendus que ceux qu'ils tiennent des
lois ou des règlements du pays dont ils sont les mandataires ;
ils ont simplement pour but de faire reconnaitre aux consuls
par les autorités étrangères tout ou partie des pouvoirs que
ces lois et règlements leur accordent.

Un grand nombre de conventions sur les privilèges et attributions des consuls ont été conclues dans ces dernières
années. Les plus explicites pour la France sont la convention
consulaire avec l'Espagne du 7 janvier 1862, celle avec les
Etats-Unis du 23 février 1853, celle avec l'Italie du 26 juillet
1862, celle avec le Venezuela du 24 octobre 1856, celles des
11 juillet et 11 décembre 1866 avec le Portugal et l'Autriche,
celles du 1er avril 1874 avec la Russie, du 7 janvier 1876
avec la Grèce, du 5 juin 1878 avec le Salvador, et du 25 octobre 1882 avec la République Dominicaine. (1)

Mais ces stipulations elles-mêmes ne forment pas un droit
absolu, et elles se complètent par les lois ou les usages
locaux de chaque pays.

A défaut de convention, l'usage reconnait en France aux
consuls étrangers les privilèges suivants :

Ils ont le droit de mettre sur la porte de leurs maisons
l'écusson des armes de leur nation et d'y arborer leur pavillon. Leurs archives officielles sont inviolables en tout

_____

vent, dans certains cas spéciaux, procéder à l'ouverture des testaments,
réunir et présider des conseils de famille, etc., etc.

(1) V. le texte de ces différents traités, à leurs dates respectives, dans le
*Recueil des traités de la France ;* voir aussi la convention consulaire et
d'établissement relative à la Tunisie, signée entre la France et l'Italie le
28 septembre 1896.

temps, et les autorités locales ne peuvent sous aucun prétexte visiter les papiers qui en font partie ; mais ces papiers doivent être séparés des livres et papiers relatifs au comme à l'industrie ou à la profession que peuvent exercer lesu consuls.

Ils jouissent de l'immunité personnelle et ne peuvent être arrêtés ni emprisonnés, excepté pour les faits et actes que la législation française qualifie de crimes et punit comme tels. Ils ne peuvent être poursuivis devant nos tribunaux pour les actes qu'ils font en France par ordre de leur gouvernement et avec l'autorisation du gouvernement français. (1) Ils ne sont pas soumis à la juridiction des tribunaux du pays et ont le droit de décliner leur compétence dans les questions où leur qualité d'agents publics de leur gouvernement est mise en cause, à moins qu'ils n'appartiennent aux pays qui refusent le même avantage aux consuls de France. (2) Par une dérogation aux lois qui obligent tous les étrangers, ils ne peuvent être contraints par corps, si ce n'est pour engagement de commerce, auquel cas ils sont poursuivis, ainsi qu'il est d'usage, sans pouvoir y opposer aucun privilège. (3)

Ils sont exempts du service militaire obligatoire tant dans l'armée que dans la marine, de la milice et de la garde nationale, lorsqu'ils sont citoyens de l'État qu'ils représentent. (4)

Lorsqu'ils sont ressortissants de l'État qui les nomme, ne font pas le commerce, n'exercent ni profession ni industrie trie et ne possèdent pas d'immeubles en France, ils sont exempts de toute contribution personnelle et directe, ordinaire et extraordinaire imposée par l'État, par les pro-

(1) Lettre du ministre des relations extérieures du 19 floréal an VII (8 mai 1799). — Arrêt de la cour de cassation du 5 vendémiaire an IX (27 septembre 1800).

(2) Lettres du ministre des affaires étrangères à celui de la justice des 18 août 1818 et 29 mai 1819.

(3) Formule des *exequatur* délivrés aux consuls étrangers.

(4) Arrêts de la cour de cassation des 25 août 1833 et 26 avril 1834.

vinces ou par les communes, ainsi que du logement des
gens de guerre. Mais, et c'est là une dérogation aux immunités concédées aux agents diplomatiques d'un rang supérieur, ils demeurent soumis aux taxes de consommation,
douanes, octroi, routes et péages. (1)

Enfin, nous les autorisons à communiquer directement avec
les autorités judiciaires et administratives de leurs arrondissements respectifs pour les affaires de leur compétence,
mais, avec le ministre des affaires étrangères, seulement par
l'intermédiaire du chef de la mission ou de l'établissement
consulaire de leur pays. (2)

Quant aux pouvoirs qui sont reconnus par l'usage aux consuls étrangers en France, ils consistent généralement dans
la réception, soit en chancellerie, soit au domicile des parties,
soit à bord des navires de leur nation, des actes et déclarations que peuvent avoir à faire les capitaines, les matelots,
les passagers et autres ressortissants de leur pays et qui sont
destinés à être employés dans ledit pays.

La Grande-Bretagne, qui, comme la France, attribue à ses
consuls un caractère public, et dont les agents dans
l'Amérique du Sud ont souvent réclamé, au milieu des
troubles qui ont si fréquemment agité ces régions, des pri-
viléges réservés aux ambassadeurs, entre autres le droit
d'asile (3), ne reconnaît aux consuls étrangers qu'elle admet dans ses ports aucune des immunités ni des attributions
qu'elle revendique pour ses agents dans les pays de chrétienté. En effet, la législation anglaise, qui n'établit que fort
peu ou point de différence entre les consuls étrangers sujets
britanniques et ceux qui sont citoyens de l'État qui les a

---

(1) Lettre du ministre des relations extérieures à celui des finances du
7 ventôse an III (26 janvier 1795). — Arrêt de la cour de cassation du
20 février 1813. — Circulaire du gouverneur général de l'Algérie aux
consuls étrangers du 27 novembre 1831. — Lettre du ministre des affaires
étrangères du 17 mai 1827.

(2) Arrêté du Directoire du 5 messidor an VII (20 juin 1799).

(3) Voir les débats de l'enquête consulaire anglaise en 1835.

commissionnés, n'a rien réglé sur cette délicate matière et abandonne au domaine de l'usage et de là tolérance tout ce qui concerne l'exercice des fonctions consulaires dans l'étendue du Royaume-Uni ou de ses colonies.

Les exceptions au droit commun qui s'y sont ainsi trouvées consacrées se bornent, d'une part, à l'exemption de l'impôt sur les revenus à raison du chiffre des traitements ; d'autre part, à un droit de police fort limité sur les gens de mer, déserteurs ou autres. Quant aux chancelleries, elles sont bien considérées comme le bureau d'une administration publique, mais elles ne sont point pour cela inviolables, puisque, il y a une soixantaine d'années, les meubles du consulat général de France à Londres furent saisis à la requête du collecteur des taxes locatives et vendus aux enchères sur la voie publique, comme devant, aux termes de la loi, répondre au fisc du paiement de l'impôt que n'avait pas acquitté le propriétaire de la maison dans laquelle la chancellerie était placée.

Les Etats-Unis de l'Amérique du Nord n'ont pas non plus, sur cette matière des privilèges consulaires, des principes bien arrêtés, et nous nous croyons autorisés à établir qu'en dehors des stipulations du droit conventionnel, un consul étranger dans ce pays ne serait pas admis à réclamer des avantages et des immunités autres ou plus étendus que ceux qui sont généralement concédés en Angleterre.

En Espagne, les immunités des consuls étrangers sont déterminées par le règlement royal du 1er février 1765, modifié, il est vrai, par les ordonnances des 8 mai 1827, 17 juillet 1847 et 17 novembre 1852. Ces agents sont placés sous la protection de l'autorité militaire. Ils ne peuvent être traduits en justice, ni même être cités à comparaître comme témoins, et toute déclaration qui leur est demandée doit être reçue à leur domicile. Ils sont, d'ailleurs, exempts du logement des gens de guerre et de toutes charges personnelles et municipales ; mais ils payent les droits de douane sur les objets qu'ils reçoivent de l'étranger. L'écusson des armes de leur nation ne doit être placé qu'à l'intérieur de leurs maisons, et ce n'est que par une tolérance, devenue, il est vrai, presque générale aujourd'hui, que les agents étrangers peuvent arborer leur pavillon les jours de fêtes nationales.

La législation portugaise traite les consuls encore plus favorablement : elle leur concède souvent l'exemption des droits de douane et d'octroi, et, lors des troubles qui se produisirent au milieu de l'insurrection miguéliste, le droit de l'inviolabilité du domicile du consul du Brésil, qui avait reçu chez lui plusieurs réfugiés politiques, ne fut pas un seul instant contesté.

En Autriche, les consuls étrangers ne sont pas considérés comme faisant partie du corps diplomatique : ils sont soumis à la juridiction locale, tant en matière civile qu'en matière criminelle, et, en dehors de leurs fonctions officielles, ils relèvent, comme tout autre particulier, des tribunaux ordinaires.

En Russie, les immunités et prérogatives dont jouissent les consuls étrangers n'ont pas été fixées par une loi. Ces agents sont cependant exempts de tout service et de tout impôt personnel. Les consuls *envoyés* ne sont pas astreints à l'obligation de se munir de permis de séjour comme tous les autres étrangers, et, par courtoisie, on leur accorde, lors de leur première arrivée, une exemption de droits de douane dont le chiffre est de 2.000 francs (500 roubles) pour les consuls généraux et de 1.200 francs (300 roubles) pour les simples consuls. Les sujets russes qui sont pourvus du titre de consuls d'une puissance étrangère sont exempts, en vertu de l'ukase du 18-30 octobre 1839, des fonctions municipales et de celles de membres des tribunaux de commerce et des conseils de tutelle.

En Prusse, les consuls étrangers qui ne sont pas citoyens du royaume sont exempts des logements militaires, des contributions directes et de tout service personnel ; ils sont assujettis à la juridiction civile du pays ; en ce qui concerne la juridiction criminelle, ils sont, après l'instruction de la cause et l'emprisonnement même, s'il y a lieu, remis à leur gouvernement pour être jugés conformément aux lois de leur pays. Cette marche n'est toutefois suivie que dans les cas où la puissance dont relève le consul mis en cause admet la réciprocité en faveur des consuls prussiens.

En Danemark, les consuls étrangers qui ne sont ni régnicoles, ni négociants, sont, en vertu de l'ordre royal du 25 avril 1821, exempts de toute charge ou contribution personnelle ; dans tout autre cas, ils rentrent, comme tout autre étranger, sous l'empire du droit commun.

Dans les Pays-Bas, dont, sous ce rapport, la Belgique a encore aujourd'hui conservé la législation, l'ordonnance du 5 juin 1822 distingue également, parmi les sujets étrangers revêtus du titre de consul, ceux qui sont exclusivement fonctionnaires et ceux qui sont en même temps négociants ; elle n'accorde aucune immunité aux derniers et reconnaît seulement aux premiers le droit d'avoir leurs armes sur leurs maisons et d'arborer leur pavillon ; elle les exempte du logement militaire, du service de la garde bourgeoise, de l'impôt personnel et de toutes charges publiques et municipales autres que les impôts indirects, à charge, il est vrai, de réciprocité en faveur des consuls hollandais ou belges.

Tel est le traitement qui dérive pour les consuls étrangers, à défaut de convention spéciale, de la législation intérieure ou des usages locaux dans les principaux pays de chrétienté.

Il serait superflu de poursuivre cette énumération ; disons seulement que, sauf la Grande-Bretagne, la plupart des nations reconnaissent l'inviolabilité absolue des archives consulaires. Ajoutons que, dans les pays où les consuls ne sont pas indépendants de l'autorité territoriale, ils ne sont généralement pas poursuivis criminellement, à moins de flagrant délit, avant que l'*exequatur* leur ait été retiré : c'est là une question de dignité et toute d'égards pour le pays auquel appartient l'agent incriminé.

De ce qui précède il résulte, en ce qui concerne les consuls de France à l'étranger, que, lorsqu'une loi positive ne définit pas les immunités attachées à la personne des agents, on les fait dériver, soit d'usages traditionnels ou du texte de nos traités, soit des stipulations arrêtées entre d'autres nations et dont le bénéfice nous est acquis en vertu de la clause générale du traitement de la nation la plus favorisée.

**5. Des consuls négociants.** — De l'énumération que nous venons de faire ressort néanmoins une distinction essentielle, c'est que généralement les immunités et prérogatives accordées aux consuls diffèrent selon que ces agents sont citoyens de l'État qui les nomme ou de celui qui les admet, et suivant qu'ils sont exclusivement fonctionnaires publics ou font en même temps le commerce. C'est donc au gouvernement du pays qui les institue à peser à l'avance les avantages et les inconvénients de ces positions si différentes et à choisir ses agents en conséquence.

En France, d'après les règlements qui régissent aujourd'hui la matière, la faculté de faire le commerce est refusée à tous les consuls rétribués ou de carrière : nous examinerons ultérieurement au chapitre VII du livre II les avantages qui résultent de cette prohibition pour le bien du service consulaire français.

# CHAPITRE II

**6. Nomination des consuls.** — Les consuls sont nommés en France par le chef de l'État ; dans tous les autres États, ils sont également nommés par le souverain ou par le chef du pouvoir exécutif. Nous ne connaissons qu'une exception à cet usage général : c'est en Suède, où la nomination des consuls est précédée d'un concours à la suite duquel le collège du commerce de Stockholm propose trois candidats au choix du gouvernement ; mais le diplôme de nomination n'en est pas moins toujours signé par le roi, avec le contre-seing de son ministre des affaires étrangères.

**7. Département ministériel duquel ils relèvent.** — Ce mode de nomination est la conséquence nécessaire de l'état actuel des relations internationales et du caractère actuel de l'institution consulaire ; lorsque quelques esprits, envieux de tout principe d'autorité, parlent de rendre le choix des consuls aux corps de nation à l'étranger, on peut, à juste titre, les considérer comme plus rétrogrades que novateurs. Nous ne nous arrêterons pas à réfuter un système qui a disparu devant les progrès de plusieurs siècles et qui serait, d'ailleurs, en général, naturellement impraticable.

Les consulats français, placés dans les attributions exclusives du ministère de la marine par l'ordonnance de 1681, en furent détachés en 1761. Les agents durent alors rendre compte au ministre des affaires étrangères de tout ce qui concernait leurs fonctions et recevoir par son canal les ordres et instructions dont ils pouvaient avoir besoin (1) ; ils conservèrent cependant une correspondance directe avec le dépar-

_____

(1) Circulaire des affaires étrangères du 16 octobre 1761.

tement de la marine pour ce qui touchait au service de la
flotte. Mais, alors, les fonctions des consuls dans leurs rapports avec la marine militaire avaient une tout autre importance que celle qui résulte de leurs attributions actuelles.

En effet, les agents de la carrière consulaire n'étaient pas
seulement administrateurs de la marine et commissaires des
classes en pays étrangers, ils pourvoyaient encore *directement* à tous les besoins de la flotte en hommes, en vivres et
en munitions. Aussi, leur correspondance officielle cessa-
t-elle bientôt d'être divisée, et, dès 1766, leur service fut-il de
nouveau rattaché exclusivement aux attributions du département de la marine. (1)

Ce fut la Convention nationale qui, par l'organisation donnée, en 1793, au ministère de la marine, retira définitivement
les consulats de ce département pour les réunir aux affaires
étrangères. (2)

Depuis cette époque, les consulats n'ont plus cessé de faire
partie de ce dernier département. A diverses reprises cependant, on a essayé de critiquer ce système d'attribution et de
montrer qu'il serait plus conforme aux intérêts du service
que les consulats relevassent, soit du ministère de la marine
comme autrefois, soit de celui du commerce.

Lors de la création du ministère des manufactures et du
commerce, en 1811, on proposa de comprendre les consulats
dans les attributions de ce nouveau département ministériel;
mais l'étude approfondie de cette question en fit bientôt
abandonner l'idée.

En 1814, ce fut le département de la marine qui réclama
les consulats, mais sans plus de succès que de fondement.
Enfin, en 1828, lors du rétablissement du ministère du commerce, la question fut de nouveau soulevée et, comme toujours, résolue négativement.

Dans des temps plus rapprochés de nous, on a cru pouvoir

(1) Circulaire de la marine du 8 avril 1766.
(2) Décret du 14 février 1793.

l'agiter une dernière fois. Hâtons-nous de dire que, cette fois encore, le système actuel a prévalu comme étant le seul logique et le seul rationnel.

Des avis si contradictoires s'expliquent tous également bien, nous le reconnaissons, par la diversité des fonctions consulaires ; il suffit, en effet, pour soutenir l'un ou l'autre, de ne considérer ces fonctions que sous un seul point de vue ; mais si, au contraire, on les considère dans leur ensemble et si on envisage le caractère et les attributions multiples des consuls, la question ne saurait être résolue qu'en faveur du ministère des affaires étrangères.

Les consuls ayant à exercer par délégation toute l'autorité que le gouvernement peut avoir sur les nationaux qui résident en pays étranger, leurs fonctions doivent forcément se rattacher à presque toutes les branches de l'administration publique française, et, en raison de ces fonctions si diverses, ils se trouvent, par le fait, en rapport avec nos divers départements ministériels.

Ainsi, les consuls remplissent les fonctions d'officiers de l'état civil ; arbitres naturels des différends qui s'élèvent entre leurs nationaux, ils rendent, en outre, des jugements en matière civile et commerciale ; ils pourraient même en certains pays, d'après nos traités avec le gouvernement territorial, juger leurs nationaux au criminel, etc.: sous ce rapport, les consulats pourraient relever du ministère de la justice.

Les consuls constatent aussi à l'étranger, par l'immatriculation dans leurs chancelleries, la nationalité et le domicile de leurs nationaux ; ils délivrent des passeports à ceux qui doivent rentrer en France, visent ceux des étrangers que leurs affaires appellent dans notre pays, ou refusent ces passeports à ceux que la police a expulsés du territoire et dont la liste leur a été notifiée ; ils concourent à l'exécution de nos lois militaires, veillent à l'application de nos lois de douane, signalent les contraventions de ces mêmes lois dont ils peuvent avoir connaissance ; ils tiennent la main à l'exécution réciproque des conventions postales et sont même agents de l'administration des postes dans plusieurs résidences, etc.: sous ce second rapport, ce serait du ministère de l'intérieur ou de celui des finances que les consulats devraient dépendre.

D'un autre côté, les consuls veillent à l'exécution des règlements de police de la navigation marchande, administrent en temps de guerre les prises maritimes, dirigent les sauvetages, poursuivent l'extradition des marins déserteurs, assistent à la conclusion des marchés nécessaires aux approvisionnements des bâtiments de l'État ; dans certains cas exceptionnels, ils pourvoient même seuls à leurs besoins : sous ce troisième rapport, les consuls devraient dépendre du ministère de la marine.

Enfin, les consuls sont chargés de communiquer au gouvernement tous les renseignements qu'ils peuvent recueillir sur le commerce et la navigation du pays qu'ils habitent, tant avec la France qu'avec les autres États, et de protéger les opérations de nos négociants et de nos navigateurs : sous ce quatrième rapport, les consuls devraient appartenir au ministère du commerce.

Mais, dans cette manière d'argumenter, on oublie généralement que les consuls ont aussi des fonctions qui se rattachent au service spécial des affaires étrangères, et que ces fonctions, de beaucoup plus délicates et plus nombreuses que toutes les autres, n'admettent point d'intermédiaire entre le ministre sous la direction et la responsabilité duquel elles s'exercent et les agents qui les remplissent. On oublie surtout que leurs fonctions, même les plus spéciales, ne peuvent s'exercer à l'étranger que sous la protection des traités ou des principes du droit des gens, et qu'il n'appartient qu'au département des affaires étrangères de revendiquer cette protection et d'en déterminer comme aussi d'en faire respecter les limites.

Il est encore une considération qu'il ne faut pas perdre de vue : c'est qu'il est difficile qu'un gouvernement puisse entretenir à l'étranger deux espèces d'agents, les uns sous le titre d'ambassadeurs et de ministres, les autres sous celui de consuls, relevant de deux ministères différents, n'ayant pas d'instructions communes et exposés parfois à en recevoir de contradictoires. Il en résulterait infailliblement des conflits, qui non seulement compromettraient le service consulaire que la nature des choses subordonne au service diplomatique, mais pourraient même affecter l'efficacité et la dignité de la puissance française à l'étranger.

Ces considérations ne s'appliquent pas seulement à la France ; chez la plupart des nations étrangères, les consuls appartiennent également au ministère des relations extérieures : il en est ainsi en Angleterre, en Hollande, en Belgique, en Russie, en Allemagne, en Espagne, en Portugal, en Italie, etc.; à peine peut-on citer, comme en dehors de cet usage général, l'Autriche, où les consuls dépendent du ministère du commerce ; les États-Unis, où ils reçoivent simultanément leurs instructions du Secrétaire d'État et du Chef de la Trésorerie, et quelques autres puissances qui sont loin d'accorder à leurs consuls des attributions aussi étendues que celles qui sont données aux agents français du même ordre.

**8. De la correspondance directe avec les autres départements ministériels.** — Mais si les consuls doivent à tous égards relever seulement du ministère des affaires étrangères, est-il utile qu'ils puissent au moins correspondre directement avec les autres ministères, ou toute leur correspondance doit-elle se faire par l'intermédiaire du département des affaires étrangères ? Il est surtout deux départements que cette importante question intéresse plus particulièrement, ceux du commerce et de la marine.

S'il est une vérité démontrée par les guerres et les relations internationales depuis un siècle, c'est qu'il n'est pas un traité commercial, une relation touchant aux intérêts du négoce, qui ne se complique d'une question politique, c'est-à-dire d'un intérêt touchant à la dignité, à l'existence et à la prospérité de la nation entière. Si les consuls sont chargés de protéger et de surveiller les relations et les besoins du

commerce, ils ne peuvent donc intervenir sans en même
temps se préoccuper de l'intérêt politique, de l'intérêt général et permanent de leur pays ; or, il y a entre ces deux faces
de toute question internationale une telle affinité qu'elles ne
peuvent être envisagées et traitées séparément, et il faut
nécessairement que la correspondance et les instructions
auxquelles elles donnent lieu émanent d'une direction unique, qui doit être celle dont relève l'agent chargé de la conduite des relations politiques. Sous ce rapport encore, la
correspondance commerciale, la correspondance essentielle
des consuls, appartient évidemment au département des
affaires étrangères, et ce principe, admis en France, l'est
aussi chez la plupart des nations étrangères.

En effet, en Angleterre, les consuls correspondent exclusivement avec le *Foreign-Office*, sauf pour quelques objets
spéciaux relatifs à la navigation et sur lesquels ils reçoivent
les instructions directes des lords de l'Amirauté ou du *Board
of trade*. La question a été longuement discutée et affirmativement résolue en 1835, lors de l'enquête parlementaire qui
avait été surtout provoquée par un membre de la Chambre
des communes, qui proposait de transférer du ministère des
affaires étrangères *(Foreign-Office)* au bureau du commerce
*(Board of trade)* la nomination et la surveillance des consuls ;
il fut procédé à cette enquête avec tout le soin et l'impartialité que savent apporter les Anglais à la discussion des questions d'intérêt public, et, après avoir reconnu qu'on ne pouvait sans de graves inconvénients enlever aux affaires étrangères la direction exclusive du corps consulaire, le rapport
ajoutait :

« Le comité propose, de plus, que des instructions soient
envoyées aux consuls, à l'effet de leur prescrire de transmettre au *Foreign-Office*, au moins tous les six mois, les
meilleurs renseignements qu'ils pourront recueillir sur l'agriculture, le commerce, l'industrie, la population, les institutions, les travaux publics et tout autre objet susceptible d'intéresser notre commerce. Ces rapports seraient ensuite

envoyés au *Board of trade* par le *Foreign-Office*, afin que ce qu'il y aurait d'utile à connaître fût publié.

» Le comité a considéré les avantages que présenterait la réunion des consuls au *Board of trade*, et il est demeuré convaincu du peu d'importance de ces avantages, comparés aux inconvénients majeurs qui résulteraient de cette mesure. Les fonctions pour lesquelles les consuls relèvent nécessairement du *Foreign-Office* ne peuvent être séparées de celles qu'il s'agirait de faire dépendre du *Board of trade*. »

En Suède, les consuls reçoivent conjointement leurs instructions du ministère des affaires étrangères, du collège du commerce de Stockholm et des départements du gouvernement norwégien.

Dans tous les autres pays où les consuls dépendent du ministère des relations extérieures, nous ne connaissons pas d'exception à la règle absolue qui les place, quant à leurs instructions et à leur correspondance, sous la direction unique du chef de ce département.

En France, lors de la création du bureau de commerce en 1788, ce bureau fut autorisé à correspondre directement avec les consuls. (1) Mais cette correspondance devait se borner à la transmission de renseignements détaillés sur les différentes branches du commerce que la France faisait dans le lieu de résidence de ces agents. (2) Toutes les questions politiques, l'examen, par exemple, des traités de commerce avec les puissances étrangères, les sujets relatifs au commerce maritime, aux pêches, etc., tous ceux enfin auxquels pouvait se rattacher l'intérêt politique le plus minime étaient expressément laissés en dehors. Ces dernières matières rentraient dans les attributions du conseil royal des finances et du commerce, qui ne correspondait pas directement avec les consuls, mais seulement par l'intermédiaire du ministère de la marine. (3)

---

(1) Règlement du 2 février 1788, art. 7.
(2) Circulaire du bureau de commerce du 8 avril 1788.
(3) Circulaire de la marine du 16 juin 1785.

En 1811, par une disposition du décret portant création du ministère des manufactures et du commerce, il fut ordonné que les consuls correspondraient avec ce département pour les affaires de commerce (1) ; mais ce ministère avait dans ses attributions les douanes et l'exécution des mesures relatives au système du blocus continental, et la correspondance directe du ministère des manufactures avec les consuls n'avait au fond pas d'autre objet que de rendre plus prompte et plus efficace la réalisation de ce système, qui formait la base de la politique commerciale de l'empire. C'est ainsi qu'à une autre époque, en l'an VII, alors que la navigation française se bornait en quelque sorte aux armements en course, les consuls, presque exclusivement occupés des affaires de prises, furent mis en correspondance directe avec le ministère de la justice pour tout ce qui concernait l'interprétation et l'application de nos lois sur les prises maritimes. (2)

Mais, de même que, par la force des choses, le département des affaires étrangères se trouva promptement amené à ressaisir la correspondance sur les matières où le droit des gens vient sans cesse dominer le droit intérieur, de même aussi le ministère des manufactures dut bien vite reconnaitre non seulement la nécessité de resserrer ses rapports directs avec les consuls dans d'étroites limites, mais encore l'impossibilité de les soustraire à la connaissance du seul département ministériel dont les consulats peuvent rationnellement relever, et les agents du service extérieur reçurent, dès l'année suivante, l'ordre d'envoyer aux affaires étrangères une copie de leur correspondance administrative avec le ministère du commerce (3) ; de sorte qu'en dernière analyse, le système inauguré en 1811 eut pour unique résultat une inutile complication d'écritures et une surcharge de travail.

---

(1) Décret impérial du 22 juin 1811.

(2) Circulaire des affaires étrangères du 3 nivôse an VII (23 décembre 1708).

(3) Circulaire des affaires étrangères du 25 juin 1812.

Le ministère des manufactures n'eut, du reste, qu'une courte durée : créé surtout en vue de l'application du blocus continental, il disparut avec ce système en 1815. Ses attributions, confiées d'abord à une simple direction placée sous les ordres du ministère de l'intérieur, passèrent, en 1824, à un bureau de commerce, et ce ne fut qu'en 1828 que le commerce, l'industrie, l'agriculture et les haras furent confiés à un département ministériel distinct, qui disparut de nouveau en 1830, pour reparaître en 1831 et finalement être réuni, en 1853, au ministère des travaux publics. Détachée des travaux publics en 1869, l'administration du commerce fut de nouveau érigée en département ministériel distinct par décret du 14 novembre 1881.

La direction du commerce, ou, pour mieux dire, le ministère de l'intérieur, n'eut aucun rapport avec les consuls ; mais le président du bureau de commerce fut autorisé, dans le courant de 1825, à s'adresser directement aux consuls pour obtenir des éclaircissements sur des documents fournis par eux aux affaires étrangères, ou pour leur présenter soit une objection, soit un doute sur des faits ne comportant ni discussion de principe, ni instruction réglementaire. (1) Toutefois, lors de la formation du ministère du commerce, le progrès des idées économiques et une plus juste appréciation des exigences du service extérieur firent reconnaître la convenance de centraliser de nouveau exclusivement aux affaires étrangères l'ensemble des correspondances consulaires. (2)

Nous avions d'abord eu la pensée de nous renfermer dans cet exposé historique de la question du fractionnement de la correspondance des consuls ; mais, puisque, après la Révolution de février et à trois reprises différentes, elle a été agitée de nouveau, nous ajouterons quelques observations pour justifier le maintien de l'état de choses actuel.

Que se propose-t-on en réclamant pour le ministère du

---

(1) Circulaire des affaires étrangères du 29 juillet 1825.
(2) Voir une note semi-officielle insérée au *Moniteur* du 26 avril 1828.

commerce le droit de correspondre avec les consuls et de leur donner directement des instructions pour tout ce qui a trait aux affaires commerciales ? Sans doute, comme on l'a prétendu en 1811, 1825 et 1828, d'activer le zèle des agents, de leur faire réunir une plus grande masse de renseignements statistiques et de leur attribuer une action plus immédiate sur le développement de nos relations au dehors.

Il y a au fond de cette pensée une notion tout à fait erronée de la pratique du commerce et du véritable rôle que les consuls peuvent être appelés à jouer. On suppose que le commerce a besoin du gouvernement et de ses agents pour la direction et le succès de ses spéculations industrielles ou mercantiles, tandis que l'un des principes les plus incontestables, mis en lumière par la science économique, c'est que le commerce prospère d'autant mieux qu'il est plus indépendant du contrôle de l'État et plus libre dans ses allures. On prétend aussi que l'infériorité de notre situation commerciale et industrielle dans le monde tient au défaut d'intervention, de sollicitude ou de protection de la part du gouvernement et de ses agents, lorsque l'expérience démontre, au contraire, qu'elle n'a d'autre cause que la faiblesse de nos capitaux, la timidité de nos commerçants et la cherté relative de nos produits. On suppose que des fonctionnaires publics, tels que nos consuls, sont mieux placés que tous les autres pour surveiller les variations quotidiennes des marchés étrangers et pour coopérer plus ou moins directement à y étendre le placement de nos marchandises, tandis que l'exemple de toutes les contrées commerciales du globe atteste la supériorité des informations particulières, souvent secrètes, des conjectures générales, souvent hasardées, recueillies par chaque branche d'industrie ou de commerce à l'aide de correspondants pratiques et intéressés, mêlés personnellement au mouvement des affaires !

On confond sans cesse la protection avec l'initiative et la direction des spéculations particulières, les faits officiels qui peuvent servir de base à l'action des gouvernements quant

aux conventions et aux lois fiscales relatives au commerce
avec les faits particuliers ou hypothétiques qui peuvent servir de base aux opérations du commerce, aux calculs des
intérêts privés.

Ainsi, la correspondance actuelle de nos consulats nous
paraît reposer sur une base suffisante et bonne, et nous re-
poussons jusqu'à la pensée qui tendrait à en modifier la
direction pour la rendre plus active ; quant au zèle des agents
consulaires, il sera toujours mieux stimulé par le département qui a leur nomination et leur avancement entre les
mains, que par tout autre.

Mais si les relations directes du ministère du commerce
avec les consuls ne se justifient par aucun motif d'utilité
publique, elles peuvent encore être combattues par les nombreux inconvénients qu'elles entraîneraient.

Comment, en effet, limiter ces relations de manière à
éviter tout conflit entre le ministère du commerce et le département des affaires étrangères? Comment autoriser le
contrôle indispensable de ce dernier département sur des
communications destinées à produire un effet quelconque à
l'étranger, sans placer ouvertement le ministère du commerce dans une position d'infériorité relative, tandis que,
dans l'état de choses actuel, une correspondance unique,
après entente préalable, ne permet même pas aux agents du
dehors de soupçonner une divergence d'opinion entre les
deux départements? Comment concilier des instructions rédigées à un point de vue purement commercial avec des
instructions qui auront subi l'influence des considérations
politiques? Que d'incertitudes, que d'embarras pour les gens
placés entre des instructions divergentes émanant de deux
ministres différents ! Il faut connaître les difficultés que soulève, les soins minutieux que réclame, dans le département
même des affaires étrangères, le partage des affaires commerciales et des affaires politiques, pour demeurer convaincu
de l'impossibilité de les répartir convenablement entre deux
départements ministériels.

Ce n'est pas à ce point de vue seulement que le système que nous combattons porterait atteinte à l'unité d'action des agents français au dehors. En effet, les consuls ne sont pas, à beaucoup près, les seuls agents du ministère des affaires étrangères chargés de traiter les affaires commerciales ; les ambassadeurs, les ministres et les chargés d'affaires rendent au commerce des services peut-être plus efficaces encore. Or, le ministère du commerce n'ayant jamais élevé la prétention d'entretenir des rapports directs avec cette dernière classe d'agents, il se trouverait, en fait, réduit à ne correspondre qu'avec quelques consuls isolés qui, dans le cercle étroit où ils agissent, ne pourraient évidemment répondre que d'une manière très imparfaite à l'objet que l'on se flatte d'atteindre par des communications directes.

Tout ministère, et celui du commerce en particulier, a sans doute le droit et le devoir même de demander au département des affaires étrangères les communications dont il croit avoir besoin sur les faits législatifs, commerciaux, industriels, financiers ou économiques qui se produisent à l'étranger ; mais l'utilité intrinsèque de ces communications, l'usage auquel sont destinées les informations recueillies par les agents d'un autre ministère, n'entraînent ni l'obligation ni la nécessité d'une correspondance directe, surtout lorsque, par la voie indirecte, la réunion s'en opère avec la même promptitude et la même exactitude ; et c'est ce qui a lieu dans l'état actuel des choses. Pour ne citer qu'un exemple, ne voyonsnous pas fréquemment le ministère de la justice faire indirectement appel au concours des agents français au dehors pour élucider certaines questions de législation comparée ou rassembler les lois ou règlements étrangers dont il croit avoir besoin pour la révision de nos codes ?

Quant à la protection du commerce à l'étranger, elle n'admet pas de partage ; le département des affaires étrangères a seul le devoir et la possibilité de l'exercer, et, par conséquent, le droit exclusif de correspondre avec les agents placés dans ce but sous ses ordres.

Il est encore une dernière considération d'un intérêt tout pratique que nous ne devons pas passer sous silence.

Les documents qui parviennent au ministère des affaires étrangères sur le commerce français à l'étranger lui sont indispensables, parce que c'est seulement par leur réunion et leur comparaison qu'il peut s'éclairer sur les rapports des différents peuples, et aviser aux combinaisons internationales les plus propres à concilier les intérêts du commerce avec ceux de la politique.

Il n'est donc pas un seul des objets sur lesquels roulerait la correspondance des consuls avec le ministère du commerce qui soit de nature à être soustrait à la connaissance ou à échapper convenablement à l'intermédiaire du département des affaires étrangères. Il en résulterait tout d'abord pour les agents l'obligation d'une double correspondance, et pour le Trésor une dépense aussi élevée qu'inutile. En fait, le ministère du commerce ne pourrait aussi que très exceptionnellement faire profiter ses correspondances de la sécurité et de la célérité que l'emploi des chiffres et des courriers assure à celle du département des affaires étrangères; car l'expédition des courriers a lieu presque toujours inopinément et en secret, et le chiffrage est une opération non moins longue que coûteuse.

Quelques rapports directs ont cependant été autorisés entre les consuls et le ministère de la marine : mais ceux-là tiennent à un ordre d'idées différent de celui que nous venons de combattre.

Ces rapports ne sont relatifs qu'à des objets parfaitement définis, qui n'ont aucun intérêt politique ni commercial, et qui ne sont pas de nature à entrer dans la correspondance habituelle du ministère des affaires étrangères, ni à toucher en quoi que ce soit à son appréciation. Ils ont été restreints à ce qui concerne la police de la navigation, les sauvetages, l'administration des prises en temps de guerre, le service de l'approvisionnement des bâtiments de l'État, en un mot, les matières qui, à l'étranger, peuvent continuer à être exclusivement régies par les lois françaises et jusqu'à un certain point en dehors de l'action des autorités territoriales : ce n'est, à proprement parler, qu'une correspondance de comptabilité, qui n'intéresse que l'administration de la marine.

Nous terminerons ce chapitre en faisant observer que si, dans quelques circonstances spéciales, des consuls, malgré leurs instructions générales, ont cru pouvoir correspondre directement avec divers départements ministériels, soit pour porter à leur connaissance des informations, soit pour solliciter d'eux des instructions qu'ils ne doivent recevoir que par l'intermédiaire de celui des affaires étrangères, ces communications constituaient une violation fâcheuse d'une défense expresse : aucun motif sérieux d'utilité ne pouvant justifier de pareils écarts, les consuls doivent s'en abstenir rigoureusement. (1)

_____

(1) Circulaires des affaires étrangères des 16 mai 1819 et 28 mai 1884. (F.)

# LIVRE DEUXIÈME

## DE L'ORGANISATION CONSULAIRE FRANÇAISE EN PAYS ÉTRANGER

---

### CHAPITRE PREMIER

#### ORGANISATION DES CONSULATS.

**9. Établissements et arrondissements consulaires.** — Tous les consulats français institués dans l'étendue d'un pays étranger forment ce que l'on appelle un *établissement consulaire*. Autrefois, ce titre était donné à l'ensemble des consulats dépendant d'un même chef, un consul général, et alors il pouvait exister plusieurs établissements consulaires dans un pays soumis à la même souveraineté.

Chaque établissement est subdivisé en *arrondissements*, à chacun desquels est assignée une étendue de territoire, calculée de manière à ce qu'aucune partie ne soit privée de la surveillance et de la protection d'un agent du gouvernement.

Pour prévenir toute espèce de conflits de juridiction et toute discussion de compétence administrative, diverses ordonnances ou décrets ont successivement déterminé d'une manière précise l'étendue géographique de chaque arrondissement consulaire.

Les instructions générales du département des affaires étrangères recommandent aux consuls de se renfermer strictement dans les limites de leur circonscription, d'accorder à chacune des localités dont celle-ci se compose une égale attention, et de ne rien négliger pour que l'ensemble des

établissements français placés sous leur surveillance profite
uniformément de la juste sollicitude du gouvernement. (1)

**10. Chefs d'établissements.** — Les établissements consulaires avaient autrefois un chef direct et spécial, le plus souvent un consul général, quelquefois un simple consul, dont
relevaient tous les agents d'un ordre inférieur, consuls, vice-
consuls ou agents consulaires placés à la tête d'un arrondissement. Il n'y avait qu'une exception pour le Levant, où, par
suite de l'organisation particulière du pays, l'ambassadeur
de France à Constantinople était le chef de l'administration
consulaire et exerçait sur les consuls généraux qui y étaient
employés une surveillance analogue à celle que ceux-ci
exerçaient ailleurs sur les autres agents de rang secondaire.

Cette exception est devenue aujourd'hui une règle presque
générale en Europe. Une des premières conséquences du
système rigoureux d'économie appliqué, dès 1830, dans les
diverses branches du service des affaires étrangères, a été
l'extension à tous les pays de l'Europe du système déjà
suivi dans le Levant, et, par suite, la réunion aux missions
diplomatiques des attributions des consulats généraux chefs
d'établissements.

Hors de l'Europe, notamment en Corée et dans certaines
républiques de l'Amérique du sud, ce sont, au contraire, les
attributions diplomatiques qui se trouvent dévolues aux
consuls généraux qui ajoutent alors à leur titre consulaire
celui de chargé d'affaires ou de commissaire du gouvernement.

Les attributions diplomatiques et les fonctions de chef
d'établissement consulaire se trouvent donc aujourd'hui
partout réunies entre les mains d'un seul et même agent;
de telle sorte que si les résidences consulaires sont encore
divisées en consulats généraux et en simples consulats,
cette division n'est plus pour les agents qu'une distinction
honorifique, un grade de leur carrière, le consul général

_____

(1) Circulaire des affaires étrangères du 15 mai 1816.

n'ayant aucune action directe sur les consuls résidant dans le même État que lui, et restant soumis, au même titre que les consuls ordinaires, à la surveillance du chef de la mission politique accrédité auprès du souverain du pays. (1)

Dans les résidences où il n'y a pas de consul, un chancelier est placé, toutes les fois que l'intérêt du service l'exige, près de la mission diplomatique; le chef de la mission se trouve alors, comme les autres consuls généraux, investi pour une portion déterminée du territoire dont l'étendue forme son département spécial, des différentes fonctions attribuées aux consuls particuliers par les lois et règlements en vigueur. (2)

**11. Indépendance et subordination réciproque des agents.—** Le chef d'un établissement consulaire, qu'il soit agent diplomatique ou agent consulaire, surveille, dans les limites de ses instructions générales ou spéciales, les consuls établis dans la circonscription territoriale dont il est le chef. (3) Mais cette subordination, nécessaire dans l'intérêt du service, ne s'étend pas au delà de certaines limites indiquées par la nature même des fonctions consulaires. Ainsi, tous les consuls, quel que soit leur grade, correspondent directement avec le ministre des affaires étrangères et reçoivent sans intermédiaire ses directions. De même, étant seuls accrédités auprès des autorités de leur résidence, il leur appartient de prendre, sous leur responsabilité, l'initiative de toutes les démarches nécessaires pour la protection du commerce et de la navigation dans leurs arrondissements respectifs.

Les consuls sont aussi indépendants dans leurs fonctions judiciaires et dans leurs fonctions d'officiers de l'état civil, parce qu'ils ont tous, malgré la différence de leur grade, le même degré de juridiction et la même somme de responsabilité personnelle.

(1) Ordonnance du 20 août 1833, art. 3 et 4. (F.)
(2) *Idem*, art. 4 et 7.
(3) Ordonnance du 20 août 1833, article 3. — Circulaires des affaires étrangères des 16 mai 1840 et 27 février 1856. (F.)

Ils le sont également dans l'exercice de leurs fonctions de police envers les nationaux, les navigateurs et autres personnes.

Ils ont encore la même initiative pour les fonctions administratives qu'ils remplissent à l'égard de la marine de l'État, et pour lesquelles chaque agent correspond, sans intermédiaire, avec le ministère de la marine. (1) .

Sous ces divers rapports, les chefs d'établissements n'ont donc pas à diriger les consuls qui relèvent d'eux ; mais, comme chargés d'une surveillance générale et de la concentration de certains travaux d'ensemble, ils doivent leur donner tous les avis qu'ils croient utiles au bien du service, et ils sont en droit de réclamer d'eux un concours direct, de leur confier la rédaction de notes, mémoires, états statistiques, rapports, etc.

Dans toutes les affaires, au contraire, qui peuvent, à un moment donné, exiger un recours à l'autorité centrale du pays, les consuls ne sauraient prendre sur eux d'agir avant d'y avoir été autorisés par le chef de l'établissement consulaire. Cette obligation est basée sur la nécessité de maintenir une direction unique pour tous les consuls dans un même pays, et d'arrêter leur indépendance au point où s'arrête leur responsabilité individuelle.

Ces rapports entre les chefs d'établissement et les consuls donnent lieu à une correspondance officielle entre ces divers agents, sur laquelle nous reviendrons en détail au chapitre premier du livre V.

**12. Inspection des consulats.** — Il ne suffit pas, pour que l'institution consulaire produise tous les résultats avantageux qu'on est en droit d'en attendre, qu'elle soit régie par des règlements sages et positifs, il faut également que ces règlements soient exécutés partout et toujours avec la plus complète régularité. L'instruction générale du 8 août 1814 pres-

---

(1) Instruction générale du 8 août 1811. (F.)

crit en conséquence aux chefs d'établissements d'exercer une inspection toute particulière sur les objets qui se rapportent au régime intérieur de l'administration consulaire. Ils doivent, autant que possible, s'assurer que les ordonnances et règlements sont fidèlement observés, et informer le ministre des affaires étrangères de tous les abus qui parviendraient à leur connaissance.

Lorsque les consulats étaient tous également placés sous la direction d'un chef spécial, tel qu'un consul général, cette surveillance réglementaire pouvait s'exercer et s'exerçait d'une manière effective ; tout chef d'établissement transmettait, à la fin de chaque année, au ministre des affaires étrangères, un rapport sur les divers consulats placés sous ses ordres, ainsi que sur toutes les personnes qui y étaient employées à quelque titre que ce fût. Depuis que cette partie des attributions des consulats généraux a été remise aux missions diplomatiques, il est difficile, dans les principales résidences, qu'au milieu des nombreuses et plus importantes occupations qui absorbent leur temps, les chefs de missions puissent encore prêter une attention soutenue à tous les détails de l'administration consulaire proprement dite.

Sous ce rapport, la suppression de certains consulats généraux a été fâcheuse, et il ne serait peut-être pas inutile de chercher à suppléer au défaut de contrôle qui en est résulté en renouvelant une expérience autrefois tentée avec succès, celle de l'inspection des consulats.

En effet, diverses inspections générales des consulats ont eu lieu sous l'ancien régime. En 1777 notamment, le baron de Tott fut chargé de se rendre dans le Levant pour y prendre connaissance de tout ce qui regardait la police, le commerce et la résidence des Français, inspecter les *échelles*, vérifier et liquider les dettes de chacune d'elles, et examiner non seulement les affaires de chaque consulat, mais la manière dont les règlements et les ordonnances y étaient exécutés. (1)

_____

(1) Lettre du roi aux consuls, du 14 avril 1777.

L'ordonnance du 3 mars 1781 sur les consulats, le commerce et la résidence des Français dans le Levant et en Barbarie, fut le résultat de la mission d'inspection de M. de Tott.

En 1817, le gouvernement français, averti par les plaintes du commerce, et sentant la nécessité d'imprimer à nos consulats une uniformité de direction que les événements politiques et les guerres qui s'étaient succédé depuis vingt-cinq ans leur avaient fait perdre, confia à M. Félix de Beaujour, alors consul général à Smyrne, une mission analogue à celle remplie quarante ans auparavant par M. de Tott. Cette mission n'eut pas un résultat aussi immédiat que la première; mais elle fit cependant ressortir clairement la nécessité de réviser l'ordonnance de 1781, afin de la mettre en harmonie avec notre nouvelle législation, et donna lieu aussi à la création des commissions spéciales dont nous avons parlé au chapitre premier du livre Ier.

Depuis lors, ce n'est que partiellement et d'une manière incomplète que quelques agents en mission spéciale ont été chargés d'inspecter la tenue des chancelleries de certains postes. Une inspection ainsi circonscrite, est tout au moins insuffisante.

Pour maintenir la régularité et l'uniformité dans un service qui fonctionne à une si grande distance du centre d'action du gouvernement et au milieu d'une si grande diversité de lois et d'usages locaux, il faudrait peut-être exonérer les chefs des missions politiques de la surveillance qui leur appartient sur tout ce qui se rapporte au régime intérieur des consulats, et confier cette surveillance à des inspecteurs spéciaux qui se rendraient successivement dans tous les postes consulaires du globe.

Cette inspection devrait, du reste, se borner à ce qui est relatif à l'application pratique des règlements et à la tenue des chancelleries consulaires, sans avoir à intervenir dans la gestion des affaires, pour lesquelles chaque consul ne peut, en aucun cas, cesser d'être exclusivement placé sous la di-

rection du ministre et du chef de l'établissement dans le pays
de sa résidence.

Il faudrait encore ajouter à ces inspections, et comme mesure complémentaire, l'obligation pour tout consul de contrôler à son tour, au moins tous les trois ou quatre ans, les
divers vice-consulats et agences compris dans son arrondissement.

C'est par de semblables mesures qu'on préviendrait plus
d'un abus regrettable, et qu'on irait au-devant de ces récri-
minations et de ces plaintes qui n'ont souvent d'autre cause
que la négligence de quelques agents secondaires, et l'im-
puissance matérielle des chefs pour exercer le contrôle qui
leur est dévolu. (1)

_____

(1) Nous ne croyons pas sans intérêt de rappeler ici que la question de
l'inspection des consulats a été récemment débattue au sein de la commission chargée, en 1883, d'étudier l'organisation du corps consulaire français. Cette commission tout en se prononçant contre la création d'inspecteurs des consulats, qu'elle a considérée comme une innovation onéreuse
et souvent périlleuse pour la considération dont nos agents doivent être
entourés au dehors, a, en même temps, estimé qu'il conviendrait de faciliter aux chefs de postes, les déplacements ayant pour objet de leur permettre
d'entrer en rapports plus intimes avec leurs délégués ou les agents placés
sous leurs ordres. (V. rapport de M. Hanotaux : *Journal officiel* du 18 décembre 1884.)

# CHAPITRE II

## DES CONSULS DE TOUT GRADE.

**13. Classification des consuls.** — Le corps des consuls se compose de consuls généraux, de consuls de première et de seconde classe, de consuls suppléants, d'élèves consuls et de vice-consuls. (1)

Les postes consulaires ne se divisent cependant eux-mêmes qu'en consulats généraux et en simples consulats, la classe pour les consuls étant attachée aujourd'hui à la personne de l'agent, indépendamment de la résidence à laquelle il est appelé. (2) Cette disposition, qui déroge expressément au texte des ordonnances des 20 et 21 août 1833, est incontestablement plus favorable au service et aux agents que l'ancienne législation.

Les prescriptions de l'ordonnance du 21 août 1833 qui avaient distribué les consulats en postes de première et de seconde classe étaient, en effet, d'une exécution sinon impossible, du moins toujours difficile. Certains postes d'une importance très secondaire pouvant, par suite des événements politiques ou de faits commerciaux nouveaux, acquérir à un moment donné un intérêt qui exige la présence d'un agent d'un grade élevé, et par conséquent d'une expérience plus consommée, il faut que le gouvernement conserve toute liberté d'action pour y installer tel agent dans lequel il placera sa confiance, sans que son choix puisse se trouver entravé par une prescription réglementaire. Quant aux agents eux-mêmes, il n'était pas juste non plus qu'ils se

---

(1) Ordonnance du 20 août 1833, art. 1. (F.) — Décrets des 17 janvier et 12 novembre 1891 (F.) et du 20 novembre 1894.

(2) Ordonnance du 4 août 1847, art. 1. (F.)

trouvassent arrêtés dans leur carrière par l'obligation d'être transférés dans une autre résidence pour recevoir la juste récompense de leurs travaux ou de l'ancienneté de leurs services.

Le nombre des consuls généraux est aujourd'hui (1) fixé à quarante ; celui des consuls de première classe, à cinquante, et celui des consuls de 2e classe, à quatre-vingts.

**14. Conditions d'admission et d'avancement.** — Les conditions d'admission et d'avancement dans la carrière des consulats sont actuellement réglées par les décrets des 17 janvier et 12 novembre 1891 et du 20 novembre 1894.

Les consuls généraux sont choisis : 1° par voie de permutation (2), parmi les sous-directeurs du département (directions politique et commerciale) ; 2° par voie d'avancement, parmi les consuls et secrétaires d'ambassade de première classe comptant 3 ans de service dans ce grade.

Les consuls de première classe sont choisis : 1° par voie de permutation, parmi les rédacteurs et chefs de bureaux des deux directions précitées et parmi les secrétaires d'ambassade de première classe ; 2° par voie d'avancement, parmi les consuls et secrétaires de deuxième classe, comptant 3 ans de service au moins dans ce grade.

Les consuls de deuxième classe se recrutent : 1° par voie de permutation, parmi les commis principaux, attachés payés, sous-chefs de bureaux des deux directions politique et commerciale, et parmi les secrétaires d'ambassade de 2e classe ; 2° par voie d'avancement, parmi les consuls suppléants et secrétaires d'ambassade de 3e classe et vice-consuls comptant 3 ans de service au moins dans ce grade ; parmi les chan-

---

(1) Décret du 12 novembre 1891. (F.)

(2) Le décret du 12 mai 1891 a supprimé toute assimilation entre les emplois de l'administration centrale et ceux de la carrière extérieure, mais il prévoit d'autre part que des agents des services extérieurs peuvent être détachés dans certaines situations à Paris, et, en fait, les fonctions de sous-directeurs sont confiées à des consuls généraux, celles de rédacteurs à des consuls de première classe, etc. Lorsque ces agents retournent à l'étranger dans le même grade, il s'agit donc pour eux d'une simple permutation.

celiers, drogmans et interprètes, après dix années d'exercice dont trois au moins comme chanceliers, drogmans ou
interprètes de première classe.

**15. Révocation, mise en inactivité et à la retraite.** — Les
décrets des 24 avril 1880, 8 février 1882 et 1er avril 1891
ont décidé que la mise en retrait d'emploi et la révocation
d'un agent ou d'un fonctionnaire du ministère des affaires
étrangères ne pourront à l'avenir être prononcées qu'après
un avis motivé du comité des services extérieurs, qui entend
les intéressés s'ils en font la demande.

Un agent consulaire peut donc cesser ses fonctions par
révocation ; il le peut, en outre, par sa mise en inactivité, ou
par sa mise à la retraite, ou bien enfin par l'envoi de sa démission. Dans ce dernier cas, les agents démissionnaires ne
peuvent quitter leur poste ou emploi qu'après que la démission a été régulièrement acceptée.

A côté de la mise en disponibilité d'office et sans traitement qui est une punition, les règlements prévoient une autre
mise en inactivité qui ne doit pas toujours être considérée
comme une mesure personnelle à l'agent ; celle-ci dépend
en effet le plus souvent de considérations politiques qui, obligeant le gouvernement à retirer les agents qu'il a accrédités
dans un certain État, ou à les remplacer par d'autres plus
aptes, par une considération quelconque, à réussir dans telle
ou telle négociation, le mettent en même temps dans l'impossibilité, à défaut de vacances, d'offrir immédiatement à
l'agent rappelé une compensation en échange de la position qui
lui est enlevée. On comprend que, dans ce cas, l'agent soit
simplement mis en disponibilité, sans que par le fait de la
cessation de ses fonctions il perde ni son grade, ni ses droits
à l'avancement, ni ses titres pour être ultérieurement employé.

Un traitement en rapport avec son grade lui est alors acquis pendant un laps de temps assez long pour lui permettre
d'attendre sa réintégration dans le service actif. Nous indiquerons plus loin le taux de ces traitements d'inactivité en

nous occupant des dispositions réglementaires concernant les traitements et les retraites des agents.

**16. Mise en jugement et prise à partie.** — Les formes de la mise en jugement des agents du gouvernement inculpés à raison de l'exercice de leurs fonctions, avaient été déterminées par la loi du 22 frimaire an VIII (13 décembre 1799) et le décret du 9 août 1806; l'ordonnance du 21 septembre 1815 avait établi, en outre, que les rapports sur la mise en jugement des fonctionnaires publics seraient faits au comité du Contentieux du Conseil d'État, qui statuerait sur ces affaires conformément à la loi. Cette législation n'est plus en vigueur. Un décret du gouvernement de la défense nationale, en date du 19 septembre 1870, a, en effet, abrogé l'article 75 de la loi de frimaire an VIII, relatif aux poursuites dirigées contre les fonctionnaires publics, en même temps que toutes les autres dispositions de nos lois qui avaient pour objet d'entraver les poursuites dirigées contre les fonctionnaires publics de tout ordre.

Le même décret avait promis qu'il serait statué ultérieurement sur les peines civiles qu'il pourrait y avoir lieu d'édicter dans l'intérêt public contre les particuliers qui auraient dirigé des poursuites téméraires contre des fonctionnaires ; cette promesse n'a pas encore été tenue.

Les consuls, en Orient et dans les pays où ils exercent juridiction, peuvent être pris à partie par leurs justiciables, comme les magistrats de la métropole. Les droits des parties, leurs obligations et les garanties spécifiées en faveur des juges de tout ordre sont les mêmes pour tous : ils sont déterminés par le Code de procédure civile.

**17. Entrée en fonctions des consuls et remise du service.** — Les anciennes ordonnances avaient réglé la forme dans laquelle les consuls devaient être reçus à leur arrivée dans leur résidence, et avaient prescrit l'enregistrement en chancellerie, ainsi que la publication du texte de leurs *provisions* en assemblée générale des nationaux du consul. (1) Ces formalités étaient observées non seulement dans le Levant et en Barbarie, mais encore dans les pays de chrétienté où la *nation* avait son organisation propre et ses assemblées délibérantes, comme en Espagne, par exemple. (2) L'autorité tout exceptionnelle dont, à cette époque, les règlements investissaient nos consuls, nécessitait en quelque sorte cette publicité solennelle, donnée tant à leurs lettres de nomination qu'à leur entrée en fonctions, à l'occasion de laquelle la nation ne pouvait, d'ailleurs, autoriser aucune espèce de dépense extraordinaire. (3) Mais aujourd'hui, sous l'empire des ordonnances de 1833, cette prescription de l'édit de 1781 n'est plus suivie que dans les quelques postes du Levant ou de Barbarie, où les Français sont assez nombreux pour se réunir en corps de nation. En pays de chrétienté, le seul acte qui constitue l'installation d'un nouveau consul au moment de son arrivée et de sa prise de possession, c'est la remise des archives. Ce dernier acte, dont la forme est réglée par l'ordonnance du 18 août 1833, donne lieu à la rédaction d'un procès-verbal avec récolement exact et complet de tous les papiers et documents composant les archives du poste (4), dressé en triple expédition ; l'une de celles-ci reste déposée aux archives du consulat, l'autre est transmise au ministère des affaires étrangères, sous le timbre du *Cabinet* (*service du Personnel*), et la troisième est conservée comme décharge par le fonctionnaire sortant.

Au moment de la remise officielle des archives d'un poste consulaire, on doit également procéder, mais par acte séparé et distinct, à l'inventaire et au récolement contradictoire du mobilier appartenant à l'État à un titre quelconque ;

---

(1) Ordonnance d'août 1681, livre i, tit. ix, art. 3. — *Id.* du 3 mars 1781, tit. i, art. 5 et 6. (F.)

(2) Ordonnance du 21 mai 1728.

(3) Instruction du 6 mai 1781. (F.)

(4) V. *Formulaire des chancelleries*, t. i, page 3. — Circulaire des affaires étrangères du 2 octobre 1833. (F.)

l'un des doubles du procès-verbal de récolement, dressé à cette occasion, est transmis au département des affaires étrangères, sous le timbre de la *Division des fonds*. (1)

Les mêmes formalités doivent être observées lorsqu'un agent s'absente de sa résidence en vertu d'un congé régulier, et la remise du service au gérant intérimaire se fait dans les termes prévus par l'ordonnance du 18 août 1833.

**18. Décès des consuls dans l'exercice de leurs fonctions. —** En cas de vacance d'un consulat général par décès, l'officier le plus élevé en grade de la résidence prend provisoirement le service et attend les ordres du ministre des affaires étrangères. Lorsque la vacance survient dans un simple consulat, il est procédé de la même manière, jusqu'à ce que le consul général ou autre chef de l'établissement consulaire ait pourvu à ce que l'urgence des circonstances et le bien du service peuvent exiger. (2)

Cette prescription, qui a modifié l'article 27 du titre I<sup>er</sup> de l'ordonnance de 1781, en ce sens que ce n'est plus l'officier le plus élevé en grade de l'arrondissement, mais celui de la résidence, qui est appelé à la gérance provisoire du poste dont le titulaire vient de mourir, est aujourd'hui réglementaire, et a déjà reçu souvent la sanction de l'expérience. Ainsi le ministère des affaires étrangères a plusieurs fois confié ou laissé la gestion d'un consulat général vacant au consul suppléant attaché au poste, quoiqu'il y eût dans la circonscription de celui-ci des consuls qui invoquassent, pour obtenir la préférence, le bénéfice de l'ordonnance de 1781.

L'usage autant que les règlements exigent donc qu'en cas de vacance d'un poste par décès, l'officier le plus élevé en grade de la résidence, c'est-à-dire le consul suppléant, lorsqu'il y en a un, et, à son défaut seulement, le chancelier

---

(1) Circulaire des affaires étrangères des 1<sup>er</sup> octobre 1818 et 14 mars 1866. (F.)

(2) Ordonnance du 20 août 1833, art. 8. (F.)

prenne le service et attende les ordres du ministre, auquel
il doit immédiatement en référer.

**19. Vacance des consulats pour toute autre cause que le
décès du titulaire.** — En cas de vacance d'un poste pour
toute autre cause que le décès du titulaire, par exemple, par
suite de son départ ou pour toute autre cause imprévue, et
à défaut de consul suppléant ou de chancelier, la gérance
intérimaire peut être confiée, après autorisation du ministre
des affaires étrangères, à toute autre personne, même complètement étrangère aux consulats; l'agent qui s'absente
doit alors ne pas se borner à accréditer son remplaçant auprès des autorités de sa résidence, mais il doit, en outre, lui
donner toutes les instructions écrites ou orales qui peuvent
contribuer à lui faciliter l'exercice de ses fonctions et à lui
bien faire saisir la limite extrême de ses attributions.

Le consul autorisé à rentrer en France par congé reste
juge de l'opportunité et du moment précis de son départ,
après entente avec le chef de la mission diplomatique, quel
que soit, du reste, l'agent qui a été désigné pour le remplacer par intérim. En effet, si le bon ordre exige qu'un agent
dont le successeur, même intérimaire, est déjà arrivé dans
sa résidence, respecte en quelque sorte les droits acquis de
celui-ci, et lui remette le service dans le plus bref délai possible, néanmoins le titulaire doit pouvoir continuer à gérer
le poste toutes les fois que les besoins du service l'exigent;
il doit seulement, dans ce cas, en rendre compte au gouvernement, sans qu'il puisse évidemment baser sa détermination sur des considérations de convenances purement personnelles.

Lorsque l'agent autorisé à s'absenter revient à son poste,
et à quelque époque qu'il effectue son retour, même avant
l'expiration du congé qu'il a obtenu, il rentre immédiatement
dans la plénitude de ses droits comme titulaire de la résidence,
et le gérant doit aussitôt lui faire la remise du service dans
la forme indiquée plus haut pour la prise de possession.

**20. Rang et assimilation des consuls.** — Les rapports fréquents des consuls avec les fonctionnaires français d'ordre divers, surtout avec les officiers de tout grade de la marine militaire, exigeaient que leur assimilation de position hiérarchique fût nettement déterminée.

L'ordonnance du 7 novembre 1833 y a pourvu de la manière la plus honorable en donnant au consul général le rang de contre-amiral, et aux consuls de première et de deuxième classe ceux de capitaine de vaisseau et de capitaine de frégate. (1) Cette assimilation est loin d'être la même dans toutes les législations étrangères et, quoiqu'il n'y ait peut-être qu'un seul État, l'Uruguay, qui ait fixé le rang d'assimilation de ses consuls d'après les grades de l'armée de terre, et que ce soit généralement la marine qui serve de point de comparaison à cause de la connexité si étroite des deux services, beaucoup de consuls généraux étrangers ont uniformément, d'après la loi de leur pays, le rang d'officiers généraux.

---

(1) Ordonnance du 7 novembre 1833, art. 2. (F.)

# CHAPITRE III

## DES CONSULS SUPPLÉANTS. (1)

**21. But de l'institution des consuls suppléants.** — La création d'un corps d'élèves consuls remonte, pour ainsi dire, à
l'origine même des consulats. Dès l'organisation de ce service, on comprit, en effet, qu'un service public chargé d'intérêts si importants, investi d'attributions si diverses et si
nombreuses, demandait à être recruté dans des conditions
rigoureuses de hiérarchie, d'instruction spéciale à la fois
théorique et pratique, et de haute moralité. De là l'institution
d'un cadre d'élèves destinés, au bout d'un stage plus ou
moins long, à concourir pour les divers emplois de la carrière.

L'exemple donné sous ce rapport par la France a été successivement imité par d'autres nations, notamment par l'Italie.

C'est dans l'ordonnance du 9 décembre 1776 que se re-
trouve la première indication d'un corps d'élèves consuls par
la création d'une espèce d'école des consuls; mais ce ne fut
qu'après le retour de M. de Tott de sa mission d'inspection
des établissements français dans le Levant, que cette institution, reconnue d'une incontestable utilité, fut développée
et consacrée par la grande ordonnance de 1781. Perdue et
détruite au milieu de la confusion dans laquelle ont été plon-
gés les consulats depuis 1789 jusqu'en 1814, elle a été rétablie par l'ordonnance du 15 décembre 1815 et le règlement
du 11 juin 1816, puis réorganisée sur de nouvelles bases par
les ordonnances des 20 août 1833 et 26 avril 1845 et les décrets des 21 février 1880 et 25 octobre 1894.

_____

(1) Ce titre a été substitué par le décret du 21 février 1880 à l'ancienne
dénomination d'élève consul, qui a subsisté pendant près d'un demi-siècle.

**22. Nomination, nombre et traitement.** — Les consuls suppléants, comme tous les membres du corps consulaire, sont nommés directement par le chef de l'État, sur la proposition du ministre des affaires étrangères. Leur nombre est limité à douze et il leur est alloué sur le budget un traitement fixe annuel de 5.000 francs. (1) Il peut leur être attribué, en outre, des allocations dont le taux varie suivant les résidences.

**23. Recrutement.** — Les consuls suppléants sont actuellement choisis parmi les élèves consuls nommés à la suite du concours d'admission dans les carrières diplomatique et consulaire, et comptant au moins trois ans de grade. (2)

**24. Conditions d'admission.** — Aux termes du décret du 1er février 1877, les examens prescrits pour la nomination au grade d'élève consul ou d'attaché payé dans le service consulaire de l'administration centrale, devaient avoir lieu tous les ans, dans les derniers mois de l'année, nul ne pouvant, d'ailleurs, être admis à subir l'examen s'il ne justifiait d'un surnumérariat de deux ans.

Après une expérience de quelques années, il a été substitué à cette épreuve unique un concours d'admission à l'issue d'un stage accompli, soit dans les bureaux du département (*Directions Politique et Commerciale*), soit dans les légations et consulats à l'étranger, et dont la durée varie entre une année au minimum et trois au maximum. (3)

Ce concours est ouvert chaque année le premier lundi de décembre. Il a pour objet de pourvoir aux emplois vacants d'attachés d'ambassade, d'élèves consuls et d'attachés payés à la Direction Politique et aux sous-directions des affaires commerciales et des affaires consulaires de la Direction des Consulats.

---

(1) Décret du 25 octobre 1891.
(2) Décrets du 25 octobre 1891, art. 1er; du 17 janvier 1891, art. 3, § 1 (F.), et du 12 novembre 1891, art. 5, § 1. (F.)
(3) Décret du 20 novembre 1891, art. 1, 5 et 25.

**25. Du stage.** (1) — Pour être admis à concourir, le candidat doit préalablement justifier d'un stage effectué, soit à l'administration centrale du ministère des affaires étrangères, soit dans les services extérieurs.

Ce stage comprend deux périodes : l'une de stage préliminaire, l'autre de stage définitif.

Les candidats au stage dont l'inscription a lieu du 15 octobre au 15 novembre de chaque année, et dont la liste est arrêtée par le ministre le 1er décembre, doivent justifier :

1° Qu'ils sont Français, jouissant de leurs droits, et qu'ils ont satisfait à la loi militaire;

2° Qu'ils sont âgés de moins de 27 ans;

3° Qu'ils sont licenciés en droit, ès-sciences ou ès-lettres, ou qu'ils ont le diplôme de l'école des chartes, ou ont satisfait aux examens de sortie de l'école normale supérieure, de l'école polytechnique, de l'école nationale des mines, de l'école nationale des ponts et chaussées, de l'école centrale des arts et manufactures, de l'école forestière, de l'école spéciale militaire ou de l'école navale, ou, qu'étant bacheliers, ils ont, soit un brevet d'officier des armées de terre ou de mer, soit un diplôme de l'école des sciences politiques, de l'école des hautes études commerciales, d'une école supérieure de commerce agréée par le gouvernement, de l'école coloniale ou de l'institut national agronomique.

Pendant la période du stage préliminaire, les candidats, placés sous la direction d'une commission composée de fonctionnaires du département des affaires étrangères présidée par le chef de la division des archives, sont occupés à des travaux pratiques comportant notamment l'étude et l'analyse de documents originaux appartenant aux différentes époques de notre histoire moderne, la rédaction de notes et mémoires, la connaissance et l'usage des principaux recueils diplomatiques modernes, le classement et l'inventaire des cartons et dossiers. Les travaux des aspirants stagiaires sont, de la

_____

(1) Décret du 20 novembre 1894, art. 3 à 17.

part de la commission de surveillance, l'objet de notes qui entrent en ligne de compte pour l'admission définitive.

Les épreuves pour l'admission définitive au stage ont lieu au mois de mars de chaque année. Elles consistent en une composition sur le droit international public, en un rapport motivé sur une affaire dont le dossier est remis au candidat, et en un thème anglais ou allemand sans lexique ni dictionnaire.

Le jury se compose du chef de la division des archives, faisant fonctions de président, et de deux membres, dont l'un est pris parmi les agrégés ou professeurs de l'école de droit. En cas d'empêchement du chef de la division des archives, le chef du bureau historique fait partie de droit du jury, qui est alors présidé par un ministre plénipotentiaire désigné par le ministre.

La note d'ensemble donnée aux candidats par la commission permanente du stage est ajoutée au total des notes obtenues pour chacune des compositions. Après délibération, le jury arrête, par ordre alphabétique, la liste des jeunes gens qui lui ont paru le plus méritants.

Les jeunes gens admis définitivement au stage peuvent, sur leur demande et avec l'assentiment préalable du chef de poste, être autorisés à accomplir leur stage dans une ambassade, dans une légation ou un consulat général. Les stagiaires de l'administration centrale sont répartis entre les services du département.

Les uns et les autres doivent, sous la direction de leurs chefs de service, faire, tous les trois mois, un travail qui est soumis à la commission permanente du stage. Celle-ci résume, dans une note d'ensemble, ses appréciations sur les travaux qui lui sont soumis et la note d'aptitude pratique donnée par le chef de service. Cette note d'ensemble entre dans le total des points obtenus par les candidats au concours d'admission.

Pendant toute la durée du stage, le ministre peut, par simple décision et après avis du comité des directeurs, pro-

noncer l'exclusion d'un stagiaire. Cette exclusion est définitive et interdit à celui qui en a été. l'objet toute inscription
ultérieure au stage.

**26. Du concours d'admission.** (1) — Le nombre des emplois
vacants est publié avant le concours. Le jury, dont la liste
est arrêtée par le ministre, se compose d'un ministre plénipotentiaire président et de quatre membres, dont deux pris
en dehors de la carrière.

L'examen se compose d'épreuves écrites et d'épreuves
orales. Les épreuves écrites consistent en une composition
d'histoire diplomatique, depuis le traité d'Utrecht jusqu'au
traité de Berlin, et en une version anglaise ou allemande
faite sans lexique ni dictionnaire.

Les épreuves orales consistent :

1° En un exposé de dix minutes au maximum sur un
sujet de droit international ou d'histoire contemporaine. (Le
candidat ayant fait connaître la matière sur laquelle il désire
faire son exposé, le sujet en est tiré au sort, et une demi-
heure de préparation lui est accordée, sans l'aide d'aucun
document imprimé ou manuscrit, sous peine d'exclusion) ;

2° En une interrogation sur celle des deux matières qui
n'a pas fait l'objet de l'exposé oral ;

3° En une interrogation sur la géographie économique,
l'expansion coloniale des États européens et les principes
généraux de l'économie politique.;

4° En une analyse verbale et en langue étrangère d'un
document de même langue, qui est lu au candidat.

Chaque langue supplémentaire sur laquelle le candidat
demande à être interrogé, fait l'objet de notes spéciales : le
total des points ainsi obtenus ne peut dépasser dix.

Le classement des candidats résulte de la quantité des
points obtenus par l'addition des notes préalablement multi-
pliées par les coefficients respectifs. La liste des candidats

----

(1) Décret du 20 novembre 1894, art. 18 à 26.

admis est arrêtée, séance tenante, par le jury, d'après l'ordre alphabétique et en nombre égal à celui des places mises au concours.

Les candidats sont répartis par le ministre entre le service intérieur et les carrières diplomatique et consulaire, un droit de préférence pour les emplois vacants d'attachés autorisés étant toutefois réservé aux candidats qui ont fait leur stage à l'étranger.

Les candidats qui n'ont pas été admis au concours et sont autorisés à faire une 2ᵉ ou une 3ᵉ année de stage, sont dispensés des épreuves du stage préliminaire et répartis dans les divers services du département.

Les candidats admis au stage définitif doivent nécessairement se présenter au concours d'admission dans la même année. Le ministre peut toutefois apprécier la validité des motifs qui auraient empêché un candidat de se présenter, et, s'il les reconnaît fondés, autoriser ce jeune homme à continuer son stage; mais, dans tous les cas, ce candidat est considéré comme ayant profité de son droit à se présenter, puisque le stage ne peut être prolongé au-delà de 3 ans (1) ni au-delà de la trentième année.

D'autre part, les élèves chanceliers, après deux ans au moins de services, et s'ils remplissent les conditions de capacité (nationalité, diplômes, âge, etc.) requises des candidats stagiaires, peuvent être admis au stage préliminaire sur décision spéciale du ministre et après un rapport détaillé et motivé de leur chef de mission.

Les élèves chanceliers, admis à bénéficier de cette disposition, sont mis en congé sans traitement et conservent leurs droits à l'ancienneté et à l'avancement.

**27. Devoirs, obligations, fonctions et travaux.** — Les consuls suppléants sont attachés aux postes consulaires désignés par le ministre des affaires étrangères, et ils sont placés sous

_____

(1) Décret du 20 novembre 1891, art. 25.

l'autorité et la direction immédiate de l'agent près duquel
ils résident. (1) La subordination la plus complète leur est
recommandée vis-à-vis de leurs chefs, qu'ils doivent assister
dans l'exercice de leurs fonctions toutes les fois que ceux-ci
le jugent convenable ; ils peuvent remplir même quelques
unes des attributions consulaires, d'après les ordres ou sous
la direction de leurs chefs, ou même être délégués pour suppléer les chanceliers en cas d'absence. Ils sont généralement
employés à la transcription de la correspondance, à la rédaction des états de commerce et de navigation, et doivent, en
profitant de toutes les occasions qui peuvent leur être offertes,
se rendre utiles au service (2), obéir à tous les ordres se rattachant au service qu'ils peuvent recevoir. Tout acte de
désobéissance ou d'insubordination de leur part entraînerait
leur révocation. (3)

Les consuls suppléants doivent, avant tout, se considérer
comme envoyés à l'étranger pour continuer et compléter
leurs études spéciales. Ces études ont pour objet la connaissance approfondie de ce qui constitue l'office de consul ; ils
ont à faire l'analyse des ordonnances, règlements et instructions qui se rapportent aux fonctions consulaires, soit dans
la partie administrative relative au service commercial et
maritime proprement dit, soit dans les rapports avec l'autorité étrangère ou l'exercice de la juridiction et de la police
envers les nationaux, négociants ou autres. Les consuls suppléants doivent, en outre, étudier les intérêts du commerce
de la France dans le pays où ils résident : les institutions
économiques, les lois civiles ou politiques, et l'ensemble des
règlements administratifs qui touchent directement ou indirectement au commerce ; enfin, les traités et les conventions
par lesquels ce pays est lié, soit envers nous, soit envers
d'autres nations. (4)

_____

(1) Ordonnance dn 20 août 1833, art. 13 et 14. (F.)
(2) Règlement du 14 juin 1816, art. 4 et 9.
(3) Ordonnance du 20 août 1833, art. 37.
(4) Règlement du 11 juin 1816, art. 6.

Ils adressent au ministre des affaires étrangères des rapports sur les faits économiques et commerciaux de la circonscription à laquelle ils sont attachés. (1)

L'ordonnance de 1781 prescrivait, en outre, aux élèves employés dans le Levant d'étudier la langue turque; ils devaient même, à la fin de l'année, être examinés par le drogman de l'*échelle* à laquelle ils étaient attachés, et un procès-verbal de cet examen était transmis au ministre.

Aujourd'hui que les élèves sont indistinctement répartis dans les divers pays du monde, on leur recommande surtout l'étude approfondie de la langue du pays de leur résidence.

**28. Rapports avec leurs chefs.** — Les consuls suppléants qui négligeraient leurs travaux ou leurs études, et qui, s'abandonnant à l'indolence, n'auraient pas égard aux remontrances de leur chef, seraient révoqués de leurs fonctions. (2) A plus forte raison, ceux dont la conduite répréhensible autoriserait à penser qu'ils ne possèdent pas les qualités morales que demande l'emploi de consul, encourraient-ils le renvoi du service. (3)

Aux termes de l'article 40 du titre 1er de l'ordonnance de 1781, reproduit par l'article 4 de celle du 15 décembre 1815, les élèves devaient être logés chez les consuls et nourris à leur table; ceux-ci recevaient, en conséquence, à titre de compensation de leurs dépenses, une indemnité qui était, du reste, prélevée sur le traitement même des élèves. Cette obligation n'existe plus depuis longtemps (4), et l'ordonnance d'août 1833, sur le personnel des consulats, en faisant définitivement cesser un état de choses souvent gênant pour l'indépendance respective des agents, a attribué aux consuls

---

(1) Ordonnance du 3 mars 1781, tit. 1, art. 37.— Règlement du 11 juin 1816, art. 9. — Circulaire des affaires étrangères du 14 mai 1818. — Décret du 12 novembre 1891, art. 4. (F.)

(2) Règlement du 11 juin 1816, art. 10.

(3) Ordonnance du 20 août 1833, art. 15. (F.)

(4) Circulaire des affaires étrangères du 4 mai 1825.

suppléants, en sus de leur traitement fixe, une allocation variable quant à son taux et suivant la résidence, pour frais de table et de logement. Depuis que le traitement fixe a été porté de 3 à 5.000 francs, l'allocation supplémentaire, qui varie entre 1.000 et 2.000 francs, n'est plus accordée qu'à un certain nombre de consuls suppléants.

**29. Rang.** — Lorsque les consuls suppléants accompagnent leur chef dans une cérémonie publique, ou se trouvent avec des officiers de la marine militaire ou avec d'autres consuls étrangers, ils ne prennent aucun rang. (1) Mais, lorsqu'ils sont chargés par intérim d'un poste, ils prennent, dans toutes les cérémonies publiques ou visites d'étiquette, le rang assigné à l'agent titulaire. Ils ont, du reste, dans tous les cas, le pas sur les drogmans ou le chancelier de la résidence, sans distinction de grade ou d'ancienneté de service.

_____

(1) Ordonnance du 3 mars 1781, tit. 1, art. 150 et 151. (F.)

# CHAPITRE IV

## DES VICE-CONSULS.

**30. Origine et fonctions des vice-consuls.** — L'institution des agents vice-consuls date de l'ordonnance du 26 avril 1845. Ces agents remplissent les attributions consulaires dans les résidences étrangères où la protection des intérêts français, tout en n'exigeant pas la présence d'un consul assisté d'un chancelier, est néanmoins trop importante encore pour qu'elle soit confiée à des agents consulaires non rétribués.

A ce titre, ils font, depuis les décrets des 19 janvier et 22 février 1881, les actes attribués aux consuls en qualité d'officiers de l'état civil, aux chanceliers en qualité de notaires, et exercent les pouvoirs déterminés par le décret du 22 septembre 1854 en matière maritime (nomination d'experts en cas d'avaries, autorisation d'emprunter à la grosse, etc.); ils sont autorisés à recevoir les dépôts et sont dispensés de soumettre les actes qu'ils délivrent au visa du chef de l'arrondissement consulaire.

Ils suppléent à l'étranger les administrateurs de la marine et sont, en conséquence, investis du droit de concourir et de veiller à l'exécution des lois, décrets et règlements sur la police de la navigation. Ils ont la faculté de faire, en cas de naufrage d'un navire français, tous les actes administratifs qui se rapportent tant au sauvetage des bâtiments et des cargaisons qu'au rapatriement des marins. Ils exercent enfin les pouvoirs conférés aux consuls par le Code disciplinaire et pénal pour la marine marchande du 24 mars 1852.

Depuis leur institution en 1845 jusqu'à la réforme de 1880, les agents vice-consuls étaient nommés : les uns par décret et recevaient alors leur commission, soit du président de la République, soit du chef de l'arrondissement dont ils devaient relever ; les autres par arrêté ministériel et étaient commissionnés dans ce cas, soit par les chefs de légation, soit par les consuls sous les ordres desquels ils étaient placés. Ceux de ces agents qui étaient rétribués sur le budget des affaires étrangères, étaient devenus comptables des deniers de l'État qu'ils percevaient en vertu du tarif des chancelleries, fournissaient de ce chef un cautionnement et subissaient des retenues pour la retraite. Les autres n'avaient pour toute rétribution que le montant des taxes applicables aux actes qui étaient de leur compétence, comme les simples agents consulaires. (1)

Les agents vice-consuls nommés par arrêté ministériel cessaient de plein droit leurs fonctions après cinq ans, si dans l'intervalle ils n'avaient été confirmés par le chef du pouvoir exécutif. Après cinq ans de service et de résidence en cette qualité, les agents vice-consuls dont la nomination avait été confirmée depuis trois mois au moins, pouvaient être admis à concourir aux postes consulaires. (2)

Le décret du 18 septembre 1880 a entièrement remanié cette organisation. La qualification d'agent vice-consul a été supprimée et remplacée par celle de vice-consul ; il a été en même temps décidé que ce titre ne serait dorénavant attribué qu'aux agents rétribués sur les fonds du budget des affaires étrangères et nommés par décret du président de la République.

Les vice-consuls titulaires d'un vice-consulat sont, en réalité, aujourd'hui de véritables consuls de 3e classe.

Ils correspondent directement avec le département des affaires étrangères sur toutes les questions politiques et commerciales qui intéressent le pays de leur résidence (3) ; les règlements ne les obligent pas d'une manière stricte à communiquer une copie de cette correspondance au chef de

---

(1) Décret du 16 janvier 1877, art. 28.
(2) Ordonnance du 26 avril 1845, art. 4. (F.)
(3) Ordonnance du 26 avril 1845, art. 3.

l'arrondissement consulaire dont ils relèvent, mais des raisons de convenance, ainsi que l'intérêt général du service de
l'État, leur font un devoir de tenir exactement informés de
tous les faits importants le consul général ou le consul dont
ils dépendent. (1)

Sous un triple point de vue cependant, l'étendue des attributions des vice-consuls est inférieure à celle des consuls :

1° Les vice-consuls n'ont pas *en principe* de circonscription consulaire et leur compétence est limitée à l'arrondissement administratif local au chef-lieu duquel ils résident.
Par suite, ils ne peuvent déléguer leurs fonctions et ne sont
pas, sauf de très rares exceptions justifiées par des conditions géographiques spéciales, autorisés à nommer des agents
consulaires ;

2° En matière civile et pénale, ils n'ont pas de juridiction,
et la loi du 22 mai 1836 ne leur reconnait dans son article 17
que le pouvoir de recevoir les plaintes et les dénonciations
qu'ils doivent transmettre au consul chef d'arrondissement ;
de dresser les procès-verbaux nécessaires, saisir les pièces à
conviction, recueillir à titre de renseignement les dires des
témoins. Ils n'interviennent jamais comme juges, et ne peuvent agir, même en cas de flagrant délit, pour opérer des
visites et perquisitions au domicile des inculpés qu'en vertu
d'une délégation spéciale du consul ;

3° Au point de vue comptable, les vice-consuls, assujettis
comme les chanceliers à un cautionnement et responsables
comme eux vis-à-vis de l'agent comptable des chancelleries,
sont, quoique chefs de poste, placés sous la surveillance du
chef de mission diplomatique ou du consul dont ils relèvent.
En cas d'absence, de mutation, de démission ou de décès
d'un vice-consul, le chef d'arrondissement avise, d'ailleurs,
aux mesures nécessaires pour sauvegarder les intérêts du
Trésor, s'il n'y a été pourvu par le ministre des affaires étrangères. La comptabilité des vice-consulats est, au surplus,

_____

(1) Ordonnance du 26 octobre 1833, art. 1er. (F.)

comme celle des chanceliers, tenue conformément aux
règles tracées par le décret du 20 décembre 1890 et l'instruction du 10 mai 1891 que nous étudierons plus loin. (Livre IX.)

De ce qui précède il résulte que les vice-consuls, ayant, en
matière administrative, tous les pouvoirs afférents aux
consuls, les règles que nous traçons dans les chapitres subsé-
quents du présent ouvrage, relativement aux rapports des
consuls avec les autorités françaises et territoriales et avec
les particuliers établis soit en France, soit dans le pays de
la résidence de l'agent, de même que celles qui concernent
l'intervention des consuls dans les actes intéressant leurs
nationaux (actes d'état civil, certificats de vie, passeports, etc.)
et dans l'application des lois militaires, douanières, sanitaires, maritimes, etc., sont de tous points applicables aux
titulaires des vice-consulats. Il en est de même en ce qui
touche la réception des actes notariés : les vice-consuls ont
en cette matière, depuis le décret du 19 janvier 1881, tous les
pouvoirs afférents aux chanceliers; la seule exception, à cet
égard, concerne les testaments par acte authentique. Dans
les consulats ces actes sont reçus par le chancelier assisté du
chef de poste et de deux témoins, conformément à l'ordonnance de 1681; dans les vice-consulats, il y a lieu, suivant
nous, de se conformer aux règles suivies en France, lorsque
le testament authentique est reçu par un seul notaire, c'est-
à-dire que l'officier instrumentaire doit se faire assister par
quatre témoins, ainsi que le prescrit la loi de ventôse an XI.

**31. Organisation et recrutement du corps des vice-consuls.**
— Le cadre des vice-consuls se compose aujourd'hui de
80 agents (1). Ceux-ci prennent rang dans la hiérarchie consulaire immédiatement après les consuls suppléants. (2)

Les vice-consuls se recrutent normalement parmi les chanceliers, les drogmans et les interprètes ; toutefois, le ministre
peut appeler à un poste vice-consulaire un candidat quel-

---

(1) Décret du 25 octobre 1891, art. 1er.
(2) Décrets du 12 novembre 1891, (F.) art. 1er, et du 25 octobre 1891, art. 1er.

conque sans que ce dernier ait à justifier de conditions d'âge ou de capacité, pourvu qu'il soit en possession de la nationalité française et de la jouissance de ses droits civils. Cette faculté, qui a toujours existé, a soulevé de nombreuses critiques : il parait étrange, en effet, en présence des fonctions importantes qui incombent à cette catégorie d'agents, que l'on n'ait jamais songé à exiger d'eux les mêmes garanties que l'on réclame depuis le décret du 24 juin 1886 des élèves chanceliers et des chanceliers.

Quoi qu'il en soit, les vice-consuls, bien que tous inscrits sur le même cadre, sont, en fait, d'après leurs attributions, séparés en deux catégories : les agents qui gèrent une chancellerie de consulat, de consulat général ou de mission diplomatique, et ceux qui sont à la tête d'un vice-consulat. Les premiers ne possèdent en réalité que les attributions des chanceliers dont ils tiennent la place et jouissent en plus d'un titre personnel ; les seconds allient à ces attributions celles des consuls, ainsi que nous le verrons au cours de cet ouvrage, et quand le mot « vice-consul » viendra sous notre plume dans les chapitres ultérieurs, c'est toujours par « titulaire d'un vice-consulat » qu'il faudra le traduire. Le décret du 12 novembre 1891, en décidant que les chanceliers de première classe jouiraient du titre personnel de vice-consul, *honoris causa*, sans être inscrits dans le cadre des agents de ce grade, a d'ailleurs posé le principe de la distinction que nous venons d'établir.

**32. Traitement et cautionnement des vice-consuls.** — Les émoluments des vice-consuls, titulaires d'une chancellerie ou d'un vice-consulat, se composent comme ceux des chanceliers d'un traitement fixe afférent au poste et de remises proportionnelles calculées à raison de 5 % sur le montant des droits de chancellerie perçus par eux. C'est sur l'ensemble de ces émoluments que sont exercées les retenues affectées au service des pensions civiles.

Comptables du Trésor depuis 1877 et responsables envers

l'agent comptable des chancelleries et la Cour des comptes, les vice-consuls sont, comme les chanceliers, assujettis à un cautionnement, lorsque la moyenne des recettes effectuées dans leur poste pendant les cinq dernières années dépasse cinq mille francs. La comptabilité des vice-consulats est d'ailleurs soumise aux mêmes règles que celles des chancelleries des postes diplomatiques et consulaires. Ils ont à tenir les mêmes registres et à dresser les mêmes états que les chanceliers, conformément au décret du 20 décembre 1890 et à l'instruction du 10 mai 1891.

**33. Titre honorifique de consul.** — Comme les chanceliers, les vice-consuls reçoivent souvent, soit à raison de l'ancienneté de leurs services, soit pour des motifs tirés des usages du pays, le titre de consul honoraire. Quelquefois même le grade personnel de consul de 2ᵉ classe peut exceptionnellement leur être conféré ; dans ce cas, ils sont classés dans le cadre des agents de ce grade.

# CHAPITRE V

## DES SECRÉTAIRES INTERPRÈTES, DES DROGMANS ET DES INTERPRÈTES.

**34. Secrétaires interprètes, drogmans, interprètes, élèves-drogmans et élèves-interprètes.** — Les secrétaires interprètes, les drogmans et les interprètes sont nommés par le président de la République, sur la présentation du ministre des affaires étrangères. Les secrétaires interprètes, dont l'un porte le titre de premier secrétaire interprète, sont au nombre de trois et résident à Paris ; l'un d'eux est spécialement chargé des travaux concernant les langues d'Extrême-Orient. Le nombre des drogmans est fixé à trente, et celui des interprètes à douze. (1)

Les secrétaires interprètes sont choisis parmi les drogmans et les interprètes ; ceux-ci parmi les élèves-drogmans et les élèves-interprètes, et ces derniers sont généralement recrutés, dans les conditions que nous exposerons ci-après, parmi les élèves diplômés de l'École des langues orientales à Paris, anciennement appelée École des jeunes de langue. (2)

L'institution des Jeunes de langue est de date fort ancienne en France, et remonte à l'administration de Colbert. Réglementée d'abord par les arrêts du conseil des 18 novembre 1669 et 31 octobre 1670, elle fut modifiée par celui du 7 juin 1718. A cette époque, l'État faisait simultanément les frais de l'éducation de dix jeunes Orientaux au collège des jésuites à Paris et de douze enfants français aux couvents des capucins de Constantinople et de Smyrne. Ce système pouvait avoir pour résultat d'engager l'État pendant plusieurs années

---

(1) Décret du 12 novembre 1891, art. 14. (F.)
(2) Ordonnance du 20 août 1833. (F.) — Décret du 18 septembre 1880. (F.)

successives dans des dépenses faites pour des enfants qui,
soit par manque de dispositions naturelles, soit par défaut
d'application, ne devenaient jamais capables de servir utilement dans les emplois qui leur étaient destinés. L'arrêt du
conseil du 20 juillet 1721 fit cesser ces inconvénients, en statuant qu'à l'avenir il serait élevé dans le collège des jésuites
de Paris (1), au lieu de douze jeunes Orientaux, dix jeunes
enfants français, de l'âge de huit ans, pris dans les familles
françaises établies dans le Levant, ou faisant en France le
commerce des *échelles*, et que ces enfants, après avoir reçu
à Paris une première éducation et suivi un cours d'arabe et
de turc, seraient ensuite envoyés au collège des capucins de
Constantinople pour se perfectionner dans l'étude des langues orientales, de manière à devenir aptes aux emplois de
drogman.

Cette législation a, depuis lors, été modifiée, en raison des
réformes mêmes qu'a subies depuis plus d'un siècle notre
organisation consulaire dans le Levant ; mais le principe qui
en fait la base a été maintenu. L'utilité d'une école préparatoire pour les jeunes drogmans ne saurait, en effet, être
mise en doute, et la supériorité de nos drogmans, due en
grande partie à l'éducation pratique qu'ils commencent à
recevoir dans un âge très jeune, commande impérieusement
la conservation du système actuel.

Il n'y a plus depuis longtemps de collège spécial à Constantinople ; jusqu'en 1875, les jeunes de langues, en sortant de
l'école du drogmanat, attachée à l'un des lycées de Paris (2),
étaient envoyés à Constantinople ou dans les consulats généraux du Levant, pour y terminer leur éducation, sous la
direction du premier drogman de l'échelle à laquelle ils
étaient attachés par le ministre des affaires étrangères, avec
le titre d'élèves-drogmans. Ce stage a été remplacé, depuis
1875, par l'obligation de suivre les cours de l'école des langues orientales vivantes.

(1) Aujourd'hui lycée Louis-le-Grand.
(2) Actuellement lycée de Vanves et lycée Louis-le-Grand.

L'ancienne organisation a été profondément remaniée par les décrets des 18 septembre 1880, 31 mars 1882, 4 mars 1883 et 12 novembre 1891 dont nous allons brièvement résumer les principales dispositions.

**35. Des jeunes de langue.** — Un crédit de 20.000 francs est actuellement inscrit au budget du ministère des affaires étrangères pour l'école des jeunes de langue. Cette allocation est affectée à l'entretien des boursiers du ministère dans les lycées de Vanves et Louis-le-Grand, à la subvention annuelle de 1.200 francs payée éventuellement à ces mêmes boursiers pendant la durée de leurs études à l'école spéciale des langues orientales vivantes, ainsi qu'à la rémunération du délégué du ministère chargé de surveiller les études des jeunes de langue. Ceux-ci se recrutent en général parmi les fils ou parents d'agents en activité de service, ou d'anciens agents ou fonctionnaires du ministère des affaires étrangères, l'admission à l'école étant d'ailleurs limitée aux enfants de 8 à 12 ans. Les jeunes de langue sont, depuis l'arrêté du 6 août 1880, astreints à subir un examen satisfaisant à la fin de chaque année scolaire, sous peine d'être déchus de leur bourse, sans préjudice de la révocation qu'ils peuvent encourir à toute époque pour cause d'inconduite. La même obligation est imposée, sous la même sanction, à ceux d'entre eux qui reçoivent une subvention pour suivre les cours de l'école des langues orientales vivantes.

Les parents des jeunes de langue sont de plus tenus à rembourser au ministère des affaires étrangères le montant des frais d'étude ou de la subvention de leurs enfants à l'école des langues orientales, dans le cas où ceux-ci renonceraient volontairement à la carrière du drogmanat ou de l'interprétariat.

Les jeunes de langue qui ont obtenu le diplôme de bachelier ès-lettres et subi avec succès les examens de l'école des langues orientales vivantes, sont, au fur et à mesure des vacances et par ordre de mérite, appelés à un emploi dans le drogmanat ou l'interprétariat avec le titre d'élèves-drogmans ou d'élèves-interprètes qu'ils conservent jusqu'au moment de leur promotion au grade de drogman ou d'interprète de 2° classe.

**36. Recrutement et conditions d'avancement.** — Les drogmans et interprètes sont aujourd'hui divisés en deux classes, la classe étant attachée à la personne de l'agent indépendamment du poste où il exerce ses fonctions. (1) La 1re classe comprend dix drogmans et quatre interprètes ; le 2e, vingt drogmans et huit interprètes. (2)

Nul drogman ou interprète ne peut être promu à une classe supérieure qu'après trois années au moins d'exercice dans la classe précédente.

Les drogmans et interprètes de 1re classe, sans condition de durée de service dans leur classe, peuvent être nommés vice-consuls : ils prennent rang dans le cadre de ces agents à la date de leur nomination comme drogmans et interprètes de 1re classe.

Les drogmans et interprètes de 2° classe peuvent être nommés vice-consuls après 3 ans de service dans leur classe.

Les interprètes et drogmans de 2° classe sont recrutés : 1° parmi les élèves-drogmans et les élèves-interprètes diplômés, c'est-à-dire parmi les anciens *jeunes de langue*, munis du diplôme de bachelier ès-lettres et ayant suivi avec succès les cours de l'école des langues orientales vivantes ; 2° parmi les autres élèves français et diplômés de ladite école ; 3° parmi les commis de drogmanat jouissant de la qualité de Français et ayant, après trois ans de stage, subi devant une commission spéciale un examen d'aptitude dont le programme a été fixé par l'arrêté ministériel du 19 juin 1882 et comprend : 1° la traduction orale d'un texte littéraire imprimé et de pièces de chancellerie ; 2° un thème au tableau avec explications grammaticales, orthographiques et lexicographiques.

---

(1) Décrets du 18 septembre 1880 et du 12 novembre 1891. (F.)
(2) Décret du 12 novembre 1891.

Le candidat doit répondre, en outre, aux questions relatives à l'histoire générale et à la géographie des pays d'Orient et d'Extrême Orient.

**37. Grade personnel de consul.** — Pour réagir contre la tendance croissante qui portait les drogmans et interprètes à quitter leur carrière pour celle des consulats en vue de s'assurer, soit une position indépendante, soit une meilleure pension de retraite, le décret du 18 septembre 1880, confirmé par celui du 12 novembre 1891, a décidé qu'à l'avenir les drogmans et interprètes pourront, sans quitter la carrière du drogmanat et de l'interprétariat, obtenir le grade de consul de 2ᵉ classe après dix ans de service, dont trois au moins comme drogmans ou interprètes de 1ʳᵉ classe, et celui de consul de 1ʳᵉ classe après trois ans de grade de consul de 2ᵉ classe. Le grade de consul général peut même être accordé aux secrétaires interprètes à Paris et au premier drogman de l'ambassade de Constantinople.

Les drogmans et interprètes pourvus d'un grade personnel de consul de 1ʳᵉ et de 2ᵉ classe sont inscrits dans le cadre des agents de ce grade.

Pour entretenir d'autre part dans le corps du drogmanat une émulation constante, le décret du 18 septembre 1880 établit que les deux brevets de secrétaires interprètes, institués par l'ordonnance du 3 mars 1781 et maintenus par celle du 20 août 1833, seront à l'avenir décernés à titre de récompense, l'un au drogman et l'autre à l'interprète de 2ᵉ classe qui se seront signalés par des travaux de linguistique ou des traductions françaises d'ouvrages en langues orientales vivantes. Un prix de 1,500 francs, renouvelable d'année en année, est attribué au drogman et à l'interprète qui ont obtenu les deux derniers brevets, jusqu'à ce qu'un autre drogman ou interprète ait mérité le brevet ou le rappel de cette distinction. (1)

---

(1) Décret du 18 septembre 1880, art. 12. (F.)

**38. Devoirs, obligations et fonctions.** — Les fonctions des
drogmans, en leur qualité d'interprètes, sont, par leur nature, tout à fait confidentielles, notamment dans les négociations orales; ils doivent donc obéir ponctuellement et
avec la plus scrupuleuse exactitude aux ordres qui leur sont
donnés par les consuls ; toute négligence de leur part pourrait
avoir pour le service les suites les plus graves, et toute désobéissance serait sévèrement réprimée par le gouvernement. (1) C'est de leur intelligence, de leur courage, de la
fidélité de leurs rapports et de leurs traductions que dépend
presque toujours le succès des affaires ; intermédiaires entre
les consuls et les autorités territoriales, c'est par eux que se
font les négociations: eux seuls sont donc aptes à juger des
dispositions des personnes avec lesquelles ils ont à traiter ;
ils peuvent, par conséquent, et doivent même représenter à
leurs chefs les inconvénients qu'ils appréhendent de telle ou
telle démarche qui leur est commandée, mais, ces représentations faites, leur devoir est d'obéir ; s'ils refusaient, ce serait
de leur part un acte grave d'insubordination qui pourrait entraîner leur révocation. (2)

Dans les consulats du Levant et de Barbarie, les fonctions
de chancelier sont confiées de préférence au drogman de
*l'échelle;* mais, dans ce cas, leur service comme chancelier
ne les dispense pas de celui de drogman. (3)

Nous verrons, en nous occupant plus loin des chanceliers,
quels sont les devoirs qui résultent de ces doubles fonctions.

Leurs attributions, comme drogmans, se bornent, nous
l'avons déjà dit, à servir d'interprètes, tant à leurs chefs
qu'à leurs compatriotes négociants ou navigateurs, et à traduire du français dans la langue du pays, ou de celle-ci en
français, les pièces officielles reçues ou écrites par le consul
ou transmises au ministère des affaires étrangères. Ces traductions doivent toujours être certifiées conformes et signées

(1) Ordonnance du 3 mars 1781, titre I, art. 86 et 87. (F.)
(2) Ordonnance du 20 août 1833, art. 37. (F.)
(3) Ordonnance du 26 avril 1815, art. 6. (F.)

par le drogman. Dans les résidences où il y a plusieurs
drogmans, c'est toujours le premier qui assume la responsabilité des traductions, même de celles qui ont été confiées
par lui aux élèves, et qu'il est tenu de revoir et d'affirmer
exactes.

· Il est interdit aux drogmans de visiter les autorités du
pays sans les ordres ou la permission de leurs chefs ; de
même ils ne peuvent prêter leur ministère aux particuliers
qui les requièrent sans y être autorisés. (1) On conçoit, en
effet, que des liaisons intimes avec les autorités locales,
liaisons dont les motifs ne seraient pas connus, pourraient
donner lieu à des abus et à des intrigues plus ou moins
graves et dangereuses ; de même, s'ils se mêlaient des affaires des particuliers, et se transformaient en quelque
sorte en agents d'affaires à l'insu de leurs chefs, ils dimi-
nueraient à coup sûr la considération publique qui doit être
attachée à leur caractère, et perdraient de vue que, employés du gouvernement, ils doivent exclusivement leurs
soins et leur temps au service du pays.

**39. Usage du costume oriental.** — Anciennement les drogmans portaient, dans le Levant, l'habit oriental ; l'ordonnance
de 1781 avait continué à leur en accorder la permission et
à leur donner le choix entre le costume du pays et l'habit à
la française ; mais les drogmans de Barbarie devaient toujours porter ce dernier uniforme. L'ordonnance de 1833 a
fait cesser cet état de choses qui ne reposait plus, il faut le
reconnaître, sur aucune convenance ou nécessité de service,
et qui pouvait avoir de graves inconvénients en confon-
dant les drogmans, par la similitude du costume, avec
les gens du pays ; l'arrêté ministériel du 15 avril 1882, modifiant celui du 27 octobre 1833, leur a assigné un costume
réglementaire qu'ils peuvent seul aujourd'hui porter dans
l'exercice de leurs fonctions.

(1) Ordonnance du 3 mars 1781, titre I, art. 88 et 89. — *Idem* du 20 août
1833, art. 32 et 33. (F.)

**40. Rang.** — Les drogmans qui accompagnent leurs chefs dans une cérémonie publique n'ont droit à aucun rang; lorsque ceux-ci se rendent à quelque visite, ils doivent les précéder et marcher entre eux et les janissaires; pendant la visite, ils se placent derrière, en attendant, pour se rapprocher d'eux ou se placer autrement, que leur ministère d'interprète soit réclamé. (1)

---

(1) Ordonnance du 3 mars 1781, titre I, art. 147 et 148. (F.)

# CHAPITRE VI

## DES CHANCELIERS DES POSTES DIPLOMATIQUES ET CONSULAIRES.

**41. Fonctions des Chanceliers.** — Les chanceliers sont des officiers publics placés près des chefs de mission et des consuls pour les assister dans leurs fonctions, et dont la création remonte à l'institution même des consulats. En matière politique et administrative, ils remplissent l'office de secrétaires; en matière judiciaire, ils sont tantôt greffiers, tantôt huissiers; en matière de comptabilité, ils sont préposés du Trésor ou de la Caisse des dépôts et consignations, sous le contrôle des chefs de poste; hors des pays du Levant et de Barbarie, ils sont chargés des traductions officielles. Ils sont, sous la surveillance des chefs de mission ou des consuls, notaires au même titre et avec la même autorité que les notaires publics de France.

Nous traiterons dans un livre suivant (voir Livre IX) de la comptabilité des chancelleries; quant aux autres attributions des chanceliers, nous les examinerons en parlant des diverses fonctions consulaires avec lesquelles elles sont presque toujours confondues.

**42. Mode de nomination.** — L'ordonnance de 1681 avait confié aux consuls la nomination des chanceliers en les rendant civilement responsables des conséquences de leur choix. Plus tard, le roi se réserva la nomination de ces employés, d'abord dans le Levant et quelques années après dans tous les pays de consulats. (1)

Mais, en 1776, les chanceliers des *échelles* furent supprimés, et leurs fonctions dévolues aux drogmans à la

_____
(1) Edit du roi de 1710. — Ordonnance du 29 juillet 1730. — Circulaire de la marine du 2 septembre suivant.

nomination des consuls, qui assumèrent de nouveau la responsabilité de leurs choix. (1)

Cette disposition, maintenue en 1781, fut renouvelée d'une manière aussi générale qu'absolue en 1814, et le soin de pourvoir à la nomination du chancelier fut abandonné à chaque agent. (2)

Les représentations des consuls, et la nécessité bien constatée d'adopter pour les chanceliers une forme de nomination plus régulière et mieux appropriée aux exigences du service, firent bientôt revenir à l'ancienne législation, d'après laquelle les chanceliers étaient directement nommés et institués par le gouvernement. (3) C'est là aussi le principe qui a définitivement prévalu en 1833, lors de la révision générale des règlements sur les consulats.

**43. Classes.** — Sous l'empire de ces règlements, les chanceliers des missions diplomatiques, des consulats généraux et des principaux postes consulaires étaient nommés par le gouvernement. Dans les consulats, en nombre de plus en plus restreint, qui ne possédaient pas de chancelier breveté, le titulaire était autorisé à commettre, sous sa responsabilité, à l'exercice de sa chancellerie la personne qu'il en jugeait la plus capable, à charge cependant de faire agréer son choix par le ministère des affaires étrangères. De là deux catégories de chanceliers : la première, pour les agents attachés aux grands postes, et tous nommés par le chef de l'Etat; la seconde, pour ceux qui, placés dans des postes moins importants, tenaient leur nomination d'un arrêté ministériel ou du libre choix de leur supérieur hiérarchique. Ces derniers avaient d'ailleurs une compétence et des attributions moins étendues, puisque les consuls étaient obligés d'intervenir personnellement dans les actes de chancellerie pour en assurer la validité, et demeuraient en principe directement

---

(1) Ordonnance du 9 décembre 1776, art. 7.
(2) Ordonnance du 8 août 1814, art. 1.
(3) Ordonnance du 22 juillet 1821, art. 1.

responsables des pièces rédigées par les chanceliers de deuxième classe. (1)

L'expérience fit ressortir les inconvénients de ce régime, qui créait des classifications absolument arbitraires, gênait le choix du gouvernement, compromettait parfois le bien du service en suscitant des conflits d'attributions, enfin nuisait à l'avancement des agents intéressés en faisant dépendre leur grade du rang qu'occupe dans la hiérarchie le poste auquel ils sont attachés.

Il ne faut pas perdre de vue, en effet, qu'un grand nombre de chancelleries de simples consulats ont, quant au nombre et à la nature des affaires, quant au chiffre de la population française et au mouvement du commerce et de la navigation de la résidence, une importance supérieure à celle de certaines chancelleries de missions diplomatiques et de consulats généraux.

Or, ces dernières étant nécessairement confiées à des agents parvenus au grade le plus élevé de leur carrière, on se voyait souvent exposé à subordonner les convenances du service aux exigences de la hiérarchie, puisque, pour assurer à un chancelier de consulat, c'est-à-dire de deuxième classe, l'avancement auquel il pouvait prétendre, on était parfois amené à l'envoyer dans une résidence de première classe, bien que les affaires y fussent moins actives et les fonctions moins rétribuées.

Pour remédier à ces anomalies et par analogie avec les considérations qui, en 1847, ont fait décider que le rang des consuls serait attaché à la personne et non plus subordonné au rang du poste, deux décrets, l'un du 1er décembre 1869, l'autre du 12 décembre 1877, avaient subdivisé tous les titulaires des chancelleries des postes diplomatiques et consulaires en trois classes attachées à la personne de l'agent, indépendamment du poste dans lequel il exerce ses fonctions.

_____

(1) Ordonnance du 20 août 1833, art. 16, 17, 18 et 20. — Instruction du 30 novembre 1833. (F.)

Ce nouveau classement des chanceliers subsista jusqu'en 1891. A cette époque (1), des motifs d'économie firent décider qu'il n'y aurait plus, à l'avenir, de chancelier titulaire que dans les postes où l'importance des affaires l'exigerait, et que dans les autres postes, les fonctions de chancelier seraient remplies par une personne désignée, avec l'agrément du ministre des affaires étrangères, par le chef de poste, dans les conditions prévues par l'ordonnance du 20 août 1833. A la suite de cette réforme, le nombre des chanceliers a été réduit à soixante-quinze. Les trois classes établies en 1869 ont été ramenées à deux, le nombre des chanceliers de 1re classe étant fixé à trente et celui des chanceliers de 2e classe à quarante-cinq.

Nul chancelier ne peut être promu à une classe supérieure qu'après trois ans au moins de service dans la classe précédente, et n'est admis à concourir au grade de consul de seconde classe qu'après dix ans de service comme chancelier, dont trois au moins comme chancelier de première classe. Les chanceliers de 2e classe peuvent être nommés vice-consuls après trois ans de service dans leur classe.

Les chanceliers, quelle que soit leur classe, peuvent recevoir des traitements de disponibilité, d'inactivité, ou des traitements temporaires spéciaux en cas de rappel pour cause de force majeure: nous en étudierons la quotité au chapitre VIII du présent livre.

Les drogmans et les interprètes réunissant à leurs fonctions celles de chanceliers, restent naturellement en dehors de ces dispositions. Le service de la chancellerie n'est, en effet, pour eux qu'une fonction éventuelle et accessoire, à laquelle est attribué un simple supplément d'honoraires ; leur véritable carrière est celle de l'interprétariat et du drogmanat.

**44. Recrutement des chanceliers : commis.** — Sauf de rares exceptions, les chanceliers qui peuvent eux-mêmes devenir

---

(1) Décret du 12 novembre 1891, art. 9 à 13. (F.)

consuls sont pris dans le cadre des commis de chancellerie. Le recrutement de ces derniers a donc une très grande importance pour l'ensemble du corps consulaire.

A ce point de vue, il a paru qu'il y aurait un sérieux intérêt à relever autant que possible le niveau de l'instruction et des aptitudes de ces agents. Tel a été l'objet du décret du 24 juin 1886.

Aux termes de cet acte, le cadre des commis de chancellerie se compose désormais d'élèves chanceliers et de commis expéditionnaires. Le nombre des élèves chanceliers est fixé à vingt-quatre (1); celui des commis expéditionnaires est déterminé d'après les besoins du service. Tout candidat à un emploi d'élève chancelier doit justifier : 1° qu'il est Français jouissant de ses droits ; 2° qu'il a rempli ses obligations militaires; 3° qu'il a plus de 21 ans et moins de 30 ans accomplis; 4° qu'il est bachelier ou qu'il a satisfait aux examens de sortie de l'une des écoles du gouvernement, ou qu'il a été officier dans l'armée active de terre ou de mer, ou qu'il est diplômé de l'école des sciences politiques, de l'école des hautes études commerciales, d'une école supérieure de commerce agréée par le gouvernement, ou de l'institut national agronomique.

Nul ne peut être nommé chancelier de 2e classe : 1° s'il n'a pas 25 ans accomplis ; 2° s'il ne justifie pas de la connaissance de la langue du pays où il est appelé à remplir ses fonctions, sauf dans les postes auxquels sont attachés des drogmans ou interprètes; 3° s'il n'est pourvu de l'un des diplômes ou certificats exigés des élèves chanceliers; 4° s'il n'a, en outre, accompli à l'administration centrale du ministère des affaires étrangères, ou dans une chancellerie, dans une étude de notaire ou d'avoué, ou dans une maison de banque ou de commerce (en qualité de clerc ou d'employé rétribué), un stage de trois ans dûment constaté. Le décret du 12 novembre 1891 ajoute une cinquième condition, celle

(1) Décret du 12 novembre 1891, art. 9.

d'avoir satisfait à un examen spécial de capacité ; le programme de cet examen n'ayant pas encore été fixé, la condition dont il s'agit n'est pas exigée dans la pratique.

Nous devons ajouter que, quelle que soit leur classe, les
chanceliers ne peuvent être parents du chef de poste auprès
duquel ils sont placés jusqu'au degré de cousin-germain
exclusivement. (1)

**45. Titre honorifique de consul ou de vice-consul.** — Les
chanceliers de 1re classe ont le titre de vice-consul. Ils
peuvent également, sans quitter la carrière des chancelleries,
être nommés consuls de 2e classe, après dix ans de service
dans leur grade de chancelier, dont trois au moins comme
chanceliers de 1re classe, et être promus consuls de 1re classe
après 3 ans de services comme consuls de 2e classe. (2)

L'ancienneté et le mérite de leurs services font, d'autre
part, quelquefois conférer à certains chanceliers le titre de
consul honoraire.

Cette distinction purement honorifique ne leur confère
aucun des privilèges, aucune des attributions consulaires
proprement dites, et il leur est recommandé de mentionner
dans l'intitulé et la signature des actes qu'ils dressent, la
qualité de chancelier en vertu de laquelle ils agissent.

**46. Subordination envers leurs chefs.** — Les chanceliers
sont, comme les drogmans, soumis directement aux ordres
de leurs chefs, et tout acte d'insubordination de leur part
peut entraîner leur révocation. (3)

**47. Révocation et suspension provisoire.** — Comme fonctionnaires publics et agents comptables des deniers de l'État,
les chanceliers, sans distinction de classe, ne peuvent être
révoqués que dans la même forme où ils ont été nommés,
c'est-à-dire par décret du chef du pouvoir exécutif, rendu

---

(1) Ordonnance du 20 août 1833, art. 18. (F.)
(2) Décret du 12 novembre 1891, art. 12. (F.)
(3) Ordonnance du 20 août 1833, art. 37.

sur le rapport du ministre des affaires étrangères et après
avis motivé du comité des services extérieurs et administratifs, qui entend les explications des intéressés, s'ils en font la
demande. (1) Toutefois, dans certains cas majeurs, lorsque,
par exemple, un chancelier s'est rendu coupable d'insubordination ou d'abus graves dans l'exercice de ses fonctions, il
peut y avoir lieu de devancer le jugement supérieur, et le
consul est alors pleinement autorisé à *suspendre* provisoirement son chancelier, sauf à rendre immédiatement compte
au ministre des motifs de sa décision ; ce n'est qu'après que
celle-ci a été officiellement ratifiée et confirmée que l'agent
suspendu est définitivement révoqué.

**48. Vacance des chancelleries.** — Lorsqu'une chancellerie
vient à vaquer par suite de l'absence, du décès ou de la
démission du titulaire, le consul, en attendant les ordres du
ministre, y pourvoit par la nomination d'un chancelier *provisoire*, de la gestion duquel il demeure responsable ; il en
est de même, quand la vacance survient par suite d'un congé
régulièrement accordé au chancelier ; lorsque celui-ci se
trouve momentanément chargé de la gestion du consulat,
c'est à lui-même qu'appartient le droit de déléguer spécialement un commis ou toute autre personne, qui, sous sa propre
responsabilité, le remplace dans ses fonctions (2) : ce délégué
prend ordinairement le titre de *chancelier substitué* ou *intérimaire*.

**49. Traitement.** — Les titulaires des chancelleries des postes
diplomatiques étaient autrefois les seuls dont les traitements
fussent inscrits au budget de l'État, leurs collègues des postes
consulaires n'étant rétribués, dans des proportions toujours
variables et incertaines, qu'en raison et sur le montant des
perceptions qu'ils effectuaient. Il n'en est plus ainsi depuis
que la loi de finances du 29 décembre 1876 et le décret régle-

(1) Décrets du 8 février 1882 et du 1er avril 1891. (F.)
(2) Ordonnance du 20 août 1833, art. 4, et décret du 20 août 1859, art. 4.

mentaire du 16 janvier 1877 sur la comptabilité ont supprimé
la caisse spéciale des chancelleries et prescrit le versement
au Trésor des recettes de chancellerie. Désormais, les chanceliers des deux classes jouissent tous indistinctement d'un
traitement fixe, dont le taux est de 7.000 francs pour les chanceliers de 1re classe et de 6.000 pour ceux de la 2e classe. Il
peut, en outre, leur être attribué des allocations fixes, dont
le taux est déterminé suivant leur résidence. (1).

Ces traitements sont, comme ceux des vice-consuls et des
commis rétribués, imputés sur les fonds du budget général,
ordonnancés par mois, à terme échu, par le ministre des
affaires étrangères, et payés sur extrait des ordonnances
entre les mains des ayants-droit ou de leurs mandataires par
le caissier-payeur central du Trésor public.

**50. Remises proportionnelles.** — Les émoluments des chanceliers se composent, outre le traitement fixe dont nous
venons de parler, de remises proportionnelles calculées à
raison de 5 % sur le montant des droits de chancellerie perçus par eux. C'est sur l'ensemble de ces émoluments que
sont exercées à Paris, par les soins de la *division de fonds*,
les retenues affectées au service des pensions civiles, en exécution de l'article 19 du décret du 9 novembre 1853.

La remise proportionnelle de 5 % est ordonnancée à Paris
en une seule fois, après la constatation des recettes de l'année ; comme les traitements fixes, elle est payée par le
caissier-payeur central. — Les agents percepteurs intérimaires ou substitués reçoivent la moitié des émoluments
prévus ci-dessus.

Nous avons à peine besoin d'ajouter que, pour pouvoir
encaisser au Trésor les sommes ordonnancées à leur profit,
pour émoluments ou autres causes, les chanceliers sont
tenus, avant de se rendre à leur poste, de constituer à Paris

------

(1) Décret du 12 novembre 1891, art. 13. (F.)

un mandataire spécial. (1) Ce mandataire peut être aujour-
d'hui l'agent comptable des chancelleries. (2)

**51. Cautionnement.** — Les chanceliers titulaires et les
drogmans-chanceliers sont assujettis à un cautionnement,
lorsque la moyenne des recettes budgétaires effectuées dans
leur poste pendant les cinq dernières années dépasse
5.000 francs ; la même obligation n'est pas imposée aux
chanceliers intérimaires ou substitués. (3)

Le cautionnement est basé sur les recettes budgétaires,
c'est-à-dire sur le montant des droits perçus au profit de
l'État, qui comprennent les droits de chancellerie et les
recettes diverses (bénéfices de change, loyers, vente d'objets
mobiliers ou immobiliers, etc.).

Le montant du cautionnement est déterminé par le ministre
des finances, sur la proposition de celui des affaires étrangères *(Division des fonds et de la comptabilité)*. Il est du
dixième de la moyenne, établie comme il est dit plus haut,
des recettes du poste. Toutefois, lorsque cette moyenne
dépasse le chiffre de 50.000 francs, le cautionnement n'est
augmenté que de cent francs par chaque somme de cinq mille
francs. Dans le calcul des cautionnements, il n'est pas tenu
compte des coupures de recettes qui ne correspondent pas à
une fraction de cautionnement de 100 francs. Dans cet ordre
d'idées, voici comment se décompte le chiffre du cautionnement :

| Moyenne quinquennale des recettes | Chiffre correspondant du cautionnement |
|---|---|
| Au-dessous de 5.000 francs . . . . . . . . | exempt. |
| De 5.000 à 5.999  —  . . . . . . . . | 500 francs. |
| De 6.000 à 6.999  —  . . . . . . . . | 600  — |
| et ainsi de suite jusqu'à 49.999 francs. | |

---

(1) V. *Formulaire des chancelleries*, tomes 1er, n° 305, et III, n° 86 *bis*.

(2) Décrets du 14 août 1880 et du 20 décembre 1890. (F.)

(3) Instruction du 10 mai 1891, art. 119 à 125. (F.)

Au-delà de 50.000 francs, le cautionnement est ainsi calculé :

De 50.000 à 54.999 francs . . . . . 5.000 francs.
De 55.000 à 59.999 — . . . . . . 5.100 —
De 60.000 à 64.999 — . . . . . . 5.200 —
De 65.000 à 69.999 — . . . . . 5.300 —
        et ainsi de suite.

Le cautionnement reste invariable pendant la durée des fonctions du chancelier comptable dans le même poste, et quelles que soient les augmentations ou diminutions qui pourraient survenir dans le montant des recettes annuelles. Il est, d'ailleurs, révisé à chaque nomination d'un nouveau chancelier, réalisé en numéraire et versé exclusivement à la caisse centrale du Trésor public à Paris. Les arrérages, au taux de 3 % l'an, en sont annuellement payés par la caisse centrale sur la production, par le titulaire ou son représentant dûment accrédité, de l'extrait d'inscription délivré par la direction de la dette inscrite.

Les agents qui ont constitué comme mandataire l'agent comptable des chancelleries peuvent déposer entre ses mains leur extrait d'inscription. Les arrérages de leur cautionnement sont alors ajoutés, en fin d'année, au montant de la traite qui leur est adressée. Les cautionnements des chanceliers des postes diplomatiques et consulaires sont inscrits au Trésor sans affectation de résidence.

En cas d'absence réglementaire ou dûment autorisée d'un chancelier titulaire, le cautionnement versé par ce comptable ne répond pas des faits de la gestion intérimaire du chancelier substitué, mais à la condition expresse que le titulaire aura pris soin d'établir la situation de sa caisse, de régler et de transmettre au département des affaires étrangères les comptes de sa gestion personnelle, arrêtés au jour de son départ ou de son remplacement. L'accomplissement de cette dernière formalité se constate par un procès-verbal de remise de service dressé en quadruple expédition. (1)

_____

(1) Voir ce modèle au tome III du *Formulaire*, page 79.

**52. Opposition sur les émoluments et cautionnements.** — L'ensemble des émoluments des chanceliers, vice-consuls et commis rétribués étant désormais inscrit au budget général, les saisies-arrêts dont les créanciers voudraient frapper les traitements fixes, ainsi que les remises proportionnelles de ces agents, doivent être signifiées au Trésor public à Paris, dans les mêmes formes comme dans les mêmes limites que celles consacrées pour tous les autres agents relevant du ministère des affaires étrangères.

. Le département des affaires étrangères se réserve, d'ailleurs, de supprimer la faculté d'être payés par traites aux agents qui auraient des oppositions sur leur traitement ou qui n'en auraient pas obtenu la main levée en temps utile. (1)

Quant aux oppositions sur les cautionnements, elles sont, en principe, régies par l'article 2 de la loi du 25 nivôse an XII et par l'article 1er de la loi du 6 ventôse de la même année (15 janvier et 25 février 1804). Mais, en raison de la résidence à l'étranger des chanceliers et vice-consuls, qui ne permettait pas l'application stricte du texte de ces deux lois, un décret présidentiel, en date du 13 décembre 1877, a décidé que, pour l'exercice comme pour les oppositions du privilège de second ordre et les significations de toute nature concernant les cautionnements des chanceliers et vice-consuls rétribués, les ayants droit ne pourraient se pourvoir valablement qu'auprès du conservateur des oppositions au ministère des finances à Paris.

**53. Remboursement des cautionnements.** (2) — Pour obtenir le remboursement de leur cautionnement, les chanceliers ou leurs ayants cause doivent produire un certificat de *quitus* délivré par l'agent comptable des chancelleries diplomatiques et consulaires, lequel est directement responsable de la gestion des agents percepteurs. Ce certificat doit être visé par le chef de la division des fonds au ministère des affaires

---

(1) Instruction du 10 mai 1891, art. 201. (F.)
(2) *Ibidem*, art. 126.

étrangères et par le directeur général de la comptabilité publique au ministère des finances.

Les cautionnements sont remboursés en capital et intérêts, à Paris, par le caissier-payeur central du Trésor.

**54. Entrée en fonctions.** (1) — Avant d'entrer en fonctions, tout chancelier, soit titulaire, soit intérimaire, doit prêter entre les mains de son chef le serment de remplir fidèlement les obligations de son emploi. Ce serment est purement professionnel. (2)

Quant aux chanceliers et vice-consuls qui sont assujettis à l'obligation de fournir un cautionnement, ils ne peuvent être installés ni entrer en exercice qu'après avoir justifié, vis-à-vis du ministère des affaires étrangères (*Division des fonds*), qu'ils ont effectué au Trésor le dépôt exigé. Les chefs de poste manqueraient gravement à leur devoir et engageraient leur responsabilité personnelle, si, dans le procès-verbal de remise de service, ils ne mentionnaient pas l'accomplissement de cette formalité par leurs subordonnés.

**55. Cession des chancelleries par les titulaires.** — Malgré l'analogie qui existe entre une chancellerie et certains offices ministériels en France, les chanceliers ne peuvent pourtant pas vendre leur charge, ou du moins présenter leur successeur à l'agrément du chef de l'État ou du ministre. Bien que la question ne semble pas devoir soulever de doute, puisque dans l'énumération des offices vénaux faite par l'article 91 de la loi du 28 mai 1816, ne figurent pas les charges de chancelier, elle n'en a pas moins été débattue judiciairement, et un arrêt de la Cour de Paris du 18 novembre 1837 l'a résolue négativement.

**56. Drogmans-chanceliers.** — Nous avons vu au chapitre précédent que les fonctions de chancelier étaient remplies, dans les consulats du Levant, par un des drogmans de

---

(1) Ordonnance du 20 août 1833, art. 21. (F).
(2) Voir le modèle au tome 1ᵉʳ du *Formulaire*, page 7.

l'*échelle*. Jusqu'à ces dernières années, le soin de désigner celui des drogmans qui devait en être chargé avait, à quelques rares exceptions près, été laissé aux consuls. Cette disposition de l'ordonnance du 20 août 1833 est aujourd'hui abrogée (1), et tous les drogmans-chanceliers des postes consulaires du Levant et de Barbarie tiennent maintenant directement du chef de l'État leur nomination de chancelier.

Les devoirs et les obligations des drogmans-chanceliers sont, du reste, les mêmes que ceux des chanceliers en pays de chrétienté, sauf en ce qui touche leurs attributions judiciaires.

**57. Rang.** — A l'époque reculée où les chanceliers étaient, comme aujourd'hui, nommés par le chef du pouvoir exécutif, plusieurs contestations s'élevèrent dans le Levant au sujet de la place que les chanceliers devaient occuper dans les cérémonies publiques. Il fut décidé que, dans toutes les réunions de la nation, ils marcheraient après les députés et avant les autres négociants, mais que, s'ils étaient seulement chanceliers substitués, ils ne prendraient aucun rang et marcheraient avec les négociants sans distinction. (2) Aucun acte subséquent n'ayant abrogé cette disposition, on devrait encore y avoir égard dans l'occasion.

En pays de chrétienté, comme il n'y a pas de réunion en corps de nation, les conflits auxquels nous venons de faire allusion ne sauraient évidemment se produire.

Lorsqu'un consul appelé à figurer dans une cérémonie publique, ou à faire quelque démarche officielle, juge utile de se faire accompagner par le chancelier du poste, celui-ci n'a aucun rang à prétendre en vertu de sa qualité ; selon les usages ou les convenances, il se place derrière ou à la gauche de son chef.

Quant aux chanceliers des missions politiques, leur posi-

(1) Ordonnance du 26 avril 1815, art. 7. (F.)
(2) Ordonnance du 17 décembre 1732.

tion est également la même ; car, si l'on peut admettre qu'ils sont rattachés jusqu'à un certain point au personnel de la mission, on ne saurait néanmoins aller jusqu'à les considérer comme membres du corps diplomatique proprement dit.

# CHAPITRE VII

## DISPOSITIONS COMMUNES AUX FONCTIONNAIRES DU SERVICE CONSULAIRE.

**58. Conservation du domicile en France.** — La résidence en pays étranger, pour le service du département des affaires étrangères, ne pouvant jamais, quelle que soit sa durée, être considérée comme un établissement fixe et permanent, les agents de la carrière extérieure conservent indéfiniment en France leur domicile et l'exercice de leurs droits politiques.

**59. Exemption de la tutelle.** — Un autre privilège non moins précieux est réservé aux citoyens qui remplissent, hors du territoire national, une mission publique quelconque, c'est celui d'être dispensés de la charge de tutelle. (1) La loi n'a pas, du reste, prononcé à cet égard une exclusion, mais a simplement établi une excuse, dont les agents, au profit desquels elle a été consacrée, sont toujours libres de ne pas se prévaloir.

**60. Défense de faire le commerce.** — Les consuls français sont des fonctionnaires publics dont les devoirs officiels doivent absorber tous les instants et dont l'indépendance doit égaler le désintéressement. Les règlements leur défendent, en conséquence, expressément, de se livrer au commerce, soit directement, soit indirectement (2), et ce, sous peine de révocation. (3) Premiers protecteurs de leurs nationaux,

---

(1) Code civil, art. 428.

(2) Cette prohibition doit être entendue comme interdisant aux agents du département des affaires étrangères, consuls, chanceliers, commis, etc., de se constituer les mandataires et les commissionnaires directs des commerçants, pour quelque affaire que ce soit. (Conf. circulaire du 27 septembre 1886.) (F.)

(3) Ordonnance du 20 août 1833, art. 31. (F.) — Arrêt du Conseil du roi du 9 décembre 1776.

juges ou, du moins, arbitres conciliateurs de leurs différends, il ne faut pas que la poursuite de quelque intérêt particulier vienne entraver la surveillance et la protection des intérêts généraux, et que des devoirs personnels obscurcissent à leurs yeux les exigences des devoirs publics, ou en arrêtent l'accomplissement. C'est à ce caractère indépendant et désintéressé, non moins qu'à leur instruction et à leur expérience, que nos consuls doivent la haute considération dont ils jouissent à l'étranger, alors même que la modicité de leurs traitements semblerait les placer dans une position d'infériorité relative vis-à-vis de leurs collègues étrangers.

L'interdiction de faire le commerce s'applique également, d'après nos règlements, aux drogmans et aux chanceliers, et se justifie par les mêmes considérations. L'exploitation directe ou indirecte d'une ferme ou d'un établissement agricole aurait de plus grands inconvénients encore qu'une simple spéculation commerciale et doit, par analogie, se trouver interdite aux consuls et aux officiers placés immédiatement sous leurs ordres.

**61. Défense d'acheter des biens-fonds à l'étranger. —** Il leur est également interdit d'acheter des biens-fonds dans les pays de leur résidence (1), afin de ne point compromettre leur indépendance vis-à-vis des autorités locales et d'éviter les sujets de contestations personnelles. Cette défense, qui était commune à tous les Français dans les pays mahométans, d'après les termes formels de l'édit de 1781, titre II, article 26, n'a pour fondement, dans les autres pays, que la similitude parfaite des motifs qui l'ont dictée ; mais elle a pour sanction les mesures disciplinaires, telles que le rappel, la mise en disponibilité ou en retraite, etc., que le département des affaires étrangères a été plusieurs fois dans le cas d'appliquer à ceux qui l'avaient méconnue. Lors même que, dans un cas exceptionnel, un agent se trouve obligé de déroger à cette défense pour s'assurer un logement personnel, il doit,

--------

(1) Instruction du 6. mai 1781. (F.)

au préalable, faire agréer ses motifs au département des affaires étrangères.

**62. Défense d'accepter des mandats particuliers.** — L'intervention des consuls et des officiers placés sous leurs ordres ne pouvant être fondée que sur un intérêt général menacé dans un intérêt particulier, il leur est interdit d'accepter aucun mandat ou procuration, à moins qu'ils n'y aient été spécialement et préalablement autorisés par le ministère des affaires étrangères. (1)

**63. Défense d'accepter des fonctions étrangères.** — Le Code civil attache la perte de la qualité de Français à l'acceptation non autorisée de fonctions publiques conférées par un gouvernement étranger. (2) Cette disposition n'est pas nouvelle dans notre législation, et elle était depuis longtemps appliquée à nos consuls, auxquels il a toujours été interdit d'accepter à titre permanent les fonctions consulaires d'aucune autre puissance. (3) Cependant, si, dans un cas urgent et par suite de circonstances politiques, le consul d'une puissance étrangère, obligé de quitter le pays où il est établi, confiait la protection de ses nationaux et le dépôt de ses archives au consul de France placé près de lui, celui-ci est autorisé à se charger provisoirement de cette protection et de ce dépôt, à moins que les traités ne s'y opposent, ou qu'il n'ait reçu des ordres contraires du gouvernement ; mais il est tenu d'en informer aussitôt le chef de la mission française dans le pays de sa résidence, ainsi que le ministre des affaires étrangères.

**64. Défense d'acheter des esclaves.** — La perte de la nationalité a également été attachée par le décret du gouvernement provisoire du 27 avril 1848, dont la loi du 11 février 1851 a définitivement sanctionné le principe, à la possession, l'achat

(1) Instruction spéciale du 29 novembre 1833, et Circulaire du 27 septembre 1886. (F.)

(2) Code civil, art. 17.

(3) Ordonnance du 3 mars 1781, titre I, art. 18. (F.)

ou la vente des esclaves à l'étranger. (1) Les agents du département des affaires étrangères établis dans les contrées où l'esclavage existe encore, qui négligeraient de se conformer aux dispositions de cette loi dans le délai qu'elle fixe, s'exposeraient infailliblement à être révoqués.

**65. Défense de faire des emprunts.** — Les consuls sont personnellement responsables de tous les emprunts faits par eux à l'étranger. (2) Ils ne peuvent jamais emprunter au nom et pour le compte de l'État ; dans les contrées musulmanes, dans le Levant surtout, il leur est défendu de rien recevoir ou exiger à titre de prêt ou de paiement des Turcs ou autres sujets du Grand-Seigneur, ni de percevoir de qui que ce soit aucun droit, sous quelque dénomination que ce puisse être (3) ; ils seraient, le cas échéant, poursuivis comme concussionnaires et, comme tels, punis de réclusion. (4)

**66. Défense de s'intéresser dans les armements en course.** — L'arrêté des consuls du 2 prairial an XI (22 mai 1803) contenant règlement sur les armements en course, défendait, sous peine de destitution, aux agents consulaires appelés à surveiller l'exécution des lois sur la course maritime et les prises, de prendre un intérêt quelconque dans les armements de corsaires, ou de se rendre directement ou indirectement adjudicataires des marchandises provenant de la vente de prises. Quoique, sous l'empire des nouvelles règles de droit maritime consacrées par le congrès de Paris, cette disposition ne semble plus guère pouvoir devenir applicable, nous avons cependant cru utile de la rappeler ici, ne fût-ce qu'à titre de principe de haute moralité.

**67. Défense d'acheter des objets provenant de naufrages ou de succession.** — Les consuls ne peuvent non plus, à quelque titre que ce soit, et sous peine de révocation, se rendre ac-

(1) Décret du 27 avril 1848, art. 8.
(2) Circulaire des affaires étrangères du 6 nivôse an V (26 décembre 1796).
(3) Ordonnance du 3 mars 1781, titre I, art. 19. (F.)
(4) Code pénal, art. 174.

quéreurs d'une partie quelconque des objets provenant des
bris ou naufrages qu'ils font vendre en chancellerie ou par
l'intermédiaire des officiers ministériels, courtiers ou notaires
du pays. (1)

Il leur est également interdit d'acheter les objets provenant de successions administrées ou liquidées par eux, ou
déposées entre leurs mains à tout autre titre ; cette défense
est d'ailleurs applicable aux officiers placés sous leurs ordres.

**68. Autorisation préalable pour pouvoir se marier.** (2) — Aucun agent, relevant du ministère des affaires étrangères, ne
peut se marier avant d'avoir sollicité et obtenu l'agrément du
ministre des affaires étrangères. Cette obligation a pour base
le principe qui y assujettit les officiers des armées de terre
et de mer, c'est-à-dire la nécessité de prévenir des mariages
ou des alliances de famille qui pourraient nuire à leur indépendance et à la dignité de leur rang. S'il s'agit d'un mariage avec une personne de nationalité étrangère, la demande
en autorisation doit être adressée au ministre de façon à
lui parvenir un mois au moins avant la date de la première
publication légale.

L'infraction à cette règle absolue entraine pour l'agent qui
s'en sera rendu coupable la mise en retrait d'emploi ou en
disponibilité.

**69. Des congés des agents.** — Tout consul, consul suppléant,
drogman ou chancelier qui quitte son poste sans autorisation
ou sans motif légitime, peut être considéré comme démissionnaire. (3) Il est en tous cas susceptible d'être privé, par
mesure disciplinaire, de traitement pendant un temps double
de son absence irrégulière. (4)

---

(1) Ordonnance du 29 octobre 1833, art. 73. (F.)
(2) Ordonnance du 3 mars 1781, titre I, art. 22. (F.) — Arrêté du Directoire du 14 floréal an v (3 mai 1797). — Ordonnance du 20 août 1833, art.
36. (F.) — Décret du 19 avril 1894.
(3) Circulaire des affaires étrangères du 5 nivôse an v (26 décembre 1796).
(4) Décret du 9 novembre 1853, art. 17. (F.)

Les autorisations d'absence ou de congé sont accordées à tous les agents indistinctement par le ministre des affaires étrangères ; mais les consuls suppléants, drogmans et chanceliers doivent faire parvenir leur demande au département par la voie du chef auprès duquel ils sont placés. (1) Avant d'adresser d'ailleurs sa demande au département, tout chef d'un poste consulaire doit s'assurer de l'assentiment de l'ambassadeur ou du ministre dont il relève, en ayant soin d'indiquer pour quelle durée il se propose de demander un congé et à quelle date il compte en profiter. Une fois le congé obtenu du département, le consul doit, avant de quitter son poste, aviser le chef de la mission diplomatique de la date de son départ, si ce dernier ne voit pas d'inconvénient à cette absence.

Les titulaires de vice-consulats, même quand ils ont le grade personnel de consul, doivent faire passer leur demande de congé par l'intermédiaire du consul général ou du consul dont ils dépendent, en ayant soin d'indiquer le nom et la nationalité du gérant intérimaire qu'ils proposent, ainsi que la durée et la date du congé qu'ils sollicitent. Une fois le congé obtenu, ils doivent, avant de quitter leur poste, aviser également le chef de la circonscription consulaire de la date de leur départ. Un semblable avis doit être donné au chef de la mission diplomatique à qui le vice-consul doit indiquer également le nom et la nationalité du gérant. Les agents, partant en congé, ne doivent jamais laisser leurs tables de chiffres entre les mains d'un intérimaire étranger à la carrière. Ils doivent les apporter, sous plis scellés, avec les pièces confidentielles qui peuvent exister dans leurs archives, au chef de l'arrondissement consulaire dont ils relèvent et les y reprendre à leur retour.

La durée des congés, avec retenue de la moitié au moins du traitement et des deux tiers au plus, peut être de quatre mois

---

(1) Ordonnance du 20 août 1833, art. 38. (F.) Décrets des 5 août 1854 et 31 juillet 1855.

pour les agents employés en Europe, et de six mois pour ceux qui résident hors d'Europe. (1)

Les motifs légitimes qui peuvent autoriser un agent à quitter son poste sans congé, sont fort rares et ne peuvent être puisés que dans des considérations purement locales et personnelles, dont l'appréciation suprême appartient exclusivement au ministre des affaires étrangères, qui approuve ou punit l'agent qui a quitté son poste avant d'y avoir été régulièrement autorisé.

Quelques agents ont cru que cette défense absolue de quitter son poste ne devait pas être entendue comme une obligation expresse d'habiter à son siège officiel, et que, pourvu qu'ils ne sortissent pas de leur arrondissement, ils pouvaient, au gré de leur convenance personnelle, se fixer sur tout autre point plus ou moins rapproché.

Cette opinion n'est pas seulement contraire à l'esprit des règlements, elle pourrait encore, dans la pratique, compromettre le service qui exige qu'un agent ne s'éloigne pas du centre des affaires, ni de ses nationaux, auxquels sa présence peut être à tout moment nécessaire. Il ne saurait être dérogé à ce principe qu'en vertu d'une décision spéciale du ministre des affaires étrangères, fondée sur des considérations particulières tenant aux localités ou à un intérêt de service constaté. (2)

**70. Positions diverses des agents: activité, disponibilité, peines disciplinaires.** — Les positions diverses des agents et fonctionnaires du département des affaires étrangères sont les suivantes : l'activité, la disponibilité, le retrait d'emploi. (3)

L'*activité* comprend : 1° les agents et fonctionnaires qui occupent un poste ou emploi déterminé ; 2° les agents et fonctionnaires chargés d'une mission ou de travaux particuliers. Les uns et les autres peuvent, d'ailleurs, être soit à

---

(1) Décret du 9 novembre 1853, art. 16. (F.)

(2) Circulaires des affaires étrangères du 16 mai 1849 et du 18 juillet 1855. (F.)

(3) Décret du 21 avril 1880. (F.)

leur poste, soit en mission, soit en congé, soit en permission, soit appelés par ordre à Paris, soit retenus par ordre ou pour cause de maladie dûment constatée.

Les agents et fonctionnaires du ministère des affaires étrangères peuvent être mis en *disponibilité* pour un laps de temps égal à la durée de leurs services effectifs, jusqu'à concurrence de dix années. La mise en disponibilité est prononcée par décret ou arrêté, selon le mode de nomination des agents, soit sur la demande de ceux-ci, soit à titre de mesure disciplinaire, soit enfin pour cause de suppression permanente ou momentanée de leur emploi. Lorsque les agents comptent plus de dix années d'activité de service avec appointements soumis à retenue dans le département des affaires étrangères et que leur mise en disponibilité, même effectuée d'office, provient soit d'une cause étrangère au mérite de leurs services, soit d'une maladie entraînant une longue incapacité de travail, ils peuvent obtenir, en vertu d'un arrêté ministériel, un traitement de disponibilité. Nous étudierons, au chapitre VIII du présent livre, le taux des traitements alloués aux différents membres du corps consulaire, et les conditions dans lesquelles ils leur sont accordés.

Le *retrait d'emploi* est prononcé par décret ou par arrêté, selon le cas, comme mesure disciplinaire. Les agents qui en sont l'objet ne touchent ni traitement ni indemnité quelconque. La durée du retrait d'emploi ne peut excéder deux ans ; à l'expiration de ce terme, l'agent qui n'aura pas été rappelé à l'activité sera, *de plein droit*, considéré comme en disponibilité pour un laps de temps égal à la durée de ses services effectifs, déduction faite du retrait d'emploi et jusqu'à concurrence de dix années.

Le retrait d'emploi ne peut être prononcé qu'après avis motivé du comité des services extérieurs et administratifs, qui entend les intéressés, s'ils en font la demande.

**71. Sortie des cadres.** — La sortie des cadres a lieu :

Par l'expiration du délai de disponibilité, sans que l'agent

ait été rappelé à l'activité ; par la démission ; par l'admission
à la retraite ; par la révocation,

Les agents et fonctionnaires démissionnaires ne peuvent
quitter leur poste ou leur emploi qu'après que leur démission
a été régulièrement acceptée.

La révocation des agents en activité, en disponibilité ou
en retrait d'emploi, est prononcée par décret ou par arrêté,
selon le cas. Elle doit être précédée d'un avis motivé du
comité des services extérieurs et administratifs, qui entend
les explications des intéressés, s'ils en font la demande.

La sortie des cadres, à l'expiration du délai de disponibilité, est de droit sans avertissement préalable à l'agent,

L'admission à la retraite s'effectue dans les conditions
que nous exposerons plus loin (chap. VIII).

# CHAPITRE VIII

## DES TRAITEMENTS ET DES PENSIONS DE RETRAITE DES AGENTS DU SERVICE CONSULAIRE.

### SECTION Ire. — *Des traitements d'activité.*

**72. Mode de rétribution des agents.** — Les consuls n'ont pas toujours été directement rétribués par l'État ; anciennement ils l'étaient même d'une manière différente, suivant les pays dans lesquels ils étaient établis. Ainsi, en pays de chrétienté, tantôt ils recevaient un traitement spécial payé sur les fonds du ministère de la marine ou de celui des affaires étrangères ; tantôt ils étaient autorisés à prélever, à leur profit et à titre d'honoraires, certains droits sur le commerce français de leur résidence, et ce indépendamment de leurs émoluments pour les actes passés devant eux par leurs nationaux ; tantôt, enfin, ils réunissaient la perception de ces divers droits à la jouissance d'un traitement fixe. (1)

En Levant et en pays de Barbarie, ils ont été également payés, soit sur les fonds de l'État par les trésoriers généraux de la marine, soit sur les fonds et par les soins de la Chambre de commerce de Marseille ; quelquefois même ils n'ont eu d'autres rétributions que les droits qu'ils étaient autorisés à percevoir sur le commerce, en vertu de tarifs aussi nombreux que variés et qui différaient le plus souvent dans chaque consulat. (2)

---

(1) Arrêts du Conseil des 24 mai 1652, 20 janvier 1666 et 22 mai 1761. — Règlement du 8 décembre 1720. — Ordonnances des 24 mai 1728 et 2 novembre 1743. — Circulaire des affaires étrangères du 8 mars 1762. — Ordonnance du 13 décembre 1761. — Circulaire de la marine du 8 avril 1766. — Ordonnance du 18 mai 1767. — Circulaire de la marine du 18 mai 1767.

(2) Arrêts du Conseil des 31 juillet et 24 novembre 1691, 27 janvier et 8 septembre 1694, 9 juillet 1710, 10 janvier 1718, 25 avril 1720, 21 janvier, 14 juillet et 2 sept. 1721. — Règlement du 28 fév. 1732. — Ordonnance du 27 mai 1733. — Arrêt du Conseil du 27 nov. 1779. — Ordonnance du 3 mars 1781.

**73. Des traitements actuels et de leur insuffisance.** — La Convention nationale a établi dans ce service et pour tous pays de consulats une uniformité que l'ordonnance de 1781, applicable seulement au Levant et à la Barbarie, n'avait pas étendue aux consulats de chrétienté. (1) Aujourd'hui, tous les consuls reçoivent un traitement fixe, inscrit, comme celui de tous les fonctionnaires publics, au budget de l'État, et calculé approximativement d'après les exigences de chaque poste et la valeur relative de l'argent dans chaque pays.

Jusqu'en 1833, les fonds provenant de la perception des droits de chancellerie étaient affectés au paiement des frais de bureau et aux honoraires des chanceliers, jusqu'à concurrence du cinquième du traitement du consul, et les produits excédant ces dépenses appartenaient, savoir : les deux tiers au consul et l'autre tiers au chancelier. (2) Les ordonnances des 23 et 24 août 1833, complétées en ce qui concerne les chanceliers et les vice-consuls par les décrets des 16 janvier 1877, 14 août 1880 et 20 décembre 1890, ont fait, comme nous l'avons déjà vu, cesser un état de choses qui, outre qu'il s'écartait trop des règles générales de notre législation financière, portait encore atteinte à la considération dont nos consuls doivent jouir, en exposant souvent leur conduite à être entachée d'un reproche ou d'un soupçon de partialité, par des redevables qui pouvaient se croire lésés par eux ou atteints de droits trop élevés.

Les consuls n'ont donc plus aujourd'hui aucune part dans les recettes de leur chancellerie ; quant aux chanceliers, ils reçoivent seulement en fin d'année, à titre de supplément de traitement, une indemnité calculée à raison de 5 % du montant des recettes effectuées dans le poste pendant l'année. Si cette modification du régime antérieur à la réforme de 1833 a été pour eux la cause de sacrifices plus ou moins considérables, ils y trouvent déjà une compensation par l'ac-

---

(1) Décret de la Convention des 22 août-2 septembre 1793. — Règlement de germinal an III (mars 1795).

(2) Ordonnance du 8 août 1814, art. 9.

croissement de prestige et d'indépendance personnelle qui en résulte. Le gouvernement a, du reste, pris soin de les indemniser dans la mesure des ressources dont notre situation financière lui a permis de disposer.

Qu'il nous soit cependant permis de dire ici, en nous appuyant sur une expérience déjà longue et acquise tant en Europe qu'en Afrique et en Amérique, que les traitements de nos consuls sont en majeure partie insuffisants. « Il est,
» a dit un écrivain qui appartenait lui aussi à la carrière des
» consulats, un dernier degré de bienséance au-dessous
» duquel un agent extérieur ne peut rester sans perdre la
» considération qui lui est nécessaire, soit à l'égard de l'au-
» torité territoriale qui mesure le cas qu'on fait d'elle par la
» tenue de l'agent qu'on lui envoie, soit à l'égard des agents
» des autres nations, placés près de lui et avec lesquels il a
» à lutter d'influence et de considération. » (1) Disons que ces obligations de représentation ne peuvent plus, dans la plupart des cas, être remplies aujourd'hui par nos consuls qu'en suppléant à l'insuffisance de leur traitement par des sacrifices personnels qui leur sont impérieusement commandés pour se créer à eux-mêmes une existence honorable, et pour satisfaire en même temps à des exigences auxquelles ils ne sauraient se soustraire sans nuire à leur position officielle.

**74. Époque et mode de paiement.** — Les traitements des consuls sont ordonnancés d'office par mois et à terme échu. (2) Il peut cependant être payé d'avance et sur sa demande, à tout agent qui se rend à une nouvelle destination, une somme équivalente à trois mois de traitement. Pour les agents envoyés dans des résidences très éloignées du continent européen, cette avance peut même être portée au double, en vertu d'une ordonnance spéciale du ministre.

Des ordonnances de paiements anticipés sont également

---

(1) Borel, *Origine et fonctions des consuls*, ch. vii, art. 5.
(2) Décrets du 14 août 1880, art. 15, (F.) et du 20 décembre 1890. (F.)

délivrées pour les frais de voyage, de courrier et de missions extraordinaires. Les avances auxquelles ces dernières donnent lieu doivent du reste être appuyées d'une décision spéciale du ministre, lorsqu'elles ne s'élèvent pas à 20.000 francs, et d'un décret du président de la République, toutes les fois qu'elles atteignent ou dépassent cette somme. (1)

**75. Fondés de pouvoirs des agents.** — Les agents politiques et consulaires, les chanceliers et commis, comme les vice-consuls, en un mot tous les agents rétribués de la carrière extérieure, sont représentés auprès du ministre des affaires étrangères par des fondés de pouvoirs spéciaux, librement choisis par chacun d'eux, pour recevoir les extraits des ordonnances signées en leur faveur et en toucher le montant au Trésor, sur l'exhibition de la procuration spéciale qui les y autorise. (2)

Les fondés de pouvoirs des agents doivent être autorisés par leurs constituants à reverser au Trésor, sur la demande du ministre des affaires étrangères, toutes les sommes qui auraient été irrégulièrement ordonnancées en leur nom.

Depuis la réforme inaugurée dans la comptabilité du ministère des affaires étrangères, par le décret du 14 août 1880, les agents du service extérieur peuvent prendre pour fondé de pouvoir l'agent comptable des chancelleries. (3)

**76. Paiement des traitements par traites.** — Les agents qui ont donné leur procuration à l'agent comptable reçoivent, chaque mois, une traite sur le Trésor, représentative des sommes qui leur sont dues à titre de traitement. Ces traites sont à trois jours de vue : elles sont, lorsque les ressources disponibles provenant des produits budgétaires le permettent, payées sur l'encaisse de la chancellerie au cours du change fixé pour le trimestre. L'ordre suivant est d'ailleurs

---

(1) Règlement du 6 novembre 1840, art. 55, et du 1er octobre 1867, art. 74.
(2) Circulaire des affaires étrangères du 15 sept. 1850, et Règlement du 1er octobre 1867, § 2, art. 20.
(3) Décrets du 14 août 1880, art. 1er, et du 20 décembre 1890, art. 55. (F.)

adopté pour le paiement de ces traites : 1º traitement des
commis et élèves-chanceliers ; 2ª frais de service payés par
abonnement ; 3º traitement des chanceliers, vice-consuls, consuls suppléants, consuls et consuls généraux ; 4º frais de
service non abonnés. Lorsque les ressources de la chancellerie sont insuffisantes, les agents négocient les traites au
mieux de leurs intérêts.

Chaque traite est accompagnée d'un bordereau d'envoi
indicatif des sommes transmises et des causes du paiement.
Ce bordereau, au pied duquel se trouve une formule d'accusé de réception à remplir et à signer par le destinataire,
doit être renvoyé à la Division des fonds et de la comptabilité par le *retour du courrier*. (1)

**77. Ouverture et cessation du droit au traitement.** — Les
traitements et autres émoluments personnels sont acquis aux
agents et employés en raison de l'accomplissement des fonctions ou services auxquels chaque rétribution est attachée.
Leur jouissance court au profit du nouveau titulaire d'un
emploi à partir du jour de son installation, si le service du
poste est vacant, et à dater du lendemain de sa prise de service dans le cas contraire (2), à moins que l'époque d'entrée
en jouissance ne résulte de l'acte même de nomination. Ce
principe, consacré à titre général par les articles 28 du règlement de comptabilité du 1ᵉʳ octobre 1867 et 2 du décret du
2 janvier 1884, a abrogé les dispositions des règlements antérieurs, par suite desquelles le traitement de tout agent
consulaire qui allait remplir un poste non occupé, commen-
çait à partir du mois de son départ de Paris ou du lieu de sa
résidence, savoir : pour le mois entier, s'il partait avant le
16, et pour la moitié du mois seulement, s'il partait après. (3)

Les agents du service extérieur appelés à une autre rési-

---

(1) Règlement du 10 mai 1891, art. 203 et 204. (F.)
(2) Règlement du 1ᵉʳ octobre 1867, art. 28, et Décret du 2 janvier 1884,
art. 2. (F.)
(3) Arrêtés du Directoire des 13 avril 1796 et 15 octobre 1797.

dence et qui, avant de se rendre à leur nouveau poste, sont retenus à Paris par ordre ou jouissent d'un congé régulier, ont droit au demi-traitement de ce poste, et peuvent même, si ce demi-traitement n'est pas disponible, recevoir la moitié du traitement affecté à leur ancienne résidence.

De même, les agents qui se rendent à leur nouveau poste reçoivent, pendant la durée de leur voyage, le demi-traitement de leur nouveau poste, ou, si ce demi-traitement n'est pas disponible, la moitié des émoluments affectés à leur ancienne résidence; mais, dans le cas où ni l'un ni l'autre de ces traitements n'est vacant, ces agents, de même que ceux retenus à Paris par ordre, ne peuvent prétendre à aucune indemnité équivalente. (1)

Lorsqu'un agent quitte son poste par suite de rappel à titre de mesure disciplinaire, il cesse d'avoir droit au traitement de ce poste à partir du jour où il a reçu la lettre qui lui notifie son rappel; s'il s'absente, au contraire, par congé autorisé, il conserve son traitement entier jusqu'au jour où il remet le service. L'agent qui revient à son poste après un congé a droit à son traitement intégral à partir du lendemain de la date du procès-verbal de reprise de possession du service. Si quelque cause étrangère à sa volonté vient à retarder l'accomplissement de cette formalité, le ministre décide, d'une manière spéciale, si l'agent doit recevoir son traitement à partir du lendemain du jour de son arrivée.

Les droits d'un titulaire d'emploi ou d'un intérimaire à la jouissance du traitement s'éteignent le lendemain du jour de la cessation du service, par suite soit de la remise de ce service entre les mains de leur successeur, soit de décès, soit de mise à la retraite, en disponibilité ou en retrait d'emploi, démission, révocation, suspension ou abandon des fonctions.

L'agent mis soit en disponibilité, soit à la retraite, et

---

(1) Décret du 2 janvier 1881, art. 21. (F.)

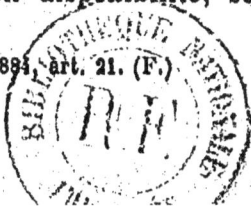

l'agent démissionnaire peuvent être maintenus momentanément en activité et, par conséquent, conserver leur traitement, lorsque l'intérêt du service l'exige. (1)

**78. Traitement de congé.** — Les agents de la carrière consulaire, absents par congé régulièrement autorisé, jouissent
de la moitié de leur traitement à compter du lendemain du
jour où ils remettent le service au gérant intérimaire du
poste, jusques et y compris le jour où ils reprennent leurs
fonctions. (2) Toutefois, la durée de la jouissance de ce demi-
traitement est limitée à quatre mois pour tous les agents
placés en Europe, et à six mois pour ceux qui résident dans
les autres parties du monde, à moins qu'à l'expiration de
leur congé réglementaire, ils ne reçoivent l'ordre de rester à
Paris pour affaires de service. (3) Dans ce cas ils continuent
à recevoir la moitié de leurs émoluments, pendant quatre
mois si leur résidence est située en Europe, et pendant six
mois s'ils résident hors du territoire européen.

D'autre part, l'agent venu en France en vertu d'un congé
pour cause de maladie dûment constatée, peut être autorisé,
si ses fonctions ne sont pas remplies par un intérimaire, à
conserver l'intégralité de son traitement pendant un temps
qui ne peut excéder 3 mois ; pendant les 3 mois suivants il
peut, sur la production d'un nouveau certificat médical, obtenir une prolongation de congé, avec jouissance du demi-
traitement.

Lorsque l'agent a remis le service à un intérimaire — et
cette remise est obligatoire pour les agents percepteurs — il
n'a droit qu'au demi-traitement pendant les deux périodes de
3 mois mentionnées ci-dessus. (4)

Les agents qui dépassent le terme légal de leur congé avant
de retourner à leur poste, perdent tout droit à recevoir un

---

(1) Décret du 2 janvier 1881, art. 4. (F.)
(2) Décret de 1881, art. 7.
(3) Décret de 1881, art. 6 et 13.
(4) Décret du 2 janvier 1881.

traitement quelconque, sans préjudice de punitions disciplinaires, et ne le recouvrent que du lendemain du jour de leur arrivée dans leur résidence. (1)

Le temps du voyage en France, aller et retour, n'est d'ailleurs ajouté à la durée des congés qu'au profit des agents qui n'auraient pas quitté leur poste depuis trois ans au moins. (2)

Les retenues à verser par les agents en congé pour le service des pensions civiles sont calculées sur la partie de leur traitement d'activité qui correspond au traitement de leur grade, ou sur la moitié de leur traitement intégral, si elle est d'un chiffre supérieur. (3)

Ces traitements de grade ont été récemment fixés comme suit :

Consuls généraux . . . . . . . . . . . . . . . . .     12.000 f.
Consuls de 1re classe. . . . . . . . . . . . . . .     10.000
— de 2e classe . . . . . . . . . . . . . . .     8.000
Consuls suppléants, vice-consuls, chanceliers, drogmans et interprètes de 1re classe. . . . .     3.000
Chanceliers, drogmans et interprètes de 2e cl.     2.500
Élèves chanceliers, élèves drogmans et élèves interprètes . . . . . . . . . . . . . . . . . . . .     2.000
Commis expéditionnaires . . . . . . . . . . . .     1.000

**79. Traitement des gérants.** — La moitié du traitement des consuls, chanceliers, vice-consuls, absents de leur poste, est allouée aux agents intérimaires que le ministre a nommés ou dont il a approuvé le choix. (4) Ceux-ci n'ont plus droit, dans cette situation, qu'à la moitié de leur traitement personnel. Tout compromis entre les agents du service extérieur pour la liquidation de leur traitement en cas de gérance, et

---

(1) Règlement du 1er octobre 1867. (F.)
(2) Décret du 17 juillet 1882, art. 13. (F.)
(3) Loi du 25 décembre 1895 et décret du 19 mars 1896.
(4) Arrêtés du Directoire des 13 avril 1796 et 13 octobre 1797, et décret du 2 janvier 1881, art. 17.

tout arrangement dont le résultat serait de restreindre, dans une proportion plus ou moins forte, la part qui revient légalement au gérant sur le traitement de l'agent dont il remplit provisoirement les fonctions, sont expressément prohibés, et une juste sévérité atteindrait les agents qui se laisseraient aller à ces transactions. (1)

Si un gérant est suppléé lui-même dans les fonctions qu'il cesse d'exercer pour gérer un consulat ou une chancellerie, son remplaçant a également droit à la moitié du traitement attaché à ses fonctions.

Les consuls suppléants appelés à gérer un consulat conservaient autrefois en entier le traitement de leur grade qu'ils cumulaient avec le 1/2 traitement du poste géré (ce traitement était en effet considéré, en vertu de l'ordonnance de 1781, comme attaché à leur titre et non à telle ou telle résidence), mais ils perdaient la jouissance de l'indemnité de séjour et de logement attachée à leur poste. Aujourd'hui les consuls suppléants n'ont plus droit, en cas de gérance, suivant la règle générale, qu'à la moitié de leur traitement personnel et au demi-traitement du poste géré. Mais ils conservent l'intégralité des indemnités supplémentaires qui leur sont allouées et dont ils ne perdent la jouissance que lorsqu'ils s'absentent de leur poste pour une cause étrangère au service. (2)

Lorsqu'un consul, déjà titulaire d'un poste, est chargé d'en gérer un autre, il touche à la fois le demi-traitement du poste dont il est titulaire, si ce dernier demi-traitement est libre, et la moitié du traitement du poste dont la gestion lui est confiée.

**80. Avis à donner par les consuls.** — Les agents sont tenus de faire connaître officiellement au ministre tout changement survenu dans leur position, qui serait de nature à modifier la quotité du traitement auquel ils ont droit. Ainsi, il

(1) Circulaire des affaires étrangères du 28 août 1850. (F.)
(2) Décret du 2 janvier 1884, art. 8. (F.)

leur est prescrit de ne jamais s'absenter de leur poste, pour
une cause quelconque, sans faire connaître au département,
sous le timbre de la division des fonds et de la comptabilité et
par un avis spécial et direct, la date précise de leur départ ;
il doit en être de même pour l'époque de leur retour et pour
celle des remises de service. (1) Ils indiquent également,
sous le même timbre, aussitôt le fait accompli, la date de prise
ou de cessation de service des divers agents composant le
personnel de leur poste. Enfin, il est prescrit à tous les
agents du service extérieur d'adresser au département, tous
les trois mois, le dernier jour de chaque trimestre, un état
nominatif du personnel de leur résidence, avec indication
des changements survenus, pendant ce laps de temps, dans
la position des agents ou employés placés sous leurs
ordres. (2)

**81. Traitement des chanceliers, drogmans, vice-consuls et
commis.** — Les règles que nous venons d'exposer relativement au mode de paiement, soit intégral, soit partiel des
consuls, sont également applicables : 1° aux drogmans et interprètes, 2° aux chanceliers, 3° aux vice-consuls rétribués et
4° aux commis rétribués directement par l'État.

Ces derniers agents, lorsqu'ils sont appelés à faire un intérim, peuvent, s'ils ne sont pas eux-mêmes remplacés dans
leur emploi, conserver l'intégralité de leur traitement personnel, tout en recevant la moitié des émoluments attribués
aux agents qu'ils remplacent. (3)

**82. Primes de séjour au personnel consulaire.** — En vue
d'assurer la plus grande stabilité possible dans le personnel

---

(1) Circulaires des affaires étrangères des 28 août 1827, 30 avril 1850,
2 décembre 1863 et 3 octobre 1867. — Décret du 11 août 1880, art. 18. (F.)
— Instruction du 20 octobre 1880, art. 8. (F.) — Décret du 20 décembre
1890, art. 48. (F.)

(2) Circulaires des affaires étrangères des 12 janvier, 14 avril 1855 et
28 septembre 1872. — Décrets du 11 août 1880, art. 18, et du 20 décembre
1890, art. 48. (F.)

(3) Décret du 2 janvier 1881, art. 18.

de notre représentation consulaire, le Gouvernement, d'accord avec le Parlement, a décidé de consacrer annuellement une somme de 80.000 fr. à la création de primes de séjour. Ces primes sont destinées à assurer, par l'allocation d'indemnités spéciales, des avantages pécuniaires aux agents du corps consulaire qui résident le plus longtemps à leur poste. Ces primes sont accordées aux plus anciens titulaires des consulats généraux, consulats, vice-consulats, chancelleries et emplois de drogmans ou interprètes, dans l'ordre d'ancienneté; le nombre et le taux en sont fixés conformément au tableau ci-après :

Consulats généraux : 5 primes de 2.000 fr.

Consulats. . . . { 10 primes de 2.000 fr.
                 { 10    —    de 1.000

Vice-consulats . { 5 primes de 1.500 fr.
                 { 10    —    de 1.000
                 { 5     —    de  500

Chanceliers. . . { 5 primes de 1.500 fr.
Drogmans. . . . { 5     —    de 1.000
Interprètes . . { 15    —    de  500

L'ancienneté pour l'acquisition de la prime de séjour est indépendante du grade personnel de l'agent. Elle date du jour de son entrée en fonctions dans le poste qui lui a été assigné soit comme titulaire, soit en qualité de gérant. Toutefois, nul agent ne peut avoir droit à la prime de séjour, s'il ne compte au moins 3 ans d'ancienneté consécutive à son poste.

La prime de séjour est ordonnancée trimestriellement et à terme échu au profit de l'agent qui est encore en fonctions à l'échéance du trimestre. Elle se renouvelle tant que l'agent n'est pas appelé à un autre poste ou à un autre emploi. Elle est soumise aux retenues pour le service des pensions civiles et compte par conséquent dans la liquidation de la retraite au même titre que le traitement proprement dit.

Au cas où un consulat ou un vice-consulat dont le titulaire a droit à la prime viendrait à être érigé en consulat général ou en consulat, l'agent conserve ses droits à la prime dans les mêmes conditions qu'auparavant.

Un agent qui aurait démérité peut se voir retirer le bénéfice de la prime par décision ministérielle rendue après avis du comité des services extérieurs. (1)

**83. États du personnel rétribué.** — D'anciennes instructions, qui ont été rappelées récemment aux agents, leur prescrivent d'adresser tous les trois mois au département, le dernier jour du trimestre, sous le timbre de la division des fonds, un état indiquant dans tous ses détails la situation respective des agents placés sous leurs ordres pendant le trimestre expiré. (2)

SECTION II. — *Des traitements de disponibilité et des traitements spéciaux alloués aux agents en certains cas.*

**84. Traitements de disponibilité.** — Le droit au traitement ne varie pas seulement pour les consuls, lorsqu'ils sont en congé volontaire ou retenus à Paris par ordre supérieur, il se modifie également, lorsqu'ils sont rappelés en France pour des causes étrangères au mérite de leurs services. Sous le premier Empire, le droit des agents placés dans cette situation à réclamer un dédommagement de leur inactivité forcée avait déjà été formellement reconnu. (3) Mais le décret de 1808, tout en établissant un principe salutaire pour les agents dont la carrière ne se trouvait plus dès lors exposée à être brisée, selon les vicissitudes ou les nécessités politiques, avait laissé en dehors de leur application des cas nombreux qui appelaient le développement de ses conséquences. La guerre n'est pas en effet la seule cause du rappel des agents

---

(1) Décret du 8 février 1896.
(2) Circulaires des affaires étrangères des 28 septembre 1872, 20 novembre 1877, et instructions des 20 octobre 1880 et 10 mai 1891. (F.)
(3) Décret du 21 décembre 1808.

extérieurs: un simple refroidissement dans les relations d'État à [État, la] suppression permanente ou momentanée d'un emploi, un changement, une modification de système peuvent aussi déterminer le rappel d'un agent auquel le gouvernement a conservé toute la plénitude de sa confiance. (1) Les diverses circonstances donnant droit à un traitement d'inactivité peuvent être résumées ainsi : 1° suppression permanente ou momentanée de l'emploi ; 2° rappel de l'agent pour des causes étrangères au mérite de ses services, par exemple par suite d'infirmités temporaires.

Les traitements d'inactivité accordés à des agents mis en disponibilité pour des causes autres que la suppression de leur emploi ont été fixés par les ordonnances des 22 mai 1833 et 27 mai 1836, par les décrets impériaux des 31 janvier 1857, 12 décembre 1861 et 26 octobre 1865, par la décision impériale du 23 octobre 1866, enfin par les décrets présidentiels des 27 février 1877 et 1er avril 1882 :

A 4.000 francs pour les consuls généraux ;

A 3.000 — pour les consuls de 1re classe ;

A 2.400 — pour les consuls de 2e classe ;

A 2.000 — pour les consuls suppléants;

A 2.400 — pour les vice-consuls, drogmans, chanceliers et interprètes de 1re classe ;

A 2.000 — pour tous les autres agents rétribués du département des affaires étrangères. (2)

Toutefois, le droit au traitement d'inactivité n'est acquis aux agents que lorsqu'ils comptent plus de dix ans d'activité de service avec traitement annuel et personnel dans le département des affaires étrangères. En outre, ceux qui sont rappelés doivent, pour avoir droit à la jouissance d'un traitement d'inactivité, y être admis par la décision même

---

(1) Rapports du ministre des affaires étrangères des 22 mai 1833 et 27 février 1877.

(2) Ordonnances du 22 mai 1833, art. 4, et du 20 août 1833, art. 9. — Décisions impériales des 26 octobre 1865 et 23 octobre 1866. — Décrets présidentiels des 27 février 1877 et 1er avril 1882. (F.)

qui prononce leur rappel, disposition qui est pour eux une garantie contre l'insuffisance des motifs qui pourraient le provoquer. Les gérants intérimaires ne sont point assimilés aux agents titulaires et n'ont droit en aucun cas au traitement d'inactivité. (1)

La durée du traitement d'inactivité est limitée à trois ans pour les agents qui comptent au moins dix ans d'activité de service et à cinq ans pour ceux qui en comptent quinze et au-delà. (2)

Dans la supputation des services d'un agent, ceux qui ont été rendus hors d'Europe comptent pour moitié en sus de leur durée effective.

Ajoutons que dans le règlement des pensions de retraite le temps d'inactivité n'est admis que pour cinq ans en totalité. (3)

Lorsque la mise en disponibilité a pour cause la suppression d'emploi, les agents peuvent, quelle que soit la durée de leurs services, recevoir un traitement qui n'excède pas la moitié du traitement d'activité de leur grade si ce traitement est inférieur à dix mille francs, ou le tiers, s'il est égal ou supérieur à ce chiffre. La durée de ce traitement est au maximum de cinq années. Le temps passé en disponibilité pour cause de suppression d'emploi, compte pour l'ancienneté et la retraite. (4)

D'autre part, les agents mis provisoirement pour des nécessités de service à la disposition du ministre, peuvent recevoir, quelle que soit la durée de leurs services, et en conservant leurs droits à l'ancienneté, un traitement qui n'excède pas les deux cinquièmes du traitement d'activité de leur grade. Ce traitement ne peut leur être accordé pendant plus de deux ans. (5)

(1) Ordonnance du 22 mai 1833, art. 1, 2 et 3.
(2) Décrets présidentiels des 27 février 1877, art. 3, et 24 avril 1880, art. 3.
(3) Loi du 9 juin 1853, art. 10, § 4 (F.), et décret du 27 février 1877, art. 3 et 4.
(4) Décret du 20 juillet 1891. (F.)
(5) Décret du 15 mars 1892. (F.)

**85. Traitements spéciaux. —** Les agents dont les fonctions
ont été suspendues pour une cause étrangère au mérite de
leurs services, par exemple, s'ils sont rappelés ou retenus en
France pour cause de guerre, de force majeure ou de motifs
politiques, et qui ne sont pas admissibles au traitement d'inactivité, faute par eux de remplir les conditions exigées par
les règlements sur la matière, peuvent, en vertu d'une décision spéciale du président de la République, recevoir la
moitié du traitement assigné au poste dont ils étaient titulaires pendant un espace de temps qui, sauf des circonstances
particulières, ne doit pas excéder une année. Cette allocation
ne peut, du reste, être réclamée par l'agent rappelé que dans
le cas où il ne serait pas remplacé et où le traitement de
l'emploi continuerait à être porté au budget. (1)

Les agents diplomatiques et consulaires qui sont retenus
en France par ordre, à la suite d'un congé dont la durée
réglementaire (4 ou 6 mois) serait épuisée, reçoivent la
moitié du traitement de leur emploi pendant quatre mois, si
leur résidence est située en Europe, pendant six mois, s'ils
résident hors du territoire européen. (2)

Les chefs de postes consulaires qui sont appelés en France
par ordre et dont le séjour se prolonge pour des raisons de
service jouissent, à dater du jour où ils ont quitté leur résidence, de la moitié de leurs émoluments pendant huit mois
si leur poste est en Europe, pendant un an s'il est situé hors
d'Europe. Les ambassadeurs et ministres plénipotentiaires
appelés, puis retenus par ordre, sont traités de la même manière, avec cette seule différence qu'ils reçoivent leur traitement en totalité pendant les quinze premiers jours, par
moitié pendant trois mois, par tiers jusqu'à concurrence de
six autres mois à dater du lendemain du jour où ils ont quitté

---

(1) Ordonnances du 7 juillet 1834, art. 1 et 2, et du 27 juillet 1845, art.
1 et 2. — Décret du 17 octobre 1867, art. 74. — Décret du 2 janvier 1884,
art. 11. (F.)

(2) Ordonnances du 1er août 1835, art. 1er, et du 27 juillet 1845, art. 5. —
Décrets présidentiels du 31 janv. 1872, art. 1er, et du 2 janvier 1884, art. 13.

leur poste. (1) A partir du moment où ils entrent en jouissance du traitement spécial de leur grade, les chefs de missions politiques sont dispensés de l'obligation de tenir compte aux chargés d'affaires du huitième du traitement intégral.

A l'expiration de ces diverses périodes, tout chef de poste qui continuerait à être retenu en France et ne serait pas remplacé, peut être admis, par décision ministérielle, à jouir, durant un an au plus, d'allocations spéciales graduées ainsi qu'il suit, savoir:

|  | Par an. |
|---|---|
| Ambassadeur . . . . . . . . . . . | 20.000 francs. |
| Ministre plénipotentiaire de 1re classe . . | 15.000  — |
| —          —          de 2e classe . . | 12.000  — |
| Consul général . . . . . . . . . . . | 9.000  — |
| —   de 1re classe . . . . . . . . | 6.000  — |
| —   de 2e classe . . . . . . . . . | 5.000  — |
| Consuls suppléants . . . . . . . . . | 2.500  — |
| Vice-consuls, chanceliers, drogmans et in- terprètes de 1re classe . . . . . . . . | 3.000  — |
| Vice-consuls, chanceliers, drogmans et in- terprètes de 2e classe . . . . . . . . | 2.500  — |
| ou le demi-traitement s'il est d'un chiffre inférieur.' | |

Le décret du 2 janvier 1884 avait fixé le traitement spécial des ministres plénipotentiaires de 1re classe au même taux que celui des ambassadeurs, soit à 20.000 francs, et celui des ministres de seconde classe à 15.000 francs. Ces traitements ont été réduits respectivement à 15.000 et à 12.000 fr. (moitié du traitement de grade) depuis que les émoluments des agents diplomatiques ont été divisés en deux parties (traitement de grade et frais de représentation), (décret du 25 janvier 1887).

Les commis de chancellerie, de drogmanat et d'interprétariat reçoivent, dans les mêmes conditions, une allo-

_____

(1) Décret du 17 juillet 1882, article 21, et décret du 2 janvier 1884, article 10. (F.)

cation de 1.500 francs, ou leurs appointements mêmes s'ils sont d'un chiffre inférieur. (1)

Les agents diplomatiques et consulaires placés dans les diverses situations que nous venons de spécifier, continuent d'ailleurs à acquérir leur indemnité de frais d'installation. (2)

Enfin, les agents rappelés ou retenus en France pour cause de *guerre*, de *force majeure* ou pour un motif politique, reçoivent dans cette situation le demi-traitement de leur poste pendant un an ; passé ce délai, ils peuvent être admis à jouir du traitement spécial mentionné plus haut, ou, s'ils réunissent plus de dix années de service, du traitement d'inactivité dans les conditions établies par le décret présidentiel du 24 avril 1880.

Les agents appelés à reprendre leurs fonctions, nommés à des fonctions nouvelles, remplacés, démissionnaires ou révoqués, cessent, quelle que soit la durée de leurs services, d'avoir droit aux allocations qui leur auraient été attribuées en vertu des dispositions qui précèdent.

Toutefois les agents qui, après un congé, ont été admis au traitement spécial, ne peuvent recevoir en route, lorsqu'ils rejoignent leur ancien poste ou lorsqu'ils vont prendre possession d'un nouveau poste, que ce traitement spécial jusqu'au jour de leur prise de service ; si le délai d'un an pendant lequel ce traitement peut être attribué est expiré, ils ne reçoivent dans cette situation aucun traitement.

SECTION III. — *Dispositions générales relatives à toute espèce de traitements.*

86. Cumul des traitements et pensions. — Il est interdit de cumuler *en entier* les traitements de plusieurs places, emplois ou commissions. En cas de cumul de deux traitements, le moindre est réduit à moitié ; en cas de cumul de trois trai-

---

(1) Décret du 2 janvier 1881, art. 15.

(2) Ordonnances du 7 juillet 1834, art. 3, et du 27 juillet 1845, art. 5. — Décret du 31 janvier 1872, art. 2 et 6. — Décret du 30 novembre 1883, art. 4. (F.) — Décret du 8 février 1896, art. 6.

tements, le troisième est en outre réduit au quart, et ainsi de suite en observant cette proportion. La réduction dont il s'agit n'a pas lieu pour les traitements cumulés qui sont au-dessous de 3.000 francs, ni pour les traitements plus élevés qui en ont été exceptés par les lois.

Aucun traitement d'inactivité ne peut être cumulé avec un traitement quelconque payé par le Trésor public, ni avec une pension à la charge du budget de l'État ou sur les fonds de retenue, si ce n'est pour service militaire, et encore dans certaines limites et sous certaines réserves. (1)

Aucun traitement d'activité ne peut également être cumulé avec une pension civile servie, soit sur les fonds de l'État ou des communes, soit sur les fonds de retenue, en tant que l'un et l'autre réunis dépassent la somme de quinze cents francs. (2)

Un décret de l'Assemblée nationale, en date du 12 août 1848, avait établi la même prohibition de cumul pour les pensions militaires. Cette disposition a été abrogée par la loi du 9 juin 1853 sur les pensions civiles.

**87. Déclarations à fournir.** — Pour assurer l'exécution des dispositions qui font l'objet du paragraphe précédent, tout fonctionnaire de l'État jouissant d'un traitement civil d'activité est tenu de déclarer s'il réunit ou ne réunit pas à ce traitement une pension civile, dotation, demi-solde ou autre allocation payée sur les fonds généraux de l'État ou sur un fonds de retenue quelconque. Cette déclaration est reçue par l'autorité administrative chargée de la liquidation et de l'ordonnancement des traitements, et mention doit en être faite sur les mandats de paiement. (3)

Appliquée aux agents extérieurs du département des

(1) Ordonnance du 22 mai 1836, art. 6. — Décret du 27 février 1877, art. 5. — Loi du 26 décembre 1890, art. 31.
(2) Lois des 25 mars 1817 et 15 mai 1818. — Décret du 1er octobre 1867, art. 32.
(3) Arrêté du chef du pouvoir exécutif du 14 octobre 1848.

affaires étrangères, cette mesure eût rencontré des difficultés d'exécution à peu près insurmontables, si leurs déclarations avaient dû être produites et renouvelées à des époques déterminées. Ces agents ont, en conséquence, été affranchis de cette obligation. La mention de *non cumul* est seulement inscrite sur chaque lettre d'avis d'ordonnance et la signature de l'agent ou du fondé de pouvoirs qui acquitte ces titres de paiement vaut déclaration. Ils doivent donc, en cas de cumul, faire connaître immédiatement, soit au ministre des affaires étrangères, soit à toute autre autorité administrative dont ils viendraient à dépendre, celles des allocations dont le cumul est prohibé et dont ils pourraient jouir ou qu'ils viendraient à obtenir postérieurement, pour ne pas exposer leurs fondés de pouvoirs à signer une déclaration inexacte qui engagerait leur propre responsabilité.

Cette obligation n'est pas imposée seulement aux consuls, elle s'applique encore à tous les employés, quelle que soit, d'ailleurs, la nature ou l'origine de leurs émoluments, taxations ou autres. Elle concerne donc aussi les chanceliers, tant titulaires qu'intérimaires, les gérants et les commis ayant une rétribution à la charge de l'État; les consuls manqueraient dès lors à leur devoir, s'ils ne tenaient strictement la main à leur exécution, en ce qui concerne les divers fonctionnaires placés ou qui viendraient à se trouver placés sous leurs ordres, même d'une manière provisoire.

**88. Saisies-arrêts et oppositions sur les traitements.** — Les traitements des fonctionnaires publics et employés civils sont saisissables jusqu'à concurrence du cinquième sur les premiers mille francs et toutes les sommes au-dessous, du quart sur les cinq mille francs suivants, et du tiers sur la portion excédant six mille francs, à quelque somme qu'elle s'élève, et ce jusqu'à l'entier acquittement des créances. (1)

Les sommes que reçoivent les agents diplomatiques employés à l'extérieur sont considérées moins comme un trai-

(1) Loi du 21 ventôse an ix (12 mars 1801).

tement que comme une indemnité pour subvenir aux frais indispensables de représentation qu'exige le rang qu'ils occupent, et il a, en conséquence, été décidé qu'elles sont insaisissables.

Un avis rendu à cet égard par le conseil d'État le 25 novembre 1810 a statué que les traitements des ambassadeurs et des ministres plénipotentiaires sont insaisissables pendant toute la durée du séjour de ces agents à l'étranger.

Les saisies-arrêts ou oppositions sur les sommes dues par l'État aux agents de la carrière consulaire sont soumises aux mêmes formalités que celles établies pour les traitements de tous les autres fonctionnaires civils. Elles doivent être faites à Paris, à la diligence des intéressés, en vertu d'un titre exécutoire, entre les mains du conservateur des oppositions au ministère des finances, et non ailleurs : toutes oppositions signifiées directement au ministère des affaires étrangères seraient nulles et non avenues ; elles n'ont, du reste, d'effet que pendant cinq ans à compter de leur date, et sont rayées d'office des registres sur lesquels elles ont été inscrites, si elles n'ont pas été renouvelées dans ledit délai. (1)

**89. Retenues par mesure disciplinaire.** — Tout employé ou fonctionnaire qui, sans autorisation, s'est absenté de son poste ou a dépassé la durée, soit de ses vacances, soit de son congé, peut être privé de son traitement pendant un temps double de celui de son absence irrégulière.

Une retenue, qui ne peut d'ailleurs excéder deux mois de traitement, peut aussi être infligée par mesure disciplinaire dans le cas d'inconduite, de négligence ou de manquement au service. (2)

**90. Retenues pour le service des pensions civiles.** — Tous les agents du département des affaires étrangères ayant ac-

---

(1) Ordonnance du 31 mai 1838, art. 125 et 126. — Décret du 1er octobre 1867, art. 104.

(2) Décrets du 9 novembre 1853, art. 17, et du 1er octobre 1867, art. 17.

tuellement leurs traitements payés *directement* sur les fonds du budget, supportent indistinctement et sans pouvoir, dans aucun cas, les répéter, diverses retenues dans les proportions suivantes :

1° Une retenue de cinq pour cent sur l'intégralité des premiers vingt mille francs de toutes sommes payées à titre de traitement fixe ou éventuel, de supplément de traitement, de remises proportionnelles, de salaires, ou constituant, à tout autre titre, un émolument personnel ; sur les quatre cinquièmes des seconds vingt mille francs ; sur les trois cinquièmes des troisièmes vingt mille francs ; sur les deux cinquièmes des quatrièmes vingt mille et sur le cinquième de tout ce qui excède quatre-vingt mille francs ;

2° Une retenue extraordinaire du douzième de ces mêmes rétributions lors de la première nomination ou dans le cas de réintégration, et du douzième de toute augmentation ultérieure ;

3° Les retenues pour cause de congés ou d'absences, ou par mesure disciplinaire.

Sont affranchies de ces retenues les sommes payées à titre d'indemnité pour frais de représentation et de stations navales, de gratifications éventuelles, de salaire de travaux extraordinaires, d'indemnité pour missions extraordinaires ou pour frais de service, d'allocations pour pertes matérielles ou pour frais de voyage, ou bien encore à titre d'abonnement pour frais de bureau, de régie, de table et de loyer, de supplément de traitement colonial, enfin de remboursement de dépenses ou avances faites pour le service. (1)

Pour les remises de 5 % sur les recettes de chancellerie, accordées aux agents percepteurs à titre de supplément de traitement, la retenue du premier douzième est calculée, en cas d'augmentation ou de premier traitement, sur le montant total des recettes du poste effectuées pendant l'année au cours

_____

(1) Loi du 9 juin 1853, art. 3. — Décret du 9 novembre suivant, art. 21, et du 1er octobre 1867, art. 46. (F.)

de laquelle l'agent percepteur a pris le service. Les résultats de cette première année étant considérés comme la moyenne des recettes, il n'est pas fait de nouvelles retenues tant que l'agent reste dans le même poste.

Tout agent démissionnaire, révoqué ou destitué, qui est de nouveau appelé à un emploi assujetti à retenue, subit la retenue du premier mois de son traitement et celle du premier douzième des augmentations ultérieures. Celui qui, par mesure disciplinaire, est descendu à un traitement inférieur, subit la retenue du premier douzième des augmentations subséquentes.

SECTION IV. — *Des retraites des consuls, drogmans et chanceliers.*

**91. Dispositions générales.** — Le produit des diverses retenues exercées sur les traitements ou honoraires des agents est destiné à acquitter la dette du gouvernement envers ceux qui sont laborieusement parvenus au terme de leur carrière.

Le droit à pension de retraite est acquis par ancienneté à 60 ans d'âge et après 30 ans de services rétribués directement sur les fonds de l'État. Il suffit de 55 ans d'âge, de 24 ans de services effectifs après 15 années de services rendus hors d'Europe. La condition d'âge n'est d'ailleurs pas exigée du fonctionnaire qui est reconnu par le ministre être hors d'état de continuer l'exercice de ses fonctions. D'un autre côté, des pensions peuvent exceptionnellement être accordées, quels que soient leur âge et la durée de leur activité : 1° aux fonctionnaires qui ont été mis hors d'état de continuer leur service, soit par suite d'un acte de dévouement dans un intérêt public ou en exposant leurs jours pour sauver la vie d'un de leurs concitoyens, soit par suite de lutte ou combat soutenu dans l'exercice de leurs fonctions (1) ; 2° à ceux qu'un accident grave, résultant notoirement de l'exercice de leurs fonctions, met dans l'impossibilité de les continuer. (2)

---

(1) Loi du 9 juin 1853, art. 11, § 1. (F.)
(2) Idem, art. 11, § 2.

Des pensions peuvent également être accordées, s'ils comptent 50 ans d'âge et 20 ans de services, aux fonctionnaires que des infirmités graves, contractées dans l'exercice de leurs fonctions, mettent dans l'impossibilité de les continuer, ou dont l'emploi a été supprimé. (1)

Les services dans les armées de terre et de mer concourent avec les services civils pour établir le droit à pension et sont comptés pour leur durée effective, pourvu toutefois que la durée des services civils soit au moins de 12 ans dans la partie sédentaire et de 10 ans dans la partie active. Si les services militaires ont déjà été rémunérés par une pension, ils n'entrent pas dans le calcul de la liquidation. Dans le cas contraire, la liquidation est opérée d'après le minimum attribué au grade par les tarifs annexés aux lois des 11 et 19 avril 1831 et 17 et 18 août 1879.

La durée de tout voyage de service, lors même que, pendant ce voyage, l'agent diplomatique ou consulaire n'aurait pu recevoir aucun traitement, est comptée comme *temps de service*, pourvu que le trajet ait été effectué par les voies les plus directes et sans interruption volontaire de la part de l'agent. Elle est également comptée comme *temps de grade dans le nouvel emploi*, lorsque l'agent a réellement exercé ce nouvel emploi à l'issue de son voyage. (2)

**92. Cumul de pensions ; cumul de traitement et de pensions.**
— Le cumul de deux pensions est autorisé dans la limite de 6.000 francs, pourvu qu'il n'y ait pas double emploi dans les années de service présentées pour la liquidation. Cette disposition n'est pas applicable aux pensions que des lois spéciales ont affranchies des prohibitions du cumul. Le titulaire de deux pensions, l'une sur le Trésor, l'autre sur les anciennes caisses des ministères et administrations, peut en jouir distinctement, pourvu qu'elles ne se rapportent ni au même temps ni aux mêmes services.

---

(1) Loi du 9 juin 1853, art. 11, § 5.
(2) Décret du 18 août 1856, art. 10 et 11.

Lorsqu'un agent retraité est rappelé à l'activité dans le même service, le paiement de sa pension demeure suspendu ; quand, au contraire, il prend du service dans un autre département ministériel, il peut cumuler sa pension avec son nouveau traitement, mais seulement jusqu'à concurrence de 1.500 fr. (1) D'autre part, les pensions militaires concédées à des officiers. autrement que pour blessures ou infirmités équivalant à la perte d'un membre, ne peuvent se cumuler avec un traitement civil payé par l'État, les départements, les communes ou les établissements publics, que dans le cas où le total du traitement civil et de la pension militaire serait inférieur au montant de la solde, sans les accessoires, dont jouissait le titulaire au moment de son admission à la retraite.

Lorsque ce total dépassera le montant de la solde, il y sera ramené par la suspension d'une partie de la pension.

Lorsque le traitement civil sera égal ou supérieur au montant de la solde, la pension sera complètement suspendue tant que le titulaire jouira du traitement. (2)

**93. Quotité des pensions de retraite.** — La pension est basée sur la moyenne des traitements et émoluments de toute nature soumis à retenues dont l'ayant-droit a joui pendant les six dernières années d'exercice. Elle est réglée, pour chaque année de services civils, à un soixantième du traitement moyen, sans pouvoir dépasser les maxima ci-après indiqués, savoir (3) :

Pour les consuls généraux, 6.000 fr.;

Pour les consuls de première classe, 5.000 fr.;

Pour les consuls de deuxième classe, 4.000 fr.;

Pour le premier drogman et le secrétaire interprète à Constantinople, 5.000 fr.;

Pour le second drogman à la même résidence et les premiers drogmans des consulats généraux, 3.000 fr.;

(1) Décret du 1er octobre 1867, art. 31 et 32.
(2) Loi du 26 décembre 1890, art. 31.
(3) Loi du 9 juin 1853, tableau annexe n° 3.

Pour tous autres drogmans et chanceliers de première classe, 2.400 fr.;

Pour les chanceliers de deuxième classe, 2.400 fr.;

Pour les vice-consuls, 2.000 fr.;

Dans les cas prévus par le § 1er de l'art. 11 de la loi du 9 juin 1853, la pension est de la moitié du dernier traitement sans pouvoir excéder les maxima indiqués plus haut; dans le cas prévu par le deuxième paragraphe du même article, la pension est liquidée à raison d'un soixantième du dernier traitement pour chaque année de services civils : elle ne peut être inférieure au sixième du dit traitement. Enfin, dans le cas prévu par le troisième paragraphe, la pension est également liquidée à raison d'un soixantième du traitement moyen pour chaque année de services civils.

Le temps d'inactivité avec traitement dans le département compte comme temps de service effectif; seulement il ne peut être admis, quelle qu'ait été sa durée, dans la liquidation des pensions, que pour cinq ans en totalité. La pension des agents qui arrivent à la retraite avec un traitement d'inactivité est également calculée sur le grade dont ces agents étaient revêtus pendant les six dernières années de service antérieures à leur mise en inactivité.

Les demi-traitements de congé, comme tous ceux alloués aux agents dans des cas spéciaux, autres que ceux d'inactivité, comptent comme traitements actifs pour la liquidation des pensions.

**94. Pensions de veuves et secours d'orphelins.** — La veuve d'un agent qui a obtenu une pension de retraite ou qui a accompli la durée de services exigée, a droit à pension, pourvu que le mariage ait été contracté six ans avant la cessation des fonctions du mari. La pension de la veuve est du tiers de celle que le mari avait obtenue ou à laquelle il aurait eu droit. Le droit à pension n'existe pas pour la veuve dans le cas de séparation prononcée sur la demande du mari.

Ont droit à pension :

1° La veuve de l'agent qui, dans l'exercice ou à l'occasion de ses fonctions, a perdu la vie dans un naufrage ou dans un des cas spécifiés au § 1er de l'art. 11 précité de la loi du 9 juin 1853;

2° La veuve dont le mari a perdu la vie par un des accidents prévus au § 2 du même article.

Dans le 1er cas, la pension est des deux tiers de celle que le mari aurait obtenue ou pu obtenir, par application de l'art. 12, § 1, de la loi du 9 juin 1853; dans le second cas, la pension est du tiers de celle déterminée par le § 2 du même article. Dans ces deux cas, il suffit d'ailleurs que le mariage ait été contracté antérieurement à l'événement qui a amené la mort ou la mise à la retraite du mari. (1)

L'orphelin ou les orphelins mineurs d'un agent ayant, soit obtenu sa pension, soit accompli la durée de services exigée, soit perdu la vie dans un des cas prévus par les §§ 1 et 2 de l'art. 14 ci-dessus mentionné, ont droit à un secours annuel lorsque la mère est ou décédée, ou inhabile à recueillir la pension, ou déchue de ses droits. Ce secours, quel que soit le nombre des enfants, est égal à celui que la mère aurait pu obtenir. Il est partagé entre eux par égales portions et payé jusqu'à ce que le plus jeune des enfants ait atteint 21 ans accomplis, la part de ceux qui décéderaient ou celle des majeurs faisant retour aux mineurs.

Lorsqu'il existe une veuve et un ou plusieurs orphelins provenant d'un mariage antérieur du fonctionnaire, il est prélevé sur la pension de la veuve, et sauf réversibilité en sa faveur, un quart au profit de l'orphelin du premier lit, s'il n'en existe qu'un en âge de minorité, et la moitié, s'il en existe plusieurs.

**95. Dispositions d'ordre et de comptabilité.** — Il ne peut annuellement être concédé de pension que dans la limite des extinctions réalisées sur les pensions inscrites.

----

(1) Loi du 9 juin 1853, art. 14.

Toute demande de pension doit, à peine de déchéance, être présentée avec les pièces à l'appui dans le délai de 5 ans, savoir : pour l'agent, à partir du jour où il a été admis à faire valoir ses droits à la retraite, ou du jour de la cessation de ses fonctions s'il a été autorisé à les continuer après cette admission ; et pour la veuve, du jour du décès du fonctionnaire. Les demandes de secours annuels pour les orphelins doivent être présentées dans le même délai, à partir du jour du décès de leur père ou de leur mère. Les services ne sont comptés que de la date du premier traitement d'activité et à partir de l'âge de 20 ans accomplis. Le surnumérariat n'est compté dans aucun cas. La liquidation est faite par le ministère compétent qui la soumet à l'examen du conseil d'État, avec l'avis préalable du ministère des finances.

Les pensions sont incessibles. Aucune saisie ou retenue ne peut être opérée du vivant du pensionnaire que jusqu'à concurrence de 1/5 pour débet envers l'État ou pour des créances privilégiées, aux termes de l'article 2101 du Code civil, et de 1/3 dans les circonstances prévues par les articles 203, 205, 206, 207 et 214 du même Code.

**96. Secours annuels.** — Les veuves et orphelins des agents, morts dans l'exercice de leurs fonctions avant d'avoir acquis le droit à la jouissance d'une pension de retraite, peuvent aussi, lorsqu'elles sont dénuées de ressources, obtenir un secours du département des affaires étrangères sur les fonds spéciaux portés à cet effet au budget de chaque exercice ; mais l'obtention de ce secours ne dérive pas d'un droit acquis et n'est qu'une simple faveur dont la continuation pendant un certain espace de temps est subordonnée à la quotité du chiffre des crédits mis à la disposition du département, ainsi qu'à la décision du ministre.

# CHAPITRE IX

## DES AGENTS CONSULAIRES.

**97. Utilité des agents consulaires.** — La nécessité d'assurer la protection des consuls à l'égard de leurs nationaux de toute classe, en dehors des grands centres de commerce qui leur sont assignés pour résidence fixe, et de l'étendre avec la même efficacité sur tous les points compris dans la circonscription de leur arrondissement, a fait autoriser les chefs de poste à déléguer une partie de leurs pouvoirs à des agents en sous-ordre, commissionnés par eux, et destinés à servir d'intermédiaires entre eux et leurs compatriotes établis ou de passage dans les ports et villes d'importance secondaire. C'est ainsi qu'a pris naissance l'institution des agents consulaires.

**98. Mode de nomination.** — Sous l'empire de l'ordonnance de 1781, tous les consuls du Levant et de Barbarie avaient le pouvoir, sauf approbation des choix par le gouvernement, de nommer des agents dans tous les lieux où les intérêts de leurs nationaux paraissaient l'exiger. Ces agents qui devaient, du reste, être choisis autant que possible parmi les négociants français, recevaient directement leurs instructions des consuls dont ils étaient les délégués, et devaient se borner à rendre à leurs compatriotes tous les bons offices qui dépendaient d'eux.

L'ordonnance du 20 août 1833 a généralisé ce principe en rendant commune à tous les consuls la faculté d'instituer des agents consulaires.

Dans le choix des lieux où ils ont le désir de créer de semblables agences, les consuls doivent naturellement se guider, soit d'après l'importance des intérêts français qu'il s'agit de protéger, soit d'après la nature des opérations commerciales, maritimes ou [industrielles dont ils veulent suivre et étudier le développement. Cependant, ils ne peuvent établir aucune agence ni délivrer de brevets d'agents consulaires, sans en avoir spécialement obtenu et reçu l'autorisation expresse du ministre des affaires étrangères. (1) L'esprit des règlements exige même que cette autorisation soit sollicitée, sinon par l'entremise, du moins avec l'agrément du chef de la mission française établie dans le pays (2), qui est ensuite chargé, quand il y a lieu, d'obtenir leur reconnaissance du gouvernement territorial.

Ces délégués des consuls doivent, en règle générale, être citoyens français : ce n'est qu'à défaut de ceux-ci qu'ils peuvent être pris parmi les habitants du pays placés dans une position indépendante et familiarisés avec l'usage de notre langue.

Ils portent le titre d'*Agents consulaires* et recevaient fréquemment, avant le décret du 18 septembre 1880, la qualification d'*Agents vice-consuls*, lorsque l'importance du lieu, leur position sociale, les usages du pays, ou tout autre motif pris dans l'intérêt du service, paraissaient l'exiger. (3) Le décret précité a supprimé la qualification d'*Agent vice-consul* et réservé la dénomination de *vice-consul* aux agents rétribués, fonctionnaires de carrière ; mais le titre personnel de *Vice-consul honoraire* est encore quelquefois exceptionnellement attribué à des agents non rétribués, et ceux qui ont été pourvus, antérieurement au décret de 1880, du titre de *Vice-consul* conservent le droit de prendre la qualification d'*Agent vice-consul*.

Les brevets des agents consulaires sont délivrés par les consuls qui les instituent (4), d'après le modèle officiel arrêté

---

(1) Ordonnance du 20 août 1833, art. 39. (F.)
(2) Instruction générale du 8 août 1814. (F.)
(3) Ordonnance du 20 août 1833, art. 40 et 41.
(4) *Ibid.*, art. 42.

par le ministre des affaires étrangères (1), en tenant compte des modifications résultant du décret du 18 septembre 1880.

**99. Privilèges et prérogatives.** — Les agents consulaires agissent sous la responsabilité du consul qui les institue. (2) Bien que leur nomination soit approuvée par le ministre et qu'ils reçoivent généralement un titre d'admission de la part des autorités locales, cependant les immunités et prérogatives attachées à la qualité de consul ne leur appartiennent pas, sauf dispositions contraires des conventions consulaires, et ils ne peuvent prétendre qu'aux avantages autorisés par l'usage du pays (3), excepté pourtant dans le Levant et en Barbarie, où le pavillon national les couvre d'une protection absolue.

Aucun traitement n'est attaché à l'exercice de ces fonctions (4) ; les agents conservent seulement, tant pour leurs frais de bureau qu'à titre d'honoraires, la totalité des droits de chancellerie applicables aux actes qu'ils sont autorisés à recevoir. (5)

Ils ne peuvent accepter le titre d'agent d'aucune autre puissance, à moins que le consul dont ils dépendent n'en ait obtenu pour eux l'autorisation du ministre des affaires étrangères.

Il est également défendu aux agents de nommer des sous-agents et de déléguer leurs pouvoirs, à quelque titre que ce soit. (6)

Lorsqu'ils ont besoin de s'absenter de leur résidence, ils doivent en prévenir le consul dont ils relèvent et soumettre à son agrément le choix de leur remplaçant intérimaire.

---

(1) Circulaire du 24 mars 1831. V. *Formulaire des chancelleries*, t. 1er, p. 8.
(2) Ordonnance du 20 août 1833, art. 43. (F.)
(3) Circulaire des aff. étrang. du 22 janvier 1837.
(4) Ordonnance du 20 août 1833, art. 44.
(5) Ordonnance du 23 août 1833, art. 14. — Décret du 16 janv. 1857, art. 28. — Décret du 16 janvier 1877, art. 34. — Décret du 14 août 1880, art. 8. (F.) — Décret du 20 décembre 1890. (F.)
(6) Ordonnance du 20 août 1833, art. 45 et 46.

**100. Suspension et révocation.** — Le droit de les suspendre d'office appartient à leurs chefs, mais ils ne peuvent être révoqués qu'avec l'autorisation du ministre des affaires étrangères. (1) La marche à suivre à cet égard et les causes qui peuvent conduire à la suspension ou à la révocation d'un agent consulaire sont les mêmes que celles que nous avons indiquées au chapitre VI de ce livre, à propos des chanceliers.

_____

(1) Ordonnance du 20 août 1833, art. 47. (F.)

# CHAPITRE X

**101. Uniforme des consuls de tous grades et des consuls suppléants.** — Des arrêtés du ministre des affaires étrangères, rendus conformément aux dispositions de l'article 48 de l'ordonnance du 20 août 1833, avaient attribué aux membres du corps consulaire un costume spécial, lequel, semblable, pour la coupe et la couleur, à l'uniforme des agents diplomatiques, en différait pour la forme, la disposition et le dessin des broderies.

A la suite de l'assimilation absolue établie entre les différents grades consulaires et diplomatiques par les décrets des 21 février 1880 et 31 mars 1882, on a pensé, sans doute, que la fusion ne porterait tous ses fruits que si l'on supprimait entre les agents même la séparation tout extérieure qui résultait pour eux de la différence du costume ; à cet effet, un arrêté du 15 avril 1882 a déterminé de la manière suivante l'uniforme des membres des corps diplomatique et consulaire :

Habit en drap bleu national boutonnant droit sur la poitrine avec neuf boutons ; — collet droit et parements également en drap bleu national ; — broderies en or (dessins composés de feuilles de pensée et de motifs d'ornement) ; — boutons dorés et timbrés des faisceaux républicains entourés de branches d'olivier ;

Gilet bleu ou blanc à une rangée de boutons ;

Culotte blanche ou pantalon blanc ou bleu avec bande dorée de 45 millimètres de largeur ;

Chapeau garni de plumes avec ganse brodée et cocarde nationale ;

Épée avec poignée nacre et or et faisceaux républicains sur l'écusson de la garde.

La distinction des grades a été réglée de la manière suivante pour les membres du corps consulaire :

Consuls généraux : Broderie au collet et sur les parements, écusson, broderie simple sur la poitrine, baguette et bord courant autour de l'habit et faux plis ; chapeau à plumes noires.

Consuls de 1re et de 2e classe : Broderie au collet et sur les parements, écusson, baguette courant autour de l'habit et faux plis ; chapeau à plumes noires.

Consuls suppléants : Broderie au collet et sur les parements, écusson ; chapeau à plumes noires.

Cet uniforme doit être porté par les agents dans toutes les cérémonies officielles. La seule exception qui a été faite à cette règle absolue concerne les revues et manœuvres ; les agents pourvus d'un grade d'officier dans la réserve de l'armée active ou dans l'armée territoriale seront libres d'y assister en tenue, mais seulement d'accord avec l'attaché militaire de l'ambassade ou de la légation. (1)

**102. Obligation d'être en uniforme.** — Il est prescrit à tous les consuls de porter cet uniforme dans toutes les cérémonies auxquelles ils assistent en leur qualité officielle, ainsi que dans l'exercice public de leurs fonctions, et il leur est expressément interdit d'en porter un autre, comme de le modifier et d'y ajouter aucune épaulette ou marque militaire. (2) Ils peuvent cependant substituer au drap une étoffe de laine ou de fil plus légère, pourvu, toutefois, qu'elle soit de même couleur.

**103. Petite tenue.** — L'arrêté du 27 octobre 1833 avait autorisé les consuls à porter, en outre, un petit uniforme de la couleur et avec les boutons réglementaires, et orné seulement sur le collet, sur les parements et à la taille, de la bro-

_____

(1) Circulaire du 30 avril 1882. — Arrêté du 15 avril 1882. (F.)
(2) Arrêté ministériel du 27 octobre 1833, art. 7.

derie distinctive de leur grade. (1) Cette disposition n'a pas été reproduite dans l'arrêté du 15 avril 1882 : nous pensons donc que, le cas échéant, les agents devraient se munir d'une autorisation spéciale auprès du ministre.

**104. Uniforme facultatif des vice-consuls, drogmans et chanceliers.** — Le costume des vice-consuls, chanceliers, drogmans et interprètes de première et de seconde classe est fixé de la manière suivante (2) :

Habit en drap bleu national, d'après le même modèle que celui des consuls et secrétaires d'ambassade, avec broderie au collet et sur les parements, mais sans écusson ;

Gilet bleu ou blanc à une rangée de boutons ;

Pantalon bleu ou blanc avec bande dorée ;

Épée ; — chapeau à plumes noires.

Ils ne sauraient, du reste, porter d'autre uniforme que celui assigné à leur grade, et les consuls ont à cet égard à réprimer avec soin toute infraction aux règlements, à laquelle un de leurs subordonnés pourrait se laisser entraîner par un sentiment de faux amour-propre.

L'uniforme n'est pas obligatoire pour les officiers consulaires ; ce n'est pas une charge qui leur est imposée, et ils sont libres de faire à cet égard ce qui leur parait le plus convenable, selon les nécessités de leur résidence et les exigences de leur service. (3) Cette observation s'applique surtout aux chanceliers en pays de chrétienté, pour lesquels l'uniforme ne saurait jamais être une nécessité, comme il l'est, à vrai dire, dans le Levant et en Barbarie, à cause des usages particuliers et des exigences de la représentation politique dans les pays musulmans.

**105. Uniforme permis aux agents consulaires.** — Les agents consulaires nommés par les consuls peuvent être autorisés

(1) Arrêté ministériel du 27 octobre 1833, art. 6.
(2) Arrêté du 15 avril 1882. (F.)
(3) Circulaire des affaires étrangères du 4 novembre 1833. (F.)

par une décision administrative, rendue sur la demande du consul dont ils relèvent, à porter un costume officiel, qui est semblable à celui des chanceliers de troisième classe (1), c'est-à-dire orné, au collet seulement, d'une broderie en or.

Peu de nos agents consulaires à l'étranger portent, du reste, cet uniforme, le département étant, avec juste raison, fort sobre des autorisations qui leur en concèdent le droit.

_____

(1) Arrêté du 15 avril 1882, art. 4.

# LIVRE TROISIÈME

## DES RAPPORTS DES CONSULS

Avec les gouvernements étrangers et les autorités territoriales
ainsi qu'avec leurs collègues étrangers.

———

## CHAPITRE PREMIER

### RAPPORTS AVEC LE GOUVERNEMENT TERRITORIAL ET SES DÉLÉGUÉS.

La protection que les consuls doivent à leurs nationaux et
au commerce de leur pays crée à ces agents des rapports
directs et continus avec les autorités de leur résidence. Du
caractère de ces relations dépend souvent le maintien de la
bonne harmonie entre la France et tel ou tel pays étranger.
Le premier devoir des consuls est donc de se créer une bonne
position personnelle, de se montrer toujours animés d'un
juste esprit de conciliation et de témoigner invariablement
à l'autorité du souverain dans l'État duquel ils sont établis,
la déférence et le respect auxquels elle a droit de leur part.

Nous allons examiner, dans les trois sections de ce chapitre, quelle est, sous ce rapport, la ligne de conduite que
les consuls ont à suivre, depuis l'instant de leur admission
officielle jusqu'à la cessation de leurs fonctions, et indiquer
les principes généraux qui doivent présider à leurs rapports
tant officieux qu'officiels avec les autorités du pays.

SECTION Ire. — *De l'admission et de la reconnaissance des consuls.*

**106. Admission des consuls.** — Le droit des gens moderne
n'impose à aucun gouvernement l'obligation absolue de recevoir des consuls étrangers ; aussi, pendant que quelques

États admettent chez eux autant de consuls qu'il plaît aux gouvernements étrangers d'en instituer, d'autres ne consentent à en recevoir que dans les ports de mer ou dans certaines résidences, ou bien refusent de recevoir des consuls généraux dans les endroits où ils acceptent sans difficulté de simples consuls.

Il faut donc que les gouvernements qui veulent instituer des consulats s'en assurent le droit par des traités formels ou par des conventions verbales.

**107. Exequatur.** — D'après un usage général, l'exercice de ce droit demeure toujours subordonné, quant à la personne de l'agent désigné, à l'agrément exprès du gouvernement territorial. Le titre qui constate ainsi l'acceptation d'un consul et la reconnaissance solennelle de ses pouvoirs, s'appelle dans les pays de chrétienté *exequatur* et dans les pays turcs *barat*.

L'*exequatur* ou *barat* s'obtient sur la production d'une provision ou commission consulaire, c'est-à-dire d'un titre solennel, signé par le chef du pouvoir exécutif, contresigné par le ministre des affaires étrangères, et constatant le titre et les pouvoirs conférés à l'agent.

La forme des *exequatur* varie suivant chaque pays ; le plus habituellement, comme en France, en Angleterre, en Espagne, en Italie, aux États-Unis, au Brésil, etc., c'est celle d'une lettre patente, signée du chef du pouvoir exécutif et contresignée par le ministre des affaires étrangères ; dans d'autres contrées, en Russie et en Danemark, par exemple, le consul reçoit simplement avis qu'il a été reconnu, et que les ordres nécessaires ont été donnés aux autorités de sa résidence ; en Autriche, on se borne à écrire sur l'original de la commission : *exequatur*, et l'Empereur y appose son contreseing.

Quelle que soit, du reste, la forme ou le libellé de ces *exequatur*, le mode de leur obtention est toujours le même. Ceux de nos consuls sont demandés, puis envoyés à destination, par le ministre ou le chef de la mission de France, en résidence auprès du souverain territorial. L'agent, après avoir reçu son *exequatur*, le présente à l'autorité supérieure de son arrondissement, qui en prend note et le fait enregistrer en due forme. (1)

L'usage de certains gouvernements est de donner eux-mêmes communication aux autorités provinciales de l'expédition des *exequatur* destinés aux consuls étrangers, qui n'ont plus alors à se préoccuper de la formalité d'enregistrement. Dans tous les cas, l'autorité supérieure qui reçoit une communication de cette nature, soit directement de son gouvernement, soit par l'intermédiaire du consul qu'elle intéresse, en donne avis à ses subordonnés, afin que le consul soit reconnu par tous comme étant dans le plein exercice de ses fonctions ; en France, cet avis est toujours rendu public par la voie des journaux.

Les agents consulaires nommés par les consuls et munis par eux d'une commission en forme, analogue à celle qu'ils reçoivent eux-mêmes, doivent être pourvus également d'un *exequatur* du gouvernement territorial. En France et en Italie, cette pièce est délivrée par le ministre des affaires étrangères ; dans d'autres pays, au contraire, en Espagne, en Prusse, en Russie, aux États-Unis, etc., l'*exequatur* des simples agents est, comme celui des consuls, expédié au nom du chef de l'État.

**108. Admission des consuls revêtus de titres diplomatiques.** — Lorsque les consuls sont revêtus d'un titre diplomatique tel que celui d'agent politique ou de chargé d'affaires, ou de commissaire du Gouvernement, ils sont munis à la fois d'une commission pour les accréditer en leur qualité consulaire et d'une lettre de créance pour les accréditer en leur qualité diplomatique.

La commission consulaire est rédigée dans la forme ordi-

---

(1) Instruction générale du 8 août 1814. (F.)

naire et ne fait point mention du titre diplomatique ; la
lettre de créance mentionne, au contraire, le titre consulaire ;
elle émane du ministre des affaires étrangères et est adressée
au vice-roi d'Égypte ou au prince de Bulgarie, quand il s'agit
d'accréditer un agent politique au Caire ou à Sofia ; le
plus ordinairement, elle est adressée par le ministre des
affaires étrangères de France aux ministres des affaires
étrangères respectifs, quand il s'agit d'accréditer un chargé
d'affaires auprès d'un gouvernement chrétien, notamment
dans l'Amérique du sud.

La commission consulaire est en général l'objet d'un *exequatur* en la forme accoutumée ; la lettre de créance produit
son effet par le fait même de sa présentation et de son admission officielle, et n'est même pas généralement suivie d'une
réponse. Il se pourrait sans doute qu'un gouvernement voulût
reconnaître un agent en une qualité, et non dans l'autre ;
l'*exequatur* consulaire n'entraîne donc pas la reconnaissance du caractère diplomatique, mais, en général, on peut
admettre que la reconnaissance du consul en sa qualité diplomatique suppose la reconnaissance de sa qualité consulaire,
et que l'*exequatur* peut être considéré dès lors comme une
simple formalité, plutôt que comme la condition indispensable de l'exercice public de ses fonctions consulaires.

La mission diplomatique des consuls prend fin par des
lettres de rappel conçues dans les mêmes formes que les
lettres de créance.

**109. Consuls chargés d'affaires par intérim.** — Il reste une
dernière supposition à prévoir : celle où un consul est chargé
provisoirement de la gestion des affaires d'un poste diplomatique ; il est accrédité, dans ce cas, en sa qualité diplomatique, soit par une lettre du ministre des affaires étrangères
de France au ministre des affaires étrangères du pays où il
doit résider, soit par une lettre de l'agent diplomatique qu'il
doit remplacer, soit enfin par la présentation personnelle de
cet agent au ministre des affaires étrangères du pays. Au

retour de l'agent qu'il remplace, ses fonctions diplomatiques cessent sans qu'il soit besoin de lettre de rappel.

**110. Admission des consuls suppléants, chanceliers, etc.** — Les consuls suppléants, les chanceliers, drogmans, commis ou autres officiers secondaires attachés aux consulats, ne reçoivent pas d'*exequatur*: ils sont seulement reconnus par les autorités locales, sur l'avis que donne de leur nomination le consul sous les ordres duquel ils sont placés.

**111. Admission des gérants intérimaires.** — Les gérants intérimaires ne reçoivent pas non plus d'*exequatur*, et leur institution varie selon les usages locaux ; tantôt ils sont reconnus en vertu d'une demande expresse présentée par la voie diplomatique, tantôt (et l'on agit surtout ainsi lorsqu'ils sont déjà attachés au poste comme consuls suppléants, drogmans ou chanceliers), ils sont simplement présentés à l'autorité locale supérieure par le consul qui s'absente, comme étant appelés à le remplacer par intérim, et ils sont admis à ce titre sans autre formalité.

**112. Frais d'exequatur.** — Les *exequatur* des consuls sont généralement, aux termes des conventions consulaires, délivrés aujourd'hui sans frais ; il y a quelques années l'obtention d'un *exequatur* donnait lieu au paiement de certains droits, notamment en Espagne, au Brésil, en Portugal, en Angleterre et en Italie.

**113. Entrée en fonctions provisoire et définitive.** — L'*exequatur* étant le titre officiel qui constate l'admission du consul et la reconnaissance de ses pouvoirs, il s'ensuit que l'agent doit s'abstenir de l'exercice public de ses fonctions tant qu'il ne lui est pas parvenu. (1)

Dans quelques pays cependant, les consuls sont reçus dans leur résidence et autorisés à entrer dans l'exercice provisoire de leurs fonctions, sur la seule justification de leur nomi-

(1) Instruction générale du 8 août 1814.

nation ; mais cette tolérance est un acte de pure courtoisie qui oblige les agents à se renfermer, pour leurs rapports avec les autorités territoriales, dans une grande réserve, afin d'éviter des discussions que l'absence de toute reconnaissance officielle ne leur permettrait pas de poursuivre.

**114. Refus et retrait de l'exequatur.** — De l'obligation imposée à tout consul de solliciter, avant de pouvoir légalement entrer dans l'exercice de ses fonctions, l'agrément ou l'*exequatur* du gouvernement territorial, résulte pour celui-ci le droit de le lui refuser.

Ce refus peut être fondé sur des raisons purement politiques ou sur des motifs personnels : dans les deux cas le rôle de l'agent non agréé est purement passif, et c'est à son gouvernement qu'il appartient de discuter, s'il y a lieu, les motifs du refus par la voie diplomatique.

La souveraineté d'un gouvernement n'est pas limitée au droit de refuser l'*exequatur* à un consul, elle peut et doit aller jusqu'à le lui retirer. Nous ne parlerons pas du cas où, par suite de l'état de guerre ou d'une rupture des relations diplomatiques entre deux États, un gouvernement juge convenable de retirer les *exequatur* aux consuls de l'autre puissance : une telle mesure, conséquence *nécessaire* de l'état d'hostilités, ou conséquence *habituelle* de l'interruption des rapports diplomatiques, ne peut donner lieu à aucune demande d'explications. Mais, lorsque, par une mesure exceptionnelle, un gouvernement veut retirer l'*exequatur* à un consul étranger sans qu'il y ait eu interruption dans ses relations amicales avec le gouvernement auquel cet agent appartient, ce ne peut être alors que pour des motifs politiques ou personnels d'autant plus graves que l'atteinte portée au caractère public de l'agent pourrait, si elle n'était parfaitement justifiée, rejaillir sur le gouvernement qui le lui a conféré.

Quels que soient, du reste, les motifs sur lesquels se fonde un gouvernement pour priver un consul de son *exequatur*, l'agent ne peut, le cas échéant, que se conformer strictement aux ordres que lui donne à cette occasion le représentant diplomatique de son pays, et, suivant les cas, se retirer avec ses archives, ou déléguer ses fonctions à un gérant intérimaire soit français, soit même étranger, afin que ses nationaux ne perdent pas, par sa faute personnelle, la protection officielle à laquelle ils ont droit.

Quelques traités spécifient les cas où l'*exequatur* peut être retiré ; de ce nombre sont les conventions de 1794, 1806 et 1815 entre la Grande-Bretagne et les États-Unis, celles de 1816 et 1817 entre cette dernière puissance et la Suède, et d'autres qu'il serait superflu d'énumérer ici. Il n'en existe pas dans lesquelles la France soit intervenue comme nation contractante ; mais ses agents n'ont pas moins droit au bénéfice des stipulations de celles que nous avons citées, puisqu'ils jouissent partout du traitement accordé aux consuls de la nation la plus favorisée. Ces traités stipulent, du reste presque tous, que, pour qu'un consul puisse être renvoyé du pays où il est accrédité, ou même cesser d'être reconnu comme tel, il faut que sa conduite ait été illégale et criminelle, et que le gouvernement offensé fasse agréer les motifs de sa détermination par celui auquel appartient le consul.

SECTION II. — *Des fonctions des consuls dans leurs rapports avec les autorités territoriales.*

**115. Entrée en fonctions.** — La reconnaissance officielle de son caractère public donne au consul une indépendance absolue vis-à-vis des autorités de sa résidence, quant à l'exercice régulier de ses fonctions ; mais il n'en est pas moins astreint, à l'égard de ces mêmes autorités, au moment où il prend le service, à des témoignages de politesse ayant surtout pour objet de faciliter les relations qu'il doit entretenir avec elles.

Il est donc d'usage que les consuls fassent, en arrivant, non seulement la première visite aux autorités supérieures avec lesquelles leurs fonctions doivent plus tard les mettre en rapport, mais qu'ils leur notifient aussi officiellement et par écrit leur entrée en fonctions.

Ce n'est même que lorsqu'il a été répondu à cette notification qu'ils peuvent se considérer comme étant définitivement reconnus.

**116. Visites d'étiquette.** — L'article 148 du titre I<sup>er</sup> de l'ordonnance du 3 mars 1781 prescrit le cérémonial à observer dans les visites officielles faites à cette occasion aux autorités locales par les consuls du Levant et de Barbarie. Ainsi, l'agent doit être précédé de ses janissaires et des drogmans, suivi des négociants, des capitaines des bâtiments marchands et de tous les autres membres de la nation : ces prescriptions s'observent encore aujourd'hui.

Les premières et les dernières audiences données aux agents diplomatiques et aux consuls ont été longtemps, pour la plupart des gouvernements, dans les pays musulmans, l'occasion d'un échange de présents dits de chancellerie ; la France a, depuis plusieurs années, supprimé cet usage, et il est interdit à ses agents de donner ou de recevoir aucun présent, à l'exception de quelques cas rares pour lesquels ils doivent y être expressément autorisés par le ministre des affaires étrangères. (1)

En pays de chrétienté, il est d'usage, sous réserve des habitudes locales, que les consuls fassent leurs visites officielles, lors de leur entrée en fonctions, en uniforme et accompagnés du personnel attaché à leur poste, c'est-à-dire du Consul suppléant, lorsqu'il y en a un, et du chancelier.

Les visites d'étiquette à l'occasion des fêtes nationales ou de pure courtoisie pour la présentation, par exemple, des commandants et états-majors des bâtiments de guerre qui relâchent sur les rades étrangères, ont lieu également en uniforme.

(1) Circulaire des affaires étrangères de décembre 1832.

**117. Fêtes nationales étrangères ou françaises.** — Il est aussi de règle qu'à moins d'empêchement légitime, les consuls mettent leur pavillon les jours de fêtes considérées comme nationales dans les pays de leur résidence ; ils sont ordinairement invités aux cérémonies religieuses et solennités publiques qui ont lieu à cette occasion, et leur devoir est d'y assister. Ils ne pourraient s'en abstenir que dans le cas où quelqu'une de ces célébrations religieuses ou politiques blesserait les principes fondamentaux du gouvernement qu'ils représentent. (1) Dans ce cas même, il est convenable que les consuls fassent agréer par écrit leurs regrets à l'autorité qui les aurait invités à y assister ; car les agents étrangers doivent surtout éviter de froisser par leur conduite les usages et les institutions des pays où ils résident.

Quant aux fêtes nationales que les agents consulaires désirent faire célébrer en l'honneur de la mère-patrie, leur célébration publique ne peut avoir lieu à l'étranger que du consentement exprès des autorités territoriales. Lors donc que la solennisation ne doit pas se borner à une simple exhibition du pavillon national ou à l'illumination de la maison consulaire, les agents doivent en donner avis préalable à l'autorité compétente et s'entendre avec elle sur la convenance politique des programmes proposés.

Ces fêtes ne sont, du reste, le plus souvent, dans les consulats, que des fêtes de famille auxquelles les nationaux seuls sont appelés à prendre part, sans que l'autorité territoriale ait à s'y immiscer, ni par conséquent à y intervenir.

**118. Rapports officiels avec les autorités territoriales.** — Pour assurer au commerce et à la navigation de leur pays l'active protection qu'ils ont pour mandat spécial de leur dispenser, les consuls ont à intervenir directement auprès des autorités de leur arrondissement consulaire. Ils défendent auprès d'elles leurs nationaux, lorsqu'on viole à leur égard soit la justice naturelle, soit les traités, ou bien lorsqu'on s'écarte

---

(1) Circulaire des affaires étrangères du 12 floréal an vi (1er mai 1798).

à leur détriment des dispositions ou des formes consacrées par les lois du pays. (1)

Les consuls n'ont pas qualité pour s'immiscer directement dans les différends qui surgissent à propos d'intérêts privés entre leurs nationaux et les habitants du pays ou les délégués du gouvernement territorial ; ils doivent s'attacher a ce d'autant plus de soin à renfermer leur action dans les limites d'une intervention plutôt officieuse qu'officielle, que la plupart des autorités avec lesquelles les consuls ont à traiter étant elles-mêmes subordonnées aux ordres suprêmes du gouvernement central, leurs décisions, quelles qu'elles soient, peuvent presque toujours être frappées d'appel.

Néanmoins, sous quelque forme qu'ils présentent leurs demandes, l'obligation des consuls n'en est pas moins de réclamer en faveur des négociants et des navigateurs de leur nation le maintien intégral des droits et des avantages assurés par les traités, et de veiller à ce que les stipulations de ces traités ne soient pas éludées.

Les traités accordent ordinairement aux étrangers le traitement national ou le traitement de la nation la plus favorisée, quelquefois la jouissance simultanée de ces deux privilèges. D'autres fois ces conventions ne stipulent qu'un traitement particulier et réciproque entre les parties contractantes. C'est donc aux consuls à faire une étude attentive de la législation locale, et à se bien pénétrer du véritable esprit des traités qui lient leur pays avec celui dans lequel ils résident, pour ne réclamer que des droits incontestables et obtenir que leurs compatriotes jouissent de la plénitude des avantages qui leur sont acquis.

Lorsque les consuls ne peuvent donner à leurs réclamations en faveur de leurs nationaux la base d'une stipulation conventionnelle expresse, les arguments qu'ils ont à faire valoir auprès des autorités étrangères doivent surtout reposer sur des considérations puisées dans l'intérêt bien entendu

---

(1) Instruction générale du 8 août 1814.

du commerce, qui n'est qu'un échange d'avantages et de bénéfices entre les peuples qui s'y livrent. Dans ce cas, ils
doivent s'attacher à faire ressortir les besoins mêmes du
commerce général de leur pays, et à démontrer l'inutilité
ou les inconvénients des entraves douanières qui s'opposent
au développement régulier des spéculations mercantiles de
leurs compatriotes, et éviter de mettre en avant des exigences
dont l'examen peut affaiblir ou même faire écarter leurs
propositions.

En ce qui concerne les affaires particulières dont la décision est du ressort des tribunaux, les consuls n'ont qu'à
veiller à ce qu'elles soient expédiées avec promptitude et
régularité, conformément aux lois du pays ; leur intervention
est, du reste, acquise de plein droit aux parties lésées, quand
il s'agit soit d'un déni de justice, soit d'une prévarication de
la part du juge, soit enfin de tout acte arbitraire et illégal
qui, par sa nature, ne comporterait pas la réparation directe
par les voies ordinaires de la justice.

Les consuls ayant pour devoir de contrôler avec vigilance
l'application des règlements sanitaires aux navires de leur
nation, ils ne sauraient mettre trop de soin à étudier jusque
dans ses moindres détails le régime des quarantaines qui se
pratique autour d'eux, pour réclamer, selon les circonstances,
le bénéfice des dérogations et des exceptions admises en
faveur d'une autre nation quelconque.

L'exercice du droit de visite, ou simplement de police dans
les mers territoriales, soit sur les côtes par les agents des
douanes, soit dans les mers suspectes par les bâtiments de
guerre chargés de veiller à la protection et à la sûreté de la
navigation, donne lieu à l'étranger à de nombreux conflits :
à défaut de traités qui limitent ou réglementent l'exercice de
ce droit, le rôle des consuls se borne, dans tous ces cas, à
s'assurer que la visite était légalement permise, et qu'elle
s'est effectuée conformément aux principes du droit maritime
et aux usages des nations, sans vexation pour le commerce,
comme sans atteinte à l'immunité du pavillon national.

Nous ne saurions, du reste, recommander trop de prudence, de réserve et d'esprit de conciliation aux agents du service consulaire appelés à aborder ces délicates questions de droit international, dont la solution définitive sort souvent de leur compétence.

Les consuls doivent veiller au maintien des privilèges et des attributions qui leur sont accordés par les traités, ou qui sont fondés soit sur l'usage, soit sur une juste réciprocité ; lorsque les autorités locales mettent obstacle à ce qu'ils en jouissent dans toute leur plénitude, ils doivent faire les réserves convenables et en référer tant au chef de mission dont ils relèvent qu'au ministre des affaires étrangères. (1)

A cet égard, il ne faut pas oublier que, quelque désir que puisse avoir le gouvernement d'étendre les droits et les garanties personnelles de ses agents au dehors, il est forcé d'agir avec d'autant plus de circonspection qu'il ne peut le faire qu'à charge de réciprocité, et qu'il peut être de sa politique de ne pas les étendre à l'égard des représentants des puissances étrangères fixés en France. Les consuls doivent donc éviter avec soin de donner lieu, par des prétentions exagérées, à des plaintes ou à des mésintelligences diplomatiques, et c'est encore plus par l'ascendant moral de leur vie privée et par la dignité de leur conduite publique, que par des immunités et des droits, qu'ils doivent faire respecter leur caractère.

**119. Communications par écrit.** — Toutes les fois que les consuls ont à réclamer contre une violation de la loi ou des traités faite à leur préjudice ou à celui de leurs nationaux, ils doivent en faire l'objet d'une réclamation directe et officielle auprès de l'autorité territoriale compétente.

Les communications de cette nature ont lieu de vive voix ou par écrit. Le premier mode est généralement préférable, parce qu'une difficulté, quelque légère qu'elle soit, change

---

(1) Instruction générale du 8 août 1814. (F.)

bientôt de caractère, lorsqu'elle est constatée par écrit, tandis que, dans un entretien amiable, la discussion se renferme dans des limites tout autres et conduit plus rapidement au résultat qu'on poursuit. Il ne faut donc, autant que possible, avoir recours aux communications écrites que pour sanctionner et consacrer un accord déjà arrêté dans une conférence verbale, ou, en cas de non conciliation, pour maintenir et sauvegarder un droit précis.

Ces communications, qui deviennent alors de vraies protestations, demandent à être libellées succinctement en termes précis, mais modérés, appropriés aux circonstances et aux personnes qui s'y trouvent engagées. Les agents ne sauraient, en effet, perdre de vue que les discussions irritantes et passionnées sont plus nuisibles qu'utiles au succès des affaires, et que, même dans les explications les plus désagréables, ils sont tenus de savoir allier le maintien de leur dignité avec les égards dus à un gouvernement étranger, libre et indépendant de celui auquel ils appartiennent eux-mêmes.

Il est, du reste, interdit à tout agent du département des affaires étrangères de remettre aux autorités étrangères aucune note écrite sur des matières politiques, à moins d'en avoir reçu l'autorisation préalable et formelle du ministre dont il relève. (1) Cette prohibition s'applique surtout et de la manière la plus absolue aux consuls.

Il est également recommandé à ces agents de ne jamais s'écarter dans leurs communications officielles du cérémonial en usage dans le pays de leur résidence, et du protocole auquel ont droit, par leurs fonctions ou leurs titres, les autorités auxquelles elles sont adressées.

**120. Forme et style de ces communications.** — La correspondance diplomatique a lieu par *notes*, par *mémoires* ou par *lettres*; la nature même de leurs communications pres-

---

(1) Circulaires des affaires étrangères des 25 mai 1808 et 7 décembre 1811.

crit aux consuls de n'employer que cette dernière forme. Cependant, lorsqu'ils réunissent à leurs fonctions spéciales les attributions diplomatiques de chargés d'affaires, ils sont libres de recourir au mode de correspondance qui entre le mieux dans leurs vues.

La *note* comporte en général un style plus solennel, un cérémonial plus rigoureux; l'agent y parle à la troisième personne et dit ordinairement qu'il a ordre ou qu'il est autorisé à faire telle ou telle observation, communication ou déclaration.

Selon son caractère, la note est officielle ou confidentielle.

On donne le nom de note *verbale* à des communications moins solennelles, privées de signatures et destinées uniquement à aider la mémoire de ceux à qui elles sont adressées, ou à traiter d'affaires sur lesquelles on ne veut pas insister officiellement.

Les *mémoires* sont des écrits qui ne contiennent que le simple exposé d'une affaire; aussi leur style est-il dépourvu de ce qui constitue le genre épistolaire, et le plus souvent ne sont-ils pas signés.

Les *lettres* sont des communications soit officielles, soit confidentielles, rédigées au nom direct de l'agent qui les signe, dans un style simple, mais revêtu des formes de politesse que l'usage a consacrées sous le nom de *protocole*. La *dépêche* est plus particulièrement une communication officielle échangée entre un agent et son chef, ou réciproquement; cependant, ce nom est aussi donné quelquefois à une lettre échangée avec une autorité locale supérieure.

**121. Langue dans laquelle les communications ont lieu.** — Généralement, c'est dans la langue du pays que doivent être rédigées les communications des consuls avec les autorités de leur résidence. Néanmoins, par suite d'un usage qui a reçu la consécration des temps, et qui se justifie par le caractère d'universalité qu'a acquis notre langue, surtout dans le droit international, nos agents emploient exclusivement la langue française, et ils feront bien d'y persister. Pour faciliter toutefois la solution des affaires qu'ils peuvent avoir à traiter, il y a souvent un sérieux avantage à ce que les agents joignent à la communication officielle, en français, une traduction dans la langue du pays.

**122. Informations à donner aux autorités territoriales.** — L'institution des consulats ne sert pas seulement à éclairer la France sur la situation politique et économique des pays étrangers, elle sert aussi à fixer les autres contrées sur leurs divers rapports vis-à-vis de notre nation.

Dans ce but, les consuls doivent faire connaître les changements survenus dans nos institutions, nos usages et notre organisation administrative. Ils doivent, autant que possible, se prêter, comme intermédiaires officieux, à donner tous les renseignements de cette nature qui leur sont demandés par les autorités près desquelles ils sont accrédités, afin de maintenir ces bons rapports de réciprocité qui concourent si bien à établir les relations des nations entre elles.

**123. Conflits avec les autorités territoriales.** — Toutes les fois que la solution des affaires qu'ils ont à traiter éprouve des difficultés et des lenteurs de la part des autorités locales et qu'il peut en résulter quelque préjudice pour les intérêts qui leur sont confiés, les consuls doivent en instruire l'agent diplomatique ou le consul général dont ils relèvent, et en informer simultanément le ministre des affaires étrangères, afin d'en recevoir des instructions. (1) Il leur est interdit d'entretenir dans ce but aucune relation directe avec les autorités centrales du pays, par une juste réciprocité des principes observés en France, qui n'autorisent de rapports avec ces autorités que par la voie diplomatique. (2)

**124. Abaissement du pavillon.** — L'abaissement du pavillon national n'engageant pas seulement la responsabilité des

(1) Instruction générale du 8 août 1814. (F.)
(2) Arrêté du Directoire du 22 messidor an vii (10 juillet 1799). — Décret du 25 décembre 1810.

consuls, mais pouvant aussi engager celle de leur gouvernement, les agents ne peuvent ni ne doivent, à l'occasion de
réclamations particulières, de refus de réponse, etc., amener
leur pavillon d'eux-mêmes et de leur propre autorité. Il ne
leur est pas davantage permis de suspendre leurs relations
officielles sans avoir pris les instructions du chef de l'établissement consulaire ou du ministre des affaires étrangères.
Quelle que soit la ferme volonté d'un gouvernement d'assurer aux intérêts de ses nationaux à l'étranger une protection
efficace et de prêter son appui aux agents qui l'exercent en
son nom, on ne peut cependant admettre que ces agents en-
gagent son action et compromettent même sa politique par
des actes dont l'initiative ne peut appartenir qu'à lui seul.
Dans le cas où de graves difficultés viendraient à surgir
entre une autorité étrangère et un consul, celui-ci doit donc
se borner à protester et continuer, en attendant les instructions du gouvernement ou de son chef immédiat, à donner
aux affaires courantes les soins qu'elles peuvent réclamer et
conserver ainsi à ses nationaux toute l'efficacité de la protection dont ils ont besoin. (1)

**125. Appel aux forces navales.** — Cette réserve, dont les
consuls généraux, chefs de mission, tout autant que les
simples consuls, ne sauraient s'écarter, s'applique également
au cas d'appel aux forces navales, détermination encore plus
grave par les conséquences immédiates qu'elle peut avoir, si
cet appel a lieu dans le but de prendre des mesures coërci-
tives vis-à-vis d'un État étranger. (V. livre VIII.)

**126. Interruption des relations diplomatiques.** — L'interruption des relations politiques, telles que le brusque départ
de l'agent diplomatique par suite d'un conflit entre les deux
nations, n'entraîne pas nécessairement la rupture des relations commerciales.

Dans ce cas, les consuls, chargés plus spécialement de

_____

(1) Circulaire des affaires étrangères du 16 mai 1819. (F.)

protéger ces relations, doivent demeurer à leur poste et y
continuer leurs fonctions, même après le départ du personnel
de la légation de leur pays, à moins de décision contraire
du gouvernement territorial ou d'ordres exprès transmis par
le ministère des affaires étrangères, aussi longtemps que la
situation des choses dans la ville où ils résident leur laisse
l'espérance de se rendre utiles aux nationaux dont les intérêts leur sont confiés.

Lorsque, par des circonstances indépendantes de leur volonté, les consuls se trouvent placés dans l'impossibilité
d'accomplir les devoirs de leur charge, à plus forte raison
si leur sûreté ou celle de leurs nationaux se trouve menacée,
ils doivent avoir recours à la protection, plus efficace dans
le moment, d'un de leurs collègues étrangers, ou même se
retirer après avoir employé tous les moyens praticables pour
assurer au préalable le départ de ceux de leurs nationaux
qui ne pourraient prolonger le séjour dans le pays.

Dans ce cas les consuls, protecteurs officiels de leurs nationaux, doivent être les derniers à se dérober aux dangers
qui menacent leurs compatriotes, et ne songer à leur sûreté
personnelle qu'après avoir garanti celle de leurs nationaux.

Cette éventualité est heureusement fort rare, et même à
l'époque de nos démêlés avec le Maroc, on a vu que, bien
que le pavillon national ait été amené, et que des démonstrations hostiles eussent commencé, les relations commerciales
avaient continué sans interruption, et les consuls étaient de-
meurés à leur poste sans interrompre leurs fonctions.

Cette situation tout exceptionnelle crée aux consuls des
devoirs difficiles : c'est surtout dans de pareilles circonstances qu'ils doivent se rappeler que leur mission n'ayant pas
un caractère politique, ils n'ont pas à s'occuper des questions
qui s'y rattachent, et sont, au contraire, tenus de concentrer
toute leur sollicitude sur la protection des intérêts commerciaux de leurs nationaux.

Prévenir tout sujet de vexations ou d'injustice auxquelles
les circonstances peuvent donner naissance, faire constam-

ment respecter la personne et les biens des Français groupés
autour d'eux, instruire le département des affaires étrangères des difficultés en présence desquelles ils se trouvent,
et, dans les cas extrêmes seulement, se placer, comme nous
l'avons dit, sous la protection d'un autre agent étranger, ou
même faire appel aux forces navales de leur pays, telle est,
en résumé, la ligne de conduite que nos consuls ont à suivre.

Aller au-delà et exiger ou imposer, par exemple, le re-
dressement immédiat de leurs griefs, ce serait de leur part
anticiper sur le fait d'une rupture qu'il peut ne pas être dans
la politique de leur gouvernement d'accepter.

**127. Changement de forme du gouvernement.** — Lorsqu'une
nation change brusquement la forme de son gouvernement,
il arrive parfois que les autres États ne reconnaissent pas
immédiatement cette révolution, qu'ils suspendent tous rapports politiques avec elle, sans pour cela porter atteinte aux
relations commerciales.

Dans cette hypothèse, les consuls déjà établis dans le
pays et munis d'un *exequatur*, continuent à exercer leurs
fonctions comme par le passé, et leur conduite se règle alors
d'après les principes que nous avons exposés pour le cas
d'interruption des rapports politiques.

Dans cette position exceptionnelle, les consuls ne sauraient
user de trop de circonspection pour laisser à la politique de
leur pays toute la liberté de ses allures et empêcher qu'on
ne vienne à lui attribuer des vues ou des projets qui pourraient être démentis par les faits ; ils ne doivent pas mettre
moins de soins à éviter, tant dans leurs rapports avec les
autorités et avec les particuliers que dans leurs discours et
l'ensemble de leur conduite ou de leur correspondance, tout
ce qui pourrait inquiéter le pays où ils résident, ou serait de
nature à faire penser qu'ils cherchent à s'écarter de la parfaite neutralité et de la complète impartialité qui doivent dominer leur conduite.

**128. Intervention du gouvernement des agents.** — En cas de troubles particuliers dans leur résidence, ou lorsque, en vertu du droit résultant des traités ou d'une demande expresse, leur gouvernement intervient par l'envoi de forces navales, pour mettre un terme à un état de choses nuisible au commerce et aux intérêts généraux de tous les pays, la conduite des consuls est réglée par les instructions spéciales que le Département des affaires étrangères leur transmet. (Voir sur cette question livre VIII.)

SECTION III. — *Des devoirs des consuls en cas de guerre extérieure.*

Lorsque la guerre éclate entre la France et l'État où réside un consul, le mandat de celui-ci est fini, et nous n'avons pas à nous occuper des cas exceptionnels où ses fonctions se continuent par tolérance avec plus ou moins d'étendue : ce seraient des considérations de convenance, et non des principes que nous aurions à développer sur des hypothèses variables à l'infini.

**129. De la neutralité.** — Mais lorsque, dans une guerre, la France ou l'État de la résidence du consul, ou tous les deux ensemble, restent neutres, alors il peut surgir de cette position, pour le consul, des devoirs nouveaux que nous devons examiner.

On distingue d'abord, dans les droits et les devoirs des neutres en temps de guerre, les actes qui ont lieu à terre sur le territoire des belligérants, et ceux qui se passent en mer et dont l'application est, par conséquent, spéciale à la marine militaire et marchande.

Pour ce qui est des premiers, il est de principe absolu que les citoyens ou sujets neutres qui se trouvent sur le territoire d'une nation en guerre avec une autre, ou d'un pays envahi par l'ennemi, doivent, s'ils ne prennent aucune part aux hostilités, être également respectés dans leurs personnes et leurs biens meubles par les deux parties belligérantes. Soumis aux lois de police et de sûreté du souverain territorial, celui-ci peut, en cas de guerre, leur refuser l'entrée du pays, ou ne la leur permettre que sous certaines conditions, ou encore les expulser; mais ils ne sauraient être soumis, à raison de l'état du pays, à aucune obligation nouvelle, ni être frappés d'aucun impôt personnel, encore moins être forcés à prendre les armes; on ne pourrait davantage s'emparer de leurs biens meubles pour les faire servir à la guerre.

Ces devoirs du belligérant envers les neutres sont absolus, et leur violation constituerait contre l'indépendance des peuples neutres une atteinte grave qui justifierait, de la part du consul dans l'arrondissement duquel elle aurait été commise, d'énergiques représentations.

**130. Des droits des neutres.** — Le droit de la guerre, tout absolu qu'il puisse être, a donc des limites vis-à-vis des neutres.

Ainsi, le conquérant d'un pays peut, lorsqu'il s'agit de ses ennemis, employer les moyens rigoureux et extrêmes que l'humanité condamne et que la nécessité aveugle peut seule excuser; mais il doit respecter les sujets neutres établis dans le pays ennemi, et qui s'y trouvent au moment de la conquête.

Les modifications que la conquête apporte à la forme du gouvernement ne modifient en rien les droits des neutres, parce que ceux-ci ayant leur base dans les principes généraux du droit des gens, ne peuvent être altérés par les actes isolés de telle ou telle nation. (1)

C'est sur ces principes que nos consuls doivent guider leur conduite en cas de guerre, et ce sont ceux qu'ils doivent invoquer pour la protection de leurs nationaux.

**131. De la saisie des bâtiments neutres.** — Le droit maritime, en temps de guerre, a été pendant longtemps l'objet de contestations regrettables, et l'incertitude des droits et des devoirs réciproques des neutres et des belligérants a

---

(1) Vattel, *Droit des gens*, livre III, § 75. — Kluber, *Droit des gens moderne*, § 280. — Ch. Calvo, *Droit international théorique et pratique*.

fait naître plus d'un conflit. Le Congrès de Paris a établi sur ce point une doctrine uniforme à laquelle presque toutes les puissances maritimes ont déjà adhéré, et ce n'est pas une des moindres gloires des plénipotentiaires qui y ont pris part que d'avoir introduit à cet égard, dans les rapports internationaux, des principes fixes et précis.

Ces principes sont :

1° Que la course est et demeure abolie ;

2° Que le pavillon neutre couvre la marchandise ennemie, à l'exception de la contrebande de guerre ;

3° Que la marchandise neutre, à l'exception de la contrebande de guerre, n'est pas saisissable sous pavillon ennemi;

4° Que les blocus, pour être obligatoires, doivent être effectifs, c'est-à-dire maintenus par une force suffisante pour interdire réellement l'accès du littoral de l'ennemi. (1)

Si donc il arrivait que, nonobstant notre neutralité, un bâtiment français fût amené comme prise par un bâtiment de guerre dans les eaux d'une puissance en guerre avec une autre, le consul aurait immédiatement à s'enquérir des circonstances de la capture et à invoquer, s'il y avait lieu, les principes que nous venons de rappeler, pour poursuivre la relaxation du bâtiment. Il devrait, en même temps, rendre compte des faits au chef de la mission française dans le pays de sa résidence et au ministre des affaires étrangères.

La ligne de conduite à tenir vis-à-vis du navire capturé, lorsque sa mise en liberté est ordonnée, rentre dans les devoirs ordinaires de protection déterminés par les règlements maritimes. (Voir livre VIII, chapitre v.)

Lorsque la relaxation est indûment retardée ou refusée, le consul doit s'attacher à recueillir tous les renseignements et documents nécessaires pour éclairer la justice du gouvernement dans l'action en indemnité qui pourra plus tard être formulée contre l'État auquel appartient le capteur.

_____

(1) Déclaration du Congrès de Paris du 16 avril 1856. *Recueil des Traités de la France*, t. vii.

**132. De l'embargo ou arrêt de prince.** — D'après les prin-cipes généraux du droit des gens, tels qu'ils se trouvent sanctionnés par plusieurs de nos traités (1), aucun navire marchand ou de guerre ne peut être retenu de force dans un port étranger, ni employé d'autorité pour le service public d'un pays autre que celui dont il porte le pavillon ; les mêmes principes s'opposent à ce qu'on mette en réquisition forcée, pour servir en guerre, les matelots, passagers ou autres personnes embarquées sur des navires étrangers. Le cas échéant, et après en avoir référé à qui de droit, nos con-suls devraient agir comme dans le cas de capture illégale et réclamer énergiquement contre l'application de l'embargo ou de l'arrêt de prince aux navires français.

---

(1) Traités des 23 août 1742 et 9 février 1842 avec le Danemark, du 9 septembre 1882 avec la République dominicaine, du 27 novembre 1886 avec le Mexique, etc. V. *Recueil des Traités de la France.*

# CHAPITRE II

## RAPPORTS DES CONSULS AVEC LES AGENTS DES PUISSANCES TIERCES.

SECTION Iᵣₑ. — *Des rapports et relations entre consuls établis dans la même ville.*

La protection des droits et des intérêts particuliers confiés à nos consuls ne s'exerce pas seulement vis-à-vis des autorités du pays ; elle nécessite aussi avec les agents des autres puissances établis dans la même résidence des rapports fréquents qui se règlent d'après les principes généraux que nous avons indiqués dans le chapitre précédent, comme devant servir de guide aux consuls dans leurs rapports avec les autorités territoriales.

**133. Rapports d'intérêt public et privé.** — Ces relations sont de deux sortes : particulières et de pure courtoisie, officielles et de service ; elles dépendent, quant à leur caractère, de l'état de paix ou de l'état de guerre entre les nations auxquelles appartiennent les consuls.

**134. Relations particulières.** — Nous n'avons pas à nous occuper des relations particulières que les agents étrangers peuvent être appelés à échanger, car leurs convenances personnelles s'accordent trop avec les exigences de leur service pour ne pas leur faire naturellement comprendre la nécessité de rendre ces rapports aussi faciles que possible. Nous dirons seulement qu'il est d'usage qu'un consul arrivant dans sa résidence fasse la première visite à ses collègues étrangers, et qu'il ne saurait résulter que de fâcheux inconvénients de l'inobservation de cet usage.

**135. Relations officielles.** — Les relations officielles naissent de la protection isolée que chaque consul doit à ses nationaux et des intérêts commerciaux et politiques communs à tous les étrangers établis dans la même ville.

Il ne suffit pas, en effet, de veiller avec soin au maintien des privilèges ou avantages résultant des traités ou de l'usage, il faut encore que les agents sachent éveiller la sollicitude des autorités du pays sur les réformes ou les améliorations économiques que l'intérêt général bien entendu peut faire réclamer.

Sous ce rapport, on conçoit que les indications à fournir ou les insinuations à faire auront moins de poids, si elles émanent d'un consul isolé que si elles sont présentées en même temps par plusieurs agents également intéressés à leur prise en considération ; mais cette espèce d'entente ou de concert entre divers consuls établis dans une même résidence demande à être mûrement pesée pour prévenir les inconvénients que toute démarche collective ou simultanée peut faire surgir, lorsqu'elle sort des limites d'une discussion interprétative de la loi ou de quelque stipulation conventionnelle.

**136. Accord dans les troubles locaux.** — Dans les cas, si fréquents encore dans quelques pays, de guerre civile et d'insurrection, les agents sont souvent amenés à certaines démonstrations collectives et publiques, telles, par exemple, que celle d'arborer de concert le pavillon de leur pays, afin d'indiquer au loin leur demeure et d'en écarter l'outrage ou la violence, ou encore de transmettre directement aux autorités supérieures de leur résidence, appuyées d'une démarche personnelle, les protestations formelles de leurs nationaux contre les pertes ou dommages dont les menacerait la continuation des troubles et luttes intérieures. Mais l'intervention du corps consulaire ne saurait aller au-delà de ces simples mesures préventives ; ainsi, une intimation adressée aux autorités locales, la menace de les rendre responsables des suites que pourraient avoir les événements qui y donneraient origine, constitueraient une véritable immixtion dans les affaires intérieures du pays et une atteinte au principe de l'indépendance des nations.

**137. Relations officieuses.** — La nature et l'espèce des relations officieuses qui peuvent s'établir entre les consuls étrangers résidant dans la même ville ne sauraient être précisées, parce qu'elles varient selon les usages consacrés dans chaque contrée et dépendent également des attributions de chaque agent, au point de vue de la législation de son pays.

Nos consuls sont dans l'habitude de communiquer à leurs collègues étrangers tous les renseignements qu'ils reçoivent de France sur notre législation douanière, civile ou politique, sur notre régime sanitaire, sur l'installation des phares et fanaux, enfin toutes les informations relatives à la police générale de la navigation qui leur sont transmises par le ministère de la marine.

Ces sortes de communications se font de part et d'autre à charge de réciprocité, et les remises de copies ou légalisations de pièces ayant un caractère d'utilité générale, qui s'opèrent de chancellerie à chancellerie, doivent toujours avoir lieu sans frais.

**138. Gestion intérimaire d'un consulat étranger.** — En cas de rupture des relations entre deux pays pour cause de guerre ou de complications politiques, parfois aussi par suite d'absence ou de congé, la gestion intérimaire d'un consulat étranger peut être offerte ou confiée provisoirement à un consul français. (1)

Celui-ci, avant d'accepter définitivement un mandat de ce genre, qui rentre tout à fait dans les bons offices que les consuls de nations amies se rendent mutuellement, doit tout d'abord provoquer l'agrément du gouvernement de la République. Sauf les circonstances de force majeure, ce n'est qu'après en avoir reçu l'autorisation du Ministère que l'agent de la France peut songer à faire sanctionner par l'autorité

---

(1) Circulaire des affaires étrangères du 1er novembre 1864. (F.)

supérieure territoriale la nouvelle mission qu'il va se trouver appelé à remplir.

Quant à l'étendue des pouvoirs qui lui sont ainsi délégués, elle ne saurait naturellement aller au-delà d'un mandat officieux et d'attributions purement administratives : tout ce qui impliquerait compétence politique ou judiciaire inhérente à la *nationalité*, ou qui serait de nature à engager la responsabilité de l'agent vis-à-vis d'un gouvernement étranger, demeure, cela va sans dire, exclu du rôle temporairement confié au consul de France.

Nous n'avons pas à spécifier ici en détail les opérations que peut embrasser la gestion intérimaire d'un poste étranger, la forme des actes de diverse nature qui s'y rattachent, les rapports de correspondance officielle ou officieuse qui peuvent en être la suite. Tout cela varie, en effet, suivant les lois, règlements ou usages de chaque pays en matière d'attributions consulaires, et nous devons admettre qu'avant de quitter sa résidence, l'agent étranger donne à cet égard les indications verbales ou écrites nécessaires à celui de ses collègues auquel il confie l'exercice intérimaire d'une partie de ses fonctions. Un seul point comporte quelques explications : nous voulons parler des rapports de chancellerie et de comptabilité auxquels peut donner lieu la gestion d'un consulat étranger.

Les écritures de comptabilité sont à tenir dans la forme indiquée par le titulaire du poste au moment de son départ, ou par les instructions officielles qui font partie de ses archives. Les perceptions à appliquer aux actes de chancellerie et leur justification sur des registres, se règlent non d'après le tarif français, mais d'après le tarif ordinaire du consulat géré, que ce dernier possède ou non un délégué spécial, chancelier ou commis, pour vaquer, sous la surveillance du gérant, aux affaires de chancellerie.

C'est, d'autre part, au gouvernement étranger intéressé que les gérants auraient à s'adresser pour le remboursement des frais de service occasionnés par leur intérim, et à l'égard desquels le Ministère des affaires étrangères décline naturellement tout contrôle et toute responsabilité.

**139. Rapports exceptionnels.** — Quelques traités ont créé à nos consuls des obligations spéciales et réciproques vis-à-vis de leurs collègues étrangers. De ce nombre sont celles qui se rapportent à l'abolition de la traite des noirs et à l'exercice du droit de visite, au règlement des salaires et des successions de marins ; c'est en nous occupant, en détail et d'une manière spéciale, de chacun des sujets auxquels elles sont relatives, que nous ferons connaître les devoirs particuliers qui en résultent.

**140. Rapports en cas de guerre déclarée.** — L'état de guerre fait nécessairement cesser tout rapport direct entre les consuls de deux nations belligérantes établis dans le même port neutre, mais il leur crée en même temps de nouvelles obligations : les unes sont tracées par leurs instructions politiques, les autres sont la conséquence de l'état d'hostilité.

Pour se conformer aux premières, ils doivent surveiller les démarches et l'attitude de l'ennemi, empêcher qu'il n'ourdisse contre le gouvernement aucune trame dangereuse, découvrir et renverser le plan de ses intrigues, et ne rien négliger pour substituer leur influence à la sienne. Quant aux obligations qui résultent de la guerre même, elles concernent les opérations de contrebande de guerre, la police des armements suspects, les affaires de prises en pays neutre ou allié et l'échange des prisonniers de guerre. (Voir livre VIII.)

SECTION II. — *De l'étiquette internationale.*

Les règles de l'étiquette internationale doivent être rigoureusement observées par les consuls dans toutes leurs démarches collectives, et toutes les fois qu'ils se trouvent ensemble et en corps dans une cérémonie publique ou chez une autorité.

**141. Rang et préséance des consuls entre eux.** — Les questions de préséance ont pendant de longues années éveillé dans certaines contrées de fâcheuses rivalités et suscité de déplorables conflits. C'est ce qui s'est notamment vu dans le Levant par les prétentions rivales de la France, de l'Angleterre et de la Russie, dont les agents, pour n'avoir rien à céder des prétentions de leurs gouvernements, avaient fini par éviter toute rencontre dans les cérémonies publiques.

Pour mettre un terme à toutes ces difficultés, les plénipotentiaires du Congrès de Vienne arrêtèrent, le 19 mars 1815 (1), un règlement général qui est depuis lors resté dans le droit public universel, et qui fixe le rang et la préséance des agents diplomatiques accrédités dans chaque cour. Bien que les dispositions de ce règlement ne soient pas expressément applicables aux agents consulaires, il doit pourtant leur servir de règle dans le cas où des difficultés s'élèveraient entre eux relativement à la préséance. (2)

L'usage généralement adopté maintenant, aussi bien en pays de chrétienté que dans les contrées du Levant et de Barbarie, c'est que, conformément aux prescriptions de l'article 4 du susdit règlement, les consuls prennent rang par classe, et dans chaque classe, d'après la date de la notification officielle de leur arrivée à leur poste.

Il y a cependant quelques exceptions à cet usage. Ainsi, dans certaines contrées musulmanes où le corps consulaire a une organisation propre et exerce quelquefois des fonctions collectives, par exemple, pour la police sanitaire, la présidence est occupée à tour de rôle et se délègue par périodes hebdomadaires ou mensuelles : quand alors il y a lieu de faire en corps une démarche quelconque ou d'assister à des cérémonies publiques, c'est le président en exercice qui a le pas et porte la parole, et ses collègues prennent rang après lui, selon l'ordre alphabétique de leur nation.

**142. Des places d'honneur.** — Dans les assemblées ou réunions de corps, le degré de distinction de la place occupée se règle ainsi qu'il suit : dans la ligne droite, la première en

---

(1) V. *Recueil des Traités de la France*, t. II, p. 465.
(2) Circulaire des affaires étrangères de septembre 1815.

évidence ; dans la ligne transversale, la place de droite ;
enfin, entre trois places sur la même ligne, celle du milieu ;
quand il y a un président, le rang se détermine en alternant
de la droite à la gauche de celui-ci.

Quant aux actes publics, traités, conventions, notes,
mémoires ou autres, le rang suit l'ordre dans lequel les
puissances sont nommées ; seulement, dans les traités, les
règles de l'alternat veulent que chacune des puissances
contractantes soit nommée la première dans l'acte qu'elle
considère comme l'original, c'est-à-dire celui qui reste déposé dans ses archives. Pour la signature, la place d'honneur est à la gauche du papier (à droite d'après les règles
du blason), et la seconde à droite de celle-ci, mais sur la
même ligne ; la signature en colonne dans l'ordre vertical
est considérée comme moins honorable, et ne s'observe que
lorsque la largeur du papier, jointe au nombre des signataires de l'acte, s'oppose à ce que l'on suive l'ordre horizontal.

# LIVRE QUATRIÈME

## DES RAPPORTS DES CONSULS AVEC LE MINISTÈRE DES AFFAIRES ÉTRANGÈRES.

---

### CHAPITRE PREMIER

#### DISPOSITIONS GÉNÉRALES RELATIVES A LA CORRESPONDANCE CONSULAIRE.

La ( spondance des consuls avec le Département des affaires étrangères embrasse toutes les attributions et tous les détails des fonctions consulaires, et se divise par spécialités selon l'organisation même de ce département.

De là, la nécessité de rappeler ici l'organisation des bureaux de l'administration centrale avant d'indiquer les règles prescrites aux consuls pour le classement, la forme, le style et la conservation de leur correspondance.

SECTION I. — *De l'organisation centrale du département des affaires étrangères.*

**143. Organisation des bureaux du ministère. —** Aux termes du décret du 12 mai 1891, modifié par les décrets des 8 novembre 1892, 10 mars 1894, 29 juin 1895 et 25 juillet 1896 portant règlement d'administration publique, l'administration centrale du ministère des affaires étrangères est organisée ainsi qu'il suit :

Le cabinet du ministre et secrétariat avec ses annexes, le bureau du personnel, celui des traducteurs et de la presse étrangère, celui du chiffre, celui du départ et de l'arrivée des correspondances et des courriers ;

Le service du protocole ;

La direction des affaires politiques et du contentieux ;

La direction des consulats et des affaires commerciales ;

La division des archives ;

La division des fonds et de la comptabilité.

**144. Attribution des bureaux.** — Le *cabinet* est chargé de l'ouverture et de l'expédition des dépêches, de la correspondance et des travaux personnels et réservés du ministre, des audiences, de la délivrance des passeports aux agents extérieurs, du départ et de l'arrivée des courriers de cabinet, du chiffrement et du déchiffrement des dépêches télégraphiques ou autres, de la presse, des traductions, des nominations et promotions dans l'ordre de la Légion d'honneur des Français signalés pour services rendus à l'étranger, enfin de tous les mouvements dans le personnel des agents diplomatiques et consulaires (nominations, promotions, fixation des traitements, allocations, indemnités et gratifications), et de la rédaction et de la publication de l'Annuaire.

Le service du *protocole* dresse l'expédition originale des traités et conventions de toute nature, prépare les instruments de ratification, les pleins pouvoirs, les commissions, brevets, provisions, *exequatur*, lettres de notification, de créance, de rappel et de recréance, etc., etc. Il s'occupe aussi des questions de franchises, immunités et privilèges diplomatiques, n'ayant pas un caractère contentieux ; des questions de cérémonial, étiquette et préséance ; du protocole du Président de la République et du Ministre des affaires étrangères ; de la réception des ambassadeurs et des membres du corps diplomatique étranger ; des audiences diplomatiques ; de la présentation des étrangers ; des propositions et nominations des étrangers dans l'ordre de la Légion d'honneur, des décorations étrangères conférées à des agents français, de l'envoi de ces décorations, des demandes d'autorisation pour accepter et porter ces décorations ; de l'admission des consuls étrangers en France et dans les colonies françaises ; c'est enfin par son intermédiaire que les agents en congé à

Paris ou s'y trouvant pour toute autre cause sollicitent leurs audiences du Chef de l'État.

La *direction des affaires politiques et du contentieux*, sub-divisée en 3 sous-directions (Nord et Extrême-Orient, Midi et Orient, contentieux), traite les affaires politiques et diplomatiques proprement dites : les questions de droit public international et les questions de droit maritime ; les affaires contentieuses qui doivent être appréciées d'après les dispositions des actes diplomatiques ; les réclamations d'étrangers contre le gouvernement français, et de Français, soit contre les gouvernements étrangers, soit contre le Département des affaires étrangères; les questions de limites et d'extradition, et celles relatives aux réfugiés politiques, aux domiciles de secours, à la traite des noirs, aux rapatriements demandés par la voie diplomatique, aux secours à porter aux militaires blessés sur les champs de bataille, à la neutralisation des hôpitaux et ambulances militaires. Elle a également dans ses attributions la correspondance et les travaux concernant la juridiction consulaire et les tribunaux mixtes, les allocations et secours ayant un caractère politique. Le directeur des affaires politiques préside, en outre, en cas d'absence ou d'empêchement du ministre, le comité des services extérieurs et administratifs qui se compose de tous les directeurs et chefs de service du Département (affaires politiques, consulats, cabinet, protocole, archives, fonds).

La *direction des consulats et des affaires commerciales* est actuellement subdivisée en trois sous-directions (affaires commerciales, affaires consulaires, affaires de chancellerie).

La première prépare les traités de commerce et de navigation, les conventions pour la protection de la propriété littéraire, artistique et industrielle, les conventions monétaires, et instruit les questions qui se rapportent à l'application de ces actes internationaux et en général celles qui intéressent le commerce français en pays étranger ou le commerce étranger en France.

La seconde sous-direction prépare les conventions consulaires, les arrangements relatifs aux chemins de fer, aux communications postales et télégraphiques, aux pêcheries, etc.; elle a dans ses attributions la correspondance relative à l'application de ces actes internationaux, aux privilèges, immunités, droits et attributions des consuls, aux affaires d'administration consulaire, notamment en matière de navigation, qui ne rentrent pas dans la compétence de la sous-direction des affaires de chancellerie ; à l'application de la loi militaire à l'étranger, au service météorologique et à la fixation des circonscriptions consulaires.

La troisième sous-direction dite des affaires de chancellerie est chargée de la discussion des questions touchant à l'état civil, aux pouvoirs des agents consulaires non rétribués, au contrôle de la gestion des dépôts, à l'établissement et à l'application du tarif des droits consulaires ; elle instruit les réclamations et demandes relatives à des matières d'intérêt privé, telles que les successions ouvertes en pays étranger, les recouvrements sur particuliers, les naturalisations, les autorisations de séjour à l'étranger, les autorisations de mariage pour les Français résidant dans le Levant, les dispenses pour mariage, les demandes de renseignements et pièces diverses, les rapatriements administratifs d'indigents. Elle a dans ses attributions la correspondance relative à la préparation et à l'application des conventions relatives à l'état civil et aux successions ; la délivrance des légalisations et des visas de tous les actes venant des pays étrangers ou destinés à y être envoyés ; la conservation des actes dressés dans les chancelleries ; la transmission des commissions rogatoires et significations judiciaires ; la régularisation et la transmission des actes de l'état civil reçus en France et concernant des étrangers, la conservation de ceux reçus à l'étranger et concernant des Français, enfin la délivrance d'expéditions de ces actes par application de la loi du 8 juin 1893.

La *division des archives* à laquelle sont rattachés le service géographique et la bibliothèque, est divisée en deux bureaux : celui du classement et celui des communications au public ou service historique. Le premier est chargé de la garde et de la conservation des correspondances et documents contemporains ; de la collection des traités et documents diplomatiques de toute nature ; de la réception et de la conservation des archives des postes politiques ou consulaires supprimés ; du dépôt des décrets et décisions ministérielles ; de la garde et de l'envoi du *Bulletin des lois* aux différents postes diplomatiques et consulaires; enfin, de la correspondance relative aux prêts de manuscrits appartenant aux dépôts français et étrangers. Le service géographique est chargé de la collection des cartes géographiques pour l'usage du Ministère ; du dépôt des plans et documents relatifs aux limites du territoire; de la préparation des cartes et notes sur des questions géographiques pour l'usage du Département. Le service historique a pour attributions la rédaction des catalogues et inventaires des archives, des notes et mémoires historiques pour le service du Département; la préparation des travaux demandés par la commission des archives diplomatiques ; la recherche, pour tout service public et privé, des renseignements relatifs à la période antérieure à 1830 ; la communication des documents aux personnes autorisées par le ministre à consulter les archives des affaires étrangères.

A la *division des fonds et de la comptabilité* incombent les travaux relatifs aux dépenses du Ministère ; elle correspond avec les agents du service extérieur sur toutes les matières de comptabilité ; fait la liquidation des traitements, frais de service, de voyage, de courriers, d'installation, des secours et pensions de retraite, des dépenses secrètes et présents diplomatiques, etc., etc.

A l'ensemble de ces attributions les décrets des 16 janvier 1877, 14 août 1880 et 20 décembre 1890 ont ajouté le contrôle et la vérification au point de vue de la comptabilité, ainsi que l'ordonnancement des recettes et des dépenses des chancelleries des postes diplomatiques et consulaires et des vice-consulats. Ce contrôle s'effectue, par l'intermédiaire d'un agent comptable responsable vis-à-vis de la Cour des comptes et du Ministère des finances.

Nous indiquerons plus en détail, dans les chapitres suivants, les rapports des consuls et leurs relations de correspondance avec le cabinet et chacun des quatre grands services du Ministère.

**145. Mode de signature de la correspondance.** — Toutes les dépêches officielles du Département des affaires étrangères, adressées aux agents extérieurs et portant décision ou contenant instructions sur les démarches que ces agents peuvent avoir à faire auprès des autorités de leur résidence et au nom du gouvernement, sont signées par le ministre lui-même ; toutes les lettres qui, sans rentrer précisément dans ces deux catégories, méritent, par l'importance de leur objet, de fixer l'attention du ministre ou exigent l'autorité de sa signature, sont également signées par lui. Les directeurs sont autorisés, pour la correspondance préparée dans leur direction, à signer pour le ministre les duplicata, triplicata et ampliations des lettres ou circulaires dont le primata ou l'original a été signé par le ministre ; il en est de même pour les simples accusés de réception, les lettres qui n'impliquent pas décision et ne traitent que d'affaires courantes, en un mot, toutes celles qui n'ont qu'une importance secondaire. La signature des directeurs est, selon les cas, précédée des mots *pour duplicata* ou *triplicata, pour ampliation*, ou bien *pour le ministre et par son ordre.* (1)

Ce mode de signature de la correspondance officielle, qui a autant pour but d'accélérer que de faciliter le travail des bureaux, ne devant altérer en rien le caractère officiel des

---

(1) Décision du ministre des affaires étrangères du 24 octobre 1829. La formule en usage aujourd'hui est : *Pour le ministre et par autorisation.*

dépêches écrites aux agents, ceux-ci sont tenus d'y répondre toujours par lettres adressées directement au ministre. (1)

SECTION II. — *De la forme extrinsèque de la correspondance des agents et de son expédition.*

**146. Division de la correspondance par direction et par nature d'affaires.** — Toutes les dépêches adressées au ministre des affaires étrangères par les agents du service extérieur sont d'abord enregistrées au cabinet du ministre, puis leur réception est constatée dans chaque direction sur un registre spécial, afin que le ministre puisse toujours suivre le travail qui s'y rapporte et s'assurer qu'il n'y existe point de lacune. (2)

Lorsque les lettres traitent d'objets qui rentrent dans les attributions de directions différentes, elles doivent leur être communiquées tour à tour par extrait ou en totalité ; mais il en résulte forcément un retard, surtout lorsque l'intérêt politique domine ; il devient, d'ailleurs, beaucoup plus difficile de suivre les affaires quand elles sont confondues avec d'autres à leur origine. C'est pour obvier à tous ces inconvénients qu'il a été recommandé aux agents de ne traiter, autant que possible, qu'un seul objet dans chaque dépêche et d'éviter même de réunir dans une seule lettre des objets qui, bien que ressortissant de la même direction, tiennent cependant, soit à des intérêts différents, soit à des parties distinctes ou à des comptabilités séparées. (3) Ainsi, par exemple, une dépêche qui serait destinée à transmettre des informations sanitaires ne doit rien renfermer qui ait rapport au tarif des chancelleries ou à tout autre sujet de la compétence de la direction commerciale. Cet exemple s'applique également aux autres divisions de la correspondance des consuls.

---

(1) Circulaire des affaires étrangères du 24 octobre 1829. (F.)

(2) Circulaire des affaires étrangères du 13 décembre 1825.

(3) Circulaire des affaires étrangères du 1er vendémiaire an VIII (22 septembre 1798).

**147. Classement et numérotage des dépêches.** — D'après l'ordre établi au Département des affaires étrangères, chaque dépêche porte en marge l'indication de la direction dont elle émane, ainsi que le numéro adopté pour la correspondance ; ces indications doivent être soigneusement reproduites sur les réponses adressées au ministre. (1)

Cette recommandation, qui a été récemment étendue à la correspondance télégraphique, est, du reste, générale ; la régularité du service exige et les instructions des agents prescrivent de placer en tête de chacune des dépêches le timbre de la direction à laquelle il appartient d'en prendre connaissance, et de les classer sous une série non interrompue de numéros, selon qu'elles sont spécialement politiques ou commerciales. Un numérotage spécial est affecté aux lettres d'un caractère confidentiel. (2) Ce numérotage n'est pas exigé pour les lettres destinées, soit à la division des fonds et de la comptabilité, soit à la division des archives, soit enfin à la sous-direction des affaires de chancellerie ; il suffit, à l'égard de celles-ci, d'inscrire sur chacune d'elles le nom du bureau qu'elles concernent et, s'il y a lieu, le numéro du dossier de l'affaire particulière qui y est traitée. (3)

L'accomplissement de cette formalité exige de la part des agents une connaissance approfondie des attributions de chaque direction ; une dépêche portant une fausse indication de la direction à laquelle il appartient d'en prendre connaissance, serait, en effet, classée à son arrivée d'après les indications du timbre, et ce ne serait que lorsque l'erreur de l'agent aurait tardivement été reconnue qu'elle pourrait être renvoyée au bureau compétent. (4)

Il est d'usage qu'un agent conserve, pendant toute la durée de son exercice, la même série de numéros ; nous croyons ce

(1) Circulaire des affaires étrangères des 30 juillet 1831, 25 mai 1886 et 15 novembre 1888.
(2) Circulaire du 25 n. ii 1886.
(3) Circulaire des affaires étrangères des 18 avril 1832 et 16 mai 1849. (F.)
(4) Circulaire des affaires étrangères du 12 janvier 1850. (F.)

mode de procéder préférable à celui qui est suivi néanmoins dans quelques postes, et qui consiste à ouvrir une nouvelle série au commencement de chaque année ; par ce dernier système, les recherches sont bien moins faciles que par le premier, et les causes d'erreur deviennent, par conséquent, plus fréquentes.

En cas de gestion intérimaire, si le gérant appartient au personnel du poste, il conserve habituellement le numérotage adopté par le titulaire ; en tout autre cas, le gérant adopte généralement un numérotage spécial pour les dépêches se référant à sa gestion.

**148. Analyses marginales.** — En marge de chacune de leurs dépêches, les agents doivent également faire l'analyse sommaire du sujet auquel elles ont rapport. L'usage est que ces analyses soient écrites à l'encre rouge. (1) On conçoit que cette disposition, en produisant à côté du texte de chaque dépêche une sorte de table successive des matières, rend plus exactes, plus faciles et plus promptes les recherches que les besoins du service peuvent exiger dans les bureaux du ministère. (2)

**149. Annexes et mode de pliage.** — Au-dessous des analyses marginales, chaque dépêche doit indiquer le nombre des pièces qui s'y trouvent annexées, et chacune de ces annexes doit, elle-même, porter cette annotation : *Joint* ou *Annexe à la dépêche du....... direction....... n°.......*, et être insérée dans la dépêche à laquelle elle appartient, sans jamais être pliée séparément. Lorsque les documents annexés sont volumineux, la dépêche doit être adressée sous format in-folio ou tout au plus sous format in-quarto, afin d'éviter les lésions qu'amènerait certainement un mode de pliage trop réduit. (3)

_____

(1) Circulaire des affaires étrangères des 26 août 1829 (F.), 17 janvier 1832 et 16 mai 1849. (F.)

(2) Circulaire des affaires étrangères du 29 décembre 1831.

(3) Circulaire des affaires étrangères du 20 août 1849.

**150. Format.** — Les consuls doivent aussi ne faire usage que de grand papier de bonne qualité et d'un format analogue au papier tellière, c'est-à-dire 31 centimètres de hauteur sur 0,20 de largeur, afin que toutes leurs lettres puissent être rangées avec ordre dans les cartons du ministère, et pour éviter, au moment de la reliure, les inconvénients qui pourraient résulter d'une trop grande différence dans les dimensions du papier. (1)

**151. Écriture.** — L'écriture des correspondances officielles ne doit pas être seulement lisible, mais soignée, plutôt grosse que fine ; des écritures illisibles retardent le travail et mettent souvent le ministre ou les chefs dans l'impossibilité de prendre une connaissance personnelle de certaines correspondances.

**152. Du chiffre et de son usage.** — La nature toute réservée et confidentielle de certaines parties de la correspondance officielle, surtout de celles qui ont trait aux matières politiques, exige, quelquefois, l'emploi de précautions qui les mettent à l'abri d'une curiosité indiscrète ou d'un abus de confiance. C'est à cette nécessité de service que sont dus l'invention et l'usage du chiffre. Celui-ci se compose d'une double clef, c'est-à-dire d'un chiffre chiffrant et d'un chiffre déchiffrant, l'un servant à traduire une dépêche en chiffres, l'autre à en recomposer le texte original. Tous les postes politiques et la plupart des postes consulaires sont donc munis d'une série ou double table de chiffres destinée, soit à la correspondance secrète avec le Ministère, soit aux rapports confidentiels avec les agents français établis dans le même État ou dans les contrées circonvoisines.

L'emploi pratique du chiffre, quoique très simple en lui-même, exige cependant une certaine attention ; ainsi, la reproduction trop fréquente des mêmes nombres pouvant, à

---

(1) Circulaires des affaires étrangères de ventôse an VI (mars 1798), 5 février 1863 (F.) et 1er juin 1866.

l'aide de certaines combinaisons mathématiques, conduire éventuellement à la découverte des clefs employées, il est essentiel de varier le plus possible les combinaisons de mots et de chiffres. Nous ferons observer encore que la correspondance en chiffres exige, avant tout, la concision et la précision ; que les faits ou les questions doivent y être exposés sans commentaires ni phrases inutiles ; et qu'il faut, autant que possible, éviter de chiffrer dans une dépêche de simples paragraphes ou des phrases isolées, parce que l'analogie forcée des idées pourrait amener à la découverte de la pensée dont on a voulu transformer l'expression.

Une attention plus scrupuleuse encore est requise, quand une dépêche chiffrée est destinée à être expédiée par la voie télégraphique. La taxe ou le port de ces sortes de dépêches, étant basé sur le nombre de mots ou groupes de chiffres employés, les agents doivent s'imposer une extrême concision de langage, éviter toutes épithètes ou locutions inutiles pour s'en tenir à l'énoncé le plus simple possible des faits, et ne jamais omettre la mention que le c    tionnement est ou n'est pas demandé. (1)

A cette occasion, nous croyons devoir prémunir les agents contre l'habitude qui consiste à envoyer par la poste la traduction *en clair* des télégrammes adressés au Département. Un semblable mode de procéder présente en effet un danger pour le secret de leurs tables.

En l'absence d'avis spécial du Département, les agents doivent considérer leurs communications comme exactement arrivées à destination. En cas de doute de leur part, il leur suffirait d'expédier par la poste, copie du *texte chiffré original*, cette copie devant permettre au bureau du chiffre de contrôler au besoin l'exactitude de son premier déchiffrement.

Lorsqu'un consul vient à quitter son poste, par congé ou autre cause, et qu'il en confie l'intérim, soit à un négociant,

(1) Circulaire des affaires étrangères du 26 février 1856.

soit à un agent n'appartenant pas à la carrière consulaire, il
est tenu, avant son départ, de sceller son chiffre et de le
remettre au chef de l'arrondissement dont il dépend. (Voir
n° 69.) Nous n'avons pas besoin d'expliquer que cette précaution est commandée par le secret qu'exige forcément un
pareil mode de correspondance, et par le danger d'en révéler
l'usage à toute autre personne qu'aux délégués immédiats
du gouvernement.

**153. Duplicatas.** — Les consuls en résidence dans certains
postes éloignés, et qui n'ont pas des moyens réguliers et assurés de transmission pour expédier leur correspondance en
France, doivent l'envoyer par duplicata. Du reste, tous les
agents, sans exception, doivent également envoyer par duplicata, ou même par triplicata, celles de leurs dépêches qui
contiennent des renseignements importants, et pour la transmission desquelles ils disposent de la double voie de terre et
de mer, afin qu'elles arrivent le plus tôt possible à leur destination. Tous ces duplicatas doivent porter les mêmes indications de direction, ainsi que les mêmes numéros et analyses marginales que leur primata.

**154. Informations concernant un autre département minis-
tériel ou plusieurs directions du Ministère des affaires étrangères.** — Il est une autre recommandation générale qui s'applique également à la correspondance avec toutes les directions du ministère. Lorsque les agents croient utile de communiquer aux affaires étrangères des informations qui
concernent plus particulièrement le Ministère de la marine,
ils doivent toujours mentionner, dans leurs dépêches, s'ils les
ont directement transmises à ce dernier département; l'inexé-
cution à l'étranger de cette prescription exposerait souvent
le Ministère à transmettre à celui de la marine des renseignements dont il a déjà connaissance. (1)

---

(1) Circulaires des affaires étrangères des 30 septembre 1831, 16 mai 1849
(F.) et 17 novembre 1885.

De même, lorsque les renseignem..ts contenus dans une dépêche paraissent de nature à intéresser plusieurs services du Ministère des affaires étrangères et qu'à ce titre les agents croient devoir en faire l'objet d'une communication multiple, sous le timbre des différentes directions compétentes, mention de cette communication doit être faite sur chaque exemplaire de la dépêche, dans la forme suivante : *Primata* ou *duplicata* à telle direction.

Des prescriptions analogues doivent être observées lorsqu'il s'agit d'informations transmises simultanément par les consuls au Département et au chef de la mission diplomatique accrédité dans le pays de leur résidence.

**155. Insertion de lettres particulières sous couvert officiel.** — La transmission de correspondances particulières sous le couvert du Ministère des affaires étrangères, ou sous celui des agents français au dehors, a soulevé de nombreux abus, auxquels des instructions ministérielles expresses sont parvenues à couper court. Les règlements de la poste ayant réservé la franchise aux seules correspondances officielles, timbrées et contresignées, qui intéressent le service de l'État (1), on a dû interdire, en principe, l'insertion de toute lettre particulière sous le couvert officiel du ministre. (2) Toutefois, la position des consuls dans les contrées étrangères étant, jusqu'à un certain point, exceptionnelle et le secret, de leurs correspondances personnelles pouvant avoir quelquefois un intérêt public, il a été dérogé à ce que cette disposition a de trop absolu, et l'on a établi que les correspondances adressées par les agents à leurs familles ou à leurs fondés de pouvoirs et réciproquement, les lettres qui seraient recommandées par des légations étrangères, par les congrégations religieuses desservant les missions d'Orient, ou par des compagnies d'utilité publique, enfin toutes celles qui

(1) Ordonnance du 17 novembre 1841, art. 3.
(2) Circulaires des affaires étrangères des 17 janvier 1832, 8 juin 1848, 1er novembre 1850 et 25 juillet 1853.

ont pour objet un intérêt constaté de service, pourraient gratuitement emprunter l'intermédiaire du Ministère des affaires
étrangères. (1) Il va sans dire que les correspondances destinées personnellement à des fonctionnaires publics, en France,
ou à des agents de l'administration centrale du Département,
peuvent, comme cela a toujours eu lieu, passer sous le même
couvert officiel. (2)

Quelques armateurs, en France, sont dans l'habitude de
transmettre à leurs capitaines, par l'entremise des agents
extérieurs, des lettres auxquelles ils attachent une importance particulière et qu'ils pensent devoir arriver ainsi plus
sûrement à leur destination. Les consuls sont autorisés à se
rendre officieusement les intermédiaires de ces correspondances, pourvu que celles-ci aient été préalablement affranchies et n'entraînent ainsi aucune charge pour le budget des
affaires étrangères. (3)

**156. Fraudes en matière de douanes par la voie de la poste.**
— L'abus de l'insertion des lettres particulières sous le couvert officiel n'est pas le seul qui doive être scrupuleusement
évité : le sceau des consulats a quelquefois aussi été apposé
sur des paquets renfermant des objets prohibés ou fortement
imposés par nos lois de douanes. C'est là un acte blâmable,
qui a été sévèrement interdit, et qui exposerait l'agent qui
s'en rendrait coupable à voir saisir ou taxer, conformément
aux lois, tout article étranger qu'on viendrait à trouver dans
un paquet officiel. Car, s'il est admis que le sceau d'un consulat protège les dépêches sur lesquelles il est apposé contre
des investigations indiscrètes, on ne peut cependant pas to-
lérer qu'il les place en dehors du droit commun, pour la recherche et la punition des fraudes commises, par la voie de
la poste, en matière de douanes. (4)

_____

(1) Arrêté du Ministère des affaires étrangères du 19 juillet 1848.
(2) Circulaire des affaires étrangères du 17 juin 1844.
(3) Circulaire des affaires étrangères du 21 août 1849.
(4) Circulaires des affaires étrangères des 15 janvier 1835 et 1er novembre 1850.

**157. Mode de transmission des dépêches.** — 1° *Par la poste.*
Toutes les dépêches des agents du service consulaire doivent
être adressées au Département des affaires étrangères par
la voie ordinaire des postes de terre, ou par la voie de mer;
il en est de même des dépêches qu'ils ont à échanger entre
eux ou avec les agents diplomatiques. D'après les principes
consacrés par nos conventions postales, le port de ces dépêches peut aujourd'hui être laissé à la charge des destinataires
lorsque ces destinataires sont le Département des affaires
étrangères ou celui de la marine.

2° *Par télégraphe.* Le télégraphe électrique offre désormais
aux agents un précieux moyen d'information et de communication; seulement, son usage étant beaucoup plus coûteux
que celui de la poste, les consuls n'y sauraient recourir que
pour la transmission de nouvelles ayant une importance majeure ou un degré tout particulier d'urgence, et ils doivent
s'attacher, avec le plus grand soin, à les libeller de manière
à entraîner la plus faible taxe possible. (1) Les télégrammes
que les consuls peuvent avoir à échanger, soit avec le ministre
des affaires étrangères à Paris, soit avec le chef de la légation de France dans le pays où ils résident, jouissent bien,
conformément aux traités spéciaux sur la matière, des privilèges assurés aux *dépêches d'État,* quant à la priorité d'expédition; mais, contrairement à ce qui a lieu pour les correspondances postales, le port en doit toujours être acquitté par
l'envoyeur au moment de l'expédition, ce qui nécessite un
mode particulier de justification de dépense que nous expliquerons ci-après, chap. vi.

3° *Par estafette ou par exprès.* Les conditions dans lesquelles se fait aujourd'hui, sur tout le territoire français, le
service des postes, et les facilités de toute nature que donnent
d'une part le télégraphe électrique, d'autre part les chemins
de fer, ont fait supprimer l'usage des estafettes et rendu dé-

(1) Circulaires des affaires étrangères des 23 février 1858, 21 février 1862
et 31 mars 1870.

sormais sans application, du moins à partir de la frontière française, les recommandations spéciales que contenait, à cet égard, la circulaire des affaires étrangères du 17 juin 1844.

Quant aux exprès, ce n'est plus que bien exceptionnellement aussi, par suite d'événements tout à fait majeurs et si d'ailleurs les lois locales n'y mettent pas obstacle, que les consuls pourraient, dans le pays de leur résidence, avoir à recourir à des exprès pour expédier leurs dépêches, soit jusqu'à la frontière française, soit jusqu'au port d'embarquement, soit directement aux agents avec lesquels ils sont en rapport. Nous nous servons de cette qualification d'*exprès*, de préférence à celle de *courrier*, parce que le droit absolu d'expédier des courriers revêtus des immunités et des franchises diplomatiques n'appartient qu'aux agents politiques. Du reste, les consuls ne sauraient apporter trop de réserve dans l'emploi de ce mode tout exceptionnel et si coûteux de correspondance, car si les motifs qu'ils feraient valoir pour justifier son adoption n'étaient point reconnus suffisants, les frais qui en auraient été la conséquence seraient laissés à leur charge. (1)

Section III. — *De la forme intrinsèque de la correspondance des agents.*

**158. Du style des dépêches et des rapports.** — La correspondance consulaire a essentiellement pour objet de porter à la connaissance du gouvernement, soit les faits importants qui se produisent dans les contrées étrangères, soit la marche et les phases successives de négociations pendantes. Les consuls doivent donc avant tout s'attacher à un style simple et concis, exempt d'expressions impropres, d'antithèses prétentieuses et de circonlocutions inutiles qui pourraient nuire à la clarté des faits ou jeter le doute sur leur opinion; ils doivent, en un mot, ne jamais perdre de vue qu'une des premières conditions pour la bonne conduite des affaires réside dans la lucidité et la précision des pièces destinées à en pré-

_____

(1) Circulaires des affaires étrangères des 19 octobre 1831 et 19 mai 1849.

senter l'exposé, et qu'en particulier le mérite du style diplomatique consiste, selon la définition d'un savant publiciste, « dans un enchainement d'idées tel que celles-ci semblent » découler naturellement les unes des autres et que les mots » formés et groupés sans effort marquent insensiblement la » gradation des pensées. » (1)

Ces principes, pour ainsi dire élémentaires, qu'il suffit d'énoncer pour faire sentir l'importance qu'il y a à ne pas s'en écarter, feront comprendre aux agents qu'ils ont moins à se préoccuper de bien dire qu'à chercher à révéler la vérité tout entière, sans ornements d'aucune sorte et telle qu'elle leur apparait. Ainsi, lorsqu'ils rapportent une conversation qu'ils ont eue avec quelque fonctionnaire de leur résidence sur des matières politiques ou sur tout autre sujet, ils doivent s'appliquer à reproduire, aussi littéralement que possible, les paroles de leurs interlocuteurs. S'il s'agit de faits, ils les rapporteront tels qu'ils se sont passés sans les amplifier ni en rien déguiser. N'est-il, au contraire, question que de rumeurs manquant de certitude, il faudra éviter, pour n'avoir pas plus tard à les démentir, de les rapporter comme des faits avérés. Enfin, quand ils se trouveront appelés à émettre une opinion sur des mesures à prendre ou sur les conséquences de mesures déjà prises, ils l'émettront en toute conscience, et sans chercher à dégager intempestivement ou à aggraver inutilement leur propre responsabilité, en donnant pour des faits réels ce qui peut n'être qu'une appréciation personnelle.

**159. Du protocole officiel.** — Le protocole ou les usages du cérémonial à observer dans les dépêches destinées au Ministère des affaires étrangères, doivent se borner aux formules suivantes (2) :

(1) *Guide diplomatique* de Ch. de Martens, revu par Geffcken, 1866, 2e partie, chap. 1er.
(2) V. le formulaire annexé à la circulaire des affaires étrangères du 1er décembre 1885.

1° *Pour l'inscription :* « *Monsieur le ministre,* » toujours en *vedette*, c'est-à-dire, détaché du corps de la dépêche ;

2° *Pour le traitement : Monsieur le ministre* et *Votre Excellence*, ayant soin d'employer le mot *honneur* toutes les fois que l'agent parle de ses rapports antérieurs ou présents avec le ministre ;

3° *Pour la date :* le nom et la résidence, les jours, mois et an, en tête de la dépêche à gauche (à la droite de l'écrivain): l'inscription de la date à côté de la signature, quoique plus polie, a été abandonnée à cause de l'obstacle qu'elle apporte au facile classement des dépêches ;

4° *Pour la réclame*, au bas de la première page : *A Son Excellence Monsieur....... Ministre des affaires étrangères à Paris ;*

5° *Pour la souscription (protocole) :*

Des consuls généraux, des consuls et autres agents : *Veuillez agréer les assurances du respect avec lequel j'ai l'honneur d'être, etc.*

Monsieur le ministre,
de Votre Excellence,
le très humble et très obéissant serviteur ;

6° *Pour l'adresse :* en tête à gauche le lieu de la destination : Paris ; — à droite, s'il y a lieu, la voie de l'expédition, comme, par exemple : par *le paquebot* ou par *le navire le...;* puis, à gauche : *Son Excellence*, et seconde ligne : *Monsieur le Ministre des affaires étrangères ;* ou bien sur la seconde ligne le nom du ministre, *Son Excellence, M^r N...,* puis le titre sur la troisième ligne ;

7° *Pour le cachet*, il est indifférent qu'il soit apposé à la cire ou au moyen d'un timbre humide ; mais ce dernier mode doit être seul employé dans les pays chauds où la cire en se fondant laisserait la dépêche à découvert ou la ferait adhérer à d'autres correspondances.

SECTION IV. — *De la conservation à l'étranger des correspondances officielles.*

Avant d'entrer dans les détails des rapports de service ou de correspondance des consuls avec chacune des directions du Ministère, il nous reste à dire un mot de la conservation des correspondances officielles et de la responsabilité qui peut en résulter.

Tout agent politique ou consulaire est tenu de garder, avec le plus grand soin et comme dépôt sacré, les dépêches qu'il adresse au Département des affaires étrangères et celles qu'il en reçoit, ainsi que toutes leurs annexes ; les premières se conservent en minute, toutes les fois qu'elles ne sont pas transcrites sur des registres spéciaux, et les secondes en original, sans que, pour quelque motif que ce soit, on puisse jamais en rien distraire. (1)

**160. Registre d'ordre et de transcription.** — Les correspondances officielles et confidentielles de toute nature étant la propriété de l'État et nos lois, d'accord avec l'intérêt général du pays, en ayant rendu le gouvernement dépositaire exclusif (2), des règles minutieuses ont été établies pour assurer d'avance la conservation des archives diplomatiques et consulaires, et obvier à la fâcheuse nécessité d'opérer plus tard, à la mort des agents, des recherches souvent blessantes pour les familles. Ainsi, tout agent, au moment de la cessation de ses fonctions, est dans l'obligation de remettre à son remplaçant définitif ou intérimaire l'ensemble des pièces qu'il a reçues ou des lettres qu'il a écrites pendant qu'il était en exercice. C'est afin de rendre cette remise plus facile et plus sûre que l'ordonnance du 18 août 1833 a prescrit de tenir, dans chaque résidence politique ou consulaire, un registre d'ordre sur lequel toutes les pièces sont inscrites, suivant leur ordre d'envoi, avec l'indication de leur nature et la mention

_____

(1) Circulaire des affaires étrangères du 18 janvier 1831.
(2) Décrets des 27 janvier et 20 février 1809. — Code de procédure, art. 939. — Ordonnance du 18 août 1833, art. 1er. (F.)

sommaire de leur contenu, ainsi que leurs dates ou numéros
de départ et de réception. (1) Lorsque l'importance du poste,
l'activité et la variété de sa correspondance le réclament, ce
registre peut, du reste, se subdiviser en plusieurs sections,
comme, par exemple, une pour le Ministère des affaires étrangères, une autre pour celui de la marine, une troisième pour
les correspondances avec les autorités territoriales, etc.

C'est d'après ce registre qu'à chaque mutation dans le
personnel d'un poste, s'opèrent la vérification et la remise
des archives, ainsi que la rédaction du procès-verbal de décharge au profit de l'agent qui sort d'exercice, dont nous
avons déjà parlé au second chapitre du livre II.

Nous avons dit que toutes les dépêches adressées au Département des affaires étrangères devaient être soigneusement
conservées en minute dans les archives de chaque poste ; il
est cependant préférable, dans un but de simplification des
recherches, et surtout pour obvier à la perte et au déclasse-
ment de quelques unes de ces pièces, de les transcrire sur
un registre spécialement affecté aux correspondances officielles. Cet usage est suivi avec fruit dans beaucoup de résidences, et on ne peut trop désirer de le voir se généraliser. (2)

**161. Du secret des affaires et de la responsabilité des agents.**
— La plus grande circonspection a été de tout temps recommandée aux agents qui représentent leur pays à l'étranger
pour l'ensemble des affaires qu'ils ont à traiter en leur qualité officielle. La défense qui leur est faite de communiquer
à qui que ce soit les dépêches qui leur sont adressées par le
gouvernement et d'en jamais laisser prendre copie ou extrait
étant absolue, le gouvernement est en droit de les rendre
responsables de tout article de journal ou de revue qui paraîtrait avoir été rédigé d'après leur correspondance privée sur
des sujets politiques ou commerciaux. (3) La publicité de

---

(1) Ordonnance du 18 août 1833, art. 2, 3 et 4. (F.) — *Formulaire des
chancelleries,* t. i, p. 14.

(2) *Formulaire des chancelleries,* t. i, p. 15.

(3) Arrêté du Directoire du 26 vendémiaire an vii (17 octobre 1798). (F.)

parcilles communications aurait non seulement pour effet de mettre à découvert le caractère personnel d'un agent, de nuire au but de sa mission et d'entraver les ordres qu'il pourrait avoir reçus, mais elle pourrait encore avoir le grave inconvénient de porter atteinte à la dignité du représentant officiel du pays, en éloignant de lui cette considération qu'on n'accorde jamais qu'à la discrétion et à la prudence. Les agents doivent donc s'abstenir, dans les correspondances particulières qu'ils entretiennent avec leurs amis et leurs familles, de parler des affaires et des événements politiques au milieu desquels ils vivent, dont ils ne doivent aborder l'appréciation ou le récit qu'avec le gouvernement dont ils tiennent leurs pouvoirs. (1) On conçoit, à plus forte raison, qu'il soit interdit aux consuls, sous peine de révocation, de publier eux-mêmes directement, sous quelque prétexte que ce soit, les informations qu'ils sont chargés de prendre sur nos intérêts politiques et commerciaux. (2) Toute communication de cette nature (nous ne nous arrêterons même pas à la supposition d'une de ces communications coupables prévues par les lois pénales) (3) serait, en effet, une infidélité punissable au même degré que le serait l'acte d'un agent qui, en quittant son poste, emporterait avec lui, sinon ses archives, du moins une partie des pièces officielles qu'elles contiennent. (4) Si, par pure tolérance et par dérogation tacite à cette dernière défense, qui est absolue, on admet qu'un agent conserve par devers lui copie de sa correspondance, ce n'est qu'à la condition et après l'engagement officiel par écrit de n'en rien publier ni laisser publier sans l'autorisation préalable du gouvernement. (5)

---

(1) Circulaire des affaires étrangères du 5 janvier 1831.
(2) Instruction générale du 8 août 1814. (F.)
(3) Code pénal, art. 76 et 80.
(4) Circulaire des affaires étrangères du 18 messidor an XIII (29 juin 1805).
(5) Ordonnance du 18 août 1833, art. 7. (F.) — Circulaire des affaires étrangères du 2 octobre 1833. (F.)

# CHAPITRE II

●

SECTION Iʳᵉ. — *Rapports généraux.*

**162. Rapports officiels.** — La nature des attributions du cabinet du ministre ne permet pas que les consuls puissent avoir habituellement avec lui des rapports officiels et suivis de correspondance pendant leur séjour à l'étranger : il n'en est pas de même lorsque ces agents se trouvent en France, en congé ou pour tout autre motif.

**163. Audiences.** — C'est en effet au chef du cabinet que les agents du service extérieur s'adressent pour obtenir, à leur arrivée à Paris, d'être admis auprès du ministre, et c'est également par son entremise qu'ils reçoivent leur audience de congé lorsque le ministre a des instructions directes et verbales à leur donner.

On conçoit que les nombreuses obligations d'un ministre ne lui permettent pas de recevoir les consuls à toute heure, d'autant plus que ceux-ci ont, dans le directeur des consulats et affaires commerciales, un chef immédiat et un intermédiaire naturel auprès du ministre. Ce n'est que pour les questions personnelles, qui ne comportent pas une solution complète dans les bureaux, qu'il peut y avoir lieu de recourir à l'entremise du cabinet.

**164. Questions réservées.** — Le chef du cabinet n'est pas seulement le chef d'un service du département, il est en outre le confident et le secrétaire intime du ministre; à ce titre, il est chargé de tous les travaux réservés et de ce qui touche, soit aux missions non officielles, soit aux agents et aux fonds secrets; dans quelques circonstances il transmet aux agents diplomatiques et consulaires les nouvelles et les informations placées, tant par leur nature que par les matières auxquelles elles se rapportent, en dehors de la correspondance des deux directions actives.

Loin de nous la pensée d'affaiblir une hiérarchie et une compétence exclusives au maintien desquelles tous les agents sont également intéressés ; mais nous ne pouvons nous empêcher d'indiquer ici que le ministre n'étant pas en position de voir tous les consuls, de leur donner ses instructions, ni de leur communiquer directement ses pensées sur la politique, le chef du cabinet est forcément appelé à se rendre son interprète, sinon officiel, du moins officieux. On sait aussi que, bien qu'en principe il doive y avoir accord et unité de but dans les instructions verbales et dans celles qui se formulent par écrit, maintes fois cependant il peut devenir nécessaire de commenter et préciser de vive voix le sens des directions contenues dans une dépêche : c'est encore le cabinet qui, alors, a mission de suppléer au vague, souvent prémédité, dans lequel le département a dû se renfermer dans ses instructions, quant à certaines questions de politique générale.

**165. Demande de passeport.** — C'est également au chef de cabinet qui, aux affaires étrangères, réunit à ses attributions propres les fonctions dévolues dans les autres ministères au chef du secrétariat, que les consuls s'adressent, au moment de leur départ, pour obtenir leur passeport, dont la remise, à moins d'ordres contraires, équivaut pour eux à la permission de se rendre à leur poste.

**166. Bureau du chiffre.** — Le bureau du chiffre fait partie du cabinet du ministre : la correspondance relative au chiffre doit donc être placée sous le timbre du cabinet. Cependant, comme il pourrait y avoir des inconvénients à multiplier les chiffres au-delà des nécessités bien constatées du service, c'est seulement sur la proposition des chefs de la direction politique ou de la direction commerciale que les consuls sont munis d'un chiffre, et que, sous le timbre de l'une de ces deux directions, ou par l'intermédiaire de leurs chefs, ils ont à en faire la demande. C'est, du reste, directement du chef du bureau du chiffre que les consuls reçoivent les instructions pratiques qui peuvent leur être nécessaires sur cette partie du service.

## Section II. — *Correspondance personnelle.*

**167. Nomination et prise de service.** — Cette subdivision de la correspondance consulaire embrasse tout ce qui a rapport à la personne des agents et aux diverses phases de leur carrière, depuis le moment de l'entrée au service jusqu'à la mise à la retraite.

Ainsi, c'est sous le timbre du Cabinet (bureau du personnel) que se notifient les avis de nomination, et que s'expédient les provisions délivrées par le chef de l'État ; c'est sous le même timbre que, de leur côté, les agents, après avoir directement fait connaitre à la division des fonds et de la comptabilité (1), la date de leur prise de possession du service, doivent rendre compte au ministre de leur arrivée à destination et de la réception de leur *exequatur* : ils doivent avoir soin d'accompagner ce dernier avis de l'envoi du procès-verbal de remise des archives et du procès-verbal de récolement de l'inventaire des meubles et valeurs mobilières appartenant à l'État, parce que ces deux pièces authentiques sont les seules qui puissent faire foi de leur entrée en fonctions et engager leur responsabilité en ce qui concerne les archives et le mobilier du poste. (2)

**168. Demandes et questions de personnel.** — C'est encore au Cabinet (personnel) que s'adressent les demandes officielles de mutation de poste, d'avancement de grade, d'augmentation de traitement, d'indemnité, de gratification, de mise à

---

(1) Circulaire des affaires étrangères du 30 avril 1850.

(2) Circulaires des affaires étrangères des 1er octobre 1848 (F.) et 11 mars 1866. (F.)

la retraite, ou de distinctions honorifiques, ainsi que les rapports spéciaux, confidentiels ou autres, de blâme ou d'éloges sur les agents en sous-ordre attachés à chaque résidence (1), les notes annuelles sur lesdits agents, ainsi que les rapports spéciaux sur l'activité des postes consulaires.

**169. Demandes de congé et autres.** — Les demandes de congé s'adressent également au Cabinet sous le même timbre ; elles doivent toujours être motivées et être accompagnées d'une attestation de médecin quand elles reposent sur des raisons de santé.

Avant d'adresser leur demande de congé au département, les consuls généraux et consuls doivent s'assurer de l'assentiment de l'ambassadeur ou du ministre dont ils relèvent, en ayant soin d'indiquer pour quelle durée ils se proposent de demander un congé et à quelle date ils comptent en profiter. Une fois le congé obtenu du département, ils doivent, avant de quitter leur poste, aviser de la date de leur départ l'ambassadeur ou le ministre pour s'assurer que ce dernier ne voit pas d'inconvénient à leur absence.

Sous cette rubrique de correspondance personnelle doivent encore être rangées les dépêches relatives à la création ou à la suppression d'agences consulaires, à la nomination ou à la révocation soit d'agents consulaires, soit de chanceliers et les demandes d'autorisation de contracter mariage formulées par les consuls ou par l'un de leurs subordonnés. Les demandes concernant ces derniers doivent toujours être accompagnées d'un avis motivé du chef de poste sur la suite à donner à la requête.

**170. Distinctions honorifiques.** — Les consuls trouvent la récompense des services qu'ils rendent au dehors, soit dans des mutations de résidence ou des avancements de grade, soit dans l'octroi de distinctions honorifiques. Le Cabinet

_____

(1) Circulaires des 4 novembre 1861 et 25 mai 1882. (F.)

centralisant aujourd'hui entre ses mains tout le personnel des consulats, vice-consulats, interprétariat, drogmanat et chancelleries, c'est sur sa proposition, après entente avec la direction commerciale, que les agents du service consulaire voient améliorer leur position, et sont, quand il y a lieu, admis dans l'ordre de la Légion d'honneur, ou autorisés à se pourvoir auprès du grand chancelier de la Légion d'honneur pour obtenir la permission d'accepter et de porter les décorations qui leur ont été conférées par des gouvernements étrangers, après versement à la caisse des dépôts et consignations de la taxe réglementaire pour la délivrance des brevets. (1) ·

**171. Des non disponibles appartenant au service extérieur du département des affaires étrangères.** — En cas de mobilisation, les agents du service consulaire en fonctions à l'étranger (consuls généraux, consuls, consuls suppléants, vice-consuls rétribués, chanceliers, interprètes, drogmans et commis de chancellerie), qui n'appartiennent pas à la réserve de l'armée active, sont autorisés à ne pas rejoindre immédiatement leur corps, lorsque la convocation est faite par voie d'affiches ou de publication sur la voie publique ; ils restent à leur poste, où ils attendent les ordres de l'autorité militaire, qui leur sont transmis par la voie hiérarchique. (2)

En temps de paix, les mêmes agents peuvent être dispensés des manœuvres et exercices imposés aux hommes de la réserve et de l'armée territoriale. (3) Le titre de *dispense*, s'ils appartiennent à la réserve, ou celui de *non disponible*, s'ils appartiennent à l'armée territoriale, leur est délivré par les généraux commandant le corps d'armée, sur le vu d'un bulletin d'avis d'ordre individuel de service dressé par le

---

(1) Circulaires des affaires étrangères des 16 août 1811, 18 juillet 1826 et 25 août 1848.

(2) Circulaire des affaires étrangères du 18 décembre 1877. — Loi du 15 juillet 1889, art. 51. (F.)

(3) Loi du 15 juillet 1889, art. 49.

Ministère des affaires étrangères (cabinet-personnel), auquel le certificat de dispense est directement envoyé et qui est chargé de faire parvenir les pièces aux intéressés. (1) Mais le bénéfice de ces dispositions n'est acquis qu'aux non disponibles qui sont attachés à l'administration depuis au moins six mois.

Ces non disponibles sont rayés de tous contrôles autres que ceux de la non disponibilité et un contrôle spécial en est tenu par classe de mobilisation dans le bureau du personnel.

Pour que ce contrôle puisse être effectif, les consuls doivent transmettre au ministère, sous le timbre du service précité, leur livret individuel et ceux des agents placés sous leurs ordres qui se trouvent dans les conditions indiquées plus haut; ces livrets sont consignés sur un état dressé par poste.

En échange de son livret, il est délivré à chaque non disponible un certificat qui doit lui être retiré si, par une cause quelconque, il vient à perdre ses droits à cette situation de faveur. (2) Ces certificats de non disponibilité étaient autrefois remis aux intéressés : le service du personnel les conserve aujourd'hui dans ses dossiers, ainsi que toutes les autres pièces militaires (livrets, dispenses de manœuvres, etc.) concernant des agents du ministère des affaires étrangères non pourvus du grade d'officier.

**172. Agents du ministère pourvus du grade d'officier.** — Les agents du service extérieur pourvus d'un grade dans la réserve de l'armée active ou dans l'armée territoriale, doivent, aussitôt après leur nomination à un poste de l'étranger, s'adresser au ministre de la guerre, par l'intermédiaire du général commandant la subdivision de la résidence ou la place de Paris, suivant le cas, afin d'obtenir d'être mis hors cadres ; sans quoi, ils seraient responsables du retard qu'ils

---

(1) Décision du ministre de la guerre du 21 août 1885.
(2) Circulaire des affaires étrangères du 18 décembre 1877.

mettraient à exécuter les ordres qui leur seraient adressés, comme s'ils se trouvaient en France. (1) Ils doivent également tenir le ministère de la guerre au courant des changements qui pourraient survenir dans leur situation, si, par exemple, ils rentraient avec un emploi dans l'administration centrale des affaires étrangères.

---

(1) Circulaire des affaires étrangères du 18 février 1878.

# CHAPITRE III

## RAPPORTS DES CONSULS AVEC LA DIRECTION DES AFFAIRES POLITIQUES ET DU CONTENTIEUX.

### SECTION I<sup>re</sup>. — *Des consuls.*

**173. Informations politiques.** — Les consuls n'ont à exercer aucune action extérieure, ni patente ni secrète, pour la protection des intérêts politiques de leur pays, et il leur est interdit, plus sévèrement encore qu'aux agents diplomatiques, de s'immiscer dans les affaires politiques du pays où ils résident; mais, sans sortir du rôle passif qui leur est imposé sous ce rapport, sans trahir aucun esprit d'inquiète inquisition, sans afficher aucune velléité de surveillance gênante, ils peuvent et doivent observer les faits qui se passent sous leurs yeux, étudier les hommes qui surgissent sur la scène politique, recueillir les rumeurs qui circulent autour d'eux, et rendre compte de leurs observations, lorsque, de près ou de loin, elles leur semblent de nature à intéresser la politique extérieure de leur gouvernement. Tel est le but de la correspondance générale que les consuls doivent entretenir avec le ministre, sous le timbre de la direction politique. Il importe que, dans l'envoi de ces nouvelles, les agents cherchent à devancer les correspondances des particuliers et les journaux, afin que le gouvernement en ait connaissance avant le public (1); et s'il s'agit de confirmer ou de démentir un fait déjà divulgué par la presse locale, il leur est recommandé de joindre à leur dépêche l'article du journal qui s'y rapporte. (2) Quelque limitée que doive être cette correspondance politique dans la plupart des consulats, les agents se-

---

(1) Circulaire des affaires étrangères du 28 avril 1865.(F.)
(2) Circulaire des affaires étrangères du 30 novembre 1810.

raient blâmables s'ils la négligeaient ou s'ils s'en abste-
naient, sous le prétexte que leur poste se trouve peu en
évidence ou qu'il est effacé par le voisinage d'un agent diplomatique : car, en politique, il est des faits et des hommes
qui, pour se produire sur un petit théâtre, n'en ont pas moins
leur importance, et souvent l'esprit des provinces indique
bien mieux que celui des habitants d'une capitale le véritable
esprit public d'une nation; il est aussi des actes isolés qui,
sans signification apparente, en acquièrent une très-impor-
tante par leur rapprochement avec des circonstances ignorées
de l'observateur. Les agents méconnaîtraient encore leur
devoir s'ils hésitaient à informer le gouvernement de faits
contraires à ses vues, à ses prétentions ou à ses espérances,
ou de faits d'une nature confidentielle; ils lui doivent invariablement la vérité sur tout et la vérité tout entière (1),
et rien ne saurait justifier le défaut de confiance dans la discrétion des bureaux chargés de la garde de leurs dépêches.

Un duplicata de la correspondance politique adressé par
les consuls au ministre des affaires étrangères, doit être
communiqué par eux aux ambassades ou légations dont ces
agents relèvent, et mention de cet envoi doit être faite en
tête des dépêches envoyées au département. (2)

**174. Statistique militaire.** — Au nombre des faits qui intéressent la politique du gouvernement se trouvent en première
ligne les faits militaires, c'est-à-dire tous ceux qui se rapportent à l'état et au mouvement des troupes, des forces maritimes (V. section II), des ports, des chantiers, ainsi qu'aux
antécédents et au caractère des officiers généraux de terre ou
de mer commandant les provinces, les divisions militaires, les
places fortes, les escadres et les arsenaux. (3) Ces renseignements offrent en général un intérêt actuel qui en exige la

(1) Circulaire des affaires étrangères du 27 avril 1811.
(2) Circulaire du 17 novembre 1885.
(3) Circulaires des affaires étrangères des 26 février 1831, 24 septembre 1833, 14 octobre 1833 et 22 juillet 1848.

prompte communication. C'est pour les observations de ce genre, qu'il importe surtout aux consuls de faire preuve d'une extrême réserve, et d'éviter tout contact avec des intermédiaires suspects, afin de conserver la dignité de leur caractère et de ne point compromettre leur mandat spécial.

**175. Institutions scientifiques, etc.** — Dans nos sociétés modernes, la civilisation tend sans cesse à prendre son niveau : les arts, les sciences, les établissements d'instruction publique, les institutions charitables échangent librement leurs découvertes, leurs méthodes et leurs succès. Il appartient aux consuls de se rendre, dans une juste mesure, les promoteurs et les intermédiaires de ces communications internationales, et c'est encore là un élément de leur correspondance avec la direction politique. (1)

**176. Établissements religieux.** — Lorsque des traités particuliers ou des instructions spéciales ont placé des missions ou des établissements religieux sous la protection de nos consuls, c'est aussi à la direction politique que ces agents ont à rendre compte de l'exécution de ce devoir et à demander des instructions pour s'en acquitter convenablement.

**177. Instructions politiques.** — D'après ce que nous avons dit du rôle passif des consuls sous le rapport politique, il est évident qu'il y aurait en général plus d'inconvénients que d'avantages à ce que leur attitude et leur langage ne fussent pas abandonnés à leurs inspirations personnelles. Des organes aussi nombreux, aussi éloignés du centre d'information, pourraient souvent refléter inexactement la pensée du gouvernement et même compromettre sa responsabilité. (2)

---

(1) Circulaires des affaires étrangères du 31 décembre 1856, relative aux établissements de sourds-muets, et du 30 novembre 1827, relative au Muséum d'histoire naturelle.

(2) M. le prince de Talleyrand qui, par son éloge de M. le comte Reinhard, a prouvé la haute idée qu'il se formait des qualités nécessaires à un bon consul, a dit cependant à un de ses agents qui lui demandait des instructions avant de partir pour une résidence éloignée : Des instructions

Cependant, des circonstances spéciales peuvent exiger que
certains consuls règlent leur attitude et leur langage sur les
exigences momentanées de la politique de leur pays; c'est
alors la direction politique qui, soit au début, soit dans le
cours de leur mission, leur fait connaître les intentions du
gouvernement, et c'est à elles qu'ils doivent recourir pour
obtenir les instructions dont ils croiraient avoir besoin.

**178. Prises maritimes.** — En temps de guerre ou en cas de
mesures de représailles ou de coercition, c'est encore sous
le timbre de la direction politique (sous-direction du contentieux) que les consuls doivent rendre compte au gouvernement des difficultés auxquelles peut donner lieu l'application des règles du droit des gens ou des conventions diplomatiques au commerce et à la navigation des belligérants,
des contendants ou des neutres ; et c'est sous ce timbre
qu'ils ont à demander et qu'ils reçoivent les directions qui
peuvent leur être nécessaires pour guider leur intervention,
lorsque cette intervention sort de la sphère purement administrative pour laquelle ils ont à correspondre, soit avec
d'autres directions du département des affaires étrangères,
soit directement avec le ministre de la marine. Il importe
de faire observer que les obstacles apportés à leur action
administrative rentrent dans le domaine de la direction politique (1) : c'est surtout en matière de prises, que cette distinction entre les questions contentieuses et les questions purement administratives a une grande importance.

**179. Correspondance spéciale et affaires contentieuses.** —
Tels sont les principaux éléments de la correspondance générale que les consuls ont à entretenir avec le ministère des
affaires étrangères sous le timbre de la direction des affaires
politiques. Mais ils doivent, en outre, correspondre avec cette
direction par lettres spéciales timbrées « *sous-direction du*

---

pour un consul ! Rappelez-vous toujours, monsieur, que vous n'êtes rien,
absolument rien, et que je n'entende jamais parler de vous !

(1) Circulaire des affaires étrangères du 3 nivôse an vii (23 déc. 1798).

*contentieux* » : 1° sur tout ce qui est relatif à la discussion des réclamations pécuniaires d'un caractère contentieux et qui doit être apprécié d'après les dispositions des conventions diplomatiques, telles que les questions de liquidations ou d'indemnités à la suite de blocus, embargo, expéditions militaires, guerres civiles, etc., lorsqu'elles sont devenues l'objet d'arrangements internationaux ; 2° sur les réclamations formées, à ce titre, soit par des Français contre les gouvernements étrangers, soit par des étrangers contre le gouvernement français ; 3° sur les affaires d'extradition et d'expulsion ; 4° enfin, sur les questions concernant les limites, la police des réfugiés, des aliénés, etc. (Voir n° 144).

SECTION II. — *Des consuls chefs d'établissements.*

Lorsque des consuls se trouvent placés comme chefs d'établissement dans la capitale même d'un État et qu'ils n'ont à côté d'eux aucun agent diplomatique français, ils doivent se renfermer dans la sphère de leur mission commerciale avec d'autant plus de soin qu'ils peuvent être exposés plus facilement par les circonstances à s'en écarter. Ils sont autorisés, il est vrai, à correspondre directement avec le ministre des affaires étrangères du pays, comme organe naturel du gouvernement (1), sur les difficultés qui peuvent naître de l'exercice de leurs fonctions consulaires; mais ce n'est qu'exceptionnellement qu'ils peuvent devenir les intermédiaires officieux de quelques communications politiques, ou intervenir en vertu de pouvoirs ou d'instructions spéciales dans une négociation diplomatique proprement dite. Dans ces cas exceptionnels, c'est à la direction politique qu'ils ont à rendre compte des communications qui peuvent leur être adressées *ad referendum*, ou des négociations dans lesquelles ils ont été appelés à intervenir, et c'est d'elle qu'ils ont à recevoir leurs instructions et leurs pouvoirs. Les communications ou les négociations purement commerciales

---

(1) Arrêté du Directoire du 22 messidor an II (10 juillet 1794).

dont ils pourraient être chargés rentreraient dans la compétence de la direction des consulats et affaires commerciales. Ainsi, même dans cette position, la correspondance générale des consuls avec la direction politique ne sortira point des limites que nous avons tracées plus haut, et ne sera toujours qu'une correspondance d'informations ; mais leurs observations n'auront plus un caractère en quelque sorte local, et s'appliqueront au pays entier ; elles porteront sur la politique intérieure comme sur la politique extérieure du gouvernement, sur les actes du pouvoir exécutif comme sur les travaux du pouvoir législatif, sur l'esprit du pays comme sur l'esprit de la cour et du gouvernement (ce qu'il ne faut pas confondre) (1), sur l'état des finances publiques comme sur l'état général de la nation, etc. Les faits divers pourront être assez nombreux, ou le compte-rendu des séances des chambres législatives assez étendu, pour devenir l'objet de bulletins séparés. (2) Les notices biographiques sur les hommes publics, les membres du corps diplomatique, les savants, etc., pourront également être réunies dans des mémoires séparés ou être jointes aux dépêches, au lieu d'être confondues dans la correspondance générale. La statistique militaire, indépendamment des faits d'un intérêt actuel, pourra donner lieu à des mémoires annuels qui résumeront les changements ou les additions à faire aux renseignements précédemment transmis. (3) Le cadre d'une bonne statistique militaire est du reste facile à tracer. Pour les forces de terre, elle doit faire connaître :

1° L'état, par arme, de toutes les forces militaires du pays ;

2° L'état, par emplacement, des différents corps de troupes qui les composent ;

3° Le détail du matériel de l'artillerie, le nombre et le

---

(1) Circulaire des affaires étrangères du 27 brumaire an IV (18 novembre 1795).

(2) Circulaires des affaires étrangères des 28 nivôse an IV (18 janvier 1796) et 27 avril 1811.

(3) Circulaire des affaires étrangères du 26 février 1831.

calibre'des bouches à feu, le mode de leur fabrication, ainsi que celle de la poudre ;

4° L'état des arsenaux ;

5° Le mode de remonte de la cavalerie, le prix des chevaux, les ressources du pays et de l'agriculture sous ce rapport ;

6° Le mode de recrutement et de levée des troupes ;

7° La solde et l'organisation du service administratif en ce qui touche aux vivres, au casernement, à l'habillement, etc.

Pour les forces de mer :

1° L'indication du nombre de bâtiments armés, désarmés, dans les arsenaux ou en construction, leur force en artillerie, celle de leurs équipages ;

2° Le mode de levée des matelots ;

3° La composition du corps des officiers de marine ;

4° La situation des ports et des arsenaux ;

5° L'approvisionnement des magasins et des chantiers de construction ;

6° Le mouvement des escadres et la destination des croisières, des stations, etc., etc. (1)

SECTION III. — *Des consuls revêtus d'un titre diplomatique.*

**180. Observations générales.** — Lorsqu'enfin des consuls, généralement des consuls généraux, sont revêtus, soit d'une manière permanente, soit d'une manière transitoire, d'un titre diplomatique subalterne, tel que celui d'agent, chargé d'affaires ou commissaire du gouvernement, leurs fonctions diplomatiques sont en quelque sorte juxtaposées à leurs fonctions consulaires dont ils conservent l'exercice patent, et c'est ce qui nous autorise à en faire mention ici : un titre diplomatique supérieur, tel que celui de ministre résident ou plénipotentiaire, etc., absorberait, au contraire, complètement le caractère consulaire, et ferait passer le consul qui

_____

(1) Circulaires des affaires étrangères des 11 octobre 1833 et 1er septembre 1885.

en serait revêtu purement et simplement dans la carrière diplomatique dont nous n'avons pas à nous occuper.

Le consul, agent ou chargé d'affaires, ne doit donc point oublier que l'accomplissement de ses devoirs consulaires constitue le principal but de sa mission, et qu'en général, le titre diplomatique dont il est revêtu n'a d'autre objet que de lui en faciliter l'accomplissement; mais il est pleinement autorisé à revendiquer tous les privilèges et toutes les immunités accordés par le droit des gens au caractère diplomatique. Nous sortirions du cadre que nous nous sommes tracé si nous voulions indiquer ici les règles qui doivent guider l'action des consuls comme agents diplomatiques; nous nous bornerons à faire observer que cette action peut trouver des limites : 1° dans la nature des gouvernements auprès desquels ils sont accrédités, et dont quelques-uns, tels que ceux des États vassaux de la Turquie, ne réunissent pas la plénitude des pouvoirs souverains, et 2° dans les instructions générales ou spéciales émanées de la direction politique. Nous ajouterons qu'aux divers éléments de correspondance politique que nous avons énumérés plus haut viendra s'adjoindre naturellement, comme l'élément le plus essentiel, le compte exact et régulier de toutes les démarches, de toutes les négociations résultant de l'exercice de leur action politique, sauf en ce qui concerne les attributions spéciales des autres divisions du département. Pour expliquer cette dernière restriction, nous citerons, par exemple, les démarches officielles, les négociations relatives aux tarifs de douane, etc., qui ne peuvent être entreprises par les consuls qu'autant qu'ils sont revêtus d'un caractère diplomatique; c'est à la direction commerciale qu'il doit néanmoins en être rendu compte.

Les consuls, agents ou chargés d'affaires, se trouvant en rapport officiel avec les autres membres du corps diplomatique, doivent, par un échange bienveillant d'informations, se tenir exactement au courant de toutes les négociations entamées entre les puissances étrangères et le gouvernement

auprès duquel ils résident, et leur correspondance avec la
direction politique sur ce point doit avoir un degré de certitude de plus que celle des simples consuls, et prendre un
développement proportionné à l'importance des rapports de
la France avec le pays où ils résident.

**181. Mémoire annuel.** — Les anciennes instructions recom-
mandaient à tous les agents diplomatiques de remettre au
département des affaires étrangères, à la fin de leur mission,
un mémoire général sur la situation du pays qu'ils quittaient
ainsi que sur l'état des négociations dont ils avaient été
chargés. Cet usage est tombé en désuétude et a été remplacé
par l'obligation de résumer, dans un mémoire annuel, l'ensemble des informations qui doivent former les éléments de
la correspondance habituelle : c'est dans ce mémoire que
les agents doivent s'attacher à réunir les renseignements
statistiques les plus complets, et présenter, avec le résultat
de toutes ces négociations pendantes ou accomplies, leurs
vues générales sur les moyens d'étendre notre influence
politique. (1) Les consuls revêtus d'un titre diplomatique,
ainsi que les consuls placés dans les capitales où il n'y a
point d'agent diplomatique français, ne sauraient apporter
trop de soin à l'accomplissement de ce devoir.

---

(1) Circulaire des affaires étrangères du 28 nivôse an iv (18 janvier 1796).

# CHAPITRE IV

## RAPPORTS DES CONSULS AVEC LA DIRECTION DES CONSULATS ET DES AFFAIRES COMMERCIALES.

### *Correspondance générale.*

La correspondance générale des consuls avec la Direction des Consulats et des Affaires commerciales se répartit, suivant la nature des questions à traiter et d'après les divisions que nous avons indiquées au chapitre 1er du présent livre, entre les trois sous-directions des affaires commerciales, des affaires consulaires et des affaires de chancellerie. (Voir n° 144.) Celle qui concerne les deux premières sous-directions, bien que placée sous une même série de numéros, peut, en outre, se subdiviser en correspondance administrative et en correspondance purement commerciale, suivant qu'elle se rapporte à la manifestation extérieure des diverses fonctions des agents ou qu'elle est relative à la part qui leur est dévolue dans la surveillance et la protection des intérêts généraux du commerce et de la navigation.

SECTION Ire. — *Affaires concernant la sous-direction des affaires commerciales.*

§ 1. — Correspondance administrative.

**182. Instructions relatives à l'application de la législation commerciale française et étrangère.** — C'est sous le timbre de la sous-direction des affaires commerciales que les agents sollicitent et reçoivent les instructions générales et spéciales relatives à l'interprétation et à l'application de la législation commerciale et douanière française et étrangère, ainsi que celles qui concernent la préparation, la négociation ou l'exécution des divers arrangements internationaux dont l'étude

rentre dans les attributions de ce service. (Voir ci-dessus
n° 144.)

**183. Réclamations particulières.** — Les consuls ont à rendre
compte exactement à la direction des consulats (sous-direction des affaires commerciales) de toutes les démarches qu'ils
peuvent être appelés à faire pour assurer à leurs nationaux,
commerçants ou navigateurs, la jouissance des privilèges,
immunités ou exemptions, stipulés par les traités ou consacrés par le droit des gens, ainsi que la juste application des
lois et des tarifs de douane.

Ce qui distingue les réclamations particulières dont il
s'agit ici de celles qui concernent les autres directions du
ministère, c'est qu'elles reposent essentiellement sur un intérêt commercial. Cependant, cet intérêt peut se trouver lié
ou subordonné à un intérêt politique, et alors la réclamation
passerait dans les attributions de la direction politique : tel
serait le cas d'une saisie de bâtiment ou de marchandises
faite en vertu du droit de la guerre, ou bien encore le cas
d'une saisie de douane en dehors de la limite territoriale ou
maritime.

Cette partie de la correspondance consulaire acquiert une
importance d'autant plus grande que la sphère d'action de
l'agent est plus étendue ou plus élevée, par exemple, lorsque,
chef d'établissement consulaire, il n'a auprès de lui aucun
agent diplomatique, ou lorsqu'il est lui-même revêtu d'un
caractère diplomatique.

**184. Fraudes en matière de douanes.** — Nous traiterons
ultérieurement des obligations imposées aux consuls dans
l'intérêt du service des douanes, par exemple, pour les
acquits à caution, les certificats d'origine, etc.; mais c'est
ici le lieu de remarquer que les consuls doivent tenir la
direction commerciale exactement informée de toutes les
fraudes projetées ou accomplies au préjudice du Trésor ou
des intérêts protégés par les lois fiscales.

Une des irrégularités qui se présentent souvent dans notre

marine marchande, consiste à faire naviguer, sous pavillon
français et munis d'un acte de francisation, des navires qui
appartiennent en réalité à des étrangers et qui usurpent
ainsi, à notre détriment, les droits, privilèges et immunités
réservés aux seuls bâtiments de la marine nationale.

Le devoir des consuls est de ne rien négliger pour arriver
à la découverte des fraudes de cette nature qui se produisent
dans les ports de leur arrondissement, et de fournir en temps
utile au gouvernement les moyens nécessaires pour les dé-
jouer ou les réprimer, lorsque le bâtiment rentre en France, (1)
C'est, du reste, là un sujet sur lequel nous reviendrons plus
en détail en nous occupant, au livre VIII, des fonctions générales des consuls dans leurs rapports avec la marine marchande.

§ 2. — Correspondance commerciale.

**185. Observations générales.** — Les relations commerciales
ont pris de nos jours un tel développement et une telle importance, qu'elles exercent souvent une influence prépondérante
sur la conduite des nations et sur leurs rapports politiques.
Si, d'un côté, le commerce est pour les peuples le meilleur
gage du maintien de la paix et de la bonne harmonie, de
l'autre, il tend sans cesse à semer parmi eux des germes de
division, en surexcitant l'avidité, l'intérêt personnel et souvent l'égoïsme le plus absolu. Favoriser ses tendances utiles,
combattre ses tendances mauvaises, augmenter la prospérité du commerce de la France, sans oublier la solidarité
qui existe entre la prospérité du commerce de tous les peuples de l'univers, telle doit être la principale et constante
préoccupation de nos agents.

**186. Informations commerciales.** — Lorsque les consuls
sont placés dans la capitale d'un pays, et qu'ils n'ont à côté
d'eux aucun agent politique, ou lorsqu'ils sont revêtus d'un
caractère diplomatique ou d'un pouvoir spécial, ils coopèrent

_____

(1) Circulaire des affaires étrangères du 18 novembre 1833.

*directement* au maintien et au développement de nos relations commerciales par leurs démarches et leurs négociations.

Ils coopèrent *indirectement* au même but, en commun avec tous les autres agents du service extérieur, par les informations qu'ils transmettent au gouvernement sur les questions et les faits commerciaux qu'ils sont à même d'observer et d'étudier autour d'eux. Tel est le second et, le plus souvent, le principal élément de la correspondance commerciale des consuls.

Pour que ces informations soient complètes, il faut qu'elles embrassent (1) :

Le commerce général et spécial du pays où résident les consuls, c'est-à-dire le commerce d'importation et d'exportation, y compris le cabotage, le transit et l'entrepôt; ou seulement le commerce d'exportation des produits du pays et le commerce d'importation des produits destinés à la consommation ou à l'industrie du pays;

La nature et l'importance de ses relations avec chaque contrée étrangère, avec la France en particulier;

Les causes auxquelles on peut attribuer la différence des succès obtenus par les diverses nations qui ont concouru aux échanges, spécialement par la France ;

La situation vraie de l'industrie indigène, les transformations qu'elle a subies, les progrès qu'elle a réalisés, par suite du perfectionnement de la main-d'œuvre ou des procédés de travail ;

L'esprit de la législation commerciale ou économique ;

Les voies nouvelles dans lesquelles l'administration ou les négociants français auraient à entrer, afin d'améliorer les échanges existants ou d'en créer de nouveaux ;

Enfin, l'influence des lois fiscales du pays, comme des lois fiscales françaises, ainsi que celle des traités de commerce

---

(1) Circulaires des affaires étrangères des 15 janvier 1877 (F.), 15 mars 1883 (F.), 24 avril 1884 (F.) et 28 octobre 1890 (F.).

ou de navigation qui lient ce pays avec la France ou avec toute autre nation, en indiquant les clauses qui pourraient être de nature à les remplacer ou à y être ajoutées.

Ces informations sont naturellement plus ou moins étendues, plus ou moins générales, suivant la sphère d'observation de l'agent dont elles émanent. Nous croyons, toutefois, que cette remarque ne doit pas être interprétée dans un sens trop exclusif; l'agent a pour devoir absolu de renseigner le département sur tous les faits certains qui parviennent à sa connaissance et qui sont de nature à intéresser le commerce ou l'industrie de la France, même lorsque ces faits se sont passés en dehors de sa circonscription consulaire ou que leur portée dépasse la sphère des intérêts locaux.

L'envoi des informations dont il s'agit constitue, pour les agents diplomatiques et consulaires, un devoir essentiel; cette question a donc fait l'objet de nombreuses circulaires, dont les diverses recommandations ont été récemment réunies dans l'instruction du 28 octobre 1890, qui a mis en relief celles d'entre elles dont l'accomplissement présente le plus d'intérêt, soit pour l'administration, soit pour nos nationaux.

Il en résulte notamment que la transmission des renseignements commerciaux recueillis par les consuls s'opère surtout, tant par l'envoi du mémoire annuel que par l'envoi de rapports spéciaux et de notes périodiques.

**187. Mémoire annuel.** (1) — Les agents sont tenus d'adresser au Département un mémoire annuel sur la situation commerciale, industrielle, agricole, maritime du pays où ils résident, ainsi que sur les moyens qu'ils jugent propres à y procurer à nos relations commerciales tout le développement dont elles sont susceptibles. Cette tâche est facile à remplir, puisque, après avoir suivi attentivement les diverses phases ou péripéties du mouvement commercial qui s'est produit

---

(1) Circulaires des i.Taires étrangères des 15 novembre 1861 (F.), 30 décembre 1885 (F.) et 28 octobre 1890 (F.).

sous leurs yeux pendant le cours d'une année, il suffit aux
agents d'en résumer les faits les plus saillants, sans longueurs ni digressions inutiles, mais, au contraire, sous
forme de considérations générales destinées à faire apprécier la signification réelle des relevés statistiques qui, par
leur nature même, ne peuvent se passer d'explications et de
commentaires plus ou moins développés. (1)

Devant s'étendre, par une étude comparative, tout au
moins à l'exercice qui précède celui dont il analyse immédiatement les résultats, le mémoire annuel s'applique à une
période minima de deux années. Il permet en conséquence
de donner sur l'état économique du pays des notions générales assez complètes et précises pour pouvoir en dégager
des conclusions pratiques.

L'étude que comporte le mémoire annuel doit comprendre
le commerce, l'industrie agricole et manufacturière, la navigation, les finances, le régime douanier, en un mot l'ensemble de la situation économique au triple point de vue de
la production, de la consommation et des échanges internationaux : une part prédominante doit naturellement être
faite à l'examen des intérêts français qui s'y trouvent engagés,
ou qu'il paraîtrait avantageux d'y créer.

A cet égard, les agents ont à rendre compte des raisons de
la concurrence que font à nos importations les articles de production nationale ou étrangère. Cette supériorité ou cette
infériorité vient-elle des conditions et prix de vente, des procédés commerciaux, des modes de publicité et de propagande,
des frais de transport, soit par terre, soit par mer, du cours
du change, etc.? Quels seraient, par suite, les moyens de
développer le placement de produits français déjà connus
sur le marché ou d'en introduire de nouveaux ?

Quels sont, au point de vue de la concurrence avec la production locale, les avantages qui seraient attribués à celle-ci,
soit par des subventions, soit sous toute autre forme ? Quelles

---

(1) Circulaire des affaires étrangères du 28 juin 1848.

sont les taxes douanières ou autres qui peuvent influer également sur la situation faite à nos importateurs vis-à-vis de leurs concurrents étrangers ?

Dans la partie du mémoire annuel dans laquelle prennent place, avec les statistiques relatives à la navigation, les renseignements et considérations qui sont de nature à intéresser notre marine marchande, les agents ont à faire ressortir quelle est la part prise par les différents pavillons dans le mouvement des ports de leur arrondissement consulaire et doivent s'efforcer de dégager, au point de vue de notre pavillon national, les causes pour lesquelles il occupe tel ou tel rang sur la liste des marines concurrentes. Les droits et règlements de port, le cours des frets, les cargaisons de retour, les assurances et commissions, les primes ou avantages spéciaux, etc., sont autant de points qui peuvent servir d'éléments d'appréciation et sur lesquels doivent être fournis des renseignements aussi complets que possible, dans l'intérêt d'une de nos grandes industries nationales. (1)

Le rapport annuel, présenté sous forme de mémoire séparé, ne doit contenir que des informations pouvant être livrées sans inconvénient à la publicité. Il doit être accompagné d'une lettre d'envoi qui en résume les données statistiques essentielles et, sous la forme la plus brève, les conclusions principales.

Dans cette lettre prennent place également les renseignements qui, par leur nature, doivent conserver un caractère confidentiel ou auxquels tout au moins il ne conviendrait pas de donner une publicité trop générale. (2) C'est aussi dans cette lettre que doivent éventuellement figurer les observations ou suggestions que les agents auraient à présenter sur la conclusion d'un traité de commerce ou de navigation entre la France et le pays de leur résidence, ou pour la modification, soit des conventions de cette nature déjà

_____

(1) Circulaire des affaires étrangères du 28 octobre 1890 (F.).
(2) Circulaire du 8 juin 1891.

existantes, soit de la législation fiscale qui nous régit en France ou qui pèse sur nos produits au dehors. A cet égard, il y a lieu de rappeler (car c'est là une considération qui dans la pratique a peut-être été trop souvent négligée) que l'agent, en développant ses vues personnelles sur l'utilité et la convenance de telle ou telle stipulation internationale réclamée en faveur de notre commerce, ne doit pas oublier d'en étudier le contre-coup sur les échanges des autres nations, qui viendraient à en invoquer plus tard le bénéfice par application de la clause du traitement de la nation la plus favorisée.

Une autre recommandation à faire aux agents de tout grade, c'est de donner pour base aux réflexions développées dans leurs mémoires des faits dont l'exactitude ne soit ni douteuse ni contestable.

Nous devons encore rappeler que, depuis que les agents ont été dispensés de l'obligation d'adresser au département des affaires étrangères des bulletins hebdomadaires du prix des céréales (1), c'est dans un chapitre spécial de ces mêmes mémoires annuels qu'ils doivent condenser tous les renseignements et toutes les appréciations relatifs au commerce des céréales offrant un caractère de généralité ou qui n'ont pu trouver place dans la correspondance courante. Il n'y a d'exception à cet égard que pour les postes nommément désignés pour fournir les rapports semestriels particuliers sur la production, le commerce et le prix des céréales à l'étranger. (2)

Une dernière réflexion générale que nous consignons ici à propos des mémoires annuels, c'est que cette partie des travaux consulaires doit, par sa rédaction, répondre à une double pensée : la première, d'aider l'administration française dans l'étude des réformes économiques qu'il lui reste à poursuivre, ou des conséquences pratiques de celles qu'elle a déjà réalisées ; la seconde, de fournir au gouvernement les

_____

(1) Circulaire des affaires étrangères du 16 janvier 1863 (F.).
(2) Circulaires des 15 mai 1870 (F.) et 27 janvier 1887.

éléments des publications par lesquelles il s'efforce de seconder l'esprit d'initiative et de stimuler l'activité dont, depuis quelques années, notre commerce se montre de plus en plus animé.

Il est d'ailleurs recommandé aux agents d'envoyer le mémoire annuel avec la plus grande régularité et à une époque aussi rapprochée que possible de la clôture de chaque exercice. (1) Dans le cas où des circonstances locales, notamment l'absence de statistiques officielles, s'opposeraient à ce que les consuls puissent dresser ces mémoires annuels dans la forme recommandée par la circulaire du 28 octobre 1890, ils n'en sont pas moins tenus de faire parvenir au Département un rapport contenant le résultat de leurs observations personnelles sur la situation économique de leur poste. (2)

**188. États de commerce et de navigation.** — Le mémoire annuel est accompagné d'un certain nombre de tableaux statistiques sur le commerce et la navigation des villes où résident les consuls (3); ces tableaux, dont la forme, après avoir subi diverses modifications, a été fixée définitivement par la circulaire du 28 octobre 1890, sont au nombre de six, savoir :

1° Tableau des importations ;

2° Tableau des exportations ;

3° Tableau du commerce des principales marchandises ;

4° Tableau du mouvement général des principales marchandises ;

5° Tableau du mouvement général de la navigation ;

6° Tableau des principales industries.

(1) Circulaire du 28 octobre 1890 (F.).

(2) Circulaire du 25 mars 1892 (F.).

(3) Circulaires des affaires étrangères des 6 décembre 1839, 31 décembre 1841 (F ), 10 mars 1846, 28 mars 1850, 5 décembre 1857, 14 décembre 1858, 15 novembre 1861 (F.) et 28 octobre 1890 (F.). — Voir ces tableaux au tome 1er du *Formulaire,* modèles nos 15, 16, 17, 18, 19 et 24.

**189. Tableaux des importations et des exportations. (1) —** Comme recommandation générale, il a été prescrit à tous les agents de comprendre dans ces états non-seulement le commerce de leur résidence, mais encore celui qui se fait tant par terre que par mer sur les autres points de leur arrondissement ou de l'établissement consulaire qu'ils dirigent. (2) Pour être complets, il faut qu'ils présentent la totalité des marchandises entrées ou sorties : ainsi, parmi les premières, on range aussi bien ce qui a été admis à la consommation intérieure que ce qui a été placé dans les entrepôts ou n'a fait que traverser le pays en transit; de même, à la sortie, on fait figurer l'ensemble des exportations, que celles-ci soient composées de produits du sol et des fabriques nationales ou de marchandises étrangères tirées des entrepôts ou du transit. (3) Lorsque les consuls ont recueilli sur les différentes provenances ou destinations des marchandises des données circonstanciées, ces informations doivent figurer dans le mémoire annuel, ou dans la dépêche d'envoi de ce document; les chiffres constatés par les agents acquièrent ainsi la valeur qu'un commentaire écrit peut seul leur attribuer.

Les consuls sont également tenus de faire connaître les sources auxquelles ils ont puisé les éléments de leurs relevés commerciaux, et les bases d'après lesquelles les marchandises s'y trouvent évaluées. On comprend, en effet, que la confiance qui s'attache à ces documents ne peut se mesurer que sur le degré d'authenticité des renseignements dont ils se composent; et, d'un autre côté, on ne saurait en apprécier exactement les résultats sans connaître le mode d'évaluation adopté pour chaque article de commerce, puisque les chiffres s'élèveront ou s'abaisseront selon que les marchandises auront été estimées au cours du marché d'origine ou de celui de destination, avant ou après l'acquittement des droits de

(1) *Formulaire des chancelleries*, t. 1, nos 15 et 17.
(2) Circulaire des affaires étrangères du 9 octobre 1819.
(3) Circulaire des affaires étrangères du 21 juin 1828.

douane, ou, comme cela a lieu en France pour les tableaux généraux du commerce, d'après un type fixe et invariable de valeurs officielles. (1)

Quant aux notions générales que les consuls peuvent avoir acquises sur les opérations du commerce interlope de leur résidence ou des ports secondaires qui en dépendent, le développement s'en consigne dans la lettre d'envoi des états, ceux-ci ne devant présenter que les résultats du commerce licite. (2)

La nomenclature des marchandises qui figurent sur ces états, ainsi que celle des provenances et des destinations, se modifie nécessairement suivant chaque localité et l'importance de ses relations commerciales ; mais l'ordre alphabétique doit y être invariablement suivi, et, pour leur conserver toute la clarté désirable, on doit se borner, dans la colonne des articles de commerce, à spécifier les principaux produits en réunissant et évaluant en masse, sous le titre général d'*articles divers*, ceux d'importance secondaire.

Cette restriction serait cependant susceptible de présenter des inconvénients dans son application au commerce spécial de la France ; il pourrait, en effet, arriver que les articles les plus importants de ce commerce, ne figurant pas au même rang dans le commerce général de tel ou tel pays, se trouvassent tous confondus sous le titre d'*articles divers*. C'est pour y obvier que les règlements prescrivent aux consuls de transcrire au verso de leurs états un tableau destiné à faire spécialement connaître les mouvements particuliers du commerce français. (3)

**190. Tableau du commerce des principales marchandises.** (4) — L'évaluation des marchandises importées et exportées est présentée en numéraire dans les états commerciaux dressés

---

(1) Circulaire des affaires étrangères du 31 mars 1841 (F.).
(2) Circulaire des affaires étrangères du 21 juin 1828.
(3) Circulaire des affaires étrangères du 21 juin 1828.
(4) *Formulaire des chancelleries*, t. I, n° 18.

par les consuls. L'indication des valeurs, qui doit, du reste, toujours avoir lieu en francs, et non en monnaie du pays, a cela d'avantageux qu'elle permet, par la réunion des valeurs partielles, de déterminer l'importance du mouvement commercial et de faire d'utiles rapprochements entre les résultats constatés ; mais ce mode d'évaluation, différant nécessairement selon les temps et les lieux, donne des résultats aussi incertains que mobiles et ne peut avoir de signification précise qu'autant qu'il est accompagné d'un élément plus positif d'information, la *quantité*. Le département ayant néanmoins reconnu qu'il serait difficile de porter simultanément sur les états l'indication des valeurs et des quantités sans y causer une complication de chiffres nuisible à la clarté du travail, il a été prescrit aux agents de ne mentionner au bas du tableau des valeurs que la quantité totale (en unités françaises) de chaque espèce de marchandises expédiées ou reçues ; et, pour suppléer autant que possible à l'insuffisance de cette donnée générale, de dresser ensuite un tableau particulier des mouvements *en valeurs et en quantités* du très petit nombre d'articles d'une importance spéciale pour chaque pays. (1)

Afin de pouvoir comparer entre eux les résultats d'un ou plusieurs exercices, les chiffres totaux de la période antérieure doivent être rappelés sur chaque état annuel. Pour le tableau du commerce des principales marchandises, il est même nécessaire que ce rappel comprenne une série de deux ou trois années. Il va sans dire, du reste, que, lorsqu'il y a impossibilité absolue d'indiquer les quantités, la comparaison des totaux qui termine les tableaux ne porte que sur les valeurs. (2)

**191. Tableau général de la navigation.** (3) — Comme les états de commerce, le tableau de la navigation de chaque

---

(1) Circulaire des affaires étrangères du 31 décembre 1811 (F.).
(2) Circulaire des affaires étrangères du 31 décembre 1811 (F.).
(3) *Formulaire des chancelleries*, t. ı, nº 10.

poste comprend tout le mouvement maritime de l'arrondissement dont ce poste est le chef-lieu, et les pays de provenance ou de destination s'y classent également par ordre alphabétique ; seulement, pour éviter tout double emploi, il convient, en le dressant, de tenir note exacte des voyages de chaque bâtiment et d'éviter de compter successivement comme autant de navires différents ceux qui se sont bornés à visiter par escale successive deux ou plusieurs ports compris dans la même circonscription.

Les agents peuvent, d'ailleurs, aussi grouper, sous l'indication commune de *provenances et destinations diverses*, tous les pays dont la navigation ne serait pas assez active pour mériter une mention spéciale. (1) Enfin, le rappel du mouvement maritime de la période précédente s'inscrit sur chaque tableau, au bas du chiffre total des navires et du tonnage. (2)

En raison de l'importance prise, au cours de ces dernières années, par l'intercourse indirecte sous pavillon *tiers* dans les opérations commerciales des diverses puissances, le gouvernement avait prescrit aux consuls de joindre à l'état général de la navigation de leur arrondissement un appendice dressé dans la même forme et présentant, dans une série de colonnes divisées d'après la nationalité des pavillons, tant à l'entrée qu'à la sortie, le nombre et le tonnage des bâtiments appartenant à cette catégorie. (3) Ce tableau n'était, en quelque sorte, que le développement, par pavillon, de la colonne d'ensemble de l'état général qui fait connaître en bloc le mouvement des tiers pavillons. (4) Cette prescription n'a pas été expressément renouvelée par la circulaire du 28 octobre 1890 ; nous pensons donc que l'envoi de ce tableau est devenu purement facultatif.

Il en est de même des états particuliers de la navigation

---

(1) Circulaire des affaires étrangères du 20 décembre 1827.
(2) Circulaire des affaires étrangères du 31 décembre 1841 (F.).
(3) Circulaire des affaires étrangères du 11 mars 1816.
(4) *Formulaire des chancelleries*, t. 1, n° 20.

coloniale et de cabotage. (1) Beaucoup de consuls se trouvaient, d'ailleurs, forcément dans le cas de supprimer le premier, et le second ne présentait d'utilité réelle que dans le
très petit nombre de pays où le cabotage n'est pas réservé au
seul pavillon national.

La même observation s'applique à une cinquième espèce
de relevé maritime qui existait pour les postes du Levant et
de Barbarie. Nous voulons parler du tableau de la navigation
de *caravane* (2), destiné à faire connaître la part que chaque
nation prend à l'intercourse d'échelle ou de cabotage, le long
des côtes de l'Asie Mineure ou du littoral barbaresque. Les
divers ports qui font partie d'une même région commerciale
étaient réunis sous une même dénomination de province ou
de ville ; leur nomenclature et celle des pavillons variaient,
au surplus, suivant les relations de chaque échelle, mais se
dressaient toujours dans l'ordre alphabétique et se complé-
taient naturellement par le chiffre des mouvements de la
navigation du cabotage dans les divers ports de chaque
arrondissement consulaire. (3)

**192. État du mouvement général des marchandises, et tableau
des principales industries.** (4) — Pour se rendre compte de
l'ensemble du mouvement commercial et industriel d'un
pays, il ne suffit pas de connaître quelle a été l'importance
de ses échanges avec l'étranger ; il faut savoir aussi quelle a
été sa production propre et la masse de ses consommations.
Ainsi, d'une part, en recherchant ce que, pendant une année,
chaque pays a produit en grains de toute sorte, en cotons, en
laines, en sucres, en cafés, en bestiaux, en bois, en combus-
tible ou toutes autres matières premières ou denrées alimen-
taires, et, d'autre part, en sachant ce qu'il a consommé, soit
en produits nationaux, naturels ou manufacturés, soit en

---

(1) *Formulaire des chancelleries*, t. i, nos 21 et 22. — Circulaire des affaires
étrangères du 29 décembre 1827.

(2) *Formulaire des chancelleries*, t. i, no 23.

(3) Circulaire des affaires étrangères du 29 décembre 1827.

(4) *Formulaire des chancelleries*, t. i, nos 16 et 24.

marchandises tirées de l'étranger, on peut, en comparant le
résultat de ces investigations avec les tableaux d'importation,
d'exportation, de réexportation et de transit, arriver à préciser la véritable situation agricole, commerciale et industrielle d'un pays. Les deux états du mouvement général des
principales marchandises et des principales industries de
chaque pays sont destinés à servir de cadre aux informations
que les consuls sont chargés de recueillir sur ces importantes
questions de statistique générale, et à grouper en tableaux
synoptiques celles de ces données qui sont de nature à se
résumer par des chiffres. La forme de ces relevés, dont, dans
beaucoup de contrées, les éléments sont fort difficiles à réunir, n'a, du reste, rien d'absolu, et les consuls sont libres de
modifier le modèle officiel suivant les exigences de chaque
localité et la nature des données qu'ils ont pu rassembler. (1)

**193. Réunion des éléments.** — La rédaction des états périodiques de commerce et de navigation peut sur certains
points rencontrer des obstacles sérieux ; mais elle n'est nulle
part complètement impossible, et l'on peut tout au plus
admettre que les éléments n'en soient pas tous également
précis et circonstanciés. A défaut de publications officielles
ou de données recueillies officieusement auprès des administrations financières du pays, les consuls, en y consacrant
une attention journalière et persévérante, doivent toujours
arriver à puiser les renseignements qui leur sont nécessaires, soit dans les feuilles périodiques consacrées au commerce, soit dans leurs rapports ou leurs communications
intimes avec des négociants éclairés. (2) Le département,
dans sa justice, tient compte aux agents des difficultés pratiques contre lesquelles ils peuvent, sous ce rapport, avoir à
lutter ; mais il est en droit d'attendre d'eux qu'ils ne reculent

---

(1) Circulaires des affaires étrangères des 31 décembre 1811 (F.) et 15 novembre 1861 (F.).

(2) Circulaires des affaires étrangères des 21 juin 1828 et 28 octobre 1890
(F.).

devant aucun effort, devant aucun sacrifice, pour remplir consciencieusement cette partie de leurs devoirs.

Afin d'accélérer, d'ailleurs, autant que possible, la confection et l'envoi en France des tableaux dont il s'agit, les agents doivent s'attacher à grouper par avance les données isolées qu'il rassemblent, de manière à n'avoir plus, à la fin de l'année, qu'à en totaliser les résultats partiels, et à permettre, au besoin, à leurs successeurs d'achever le travail qu'ils ont préparé. Cette prescription étant réglementaire, toute négligence à s'y conformer devrait être constatée lors de la prise de possession d'un poste, et signalée au département pour sauvegarder la responsabilité de l'agent à qui le service est remis en dernier lieu. (1)

**194. Rapports spéciaux.** — Le mémoire annuel ne saurait suppléer aux rapports plus fréquents que le ministère attend de ses agents et qui s'appliquent à des sujets traités avec tous les détails que ne peut comporter le rapport annuel. De ces rapports spéciaux, les uns doivent présenter, en quelque sorte, la monographie des diverses industries du pays où réside l'agent. (2) Les autres concernant particulièrement tel ou tel produit qui intéresse le commerce ou l'industrie de la France, doivent contenir des renseignements précis et détaillés sur les conditions dans lesquelles s'effectuent les opérations relatives à ce produit : droits ou règlements de douane, d'octroi, usages locaux, articles similaires de provenance nationale ou étrangère placés sur les marchés du pays, goûts des consommateurs, contrefaçons ou moyens de répression que fournit la législation, époques les plus favorables pour les expéditions, pour les ventes et pour les achats, modes d'emballage les mieux appropriés aux modes de transport comme aux conditions de climat, etc., etc. (3)

(1) Circulaire des affaires étrangères du 31 mars 1841. (F.)
(2) Circulaire des affaires étrangères du 15 mars 1883. (F.)
(3) Circulaire des affaires étrangères du 28 octobre 1890. (F.)

**195. Envoi d'échantillons. (1)** — L'envoi d'échantillons est le complément souvent indispensable de l'enquête dont nous venons de parler. Les envois dont il s'agit doivent autant que possible comprendre, non seulement les échantillons du pays de la résidence de l'agent, mais aussi les spécimens des articles importés de pays tiers et faisant concurrence aux marchandises expédiées de France. Chacun des échantillons, expédié autant que possible en plusieurs exemplaires, doit être accompagné d'une note indiquant la provenance, la dénomination, le prix, le mode et les conditions de vente de l'article qu'il représente, l'étendue approximative des débouchés et les frais de tout genre qui y sont inhérents. La meilleure forme à donner à cette note est celle d'un compte simulé d'achat dans lequel figurent, pour une quantité déterminée, les différentes natures de dépenses, change, courtage, commission, transport, douane, etc., incombant à l'expéditeur.

L'envoi de ces échantillons permet à nos fabricants d'étudier, notamment pour les tissus, non seulement le genre de fabrication, les dessins et les couleurs des articles rivaux des leurs, mais encore le mode particulier de pliage, de métrage, d'apprêt, etc.: pour les agents, c'est un moyen d'appuyer de preuves palpables les observations ou les conseils consignés dans leur correspondance. Ils ne sauraient donc négliger l'occasion de faire ces envois. Il leur est d'ailleurs recommandé de chercher à obtenir les échantillons sans frais. Dans le cas où ils ne pourraient se les procurer que moyennant une certaine dépense, ils auraient à en référer au département : ils doivent alors adresser, s'il est possible, à la direction des consulats des modèles ou des dessins permettant de se prononcer en connaissance de cause, relativement à l'utilité de l'achat. Le ministère des affaires étrangères, après entente avec le ministère du commerce et de

---

(1) Circulaires des affaires étrangères des 12 novembre 1840, 12 février et 31 juillet 1851, 15 novembre 1861 (F.), 11 novembre 1863, 15 mars 1883 (F.) et 28 octobre 1890. (F.)

l'industrie en ce qui concerne le remboursement des frais
à faire, adresse aux agents les instructions nécessaires.

**196. Notes périodiques.** (1) — Indépendamment du mémoire
annuel et des rapports spéciaux sur telle ou telle branche
d'industrie, sur tel ou tel article de commerce, les agents
ont été invités, à différentes reprises, à transmettre au département, sous une forme plus sommaire, aussi régulièrement
et aussi rapidement que possible, des renseignements sur la
situation des marchés étrangers et sur les faits économiques
qui méritent d'être signalés à nos négociants et industriels.

A cet effet, il a été récemment prescrit aux consuls
d'adresser tous les quinze jours des notes annexées à une
lettre d'envoi et exposant séparément, sous une forme
concise, les divers faits de nature à intéresser l'administration ou le commerce français : situation du marché ; renseignements relatifs à l'agriculture ; travaux publics exécutés, en cours ou en projet ; nouvelles coloniales, maritimes,
financières ; inventions nouvelles, brevets, marques et contrefaçons ; musées commerciaux ; expositions internationales,
régionales ou locales ; congrès ; institutions destinées à améliorer les conditions d'existence de l'ouvrier ; banques popu-
laires, caisses de retraite ; mesures ayant pour objet de
développer l'instruction et, en particulier, l'enseignement
technique, etc.

Les notes périodiques dont il s'agit, qu'il est bon de
rédiger sur des feuilles volantes, lorsqu'elles sont susceptibles d'intéresser différentes administrations, sont simplement annexées à la lettre d'envoi, de manière à ce qu'elles
puissent en être immédiatement détachées et communiquées
aux journaux ou transmises *in extenso* aux ministères de
l'agriculture, du commerce ou des travaux publics, par les
soins desquels elles sont ensuite portées à la connaissance
des chambres de commerce. Mais il ya sans dire que la

---

(1) Circulaires (F.) du 24 avril 1883 et du 28 octobre 1890.

forme sommaire de ces bulletins exige que, vis-à-vis du département, les consuls entrent, par leur lettre d'envoi, dans toutes les explications et considérations nécessaires, pour que le gouvernement puisse se rendre exactement compte des causes et des conséquences probables du fait relaté dans ces bulletins. Ces derniers étant, au surplus, destinés à recevoir une grande publicité, les agents ont été invités à en écarter soigneusement tout détail inutile, toute observation critique et toute réflexion, politique ou autre, étrangère à leur objet. (1)

Le genre de publicité que ces bulletins sont destinés à recevoir indique suffisamment qu'il est inutile, souvent même dangereux, d'y faire connaître l'origine des données qu'ils renferment ; mais, pour la correspondance commerciale proprement dite, il est, au contraire, indispensable que chaque dépêche révèle la source à laquelle les éléments en ont été puisés et le degré de confiance que peuvent par suite mériter les informations qui y sont développées. (2)

Il est, d'ailleurs, entendu que, pour toutes les informations présentant un caractère d'urgence, les agents doivent les faire parvenir immédiatement par les voies les plus promptes, sans quoi ces renseignements pourraient perdre toute utilité ; tels sont, par exemple, les textes des lois et règlements en matière de douane, les avis ou cahiers des charges relatifs aux adjudications, aux concours, aux ventes publiques, etc.

**197. Transmission des lois et règlements sur le commerce.** — La meilleure base d'appréciation des faits commerciaux, soit généraux, soit particuliers, se trouve dans l'étude approfondie de la législation économique et fiscale de chaque pays. Les consuls doivent donc observer, avec une attention soutenue et toujours par comparaison avec les nôtres, les lois et les tarifs de douanes ; les traités de commerce et de naviga-

---

(1) Circulaires des affaires étrangères des 28 mars 1850, 6 juillet 1872 et 21 avril 1883. (F.)

(2) Circulaire des affaires étrangères du 21 juin 1828.

tion ; la nature et l'espèce des marchandises frappées de droits
protecteurs ou de prohibition à l'entrée ou à la sortie ; le régime des entrepôts ou du transit ; celui des drawbacks ; admis-
sions temporaires ; primes à la sortie ; les lois qui déterminent la nationalité des navires et la police de la navigation,
ainsi que les taxes générales ou spéciales, régaliennes, municipales ou particulières qui atteignent les bâtiments, indépendamment de leurs cargaisons ; enfin, les charges maritimes ou autres qui appartiennent en propre à tel ou tel port. (1)
Pour donner à ces études toute l'utilité pratique qu'elles sont
susceptibles d'avoir, et pour que le gouvernement puisse,
comme nos négociants, armateurs ou fabricants, les consulter avec fruit, il faut, de toute nécessité, les compléter et les
corroborer par l'envoi des textes officiels qui leur ont servi
de point de départ. Les règlements (2) ont en conséquence
prescrit aux agents de transmettre régulièrement à la direction commerciale, et aussitôt après leur publication, tous
les documents, tels que lois, décrets, traités et conventions,
tarifs, décisions ministérielles ou circulaires de douanes qui
ont pour objet de modifier la législation maritime, fiscale,
commerciale ou industrielle du pays de leur résidence. L'envoi de tous ces documents se fait en triple exemplaire et
doit invariablement être accompagné d'une traduction certifiée conforme par les consuls. Cette règle ne peut souffrir
d'exception que lorsqu'il s'agit de pièces tellement importantes que la transmission en France ne puisse en être différée sans inconvénient, ou bien lorsque la longueur de la
traduction exige que son envoi soit ajourné au courrier suivant. (3)

Mais, quelle que soit l'exactitude des agents extérieurs à

_____

(1) Circulaires des affaires étrangères des 15 juillet 1817, 16 juillet 1829 et
30 novembre 1883. (F.)

(2) Circulaires des affaires étrangères des 28 juin 1848, 15 mai 1882, 24 avril
1883 (F.), 30 novembre 1884 (F.), 1er juillet 1885 (F.), 2 avril 1886 (F.),
3 novembre 1887 (F.) et 17 août 1888. (F.)

(3) Circulaire des affaires étrangères du 29 prairial an.v (17 juin 1797).

rendre compte au département des diverses mesures prises
ou proposées par le gouvernement du pays où ils résident,
relativement au commerce, à la navigation ou à l'industrie
de leurs nationaux, on conçoit qu'il est difficile qu'ils puissent enregistrer tous le  ..ctes administratifs de cette nature
au moment où ils se produisent ; on ne peut d'ailleurs s'empêcher de reconnaître que tous ces actes n'ont pas un titre
égal à une attention spéciale et immédiate de la part d'obser-
vateurs étrangers. Il est néanmoins nécessaire que l'administration française puisse être toujours en mesure de se
rendre compte des modifications successivement introduites
dans les législations étrangères, et même de réclamer au
besoin la communication des textes officiels qui n'auraient
pas été transmis au département ; il a donc été prescrit aux
agents politiques et consulaires (1) d'adresser tous les six
mois, et par duplicata, à la direction des consulats et affaires
commerciales, en l'accompagnant d'observations sommaires,
un tableau récapitulatif des lois, arrêtés et propositions du
gouvernement du pays de leur résidence, sur le commerce,
l'industrie, la navigation, l'agriculture, les travaux publics,
les finances, les institutions philanthropiques, l'hygiène publique, la propriété littéraire, artistique ou industrielle, etc.

**198. Révision des traductions de documents étrangers publiées
en France.** — On sait que le ministère du commerce s'est
réservé le soin de faire traduire directement, dans une forme
particulière, certaines lois et tarifs étrangers dont il reproduit ensuite le texte dans les *Annales du commerce extérieur*,
ainsi que dans le *Moniteur officiel du commerce*. Les consuls
ont été invités par le département des affaires étrangères à
vérifie: et contrôler l'exactitude de ces traductions, et ils
doivent alors puiser les éclaircissements qui leur sont nécessaires auprès des autorités douanières ou des négociants du
pays de leur résidence. (2)

---

(1) Circulaire des affaires étrangères du 22 novembre 1850.
(2) Circulaire des affaires étrangères du 15 septembre 1816.

**199. Conversion des poids, mesures et monnaies étrangères en unités françaises.** — Il ne suffit pas que les consuls joignent à l'envoi des textes originaux de documents officiels une traduction faite sous leurs auspices ; ils doivent encore, toutes les fois que dans leur correspondance courante, dans les pièces qu'ils traduisent ou dans des tableaux statistiques, ils ont à mentionner des poids, des mesures ou des monnaies étrangères, faire connaître simultanément leur conversion en unités métriques françaises. Cette recommandation, qui a pour objet de faciliter l'intelligence de ces documents et de permettre d'en saisir les résultats du premier coup d'œil, doit être scrupuleusement observée dans toutes les branches du service consulaire. (1)

**200. Publications périodiques étrangères.** — Les journaux et recueils périodiques sur le commerce, la navigation, l'industrie, les finances et l'économie politique, qui se publient à l'étranger, méritant à divers titres de figurer dans les bibliothèques et collections du gouvernement, celui-ci attache souvent du prix à s'y abonner ; les agents doivent surveiller le service de ces souscriptions, signaler les nouvelles publications qui surgissent et en faire, au besoin, l'objet de notes ou relevés analytiques qu'ils transmettent périodiquement en France sous le timbre de la direction commerciale. (2)

**201. Renseignements sur les grèves.** (3) — Parmi les incidents qui modifient les conditions économiques de l'industrie et du commerce des pays étrangers, les grèves ouvrières sont au nombre de ceux qui doivent être étudiés avec le plus de soin. Les agents ont donc été invités d'une façon toute spéciale à suivre le mouvement des grèves qui se produisent dans le pays de leur résidence, à en signaler les causes et

---

(1) Circulaires des affaires étrangères des 29 juillet 1825, 12 octobre 1840 et 14 décembre 1858.

(2) Circulaires des affaires étrangères des 28 février et 31 décembre 1841. (F.)

(3) Circulaire des affaires étrangères du 18 juillet 1889. (F.)

l'intensité, les incidents importants qui en auront déterminé le caractère, ainsi que les conditions dans lesquelles le conflit s'est terminé, en indiquant en outre les conséquences probables, tant au point de vue de l'industrie locale qu'à celui du commerce extérieur.

**202. Renseignements sur les adjudications.** — L'attention du département des affaires étrangères a été fréquemment appelée dans ces dernières années sur les avantages que notre commerce et notre industrie pourraient retirer d'une participation plus active aux adjudications de travaux publics, ainsi qu'aux adjudications de fournitures en matières premières ou en produits manufacturés ouvertes à l'étranger.

Il a été par suite recommandé aux agents diplomatiques et consulaires de relever et de faire parvenir régulièrement au département les annonces de travaux ou fournitures soumis à l'adjudication, soit par l'État ou les municipalités, soit par les grandes compagnies. A ces annonces, les agents doivent, autant que possible, joindre le texte des cahiers des charges afférents à chaque entreprise en l'accompagnant, s'il y a lieu, d'une traduction et de tous les autres renseignements qu'ils auraient été en mesure de recueillir. Les frais éventuels occasionnés par l'acquisition de ces documents sont remboursés par le ministère du commerce et de l'industrie. (1)

**203. Renseignements sur la situation des vignobles au point de vue du phylloxéra.** — Depuis l'apparition du phylloxéra en France, le gouvernement s'est occupé avec la plus active sollicitude d'encourager les recherches et de provoquer les découvertes ayant pour objet d'arrêter les progrès de cette nouvelle maladie de la vigne. A ce point de vue, il était important que les travaux poursuivis en France fussent complétés par l'étude des résultats obtenus dans les pays étrangers, où cet insecte a fait également son apparition.

---

(1) Circulaires des affaires étrangères des 29 mai 1883 et 7 mai 1890.

Les agents en résidence dans les pays viticoles ont donc été invités par différentes circulaires, dont la première remonte à 1871, à renseigner exactement le gouvernement sur la situation des vignobles étrangers. Aux termes de ces instructions, qui, depuis 1877, ont été renouvelées annuellement, les agents dont il s'agit doivent régulièrement adresser, chaque année, au département des affaires étrangères, avant le *1er octobre*, un rapport très précis sur la culture et la production de la vigne dans leur circonscription, la marche du phylloxéra et les moyens employés pour le combattre, les dispositions législatives qui ont été adoptées et les modifications qui ont pu se produire dans la situation des vignobles pendant les douze mois écoulés depuis l'envoi des dernières informations émanant de leur poste. Ces travaux, à la rédaction desquels les consuls ont été invités à apporter tout le soin désirable, sont transmis au ministère de l'agriculture, qui publie les plus intéressants dans les *Comptes rendus annuels des travaux du service du phylloxéra.* (1)

**204. Informations sur le commerce des morues françaises.** — La pêche de la morue, non seulement à cause de l'importance commerciale de ses résultats, mais encore parce qu'elle est pour notre marine militaire une pépinière d'excellents matelots, reçoit des encouragements sous forme de primes. Nous réservons pour le chapitre sixième du livre VIII ce que nous ayons à dire des obligations particulières de contrôle et de surveillance qui sont à cet égard imposées aux consuls ; mais nous devons remarquer ici que cette pêche demande à être étudiée avec le soin le plus attentif, et que ses produits jouent dans nos échanges avec les contrées étrangères un rôle trop important pour que nos agents ne comprennent pas la nécessité de rechercher les moyens d'en accroître les débouchés et d'améliorer leurs conditions de vente. (2)

---

(1) Circulaires des affaires étrangères des 20 août 1871, 22 juin 1877 et 23 juillet 1887. (F.)

(2) Circulaire des affaires étrangères du 6 octobre 1848.

**205. Informations sur les tabacs.** — L'administration des tabacs a eu souvent recours aux consuls, notamment en 1829, 1835, 1845, 1850, 1862 et 1877, pour obtenir sur la culture, la production, le commerce, la consommation et la fabrication des tabacs à l'étranger, les informations qui devaient guider la régie pour l'achat direct de ses approvisionnements. Indépendamment des rapports spéciaux qu'ils peuvent avoir à rédiger pour compte du ministère des finances, les consuls doivent rassembler avec soin et transmettre au gouvernement par leur correspondance commerciale tous les avis qui peuvent sous ce rapport offrir de l'intérêt à la direction générale des manufactures de l'État. De ce nombre, sont ceux qui concernent l'extension ou le ralentissement de la culture, l'état des récoltes, la création ou la suppression des monopoles, enfin, toutes les modifications qui surviennent dans le régime fiscal du tabac. (1) Quant aux achats de tabacs en feuilles ou fabriqués et aux adjudications publiques de fournitures faites pour compte de la régie, les agents qui peuvent éventuellement être appelés à y concourir reçoivent toujours à cet égard les instructions spéciales qui doivent les guider dans leur conduite, et ils se bornent à rendre compte au département, sous le timbre de la direction des consulats et des affaires commerciales (sous-direction des affaires commerciales), de l'accomplissement des ordres qui leur ont été transmis.

**206. Informations périodiques sur les entreprises de bateaux à vapeur existant à l'étranger.** — Pour pouvoir apprécier les conditions du développement de nos communications maritimes avec telle ou telle contrée, le gouvernement a besoin d'être exactement renseigné sur l'organisation et la marche des services réguliers de paquebots à vapeur qui existent ou se créent à l'étranger. Les consuls ont donc reçu l'ordre d'adresser périodiquement au département des affaires étran-

---

(1) Circulaire des affaires étrangères du 27 février 1835.

gères, sous le timbre de la direction commerciale, des rapports faisant connaître :

1° Les contrats en cours d'exécution pour ces sortes de services et leur renouvellement successif ;

2° Les constructions de paquebots à vapeur que font exécuter les compagnies, et les lignes que celles-ci desservent en dehors de leurs contrats ;

3° Le nombre et la force des paquebots employés, lorsque ceux-ci excèdent les limites du cahier des charges ;

4° Les comptes rendus aux actionnaires ;

5° Enfin, soit que ces sortes de publications soient tenues secrètes, soit qu'il y ait lieu d'en suspecter la sincérité, l'opinion des personnes compétentes sur les dépenses et les recettes de chaque entreprise et sur son résultat final. (1)

**207.** Informations ayant un caractère politique. — Le développement progressif des intérêts commerciaux a établi de nombreux rapports entre les questions qui s'y rattachent et celles qui appartiennent à l'ordre politique. Pour se rendre un compte exact des premières, il est souvent utile d'être guidé par des renseignements puisés aux deux sources. Aussi les consuls ont-ils été invités (2) à faire connaître au ministère des affaires étrangères, sous le timbre de la *direction commerciale*, les faits et considérations qui, dans leur correspondance politique, sont de nature à intéresser cette direction et à l'éclairer sur les travaux dont elle est spécialement chargée. Les instructions ministérielles sur la matière ont naturellement abandonné au tact des agents le soin d'apprécier ce qui doit être le sujet d'une double communication.

**208.** Mouvement des fonds publics et des valeurs industrielles. — Ajoutons encore que les faits relatifs au crédit des États, influant d'une manière plus ou moins directe sur leur situation politique et sur les rapports commerciaux qu'ils en-

---

(1) Circulaires des affaires étrangères du 29 juillet 1852 et du 30 novembre 1883.

(2) Circulaire des affaires étrangères du 28 février 1863. (F.)

220 LIVRE IV. — CHAPITRE IV. — SECTION I

tretiennent avec le dehors, il est utile que le gouvernement
connaisse les règlements et les usages locaux sur les opérations des bourses à l'étranger, comme le mouvement et la
nature des transactions sur les fonds publics et les valeurs
industrielles. (1)

**209. Relevés des chargements des morues françaises importés
à l'étranger.** — Indépendamment des relevés annuels que tous
les consuls, indistinctement, sont tenus de fournir, il en est
quelques autres qui ne sont demandés qu'à quelques postes
seulement, et qui n'intéressent le gouvernement qu'à un
point de vue spécial. De ce nombre sont les relevés sommaires
des chargements de morues de pêche française débarqués et
vendus à l'étranger, et les bulletins du prix et du commerce
des grains sur les grands marchés de céréales.

Les ordonnances réglementaires sur les primes pour la
pêche de la morue imposent aux consuls l'obligation de
tenir, pour les chargements de morues de pêche française reconnus par leurs soins et vendus dans les ports de leur
arrondissement, un registre sur lequel sont indiqués les
noms des bâtiments importateurs, ceux des capitaines, les
lieux de pêche et de départ, la quantité brute et nette des
kilogrammes de morue vendue et livrée à la consommation,
enfin la bonne qualité du poisson constatée par experts. A la
fin de chaque trimestre et pour servir de contrôle aux pièces
fournies par les armateurs à l'appui de leurs demandes en
règlement de primes, on dresse un relevé sommaire de ce
registre que l'on transmet au département des affaires
étrangères, sous le timbre de la direction commerciale. (2)

**210. Rapports semestriels sur la production et le commerce
des grains.** — Depuis 1820, époque à laquelle les lois de
douanes étendirent le système protecteur à l'agriculture,
tous les agents du service extérieur ont été tenus d'envoyer

(1) Circulaire des affaires étrangères du 28 décembre 1816.
(2) Circulaire des affaires étrangères du 15 juin 1833. Loi du 22 juillet 1851.

au département des affaires étrangères des bulletins hebdomadaires sur le cours des céréales dans le pays de leur
résidence.

Supprimée en 1863 (1), cette formalité avait été momentanément rétablie quelques années plus tard, en présence
de la hausse qui s'était produite dans le prix des blés (2) ;
puis elle était tombée bientôt en désuétude, lorsque les conditions du marché des grains s'étaient modifiées. Dans ces
dernières années, à la suite de demandes spéciales émanant
du ministère de l'agriculture, un certain nombre d'agents
ont été de nouveau invités à transmettre au gouvernement,
sous forme de bulletins, des informations régulières sur le
cours des mercuriales et le mouvement du commerce des
céréales. (3) Mais l'envoi de ces bulletins constitue une exception. En règle générale, les consuls en sont dispensés.

En décrétant, par une mesure d'ensemble, la suppression
des états périodiques dont il s'agit, le département des
affaires étrangères n'a toutefois pas entendu affranchir en
même temps ses agents de l'obligation, qui leur est imposée
par les règlements généraux sur la correspondance, de renseigner le gouvernement sur tous les faits relatifs à la production, au commerce et à la consommation des céréales à
l'étranger.

Il leur a seulement été recommandé de réunir et de condenser ces renseignements dans des travaux d'ensemble. A
cet effet, la circulaire précitée de 1863, dont les prescriptions
ont été renouvelées en 1877, les a invités à adresser tous les
six mois au département (sous forme de mémoires séparés
annexés à une dépêche d'envoi, afin d'en faciliter la transmission au ministère de l'agriculture) des rapports sur les pré-

---

(1) Circulaire du 16 janvier 1863. (F.)
(2) Circulaire du 3 novembre 1866. (F.)
(3) Circulaire du 15 mai 1879 (New-York, Nouvelle-Orléans, Boston,
Chicago, San-Francisco, Québec, Galatz); circulaire du 26 janvier 1887
(Anvers, Amsterdam, Budapest, Hambourg, Odessa, Rome, Rotterdam,
Santander).

visions et le rendement des récoltes dans le pays de leur résidence.

Le premier de ces rapports, qui doit parvenir à Paris au plus tard vers la fin de juin, indique en hectares l'étendue des terres affectées à la culture de chacune des espèces de céréales (froment, seigle, orge, avoine et mais) et fait connaître les conditions dans lesquelles se sont effectués les ensemencements, ainsi que les circonstances atmosphériques qui ont pu favoriser ou contrarier la floraison des grains. Le second rapport, à adresser au département vers le mois de novembre, doit contenir des informations sur la moisson, sur la manière dont elle s'est opérée, sur les produits de la récolte évalués en hectolitres et mis en regard des besoins de la consommation du pays. (1)

L'envoi des rapports semestriels ne dispense d'ailleurs pas les consuls de reproduire, dans le rapport annuel qui accompagne leurs états de commerce et de navigation, tous les renseignements et appréciations relatifs au commerce des céréales, qui trouvent naturellement place dans ces travaux de fin d'année. (Voir nº 187.)

Sans attendre les époques fixées pour l'expédition des rapports semestriels, ils doivent, d'autre part, signaler au département dans leur correspondance générale, notamment dans les notes périodiques prescrites par la circulaire du 28 octobre 1890, les modifications que viendrait à subir la législation sur les céréales dans le pays de leur résidence, et en général tous les faits économiques relatifs au commerce des grains, qu'il y aurait intérêt à porter sans retard à la connaissance de l'administration française.

**211. Renseignements périodiques sur le prix du pain et de la viande de boucherie.** — Le ministère de l'agriculture attache, avec raison, une grande importance à connaître exactement les variations que subissent à l'étranger le prix du pain et celui de la viande de boucherie. Aussi, les consuls

_____

(1) Circulaires (F.) des 16 janvier 1863 et 1er janvier 1877.

établis dans les principales villes de chaque État ont-ils été invités à adresser tous les mois au département des affaires étrangères, sous le timbre de la direction commerciale, un bulletin, en double expédition, indiquant en unités françaises et en unités étrangères le prix du pain et celui de la viande de boucherie dans leur résidence, ainsi qu'un état séparé du prix de la viande sur pied pour chaque jour de marché. (1)

**242. Publication des travaux consulaires.** — Le ministère des affaires étrangères, d'accord avec celui du commerce et de l'industrie, ayant reconnu que l'utilité pratique des travaux des consuls dépend essentiellement du mode de publicité adopté pour les porter à la connaissance du commerce et de l'industrie, avait décidé (2) qu'ils seraient insérés dans un bulletin consulaire qui a commencé à paraître en 1878.

L'expérience a démontré que ce recueil, sous la forme et dans les conditions où il se publiait, n'a pas rendu les services que l'on en attendait, au point de vue de la diffusion dans le monde des affaires des renseignements qu'il contenait. Il a été en conséquence décidé que le bulletin consulaire serait supprimé. Les travaux des agents diplomatiques et consulaires, tels que les mémoires annuels sur l'ensemble de la situation économique des pays étrangers, les monographies de telle ou telle branche du commerce et de l'industrie, et, en général, les rapports développés sont désormais publiés sous forme de fascicules séparés annexés aux numéros hebdomadaires du *Moniteur officiel du commerce.* (3) Ce journal publie, en outre, *in extenso* ou par extrait, les rapports des agents présentant un intérêt d'actualité; le reste de la correspondance consulaire est, quand il y a lieu, utilisé dans les publications spéciales des différentes administrations françaises : Bulletins du ministère de l'agricul-

(1) Circulaires des affaires étrangères des 9 juin, 12 octobre (F.), 14 décembre 1855 (F.) et 5 mars 1861.

(2) Circulaire du 15 février 1877. (F.)

(3) Circulaire des affaires étrangères du 25 mars 1892. (F.)

ture, des travaux publics ou des finances ; Annales du commerce extérieur, Revue d'administration, etc.

SECTION II. — *Affaires concernant la sous-direction
des affaires consulaires.*

§ 1 — Correspondance administrative.

**213. Administration consulaire.** — Les instructions générales et spéciales relatives aux privilèges, aux immunités et aux attributions des consuls émanent de la direction des consulats. Sauf en ce qui concerne quelques questions qui sont de la compétence de la sous-direction des affaires de chancellerie, c'est en principe à la sous-direction des affaires consulaires que les agents ont à rendre compte des doutes qui peuvent s'élever dans leur esprit ou des obstacles qu'ils peuvent rencontrer relativement à l'exercice de leurs fonctions, de la part de leurs nationaux ou des autorités étrangères.

Cette règle, qui place toute l'administration consulaire proprement dite dans la compétence de la direction des consulats, souffre cependant deux exceptions: la première, lorsqu'il s'agit d'une fonction spécialement confiée à la surveillance d'un autre service, telle par exemple que celle de juge dans les pays de juridiction, qui concerne la sous-direction du contentieux ; la seconde, lorsqu'il s'agit d'un obstacle politique, tel par exemple que le refus d'admission par le gouvernement territorial, l'application des lois de la guerre ou de la neutralité, comme dans le contentieux des prises, etc., questions du ressort de la direction politique.

**214. Police de la navigation.** — Les fonctions des consuls, comme suppléant à l'étranger les administrateurs de la marine, leur créent, en ce qui concerne la police de la navigation, de nombreuses obligations dont ils ont à rendre compte à la direction commerciale (sous-direction des affaires consulaires). Ils ne sauraient apporter ni trop d'exactitude, ni trop de scrupule, à signaler au gouvernement les abus qu'ils peuvent être à même d'observer dans l'exécution des lois et des règlements sur cette matière. (1)

**215. Police des pêches.** — Dans les pays où la police des pêcheries dans les mers situées à proximité des côtes respectives est régie par des actes internationaux (2), les consuls doivent veiller à ce que les pêcheurs français, tout en se conformant aux lois et règlements qui les concernent, jouissent librement de tous leurs droits et privilèges. Toute infraction commise à cet égard, toute vexation ou déni de justice dont nos marins viendraient à être victimes, devraient être signalés au département des affaires étrangères, qui impose également à ses agents l'obligation de lui rendre exactement compte des fraudes que nos pêcheurs commettent trop souvent, entre autres en Belgique, en Hollande et en Écosse, soit par l'emploi de sels étrangers, soit par l'achat de poissons frais qu'ils introduisent ensuite en France au droit réduit porté par notre tarif.

Il n'est pas sans intérêt de mentionner ici qu'en vertu d'une loi récente du 1er mars 1888, la pêche dans les eaux territoriales de France et d'Algérie a été formellement interdite aux étrangers et que le bénéfice en est réservé aux seuls nationaux.

**216. Service militaire.** — C'est sous le timbre de la sous-direction des affaires consulaires que les agents sollicitent et reçoivent les instructions dont ils peuvent avoir besoin pour l'application à l'étranger de la loi sur le recrutement des armées de terre et de mer. Nous consacrerons ci-après (V. chap. VIII, liv. VI) un chapitre particulier à l'étude des fonctions spéciales qui leur incombent à ce point de vue.

_____

(1) Ordonnance du 29 octobre 1833, art 1er (F.), et circulaire des affaires étrangères du 23 novembre 1821. — Voir, au surplus, au tome second de cet ouvrage, le livre VIII consacré spécialement aux fonctions des consuls comme suppléant à l'étranger les administrateurs de la marine.

(2) Convention du 23 août 1839 et règlement général du 23 juin 1843 avec la Grande-Bretagne, et convention internationale du 6 mai 1882 pour la police de la pêche dans la mer du Nord. (Voir _Recueil des traités de la France resp._, t. IV, p. 407, et t. XIV, p. 7.)

**217. Application des lois et règlements en matière postale, télégraphique, sanitaire, etc.** — Nous avons vu précédemment (n° 144) que la négociation des arrangements relatifs aux chemins de fer, aux communications postales et télégraphiques, aux conventions sanitaires, etc., rentre dans les attributions de la sous-direction des affaires consulaires. C'est donc sous le timbre de ce service que les agents doivent adresser leur correspondance relative, soit à la préparation, soit à l'application des actes internationaux dont il s'agit, ainsi que des lois et règlements français et étrangers qui se rapportent au même objet.

### § 2. — Correspondance commerciale.

**218. Informations sanitaires.** — Un des sujets sur lesquels l'attention des consuls a été avec raison appelée à plusieurs reprises, est celui de la conservation de la santé publique en France. Le chapitre VII du livre sixième devant être spécialement consacré à la définition des attributions des consuls en matière de police sanitaire, nous nous bornerons à indiquer ici qu'en dehors des informations qu'ils doivent transmettre directement aux commissions et intendances sanitaires de nos ports, c'est sous le timbre de la direction commerciale (sous-direction des affaires consulaires) qu'ils doivent envoyer en France toutes les nouvelles quarantenaires ou autres qui sont de nature à influer sur nos échanges avec les contrées étrangères, soit par mer, soit par terre. (1) Afin, du reste, de faciliter aux consuls l'accomplissement de la tâche qui leur est imposée à cet égard, les instructions ministérielles leur ont recommandé de ne point insérer dans le corps de leur correspondance courante les nouvelles purement sanitaires, mais de les adresser au département sous forme de bulletins annexes séparés, susceptibles d'être immédiatement communiqués au ministère de l'intérieur et livrés à la publicité. (2)

---

(1) Décret du 4 janvier 1896.
(2) Circulaire du 28 mars 1850.

**219. Pêches maritimes.** — La pêche maritime étant un des principaux éléments de la prospérité de notre commerce, l'étude des questions qui s'y rattachent rentre naturellement dans les attributions des consuls qui correspondent à ce sujet avec la direction commerciale sous le timbre de la sous-direction des affaires consulaires.

**220. Service météorologique.** — C'est sous le même timbre que doivent être adressées les informations recueillies par les consuls en matière météorologique et consistant, soit dans le résultat de leurs observations personnelles, soit dans les indications puisées par eux dans les publications spéciales du pays de leur résidence.

**221. Documents et travaux pour la « Revue du ministère de l'Intérieur ».** — Les agents ont été récemment invités à adresser au département (sous-direction des affaires consulaires), pour le ministère de l'Intérieur, en vue d'une publication *in extenso* ou analytique dans la *Revue générale d'administration*, les documents officiels et publications concernant les institutions administratives du pays de leur résidence, ou en général les questions d'ordre administratif qui paraîtraient mériter une certaine publicité. Il leur est en même temps recommandé d'accompagner ces envois d'analyses ou de résumés faisant ressortir les principaux renseignements résultant de ces documents et leur portée pratique. (1)

**222. Tableaux de la situation des chemins de fer.** — Pour donner plus d'intérêt encore aux travaux statistiques que le ministère des travaux publics publie périodiquement sur la situation des chemins de fer tant en France qu'à l'étranger, certains agents du service extérieur ont été invités, à partir de 1860 (2), à transmettre à la fin de chaque année au ministère des affaires étrangères un tableau synoptique de la situation des voies ferrées exploitées, en voie de construction ou sim-

(1) Circulaire des affaires étrangères du 30 novembre 1890. (F.)
(2) Circulaires du 28 décembre 1860 et du 7 mars 1862. (F.)

plement projetées, dans le pays de leur résidence. Ce tableau
doit embrasser pour chaque chemin, d'une part les longueurs
totales décrétées, exploitées, en construction ou à con-
struire ; d'autre part, dans une colonne spéciale d'observations, le chiffre des recettes et celui des dépenses faites ou à
faire.

**223. Etat du mouvement de la population française à l'étran-
ger.** — La fréquence des demandes adressées au département des affaires étrangères pour obtenir des renseignements sur le compte des Français établis au dehors depuis
plus ou moins longtemps nécessite la réunion, dans les bureaux du ministère, de données propres à fixer au besoin
les familles sur le sort de ceux de leurs membres qui ont
pu être amenés à s'expatrier. Il n'est pas sans intérêt, d'un
autre côté, que le gouvernement soit mis à même de suivre le développement progressif de la population française
sur tel ou tel point du globe et de se rendre un compte
exact des besoins nouveaux qui peuvent en ressortir, soit
pour notre politique, soit pour notre commerce et notre industrie. Afin de satisfaire à cette double exigence, il a été prescrit aux consuls (1) d'adresser, à la fin de chaque année, à la
direction commerciale un état général des Français établis
dans le pays de leur résidence. Cet état doit faire connaître
les nom et prénoms de chaque Français, le lieu de sa naissance et celui de sa résidence actuelle, sa position de céli-
bataire ou d'homme marié, et enfin le nombre de ses enfants.
Il est facile, du reste, de le tenir au courant d'une année à
l'autre, en inscrivant au fur et à mesure, sur un registre spécial tenu en chancellerie, tous les changements survenus
journellement par décès, départ, naissance ou immigration
nouvelle, dans le personnel de la nation.

Indépendamment de cet état *nominatif*, et pour compléter
les publications quinquennales que le ministère du com-

(1) Décision du Directoire exécutif du 22 germinal an IV (11 avril 1706).
— Circulaires des affaires étrangères des 25 août 1818 et 13 juin 1863.

merce consacre au recensement de la population, les agents
du service extérieur ont été invités à chaque nouveau recensement général de la population française (1) à remplir, autant que possible vis-à-vis des Français fixés à l'étranger les
fonctions que les recenseurs remplissent dans nos communes françaises. Ils ont reçu les mêmes bulletins et doivent
s'efforcer de les établir sans frais ou à très peu de frais
(dépenses ordinaires de correspondance); ces bulletins sont
adressés par le ministère des affaires étrangères au ministère du commerce (direction de la statistique), qui fait procéder au dépouillement et publie les résultats du travail dans
un fascicule annexé au volume contenant le compte rendu du
recensement de la population de la France.

SECTION III. — <i>Affaires concernant la sous-direction
des affaires de chancellerie.</i>

**224. Organisation intérieure de la sous-direction.** — La
sous-direction des affaires de chancellerie dont nous avons
énuméré plus haut les attributions est divisée en deux bureaux.

Le premier bureau traite les affaires concernant l'état civil
et les successions des Français à l'étranger et des étrangers
en France, les questions de tutelle et de recouvrement sur
particuliers et prépare les conventions concernant l'état civil
et les successions, ainsi que les instructions relatives aux
actes notariés et aux autres actes de chancellerie; il contrôle
la gestion des dépôts effectués dans les chancelleries consulaires; il prépare les décisions relatives aux pouvoirs des
agents consulaires non rétribués; il est chargé de l'établissement et de l'application du tarif des droits consulaires, ainsi
que de la statistique des droits perçus; de la transmission
des actes judiciaires, etc. Il délivre les légalisations et visas.
Le second bureau a dans ses attributions les commissions

---

(1) Circulaires des affaires étrangères des 13 juin 1863, 25 mai 1872 et 19
avril 1886.

rogatoires internationales, les autorisations de mariage pour les Français résidant dans les pays du Levant, la correspondance concernant les naturalisations, les autorisations de séjour à l'étranger, les dispenses pour mariage, les rapatriements d'indigents demandés par la voie administrative, la correspondance relative aux demandes de pièces et de renseignements.

**225. Actes de l'état civil et actes notariés : envoi des expéditions et des registres.** — La sous-direction des affaires de chancellerie centralise au département des affaires étrangères tout ce qui concerne l'état civil des Français résidant à l'étranger : c'est elle qui examine les questions relatives à l'état civil dont la solution appartient à l'autorité administrative, et qui instruit celles dont la solution est du ressort de l'autorité judiciaire ; c'est sous ce timbre que doivent être adressées au département les demandes pour contracter mariage dans le Levant, celles qui ont pour objet les dispenses de mariage entre beau-frère et belle-sœur ou autres, la rectification d'actes de l'état civil, etc.

D'après les prescriptions des règlements, les agents du service extérieur sont tenus de transmettre à cette sous-direction des expéditions des actes de l'état civil, dressés par eux immédiatement après la réception de chaque acte (1), ainsi que les pièces d'état civil qui peuvent leur être remises par les autorités locales ; ces documents doivent être dûment visés et légalisés et accompagnés autant que possible des indications nécessaires, pour mettre l'administration centrale en mesure de les faire transcrire sur les registres d'état civil du lieu du dernier domicile ou de la commune d'origine en France.

D'un autre côté, dans les premiers jours du mois de janvier de chaque année, les chefs de poste doivent faire parvenir à la sous-direction des affaires de chancellerie : 1° l'un des doubles des registres de l'état civil ; 2° l'un des doubles

_____

(1) Ordonnance du 23 octobre 1833, art. 2, (1°.)

des registres des actes notariés clos et arrêtés par les agents
à la fin de l'année qui vient de se terminer, ou, à défaut de
registres, des certificats constatant que, pendant le cours de
l'année, il n'a été reçu aucun acte. L'importance que ces registres d'actes d'état civil et d'actes notariés ont pour les fa-
familles ou ayants droit de ceux dont les actes s'y trouvent
inscrits, commande aux agents de choisir pour leur transmission les voies les plus sûres et de l'entourer de toutes les
précautions pour en assurer l'arrivée en France.

Ces registres sont déposés aux archives de la sous-direction, afin que des copies ou extraits puissent être délivrés
aux personnes intéressées en nom direct et à leurs héritiers
ou ayants droit, en vertu d'une autorisation spéciale du ministre. (1)

**226. Protection des intérêts privés.** — Le ministère des
affaires étrangères se trouve dans le cas d'intervenir en
faveur des Français qui ont, en pays étranger, des créances
à recouvrer, des successions à recueillir, des procès à suivre,
des actes à demander, des informations à prendre, etc., etc.:
de nombreuses demandes lui sont adressées chaque jour à
ce sujet. Les particuliers qui, après avoir épuisé inutilement
les voies ordinaires, sont obligés de réclamer le concours ou
l'appui de ce département, n'ont besoin de l'intermédiaire
de personne; il suffit qu'ils transmettent directement au
ministre, sous le timbre de la sous-direction des affaires de
chancellerie, des indications et des renseignements propres
à diriger son intervention, ou des pièces qui puissent le
mettre à portée de faire valoir utilement leurs droits à
l'étranger. (2) Ils doivent également déposer au ministère,
entre les mains de l'agent comptable des chancelleries ou

_____

(1) Ordonnance du 23 octobre 1833, art. 0. (F.) — Instruction du 30 nov.
1833. (F.) — Circulaires des affaires étrangères des 28 juillet 1850 (F.) et
4 mars 1858. (F.) — Loi du 8 juin 1803. — Instruction spéciale du 5 septembre 1860.

(2) Circulaire des affaires étrangères aux préfets des départements du
30 novembre 1832, et instruction spéciale du 29 novembre 1833. (F.)

bien chez les fondés de pouvoirs des agents, une somme suffisante pour assurer le payement des frais à faire. Le chiffre de cette somme est indiqué par la sous-direction des affaires de chancellerie.

Toute autre marche, telle que l'entremise des *hommes d'affaires* ou une demande directe adressée aux agents extérieurs, demeurerait sans résultat : car le ministère, dont l'intervention, en pareil cas, est *purement officieuse* et non obligatoire, comme on est assez généralement disposé à le croire, n'entend ni favoriser des spéculations particulières, ni laisser dégénérer les légations et les consulats français à l'étranger en *bureaux d'affaires.*

Quelques consulats ont parfois, il est vrai, donné suite à des réclamations ayant pour objet des intérêts privés dont ils avaient été saisis, sans l'autorisation préalable du ministère, soit par des fonctionnaires publics français, soit par de simples particuliers qui avaient cru pouvoir recourir directement à leurs bons offices : c'est là une irrégularité que le département a dû signaler à leur attention, parce qu'en principe, il doit rester juge du degré et du mode d'intervention de ses agents. Ceux-ci doivent donc, sauf dans les circonstances particulières ou exceptionnelles dont ils auraient à rendre compte au ministre, s'abstenir de donner suite aux demandes ayant pour objet des intérêts privés, successions, recouvrements de créances, etc., qui ne leur parviendraient pas par l'entremise du ministère des affaires étrangères, et s'empresser de faire connaître par écrit aux fonctionnaires ou aux particuliers qui se seraient adressés directement à eux les motifs de leur abstention, ainsi que la marche à suivre pour atteindre le résultat qu'ils ont en vue. (1) Les agents ont un intérêt d'autant plus grand à se conformer à ces prescriptions, que les dépenses faites par eux, si elles ne leur étaient pas remboursées par les réclamants, resteraient forcément à leur charge.

_____

(1) Circulaire des affaires étrangères des 12 août 1831, 12 janvier 1850 (F.) et 28 février 1863. (F.)

Il est bien entendu qu'il ne s'agit ici que de l'intervention *officieuse* des consuls, et nullement d'une intervention *officielle* qui leur serait demandée en raison même de leurs fonctions, et qu'ils ne pourraient évidemment refuser à ceux qui y auraient droit.

Lorsque, au contraire, des demandes d'informations ou d'intervention officieuse ayant pour objet des intérêts privés leur sont transmises par le département des affaires étrangères, les consuls ne sauraient s'en occuper avec trop de soin ni trop d'activité, afin d'assurer, autant que cela peut dépendre d'eux, le succès de ces réclamations.

Les demandes adressées aux consuls en vue d'actes à lever, d'informations à recueillir, de créances à recouvrer, de procès à suivre, obligent, dans certains cas, les agents à faire certaines dépenses pour le compte des particuliers ; ces dépenses sont d'ailleurs généralement imputables sur le montant de sommes déposées, par avance, à titre de provisions entre les mains de l'agent comptable du département.

Le ministère entend être en mesure de contrôler les frais ainsi faits et d'en justifier vis-à-vis des intéressés. Les agents ont donc été invités à rendre compte à la sous-direction des affaires de chancellerie de toutes les dépenses faites par eux pour le compte de particuliers ou d'administrations publiques à l'occasion d'affaires traitées par cette sous-direction, et à veiller à ce que les lettres rendant compte de ces dépenses soient toujours accompagnées de pièces justificatives réglementaires (quittances originales détachées du registre à souche de la chancellerie ; reçus délivrés par les parties prenantes elles-mêmes, et, en cas d'impossibilité absolue de se procurer ces reçus, déclarations motivées établies par les chanceliers, vice-consuls et agents consulaires). (1)

Les avances faites de ce chef par les agents leur sont d'ailleurs remboursées par les soins du ministère des affaires

_____

(1) Circulaire du 30 mai 1885. (F.)

étrangères avec une bonification de 2 0/0 pour frais de recouvrement. (1)

**227. Renseignements relatifs aux successions et envoi des
dépôts.** — C'est également à la sous-direction des affaires
de chancellerie que doivent être transmises toutes les informations recueillies par les consuls relativement aux successions des Français morts à l'étranger. En communiquant au
ministère les renseignements qui leur sont parvenus à ce
sujet, les consuls doivent joindre à leur dépêche : 1° Une expédition ou une traduction de l'acte de décès du défunt (s'il
n'a pas déjà été envoyé en exécution des prescriptions de
l'article 2 de l'ordonnance du 23 octobre 1833), en ayant soin
d'indiquer le lieu de sa naissance ou de son ancien domicile
en France, afin que l'on puisse faire rechercher immédiatement ses héritiers; (s'il y a impossibilité matérielle de se
procurer un acte de décès régulier, il y a lieu d'y suppléer,
soit par un acte de notoriété pouvant en tenir lieu, soit par
une déclaration des autorités locales servant au moins de
commencement de preuve par écrit); 2° une *copie régulière*
de son testament, s'il en a été trouvé un ; 3° une copie ou une
traduction également régulière de l'inventaire des valeurs
mobilières ou des immeubles, ou, s'il n'est pas possible de
se procurer cette dernière pièce, un état approximatif de
l'actif et du passif de la succession (2) ; 4° une copie du procès-
verbal de vente des effets inventoriés ; 5° tous les documents
qui peuvent être utiles au département pour contrôler la liquidation et renseigner les intéressés. Le strict accomplissement de ce devoir est surtout essentiel dans les pays où,
soit d'après nos traités, soit d'après la législation locale, le
soin d'administrer ces successions n'est pas laissé aux con-

---

(1) Décret du 20 décembre 1890. (F.)

(2) Ordonnance du 3 mars 1781, titre 2, art. 88. (F.) — Ordonnance du 23
oct. 1833, art. 2. (F.)

Circulaires des affaires étrangères des 1er janvier 1837, 22 juin 1858 (F.)
et 8 octobre 1886. (F.)

suls, car ce n'est qu'ainsi que les héritiers ou autres intéressés peuvent être régulièrement avertis, par l'entremise du département, du besoin qu'ils peuvent avoir d'assurer leurs droits en les faisant valoir promptement. (1)

Il est à noter que les différentes expéditions ou copies qui viennent d'être mentionnées ne doivent pas être soumises aux taxes du tarif, lorsqu'elles sont établies en chancellerie, attendu qu'il s'agit de documents dressés dans un intérêt administratif; il convient d'ailleurs que les agents fassent tout ce qui dépend d'eux pour les obtenir gratuitement, lorsqu'elles sont délivrées par l'autorité locale.

Les consuls peuvent recevoir dans leur chancellerie, à titre de dépôt, et non autrement, soit des autorités locales, soit des mandataires que les héritiers ont constitués sur les lieux, le produit de ces successions, comme ils reçoivent les valeurs dépendant de celles qu'ils administrent et liquident eux-mêmes d'office, ainsi que tous autres dépôts volontaires ou litigieux.

Ils sont autorisés à garder ces dépôts pendant cinq ans; mais ils ont la faculté, lorsque les intéressés résident en France, et quand il n'a été formé entre leurs mains aucune opposition, de les transmettre, avant l'expiration de ce délai, à la caisse des dépôts et consignations à Paris, par l'intermédiaire du ministère des affaires étrangères, sous le timbre de la sous-direction des affaires de chancellerie. Quant aux objets ou effets provenant de successions, soit qu'ils ne puissent être vendus sur les lieux, soit qu'ils présentent un intérêt d'affection pour les familles, ils sont quelquefois transmis en nature par les agents au département pour être remis aux ayants droit. Les règlements prescrivent aux consuls d'user, à cet égard, de la plus grande discrétion, et, avant d'expédier en France des objets mobiliers ou des effets périssables dont les frais de transport pourraient absorber la va-

(1) Circulaire des affaires étrangères du 31 juillet 1813. — Instruction particulière du 8 août 1814. (F.)

leur intrinsèque, d'en référer au ministère et d'attendre ses instructions. (1)

Le produit net des successions maritimes, ainsi que celui de la vente des navires français naufragés, de leurs agrès et de leurs cargaisons, sont transmis directement par les consuls au trésorier général des invalides de la marine, sous le couvert du ministre de ce département, ainsi que nous l'expliquerons plus au long au livre VIII.

Du reste, en nous occupant spécialement au livre VI, chapitre IX, des dépôts faits dans les chancelleries consulaires, nous rappellerons les diverses formalités qui doivent en accompagner l'envoi en France, selon l'origine et la nature particulière de chacun d'eux.

**228. Recouvrements de créances de particuliers sur particuliers.** — Nous avons déjà dit que l'intervention du département était souvent sollicitée par des Français mis dans l'impossibilité de faire valoir eux-mêmes leurs droits à l'étranger ou de s'y faire payer par leurs débiteurs. Dans ce cas, les réclamants doivent joindre aux titres originaux de leur créance dont ils font la remise au bureau de la sous-direction des affaires de chancellerie, après les avoir fait régulariser, s'il y a lieu, par les autorités françaises compétentes, une procuration sur laquelle le nom du mandataire est laissé *en blanc*, et qui est ensuite adressée au consul *(qui doit toujours en accuser réception immédiatement au ministère)*, afin que celui-ci puisse la remettre contre un récépissé, soit à une personne de confiance, soit à un homme de loi chargé, sous sa surveillance, des démarches nécessaires pour obtenir le payement des sommes réclamées. Cette marche est la seule que les consuls doivent suivre pour opérer les recouvrements qui leur sont recommandés par le ministère des affaires étrangères, attendu qu'il leur est expressément interdit d'accepter aucun mandat ou procuration et d'en faire *personnellement* usage, sans l'autorisation spé-

(1) Circulaires du 22 juin 1858 (F.) et du 8 octobre 1886. (F.)

ciale et préalable du ministre. (1) Cependant, il importe
qu'ils appuient, par une intervention non pas officielle, mais
*officieuse*, les démarches du mandataire dont on leur a laissé
le choix, dans tous les cas où, pour en assurer le succès,
cette intervention leur semblera nécessaire. Du reste, ils
manqueraient à leur devoir s'ils n'usaient de tous les moyens
d'influence dont ils peuvent disposer pour rendre, à ceux de
leurs nationaux qui ont sollicité leurs bons offices, le service
qui leur est demandé.

Si les consuls, après avoir épuisé inutilement tous les
moyens de conciliation pour décider le débiteur à se libérer,
remarquent que le payement de la créance à recouvrer ne
peut avoir lieu sans l'intervention des tribunaux du pays où
ils résident, ils doivent, sur-le-champ, *avant d'exercer aucune poursuite judiciaire*, en informer le ministère des
affaires étrangères sous le timbre de la sous-direction des
affaires de chancellerie; lui indiquer, en même temps, d'une
manière approximative, sinon exactement, le montant de la
provision nécessaire, soit pour payer la caution qu'en sa qualité d'étranger demandeur le créancier sera tenu de fournir,
soit pour assurer le payement des frais de procédure et les
honoraires de l'avocat qui sera chargé de suivre le procès à
intenter.

Ces frais seraient certainement mis à la charge des consuls, si ces agents en faisaient l'avance sans l'autorisation
préalable du département ou du créancier.

Ajoutons ici que, depuis que, par suite du décret impérial
du 22 juin 1862, l'intervention des agents du service extérieur dans ces sortes d'affaires donne ouverture à un droit
de 2 0/0 au profit du trésor, le rôle que l'usage avait, dans les
échelles du Levant et la Barbarie, fait déférer aux drogmans,
a complètement disparu. Désormais, tout ce qui se rattache
au recouvrement de créances particulières rentre directement dans les opérations des chancelleries et dans le do-

_____

(1) Instruction générale du 20 novembre 1833. (F.)

maine propre du chancelier, seul responsable vis-à-vis de la cour des comptes.

Le recouvrement effectué, il y a lieu de distinguer si la somme recouvrée comporte ou non un prélèvement ou une réduction de quelque sorte, notamment à titre de droit de chancellerie. Dans le premier cas elle est, conformément aux dispositions de l'article 13 du règlement de comptabilité du 20 décembre 1890, convertie, le jour même de l'encaissement, en traite sur Paris : cette traite à l'ordre du caissier payeur central du Trésor public est acquise au cours de la place sous la responsabilité solidaire de l'agent percepteur et du chef de poste. Elle est adressée immédiatement, accompagnée d'un certificat de change, au ministère des affaires étrangères (division des fonds et de la comptabilité), en même temps que les pièces relatives à la gestion administrative de l'affaire sont transmises au service compétent du département. Lorsque le payement des sommes recouvrées est fractionné, chaque encaissement donne lieu à un envoi distinct par traite. (1)

Toutes les autres sommes d'argent versées pour le compte d'administrations publiques ou de particuliers sont traitées comme dépôts en nature ou en numéraire. (2)

Les sommes ainsi recueillies sont transmises par traites à Paris dans les conditions fixées par l'article 18 du règlement de comptabilité.

Pour les recouvrements ressortissant à la sous-direction des affaires de chancellerie, les agents ont à transmettre à ce service :

1° Un état de liquidation en double exemplaire mentionnant la date, les motifs et le montant de toutes les recettes et de toutes les dépenses effectuées : ce compte doit être dûment certifié et visé ;

2° Les pièces justificatives des dépenses (reçus des parties

_____

(1) Décret du 20 décembre 1890, art. 13. (F.)
(2) Décret du 20 décembre 1890, art. 14. (F.)

prenantes ou déclarations destinées à en tenir lieu), quittances à souche des droits de chancellerie ;

3° Un bordereau de versement en double exemplaire ;

4° Une copie de la quittance détachée du registre à souche des recettes pour divers correspondants administratifs.

Il y a lieu de transmettre en outre tous les documents et renseignements de nature à faciliter le contrôle des opératic is effectuées et à mettre le service chargé d'assurer la remise des fonds en mesure de n'en faire la délivrance qu'aux véritables ayants droit. Lorsque les fonds transmis représentent le produit de successions liquidées et réparties par l'autorité locale, les pièces ci-dessus mentionnées sont, autant que possible, accompagnées d'une expédition ou d'un extrait de la décision d'où résulte la répartition.

Des pièces de même nature sont produites, le cas échéant, à l'appui des envois de valeurs.

Il est d'ailleurs expressément interdit aux agents diplomatiques et consulaires, quelles que soient les réclamations particulières qu'ils aient pu recevoir à cet égard, de remettre directement aux ayants droit résidant en France les fonds et valeurs qu'ils ont en leur pouvoir. (1)

**229. Demande d'actes à l'étranger ou de l'étranger en France.**
— Il arrive aussi quelquefois que des Français résidant à l'étranger et des étrangers même s'adressent directement à des fonctionnaires publics en France qui refusent leurs lettres pour cause de taxe ou qui les laissent sans réponse. Ce silence peut, dans certains cas, compromettre gravement les intérêts de nos nationaux, particulièrement dans les affaires de succession, pour lesquelles les exécuteurs testamentaires réclament souvent l'intervention de nos autorités locales dans le but de découvrir des héritiers dont le nom et le domicile leur sont la plupart du temps inconnus. Il était donc juste que, dans cette circonstance, les consuls fussent auto-

---

(1) Ordonnance du 21 octobre 1833, art. 7. (F.) — Circulaires (F.) du 4 novembre 1833, du 28 février 1863 et du 7 mai 1892.

risés à prêter leur concours à leurs nationaux, mais ce n'est également que sous le couvert du ministre des affaires étrangères que les consuls doivent transmettre aux fonctionnaires publics en France les demandes qui peuvent être adressées à ces derniers par des Français résidant à l'étranger. (1)

Les actes dont les Français établis à l'étranger ont le plus souvent besoin sont des expéditions d'actes de l'état civil, dont les originaux sont inscrits sur les registres de nos mairies. Il serait irrégulier que les pièces ainsi réclamées fussent délivrées sans frais par l'intervention du département des affaires étrangères, lorsque, pour les obtenir, tous les autres citoyens sont tenus de payer en France des droits dont le montant est destiné à accroître les revenus du trésor public et les émoluments des administrations municipales. Rien ne saurait justifier un pareil privilège accordé aux Français résidant à l'étranger (2) ; ceux-ci doivent donc s'adresser au maire de la commune où a été reçu l'acte dont ils réclament une expédition, en joignant à leur demande un mandat de la somme nécessaire pour payer le port de la lettre et tous les frais de timbre, d'expédition et de légalisation ; l'intervention des consuls doit se limiter à les éclairer sur la nature comme sur la quotité de ces frais. Cette règle, tout en détruisant le privilège dont jouissaient les Français établis en pays étranger, aura l'avantage d'habituer peu à peu ceux-ci à faire eux-mêmes leurs affaires personnelles, et à ne recourir aux bons offices des agents de leur nation qu'après avoir inutilement fait ou fait faire en France, par leurs parents, amis ou correspondants, les démarches nécessaires pour se procurer les actes en question. Il est évident que, dans ce dernier cas et dans tous ceux où la demande directe de ces Français devrait échouer devant des obstacles qu'il ne dépendrait pas d'eux de surmonter, les consuls devraient intervenir en leur faveur. La règle, comme on le voit, n'est

_____

(1) Circulaire des affaires étrangères du 12 août 1831.

(2) Lettre du ministre de la justice à celui des affaires étrangères du 1er septembre 1810.

point absolue : ajoutons qu'elle ne saurait s'appliquer au cas
où des actes de l'état civil dressés en France sont réclamés,
soit par les autorités territoriales, soit dans un but d'utilité
publique quelconque, ni lorsque la position des réclamants
ne leur permet absolument pas d'acquitter les frais ; dans ce
dernier cas, les consuls sont autorisés à recevoir leurs
demandes accompagnées d'un certificat d'indigence dûment
constatée, et à les transmettre au département. (1)

**230. Actes concernant des étrangers.** — Les consuls doivent
s'abstenir de donner suite aux demandes faites directement
par des étrangers domiciliés dans leur résidence pour obtenir des actes de l'état civil. Il importe, en pareil cas, que ces
étrangers se pourvoient près de leur gouvernement, qui
réclame alors, par la voie diplomatique, les actes dont il
s'agit, et qui, après les avoir obtenus gratuitement de l'administration française, ne serait pas fondé à refuser la même
faveur à notre gouvernement, s'il se trouvait dans le cas de
la réclamer pour ses nationaux. (2) Il suit de ce qui précède
que, pour se procurer, *en France*, des actes ou des renseignements quelconques concernant leurs parents, les étrangers en général doivent, *s'ils résident dans leurs pays
d'origine*, s'adresser à leur gouvernement; mais si, *fixés sur
le territoire français*, ils ont besoin de faire venir de leur
pays des actes et des renseignements de même nature, ils
devront recourir directement à l'intervention des agents
politiques ou consulaires de leur nation accrédités près du
gouvernement français. (3)

**231. Transmission des actes judiciaires.** — Les personnes
demeurant en pays étranger sont assignées ou reçoivent les
notifications qui les concernent, au parquet des procureurs de
la République près les tribunaux respectifs, conformément
aux dispositions de l'article 69, § 9, du Code de procédure ci-

(1) Circulaire des affaires étrangères du 15 septembre 1849.
(2) Circulaires des affaires étrangères des 1er avril 1812 et 20 janvier 1836.
(3) Circulaire des affaires étrangères du 17 juillet 1848.

vile. Ce magistrat vise l'original et envoie la copie au ministre des affaires étrangères. La sous-direction des affaires de chancellerie est chargée de la transmission de ces exploits ou significations aux consuls, qui doivent les faire parvenir aux parties intéressées directement ou, s'ils n'ont reçu d'ordres contraires, par l'intervention officieuse des autorités locales, sans frais ni formalités de justice et à titre de simples renseignements. (1) C'est ordinairement le chancelier qui est chargé à l'étranger de remettre ces actes judiciaires aux intéressés et de leur en demander un reçu (2), ou de constater leur refus, s'ils ne veulent pas les recevoir, ou en donner récépissé.

Ces actes ont généralement beaucoup d'importance pour les individus auxquels ils sont destinés, quand ceux-ci possèdent en France des valeurs mobilières ou des immeubles sur lesquels les jugements rendus contre eux par les tribunaux français et qu'on leur signifie en pays étranger peuvent être exécutés. Il est donc essentiel que les consuls veillent attentivement à ce que ces significations soient remises aux personnes qu'elles intéressent, afin que ces dernières se mettent en mesure de s'opposer à l'exécution ou d'appeler des jugements dont il s'agit dans les délais prescrits par la loi.

La transmission des actes judiciaires à l'étranger est effectuée par le département sans lettre d'envoi, et avec un simple bulletin imprimé, indiquant la date de la remise faite à Paris au ministère par l'autorité judiciaire et celle de son envoi à l'étranger. Ce bulletin doit être exactement renvoyé à la sous-direction des affaires de chancellerie, muni du reçu de la partie intéressée ou accompagné de la déclaration du chancelier qui en tient lieu. Les agents ne doivent, en aucun cas, se dessaisir du bulletin; par suite, lorsque le reçu ne peut être donné en chancellerie sur le bulletin lui-

---

(1) Ordonnance du 25 octobre 1833, art. 6 et 11. (F.) — Circulaire des affaires étrangères du 2 avril 1861. (F.)

(2) *Formulaire des chancelleries*, t. i, p. 567.

même, il doit être établi sur feuille séparée, et les deux pièces doivent être renvoyées ensemble au département.

Les actes dont la remise n'a pu être effectuée à l'étranger sont renvoyés au département par les consuls qui doivent en même temps faire connaître par écrit, sur le bulletin lui-même, dans la colonne d'observations, les motifs qui se sont opposés à l'accomplissement des ordres qu'ils ont reçus à ce sujet : cette mention doit toujours être datée et signée.

**232. Commissions rogatoires.** — Il arrive fréquemment que les cours et tribunaux d'un pays sont dans la nécessité de réclamer le concours des magistrats d'un pays étranger pour l'exercice de leur juridiction criminelle, correctionnelle, civile ou commerciale. Ce concours a ordinairement pour but : une enquête à diriger, un interrogatoire à faire subir, un serment ou une déclaration à recevoir, une remise de pièces, une assignation à donner, enfin une décision définitive à exécuter.

Dans ce cas, ils adressent à ces magistrats des lettres qui ont reçu le nom de *commissions rogatoires*, et qui leur sont transmises non pas directement, mais par *la voie diplomatique*. La qualification de ces lettres implique nécessairement qu'elles doivent être rédigées dans une forme courtoise et non *réquisitoriale*, puisque l'exécution doit en être demandée comme un bon office que, d'après les traités et les règles du droit des gens, les magistrats de tous les pays civilisés se rendent réciproquement. Par cela même que leur transmission doit avoir lieu par la voie diplomatique, il est évident que les consuls ne sont dans le cas de les recevoir qu'autant qu'ils réunissent à leurs fonctions un titre diplomatique, ou qu'il n'existe, dans le pays de leur résidence, aucun agent politique français : dans cette hypothèse, c'est par la sous-direction des affaires de chancellerie que l'envoi leur en est fait, et leur devoir est d'en réclamer l'exécution près du gouvernement du pays où ils remplissent leurs fonctions. Les frais qui résultent de l'exécution des commissions rogatoires sont en général à la charge de l'État requis.

Il peut arriver, cependant, qu'au lieu de s'adresser à des magistrats étrangers, les tribunaux s'adressent directement à un consul, notamment lorsqu'il ne s'agit d'aucun acte de juridiction extérieure ; dans ce cas, la transmission de la lettre rogatoire est également faite par l'entremise du la sous-direction des affaires de chancellerie au consul, qui doit pourvoir ou procéder *d'office* et *sans frais* à son exécution.

En nous occupant au livre VII de la juridiction consulaire, nous aurons occasion de revenir sur le mode d'exécution par les consuls de cette espèce particulière d'actes et notamment de ceux qui doivent être suivis d'un acte du ministère de-juge, ou qui sont relatifs à l'exécution, soit d'un jugement, soit d'une décision rendus en France. Il suffit de rappeler ici que les réponses des consuls aux commissions rogatoires qui leur sont adressées doivent toujours être transmises par eux à la sous-direction des affaires de la chancellerie, qui les fait parvenir aux autorités judiciaires compétentes. (1)

Les commissions rogatoires que les consuls, dans les pays musulmans, peuvent, par suite de leurs attributions judiciaires, être appelés à adresser à des juges en France pour entendre des témoins ou procéder à tout autre acte de leur compétence, doivent aussi être transmises en France par l'intermédiaire du même service.

**233. Rapatriements d'indigents.** (2) — Les frais de rapatriement ne concernent le département des affaires étrangères que dans les cas très rares où il s'agit de personnes dépendant de son service ou que leur position fait rentrer dans ses attributions. On range dans cette dernière catégorie : d'une part, les indigents qui, embarqués à la charge du ministère

---

(1) Instruction du 29 novembre 1833. (F.)
(2) Instruction du 2 avril 1887. (F.)

de l'intérieur, débarquent dans un port étranger et sont dans le cas de réclamer des secours de route ; d'autre part, les personnes dénuées de ressources qui, par un motif de santé ou de convenance, sont rapatriées à une classe autre que la dernière avec l'autorisation préalable du département. (1)

En principe, les frais des rapatriements effectués par les agents diplomatiques et consulaires sont remboursés par les différents départements ministériels dont relèvent les indivdus rapatriés ; ainsi le ministère de la marine paie pour les marins et agents divers ressortissant aux services dont il a la direction ; le ministère de la guerre pour les militaires et autres personnes dépendant de son administration ; le ministère de la justice pour les prévenus renvoyés devant les cours d'assises, etc. Quant aux dépenses faites pour le rapatriement des Français qui se trouvent sans ressources à l'étranger et qui n'appartiennent à aucun service public, elles sont imputables sur le budget du ministère de l'intérieur, qui, d'après les règles établies, est chargé de la distribution des secours aux indigents : ces frais sont à la charge du gouvernement général de l'Algérie ou du budget des colonies, lorsqu'il s'agit d'Algériens ou de personnes ayant leur domicile de secours dans nos possessions d'outre-mer.

Les chefs des postes diplomatiques et consulaires sont tenus, en dehors des cas d'urgence absolue et démontrée, de demander et d'attendre l'autorisation ministérielle pour délivrer des réquisitions d'embarquement ou des secours de rapatriement à ceux de nos compatriotes qui s'adressent à eux à l'effet d'obtenir les moyens de rentrer en France. Le rapatriement, en effet, n'est dû à personne ; c'est une faveur toute spéciale, un bienfait qui ne peut s'accorder que rarement; l'État, on le conçoit, ne dispose point de ressources suffisantes pour pouvoir subvenir aux frais de rapatriement de tous les Français qui, conduits en pays étranger par des

(1) Règlement du 1er octobre 1867, §§ 200 à 204. (P.)

espérances plus ou moins réalisables, n'y trouvent que la misère et la déception. Pour obtenir les secours de rapatriement, il faut avoir des titres à cette faveur, non-seulement par un état d'indigence absolue, mais aussi par de bons antécédents sous le rapport de la conduite et de la moralité.

Lors donc qu'un Français sans ressources s'adresse à un agent diplomatique ou consulaire en vue d'obtenir les moyens de rentrer en France, l'agent doit transmettre sa requête au ministère des affaires étrangères (sous-direction des affaires de chancellerie) en l'accompagnant de tous les renseignements nécessaires pour mettre l'administration supérieure en mesure d'apprécier les motifs de la demande, de contrôler les assertions du postulant, de connaître son passé, de rechercher son lieu d'origine et sa famille. Il doit indiquer également d'une manière aussi approximative que possible le chiffre de la dépense qu'occasionnerait le rapatriement. La demande est communiquée par le ministère des affaires étrangères au ministère de l'intérieur qui, après enquête sur les antécédents du postulant et sur la situation de fortune de sa famille, autorise, s'il y a lieu, le rapatriement aux frais de l'Etat.

**234. Rapatriements d'office.** — La faculté de rapatrier d'office n'est laissée aux agents diplomatiques et consulaires que sous leur responsabilité personnelle ; ils ne doivent user de cette latitude qu'en cas d'absolue nécessité et d'urgence, de force majeure pour ainsi dire, notamment lorsqu'ils jugent impossible de demander et d'attendre l'autorisation ministérielle, soit parce que l'indigent à rapatrier serait une cause de scandale public de nature à compromettre les bons rapports internationaux, soit que son expulsion serait réclamée d'urgence par les autorités locales. Les agents ne doivent pas perdre de vue qu'en effectuant des rapatriements sans autorisation préalable, ils s'exposent à ce que les frais de ces rapatriements soient laissés ou mis à leur charge, si la mesure n'est pas approuvée ou si l'état de l'allocation applicable aux dépenses de cette nature ne permet pas le remboursement. Ils sont d'ailleurs tenus, toutes les fois qu'ils procèdent d'office à un rapatriement, de faire immédiatement connaître au département les causes de leur détermination en transmettant tous les renseignements spécifiés ci-dessus à l'alinéa précédent.

Les chefs des postes diplomatiques et consulaires en résidence dans les pays limitrophes ou voisins de la France peuvent être naturellement portés, eu égard à la dépense minime que doivent occasionner les rapatriements, à user de la faculté d'y procéder d'office sous leur responsabilité personnelle. Il leur est particulièrement recommandé de restreindre le plus possible les rapatriements de cette nature, pour lesquels ils doivent, bien entendu, s'être assurés que les intéressés remplissent toutes les conditions voulues pour obtenir la faveur sollicitée par eux. En justifiant leur détermination auprès du département des affaires étrangères, les agents doivent lui transmettre sur l'indigent rapatrié tous les renseignements que nous avons précédemment mentionnés.

Lorsqu'ils procèdent *d'office* à un rapatriement, les agents doivent, indépendamment de l'avis à donner au département des affaires étrangères, prévenir d'urgence l'autorité départementale (préfet, sous-préfet, etc.) la plus voisine du point de la frontière sur lequel l'indigent rapatrié est dirigé, afin de mettre l'administration territoriale en mesure de pourvoir, s'il y a lieu, à ses besoins et de l'acheminer vers le lieu de sa destination définitive. (1)

**235. Rapatriements à destination de l'Algérie et des colonies.**
— Les agents diplomatiques et consulaires ne doivent accorder de réquisitions de passage à destination de l'Algérie et des autres colonies françaises, qu'après s'être assurés que les postulants sont originaires de la colonie dans laquelle ils demandent à être rapatriés, qu'ils y ont conservé leur domicile de secours et que, soit par eux-mêmes, soit par les pa-

---

(1) Instruction du 2 avril 1887, §§ 5, 6 et 7. (F.)

rents qu'ils y ont laissés, ils sont certains d'y retrouver, dès leur débarquement, un asile et des moyens d'existence. (1)

**236. Conditions et formalités auxquelles sont assujettis les rapatriements.** (2) — Tous les rapatriements doivent se faire par la voie la plus directe et la plus économique, à destination du point du territoire français le plus rapproché du but du voyage des indigents rapatriés. Autant que faire se peut, les rapatriements ont lieu par voie de mer et dans les conditions déterminées par le décret du 22 septembre 1891; il importe d'éviter le recours aux paquebots-poste et aux navires étrangers, dont l'emploi ne pourrait manquer d'être onéreux pour le budget de l'État. A moins d'impossibilité absolue, les voyages de retour en France doivent avoir lieu directement, sans arrêt ni séjour dans les ports étrangers ou dans ceux d'Algérie et des colonies, et il est absolument interdit aux agents de délivrer aux indigents des réquisitions d'embarquement destinées à leur permettre de se rendre d'un port étranger dans un autre port étranger, sans que le voyage ait pour but le retour en France.

Les rapatriements sont effectués à la dernière classe; l'admission à une classe supérieure ne peut être accordée qu'aux personnes dont l'état de santé exige absolument des soins particuliers. Dans les cas exceptionnels et urgents où les agents prennent, sous leur responsabilité, une mesure de cette nature, ils s'exposent à ce que la dépense soit mise à leur charge; ils doivent, en tout cas, informer immédiatement le département des motifs qui les ont déterminés à déroger à la règle.

Lorsque les agents diplomatiques ou consulaires se trouvent dans l'impossibilité d'acquitter eux-mêmes d'avance, entre les mains d'entrepreneurs de transports, les frais du rapatriement jusqu'à la frontière de France, ils doivent, par des motifs de prudence, ne point remettre à l'indigent rapa-

(1) Instruction du 2 août 1887, § 8. (F.)
(2) *Ibid.*, §§ 9 à 15. (F.)

trié la totalité de la somme nécessaire pour son voyage; dans ce cas, ils adressent l'indigent à l'agent diplomatique ou consulaire français qui se trouve, sur la route à parcourir, le plus voisin de leur résidence : celui-ci lui fournit, à son tour, les moyens de gagner un autre point plus rapproché de la frontière française, et ainsi de suite jusqu'à l'arrivée en France.

Chaque indigent rapatrié doit être muni par l'agent diplomatique ou consulaire d'un passeport ou d'une passe énonçant ses nom et prénoms, son âge, sa profession, la date et le lieu de sa naissance (avec indication de l'arrondissement et du département), le lieu de sa destination, sa qualité d'indigent sans ressources, étranger à tout service public, rapatrié aux frais de l'État, enfin, les motifs qui ont nécessité le rapatriement; le cas échéant, il convient de joindre à ces renseignements telles observations qui paraîtraient nécessaires; ces observations doivent être consignées sur le passeport même, de manière à ce qu'elles se présentent facilement à l'attention de quiconque examinera le passeport, qui sera visé dans les principaux lieux où le voyageur passera, afin qu'il ne puisse s'écarter de sa route. Les passeports délivrés aux Algériens rapatriés comme indigents doivent désigner le nom de leur tribu, le lieu ou la partie territoriale de leur résidence en Algérie et l'autorité qui leur a délivré leur passeport primitif, enfin, toutes les indications utiles pour constater qu'ils sont réellement des Algériens et non pas des Arabes indépendants de notre domination, et auxquels, par conséquent, la France ne doit aucun secours.

Les réquisitions d'embarquement, délivrées à l'occasion des rapatriements, doivent contenir, outre les indications que nous avons énumérées ci-dessus : 1° le lieu d'embarquement; 2° la classe à laquelle le passager est admis; 3° le lieu de débarquement. Les ordres d'embarquement sont délivrés par le chef de poste lui-même et sous sa signature.

Les avances faites par les agents pour les rapatriements d'indigents sont justifiées et remboursées, suivant qu'elles sont supérieures ou inférieures à 50 fr., dans les conditions prévues par les articles 214 à 218 ou 221 de l'instruction du 10 mai 1891 sur la comptabilité des chancelleries.

**237. Rapatriements d'aliénés.** (1) — Lorsqu'un agent diplomatique ou consulaire est informé qu'un indigent de nationalité française résidant dans sa circonscription est frappé d'aliénation mentale et ne peut être laissé en liberté, il doit faire auprès des autorités territoriales les démarches nécessaires en vue de le faire admettre dans un établissement public; il appartient dès lors au gouvernement du pays dans lequel l'aliéné est interné de réclamer par la voie diplomatique, s'il y a lieu, son rapatriement ainsi que le remboursement des frais faits pour son entretien. Les affaires de cette nature ressortissent à la direction politique, sous-direction du contentieux.

Dans les pays où il n'est pas possible de procéder de cette manière, les agents diplomatiques et consulaires suivent les règles que nous avons tracées plus haut pour les rapatriements ordinaires. Il convient, toutefois, que les rapatriements d'aliénés soient entourés de précautions particulières, notamment en cas de voyage en mer, le rapatriement devant, d'ailleurs, en principe, n'être opéré que sur l'avis conforme d'un médecin appelé à examiner si le malade est ou n'est pas en état de supporter le voyage.

**238. Transport de corps de personnes décédées à l'étranger.** (2) — Les familles qui désirent faire revenir en France les restes mortels d'un parent décédé à l'étranger doivent adresser, à cet effet, une demande au ministère de l'intérieur, à Paris, en vue d'être autorisées à introduire en France les corps dont il s'agit. Cette autorisation peut être sollicitée par la voie télégraphique, à la condition que le télégramme soit

(1) Instruction de 1887, § 16. (F.)
(2) Circulaires du ministère du commerce du 30 janvier 1856 (F.) et des affaires étrangères des 2 mai 1856 (F.), 4 novembre 1868 (F.), 3 octobre 1894 et 27 septembre 1897. — Décret du 27 avril 1889, art. 4.

adressé au ministère de l'intérieur avec réponse payée, ce département ne disposant d'aucun crédit sur lequel pourrait être imputée la dépense résultant des avis télégraphiques d'autorisation. La demande des intéressés, qu'elle soit libellée sous forme de lettre ou de télégramme, doit mentionner exactement les nom et prénoms du défunt, le port de débarquement ou la station frontière par laquelle le cercueil doit pénétrer sur le territoire français, ainsi que la date probable de l'arrivée. Les intéressés peuvent d'ailleurs solliciter l'autorisation en question par l'entremise des agents diplomatiques et consulaires français, sous le timbre de la sous-direction des affaires de chancellerie.

Une fois l'autorisation obtenue, les agents français doivent veiller à ce que l'exhumation et le transport des corps soient effectués conformément aux règlements sanitaires français.

A cet effet, les agents français ont été invités à dresser :

1° Des attestations constatant la nature de la maladie qui a précédé le décès et l'accomplissement des mesures de précaution prescrites par les règlements français pour la conservation des corps;

2° Un acte établissant l'identité de la personne transportée.

Pour que les certificats présentent toutes les garanties d'exactitude désirables, il convient du reste que les agents en subordonnent la délivrance aux déclarations préalables d'hommes de l'art qu'ils commettent à la vérification des opérations accomplies sous la direction de l'autorité locale.

Ces opérations sont les suivantes :

Le cercueil dans lequel un cadavre ou des débris de cadavre doivent être transportés doit être confectionné avec des lames de plomb de 3 millimètres d'épaisseur, ou, à défaut, des lames de zinc laminées ayant au moins un demi-millimètre d'épaisseur, parfaitement soudées entre elles; toutefois, si le cadavre est destiné à être incinéré à son arrivée en France, le cercueil métallique doit être en plomb. Le cercueil en plomb ou en zinc est lui-même renfermé dans une bière en chêne ou en tout autre bois présentant une égale solidité. Les parois

doivent avoir au moins 4 centimètres d'épaisseur ; elles sont
fixées avec des clous à vis et maintenues par trois freins en
fer serrés à écrou. On introduit dans le cercueil un mélange
désinfectant fait par parties égales de sciure de bois bien
desséchée et de sulfate de zinc (couperose blanche) ou de fer
(couperose verte) dont on recouvre le corps d'une épaisseur
moyenne de 4 à 5 millim. Le premier cercueil ainsi rempli est
ensuite placé dans le cercueil extérieur, sur une couche de 2
ou 3 centimètres du même mélange ; dans les pays où il
serait impossible de se procurer du sulfate de fer ou du sulfate de zinc, nos règlements admettent que l'on fasse usage
d'un mélange composé de poussière de charbon et de poudre
de tan, ou de toute autre substance connue dans le pays par
ses propriétés astringentes et antiseptiques.

Le cercueil une fois fermé et revêtu du sceau de l'autorité
sanitaire locale et de celui de l'autorité consulaire française,
est remis ensuite en ces conditions à la gare de chemin de
fer ou au capitaine du navire de commerce chargé de faire
le transport. A l'arrivée en France, l'autorité sanitaire française vérifie l'état du cercueil et, sur la production des pièces dressées à l'étranger, délivre ensuite le permis d'inhu-
mation dans les conditions prévues par nos règlements inté-
rieurs.

Si le corps exhumé avait été embaumé, la substance avec
laquelle l'embaumement a été effectué doit être mentionnée
sur le certificat délivré par le consul.

Si, au lieu du corps, il s'agissait de ramener en France les
cendres d'une personne incinérée à l'étranger, il y aurait lieu
de procéder de la même manière en ce qui concerne l'autorisation ministérielle. Le vase contenant les cendres devrait
être bien clos et renfermé dans une boîte en bois, sans qu'il
soit besoin d'y ajouter de substances antiseptiques.

**239. Délivrance ou visa des passeports à l'extérieur.** — Le
sous-directeur des affaires de chancellerie est personnellement autorisé à délivrer *pour le ministre et par son autori-*

*sation*, les passeports pour les échelles du Levant et de Barbarie ; il vise tous les autres passeports à l'étranger qui ne sont point émanés du cabinet du ministre. Le type de sa signature et de celle de l'employé autorisé éventuellement à le suppléer a, en conséquence, été transmis dans tous les consulats. (1)

**240. Légalisation.** — Les arrêts et jugements rendus, ainsi que les actes passés en France, ne peuvent être exécutés ou admis dans les consulats qu'après avoir été légalisés par le ministre des affaires étrangères ou par les fonctionnaires qu'il délègue à cet effet. C'est au sous-directeur des affaires de chancellerie, qu'est, à cet égard, déléguée la signature du ministre, comme elle l'est pour la légalisation des signatures des consuls eux-mêmes apposée sur les actes délivrés à l'étranger, et qui ne peuvent faire foi en France (2) qu'après l'accomplissement de cette formalité.

En cas d'absence ou d'empêchement du sous-directeur, cette partie de ses attributions est déléguée au chef de bureau ou au commis principal placé sous ses ordres, et dont la signature-type a été également notifiée aux administrations publiques et à tous les agents du service extérieur. (3)

**241. Envoi du type de la signature des agents.** — Afin qu'il ne puisse jamais y avoir lieu, soit à erreur, soit même à doute, dans une question aussi importante que celle de la légalisation par le ministre d'un acte quelconque délivré dans un consulat, le type de la signature de tous les consuls, consuls suppléants et autres agents autorisés à légaliser les pièces *par délégation* est conservé à la sous-direction des affaires de chancellerie, et l'un des premiers soins de tout agent appelé à remplir des fonctions intérimaires en pays

---

(1) Circulaires des affaires étrangères des 13 décembre 1825 et 9 juillet 1844.
(2) Ordonnance du 25 octobre 1833, art. 9 et 10. (F.)
(3) Circulaire des affaires étrangères du 26 avril 1849.

étranger, surtout s'il n'appartient pas directement au corps
consulaire, doit être de transmettre à la direction des consulats, sous-direction des affaires de chancellerie, le type de
sa signature. (1) Il est d'ailleurs tenu aujourd'hui dans le
service précité un registre spécial sur lequel chaque agent
de la carrière extérieure a été invité à apposer le type de sa
signature, en même temps qu'à inscrire le détail et la date
des diverses missions qu'il a pu remplir, afin que, par une
simple comparaison, il puisse être facile à l'avenir de reconnaître dans tous les temps la légalité comme la véracité de
sa signature.

**242. Communication de procédures judiciaires.** — Ainsi que
nous le dirons au livre VII, en nous occupant des pouvoirs
attribués aux consuls en qualité de juges, ceux des agents
qui remplissent leurs fonctions dans les pays de juridiction
doivent envoyer au département sous le timbre de la sous-
direction des affaires de chancellerie, par duplicata, et dans
le délai d'un mois à partir de leur date, l'extrait des ordonnances et jugements correctionnels rendus par eux, afin qu'il
puisse être transmis en temps utile au ministère de la justice. (2)

Ils doivent également adresser au même service un extrait
certifié conforme de tout jugement consulaire emportant
condamnation pécuniaire au profit du trésor, dès que ce
jugement n'est plus susceptible d'opposition ou d'appel : cet
extrait est destiné au percepteur des amendes, à Paris.

De plus, dans le courant du mois de janvier de chaque
année, les chefs de poste doivent transmettre au département un relevé contenant l'indication par ordre de date de
tous les jugements rendus pendant l'année précédente et

---

(1) Circulaires des affaires étrangères de ventôse an VII (mars 1799), 2 avril
1864 et 23 mai 1885. (F.)

(2) Lois (F.) du 28 mai 1836, art. 78; du 8 juillet 1852, art. 12 et 14;
du 18 mai 1858, art. 1er; du 19 mars 1862, art. 1er. — Circulaires des
15 juillet 1836 (F.); 28 mars 1851 (F.) et 30 décembre 1884. (F.)

portant des condamnations au profit du trésor; ce relevé doit
être transmis pour néant, le cas échéant. (1)

**243. Établissement, interprétation et application du tarif des
chancelleries.** — Les règlements de comptabilité de 1877,
1880 et 1890 ont placé dans les attributions de la direction
des consulats la correspondance administrative ressortissant au service des chancelleries, la préparation, la publication et la révision des tarifs, la. rédaction et l'envoi des instructions relatives à leur mise en vigueur, à leur interprétation et à leur application. C'est donc à cette direction, sous
le timbre de la sous-direction des affaires de chancellerie,
que les agents doivent, le cas échéant, soumettre leurs doutes
en ce qui concerne la taxation des actes et contrats passés
dans leur chancellerie, lorsque les prescriptions du tarif ne
leur paraissent pas suffisamment explicites, ou lorsqu'il s'agit
d'actes prescrits par des lois ou règlements postérieurs au
tarif et qui, dès lors, n'ont pu être expressément prévus.

C'est, d'autre part, au même service qu'il appartient de
provoquer de la part des pouvoirs publics toutes décisions
tendant à modifier les perceptions actuelles du tarif.

A l'effet de faciliter à la sous-direction des chancelleries
le contrôle administratif des perceptions qu'ils effectuent,
les chefs de poste (chefs de missions diplomatiques, consuls
et vice-consuls) doivent adresser dans les quinze premiers
jours de chaque trimestre, pour le trimestre précédent (2) :

1° Un état des dépôts en numéraire ;

2° Un état des dépôts en nature ;

3° Un état des actes établis et des taxes appliquées.

Ces trois états sont établis conformément aux modèles
arrêtés par le département. (3)

Ces états sont certifiés conformes aux registres du poste par
le chancelier ou le vice-consul ; dans les missions diplomati-

---

(1) Circulaire du 30 décembre 1884. (F.)
(2) Instruction du 7 mai 1892. (F.)
(3) Voir les modèles au *Formulaire*, tome III, p. 2, 3 et  .

ques et les consulats, ils sont vérifiés et visés par le chef du poste.

A la différence des états de comptabilité, les états administratifs concernant les dépôts et les taxes sont établis par trimestre et non par gestion ; il ne doit donc être transmis qu'un seul état pour un même trimestre, lors même que plusieurs agents comptables se sont succédé au poste pendant la durée de ce trimestre.

S'il n'y a eu aucune consignation ou aucun retrait de dépôt dans le cours d'un trimestre, les chefs de poste transmettent au lieu des états ci-dessus spécifiés des certificats pour néant (1), dont le modèle a été fixé par le département.

Dans les quinze premiers jours de chaque année, les chefs de poste adressent au ministre sous le timbre de la sous-direction des affaires de chancellerie pour l'année qui vient de finir :

1° Un état des dépôts de titres et papiers (il n'est point fait mention sur cet état des actes authentiques ou sous seing privé déposés, afin d'en assurer la date et la conservation et d'en obtenir, le cas échéant, des copies) (2) ;

2° Un état des dépôts de testaments olographes ou mystiques remis en chancellerie du vivant du testateur (3), pour en assurer la conservation (il n'est point fait mention sur cet état des testaments déposés au rang des minutes de la chancellerie dans les conditions déterminées par l'article 1007 du Code civil).

Ces deux derniers états mentionnent les pièces existant en dépôt au commencement de l'année à laquelle ils se rapportent, les dépôts effectués pendant le cours de cette année, ainsi que les retraits opérés. Ils sont établis conformément aux modèles arrêtés par le département. (4)

Enfin les chefs de poste ont, ainsi que nous le verrons en

_____

(1) Voir le modèle au *Formulaire*, tome III, p. 2.
(2) Instruction du 30 novembre 1833 (F.), art. 78 et 115 du tarif. (F.)
(3) Art. 76 du tarif. (F.)
(4) Voir ces modèles au *Formulaire*, tome III, pages 10 et 11.

nous occupant au livre X des agents consulaires, à transmettre au département, sous le timbre de la sous-direction des affaires de chancellerie, au commencement de chaque trimestre, des états présentant la récapitulation des recettes et dépenses effectuées pendant le trimestre précédent dans les agences relevant de leur poste. (1)

**244. Recommandation générale.** — Nous croyons devoir terminer ce chapitre en donnant aux consuls le conseil de ne jamais perdre de vue les réclamations qui leur sont adressées par la sous-direction des affaires de chancellerie, et qui, par cela même qu'elles touchent à l'intérêt privé de leurs nationaux, se recommandent plus spécialement à leurs soins et à leur sollicitude éclairée. Ils ne sauraient trop s'empresser d'y donner suite dès qu'ils les reçoivent, s'en occuper avec trop d'activité, ni trop souvent écrire au Ministère pour le tenir constamment au courant des démarches qu'ils font dans le but d'accélérer la marche et la conclusion de ces nombreuses affaires. Du reste, ils doivent savoir que les intérêts privés sont exigeants et généralement peu disposés de leur nature à tenir compte aux agents du service extérieur des difficultés et des obstacles souvent fort sérieux que ceux-ci ont à vaincre pour leur procurer la satisfaction qu'ils sont impatients d'obtenir. De là des plaintes plus ou moins vives dont le Ministère ne peut pas toujours se dispenser de se rendre l'interprète, et que les consuls feront certainement cesser en suivant la marche que nous venons de leur indiquer.

_____

(1) Instructions (F.) du 18 février 1882 et du 7 mai 1892.

# CHAPITRE V

**245. Objet de la correspondance.** — Les rapports officiels de correspondance que les consuls entretiennent avec la division des archives se subdivisent par leur nature entre les deux bureaux de ce service. Les uns, et ce sont les plus fréquents, se rattachent au classement et à la mise en ordre des correspondances diplomatiques ou consulaires anciennes ou modernes ; à la collection des documents officiels, traités, conventions ou autres ; aux achats de plans ou cartes géographiques, et à tout ce qui concerne le service de la bibliothèque spéciale des affaires étrangères, aux prêts de manuscrits appartenant aux dépôts français et étrangers. Les autres rentrent plus particulièrement dans les attributions du bureau historique et ont trait notamment aux recherches que les agents peuvent avoir à demander, pour un service public ou privé, des renseignements relatifs à la période antérieure à 1830.

**246. Transmission du Bulletin des lois.** — C'est également par les soins du bureau du classement de la division des archives que le Bulletin des lois est transmis aux agents du service extérieur ; tous les numéros doivent en être classés par ordre de date et conservés dans les archives par les soins des chanceliers. Lorsque, par un motif quelconque, la collection d'un poste vient à se trouver incomplète, le titulaire doit sur-le-champ réclamer au département les numéros qui lui manquent ou qui ne lui sont pas parvenus, afin qu'elle soit toujours tenue au courant. (1)

---

(1) Instruction du 20 février 1829.

**247. Procès-verbaux de remise du service : papiers intéressant le service de l'État trouvés dans la succession d'un agent. —** C'est la division des archives qui conserve les procès-verbaux de remise des archives que les agents doivent faire parvenir au département lors de leur prise de possession d'un poste et chaque fois que, par suite de gérance ou de congé, il se produit une mutation dans la personne du chef de poste. (1)

Enfin, c'est également le même service qui, en cas de décès d'un agent diplomatique ou consulaire, est chargé d'assurer la remise au ministre des affaires étrangères des papiers et documents intéressant le service de l'État, tels que les copies de dépêches ou autres pièces qui se trouveraient dans sa succession. (2)

---

(1) Circulaire des affaires étrangères du 2 octobre 1833. (F.)
(2) Arrêtés ministériels du 20 juillet 1874 et du 6 avril 1880. (F.)

# CHAPITRE VI

## Rapports des consuls avec la division des fonds et de la comptabilité.

**248. Attributions géné·ales. — Classement des dépêches. —** Toutes les dépêches ayan· trait à une question d'ordonnancement ou de liquidation d'une recette ou d'une dépense, doivent être adressées au département des affaires étrangères sous le timbre de la division des fonds et de la comptabilité. (1)

Cette division a également dans ses attributions le contrôle et la vérification au point de vue de la comptabilité des opérations des chancelleries des postes diplomatiques et consulaires, ainsi que des vice-consulats. (2)

Comme cette partie de la correspondance officielle se rapporte nécessairement à des questions qui ne sont pas traitées dans le même bureau, et qu'il n'y a, par exemple, aucune connexité entre le paiement des traitements des agents, le remboursement de leurs frais de service et la liquidation de leurs pensions de retraite, les dépêches destinées à la division des fonds et de la comptabilité ne doivent pas être réunies et classées à la suite les unes des autres, et n'ont, par conséquent, pas besoin d'être numérotées. Mais les agents ne sauraient se dispenser d'ajouter en marge l'analyse sommaire du sujet qui y est traité, ainsi que cela leur est, du reste, prescrit pour leur correspondance avec les trois autres services du département. (3)

Il nous paraît logique, en nous occupant des rapports que les consuls entretiennent avec la division des fonds et de la comp-

---

(1) Circulaire des affaires étrangères du 12 janvier 1850.
(2) Décret du 20 décembre 1890 et instruction du 10 mai 1891. (F.)
(3) Circulaires des affaires étrangères des 10 avril 1832 et 16 mai 1849.

tabilité, de distinguer ce qui est purement personnel de ce qui est exclusivement relatif au service indépendamment de la personne de l'agent. Nous examinerons, par conséquent, séparément : 1° les questions relatives aux frais de premier établissement ou de voyage des agents, lesquelles font l'objet du présent chapitre, et 2° celles qui ont trait : a. au remboursement des avances des consuls à l'étranger et des dépenses faites par ordre et pour le compte du département ; b. à la justification des recettes et dépenses tant des chancelleries que des vice-consulats. Ces dernières font l'objet d'un livre spécial de notre ouvrage. (V. ci-après, livre IX.)

Nous commencerons, toutefois, par donner quelques indications sur les règles générales de la comptabilité du ministère des affaires étrangères.

SECTION Iʳᵉ. — *Comptabilité générale du ministère des affaires étrangères.*

**249. Budget des affaires étrangères.** — Le budget est fixé annuellement par la loi de finances qui ouvre les crédits nécessaires aux dépenses des divers services publics. Les crédits ouverts pour chaque exercice, sont applicables aux services rendus pendant une période de douze mois du 1ᵉʳ janvier au 31 décembre ; ils ne peuvent être employés aux dépenses d'un autre exercice.

**250. Comptabilité par exercice.** — Les dépenses d'un exercice, qui devaient autrefois être ordonnancées avant le 31 juillet de l'année suivante, doivent l'être aujourd'hui avant le 31 mars, c'est-à-dire quatre mois plus tôt, et les ordonnances émises ne sont payables que jusqu'au 30 avril suivant ; passé ce terme, qui est celui de la clôture définitive de l'exercice, toutes les créances arriérées qui s'y rapportent ne peuvent plus être ordonnancées qu'à titre de rappel sur exercice clos et d'après les règles spéciales déterminées par les règlements généraux sur la comptabilité publique. (1)

_____

(1) Ordonnance du 31 mai 1838, art. 3, 4, 12, 91, 92 et 103. — Règlement

Les retards apportés par les agents du service extérieur à l'accomplissement de ces formes protectrices de la fortune publique ne peuvent être qu'une cause d'embarras pour le Trésor et de dommages pour eux-mêmes : d'embarras pour le Trésor, parce qu'il lui importe toujours qu'une dépense qui engage l'État, soit connue et apurée dans les délais voulus par la loi ; de dommages pour les agents, à cause des lenteurs inévitables auxquelles sont soumises les créances arriérées, et de la déchéance qui peut les atteindre lorsque le montant n'en a pas été réclamé ou acquitté faute de justifications, dans le délai de cinq ans, à partir de l'année de leur origine, pour les dépenses effectuées en Europe, et de six années pour les créances résultant de dépenses ou de services faits hors du territoire européen. (1) Il dépend donc des agents d'éviter ce double inconvénient, en apportant à l'apurement de leur comptabilité et à la justification de leurs dépenses l'exactitude et la régularité nécessaires pour qu'ils ne soient pas exposés à voir une dépense régulièrement faite ou autorisée, tomber dans les exercices clos, et augmenter ainsi les charges déjà très réelles que leur impose, dans certains cas, l'obligation de faire des avances pour le compte du gouvernement. (2)

**251. Ordonnancement des dépenses.** — Aucune dépense faite pour le compte du département des affaires étrangères ne peut être acquittée si elle n'a été préalablement ordonnancée par le ministre. Les ordonnances en vertu desquelles le ministre dispose des crédits qui lui sont ouverts, doivent toujours être signées par lui-même ; elles sont adressées au ministre des finances, auquel il appartient de prendre les mesures nécessaires pour en faire effectuer le paiement ;

---

général sur la comptabilité du ministère des affaires étrangères du 6 nov. 1840, art. 1, 2, 3, 31, 49 et 75. — Décret du 11 août 1850. — Décret du 1er oct. 1867, art. 11 (F.), et Circulaire du 3 octobre 1867. (F.) — Loi du 25 janv. 1889.

(1) Circulaire des affaires étrangères du 12 nov. 1840. — Décret du 31 mai 1862 portant règlement général sur la comptabilité publique.

(2) Circulaire des affaires étrangères du 12 janvier 1850.

des extraits de ces ordonnances de paiement indicatifs de la nature de la dépense et de la somme à payer par le Trésor, sont en même temps délivrés aux parties prenantes ou à leurs fondés de pouvoirs, par les soins de la division des fonds et de la comptabilité. Ces extraits d'ordonnances appelés « lettres d'avis » sont le titre qui les autorise à se présenter aux caisses publiques dans les délais réglementaires.

SECTION II. — *De la liquidation et du paiement des traitements et des pensions de retraite.*

**252. Liquidation et paiement des traitements.** — Nous avons vu plus haut (n° 144) que toutes les questions de personnel ressortissent au cabinet du ministre. C'est, par suite, ce service qui fixe la quotité des traitements, indemnités, gratifications, etc., qui doivent être alloués aux agents; la division des fonds n'intervient que pour assurer l'exécution de ces décisions par la liquidation et le paiement desdits traitements et indemnités entre les mains des fondés de pouvoirs des agents. (V. *suprà*, n. 74, 75 et 76, 80, 83, 90.)

**253. Liquidation des retraites.** — De même, lorsqu'un agent a été admis par le ministre, sous le timbre du cabinet, à faire valoir ses droits à la retraite, c'est la division des fonds qui est chargée d'assurer la liquidation des pensions et c'est à ce service que les agents ont, le cas échéant, à fournir les pièces réglementaires prévues par les articles 31 et 32 du décret du 9 novembre 1853. (V. ci-dessus, n° 95.)

SECTION III. — *Des frais d'établissement et d'installation alloués aux agents consulaires.*

**254. Règles générales.** — Les agents politiques et consulaires sont tenus d'avoir un établissement conforme à leur rang dans le lieu de leur résidence officielle. Le caractère dont ils sont revêtus, la dignité de la nation qu'ils représentent à l'étranger, l'intérêt de la mission qui leur est confiée

leur imposent une représentation honorable, quoique renfermée dans de sages limites. Cette obligation exige de la
part des agents une dépense de première mise pour l'acquisition de tous les objets qui doivent composer leur établissement, tels que meubles, cristaux, linge de table, voitures,
chevaux, etc., suivant leur grade. L'État, pour le service
duquel ces dépenses sont faites, leur facilite les moyens d'y
pourvoir; de là, les allocations qui figurent au budget des
affaires étrangères sous le titre de frais d'installation et d'établissement. (1)

Tout ce qui concerne les frais d'établissement était autrefois réglé par l'arrêté du Directoire du 11 vendémiaire an vi
et les ordonnances des 12 janvier 1837 et 7 avril 1842. Le
décret du chef du pouvoir exécutif du 14 décembre 1848,
l'arrêté du président de la République en date du 15 juin 1849,
et le décret du 20 février 1852 avaient apporté à l'ancienne
législation des modifications radicales que sont venus utilement compléter le règlement général du 9 avril 1870 et les
décrets des 1er juin 1872, 20 septembre 1873, 30 avril 1880,
28 février 1881, 30 novembre 1883 et 8 février 1896.

Aux termes de ce dernier acte, les frais de premier établissement accordés aux agents qui, pour la première fois, se
rendent dans une catégorie déterminée de postes, ont été
séparés des frais d'installation, alloués en cas de simple
changement de résidence. Il a été, en même temps, décidé
que le bénéfice de la prime de premier établissement serait
acquis à tous les agents du service extérieur du département.
On a reconnu, en effet, qu'il était peu équitable d'exclure,
comme on le faisait précédemment, diverses catégories
d'agents généralement peu rétribués, tels que les secrétaires,
chanceliers, drogmans, etc.; la nomination de ces agents à
l'étranger n'est pas sans leur imposer des sacrifices pécu-

---

(1) Rapport du Ministre des affaires étrangères au Chef du pouvoir
exécutif du 14 décembre 1848. — Arrêté du Président de la République du
15 juin 1849. — Décrets des 20 février 1852, 9 avril 1870, 1er juin 1872,
15 septembre 1873, 30 novembre 1883 (F.) et 8 février 1896.

niaires, moindres, assurément, que ceux d'un chef de poste, mais toujours appréciables et parfois hors de proportions avec la modicité de leurs ressources, et il n'était que juste de leur en tenir compte dans la mesure du possible.

Il est donc aujourd'hui de règle que les agents diplomatiques et consulaires, appelés pour la première fois à l'une des catégories de postes ou d'emplois énumérées ci-dessous, ont droit à une indemnité de premier établissement fixée ainsi qu'il suit, en ce qui concerne les agents du service consulaire :

Consulats généraux, 3,000 fr.;

Consulats, 2,000 fr.;

Consuls suppléants, titulaires de vice-consulats, 1,000 fr.;

Titulaires de chancelleries, drogmans, interprètes, 500 fr.;

Élèves-chanceliers, élèves-drogmans, élèves-interprètes, 250 francs.

L'indemnité de premier établissement s'acquiert par la prise de service.

A chaque changement de résidence, les chefs de postes diplomatiques et consulaires ont droit à une indemnité pour frais d'installation. Cette indemnité, qui ne se confond pas avec celle de premier établissement, est fixée pour les consulats généraux, consulats et vice-consulats, au quart du traitement affecté à ces postes.

Les indemnités pour frais d'installation sont réduites du quart pour les agents diplomatiques et consulaires logés dans un hôtel appartenant à l'État et entièrement meublé, et du huitième pour les agents logés et n'ayant que le mobilier des salles de réception.

L'indemnité de frais d'installation s'acquiert dans les postes d'Europe par cinq années de jouissance de tout ou partie des émoluments alloués à l'agent, à compter du jour de la prise de service. Elle s'acquiert dans les mêmes conditions, mais en trois années, dans les postes hors d'Europe. Dans les décomptes à intervenir, chaque mois représente pour les postes d'Europe un soixantième. Les fractions de mois sont comptées pour un mois entier en faveur de l'agent.

L'agent, qui cesse de toucher le traitement d'un poste, continue néanmoins à acquérir l'indemnité qu'il a reçue : 1° s'il est placé dans la position de disponibilité avec traitement ; 2° s'il est admis à faire valoir ses droits à la retraite ; 3° s'il est appelé à remplir des fonctions diplomatiques ou consulaires ne lui donnant pas droit à une indemnité d'installation ; 4° s'il est nommé à un emploi de l'administration centrale du ministère des affaires étrangères ou réemployé immédiatement dans une autre administration de l'État ; 5° s'il est appelé à un nouveau poste pendant un congé régulier. Dans ce dernier cas, il continue à acquérir l'indemnité jusqu'au jour de son installation dans sa nouvelle résidence. (1)

En cas de révocation, de mise en retrait d'emploi ou en disponibilité sans traitement, ou de démission, l'agent doit restituer au Trésor la portion non acquise de son indemnité d'installation. Toutefois, le reversement ne peut pas excéder la moitié de l'indemnité. La restitution a lieu sur la simple demande du ministre des affaires étrangères.

Lorsqu'un agent est nommé à un nouveau poste avant d'avoir acquis entièrement l'indemnité d'installation qui lui a été accordée, il y a lieu de déduire de l'indemnité nouvelle à laquelle il a droit, la somme qui lui reste à acquérir sur son ancienne indemnité. Si la somme non acquise est supérieure à la nouvelle indemnité qu'il doit recevoir, l'agent ne sera pas tenu de reverser la différence. (2)

Un agent, après avoir reçu l'indemnité d'installation ou d'établissement allouée pour un poste, peut se trouver remplacé avant de partir pour sa résidence. Voici comment se règlent alors ses droits. (3) S'il s'agit d'un agent ayant reçu une indemnité de premier établissement et replacé avant sa prise de service dans un poste ou dans un emploi de la caté-

(1) Décret du 8 février 1896, art. 3, 4, 5, 6.
(2) Décret du 8 février 1896, art. 8 et 9.
(3) Décret du 8 février 1896, art. 11 et 12.

gorie à laquelle il appartenait précédemment, l'indemnité doit être reversée au Trésor.

Si, au lieu d'une indemnité de premier établissement, il s'agit d'une indemnité d'installation, et que l'agent qui l'a touchée se trouve nommé à une résidence donnant droit à une indemnité moindre, il doit restituer immédiatement la différence ; s'il est remplacé, sans être envoyé à une situation nouvelle donnant droit à une indemnité, il est tenu de reverser au Trésor toute la somme qu'il a reçue. Dans ce dernier cas, si son remplacement provient de causes qui ne puissent lui être imputées et s'il a déjà fait, de bonne foi, des dépenses d'établissement, le ministre apprécie la somme qui peut lui être laissée en compensation de ses pertes. Mais cette somme ne peut dépasser les *deux cinquièmes* de l'indemnité d'installation ; la même règle est applicable à l'indemnité de premier établissement.

En cas de décès d'un agent après son entrée en fonctions, la part de l'indemnité restant à acquérir appartient définitivement à sa succession. Si l'agent meurt avant d'avoir pris le service du poste qui lui est assigné et s'il est avéré qu'il avait effectué des dépenses en vue de son établissement, une portion des indemnités d'installation ou de premier établissement qu'il avait reçues ou devait recevoir peut, par décision du ministre, être attribuée à ses héritiers ; cette portion est au plus des deux tiers de l'indemnité. Ce même mode de décompte proportionnel est appliqué à l'agent qui est mis à la retraite d'office avant d'avoir commencé à acquérir ses frais d'établissement. (1) Le bénéfice de cette disposition ne peut être invoqué par l'agent mis à la retraite sur sa demande.

Les frais d'installation et d'établissement sont liquidés d'office, sur ordonnances individuelles, d'après la quotité du traitement qui sert de base à leur fixation : destinés à subvenir à l'acquittement des premières dépenses des agents

---

(1) Décret du 8 février 1896, art. 7 et 10.

dans leur résidence, ils sont payés avant le départ de ceux-ci pour leur destination, en tant cependant que l'insuffisance des crédits ouverts au budget ne s'y oppose pas, auquel cas ils ne sont payés que plus tard et sur les crédits supplémentaires ; si l'agent n'a pas acquis entièrement une indemnité d'établissement antérieurement reçue, l'indemnité afférente à son nouveau poste ne peut être liquidée qu'après sa prise de possession du service.

**255. Frais d'établissement des agents choisis en dehors de la carrière.** — Des exigences politiques amènent parfois le gouvernement à confier des postes diplomatiques ou consulaires à des agents choisis en dehors de la carrière et qui semblent devoir n'y figurer que transitoirement.

Les frais d'établissement de ces agents étaient autrefois soumis à des règles spéciales déterminées par les décrets des 20 septembre 1873 et 30 novembre 1883. Ces allocations sont, aujourd'hui, réglées comme celles de tous les autres agents de la carrière extérieure, conformément aux prescriptions du décret du 8 février 1896 que nous avons étudiées à l'alinéa précédent.

**256. Indemnités en cas de perte par incendie, naufrage, etc.** — Les pertes résultant d'événements de force majeure, tels que révolution, pillage, incendie, etc., peuvent donner ouverture à l'allocation d'indemnités extraordinaires non sujettes à retenue pour les pensions ; le chiffre de ces indemnités, forcément très limité en raison de la faiblesse du crédit spécial destiné à y pourvoir, doit toujours faire l'objet d'une décision motivée du ministre. Nous devons ajouter que la réclamation à fins d'indemnité doit toujours être dûment justifiée par la preuve du fait pouvant donner lieu à indemnité et être accompagnée : 1° d'un inventaire général et détaillé de tous les objets dont le remboursement est demandé ; 2° de l'estimation de leur valeur ; 3° le cas échéant, des comptes mêmes d'achat et de déboursés. (1)

_____

(1) Règlement du 1er octobre 1867, § 227. (F.)

SECTION IV. — *Des frais de route et de voyage des agents du service consulaire.*

**257. Du droit aux frais de déplacement.** — Les frais de route des agents politiques et consulaires qui se rendent à leur poste, reviennent en France ou voyagent pour affaires de service, sont remboursés par le département. (1)

Tous agents rappelés pour être admis au traitement d'inactivité ou à faire valoir leurs droits à la retraite, ont également droit au remboursement de leurs dépenses pour rentrer en France. (2)

Les familles des agents morts à l'étranger dans l'exercice de leurs fonctions sont rapatriées aux frais de l'État.

Les frais de route sont, au contraire, considérés comme une charge personnelle et non remboursable, lorsque les agents voyagent pour leurs propres affaires, qu'ils rentrent en France en congé volontaire, sauf le cas spécifié ci-après pour les agents résidant hors d'Europe, ou qu'ils retournent dans leur résidence après l'expiration d'un congé. (3)

Les agents d'un grade inférieur à celui de consul général, résidant hors d'Europe, et qui n'auraient pas quitté leur poste depuis trois ans au moins, peuvent obtenir une subvention pour venir en France avec leur famille, lorsque les disponibilités budgétaires le permettent.

Les agents qui, pendant un séjour en France où ils seraient venus à leur frais, reçoivent une nouvelle destination, ont droit au remboursement des dépenses du voyage avec transport de leur mobilier entre leur ancienne et leur nouvelle résidence. (4)

Les agents qui, pendant leur séjour en France, où ils seraient venus aux frais du département, seraient nommés à

(1) Arrêté du Directoire du 27 germinal an IV (16 avril 1796), art. 1er.

(2) Arrêtés du Directoire du 27 germinal an IV, art. 5, et du 24 vendémiaire an VI (15 octobre 1797), art. 7.

(3) Arrêté du Directoire du 24 vendémiaire an VI (15 octobre 1797), art. 7. — Décret du 26 avril 1882 (art. 10, 11, 12). (F.)

(4) Décret du 26 avril 1882, art. 10. (F.)

un nouveau poste, ont droit au remboursement de leurs dépenses personnelles de Paris à leur nouvelle résidence et au remboursement des dépenses de transport de leur mobilier de leur ancien à leur nouveau poste. (1)

Les frais de retour en France de la famille d'un agent décédé sont réglés d'après l'allocation qu'il aurait obtenue pour lui et pour les siens, déduction faite des frais personnels de déplacement dudit agent. (2)

**258. Tarif des frais de voyage.** — Les agents rétribués du ministère des affaires étrangères, dûment autorisés ou invités à se déplacer dans un intérêt de service, ont droit au remboursement de leurs frais de voyage par la plus économique des voies directes de terre ou de mer.

Le remboursement des frais de voyage comprend le montant des tickets de chemins de fer, voitures publiques et paquebots, augmenté d'une majoration destinée à couvrir toutes les dépenses accessoires de bagages, hôtels, etc.

Ladite majoration, calculée sur le prix intégral du ticket de 1$^{re}$ classe, est fixée à :

50 p. 100 pour les ambassadeurs ;

40 p. 100 pour les ministres plénipotentiaires ;

35 p. 100 pour les conseillers d'ambassade et consuls généraux ;

30 p. 100 pour les secrétaires et consuls de 1$^{re}$ et de 2$^e$ classe ;

25 p. 100 pour les secrétaires de 3$^e$ classe, consuls suppléants, vice-consuls, chanceliers, drogmans et interprètes ;

20 p. 100 pour les commis de chancellerie, de drogmanat et d'interprétariat et pour les autres agents.

Elle sera diminuée de 10 p. 100 de son montant lorsqu'il s'agira de voyages excédant 250 myriamètres.

La majoration est réduite d'un tiers pour les parcours par voie maritime ou fluviale, lorsque le prix du ticket comprend les frais de nourriture des passagers.

_____

(1) Décret du 26 avril 1882, art. 12, (F.)
(2) Décret du 26 avril 1882, art. 13. (F.)

Si l'agent se rend pour la première fois à sa résidence officielle ou la quitte définitivement pour toute autre cause que sa démission ou sa révocation, il a droit au remboursement des frais de voyage :

1° En 1re classe, de sa femme et de ses ascendants ou descendants qui vivent sous son toit ;

2° En 2e classe, de cinq domestiques pour les ambassadeurs ; trois domestiques pour les ministres plénipotentiaires ; deux domestiques pour les conseillers d'ambassade et consuls généraux ; un domestique pour tous les autres agents, sauf les commis de chancellerie, de drogmanat et d'interprétariat.

Les frais de voyage de chaque membre de la famille de l'agent sont réglés de la même manière que ceux de l'agent lui-même. La majoration pour les domestiques est de 10 p. 100 du prix des tickets de 2e classe sur tous les parcours. (1)

Les frais de transport de mobilier sont, d'autre part, remboursés aux agents, moyennant justification par lettres de voiture et connaissements en règle, dans les limites suivantes :

Pour l'agent se déplaçant seul, huit fois la majoration afférente à son grade et à la nature du voyage ;

Pour l'agent se déplaçant avec sa famille, douze fois la même majoration.

Toutefois, sous réserve des justifications requises, l'indemnité totale de transport de mobilier ne sera pas inférieure à 500 francs pour les ambassadeurs et ministres plénipotentiaires, et 300 francs pour les autres agents ; elle ne pourra dépasser, en aucun cas, 7.000 francs pour les ambassadeurs et les ministres plénipotentiaires, et 5.000 francs pour les autres agents.

**259. Avances sur frais de voyage.** — Il peut être alloué aux agents avant leur départ un acompte sur les frais de voyage qui est ultérieurement déduit du montant total de la dépense.

---

(1) Décret du 26 avril 1882, art. 1er à 5. (F.)

Si, contrairement aux prévisions, le voyage ne s'effectue pas, l'acompte payé doit être reversé au Trésor ; il en est de même de la différence non acquise, dans le cas où le total des dépenses justifiées et ordonnancées n'atteindrait pas le montant de l'acompte. (1)

**260. Frais de route en courrier.** — Quoique les consuls ne puissent se trouver que très rarement dans le cas d'expédier en courrier un des agents ou employés attachés à leur poste, ils ne doivent pas négliger de se rappeler, le cas échéant, qu'aucune dépense pour course de courrier ou d'agent expédié en courrier ne saurait être remboursée sur les fonds du département, si elle n'a été préalablement autorisée et si elle n'est appuyée, indépendamment des pièces justificatives de la dépense, d'un certificat délivré par eux, et constatant que la course prescrite, et qui doit être spécifiée, a été uniquement et absolument motivée par une nécessité de service. (2)

Les voyages de service effectués par les chefs de poste doivent être préalablement prescrits et autorisés par le ministre et ne sauraient être entrepris par les agents sous leur propre responsabilité, que lorsqu'il y a urgence et impossibilité absolue pour eux d'attendre l'autorisation de se déplacer; mais, dans ce cas, le remboursement n'en est effectué qu'après que leur nécessité a été dûment constatée et reconnue par le ministre.

La dépense est réglée, suivant les cas, soit comme voyage de service conformément au décret de 1882 (c'est-à-dire que l'agent n'a droit qu'au remboursement d'une place de première classe et à la majoration sur le prix du ticket), soit comme vacation (§§ 189 et 190 du tarif des chancelleries).

Quant aux frais de courrier, ils sont aujourd'hui fixés par l'article 14 du décret du 26 avril 1882, qui a modifié l'arrêté ministériel du 30 septembre 1859; aux termes de cet article, les courriers de cabinet et les autres agents qui sont

---

(1) Règlement du 1er octobre 1867, § 114. (F.)
(2) Circulaires des affaires étrangères des 19 mai 1840 et 15 avril 1851.

chargés de porter des dépêches reçoivent, outre le prix des tickets, une indemnité de 30 francs par journée de voyage et, s'il y a lieu, le montant des dépenses occasionnées par le transport des valises. (1)

**261. Passage à bord des bâtiments de guerre, des paquebots réguliers ou des navires marchands.** — Lorsque les agents du service extérieur doivent se rendre à leur destination par mer, il peut leur être accordé passage sur les bâtiments de l'État, et la dépense en est remboursée au ministère de la marine par celui des affaires étrangères, sur états et pièces probantes. (2) Nous indiquerons au livre VIII, en nous occupant des rapports des consuls avec la marine militaire, les conditions spéciales relatives au passage et à l'embarquement sur les bâtiments de l'État.

A défaut de bâtiments de guerre, les agents, naturellement t...... de prendre la voie la plus directe et la plus économique, sont autorisés à s'embarquer sur les paquebots réguliers ou les navires de commerce.

Lorsque le voyage ou une partie du voyage doit s'effectuer à bord des paquebots-poste subventionnés par l'État, les agents doivent se faire délivrer une réquisition d'embarquement. S'ils doivent s'embarquer dans un port de France ils adresseront au ministère, sous le timbre de la division des fonds et de la comptabilité, six jours au moins avant leur départ, une demande de réquisition indiquant la date de l'embarquement, ainsi que le nombre et la qualité des personnes qu'ils comptent emmener avec eux ; si, au contraire, le départ doit avoir lieu d'un point de l'étranger, la réquisition sera délivrée par l'agent diplomatique ou consulaire résidant dans le port d'embarquement.

**262. Justification des frais de voyage.** — Toute demande en remboursement de frais de voyage doit être accompagnée

---

(1) Décret du 26 avril 1882, art. 14. (F.)
(2) Décret du 26 avril 1882, art. 8. (F.)

des preuves de la dépense, c'est-à-dire du reçu de chaque
partie prenante visé par l'agent et revêtu du sceau officiel
du poste dont il est titulaire (1) ; en outre, pour toute somme
résultant d'un mémoire ou d'un compte, ce mémoire ou ce
compte doit être produit à l'appui du reçu. De même, à
l'égard de sommes résultant de contrats quelconques, ces
contrats et le compte de règlement constatant la somme à
payer en vertu des conditions stipulées, doivent également
appuyer le reçu ; tels sont, par exemple, pour les voyages
qui ne peuvent s'effectuer qu'au moyen de bêtes de selle ou
de somme, les marchés faits avec les conducteurs, muletiers
ou tous autres entrepreneurs qui ont fourni ces bêtes de selle
ou de somme, soit à tant par jour ou par monture, soit à telle
autre condition. Ces marchés et le compte détaillé auquel ils
donnent lieu doivent être fournis avec la quittance visée et
scellée du paiement.

Tels sont encore pour les transports d'objets mobiliers :
les lettres de voiture, relativement aux transports par terre ;
les connaissements des capitaines pour les transports par
voie maritime ou fluviale.

Les lettres de voiture et les connaissements doivent être
conformes aux prescriptions légales ; ainsi les connaissements délivrés par les capitaines de navires français doivent
contenir toutes les énonciations voulues par l'article 281 du
Code de commerce ; l'article 102 du même Code détermine
également, pour les commissionnaires français, les indications
que doit contenir la lettre de voiture. Ces pièces doivent,
comme les reçus, quittances, bordereaux et autres pièces comptables, être visées par l'agent et être revêtues du timbre officiel de son poste.

En résumé, l'État, de même que tout particulier, doit recevoir, non pas simplement la preuve d'un paiement fait, mais
aussi les titres réguliers, c'est-à-dire visés et scellés, qui

_____

(1) Circulaire du 21 septembre 1861 (F.) ; règlement (F.) du 1er octobre
1867, § 107 et suiv.

constatent l'origine, les éléments, ainsi que l'exactitude de la somme payée et dont on lui réclame le remboursement.

Quant aux menus frais, aux donatives et aux dépenses pour lesquelles il peut y avoir impossibilité de se procurer quittance, il doit en être justifié par une déclaration de l'agent, dans laquelle il certifie la réalité de la dépense, et explique les motifs qui s'opposent à la production du reçu. Cette déclaration, revêtue du sceau officiel du poste, doit contenir un bordereau détaillé, toutes les fois que la somme totale se compose d'éléments partiels. (1)

Les quittances ou bordereaux quittancés des banquiers ou *tiers intermédiaires* qui ont avancé pour un agent le paiement d'une dépense quelconque, ne peuvent dispenser cet agent de produire les reçus des ayants-droit qui ont été désintéressés par des tiers.

Toute quittance d'une somme supérieure à dix francs, établie en France, doit être dressée sur timbre.

Toute pièce justificative en langue étrangère doit être accompagnée de sa traduction *littérale*, complète, certifiée véritable et signée par l'agent, enfin revêtue de son sceau officiel.

Les dates de l'ère musulmane et de toute ère ou manière d'énoncer les jours, mois et années, doivent, après leur traduction littérale, être représentées, entre parenthèses, par leur date correspondante selon l'almanach grégorien.

**263. États des frais de voyage.** — Les pièces à produire en vue du remboursement des frais de voyage se composent d'une déclaration d'arrivée et, s'il y a lieu, d'un état de réclamation, pour les frais de transport de mobilier. La déclaration d'arrivée qui doit être adressée par les agents au ministre, en double expédition, dès qu'ils sont parvenus à destination, est nécessaire dans tous les cas, qu'il s'agisse d'un voyage d'aller ou de retour, que le trajet se soit effectué

---

(1) Circulaires des 15 avril 1848, 24 septembre 1861 (F.) et 25 juin 1882. (F.) — Règlement de 1867, § 110. (F.)

en chemin de fer ou autrement. (1) Elle doit énoncer : 1° l'indication exacte des dates de départ et d'arrivée ; 2° la dénomination des personnes que l'agent a emmenées avec lui, leur qualité, leur degré de parenté avec l'agent, l'âge des enfants (nécessaire à connaitre pour apprécier s'ils ont dû payer place entière ou seulement demi-place), le sexe des domestiques et leur nationalité (attendu que les prix de leur passage à bord de beaucoup de bâtiments varient en raison de ces circonstances) ; 3° la voie suivie avec le détail des lignes de chemin de fer et de paquebots (l'agent doit choisir pour lui et les siens la plus économique des voies directes de terre et de mer) ; 4° l'indication du prix des places d'après le tarif plein (pour le calcul de la majoration) et déduction faite des rabais consentis par les compagnies ou entreprises de transport, de manière à faire ressortir le montant net de la dépense effectuée. Si la dépense a été faite en monnaie étrangère, il faut, en outre, la porter en francs en mentionnant le taux du change.

Dans le cas où l'agent n'aurait pas emmené avec lui sa famille et où celle-ci partirait ultérieurement pour le rejoindre, des déclarations distinctes devront être établies à l'arrivée de l'agent et à l'arrivée de la famille.

Le remboursement des frais de transport de mobilier donne lieu à l'envoi d'un état distinct (2), qui doit également être dressé en double exemplaire et accompagné des pièces justificatives, celles-ci en primata seulement. L'agent doit inscrire sur cet état le détail de ses dépenses effectives en monnaie étrangère et en francs, sans aucune référence aux maxima de 5.000 et de 7.000 francs que nous avons indiqués plus haut, ni aux dépenses résultant d'un arrêt forcé en cours de voyage.

La déclaration d'arrivée et l'état de réclamation de frais de transport du mobilier doivent être certifiés, au bas, sin-

_____

(1) Voir *Formulaire*, tome I, modèle n° 94.
(2) Voir *Formulaire*, tome I, modèle n° 95.

cères et véritables, et ce certificat doit mentionner en toutes lettres la somme totale réclamée et indiquer le taux du change payé pour les monnaies étrangères. Ils doivent être datés, signés par l'agent et revêtus du sceau du consulat. Sur le montant total de l'état de réclamation, il est alloué aux agents une bonification de 2 % pour frais de banque et de recouvrement d'avances, jusqu'à concurrence des maxima sus-mentionnés. (1)

**264. Frais de séjour et dépenses extraordinaires.** — En principe, les frais de séjour dans tel ou tel lieu pendant le cours du voyage ne sont pas remboursés par le département ; toutefois, lorsque l'agent en cours de voyage n'a pas de traitement, il est dédommagé par le département des frais que lui occasionnent les relâches.

Une indemnité extraordinaire peut, d'autre part, être allouée aux agents qui auraient été arrêtés pendant leur voyage par une circonstance de force majeure, et dans la fixation de cette indemnité, il est tenu compte du traitement dont les agents jouiraient en cours de route. (2)

Toutes dépenses extraordinaires ou résultant d'événements de force majeure, doivent être l'objet d'explications spéciales qui en fassent connaître la cause et la nécessité ; elles ne sont remboursées, en tout ou en partie, qu'autant que le ministre, non-seulement les a reconnues indispensables, mais encore a jugé qu'elles ne doivent pas rester à la charge de l'agent. (3)

SECTION V. — *Du mobilier appartenant à l'État, dans les postes diplomatiques et consulaires.*

**265. Inventaire.** — Nos lois n'accordent pas seulement à la Cour des comptes le contrôle de toutes les recettes et dépenses de l'État, mais encore celui des valeurs *matières* qui lui appartiennent.

(1) Circulaire du 25 juin 1882. (F.)
(2) Décret du 26 avril 1882, article 7. (F.)
(3) Règlement de 1867, § 106 (F.), et Circulaire du 25 juin 1882. (F.)

Les meubles et les valeurs mobilières fournies par l'État à certains agents du département des affaires étrangères doivent être l'objet d'un inventaire comprenant *tous* les objets dont ce mobilier se compose.

Cet inventaire énonce : 1° le numéro d'ordre ; 2° la date de l'inscription ; 3° la désignation de l'objet ; 4° le montant du prix d'achat ; 5° la destination et le lieu d'emplacement ; 6° enfin, dans une colonne réservée aux observations, les mutations, détériorations, etc., avec indication des motifs.

Dans les résidences politiques et consulaires où le mobilier appartenant à l'État se compose, non-seulement des objets affectés au service de la chancellerie et des archives, mais aussi de meubles meublants et de valeurs mobilières de diverse nature, le mobilier de la chancellerie doit être rassemblé, dans l'inventaire, en une section *séparée*, de telle sorte que les meubles meublants et valeurs mobilières forment une catégorie complètement distincte, qui doit elle-même, s'il y a lieu, être subdivisée par sections, suivant l'analogie des objets et l'ordre des lieux d'emplacement.

Cet inventaire, entièrement distinct et séparé de celui des papiers et documents contenant les archives, doit être récolé à la fin de chaque année *et à chaque mutation de fonctionnaires responsables ;* les accroissements et diminutions survenus dans l'intervalle d'un récolement à un autre doivent être consignés dans le procès-verbal qui en est dressé. Un double de chacun de ces procès-verbaux doit être envoyé chaque fois au département, sous le timbre de la division des fonds. (1)

**266. Inscription des objets nouvellement acquis.**— Tout objet acquis aux frais de l'État, qu'il ait été payé sur le chapitre des frais de service ou sur tout autre fonds, doit être immé-

_____

(1) Ordonnance du 31 mai 1838, art. 162. — Règlement général du 5 novembre 1840, art. 97. — Arrêté du ministre des affaires étrangères du 1er octobre 1848, art. 1 et 5. (F.) — Circulaire des affaires étrangères du 14 mars 1866. (F.) — Règlement général du 1er octobre 1867, art. 133. (F.)

diatement porté sur l'inventaire. Un certificat du chef du poste constatant cette inscription est envoyé au département, sous le timbre de la division des fonds, avec les pièces justificatives du prix d'achat. A défaut de ce]certificat d'inscription, la dépense, lors même qu'elle aurait été autorisée ou qu'elle serait de nature à être approuvée par le département, ne serait pas admise à remboursement. (1)

**267. Responsabilité des agents.** — Les agents sont responsables de tout le mobilier appartenant à l'État dans le poste qu'ils occupent. Ils ne peuvent en vendre, échanger, supprimer ni acheter aucune partie sans autorisation préalable.

Dans le cas où il y a suppression ou translation d'un poste politique ou consulaire, le chef du poste supprimé ou transféré doit compte du mobilier. Lorsque ce mobilier ou une portion quelconque de ce mobilier a dû être vendu, l'agent est tenu de justifier du produit par procès-verbal de vente en forme authentique. Le montant de ce produit, après vérification et approbation par le département des pièces justificatives, est versé au Trésor, et l'agent en est déchargé sur la remise faite à la division de la comptabilité, par lui-même ou par son fondé de pouvoirs en son nom, du récépissé du caissier payeur central du Trésor public. (2)

---

(1) Arrêté du ministre des affaires étrangères du 1er octobre 1848, art. 4. (F.) — Circulaire des 12 janvier 1863 et 14 mars 1866. (F.)

(2) Arrêté du ministre des affaires étrangères du 1er octobre 1848, art. 5. (F.) — Circulaire des affaires étrangères des 1er octobre 1848 (F.) et 14 mars 1866. (F )

# LIVRE CINQUIÈME

## DES RAPPORTS DES CONSULS
### AVEC LES AUTORITÉS FRANÇAISES ET LES PARTICULIERS ÉTABLIS EN FRANCE.

---

## CHAPITRE PREMIER

### Rapports généraux des consuls avec les missions· diplomatiques, les consuls généraux et leurs collègues.

#### Section Ire. — *Correspondance des consuls avec les chefs d'établissements consulaires et les agents diplomatiques.*

**268. Objet de cette correspondance.** — Les consuls ne correspondent pas seulement d'une manière directe avec les ministres des affaires étrangères et de la marine ; ils ont encore à entretenir avec l'agent diplomatique ou le consul général, chef de l'établissement consulaire dont ils font partie, une correspondance que nous appellerons locale.

L'objet de celle-ci est : 1° de donner au chef de l'établisment consulaire toutes les informations d'intérêt politique ou commercial qui sont recueillies dans chaque poste particulier, et dont il peut avoir besoin pour s'acquitter des devoirs de surveillance générale dont il est chargé ; 2° de réclamer une intervention officielle auprès du gouvernement territorial, lorsque l'agent subordonné rencontre des obstacles dans l'exercice de ses fonctions ; 3° de demander une direction dans les cas douteux, ou de provoquer, soit une autorisation, soit une solution immédiate, lorsque l'urgence des circonstances ne permet pas d'attendre la décision du gouvernement de la République. (1)

Toutes les fois que les attributions du consulat général ne sont pas concentrées entre les mains de la légation établie dans le même pays, les rapports de service des consuls avec l'agent diplomatique empruntent l'intermédiaire du chef d'établissement, et leur correspondance directe avec la légation se borne alors à l'envoi de renseignements généraux sur la situation politique de leur arrondissement, l'appréciation des affaires purement maritimes et commerciales rentrant dans les attributions exclusives des consuls généraux.

L'activité plus ou moins grande que comporte cette correspondance est, on le comprend, subordonnée à l'importance de chaque poste ; mais nous dirons ici, comme principe général, que, lorsqu'un consul croit devoir réclamer l'intervention du chef de l'établissement auprès du gouvernement territorial, il doit le faire par un rapport motivé et circonstancié, appuyé de toutes les pièces nécessaires pour élucider les faits et justifier le fondement de ses réclamations.

**269. Maintien du principe de la subordination.** — Les chefs d'établissement n'ont pas seulement un droit d'inspection, de surveillance, de centralisation à l'égard des consuls de tout grade qui relèvent d'eux ; ils sont encore auprès du ministère des affaires étrangères l'intermédiaire nécessaire de toutes les affaires contentieuses qui, n'ayant pu être terminées sur les lieux, sont déférées en dernier ressort à l'appréciation du gouvernement. (2)

Ce ne serait donc que par oubli des traditions et de leurs

---

(1) Ordonnance du 3 mars 1781, titre ii, art. 11 et 12. — Circulaire des affaires étrangères du 3 nivôse an vii (23 décembre 1798). — Instruction du 8 août 1814. (F.) — Circulaires des 31 août 1833, 16 mai 1849 (F.) et 10 mai 1882. (F.)

(2) Circulaire des affaires étrangères du 22 fructidor an ii (8 septembre 1794).

devoirs de subordination que des consuls, au lieu de soumettre tout d'abord à leur chef immédiat la solution des doutes qu'ils auraient conçus, soit sur l'application des lois ou règlements en matière commerciale et maritime, soit sur des affaires se rattachant au service courant de leur consulat, recourraient directement à l'administration pour des questions de détail dont la solution est en général plus facile et plus prompte sur les lieux mêmes où l'affaire a surgi. En se pénétrant bien de l'esprit qui a inspiré les ordonnances réglementaires des consulats, les agents comprendront d'eux-mêmes que l'inobservation des principes que nous venons de rappeler ne peut que détruire l'ensemble et le concert de vues d'où dépendent la régularité de la marche de l'administration et le succès des affaires. Tout zèle qui tendrait à s'isoler, comme tous services qui ne se rattacheraient pas au bien commun de l'établissement consulaire, exposeraient ceux qui s'en rendraient coupables au blâme mérité du gouvernement. (1)

**270. Des consuls placés dans la résidence d'un agent diplomatique.** — Les attributions privatives des consuls, ainsi que les droits qu'ils tiennent en propre de leur charge et de leur caractère, ne sont point altérés dans leur essence par le fait de leur résidence dans la même ville qu'un agent diplomatique.

Cette résidence commune dans la même ville doit, sans doute, rendre plus fréquents et surtout plus utiles au service les rapports entre le chef de la mission diplomatique et le consul ; mais les deux agents restent, l'un et l'autre, également responsables, vis-à-vis du département des affaires étrangères, du service spécial dont ils sont respectivement chargés ; tous deux en relèvent également et reçoivent directement du gouvernement de la République les instructions dont ils peuvent avoir besoin. On comprend néanmoins que

_____

(1) Circulaire des affaires étrangères des 31 août 1833, 16 mai 1849 (F.) et 10 mai 1882. (F.)

les informations générales et d'intérêt public qui font l'objet de la correspondance officielle des consuls doivent être portées simultanément par ceux-ci à la connaissance du chef de la mission diplomatique dont ils relèvent. C'est là au surplus un principe d'ordre dont les consuls placés au siège même d'une légation ou d'une ambassade ne sauraient pas plus se départir que ceux de leurs collègues qui résident sur tout autre point du même État.

Nous avons à peine besoin de faire remarquer que ces sortes d'informations sont le plus souvent données verbalement. Il est, en effet, difficile qu'il en soit autrement sans s'exposer au double inconvénient de gêner le consul dans l'accomplissement de ses devoirs si multiples, et d'obliger les deux agents à un échange inutile de correspondance pour des faits et des détails qui puisent parfois dans leur actualité la plus grande partie de leur importance et de leur mérite.

Si la présence sur les lieux d'un agent diplomatique rend forcément plus fréquent, plus direct, le concours qu'un consul est, en quelque sorte, appelé à prêter aux travaux de la mission, ce concours, à moins que dans tel ou tel cas spécial le ministre n'en ait ordonné autrement, ne saurait cependant jamais aller jusqu'à intervenir dans ce qui constitue les attributions propres des secrétaires de légation ou attachés, telles que rédaction de notes ou mémoires, recherches ou classement de documents, copies de pièces ou dépêches, réunion d'informations politiques, etc.

Mais il est du devoir du consul de porter spontanément à la connaissance du chef de la mission toutes les informations qu'il a pu recueillir et qui lui paraîtraient être de nature à appeler l'attention de cet agent à un point de vue d'intérêt général ou même particulier.

Le consul doit, de plus, fournir à la légation les éléments des travaux réclamés dans l'intérêt du service, sans cependant que le concours qu'il prête à cette occasion puisse être transformé en une collaboration illimitée, directe et journalière.

Enfin, il doit communiquer au chef de mission, à charge de restitution, tout dossier, toute pièce ou tout document dont celui-ci croirait avoir intérêt à prendre connaissance.

D'autre part, le consul, tout en ayant en général avantage à prendre officieusement l'avis du chef de la mission quant aux difficultés pratiques qui peuvent surgir dans son service particulier, reste, sous sa responsabilité, dans une indépendance complète pour l'exercice de ses fonctions spéciales en qualité de juge, arbitre, officier de l'état civil, etc.

Le seul point essentiel sur lequel la présence, dans sa résidence, d'un agent diplomatique modifie les attributions d'un consul, concerne les relations avec les autorités territoriales. Nul doute, en effet, que du moment où un consul se trouve avoir auprès de lui un agent revêtu du caractère représentatif, il ne puisse plus faire de démarches officielles, ni poursuivre aucune réclamation, dans l'intérêt de ses nationaux, auprès des ministres secrétaires d'État étrangers. L'intérêt bien entendu du service spécial qui lui est confié, exige néanmoins qu'il reste en rapports directs avec les autorités administratives ou judiciaires de sa résidence. Si maintenant une circonstance donnée faisait que même ces derniers rapports dussent cesser d'avoir lieu, ou seulement être suspendus avec telle ou telle autorité secondaire, ce serait au chef de la mission diplomatique à en décider, et le consul manquerait au premier de ses devoirs en ne se conformant pas strictement aux intentions qu'il lui ferait connaître à cet égard. (1)

**274. Personnel des agents.** — Nous avons déjà dit, au chapitre 1ᵉʳ du livre II, que les chefs d'établissement qui fournissent annuellement au service du personnel des notes

_____

(1) Circulaires des affaires étrangères (F.) des 27 février 1856 et 10 mai 1882.

sur les différents agents qui relèvent d'eux, devaient exercer une inspection particulière sur toutes les branches du régime intérieur de l'administration consulaire placée sous leurs ordres. Il suit de là, qu'avant de solliciter du gouvernement l'autorisation de pourvoir, dans leur arrondissement particulier, à la création ou à l'institution d'agences consulaires, les consuls doivent en avoir obtenu l'agrément de leur chef immédiat, qui doit également être saisi par eux de la connaissance de tout acte d'insubordination, de tout fait répréhensible à la charge du consul suppléant ou du chancelier attaché à leur poste ; à plus forte raison devrait-il en être ainsi s'il s'agissait de provoquer la suspension provisoire d'un agent en sous-ordre.

O'est par l'entremise du chef de mission que les consuls ont à solliciter la reconnaissance par les autorités territoriales des agents consulaires qu'ils ont nommés avec l'agrément du ministère.

**272. Communication des travaux commerciaux et des informations politiques.** — Les documents commerciaux et statistiques demandés aux divers consuls établis dans un même pays n'auraient pas toute l'utilité pratique que le gouvernement peut s'en promettre, s'ils n'étaient centralisés entre les mains d'un seul agent chargé d'en totaliser les résultats partiels et d'en tirer des inductions comparatives. Les règlements prescrivent donc aux consuls en sous-ordre de communiquer exactement au chef de l'établissement dont ils relèvent un double de tous les états et de tous les travaux d'ensemble, mémoires, etc., qu'ils adressent au département des affaires étrangères. (1) La pensée qui a dicté cette prescription se justifie trop bien d'elle-même pour que les agents ne sentent pas tout ce que pourrait entraîner d'inconvénients pour le service la moindre négligence à s'y conformer. (2)

---

(1) Circulaire des affaires étrangères du 3 septembre 1833,
(2) Circulaire des affaires étrangères du 16 mai 1849. (F.)

La même obligation leur incombe en ce qui concerne les informations d'ordre politique que les consuls sont dans le cas d'adresser au ministère.

Il est, d'ailleurs, recommandé aux agents, lorsque leur correspondance est l'objet d'une double communication, soit au ministère et à la mission, soit à deux services du département, de toujours le mentionner sur leurs dépêches, au moyen d'une des formules suivantes : *copie*, ou *duplicata*, ou *communiqué*, à l'ambassade, à la direction politique, à la direction commerciale, etc. (1)

**273. Congés.** — Nous avons vu précédemment que les agents, avant de solliciter un congé du département, doivent au préalable s'assurer de l'agrément du chef de la mission diplomatique dont ils relèvent.

Lorsqu'ils ont obtenu ce congé, ils doivent, avant d'en profiter et de quitter leur poste, s'assurer que leur départ ne soulève aucune objection de la part de l'agent diplomatique.

**274. Affaires judiciaires en Levant.** — Les exigences propres à l'administration de la justice en Levant ont créé une obligation toute spéciale pour les consuls établis dans ces parages : c'est celle d'informer directement l'ambassadeur de France à Constantinople de toutes les circonstances des affaires judiciaires dont l'appréciation peut se rattacher de près ou de loin à nos intérêts politiques et commerciaux dans les États ottomans. (2)

SECTION II. — *Correspondance des consuls entre eux.*

**275. Correspondance entre consuls.** — Les consuls, quel que soit leur grade, peuvent et doivent même se donner réciproquement toutes les informations qu'ils jugent avoir de l'intérêt pour le service dans leurs résidences respectives. (3)

---

(1) Circulaire des affaires étrangères du 17 novembre 1885.
(2) Circulaire des affaires étrangères du 15 juillet 1836. (F.)
(3) Instruction générale du 8 août 1814. (F.)

Nous n'avons pas de règles générales à tracer pour la correspondance motivée par ces sortes de rapports, et qui varie
naturellement, selon le pays, les relations communes de service des consuls placés dans un même établissement et le
concours que, dans certaines circonstances, ils peuvent être
appelés à se prêter mutuellement.

# CHAPITRE II

**276. Dérogations aux règles sur la correspondance directe.** — En nous occupant au livre IV des rapports des consuls avec le département des affaires étrangères, nous avons dû rappeler les principes qui interdisent à ces agents non-seulement d'écrire à des autorités françaises et à des particuliers sur des affaires de service, mais encore de répondre à toute demande d'intervention ou de renseignements qui ne leur parviendrait pas par la voie officielle et hiérarchique. Les exigences mêmes de certaines branches du service des consulats ont nécessité quelques dérogations à ce que ce principe avait de trop absolu : peu de mots suffiront pour les faire comprendre.

SECTION Irᵉ. — *Rapports avec les commissions sanitaires.*

**277. Nature des communications des consuls.** — Les commissions sanitaires qui sont établies dans nos ports, se trouvant placées sur les lieux les plus exposés à l'invasion des maladies contagieuses, et étant en outre chargées du soin de prendre les mesures nécessaires pour en préserver notre territoire, doivent être les premières prévenues du péril ; ainsi, quoiqu'il importe que le gouvernement soit directement informé, par la correspondance des consuls avec le ministère des affaires étrangères, de tous les renseignements relatifs à la santé publique, il a été de tout temps prescrit aux agents extérieurs d'adresser en même temps aux commissions sanitaires les informations qui intéressent leur service, et de ne rien négliger pour que ces communications leur parviennent avec autant de promptitude que de régula-

rité. Les services réguliers de paquebots et éventuellement
la voie du télégraphe ou de la poste, offrent à cet égard des
facilités auxquelles on ne doit pas craindre de recourir.

L'ordonnance du 7 août 1822, art. 78, et les décrets des
24 décembre 1850, art. 46, 22 février 1876 et 4 janvier 1896
sur la police sanitaire, en confirmant à cet égard les prescriptions des anciens règlements, recommandent aux consuls
d'avertir, *en cas de péril*, l'autorité française la plus voisine
ou la plus à portée des lieux qu'ils pourraient juger menacés.
Ces termes, *en cas de péril*, doivent s'entendre dans le sens le
plus large. Ainsi, la vigilance des consuls ne doit pas seulement se porter sur l'état de la santé publique dans leur résidence et sur les changements introduits dans la législation
sanitaire ou le régime quarantenaire du pays; il faut encore
qu'elle s'étende aux faits particuliers et tout spécialement
aux accidents morbides qui peuvent se produire à bord de
navires se rendant en France, alors même que le port de
départ serait sain.

En effet, les énonciations de la patente ou du visa au sujet
de maladies observées soit en mer, soit dans le port, ne
parvenant à la connaissance de l'administration française
qu'au moment de l'arrivée du bâtiment à destination, toute
disposition préventive deviendrait impossible si un avertissement spécial et précis, expédié directement par les voies
les plus rapides, ne venait à l'avance éveiller l'attention de
l'autorité sanitaire compétente. Les instructions sur la matière veulent d'ailleurs que ces sortes d'avis soient adressés
également au ministère des affaires étrangères pour être
communiqués d'urgence au ministère de l'intérieur, et elles
concernent aussi bien les navires partis du port de la résidence consulaire ou y ayant relâché en cours de voyage, que
les bâtiments nationaux qui ne se rendent pas directement
en France. Ces derniers, en effet, étant finalement destinés à
rallier un port français, l'administration est intéressée à
posséder le moyen d'apprécier jusqu'à quel point ils rem-

plissent les conditions d'hygiène et de salubrité requises par les exigences de la santé publique, (1)

Il est évident qu'il serait superflu que les consuls entretinssent de semblables relations avec nos diverses commissions sanitaires ; il suffit qu'ils correspondent avec celle qui, par sa position, se trouve plus habituellement en relation avec leur résidence, et ce n'est que dans des cas urgents qu'ils pourraient s'adresser à la commission la plus voisine du lieu de destination du bâtiment partant. Afin, toutefois, de prévenir les inconvénients qui pourraient résulter des lenteurs de la navigation ou de tout autre événement de mer, il leur est prescrit de renouveler leurs avis jusqu'à trois fois. (2) — (Voir livre VI, chapitre VII.)

**278. Formes de ces communications.** — La correspondance des consuls avec les commissions sanitaires de France doit être adressée à M. le Directeur de la santé ou à M. le Président de la commission sanitaire de... Pour conserver à ces correspondances la franchise que leur accordent les règlements de l'administration des postes, les consuls ne doivent l'expédier que sous bandes croisées et contresignées. (3)

SECTION II. — *Rapports avec les autorités maritimes dans nos ports.*

**279. Nature et objet de ces rapports.** — Les cas dans lesquels l'ordonnance réglementaire du 29 octobre 1833 sur les rapports des consuls avec la marine marchande a exceptionnellement autorisé les agents à correspondre sans intermédiaire avec l'administration maritime des ports de France, se rattachent soit au service de l'inscription maritime, soit à celui de la police de la navigation.

Ainsi, lorsque, conformément à l'article 87 du Code civil,

---

(1) Circulaires des affaires étrangères des 17 décembre 1821, 20 janvier 1859 et 30 juin 1866.

(2) Circulaire des affaires étrangères du 2 mars 1847.

(3) Circulaires des affaires étrangères des 19 septembre 1831 et 17 février 1837.

un capitaine a déposé en chancellerie des actes de décès
de marins, une des deux expéditions déposées doit immédiatement être adressée par les soins du consul à l'administration du port d'armement du navire ou du quartier d'inscription du décédé, si celui-ci avait été engagé hors de France. (1)

Lorsque des matelots ont déserté à l'étranger, et que leur
arrestation et leur remise n'ont pas pu être obtenues des
autorités territoriales avant le départ du navire sur lequel ils
étaient embarqués, les consuls sont tenus de les signaler
nominativement à l'administration du port d'armement dudit navire. (2)

Quant aux rapports de correspondance directe entre les
consuls et les ports pour le service de la police de la navigation, nous ferons connaître au livre VIII les circonstances
particulières qui peuvent les motiver. Ce sont, d'une part,
les avis relatifs aux contrats de grosse sur corps et quille
des navires, les engagements hypothécaires sur marchandises et les ventes de bâtiments ou cargaisons; d'autre part,
les envois aux ports d'armement des papiers de bord originaux des navires vendus, naufragés, démolis ou désarmés à
l'étranger à un titre quelconque. (3)

**280. Transmission des lettres et contre-seing.** — Certains
consuls sont dans l'usage de transmettre leurs correspondances en France sous le couvert des chefs du service maritime dans les ports : ce mode d'expédition n'a rien d'irrégulier en tant que les lettres ainsi transmises concernent le
service de l'Etat ; mais pour que ces correspondances aient
droit à la franchise de taxe que les règlements de l'administration des postes leur accordent, il est indispensable qu'elles
soient revêtues simultanément du timbre et du contre-seing
du consul qui en a fait l'envoi. (4)

---

(1) Ordonnance du 29 octobre 1833, art. 16. (F.)
(2) Ordonnance du 29 octobre 1833, art. 26. (F.)
(3) Ordonnance du 29 octobre 1833, art. 31, 32 et 61. (F.)
(4) Circulaire des affaires étrangères du 1er février 1838.

Le contre-seing consiste dans la désignation des fonctions de l'envoyeur, suivie de sa signature. La désignation des fonctions peut être imprimée sur l'adresse ou indiquée par un timbre sec ; mais la signature placée au-dessous doit toujours être apposée *de la main* même de l'envoyeur. (1)

**281. Communications à faire aux commissaires de l'inscription maritime.** — Il est utile de rappeler ici que les seuls fonctionnaires du ministère de la marine autorisés à correspondre en franchise avec les consuls sont les préfets maritimes, les chefs du service et les commissaires généraux ou principaux de la marine. Ni l'instruction générale sur le service des postes du 3 mars 1832, ni l'ordonnance du 17 novembre 1844 n'accordent la franchise aux commissaires de l'inscription maritime : la correspondance des consuls avec ces derniers fonctionnaires doit donc toujours s'effectuer sous le couvert des préfets maritimes dans les cinq ports militaires, ou sous celui des chefs du service de la marine à Dunkerque, Le Havre, Saint-Servan, Nantes, Bordeaux, Bayonne et Marseille. (2)

**282. Limitation du poids des paquets contresignés.** — Les fonctionnaires qui sont autorisés à expédier leur correspondance sous contre-seing, sont tenus de renfermer dans certaines limites le poids de leurs paquets officiels. Cette obligation ne doit pas être perdue de vue par les consuls qui ont parfois à adresser en France des dossiers de pièces assez volumineux, par exemple, des papiers de bord, des registres, etc. Sauf les envois destinés aux autorités jouissant d'une franchise illimitée, tels que les ministres, et pour lesquels il n'existe pas de restriction, le maximum de poids pour les paquets expédiés en franchise est fixé ainsi qu'il suit :

1° A cinq kilogrammes, lorsque le transport doit en être opéré jusqu'à destination, soit par un service en malle-poste

_____

(1) Ordonnance du 17 novembre 1844, art. 13.
(2) Circulaire de la marine du 21 mai 1837.

ou un bateau à vapeur, soit sur un chemin de fer ou par un
service d'entreprise en voiture ;

2° A deux kilogrammes, lorsqu'ils doivent être dirigés sur
une route desservie, en quelque point que ce soit, par un
service d'entreprise à cheval ;

3° A un kilogramme, lorsqu'ils doivent être transportés,
sur une portion quelconque du trajet à parcourir, par un
service d'entreprise à pied. (1)

Cette prescription se trouve sanctionnée par le droit accordé
aux directeurs des postes de refuser à présentation tous les
paquets contresignés, dont le poids excéderait le maximum
réglementaire. Toutefois, afin de préserver un paquet volumineux des avaries auxquelles il pourrait être exposé, surtout
lorsque le transport doit en être effectué par mer, les consuls
peuvent le mettre sous toile en le liant par une ficelle, à la
condition expresse que cette toile soit simplement pliée et la
ficelle nouée de manière à ce qu'après l'arrivée du paquet en
France, l'une et l'autre puissent être facilement détachées
par les soins de l'administration des postes. (2) Tout paquet
plus volumineux devrait être expédié comme marchandise ou
comme article de messagerie.

SECTION III. — *Rapports avec les préfets des départements
et les gouverneurs des colonies.*

**283. Nature de ces rapports.** — Les rapports que les consuls
ont à entretenir directement avec les préfets concernent, soit
l'application de nos lois militaires aux Français demeurant à
l'étranger (3), soit lorsqu'il s'agit de départements limitrophes
ou voisins de leur arrondissement, l'envoi de simples renseignements de police ou le rapatriement d'office d'indigents. (4)

Dans les villes desservies par les paquebots des lignes

(1) Ordonnance du 17 novembre 1844, art. 60.
(2) Ordonnance du 17 novembre 1844, art. 26.
(3) Circulaires des affaires étrangères(F.) des 16 juin 1873 et 4 mars 1890.
(4) Instruction générale du 8 août 1814 (F.) et Circulaire du 2 avril 1887.(F.)

subventionnées françaises, les consuls peuvent, en outre, correspondre avec les préfets et sous-préfets pour les affaires dont ils ont été saisis par des particuliers. (1)

D'un autre côté, un certain nombre d'agents diplomatiques et consulaires ont été autorisés, en raison de la situation géographique de leur poste et des rapports fréquents entre le pays de leur résidence et certaines de nos possessions d'outre-mer, à correspondre directement avec les gouverneurs de nos colonies qui ont reçu le pouvoir de légaliser les actes reçus dans les chancelleries en question et destinés à être produits dans lesdites colonies. (2)

**284. Forme des correspondances.** — L'ordonnance du 17 novembre 1844 a déterminé, par son article 22, la forme extrinsèque de ces correspondances qui, suivant leur origine et leur destination, doivent, pour pouvoir être admises en franchise, tantôt être placées sous bandes croisées, tantôt être fermées avec ou sans la mention de nécessité de fermeture.

Pour jouir de l'immunité postale, les plis fermés doivent porter, soit imprimée sur l'enveloppe, soit indiquée par un timbre, et en une ou deux lignes horizontales, la désignation des fonctions de l'agent : *Le ..... de France, à .....;* puis, au-dessous, la signature de celui-ci. En cas d'absence ou d'empêchement légitime, les plis doivent être contresignés dans la forme suivante : *Pour le... de France, à ..., absent ou empêché, le ...*

Quand ils n'ont pas de lignes de paquebots à leur disposition, les agents, pour éviter des frais de poste, ont toujours la faculté d'expédier leur correspondance avec les préfets sous le couvert du ministère des affaires étrangères.

---

(1) Circulaires des 8 avril et 26 août 1876 (F.) et 29 mars 1873.
(2) Circulaire des affaires étrangères du 10 septembre 1876. (F.)

# CHAPITRE III

## Rapports des consuls avec les particuliers établis en France.

**285. Correspondance avec les particuliers.** — En principe, les agents du service extérieur ne doivent entretenir, sur des matières d'intérêt privé, aucun rapport direct de correspondance avec des particuliers fixés en France, et des instructions spéciales le leur ont formellement interdit à diverses reprises. (1) Toutefois, cette défense ne doit pas être entendue dans un sens tellement absolu que les consuls puissent se croire fondés à laisser complètement sans réponse les demandes d'informations ou autres qui pourraient leur être adressées directement par tel ou tel Français qui n'aurait aucun correspondant dans le pays de leur résidence. Sans doute, les consuls doivent invariablement soumettre au ministère des affaires étrangères et ne point traiter directement avec les intéressés les affaires de *succession*, de *dépôt en chancellerie*, de *recouvrements de créances*, *d'état civil*, etc., dont ils ne sont pas saisis par la voie officielle et hiérarchique ; mais il est de leur devoir le plus impérieux de faire connaître aux ayants-droit les motifs de leur abstention et de tracer à ceux-ci dans leur réponse la marche qu'ils ont à suivre pour atteindre le résultat qu'ils ont en vue. (V. livre IV, chapitre IV, section III.) De même, si la position qu'ils occupent au dehors peut leur imposer une certaine réserve à l'endroit des informations personnelles ou d'une nature trop délicate et confidentielle pour devenir l'objet de communications écrites, ils n'en sont pas moins tenus de répondre et de déférer avec empressement aux

(1) Circulaire des affaires étrangères du 12 août 1831.

demandes d'informations commerciales qui peuvent leur être adressées par nos négociants, sauf à faire passer leur réponse, par l'intermédiaire du ministère des affaires étrangères, si la communication directe aux intéressés des renseignements recueillis leur parait présenter quelques inconvénients. En ne perdant jamais de vue qu'une de leurs premières obligations est d'accorder à notre commerce une protection active et efficace, d'être accessibles à toute réclamation fondée et d'aider de leurs conseils tous ceux que leur inexpérience des habitudes locales expose à des difficultés souvent plus faciles à prévenir qu'à dénouer, les consuls sauront, sans peine, apprécier la juste mesure qu'il leur est commandé de garder entre une abstention qui pourrait être prise pour de l'indifférence et une intervention irrégulière ou compromettante.

Ils doivent s'abstenir de toute immixtion dans les opérations de leurs nationaux, ce qui, le plus souvent, engagerait au moins inutilement leur responsabilité. Ils n'ont pas notamment à se constituer les mandataires des négociants qui recourent à eux, mais ils leur doivent un bon accueil et, au besoin, leurs conseils et leur protection. (1)

On peut ajouter, à titre d'observation générale, que, dans tous les cas où ils conçoivent quelque doute sur la suite que peut comporter telle ou telle demande qui leur est adressée par un particulier, les agents doivent en référer au département ; en matière commerciale, ils feront bien également d'adresser au ministère des affaires étrangères la copie des renseignements qu'ils auraient pu être amenés à recueillir pour satisfaire à des demandes particulières et qui seraient susceptibles d'être utilisés dans un intérêt général.

---

(1) Circulaires des affaires étrangères (F.) des 28 février 1863, 27 septembre 1886 et 28 octobre 1890.

# CHAPITRE IV

## DE L'INTERVENTION DES CONSULS DANS LE SERVICE
## DES PAQUEBOTS-POSTE.

**286. Lignes subventionnées.** — Après avoir, pendant un certain nombre d'années, exploité pour son propre compte et par des bâtiments à vapeur de la marine militaire, le transport des dépêches, d'une part, entre Calais et Douvres, d'autre part, entre Marseille, la Corse, l'Algérie, l'Italie et les principaux ports du Levant, le gouvernement s'est décidé à confier le service des paquebots-poste à des compagnies particulières.

En dehors de la Corse et de l'Algérie dont nous n'avons pas à nous occuper ici, puisque les bâtiments qui les desservent ont pour points de départ et d'arrivée des ports français, nos paquebots-poste embrassent aujourd'hui les lignes suivantes :

1° Celle de Calais à Douvres ;

2° Celle de Marseille à Tunis, par Ajaccio et Bône ;

3° Celle de Marseille à Beyrouth et retour, par Alexandrie et Jaffa ;

4° Celle de Marseille à Smyrne, par le Pirée ;

5° Celle de Port-Saïd à Salonique et à Smyrne ;

6° Celle de Marseille à Yokohama avec les lignes annexes : a) d'Aden à Kurrachee et Bombay, b) de Colombo à Calcutta, c) de Singapoore à Batavia ;

7° Celle de Bordeaux à Buenos-Ayres, par Lisbonne, Dakar, Rio et Montevideo ;

8° Celle de Marseille à Nouméa, par Aden et l'Australie, avec annexes de Mahé à La Réunion et à Maurice ;

9° Celle de Marseille à La Réunion, avec escales à Zanzibar, et à Madagascar ;

Ces sept dernières lignes sont exploitées par la Compagnie des messageries maritimes, en vertu de la convention avec l'État du 30 juin 1886, approuvée par la loi du 7 juillet 1887.

10° Celle du Havre à New-York ;

11° Celle de Saint-Nazaire à Colon ;

12° Celle du Havre et de Bordeaux à Colon ;

13° Celle de Saint-Nazaire à La Vera-Cruz ;

14° Celle de Fort-de-France à Cayenne (ligne annexe mensuelle) et de Cayenne à l'embouchure des Amazones (facultative).

Les trois lignes des Etats-Unis, du Mexique et des Antilles forment le domaine particulier de la Compagnie transatlantique, à qui elles ont été attribuées par la loi du 24 juin 1883.

Depuis que les paquebots-poste ont cessé d'être exploités directement pour compte de l'État, les consuls se trouvent naturellement exonérés de la part d'intervention, de surveillance et de contrôle qui leur avait été déférée à l'égard de ces paquebots par divers règlements, entre autres par celui du 10 avril 1837 et par l'ordonnance du 23 février 1839.

Néanmoins, aux termes des cahiers des charges annexés aux différentes lois que nous venons de citer, les agents du service extérieur sont encore appelés à coopérer, quoique d'une manière moins directe, à la bonne exécution du service postal que le gouvernement a désormais confié à des compagnies particulières, libéralement subventionnées.

**287. Surveillance et protection des paquebots.** — Le droit de surveillance et de protection déféré aux consuls en cette matière a pour objet de maintenir le meilleur ordre et la plus grande exactitude possible dans les diverses branches du service postal accompli sur chaque point d'escale.

Les obligations qui en découlent consistent : 1° à faciliter, par tous les moyens en leur pouvoir, le débarquement et l'embarquement des valises de correspondance ; 2° à prévenir tout retard et toute difficulté dans l'expédition des paque-

bots, soit à l'arrivée, soit au départ ; 3° à informer le gouvernement de tous les faits d'intérêt général ou particulier se
rattachant à l'exploitation du service, aux abus qui s'y
seraient introduits et aux améliorations dont il serait susceptible.

Les correspondances officielles relatives à cette partie des
attributions consulaires ne doivent parvenir au ministère du
commerce (sous-secrétariat des postes et télégraphes) que
par l'entremise de celui des affaires étrangères et sous le
timbre de la *direction des consulats* (sous-direction des
affaires consulaires).

**288. Informations à donner aux capitaines.** — Les renseignements que les consuls ont à donner aux capitaines des
paquebots sur les règlements sanitaires ou de police auxquels
ils sont tenus de se conformer, les avis qu'ils doivent leur
fournir, si l'un d'eux se disposait à entrer dans un port où
règnerait quelque maladie épidémique ou contagieuse, sont
les mêmes que ceux qui, dans les cas analogues, doivent
être fournis aux commandants et capitaines de tout bâtiment
de guerre ou de commerce.

**289. Rapports de mer des capitaines et dépôt en chancel-
lerie des pièces de bord.** — Les obligations générales imposées à cet égard aux capitaines de la marine marchande
(V. tome II, livre VIII, chap. V) ne pèsent sur les commandants des paquebots-poste qu'au terme extrême de la ligne
qu'ils parcourent. Dans les ports de simple escale, ces navigateurs sont dispensés de tout dépôt de pièces de bord et
peuvent, pour certaines déclarations ou démarches en chancellerie, se faire suppléer, soit par un officier de leur bord,
soit par l'agent de la compagnie à laquelle appartiennent les
paquebots. (1)

**290. Débarquement et embarquement des passagers.** — A
l'arrivée de chaque paquebot, le capitaine ou, à son défaut,

---

(1) Circulaire des affaires étrangères du 17 mars 1863. (F.)

un officier du bord, remet par duplicata à la chancellerie la liste de tous les passagers embarqués à son bord et indiquant, s'il est possible, non-seulement les noms et prénoms, mais encore le lieu et la date de naissance, l'état civil et la profession. (1) Au départ, la liste des passagers est dressée à terre par l'agent de la compagnie ; au moment d'appareiller, le capitaine doit faire l'appel des passagers sur la liste qu'il a reçue à terre et qui, après avoir été rectifiée, s'il y a lieu, est renvoyée à l'agent des paquebots, chargé d'en faire la remise au consul. (V. tome II, livre VIII, chap. v.)

**291. Transport des esclaves.** — Les dispositions des lois et ordonnances qui défendent le transport des esclaves à bord des navires français, sont naturellement applicables aux paquebots-poste. Les consuls doivent donc veiller, de concert avec les capitaines, à ce qu'aucun trafic ou commerce d'esclaves n'ait lieu par leur intermédiaire.

Un avis affiché dans toutes les chancelleries défend expressément le transport des esclaves et rappelle qu'en cas de plainte, la liberté de tout passager serait placée sous la sauvegarde du capitaine, et l'esclave mis à l'abri de l'autorité du maître. Il ne saurait cependant en résulter pour les capitaines des paquebots, pas plus que pour les agents de la compagnie à terre, l'obligation de s'enquérir de la qualité des domestiques que les passagers emmènent avec eux, soit en Levant, soit dans toute autre région où l'esclavage existe encore. (2)

**292. Embarquements d'office par les consuls.** — Lorsque les consuls ont à requérir les capitaines des paquebots de recevoir à leur bord quelque passager embarqué d'office, soit missionnaire ou membre d'un ordre religieux, soit fonctionnaire civil ou militaire, soit indigent, déserteur ou criminel, ils doivent le faire par *écrit* ; il en est de même lors-

---

(1) Circulaires de la marine du 3 juillet 1879 (F.) et des affaires étrangères du 21 octobre 1879. (F.)

(2) Circulaire des affaires étrangères du 27 septembre 1844.

qu'ils ont à demander qu'un objet quelconque soit reçu à bord d'un paquebot pour être transporté en France au compte de l'État. (1)

En ce qui concerne les passagers ecclésiastiques, certaines distinctions sont à faire. Sur les lignes de la *Méditerranée* exploitées par la Compagnie des messageries maritimes, les *missionnaires de toute nationalité* (lazaristes, frères de la doctrine chrétienne, sœurs de charité et autres membres des ordres religieux) bénéficient de la gratuité du passage à la condition de satisfaire aux frais de nourriture. Sur les lignes d'*Extrême-Orient*, de la même compagnie, la gratuité absolue est acquise tant au point de vue du passage que des frais de nourriture aux *seuls missionnaires de nationalité française*. Les prêtres du clergé séculier rentrent dans la catégorie des ministres des différents cultes reconnus par l'État et jouissent en cette qualité, s'ils appartiennent à la nationalité française, d'une réduction de 30 % sur les prix des passages.

Sur les lignes du *Mexique* et des *États-Unis* exploitées par la Compagnie transatlantique, les missionnaires et les sœurs de charité sont considérés comme personnes voyageant avec l'agrément du Gouvernement motivé par un intérêt public et jouissent en cette qualité du rabais de 30 % accordé également aux ministres des différents cultes. (2)

Les militaires et marins ont le droit absolu d'être rapatriés sur les paquebots-poste aux frais de l'État (3) ; mais il est recommandé aux agents de n'employer pour ces rapatriements la voie des paquebots-poste que dans les cas d'absolue nécessité. (4)

Quant aux indigents de l'ordre civil, lorsqu'il n'est pas possible de les rapatrier dans les conditions prévues par le

---

(1) *Formulaire des chancelleries*, t. i, modèle n° 382.

(2) Circulaires des affaires étrangères (F.) des 30 novembre, 1er et 18 décembre 1886.

(3) Cahier des charges du 30 juin 1886, art. 31. — Décret du 11 janv. 1896.

(4) Instruction de la marine du 28 janvier 1889. (F.)

décret du 22 septembre 1891, la faculté d'en requérir l'embarquement à prix réduit à bord des paquebots-poste, c'est-à-dire à la dernière classe, est laissée aux consuls *sous leur responsabilité* (1) ; mais ces agents ne doivent, on le comprend, user de cette faculté qu'avec beaucoup de circonspection, tant à raison du surcroît de dépenses qui peut en résulter pour l'État que parce qu'ils s'exposent, si la mesure n'est pas approuvée, à ce que les frais soient laissés à leur charge (2); d'ailleurs, la destination de ces passagers doit toujours être le port de destination du paquebot en France, sans qu'ils puissent être transportés d'une station étrangère à une autre.

Les ordres d'embarquement à bord des paquebots délivrés par les consuls doivent toujours indiquer non-seulement les lieux d'embarquement et de débarquement, les nom, prénoms et âge des passagers ou autres personnes rapatriées ainsi que la classe à laquelle ils sont admis sur le paquebot, mais encore le lieu de leur naissance, leur état, profession ou qualité d'indigent, la désignation des régiments ou navires auxquels appartiennent les militaires ou marins, enfin le lieu où chaque passager ou rapatrié doit se rendre après débarquement sur le sol français. L'absence de ces indications serait une irrégularité d'autant plus grave, qu'elle mettrait obstacle à ce qu'on pût en France vérifier quel est le département ministériel qui doit en fin de compte rembourser la dépense. (Voir livre IV, chapitre IV, section III). (3)

La correspondance que les consuls peuvent avoir à entretenir avec le département des affaires étrangères au sujet des frais de passage et des rapatriements par les paquebots-poste, doit être timbrée : *Direction des consulats* (sous-direction des affaires de chancellerie), s'il s'agit d'indigents de l'ordre civil, et *Direction politique*, s'il s'agit de passagers ecclésiastiques.

(1) Circulaire des affaires étrangères du 5 décembre 1860. (F.)
(2) Circulaire des affaires étrangères du 2 avril 1887. (F.)
(3) Circulaire des affaires étrangères du 5 décembre 1860. (F.)

**293. Passage des consuls sur les paquebots.** — Les agents du département des affaires étrangères n'ont droit à être embarqués d'office et aux frais du département sur les paquebots-poste que quand ils se déplacent pour affaires de service. Ils sont reçus en France sur la réquisition directe du ministre ; à l'étranger, la réquisition adressée au capitaine émane directement de l'agent en faveur duquel elle est faite ou de son chef immédiat.

Dans tous les autres cas, ces agents payent eux-mêmes leurs frais de passage, sous déduction du rabais inscrit dans les cahiers des charges en faveur des fonctionnaires civils ou militaires, sauf, s'il y a lieu, à se pourvoir ultérieurement auprès du ministre des affaires étrangères, pour le remboursement de la dépense.

**294. Transport des correspondances officielles.** — Aux termes de décisions du ministre des finances, en date des 13 juillet et 20 novembre 1837, les correspondances officielles des agents diplomatiques et consulaires transportées par les paquebots-poste devaient, pour jouir de la franchise, être placées sous bandes, à moins que leur nature n'exigeât qu'elles fussent mises sous enveloppes ou sous plis fermés. Dans ce cas, les lettres et paquets devaient être contresignés par l'agent qui devait, en outre, constater au-dessus de sa signature qu'il y avait eu nécessité de clore la dépêche. (1)

Cette obligation n'existe plus aujourd'hui. Deux circulaires, en date des 8 avril et 28 août 1876, ont autorisé les agents à échanger sous plis fermés contresignés, par la voie des paquebots-poste, leur correspondance officielle avec les commandants de régions et de subdivisions de régions militaires et les préfets et les sous-préfets, et à se servir de l'intermédiaire de ces autorités pour faire tenir aux fonctionnaires de l'ordre civil et militaire, ainsi qu'aux particuliers, les renseignements que ceux-ci auraient sollicités d'eux.

---

(1) Décisions du ministre des finances des 13 juillet et 20 novembre 1837.

Il est expressément recommandé aux agents de veiller à ce que leur contre-seing ne couvre pas des correspondances privées, et il leur est également prescrit, pour prévenir tout abus à cet égard, de remettre à l'agent de l'administration des postes, pour être taxées conformément aux règlements, toutes les lettres étrangères au service qui pourraient arriver sous leur couvert.

Le contre-seing attribué aux consuls étant expressément limité à leur propre correspondance de service, ils ne doivent jamais, sous aucun prétexte, en revêtir les dépêches que les agents étrangers en résidence dans les ports d'escale échangent par la voie de nos paquebots. (1)

Les paquets et plis officiels que les agents du département des affaires étrangères ont à s'adresser réciproquement par la voie des paquebots sont transportés à découvert et en dehors des paquets de la poste ; à cet effet, ces agents les remettent directement à l'agent de l'administration des postes, qui leur en donne un reçu. Cette formalité équivaut à l'inscription sur le rôle d'équipage des plis de service remis aux capitaines des bâtiments marchands ordinaires.

**295. Retards apportés aux départs des paquebots.** — Nous ajouterons en terminant que si les agents du département des affaires étrangères peuvent prendre sur eux de retenir les paquebots dans des circonstances tout à fait exceptionnelles et lorsqu'un intérêt majeur de service l'autorise, les inconvénients qu'entraîne l'exercice de ce droit sont trop graves pour que la durée du retard ou des retards successifs apportés aux départs d'un paquebot n'ait pas dû être limitée. Il a, en conséquence, été établi que, sauf dans des circonstances politiques extraordinaires, ces retards ne pourraient excéder douze heures et devraient être notifiés à l'agent de la compagnie six heures à l'avance. (2) Il va sans dire que le consul qui a requis une suspension ou un retard de cette nature, est

(1) Circulaire des affaires étrangères du 11 septembre 1835.

(2) Cahier des charges annexé à la loi du 8 juillet 1851, art. 3.

tenu de rendre compte au département des affaires étrangères, sous le timbre de la sous-direction des affaires consulaires, par une dépêche spéciale, des motifs qui l'y ont déterminé.

**296. Privilèges particuliers acquis aux paquebots-poste.** —
Dans la plupart des pays où abordent les paquebots-poste
français, des arrangements diplomatiques ont assuré à ces
mêmes bâtiments des privilèges spéciaux. C'est ainsi, par exemple, qu'ils sont assimilés quelquefois à des navires de
guerre lorsqu'ils ne font pas d'opérations de commerce (1), et
que presque partout ils sont autorisés à se refuser à toute
réquisition qui pourrait les détourner de leur destination, et
qu'ils ne peuvent être sujets à saisie-arrêt, embargo ou arrêt
de prince. (2)

Ils ont la faculté d'entrer de jour comme de nuit dans tous
les ports de leur itinéraire, de débarquer leurs malles dès qu'ils
ont reçu la libre pratique et de renouveler leur provision de
charbon même les dimanches et jours fériés, enfin de réclamer
l'aide et les secours des arsenaux militaires du pays pour la
réparation de leurs avaries.

Un autre privilège garanti quelquefois (3) à ces paquebots
concerne les passagers, qui, lorsqu'ils veulent descendre à
terre, sont sans doute tenus de se conformer aux lois établies
dans le pays où ils se trouvent pour l'entrée et la sortie des
voyageurs, mais qui ne peuvent, en aucun cas et sous aucun
prétexte, être distraits du bord, arrêtés ni obligés de débarquer lorsqu'ils ont été régulièrement inscrits sur la feuille
des passagers à destination d'un port *tiers*.

---

(1) Traité du 9 septembre 1882 avec la Rép. dominicaine, art. 21. (V. *Recueil des traités de la France*, tome xv.)

(2) Traité du 27 novembre 1886 avec le Mexique, art. 25. (V. *Recueil
des traités de la France*, tome xvii.)

(3) Conventions du 7 octobre 1843 avec Haïti (art. 7), du 27 juillet 1843
avec le Venezuela (art. 8), du 31 janv. 1844 avec la Nouvelle-Grenade, etc.
(V. ces traités respectifs à leur date dans le *Recueil des traités de la
France*, tome iv.)

Nous avons à peine besoin d'ajouter que ce privilège ne peut être invoqué que dans les pays où il repose sur une stipulation diplomatique formelle et que, là où il existe, les consuls ou les commandants des paquebots manqueraient à tous leurs devoirs si, par une extension abusive du principe d'exterritorialité, ils cherchaient à s'en prévaloir pour couvrir des fraudes douanières ou soustraire des criminels à l'action régulière des lois du pays.

C'est à chaque agent à apprécier, d'après la teneur des traités de commerce et des conventions postales conclus entre la France et le pays dans lequel il réside, quelle est l'étendue réelle des avantages particuliers assurés aux paquebots-poste et la limite extrême de l'action qu'il lui appartient d'exercer pour assurer le bon fonctionnement du service public en vue duquel ces paquebots ont été établis.

# LIVRE SIXIÈME

## DES FONCTIONS DES CONSULS DANS LEURS RAPPORTS AVEC LEURS NATIONAUX ETABLIS EN PAYS ÉTRANGER.

---

### CHAPITRE PREMIER

#### ORGANISATION DES CHANCELLERIES.

**297. Des chancelleries ou bureaux consulaires.** — On appelle chancellerie le lieu où sont habituellement reçus les divers actes de la compétence des consuls et des chanceliers, et où sont déposées et conservées les minutes de ces actes, ainsi que la caisse et les registres du poste : c'est à la fois un secrétariat, une étude de notaire et une caisse.

**298. Jours et heures de travail.** — Dans l'intérêt des Français qui peuvent avoir à tout instant à réclamer l'intervention du consulat, il convient que la maison consulaire et la chancellerie qui doit s'y trouver placée soient toujours situées en ville et à proximité du port ou du quartier des affaires. (1) Il ne peut être dérogé à cette prescription qu'avec l'autorisation du ministre des affaires étrangères.

Les chanceliers sont tenus de se trouver à la chancellerie tous les jours pendant six heures au moins, excepté les dimanches et jours fériés ; le consul fixe les heures d'ouverture et de clôture des bureaux : cette fixation, qui correspond en général aux heures pendant lesquelles les administrations

---

(1) Circulaire des affaires étrangères du 2 septembre 1833 et du 9 décembre 1833 (F.)

locales des douanes, du port, etc., ont elles-mêmes leurs bureaux ouverts, est affichée à l'entrée de la chancellerie; néanmoins l'expédition des actes de l'état civil et de ceux relatifs à l'arrivée et au départ des voyageurs ou des navires doit, en cas d'urgence, être faite même les dimanches et **jours fériés.** (1)

Les mots *jours fériés* ne s'appliquent pas seulement aux jours de fêtes religieuses ou nationales légalement reconnues en France, ils s'étendent à l'observation de certaines exigences ou usages particuliers des localités: c'est aux consuls à apprécier, dans chaque résidence, les exceptions qui doivent y être faites à la règle établie en France pour les jours fériés.

**299. Tenue des registres de chancellerie.** — Une des principales et des plus importantes fonctions des chanceliers est la tenue et la conservation des registres de chancellerie.

Quelques-uns de ces registres sont facultatifs, d'autres obligatoires et prescrits par les ordonnances; mais leur nombre, comme leur usage, varie suivant l'importance de chaque poste. (2)

Indépendamment des registres uniquement affectés au service de la comptabilité et que nous étudierons au livre IX, les registres administratifs obligatoires sont au nombre de quatorze et sont destinés: 1° à l'enregistrement des correspondances (3), 2° et 3° aux actes de consignation et de retrait des dépôts en nature (4), 4° aux actes notariés passés en chancellerie: ce registre doit être tenu en double expédition (5); 5° à l'inscription des actes de l'état civil: ce registre doit éga-

---

(1) Instruction du 30 novembre 1833 (F.) et circulaire des affaires étrangères des 18 avril 1858 (F.) et 8 juillet 1890. (F.)

(2) V. *Formulaire des chancelleries*, tome I, modèles nos 8, 9, 13, 14, 35, 40 à 44.

(3) Ordonnance du 18 août 1833, art. 2. (F.)

(4) Ordonnance du 24 octobre 1833, art. 3. (F.) — Circulaire du 7 mai 1822. (F.)

(5) Instruction du 30 novembre 1833. (F.)

lement être tenu en double expédition ; 6° et 7° à la délivrance ou au visa des passeports et feuilles de route ; 8° aux mouvements de la navigation française ; 9° à l'immatriculation des Français résidant à l'étranger ; 10° aux patentes de santé ; 11° aux actes de la procédure civile, commerciale, maritime et criminelle, dans le Levant, en Barbarie et dans l'Indo-Chine ; 12° aux inscriptions concernant l'application au-dehors de la loi sur le recrutement ; 13° aux actes administratifs et divers ; 14° aux actes résultant de l'application de la loi sur la nationalité. (1)

Nous n'analyserons pas ici la série des registres facultatifs ; les plus utiles sont ceux destinés à la transcription des correspondances officielles (minutes), aux actes judiciaires, aux actes relatifs à la marine marchande, à la transcription des manifestes, aux armements et aux désarmements du commerce, à l'enregistrement des chargements de morue de pêche française vendus à l'étranger : ce dernier est même à la rigueur obligatoire dans certains consulats.

Les registres obligatoires doivent être ouverts, cotés et paraphés sur chaque feuillet par premier et dernier, et enfin visés tous les trois mois à la suite de l'acte le plus récent et clos à la fin de chaque année par le consul en exercice. (2) Ces prescriptions doivent être rigoureusement exécutées, et lorsque, dans le courant d'une année, il n'y a pas eu occasion de se servir d'un ou plusieurs de ces registres, ils n'en doivent pas moins être arrêtés *pour néant*. Les agents doivent aussi conserver à chaque registre sa spécialité, et ne pas le faire servir à la fois à la transcription ou à l'enregistrement de documents de nature différente.

Les registres doivent être constamment au courant et bien tenus : le chef de chaque poste étant responsable des erreurs

---

(1) Ordonnances des 7 août 1822, 26 avril, 23-25-29 octobre 1833. (F.) — Instruction du 30 novembre 1833. (F.) — Loi du 28 mai 1836. (F.) — Instruction du 24 avril 1877. — Circulaires des affaires étrangères (F.) des 24 mai 1875, 23 décembre 1877, 23 février 1889 et 1er mars 1890.

(2) Instruction du 30 novembre 1833. (F.)

qui peuvent s'y glisser, les consuls ne sauraient veiller avec
trop de soins à cette partie du service. (1)

**300. Conservation des archives.** — Tous les actes originaux
et tous les registres administratifs et de comptabilité doivent
être gardés dans les chancelleries avec autant d'ordre, de
scrupule et de soin que dans un lieu de dépôt public : le classement et la conservation des archives concernent spécialement le chancelier. Les consuls et les chanceliers ne sont pas
obligés seulement de veiller à ce qu'aucune des pièces existant en chancellerie ne soit enlevée, mais ils n'en doivent
eux-mêmes déplacer aucune. Tout enlèvement ou disparition
de pièces, papiers, registres, etc., provenant de leur négligence, serait, aux termes du Code pénal (art. 254), punissable
d'une peine de trois mois à un an d'emprisonnement et d'une
amende de 100 à 300 francs.

C'est dans les chancelleries que doivent être conservés les
bulletins des lois, le journal de la marine, les circulaires et
autres documents officiels transmis aux consulats ; la reliure
ou le brochage constituent un moyen efficace de conservation, auquel les agents feront bien de recourir à l'expiration
de certaines grandes périodes annuelles, mais dont il leur est
interdit en principe de faire peser la charge sur le département.

Afin qu'un utile contrôle puisse être exercé sur la conservation des archives dans tous les postes diplomatiques ou
consulaires, et afin de mieux délimiter la responsabilité des
divers agents, les règlements veulent qu'à chaque transmission de service il soit procédé à un récolement exact et complet de l'inventaire de tous les papiers et documents qui
composent les archives du poste. Le procès-verbal dressé à
cette occasion, en triple expédition, doit être transmis au
département sous le timbre de la division des *Archives*. (2)

**301. Protêts contre les chefs.** — L'article 114 du titre Iᵉʳ de
l'ordonnance de 1781 prescrit aux chanceliers des consulats

(1) Instruction du 20 février 1829.
(2) Circulaire des affaires étrangères du 14 mars 1860. (F.)

du Levant et de Barbarie d'accepter et recevoir tous actes et protêts faits contre les consuls, de les leur signifier et de les adresser au ministre, sous peine de 300 francs d'amende. Aucun texte de loi n'ayant abrogé cette disposition, nous pensons que cette obligation, imposée aux chanceliers dans un intérêt d'ordre public, existe encore, non-seulement dans le Levant et en Barbarie, mais également en pays de chrétienté.

Nous croyons cependant qu'en cas de refus de la part d'un chancelier d'obtempérer à la requête de quelque plaignant et de recevoir un protêt contre son consul, la sanction pénale de l'ordonnance de 1781 ne lui serait pas appliquée, mais qu'il serait sévèrement blâmé par le ministère.

Les chanceliers ne sont, du reste, tenus de recevoir un acte de cette espèce que lorsqu'il leur est remis par des Français, et nullement quand il émane d'étrangers.

La transmission d'une expédition de ces protêts au ministère doit être faite directement par le consul, qui l'accompagne de ses observations, et non par le chancelier, qui, à moins d'être chargé de la gestion du poste, n'a pas qualité pour correspondre directement avec le département des affaires étrangères.

Les règles que nous venons de poser s'appliquent également aux chancelleries des missions diplomatiques, avec cette seule différence que leurs titulaires demeurent complètement étrangers au service politique proprement dit.

# CHAPITRE II

## DE LA RÉSIDENCE DES FRANÇAIS EN PAYS ÉTRANGER.

SECTION Ire. — *Des lois auxquelles sont soumis les Français en pays étranger.*

**302. Action de la puissance française à l'étranger.** — L'autorité et la protection du gouvernement et des lois françaises suivent les nationaux en pays étranger pour tout ce qui concerne le statut personnel (1); mais il va sans dire que, dans son application aux cas particuliers, l'action de nos lois reste subordonnée à l'exercice de la souveraineté territoriale.

Quant au statut réel, il est, au contraire, de principe, dans toutes les législations, de le faire régir par les lois du pays dans lequel les biens sont situés, et d'étendre uniformément l'action de ces dernières sur les étrangers aussi bien que sur les nationaux.

**303. Des lois qui régissent les actes.** — La forme extérieure des actes par lesquels se produit l'expression libre et licite de la volonté d'un individu est déterminée par la loi du lieu où ils sont passés ; c'est l'application du principe *Locus regit actum.* La matière ou la solennité de ces actes est, au contraire, simultanément et conjointement régie par la loi du lieu dans lequel les contrats sont célébrés, de celui de leur exécution, et quelquefois aussi par la législation du domicile de leurs auteurs.

**304. Soumission aux lois de police et de sûreté.** — Les lois de police et de sûreté, c'est-à-dire celles qui répriment les crimes, les délits, les contraventions, etc., obligent tous ceux qui habitent le territoire. (2) Protégé par elles, l'étranger

---

(1) Code Civil, art. 3.
(2) Code Civil, art. 3.

doit les respecter à son tour, et il ne saurait à cet égard
exister aucune différence entre les citoyens et les étrangers,
car ceux-ci, devenus temporairement les sujets de la loi du
pays dans lequel ils passent ou dans lequel ils résident, sont
soumis à la souveraineté territoriale. Les traités des puissances chrétiennes avec les peuples musulmans ou orientaux
ont, il est vrai, consacré une exception à ce principe; mais
on sait à quelles raisons d'État et de croyances religieuses
celle-ci doit être attribuée.

SECTION II. — *Des droits et des obligations des Français en pays
étranger, et de l'intervention des consuls à leur égard.*

**305. Des conditions d'admission des étrangers.** — Les conditions générales de l'admission des Français dans les différentes contrées du globe varient selon la législation particulière de chaque État, ou les stipulations des traités qui les
lient avec la France, et qui quelquefois modifient plus ou
moins leurs lois relatives aux étrangers.

Partout où il y a des consuls, il est permis aux citoyens de
la nation que ceux-ci représentent de s'établir et de commercer, à la condition de se conformer aux lois du pays.

Certains États demandent en outre aux étrangers de prouver qu'ils ont des moyens d'existence ; d'autres leur font
payer des droits d'entrée et de séjour déguisés le plus souvent sous le nom de cartes de sûreté ou de visas de passeports, mais qui n'en sont pas moins un impôt exclusivement
établi sur les étrangers.

**306. Payement des impôts.** — La charge des impôts fon-
ciers et des contributions indirectes pèse sur les Français
comme sur les indigènes. Quant aux impôts directs et personnels, les Français y sont également soumis de plein droit,
à moins de stipulations contraires dans les traités.

**307. Jouissance des droits civils.** — Dans tous les pays l'exercice des droits politiques est exclusivement réservé aux nationaux. Quant à la jouissance des droits civils, le principe

de la réciprocité est aujourd'hui reconnu par presque toutes les législations et consacré par de nombreux traités.

**308. Des droits d'aubaine et de détraction.** — Le droit d'aubaine proprement dit n'existe plus nulle part aujourd'hui ; mais les droits de détraction et de traite foraine, en vertu desquels une taxe de sortie est prélevée sur les héritages laissés ou déférés à des étrangers, existent encore dans quelques législations. A moins de clauses formelles dans notre droit conventionnel, les Français en subissent l'application comme tous les autres étrangers.

Pour éclairer au besoin leurs nationaux sur l'étendue plus ou moins grande des charges ou des restrictions qui sous ce rapport peuvent peser sur eux, les consuls doivent étudier avec soin et connaître à fond les lois particulières du pays de leur résidence sur les droits et les devoirs des étrangers, et se tenir le plus complètement possible au courant de la situation économique de la région comprise dans leur circonscription consulaire. Il convient également qu'ils soient constamment à même de mettre à la disposition des négociants français les documents qui les aident à s'orienter au début de leurs investigations ; à cet effet, il est nécessaire de recueillir, de classer et de tenir à jour dans les archives des postes toutes les notes, pièces ou indications relatives au régime douanier du pays où les agents résident, au taux des subsistances et des salaires, au cours des principales denrées, au réseau et au tarif des voies de communication, aux travaux publics en préparation, aux adjudications, etc. (1)

**309. Du droit de faire le commerce.** — La faculté de faire le commerce étant sanctionnée en principe par le droit des gens universel, les étrangers devraient jouir partout du droit de former des établissements commerciaux fixes ou passagers, et d'importer, colporter ou vendre directement sur

_____

(1) Circulaires des affaires étrangères (F.) des 27 septembre 1886 et 28 octobre 1890.

place, en gros ou en détail, les marchandises qui leur appartiennent, en payant les taxes douanières établies par la législation de chaque contrée. Si, dans quelques pays, certaines branches de commerce, par exemple les ventes au détail,
sont encore réservées exclusivement aux nationaux, on doit
espérer que ces entraves apportées à la liberté des transactions ne tarderont pas à disparaître de leurs Codes.

L'application plus ou moins rigoureuse et éclairée des tarifs et règlements de douane, surtout en matière de contraventions, de saisies et de contrebande, est, on ne le sait que
trop, une source fréquente de discussions et de conflits de
toute sorte entre les agents du fisc et leurs justiciables.

L'une des attributions les plus importantes et en même
temps les plus délicates des consuls est de veiller à ce que,
dans la pratique, leurs nationaux n'aient pas à souffrir de
l'interprétation ou de l'application des lois fiscales. Mais,
dans l'accomplissement des devoirs particuliers qu'ils ont à
remplir à cet égard, il y a certaines considérations que les
agents du service extérieur ne doivent jamais perdre de vue.

Ainsi, il est tout d'abord de principe que leur qualité de
délégués du gouvernement interdit aux consuls de se constituer les mandataires et commissionnaires directs des commerçants. Par une conséquence nécessaire, ils protègent le
particulier lésé dans la défense de ses intérêts, dirigent et
appuient ses demandes, mais sans jamais le dispenser de
suivre personnellement ses réclamations par les voies légales.

En second lieu, il ne suffit pas que la réclamation existe et
se produise avec une apparence de fondement pour donner
droit *de plano* à la protection consulaire. Il faut encore que
l'agent dont l'appui est invoqué reconnaisse que la plainte
repose sur une base légale, et que la justice ou l'équité mili-
tent en sa faveur autant que la saine morale. Ne pas subordonner les démarches qu'on attend de lui à ce contrôle préalable serait pour un consul manquer à la prudente réserve
que sa position commande, nuire au but même de sa mission.

officielle, et s'exposer enfin à compromettre l'estime et la considération personnelle dont il doit avant tout chercher à s'entourer.

Nous pensons aussi que, lorsqu'une réclamation particulière qui leur est déférée a pour origine des actes contraires à la bonne foi et aux lois du pays de leur résidence, les agents accompliraient imparfaitement la tâche qui leur est imposée, s'ils se bornaient à refuser leur concours pour en assurer la solution : leur devoir est plus noble, plus élevé, et ils ne doivent pas hésiter à user de leur influence morale et même de leur pouvoir coercitif dans les contrées où la loi les en investit, pour combattre des écarts nuisibles aux intérêts politiques et commerciaux de leur pays. (1)

**340. De l'expulsion des étrangers.** — Si le droit de pénétrer, de voyager, de résider à titre temporaire et de s'établir définitivement dans les contrées étrangères est partout de nos jours acquis aux Français, ce n'est, comme nous l'avons dit plus haut, que sous la réserve expresse de se conformer aux lois territoriales, de tenir une conduite prudente et régulière, et de ne prendre aucune part aux troubles ou aux affaires politiques du pays qui leur a offert l'hospitalité. Ceux qui, sous l'un ou l'autre de ces rapports, manqueraient aux devoirs que leur impose leur qualité d'étrangers, ne pourraient donc s'en prendre qu'à eux-mêmes, si le gouvernement du pays dans lequel ils se trouvent, usant des droits et du pouvoir souverain qui lui appartiennent, venait à les expulser de son territoire. Le rôle du consul, après s'être assuré que l'acte d'expulsion n'a rien d'arbitraire et repose, au contraire, soit sur une sentence judiciaire, soit sur une mesure de haute police ou sur des exigences politiques dûment justifiées, se borne à provoquer dans l'exécution tous les adoucissements et ménagements que peuvent réclamer les intérêts de l'expulsé. (2)

---

(1) Instruction générale du 8 août 1814. (F.)
(2) Vattel, *Droit des gens*, livre II, § 101.

Ces principes généraux, qui s'accordent avec ceux qu'a sanctionnés parmi nous la loi du 3 décembre 1849, sont ceux que les consuls doivent prendre pour règle de conduite, lorsqu'un de leurs nationaux se trouve, par force majeure, obligé de quitter le pays de leur résidence.

Mais, si l'expulsion était reconnue constituer un abus de pouvoir ou même une infraction au texte formel de nos traités, le consul serait tenu de couvrir de sa protection le Français qui en aurait été victime; et s'il était impuissant à faire revenir l'autorité territoriale sur sa décision, il aurait immédiatement à en rendre compte au ministre des affaires étrangères sous le timbre de la direction politique, et à mettre au besoin le gouvernement de la République en mesure de provoquer les satisfactions qui pourraient légitimement être dues.

SECTION III. — *Du droit à la protection française en pays étranger et du respect dû par les Français à l'autorité consulaire.*

**311. Preuve de la nationalité.** — Tous les Français ont un droit égal à la protection consulaire en pays étranger, mais aucun d'eux ne peut la réclamer qu'après s'être mis par lui-même en mesure d'administrer la preuve de sa qualité de citoyen français. Toute dérogation à ce principe serait un abus préjudiciable aux intérêts mêmes que les consuls sont appelés à protéger et à défendre.

Le passeport est le titre le plus habituellement présenté aux consuls par nos nationaux pour justifier de leur qualité. Nos règlements prescrivent à tout Français arrivant à l'étranger de soumettre cette pièce au visa des agents du gouvernement, afin de s'assurer de leur protection. (1) Dans beaucoup de résidences, et particulièrement dans les échelles du Levant et de Barbarie, les passeports sont conservés en chancellerie et ne sont rendus aux déposants que lorsqu'ils les requièrent pour quitter le pays.

_____

(1) Ordonnance du 25 octobre 1833, art. 2. (F.)

De cette disposition il ne faut cependant pas induire qu'un consul serait fondé à dénier sa protection au Français qui n'aurait pas réclamé en chancellerie le visa de son passeport ; mais, si l'absence de ce visa ou même de tel autre titre régulier de voyage exigé par les lois territoriales avait entraîné quelque inconvénient, la responsabilité n'en pourrait peser que sur celui qui, par sa négligence, se serait momentanément privé de l'appui de l'agent de son gouvernement. (1)

A défaut de passeport délivré par une autorité française, nos nationaux peuvent encore se faire reconnaître comme tels en présentant aux consuls, soit un acte de naissance ou de mariage, soit un congé de libération du service, un livret militaire ou toute autre pièce authentique, telle, par exemple, qu'un certificat d'immatriculation dans une autre résidence consulaire.

**312. Obéissance due aux consuls.** — Les provisions, en vertu desquelles les consuls exercent leurs fonctions, enjoignent aux navigateurs, commerçants et autres ressortissants français, de les reconnaître et de leur obéir.

L'autorité consulaire ainsi proclamée est sans doute incontestable en droit, mais il faut bien reconnaître qu'en fait elle est privée de tout moyen coercitif.

Le droit de haute police, confié autrefois à tous les consuls sur leurs nationaux, n'existe plus aujourd'hui qu'en Levant, en Barbarie et dans l'Indo-Chine (2), les principes de liberté qui forment la base de notre droit civil s'opposant d'ailleurs à ce qu'un consul donne des ordres à ses nationaux relativement à leurs actes personnels. Ce n'est donc pas dans ce sens que l'obéissance due aux consuls doit être entendue ; les Français ne leur sont soumis que relativement aux lois à l'exécution desquelles ils sont préposés. Aussi, plus est

---

(1) Circulaire des affaires étrangères du 4 novembre 1833. (F.)

(2) Ordonnance d'août 1681, livre I, titre 9, art. 15. (F.) — Instruction du 29 novembre 1833. (F.) — Traités avec Mascate, la Perse, Siam, la Chine et le Japon. — Lois spéciales sur la juridiction consulaire de 1836, 1852 et 1858. (F.)

grande, selon les circonstances et les pays, l'autorité confiée aux consuls sur leurs nationaux, plus ces agents doivent apporter de sagesse et de modération dans son exercice, en fondant le respect et l'obéissance qui leur sont dus, bien plus sur la confiance et l'estime personnelles qu'ils doivent inspirer que sur leur seule qualité officielle.

**313. De la répression du délit d'outrage commis par un Français contre un consul.** — Ici se présente une question importante : si un Français manquait à l'étranger au respect dû au consul, s'il lui manquait publiquement et allait jusqu'à l'outrager à raison ou dans l'exercice de ses fonctions, quel serait le tribunal compétent pour connaître de ce délit, prévu par les articles 222 et 223 du Code pénal ?

Ce genre de délit rentrant dans la sanction d'une loi française dont l'application ne peut appartenir à l'autorité judiciaire étrangère, c'est aux tribunaux français que revient le droit de statuer, à la requête du ministère public, sur la plainte du consul offensé. (1)

Toutefois, si l'autorité territoriale, informée du fait, voulait intervenir pour protéger et faire respecter l'agent accrédité d'une puissance amie, nul doute qu'elle ne fût fondée à punir le délinquant par mesure administrative ou même par voie judiciaire, si la loi du pays le comporte, et, dès lors, aucune poursuite ultérieure ne pourrait plus avoir lieu contre le délinquant, à son retour en France.

Il est à peine besoin d'ajouter qu'en Levant, en Barbarie et dans l'Indo-Chine les consuls sont armés de pouvoirs judiciaires suffisants pour faire réprimer sur les lieux, dans la forme déterminée par les lois des 28 mai 1836, 8 juillet 1852 et 18 mai 1858, les délits dont un Français se serait rendu coupable à leur égard.

---

(1) Arrêt de la Cour d'appel de La Réunion du 30 août 1849. — Loi du 27 juin 1866, sur les crimes, délits et contraventions commis à l'étranger, art. 1. — Code d'instr. crim., art. 5, 6, 7 et 187.

SECTION IV. — *Des conditions spéciales de la résidence des Français en Levant et en Barbarie.*

**314. Des anciens règlements sur la résidence des Français en Levant**. — Quoique depuis quelques années les conditions de la résidence des Français dans les échelles du Levant et de Barbarie aient été tellement modifiées qu'il ne subsiste presque plus rien de l'ancienne législation à cet égard, nous devons néanmoins nous en occuper dans une section spéciale, surtout à cause du droit de haute police qui, dans ces pays, est conféré aux consuls sur leurs nationaux, et des quelques règles exceptionnelles au droit commun qui y régissent encore l'établissement et la résidence des Français.

Les anciens règlements sur le commerce du Levant et de la Barbarie appartiennent à une époque où les Français avaient seuls dans ces contrées des établissements permanents, alors que le commerce des échelles avec l'Europe était presque exclusivement renfermé dans ces établissements, sortes de colonies dont Marseille pouvait être considérée comme la métropole.

Le régime légal avait naturellement pour objet le maintien de cet état de choses. Conserver intacts nos privilèges, soustraire notre commerce à la concurrence, réunir en un seul corps tous les Français du Levant et les soumettre à une même impulsion, tel était son but. Aucun commerçant ne pouvait s'établir dans les échelles sans l'autorisation de la chambre de commerce de Marseille, et sans avoir préalablement fourni un cautionnement qui variait de quarante à soixante mille francs ; aucun artisan ne pouvait y aller exercer sa profession sans qu'un acte passé au consulat de la résidence où il avait l'intention de se fixer constatât que le corps de la nation se soumettait à être sa caution ; enfin, les personnes mêmes que le seul désir de visiter ces pays pouvait y attirer n'en recevaient l'autorisation qu'après une enquête préventive sur leur moralité et le véritable but de leur voyage. (1)

Mais les progrès naturels du commerce, la concurrence des autres peuples, les événements qui ont tantôt rompu, tantôt altéré nos relations avec la Porte, les changements survenus dans l'état politique du Levant, tout s'était réuni pour modifier ce régime de restrictions et de privilèges. (2) Aussi, en 1835, le gouvernement d'alors, ayant soumis ces dispositions exceptionnelles à un nouvel examen, reconnut-il sans peine que l'autorisation préalable et le cautionnement n'étaient plus qu'une formalité contraire à nos principes de liberté commerciale, et qui ne pouvait, en favorisant leurs rivaux étrangers, qu'éloigner les Français du commerce dans les échelles. Cette double formalité fut en conséquence abolie par une ordonnance dont les dispositions avaient été concertées entre les deux départements des affaires étrangères et du commerce, et qui fit, en même temps, cesser la perception de l'ancien droit dit *de consulat* qui frappait à leur entrée à Marseille les marchandises originaires du Levant. (3)

Notre ancienne législation contenait encore une série de dispositions exceptionnelles sur le commerce dans les contrées musulmanes, qui n'ont été abrogées par aucun texte de loi, mais qui n'en sont pas moins considérées comme tombées en désuétude et comme ayant perdu toute force obligatoire. De ce nombre sont notamment celles relatives à l'emploi exclusif du pavillon français par nos nationaux, à la police du commerce des draps, etc. (4)

**315. Délivrance des passeports pour le Levant.** — Nos relations commerciales avec le Levant sont aujourd'hui placées dans les mêmes conditions que notre commerce avec les

(1) Ordonnance du 3 mars 1781, titre II, art. 1 à 9. (F.) — Arrêté du 4 messidor an xi (23 juin 1803), art. 1 à 7.

(2) Rapport du ministre du commerce au roi, du 18 avril 1835.

(3) Ordonnance du 18 avril 1835, art. 1, 2 et 4. (F.)

(4) Ordonnances des 4 août 1688, 16 juin 1689, 10 juillet 1719, 3 mars 1781, titre III, art. 2 et 16, et 20 février 1815, art. 2, 7 et 28.

autres pays. Cependant la sûreté de nos nationaux, l'intérêt du commerce, celui même de l'État exigeaient que des précautions spéciales fussent prises pour que cette liberté introduite dans nos relations avec le Levant ne dégénérât pas en un abus d'autant plus dangereux que l'on sait avec quelle facilité les désordres et les écarts d'un seul particulier peuvent, dans ces contrées, devenir la cause de vexations et d'avanies pour tous les étrangers. Le gouvernement, ne pouvant en conséquence ouvrir les échelles au libre accès des personnes privées de toutes ressources, ou dont la mauvaise conduite pourrait y être nuisible au maintien du bon ordre, a décidé que les passeports des Français qui voudraient se rendre en Levant ou en Barbarie continueraient, comme sous l'empire de l'ancienne législation, à ne leur être délivrés, après informations recueillies sur leur compte, que par les préfets pour les départements des Bouches-du-Rhône et de l'Hérault, par le ministre des affaires étrangères pour le reste du territoire, et par les consuls pour les Français établis dans leur résidence. (1)

Par une conséquence forcée de cette même réserve et de ces sages précautions, l'admission de tout Français dans une échelle a été impérieusement subordonnée à la production d'un passeport régulier, et quiconque serait dépourvu de ce titre pourrait être contraint par le consul à repasser immédiatement en France. (2)

**316. De la police des échelles.** — Les conditions toutes particulières que les traités ou des usages traditionnels ayant presque acquis force de loi ont faites aux étrangers et aux populations chrétiennes disséminés dans les contrées musulmanes, exigeaient impérieusement la concentration entre les mains des consuls de certains droits de police et de surveillance à l'égard de leurs nationaux ; rien n'a été changé sur ce point dans les dispositions consacrées par les an-

(1) Circulaires des affaires étrangères des 30 mai 1835 et 23 février 1813.
(2) Arrêté du 4 messidor an xi (23 juin 1803), art. 9.

ciennes ordonnances sur l'établissement des Français en Levant : nous en ferons ressortir l'esprit en peu de mots.

L'ordonnance de 1781, dont le titre II réglemente et sanctionne le pouvoir exceptionnel de répression attribué aux consuls en Orient et en Barbarie, recommande tout d'abord aux Français établis dans les pays musulmans d'être réservés dans leur conduite, sous peine de punition exemplaire contre ceux qui compromettraient la tranquillité de la nation et troubleraient l'ordre public. Elle leur interdit aussi, à moins d'autorisation expresse du consul, de se réunir en assemblées sous quelque prétexte que ce soit ; de visiter seuls les autorités du pays ; de se marier sans l'agrément préalable du Gouvernement ; d'adopter le costume musulman ; de se livrer aux jeux de hasard ; d'entreprendre certaines spéculations, telles que le fermage des impôts publics, etc., le tout sous peine d'être renvoyés en France, ou tout au moins condamnés à l'amende. (1)

En dehors de ces prescriptions générales, résultant des anciens édits, il en est d'autres qui découlent du règlement particulier de police fait pour chaque échelle par le consul, et auquel tous les Français sont également tenus de se conformer. (2)

La possession d'immeubles dans les domaines du Grand Seigneur était défendue autrefois à tous les Français de la manière la plus absolue. (3) Il fut dérogé à cette prohibition par l'ordonnance de 1781, qui autorisa nos nationaux à acquérir les propriétés nécessaires pour leur logement et pour leurs effets et marchandises. (4) Le maintien de cette disposition exceptionnelle ne peut plus se justifier aujourd'hui en présence des progrès que la civilisation a faits en Orient et des changements réalisés dans la législation intérieure de l'empire ottoman. Libres désormais de s'établir dans les

---

(1) Ordonnance du 3 mars 1781, titre ii, art. 21, 25, 32, 33, 34 et 40. (F.)
(2) Loi du 28 mai 1836, art. 75. (F.)
(3) Ordonnance du 6 juillet 1719.
(4) Ordonnance du 3 mars 1781, titre ii, art. 26.

échelles et d'y commercer comme partout ailleurs, les Français sont pleinement autorisés à y posséder des immeubles et des biens-fonds, à la seule exception de ceux dont la propriété ou l'exploitation serait de nature à les placer sous la dépendance trop directe de l'autorité territoriale. (1)

Aucun Français établi en Levant ne peut quitter le lieu de sa résidence sans un passeport du consul, qui est toujours libre de le refuser; cette règle, qui découle du régime particulier sous lequel nos nationaux sont placés pour la juridiction, a pour objet d'empêcher que les débiteurs de mauvaise foi ne cherchent à se soustraire par leur éloignement aux obligations pécuniaires ou autres qu'ils auraient contractées dans le pays.

Tout Français qui, pour échapper à l'autorité consulaire, se mettrait sous la protection de l'agent d'une autre puissance, se rendrait coupable de désobéissance et pourrait être renvoyé en France. (2)

**317. Expulsion et renvoi des Français en France.** — Cette peine de l'expulsion des échelles et du renvoi en France, par mesure de haute police et sans jugement, des individus dont la conduite ferait naître de justes sujets de plainte et serait de nature à compromettre nos intérêts politiques ou commerciaux, est en quelque sorte la seule sanction pénale attachée à la non-exécution des ordonnances qui déterminent les conditions de la résidence des Français en Levant et en Barbarie.

Lors de la discussion par nos assemblées parlementaires de la loi du 28 mai 1836 sur la poursuite et la répression des contraventions, délits et crimes commis par les Français en Levant et en Barbarie, la question de savoir si ce pouvoir

---

(1) Les conditions mises légalement à la possession par les Français d'immeubles dans l'empire ottoman sont exposées dans le protocole du 9 juin 1868 et dans la circulaire explicative du 17 août suivant, adressée par l'ambassadeur de France à Constantinople aux consuls d'Orient. (Voir le texte de ces documents à notre *Recueil des traités de la France*, t. x.)

(2) Édit de juin 1778, art. 82. (F.)

exceptionnel, anciennement attribué aux consuls et rappelé par l'édit de 1778, devait être maintenu, fut longuement et solennellement traitée.

L'édit de 1778 ne se bornait pas, en effet, à consacrer d'une manière abstraite le droit d'expulsion conféré aux consuls; il établissait encore que les Français ainsi renvoyés en France seraient remis dans le port d'arrivée à l'autorité maritime, qui les ferait détenir jusqu'à ce qu'elle eût reçu les ordres du gouvernement. Cette dernière prescription surtout parut aux meilleurs esprits incompatible avec les principes de notre droit constitutionnel, et d'autant plus difficile à conserver que les faits de mauvaise conduite et d'intrigues d'un Français à l'étranger ne sont punissables par aucune loi pénale.

Voici, du reste, comment se trouvent résumées les explications relatives aux articles 82 et 83 de l'édit de 1778 dans le rapport fait à la chambre des députés sur le projet de loi dont il s'agit :

« L'article dont nous venons de parler plus spécialement et qui est le quatre-vingt-deuxième de l'édit autorise, les consuls à faire embarquer tout Français qui, par sa mauvaise conduite et par ses intrigues, pourrait être nuisible au bien général. En 1826, on avait demandé l'abrogation de cet article et du suivant, qui prescrit les mesures à prendre au moment de leur débarquement en France envers les Français expulsés.

» Répondant à cette demande, le ministre de la justice convint que l'article 83 ne pourrait plus s'exécuter. Mais, quant à l'article 82, dit-il, cette exception au droit commun, fondée sur la loi, et contre laquelle aucune réclamation ne s'est élevée jusqu'à ce jour, est indispensable au salut des échelles dans un pays dont le gouvernement se porte si facilement à faire retomber la faute d'un seul sur la totalité des nationaux, et où le fait le plus léger, s'il n'était suivi d'une prompte répression, pourrait entraîner à l'instant même une avanie générale.

» Ces sages réflexions n'ont pas permis d'insister; elles n'ont aujourd'hui rien perdu de leur force, et nous ne pouvons dès lors demander une réforme qu'on a eu raison de ne pas nous proposer. » (1)

Ces conclusions furent adoptées, et la loi a maintenu, par sa disposition finale, le droit des consuls à expulser de leur échelle les Français coupables d'intrigues ou de mauvaise conduite. (2) Ce droit, qu'une loi spéciale pourrait seule abroger, subsiste donc intact, et l'on peut d'autant plus se flatter qu'il n'y sera porté aucune atteinte que, ainsi que nous l'expliquerons aux chapitres III et IV du livre VII, trois lois spéciales, rendues en 1852, en 1858 et en 1862, l'ont consacré de nouveau en faveur des consuls de France en Chine, dans l'Imanat de Mascate, en Perse, au Siam et au Japon.

Du reste, toutes les fois qu'un consul use des pouvoirs dont il est armé, son devoir est de rendre au ministre des affaires étrangères, sous le timbre de la direction politique ou de la direction commerciale, suivant qu'il s'agit d'une question politique ou d'une question de simple administration consulaire, un compte exact et circonstancié des faits et des motifs qui l'y ont déterminé.

SECTION V. — *Des corps de nation en Levant et en Barbarie.*

**318. De la nation.** — On appelle *nation* le corps des Français groupés dans chaque échelle à l'entour du consul. Anciennement, la nation avait, en tout pays de consulat, son organisation particulière; elle nommait des députés pour la représenter et se réunissait en assemblées délibérantes, soit pour répondre à des demandes d'informations adressées au consul par le gouvernement, soit pour provoquer ou prendre d'urgence les mesures nécessaires à la protection du commerce français.

_____

(1) Rapport de M. Parant à la chambre des députés, *Moniteur* du 20 février 1836.

(2) Loi du 28 mai 1836, art. 82. (F.)

Depuis fort longtemps, cette organisation en corps de nation n'existe plus en pays de chrétienté, et ce n'est qu'en Levant et en Barbarie qu'elle a été maintenue par l'ordonnance de 1781. Mais là encore, sous la double influence des incontestables progrès de la civilisation et de la modification radicale des conditions de la résidence de nos nationaux, elle tend tous les jours à s'affaiblir et même à disparaître. Les nouveaux règlements sur les consulats, en restreignant sensiblement la compétence et les fonctions des députés de la nation, n'ont pas peu contribué non plus à amener sur plusieurs points leur disparition, et ce n'est plus aujourd'hui que dans les grands centres de commerce où la colonie française présente une masse compacte, comme à Constantinople, à Smyrne, à Alexandrie, que nos nationaux forment encore un corps de nation particulier.

C'est cependant une institution éminemment utile que celle de cette espèce de régime municipal donné à nos établissements du Levant par la réunion des assemblées nationales et par l'élection que font ces assemblées de députés chargés d'étudier et de discuter sur place les intérêts de la communauté.

Là où les circonstances locales ont permis de la conserver, les consuls doivent, dans la forme prévue par l'ordonnance de 1781, chercher à lui faire produire les résultats avantageux qu'on peut encore s'en promettre, en maintenant à cette institution la régularité et la consistance qu'elle doit avoir, et en provoquant, toutes les fois qu'il y a lieu, les délibérations des assemblées sur les questions d'intérêt général pour le commerce de leur résidence.

**319. Tenue des assemblées nationales.** — Les assemblées de la nation ont lieu toutes les fois que le consul le juge convenable ou qu'il en est sollicité par la nation elle-même.(1)

Tous les Français, négociants et autres, convoqués aux assemblées nationales, et qui n'ont pas d'excuse jugée va-

---

(1) Ordonnance du 3 mars 1781, titre II, art. 41 et 42. (F.)

lable par le consul pour s'en dispenser, sont tenus de s'y rendre sous peine de 10 francs d'amende, applicables autrefois à la rédemption des captifs, et aujourd'hui aux pauvres de l'échelle.

Les assemblées ordinaires sont composées de négociants établis dans l'échelle, et il n'y est admis qu'un seul associé d'une maison : le failli ne peut y prendre part. Dans les cas extraordinaires, les consuls peuvent y appeler les capitaines de navires et autres personnes qu'ils jugent convenables. (1)

Les assemblées se tiennent au consulat. (2) L'impartialité et le plus grand esprit de justice doivent diriger les consuls dans la tenue des assemblées nationales, dont la présidence et la police leur sont dévolues de plein droit; ils n'y ont pas voix délibérative, et, pour laisser aux délibérants toute la liberté dont ils doivent jouir, les ordonnances leur défendent de faire pressentir le parti pour lequel ils penchent.

La liberté de discussion ne doit cependant pas dégénérer en abus; il est interdit, en conséquence, aux assemblées de s'occuper d'intérêts ou d'affaires autres que celles que les consuls défèrent à leur appréciation, et surtout de discuter sur des matières politiques, quelle qu'en soit la nature; toute infraction à cet égard, toute délibération contraire aux lois, édits, ordonnances et règlements particuliers des échelles, ou de nature à compromettre les intérêts nationaux, mettrait le consul dans l'obligation d'user du droit qui lui appartient de rompre immédiatement l'assemblée. (3)

Le drogman-chancelier remplit les fonctions de secrétaire et dresse de chaque réunion un procès-verbal qui doit être signé par tous ceux qui y ont assisté. (4)

L'ordonnance prescrit en outre que tous les procès-verbaux des assemblées soient inscrits les uns à la suite des

(1) Ordonnance du 3 mars 1781, titre ii, art. 43, 44 et 45. (F.)
(2) Ordonnance du 3 mars 1781, titre ii, art. 46. (F.)
(3) Instruction du 6 mai 1781 (F.)
(4) Ordonnance du 3 mars 1781, titre ii, art. 47. (F.)

autres sur un registre coté et paraphé par le consul, et spécial aux délibérations de la nation.

**320. Élection des députés.** — Le 1er décembre de chaque année, la nation procède, dans une assemblée spéciale, et toujours sous la présidence du consul, à l'élection du ou des députés qui doivent entrer en fonctions au 1er janvier suivant. L'élection a lieu au scrutin. Il est interdit aux consuls de proposer aucun négociant pour être élu député : ils doivent, à cet égard, laisser une complète liberté aux électeurs; seulement, en cas de partage entre deux ou plusieurs négociants, ils décident ce partage en faveur de celui qu'ils jugent le plus capable. Dans les échelles où la nation est composée de six établissements, il doit y avoir toujours deux députés dont l'exercice dure deux ans. Il n'en est élu qu'un chaque année, de sorte que le plus ancien devienne premier député, et que le second le remplace en cette qualité l'année suivante. Dans les échelles où la nation se compose de moins de six négociants, il n'y a qu'un député, qui est remplacé tous les ans. En cas de mort ou de retour en France d'un député en exercice, il est procédé à son remplacement immédiat. Aucun député n'est rééligible que deux ans après être sorti d'exercice, à moins que sur l'échelle il n'y ait pas d'autre sujet éligible. Lorsqu'un négociant s'est élu lui-même député ou s'est servi de moyens illicites pour assurer son élection, il doit être exclu pour toujours de la députation. (1)

L'ordonnance de 1781, après n'avoir admis aux assemblées de la nation que les notables, c'est-à-dire les négociants chefs d'établissement, ne pouvait conférer la qualité d'éligible à d'autres qu'à ces mêmes notables; elle exige même qu'ils aient vingt-cinq ans accomplis. (2)

**321. Fonctions et rang des députés.** — Les fonctions de député de la nation étaient autrefois plus importantes qu'elles

(1) Ordonnance du 3 mars 1781, titre II, art. 49, 52, 53, 54, 55, 56 et 57. (F.)
(2) Ordonnance du 3 mars 1781, titre II, art. 50. (F.)

ne le sont aujourd'hui, et les ordonnances de 1833 les ont considérablement amoindries. Le plus ancien devait jadis remplacer le consul, quand le consulat venait à vaquer; cette disposition a été abrogée, et le droit de substitution appartient aujourd'hui à l'officier le plus élevé en grade de la résidence. Nous pensons, toutefois, qu'en l'absence de toute personne désignée par les règlements ou par le chef de l'établissement consulaire, le premier député se trouverait encore naturellement appelé à remplir la vacance.

Les députés avaient le maniement des deniers nationaux et étaient les trésoriers de la nation; les recettes spéciales qu'ils administraient ont disparu, et il n'existe plus aujourd'hui d'autre perception que celle des droits de chancellerie, dont le drogman-chancelier est seul comptable sous le contrôle du consul. Enfin, les Français de conduite et de vie scandaleuses ne pouvaient être expulsés que de l'avis des députés; ces derniers rendaient avec le consul les jugements civils et criminels, et le plus ancien d'entre eux cotait même et paraphait avec le consul les registres du chancelier.

Toutes ces dispositions ont été abrogées par l'édit de 1781 en ce qui concerne la tenue des registres de chancellerie, et pour ce qui est relatif à l'exercice de la juridiction, par la loi de 1836, qui admet que les assesseurs au tribunal consulaire seront choisis par le consul parmi les notables qui résideront dans la région du consulat, qu'ils soient ou non commerçants.

Le rôle des députés se borne donc aujourd'hui à veiller, sous le contrôle direct du consul, aux intérêts du commerce français dans l'échelle, à provoquer la réunion des assemblées de la nation, lorsqu'ils le croient nécessaire, et à donner au consul leur avis officieux sur les matières commerciales, sur les questions de tarif et sur tous les objets, autres que ceux ayant trait à la politique, qui peuvent intéresser le corps de la nation. (1) Quelque restreintes qu'elles soient, ces fonctions

_____

(1) Ordonnance du 3 mars 1781, titre II, art. 58. (F.)

ont encore leur degré d'utilité, lorsqu'elles sont convenable-ment remplies.

Dans les visites officielles, et généralement dans toutes les cérémonies publiques où le consul est accompagné de la nation, les députés prennent rang immédiatement après lui et marchent à la tête de la nation. (1)

_____

(1) Ordonnance du 3 mars 1781, titre i, art. 148. (F.)

# CHAPITRE III

## De la protection française a l'étranger.

Section Iʳᵉ. — *Jouissance et perte de la qualité de Français.*

**322. De la qualité de Français.** — La qualité de Français résulte du fait de la naissance ou du bienfait de la loi. Sont Français par le fait de leur naissance:

1° Tout individu né d'un Français en France ou à l'étranger. (L'enfant naturel dont la filiation est établie pendant la minorité, par reconnaissance ou par jugement, suit la nationalité de celui des parents à l'égard duquel la preuve a d'abord été faite ; si elle résulte pour le père et la mère du même acte ou du même jugement, l'enfant suivra la nationalité du père.)

2° Tout individu né en France de parents inconnus ou dont la nationalité est inconnue.

3° Tout individu né en France de parents étrangers dont l'un y est lui-même né ; sauf la faculté pour lui, si c'est la mère qui est née en France, de décliner dans l'année qui suit sa majorité la qualité de Français en se conformant aux dispositions du § 4 ci-après. (L'enfant naturel peut aux mêmes conditions que l'enfant légitime décliner la qualité de Français, quand le parent qui est né en France n'est pas celui dont il devrait, aux termes du § 1ᵉʳ, suivre la nationalité.)

4° Tout individu né en France d'un étranger et qui, à l'époque de sa majorité, est domicilié en France, à moins que dans l'année qui suit sa majorité, telle qu'elle est réglée par la loi française, il n'ait décliné la qualité de Français et prouvé qu'il a conservé la nationalité de ses parents, par une attestation en due forme de son Gouvernement, laquelle demeure annexée à la déclaration de répudiation de la nationalité française, et qu'il n'ait en outre produit, s'il y a lieu, un certificat constatant qu'il a répondu à l'appel sous les drapeaux, conformément à la loi militaire de son pays, sauf les exceptions prévues aux traités.

Sont Français par le bienfait de la loi, les étrangers naturalisés et les Français réintégrés. (V. ci-après, n° 328.)

Peuvent être naturalisés : 1° Les étrangers qui ont obtenu l'autorisation de fixer leur domicile en France, après 3 ans de domicile en France, à dater de l'enregistrement de leur demande au ministère de la justice ;

2° Les étrangers qui peuvent justifier d'une résidence non interrompue pendant dix années. Est d'ailleurs assimilé à la résidence en France, le séjour en pays étranger, pour l'exercice d'une fonction conférée par le gouvernement français ;

3° Les étrangers admis à fixer leur domicile en France, après un an, s'ils ont rendu des services importants à la France, s'ils y ont apporté des talents distingués ou s'ils y ont introduit, soit une industrie, soit des inventions utiles, ou s'ils ont créé, soit des établissements industriels ou autres, soit des exploitations agricoles, ou s'ils ont été attachés, à un titre quelconque, au service militaire dans les colonies ou les protectorats français ;

4° L'étranger qui a épousé une Française, aussi après une année de domicile autorisé. (1)

La qualité de Français peut encore être acquise par l'individu né en France d'un étranger et qui n'y est pas domicilié à l'époque de sa majorité, pourvu qu'avant l'accomplissement de sa vingt-deuxième année, il fasse sa soumission de fixer son domicile en France, et qu'il l'y établisse dans l'année à compter de l'acte de soumission ; à cet effet, l'intéressé doit produire une déclaration, qui, sous peine de nullité, doit être enregistrée au ministère de la justice. Cet enregistrement peut d'ailleurs être refusé, notamment pour cause,

---

(1) Code civil, art. 8 (revisions de 1889 et de 1893).

d'indignité, après avis du Conseil d'État. (1) Si l'individu qui réclame la qualité de Français est âgé de moins de 21 ans accomplis, la déclaration est faite en son nom par son père ; en cas de décès du père, par la mère ; en cas de décès des parents ou de leur exclusion de la tutelle, par le tuteur autorisé par le conseil de famille.

L'étranger qui, porté sur le tableau du recensement, prend part aux opérations du recrutement sans opposer son extranéité, devient également Français.

Peut, d'autre part, réclamer la qualité de Français à tout âge, l'individu né en France ou à l'étranger de parents dont l'un a perdu la qualité de Français, en faisant une soumission de fixer son domicile en France et en l'y établissant, à moins que, domicilié en France et appelé sous les drapeaux lors de sa majorité, il n'ait revendiqué la qualité d'étranger. (2)

L'étrangère qui épouse un Français suit la condition de son mari ; elle est naturalisée de plein droit.

La femme mariée à un étranger qui se fait naturaliser Français et les enfants majeurs de l'étranger naturalisé peuvent, s'ils le demandent, obtenir la qualité de Français, sans condition de stage, soit par le décret qui confère cette qualité au mari ou au père, soit en joignant à la demande de celui-ci les déclarations de soumission et de revendication de nationalité prévues par l'art. 9 du Code civil.

Deviennent enfin Français, les enfants mineurs d'un père ou d'une mère survivant qui se font naturaliser Français, à moins que, dans l'année qui suit leur majorité, ils ne déclinent cette qualité. (3)

**323. Perte de la qualité de Français.** — La qualité de Français se perd : 1° par la naturalisation acquise en pays étranger ou l'acquisition d'une nationalité étrangère par l'effet de la loi, sous la réserve que, si le Français est encore soumis

---

(1) Code civil, art. 9 (revision de 1880 et de 1893).

(2) Code civil, art. 10 (revision du 26 juin 1889).

(3) Code civil, art. 12 (id.).

aux obligations du service militaire pour l'armée active, la naturalisation à l'étranger ne fera perdre la qualité de Français qu'autant qu'elle a été autorisée par le Gouvernement français ; 2° par la renonciation à la qualité de Français dans les cas prévus par le Code civil ; 3° par l'acceptation de fonctions publiques conférées par un gouvernement étranger et leur conservation malgré l'injonction du Gouvernement français de les résigner dans un délai déterminé ; 4° par la prise, sans autorisation du Gouvernement, du service militaire à l'étranger. (1)

**324. Naturalisation en pays étranger.** — Nous venons de voir que la naturalisation en pays étranger fait perdre la qualité de Français.

Mais, en matière de naturalisation, il faut essentiellement distinguer le fait en lui-même, lorsqu'il est positif et constant, de tous les autres actes par lesquels un Français obtiendrait à l'étranger la jouissance de certains droits civils : le Français qui n'aurait obtenu à l'étranger qu'une naturalisation imparfaite ne pourrait pas être considéré comme ayant perdu sa nationalité d'origine. C'est là un point de droit d'autant plus important à bien établir, que le consul qui refuserait sa protection à un Français qui n'aurait pas réellement encouru la perte de sa nationalité, commettrait un abus de pouvoir, un véritable déni de justice. Ainsi, par exemple, la naturalisation ne peut être conférée en Angleterre que par un acte du parlement en présence duquel l'individu naturalisé doit prêter le serment *of allegiance and supremacy* ; cependant, le souverain peut octroyer directement aux étrangers des lettres patentes qui leur confèrent le droit de transmettre leurs biens, soit *ab intestat*, soit par donation ou testament. Ce n'est pas une naturalisation véritable que confèrent ces lettres, ce n'est qu'une *denization*, parce qu'elles n'attribuent à celui qui les obtient aucun des droits politiques qui appartiennent aux citoyens anglais, et

_____

(1) Code civ. art. 17. (Loi du 26 juin 1889.)

no confèrent que la jouissance de certains droits civils. Cette naturalisation incomplète n'entraîne donc point la perte de la qualité de Français. (1)

Les droits de bourgeoisie, indispensables dans certaines villes pour exercer le commerce ou certains actes de commerce, fournissent un autre exemple de naturalisation imparfaite, dans tous les cas où leur obtention n'a pas été accompagnée d'un serment de *sujétion*.

**325. Acceptation de fonctions publiques.** — L'abdication tacite de la patrie a lieu par l'acceptation à l'étranger, sans l'autorisation du Gouvernement français, de fonctions publiques. Cette restriction, d'après laquelle l'exercice de fonctions publiques en pays étranger par un Français n'entraîne la perte de sa nationalité qu'autant qu'elle n'a pas été autorisée par le chef de l'État, est fondée sur les considérations politiques les plus justes. Si la France n'a pu vouloir priver ses citoyens du droit de porter leurs talents à l'étranger, d'aider ses alliés de leurs lumières ou de leur expérience, elle a pu exiger, d'un autre côté, qu'ils ne le fissent pas clandestinement et dans un but caché, qui pourrait être contraire aux intérêts de la patrie ou incompatible avec la fidélité et la subordination dues par chaque individu à son propre gouvernement.

Du reste, les seules fonctions exercées chez l'étranger, et pour lesquelles l'autorisation préalable du chef de l'État est nécessaire, sont, comme l'établit le Code civil, les fonctions administratives et politiques. On a demandé à ce sujet si toutes les fonctions se rattachant au service d'un gouvernement, quoique n'étant pas directement conférées par ce même gouvernement, telles, par exemple, que le travail dans les bureaux d'une administration publique, rentraient dans la prohibition portée par la loi, et le Conseil d'État a été d'avis qu'aucune fonction dans une administration publique

_____

(1) Arrêt de la Cour de cassation du 19 janvier 1819.

étrangère ne pouvait être acceptée par un Français qu'après
autorisation expresse. (1)

Quant aux professions dites libérales, telles que celles
d'avocat, de médecin, de professeur, etc., auxquelles on peut
se livrer sans que l'on soit, en les exerçant, aucunement lié
au gouvernement, ce ne sont pas des fonctions publiques dans
le sens que la loi attache à ce mot. (2) Il en serait autrement,
si l'on exerçait la profession de médecin dans un hôpital
étranger ou de professeur dans une Faculté étrangère, surtout si un titre officiel, entraînant une assimilation complète
aux fonctionnaires publics du pays, y était attaché.

Quoique cette exception ne se rattache qu'indirectement
au sujet que nous traitons, nous rappellerons ici qu'une décision ministérielle du 28 vendémiaire an xi (20 octobre 1802)
porte que l'acceptation du titre de consul d'une puissance
étrangère en France ne fait pas perdre la qualité de Français. Cette décision est, il est vrai, antérieure à la publication du Code civil; mais sa solution doit être la même aujour-
d'hui, à raison de la nature spéciale des fonctions consulaires,
qui, n'éloignant pas d'ailleurs de leur patrie ceux qui les
acceptent, les laissent ainsi dans la dépendance de nos lois.
Mais, par la même raison, cette exception ne peut s'étendre
aux Français résidant à l'étranger; pour ceux-là, l'acceptation du titre de consul d'une puissance tierce entraînerait la
perte de leur nationalité, si elle n'avait pas été précédée de
l'autorisation expresse du chef de l'État.

**326. Service militaire à l'étranger.** — L'autorisation préalable du gouvernement, toujours nécessaire pour l'acceptation de fonctions publiques étrangères, est plus indispensable
encore, lorsqu'il s'agit d'entrer au service militaire étranger.
Dans ce cas, en effet, le Français peut éventuellement se trouver placé dans une position hostile à l'égard de son pays, et
c'est avec raison que la loi traite celui qui sert à l'étranger

---

(1) Avis du Conseil d'État des 11-21 janvier 1812.
(2) Arrêt de la Cour de Montpellier du 12 janvier 1826.

sans autorisation plus défavorablement que tous les autres Français devenus étrangers, en ne lui accordant la faculté de rentrer en France qu'avec la permission du chef de l'État, et en subordonnant pour lui la récupération de la qualité de Français à l'accomplissement des conditions imposées à l'étranger d'origine pour devenir sujet français. (1) Il s'ensuit qu'un consul ne doit pas, sans autorisation spéciale, délivrer ou viser un passeport pour faciliter sa rentrée en France à un Français qui s'est ainsi dénationalisé.

**327. Possession d'esclaves.** — Un décret du Gouvernement provisoire en date du 27 avril 1848, complétant sous ce rapport les principes de notre législation sur les conditions de la nationalité, a attaché la perte de la qualité de Français à l'achat, à la vente et à toute participation, même indirecte, au trafic des esclaves. Mais les Français qui, à l'avenir, deviendraient possesseurs d'esclaves en pays étranger, soit par héritage, soit par mariage, ne sont plus légalement tenus de les affranchir ou de les aliéner dans un délai plus ou moins rapproché pour conserver leur nationalité. (2)

**328. Réintégration dans la qualité de Français.** — Le Français qui a perdu sa qualité de Français peut la recouvrer, pourvu qu'il réside en France, en obtenant sa réintégration par décret. La qualité de Français pourra être accordée par le même décret à la femme et aux enfants majeurs, s'ils en font la demande. Les enfants mineurs du père ou de la mère réintégrés deviennent Français, à moins que, dans l'année qui suit leur majorité, ils ne déclinent cette qualité. (3)

La femme française qui épouse un étranger suit la condition de son mari, à moins que son mariage ne lui confère pas la nationalité de son mari, auquel cas elle reste Française. Si son mariage est dissous par la mort du mari ou le divorce, elle recouvre la qualité de Française, avec l'autori-

(1) Code civil, art. 21 (révision de 1889).
(2) Décret du 27 avril 1848, art. 8. — Lois de février 1851 et juin 1853.
(3) Code civil, art. 18 (révision de 1889).

sation du Gouvernement, pourvu qu'elle réside en France
ou qu'elle y rentre en déclarant qu'elle veut s'y fixer. Dans
le cas où le mariage est dissous par la mort du mari, la qualité de Français peut être accordée par le même décret de
réintégration aux enfants mineurs sur la demande de la
mère, ou par un décret ordinaire, si la demande en est faite
par le tuteur avec l'approbation du conseil de famille. (1)

Le Français qui a pris du service militaire à l'étranger,
sans autorisation du Gouvernement, peut être réintégré dans
la qualité de Français en remplissant les conditions imposées à l'étranger en France pour obtenir la naturalisation
ordinaire. (2)

Enfin, les descendants des familles proscrites lors de la
révocation de l'édit de Nantes peuvent réclamer la nationalité française, conformément à la loi du 15 décembre 1790.
A cet effet, ils doivent s'adresser au ministre de la justice, à
l'effet d'obtenir un décret de naturalisation.

**329. Actes de soumission et déclarations de nationalité.** —
Nous avons vu plus haut que le Code civil admet, dans certains cas, l'acquisition de la qualité de Français par voie de
simple déclaration, et qu'il reconnaît également, à diverses
catégories d'individus en possession de notre nationalité, le
droit de décliner cette nationalité dans l'année qui suit leur
majorité telle qu'elle est fixée par la loi française.

Le règlement d'administration publique du 13 août 1889,
rendu pour l'exécution de la loi sur la nationalité, a décidé
qu'en cas de résidence à l'étranger, les déclarations dont il
s'agit sont reçues par les agents diplomatiques et consulaires et distingue deux formes différentes que ces actes
doivent revêtir suivant les espèces auxquelles ils s'appliquent.

Suivant cette distinction, les agents diplomatiques et con-

(1) Code civil, art. 19 (révision de 1889).
(2) Code civil, art. 21 (révision de 1889).

sulaires devront recevoir des actes de soumission dans les cinq cas suivants :

1° Individu né en France et non domicilié sur le territoire de la République lors de sa majorité (art. 9 du Code civil) ;

2° Mineur né en France et ne s'y trouvant pas domicilié au moment où l'acte de soumission est souscrit en son nom par son père, sa mère ou son représentant légal (art. 9, § 10, du Code civil) ;

3° Individu né en France ou à l'étranger de parents dont l'un a perdu la qualité de Français (art. 10 du Code civil) ;

4° Femme d'un étranger, lequel s'est fait naturaliser Français, à la condition qu'elle soit majeure (art. 9 et 12, § 2, combinés du Code civil) ;

5° Enfants majeurs d'un étranger qui s'est fait naturaliser Français (art. 9 et 12, § 2, du Code civil).

Les déclarations de nationalité souscrites devant les consuls ont pour objet, soit la renonciation à la qualité d'étranger, soit la répudiation de la qualité de Français. Ont à effectuer une déclaration pour renoncer à se prévaloir de la qualité d'étranger :

1° Le père naturalisé Français, au nom de son fils mineur (art. 12, § 3, du Code civil, et art. 11 du décret du 13 août 1889) ;

2° Le père réintégré dans la qualité de Français, au nom de son fils mineur (art. 18 du Code civil, et 11 du décret de 1889).

Les déclarations pour répudier la nationalité française peuvent être effectuées dans les quatre cas suivants :

1° Par l'individu né en France d'un père étranger né hors de France, mais d'une mère qui elle-même est née sur le territoire de la République (Code civil, art. 8, § 3) ;

2° Par le fils d'un étranger, lorsqu'il est né en France et s'y trouve domicilié à l'époque de sa majorité (art. 8, § 4, du Code civil) ;

3° Par le fils d'un individu qui s'est fait naturaliser Fran-

çais pendant la minorité de son dit fils (art. 12 du Code
civil) ;

4° Par le fils d'un individu qui s'est fait réintégrer dans la
qualité de Français pendant la minorité de son dit fils (art. 18,
Code civil).

Les modèles de ces différentes déclarations sont réglementaires et ont été transmis aux agents par les circulaires des
1er mars 1890 et 31 juillet 1893. (1)

Les déclarations dressées en double exemplaire sont de
plus enregistrées sur un registre *ad hoc* ou à défaut sur le
registre des actes administratifs; elles peuvent être faites
par l'intéressé en personne ou par mandataire spécial agissant en vertu d'une procuration authentique. Le déclarant
doit être assisté de deux témoins, de nationalité française,
si faire se peut, lesquels doivent certifier son identité; il a à
produire, à l'appui de ses déclarations, les pièces indiquées
dans chacun des modèles spéciaux.

Lorsque les agents ont reçu une déclaration de nationalité,
ils doivent transmettre immédiatement au département, *sous
le timbre de la direction politique, sous-direction du contentieux,* les deux exemplaires de l'acte dressé; ceux-ci sont
transmis par le département au ministère de la justice pour y
être enregistrés. Après transcription sur un registre spécial,
un des doubles reste en effet déposé dans les archives du ministère de la justice; l'autre est renvoyé à l'intéressé, par
l'intermédiaire des agents, avec mention de l'enregistrement.
S'il s'agit, au contraire, d'un acte de soumission, il n'y a
lieu d'envoyer à Paris qu'un seul des exemplaires, et l'on
doit remettre le second au déclarant en ayant soin d'en retirer un récépissé. (2)

Des conventions spéciales sont intervenues en 1879, entre
la France et la Suisse, et en 1891, entre la Belgique et la

---

(1) Voir ces modèles au *Formulaire*, tomes ii, pages 850 à 856, et iii,
p. 122.

(2) Circulaire des affaires étrangères du 1er mars 1890. (F.)

France pour régler, principalement au point de vue du recrutement, la situation des fils de Français, naturalisés Suisses ou Belges.

Les agents concourent à l'exécution de ces arrangements, soit en recevant des déclarations d'option pour la nationalité suisse, ou de répudiation de cette nationalité (1), soit s'il s'agit de la Convention de 1891 avec la Belgique, en s'assurant de la régularité des justifications produites par les intéressés à l'appui de leur demande de sursis d'inscription sur les listes du recrutement français et en informant l'autorité préfectorale compétente en France que ce sursis doit être accordé jusqu'à ce que les intéressés aient 22 ans accomplis. (2) (Voir ci-après, livre VI, chapitre VIII.)

SECTION II. — *De l'immatriculation des Français dans les consulats.*

**330. But de l'immatriculation.** — Pour rendre plus efficace la protection consulaire et la surveillance que les agents sont tenus d'exercer sur leurs nationaux, notamment au point de vue de l'exécution des lois militaires et de l'établissement de la statistique des Français à l'étranger, et pour rattacher ceux-ci plus étroitement à la patrie commune et établir entre eux en les groupant autour du consul une sorte de lien et de solidarité, il a été de tout temps recommandé aux Français de se faire inscrire et reconnaître comme tels dans les chancelleries consulaires du pays où ils vont s'établir. (3) Cette inscription, de l'accomplissement de laquelle on avait autrefois fait dépendre d'une manière absolue le droit à la protection nationale, est aujourd'hui purement facultative.

---

(1) Convention du 23 juillet 1879. (V. *Recueil des traités*, tome XII, page 407.) — Circulaires des affaires étrangères (F.) des 9 novembre 1880, 7 février 1882, 23 février 1889 et 1er mars 1890. — Voir au *Formulaire* les modèles de ces options, tome II, pages 856 et 857.

(2) Convention du 30 juillet 1891 (*Recueil des traités*, tome XIX). — Circulaire des affaires étrangères du 1er juin 1892. (F.)

(3) Ordonnance du 28 novembre 1833. (F.) — Circulaires (F.) de la marine du 3 juillet 1879 et des affaires étrangères du 21 octobre 1879.

Un consul qui refuserait son appui à un Français, par la seule raison qu'il aurait négligé de se faire inscrire sur le registre matricule tenu dans sa chancellerie, se rendrait donc coupable d'un véritable déni de justice. (1)

Mais, par cela même que l'ordonnance du 28 novembre 1833 sur l'immatriculation des Français est privée de toute sanction pénale, les agents ne doivent négliger aucun soin, aucun effort pour convaincre leurs nationaux de l'utilité de se faire volontairement immatriculer, pour prévenir de la part des autorités locales tout doute ou toute incertitude sur la conservation de leur qualité de Français. Ils doivent aussi leur faire remarquer que cette formalité est conçue dans leur intérêt même, et qu'elle facilite, en tout temps, le succès de l'intervention consulaire, en mettant les agents en mesure de prêter immédiatement à chacun d'eux son appui, sans avoir à vérifier au préalable la nationalité de la personne à protéger, et en leur permettant de répondre aux nombreuses demandes d'information des familles.

**331. Privilèges attachés à l'immatriculation.** — L'instruction sur la réception des actes et contrats dans les chancelleries consulaires réserve, à moins d'impossibilité absolue, aux seuls Français immatriculés le droit de servir de témoins instrumentaires. (2) D'un autre côté, les lois sur la navigation marchande établissent que, pour devenir propriétaire d'un bâtiment portant notre pavillon (3), le Français qui réside à l'étranger doit fournir la preuve qu'il est immatriculé dans une chancellerie diplomatique ou consulaire. Tels sont, à notre connaissance, les seuls privilèges expressément attachés au fait de l'immatriculation qui a, dans la pratique, de trop nombreux avantages, pour que nous n'exprimions pas le vœu d'en voir généraliser le principe dans les actes légis-

---

(1) Circulaire du 4 décembre 1833. (F.)

(2) Instruction du 30 novembre 1833. (F.)

(3) Lois des 27 vendémiaire an II (18 octobre 1793), art. 12 (F.), et 9 juin 1845, art. 11.

latifs qui pourront à l'avenir avoir pour objet de régler la position de nos nationaux au dehors.

**332. Condition de l'immatriculation.** — La seule condition imposée aux Français pour obtenir leur immatriculation, est la preuve de leur nationalité. (1) Sous ce rapport, les règlements ne laissent rien au libre arbitre des consuls ; l'exercice des droits civils ou politiques étant indépendant de la qualité de Français (2), la loi ne prive pas de cette qualité ceux auxquels elle retire les premiers en tout ou en partie ; l'inscription sur le registre matricule ne saurait donc être refusée à ceux qui seraient privés, par suite de condamnations judiciaires, de tout ou partie de leurs droits civils ou politiques ; mais, autant que possible, il doit être fait mention de cette circonstance dans l'acte d'immatriculation de ces individus. (3)

**333. Acte d'immatriculation.** — L'immatriculation des Français se constate par leur inscription sur un registre spécial dûment ouvert, coté, paraphé et clos par les consuls, et dont la tenue est obligatoire dans tous les consulats. L'acte d'immatriculation doit indiquer les nom et prénoms du requérant, son âge, son lieu de naissance, sa profession, son dernier domicile en France ou celui de ses auteurs, sa position, quant au mariage, s'il est marié, divorcé ou veuf ; le nombre, les prénoms, âge et sexe de ses enfants ; enfin, il doit être signé de lui et de deux témoins constatant son identité, et mentionner les pièces justificatives de sa nationalité produites à l'appui de sa demande. (4) Les diverses pièces produites par les requérants au moment de l'immatriculation sont, suivant la nature des documents, conservées en chancellerie ou rendues au déclarant, après avoir été paraphées par le consul et le déposant.

---

(1) Ordonnance du 28 novembre 1833, art. 1. (F.)
(2) Code civil, art. 7.
(3) Circulaire des affaires étrangères du 9 décembre 1833. (F.)
(4) *Formulaire des chancelleries*, t. 1, p. 66.

**334. Immatriculation d'office.** — Lorsqu'un Français non immatriculé vient à décéder à l'étranger laissant des enfants mineurs, le consul peut procéder d'office à l'immatriculation de ces derniers. L'acte qui en est dressé doit rappeler les circonstances exceptionnelles dans lesquelles a lieu l'immatriculation.

**335. Certificat d'immatriculation.** — Il n'est perçu aucun droit pour l'inscription des Français sur le registre matricule (1) ; la délivrance des certificats d'immatriculation aux personnes qui les requièrent est seule soumise à l'application du tarif des chancelleries.

Pour encourager nos nationaux à se faire immatriculer dès leur arrivée, le tarif de 1875 (art. 157) établit deux droits applicables suivant que l'immatriculation a lieu plus de six mois après l'arrivée du requérant dans l'arrondissement consulaire, ou avant l'expiration de ce délai. Il dispose, en outre, que les certificats sont gratuits en cas d'indigence constatée et délivrés à demi-droit aux ouvriers munis d'un livret d'ouvrier régulier.

Les certificats doivent rappeler toutes les indications énoncées sur l'acte d'immatriculation et sont signés tant par le consul que par le chancelier. (2)

**336. Cas où un Français peut être rayé des registres d'immatriculation.** — Les Français qui, d'après nos lois, ont encouru la perte de leur nationalité, doivent être rayés du registre matricule. (3) Aucune instruction n'a tracé à cet égard aux consuls de règle de conduite précise. Nous pensons que, pour concilier le vœu de la loi avec le respect dû aux intérêts des Français : 1° nul ne doit être rayé du registre d'immatriculation, qu'après avoir été mis en mesure de fournir ses excuses ; 2° si la position du Français soulève des doutes dont l'appréciation est du domaine des tribunaux, il

---

(1) Ordonnance du 28 novembre 1833, art. 2, (F.)
(2) *Formulaire des chancelleries*, t. i, p. 554.
(3) Ordonnance du 28 novembre 1833, art. 4. (F.)

y a lieu de surseoir ; 3° la décision du consul doit, dans tous les cas, être formulée dans une ordonnance spéciale dûment motivée et rendue sur des preuves irréfragables ; 4° il doit être rendu compte au ministre des affaires étrangères, sous le timbre de la direction des consulats et affaires commerciales *(sous-direction des affaires de chancellerie)*, de tous les faits de cette nature qui peuvent se présenter dans les consulats.

SECTION III. — *De la protection à accorder aux Algériens.*

**337. Distinction des Algériens en diverses catégories. —** Les instructions du département des affaires étrangères qui tracent aux consuls la ligne de conduite à tenir à l'égard des musulmans et juifs algériens aujourd'hui placés sous la protection française, rangent ces individus dans cinq classes distinctes : 1° ceux qui, depuis l'époque de notre conquête, ont été déportés de l'Algérie; 2° ceux qui l'ont abandonnée volontairement par des motifs de religion ou autres ; 3° ceux qui, établis ou voyageant dans le Levant ou en Barbarie à l'époque de notre occupation, n'annoncent pas l'intention de revenir en Algérie ; 4° ceux qui, dans la même position, manifestent l'intention contraire ; 5° ceux que, depuis notre conquête, leurs affaires ont conduits hors de l'Algérie.

Les individus compris dans les trois premières classes ne peuvent plus être considérés comme appartenant à l'Algérie; que leur éloignement d'Alger ait été l'effet de leur propre mouvement ou la suite de menées coupables, ils n'en doivent pas moins subir toutes les conséquences d'une expatriation volontaire ou de la déportation. Dans le premier cas, ils ont renoncé eux-mêmes au bénéfice de la nationalité ; dans le second, ils ont nécessairement perdu tous leurs droits, et sous l'un ou l'autre de ces rapports ils n'ont plus aucune espèce de titre à la protection française.

La position des individus compris dans les deux autres classes est toute différente : ils ont conservé leur qualité d'Algériens et sont en conséquence fondés à invoquer l'appui de nos consuls. (1)

**338. Constatation de la nationalité.** — Quant à la constatation de leur origine et de leur nationalité, laquelle doit toujours forcément précéder leur inscription sur les registres des consulats, rien de plus simple pour ceux qui ont quitté le territoire de l'Algérie depuis que nous nous en sommes rendus les maîtres, puisqu'ils doivent être munis de passeports en règle émanés de nos autorités, ou des cartes d'identité délivrées en vertu de la loi du 23 mars 1882. A l'égard de ceux qui, déjà établis à l'étranger avant 1830, ont conservé l'esprit de retour en Algérie, on sait que les usages de l'Orient ne permettent guère d'exiger d'eux des preuves par écrit ; la conviction des consuls ne peut donc se former dans ce cas que sur l'appréciation des faits et des circonstances locales, et ces agents ne sauraient examiner avec trop d'attention les titres ou allégations de ceux qui réclament leur protection. (2)

En Levant et en Barbarie, cette attention à n'accorder la protection française qu'aux seuls vrais Algériens est d'autant plus nécessaire que ce serait violer nos traités avec la Porte et les Régences, que de soustraire à la juridiction territoriale des personnes qui n'auraient point de droits réels à notre protection.

SECTION IV. — *De la protection française accordée aux étrangers.*

La protection de nos consuls ne couvre pas seulement nos nationaux, elle peut encore être étendue, dans certains cas spéciaux, à des étrangers, et dans les pays musulmans, en vertu de nos capitulations ou conventions, aux sujets territoriaux eux-mêmes.

---

(1) Circulaire des affaires étrangères du 31 janvier 1831. (F.)
(2) Circulaire des affaires étrangères du 20 janvier 1860. (F.)

§ 1er. — De la protection en pays de chrétienté.

**339. Limite de la protection.** — L'intervention officielle des consuls ne doit et ne peut même être employée, en pays de chrétienté, qu'en faveur de leurs nationaux; ni le droit des gens universel, ni nos traités, ni nos lois et règlements sur le service consulaire, n'autorisent une dérogation à ce principe général. Il est cependant quelques cas spéciaux où nos consuls peuvent être appelés à exercer sur des étrangers une protection officieuse, mais collective, c'est-à-dire étendue à tous les individus d'une même nation, et non pas restreinte, comme en Levant, à certains membres isolés d'une nation quelconque; encore faut-il, pour rendre cette protection effective, le consentement, sinon exprès, du moins tacite, du gouvernement territorial.

Les circonstances dans lesquelles cette action peut se produire sont au nombre de trois : 1° lorsque les étrangers n'ont ni consul, ni aucun agent de leur nation dans le pays; 2° lorsque, les rapports diplomatiques de leur gouvernement et celui du pays de leur résidence étant suspendus, ils se trouvent privés de leurs protecteurs naturels; 3° lorsqu'au milieu de troubles et en présence de faits de guerre, soit extérieure, soit intérieure, ils se réfugient sous notre pavillon.

**340. Étrangers privés de consul de leur nation.** — En principe général, lorsque les étrangers qui sollicitent la protection française, sont privés d'un agent de leur pays et appartiennent à une nation amie et alliée de la France, nos consuls doivent la leur accorder. Mais l'exercice de cette protection, qui n'est cependant due qu'autant qu'elle ne porterait pas préjudice aux intérêts français, varie forcément selon qu'il s'agit soit d'actes relatifs à la personne des étrangers protégés ou destinés à être invoqués ou produits dans leur pays, soit de l'intervention de nos consuls en leur faveur auprès des autorités territoriales.

Dans le premier cas, nous ne saurions admettre la compétence de nos consuls pour tout ce qui est relatif à la réception des actes concernant l'état des personnes, soit actes de l'état civil, soit actes administratifs, parce que nos consuls ne peuvent agir dans l'espèce qu'au nom de la loi française, et que celle-ci ne saurait être appliquée à des étrangers. Quant aux actes du ministère du notariat, nos chanceliers sont bien autorisés à prêter leur assistance aux étrangers pour dresser des actes exécutoires en France, mais nous ne pensons pas qu'on puisse les considérer comme également compétents pour recevoir des actes qui devraient être exécutés hors de notre territoire.

Il n'y a pas d'ailleurs, ici, nécessité évidente et forcée, puisque les actes dressés par un officier ministériel du pays et légalisés par nos consuls, à défaut d'agent de la nation des requérants, suffisent parfaitement pour sauvegarder les intérêts des parties. L'exercice de la protection française en faveur des étrangers se réduit donc, à vrai dire, aux actes concernant la navigation. Ici, le droit et la compétence des consuls sont consacrés par les lois commerciales de la plupart des puissances maritimes, qui établissent que les diverses formalités imposées à leurs navigateurs à l'étranger peuvent, à défaut de consulat national dans le pays où ils abordent, être accomplies devant le consul d'une nation amie. Tels sont le visa des papiers de bord, la délivrance ou le visa des patentes de santé, la délivrance des certificats d'arrivée et de départ, de chargement ou de déchargement, de relâche, d'origine, etc.; ces actes doivent être faits par nos consuls, conformément aux prescriptions de la loi française, et les perceptions de chancellerie à exercer sont les mêmes que pour les bâtiments français dans les cas analogues. Le tarif du 25 octobre 1865 faisait, il est vrai, mention, sous les n°ˢ 49, 50 et 51, d'un droit spécial pour la délivrance de certains actes aux navires étrangers ; mais ces articles ne concernaient que les navires étrangers qui ne requéraient de nos chancelleries que le visa de leur patente de santé ou de leur manifeste. Quant aux bâtiments dont les capitaines, à défaut de consuls de leur nation, se sont adressés aux nôtres pour obtenir leurs expéditions, les prescriptions générales du tarif pour les actes relatifs à la navigation leur sont seules applicables.

L'intervention de nos consuls en faveur des étrangers privés de représentant de leur nation, auprès des autorités territoriales, quoique tolérée dans certains pays, ne saurait nulle part être réclamée comme un droit ; en la limitant à de simples bons offices, les consuls allieront toujours ce qu'ils doivent à des peuples amis ou alliés de la France avec la réserve que leur imposent leur propre situation et la nécessité dans laquelle ils se trouvent de reporter sur leurs nationaux tous les avantages qu'ils peuvent retirer de l'intimité de leurs rapports avec les autorités de leur résidence. Nous n'avons pas besoin de définir ce que nous entendons ici par bons offices ; on comprend qu'ils doivent s'étendre à tout ce qui n'implique que protection ou aide officieuse, mais qu'ils s'arrêtent là où commence l'intervention officielle, c'est-à-dire là où une question internationale peut se trouver engagée ou même soulevée ; car il ne faut pas perdre de vue que cette protection des étrangers, n'étant fondée sur aucune stipulation conventionnelle, pourrait, après avoir été admise par le gouvernement du pays, être plus tard déclinée, ce qui serait une atteinte fâcheuse portée à notre considération.

**341. Rupture entre deux gouvernements.** — Des étrangers peuvent encore solliciter la protection française, lorsque, par suite de la rupture où de la suspension des relations diplomatiques de leur gouvernement avec celui du pays dans lequel ils résident, ils se trouvent momentanément privés de leurs protecteurs naturels. Nos consuls ne sauraient prendre sur eux une initiative de protection que dans les cas extrêmes, et autant que possible ils doivent même, avant d'accorder la protection qui leur serait demandée, solliciter les ordres du ministre des affaires étrangères et ceux du chef de la mission française dans le pays de leur résidence. Provi-

soirement, ils peuvent bien assister les navigateurs de cette
nation ; mais on comprend que tout autre acte de leur part,
surtout un acte d'intervention auprès des autorités territoriales, pourrait être considéré comme violant la neutralité
qu'il peut être dans la politique de notre gouvernement de
conserver d'une manière absolue, quoique, dans ces circonstances, l'usage est généralement établi qu'une nation tierce
prenne sous sa protection les membres de celle qui se trouve
momentanément privée de représentant officiel.

**342. Protection en cas de guerre.** — Dans les cas de troubles, de guerre civile ou même de guerre extérieure, les
étrangers ont aussi parfois recours à notre protection et à
celle de nos bâtiments de guerre ; cet appel à l'influence
française est trop conforme aux principes traditionnels de
notre politique et à nos sentiments d'humanité et de généro-
sité pour avoir jamais été refusé.

§ 2. — Protection en Levant et en Barbarie.

**343. Base du droit de protection des consuls.** — Nos capitulations avec la Porte et avec les États barbaresques reconnaissent à nos consuls un droit de protection à l'égard de
certains étrangers et même à l'égard des sujets territoriaux.
Cette protection qui assimile ceux auxquels elle est accordée
aux Français eux-mêmes, dont ils partagent et les privilèges
et les obligations, a été réglementée par l'ordonnance de
1781.

**344. Protection accordée aux prêtres et aux religieux.** — La
France a toujours été la protectrice de la religion catholi-
que dans les États du Grand-Seigneur et des princes de Barbarie. Nos capitulations avec la Porte, et surtout celle de 1740,
nous reconnaissent le droit de couvrir de notre protection
tous les religieux francs établis à Jérusalem, en Syrie et
dans tout l'empire ottoman, à raison de leur caractère et
quand bien même ils ne seraient pas Français. Aussi l'ordonnance de 1781 prescrit-elle aux consuls dans les échelles

de protéger tous les prêtres séculiers ou réguliers fixés dans leurs résidences à titre de missionnaires ou chapelains, et leur enjoint-elle de les faire jouir des égards dus à leur caractère et des privilèges qui leur sont accordés par nos capitulations ; mais ces prêtres ou autres religieux sont tenus de se conduire avec décence et suivant les règles et les devoirs de leur état : il leur est défendu de s'immiscer dans les affaires de la nation, des particuliers et des gens du pays, d'avoir des liaisons suspectes, d'intriguer, de causer du scandale et de troubler le bon ordre, à peine d'être renvoyés en chrétienté. (1)

Quoique la protection française soit de droit acquise à tous les religieux établis en Levant, il est évident que son exercice suppose entre le protecteur et le protégé des rapports d'autorité et de subordination. Les changements apportés de nos jours dans les conditions de la résidence des étrangers en Levant, et surtout de celle des ministres des cultes chrétiens, n'ont altéré en rien les rapports de subordination et d'autorité entre ceux-ci et nos consuls. Les consuls doivent apporter dans leurs relations avec les religieux protégés des sentiments de bienveillance et une intention soutenue de maintenir la France en possession d'une prérogative à laquelle sa politique n'a pas cessé d'attacher une haute importance.

Une protection inefficace pourrait en effet rejeter ceux qui ne se croiraient pas suffisamment protégés dans les bras d'une autre puissance. Mais cette bienveillance ne saurait néanmoins dégénérer en une condescendance débile. Étrangers aux tracasseries et aux mouvements d'amour-propre qui n'agitent que trop souvent les missions religieuses du Levant, les consuls doivent les apprécier avec une impartiale dignité, et si une trop grande tolérance devait compromettre un intérêt général, ils ne devraient pas hésiter, après en avoir référé à l'ambassadeur de France à Constantinople, à

_____

(1) Ordonnance du 3 mars 1781, titre I, art. 134 et 135. (F.)

prendre les mesures que la loi les autorise à employer contre tous ceux qui troublent l'ordre. (1)

**345. Protection des indigènes.** — Les consuls du Levant accordaient autrefois leur protection à tous les indigènes qui étaient employés à leur service ou même en relations avec les *censaux* de la nation. Cette protection octroyée légèrement ne pouvait que compromettre le respect qui est dû au nom de la France, lorsqu'il est employé pour des rayas qui n'ont ni droit ni titre pour être nos protégés. Dans le but de faire cesser cet abus, l'ordonnance de 1781 avait déterminé les bornes de la protection qui pouvait être accordée aux sujets du Grand-Seigneur et les conditions dans lesquelles celle-ci pouvait être obtenue. Ainsi les lettres de protection ne devaient plus être données que dans le cas d'un intérêt réel pour le commerce, d'après une délibération du corps de nation et sous la caution de ce corps ou d'un négociant ; les consuls étaient même autorisés à refuser la lettre de protection, la demande en fût-elle appuyée par le corps de la nation, s'ils jugeaient qu'il y eût inconvénient à y déférer. (2) Sauf l'obligation du cautionnement qui n'existe plus en Levant, nous pensons que ces dispositions réglementaires doivent encore être suivies partout où leur exécution est possible, que là où la nation a son organisation et ses assemblées délibérantes, son avis doit être pris avant qu'aucune lettre de protection soit accordée à un sujet du Grand-Seigneur, et que là, au contraire, où le petit nombre de Français résidants ne suffit pas pour former un corps de nation, les consuls ne doivent accorder leur protection qu'aux seuls individus pour lesquels cette exception au droit commun est d'une utilité incontestable pour le service de leur consulat ou pour le bien des intérêts français. C'est, du reste, ce qui a lieu aujourd'hui : les seuls indigènes protégés par nos consuls

_____

(1) Circulaire des affaires étrangères du 18 janvier 1816.

(2) Ordonnance du 3 mars 1781, titre I, art. 144 et 145. (F.) — Instruction du 6 mai suivant. (F.)

sont les employés de leur chancellerie, les talebs ou scribes-
turcs ou arabes, les censaux (sorte d'agents chargés de la
petite police, d'aider et d'accompagner les capitaines) et les
autres gens à gages, portiers, domestiques, janissaires, etc.

Au Maroc, la question de la protection à accorder aux indigènes est réglée par la convention de Madrid de 1880.

**346. Protectorat des Levantins.** — Le protectorat des Levantins nés sujets de la Porte et autorisés à établir leur domicile en France a soulevé parfois quelques difficultés pratiques qu'une saine intelligence de la question aurait dû prévenir. En principe, l'admission à domicile en France est une
faveur essentiellement révocable et dont, aux termes de l'article 13 du Code civil, les effets cessent du moment où l'étranger auquel elle a été accordée renonce à sa résidence sur le territoire de la République. Il suit de là que les étrangers, Levantins ou autres, qui ont obtenu l'admission à domicile en perdent le bénéfice, lorsqu'ils retournent dans leur pays, à moins,
bien entendu, qu'ils n'y fassent qu'un séjour accidentel et
momentané, justifié d'ailleurs par des motifs d'une légitimité
incontestable. Ce ne peut donc être que dans cette limite et
sous cette réserve que les consuls en pays musulman peuvent et doivent protéger les Levantins simplement admis à
domicile en France. (1)

**347. Protection des étrangers qui n'ont pas de consul.** — Nos
capitulations avec la Porte ottomane et les puissances barbaresques nous conservent le droit de protéger les sujets ou
citoyens des nations qui n'ont ni ambassadeur à la Porte, ni
consul en Levant ou en Barbarie. Anciennement cette protection était très-étendue, car elle couvrait toutes les nations
dites ennemies, c'est-à-dire qui n'avaient pas de traités avec
le Grand-Seigneur ou les Régences barbaresques ; elle est,
au contraire, aujourd'hui très-restreinte par suite des nombreux traités conclus dans ces derniers temps.

---

(1) Circulaire des affaires étrangères du 1᷍ n᷍ ᷍er 1856.

Cette protection accordée aux étrangers qui n'ont pas de consul, est isolée et individuelle ; elle n'est pas accordée collectivement à un corps de nation comme en pays de chrétienté, mais aux membres de cette nation qui la sollicitent et qui paraissent en être dignes. La protection peut, du reste, être retirée à tout individu qui perdrait par son inconduite les droits qui auraient pu lui être précédemment reconnus pour l'obtenir, et, par une extension naturelle du droit de police conféré aux consuls sur leurs nationaux, ces agents pourraient même expulser de leur échelle les protégés qui en compromettraient la tranquillité. (1)

Dans aucun cas, un consul ne peut accorder sa protection à un étranger qui a, dans le pays de sa résidence, un représentant de sa nation, car ce serait enlever à sa juridiction naturelle un individu qui ne peut invoquer aucun motif fondé pour recourir à la nôtre. Un pareil abus provoquerait d'ailleurs entre celui de nos consuls qui le commettrait et le consul de la nation du protégé un conflit dont les conséquences seraient d'autant plus préjudiciables aux intérêts de tous les Français eux-mêmes et au maintien de la bonne police, qu'il pourrait en résulter qu'un consul étranger se crût à son tour autorisé à recevoir sous sa protection un de nos nationaux, fait qui exposerait le Français qui aurait ainsi recours à une protection étrangère à être immédiatement renvoyé en France par mesure de haute police.

**348. Délivrance et retrait des patentes de protection.** — Tous les protégés français sont inscrits sur un registre spécial, analogue à celui dont il est fait usage pour l'immatriculation des Français : leur inscription a lieu également sans frais. Un extrait de ce registre, sous forme de patente ou lettre de protection (2), est délivré à chacun des protégés pour lui servir de titre et le faire reconnaître par les autorités musulmanes. Les protégés relèvent des consuls au même titre que

---

(1) Ordonnance du 3 mars 1781, titre II, art. 11. (F.)
(2) *Formulaire des chancelleries*, t. I, p. 566.

tous les sujets français, et ils sont soumis à la juridiction consulaire, tant civile que criminelle.

Le retrait des lettres de protection implique pour celui auquel elles sont retirées l'exclusion de la protection française, et entraîne de plein droit la perte de tous les privilèges que nos capitulations y ont attachés. Il va sans dire qu'elles ne sauraient être retirées aux individus pour lesquels l'ordonnance de 1781 a établi un droit acquis à notre protection, tels que les religieux et missionnaires, mais bien à ceux-là seuls pour lesquels la protection est facultative et dépend simultanément de la demande qu'ils en font et du consentement du consul.

# CHAPITRE IV

**349. Compétence des consuls.** — La loi offre aux Français absents de leur pays deux moyens de constater leur état civil; en effet, tout acte de cette espèce qui est passé en pays étranger fait foi en France, s'il a été rédigé dans les formes usitées dans ledit pays, ou s'il a été reçu conformément aux lois françaises par les agents diplomatiques ou par les consuls. (1) C'est l'application simultanée de la maxime *Locus regit actum* et du principe que les agents diplomatiques et consulaires sont toujours censés se trouver sur le territoire de la nation qu'ils représentent.

Avant la promulgation du Code civil, le Conseil d'État, consulté sur la question de savoir si les consuls pouvaient recevoir les actes de l'état civil des Français établis dans leur résidence, avait déjà répondu affirmativement. Son opinion était basée: 1° sur ce que, si l'ordonnance de 1681 et les lois et règlements qui ont déterminé les attributions des consuls à l'étranger n'y ont pas compris les actes de l'état civil, c'est parce qu'alors les ministres des cultes étaient exclusivement chargés de les recevoir; 2° sur ce que la loi du 20 septembre 1792, qui a confié à l'autorité civile la rédaction de ces actes, a fait disparaitre l'obstacle qui s'opposait en principe à la compétence des consuls; 3° sur ce que cette attribution résulte évidemment de l'étendue et de la nature des fonctions consulaires qui comprennent la juridiction et la réception de tous actes et contrats; 4° enfin, sur ce qu'il

---

(1) Code civil, art. 47 et 48.

est juste et conforme à nos lois de faire jouir les Français qui se trouvent en pays étranger du bénéfice de la loi civile nationale. (1)

La précision et la clarté qui règnent dans la rédaction du Code civil rendent en général inutile toute explication sur ses dispositions ; mais le législateur ayant considéré habituellement les actes de l'état civil comme devant être reçus par des officiers résidant sur le territoire français, les agents eussent pu conserver des doutes, vu leur position particulière, sur la manière dont ils doivent procéder pour remplir suffisamment le vœu de la loi, si diverses instructions n'avaient successivement réglé l'exercice des fonctions qui leur sont attribuées comme officiers de l'état civil. (2) Ces instructions ont été elles-mêmes résumées et reproduites dans l'ordonnance spéciale du 23 octobre 1833 qui a réglementé l'intervention de ces agents dans la réception des actes de l'état civil de leurs nationaux.

La loi, en déléguant aux consuls les fonctions d'officiers de l'état civil, leur a imposé un devoir d'autant plus important que les premiers intérêts des familles reposent sur la régularité avec laquelle ils remplissent ce ministère ; ils doivent donc se conformer aux règles tracées par le titre 2 du livre Ier du Code civil, et qui sont obligatoires non-seulement dans les municipalités françaises, mais encore dans toutes les chancelleries à l'étranger. (3)

§ SECTION Ire. — *Disposillons générales et communes à tous les actes de l'état civil.*

**350. Indications communes à tous les actes de l'état civil.** — Les actes de l'état civil sont destinés à constater d'une manière authentique les faits qui établissent l'état des personnes en constituant la famille, tels que la naissance, le mariage et le décès ; on doit également mettre au rang de ces

(1) Avis du conseil d'État du 4 brumaire an xi (26 septembre 1802).
(2) Instructions des 18 sept. 1806, 8 août 1814 (F.) et 14 février 1829. (F.)
(3) Ordonnance du 23 octobre 1833, art. 1. (F.)

actes les déclarations de maternité et de paternité, les reconnaissances d'enfants naturels, les adoptions, et en général tous les jugements qui prononcent sur des questions d'état.

Tous les actes de l'état civil doivent énoncer l'année, le jour et l'heure où ils ont été reçus, ainsi que les prénoms, nom, âge, profession et domicile de toutes les personnes qui y sont dénommées ; on ne peut y insérer, soit par note, soit par énonciation quelconque, que ce qui doit être déclaré par les comparants. (1) En vue de faciliter la transcription ultérieure de ces actes en France, il est indispensable que le dernier domicile des parties en France soit exactement indiqué. Les témoins appelés doivent être tous du sexe masculin, majeurs, parents ou autres ; ils peuvent être Français ou étrangers, et sont choisis par les intéressés. (2)

Les actes, après qu'ils ont été rédigés, doivent être lus aux parties et aux témoins ; il doit y être fait expressément mention de l'accomplissement de cette formalité ; ils sont ensuite signés par l'officier de l'état civil, par les comparants et les témoins, à moins que ces derniers ne puissent ou ne sachent le faire, auquel cas la cause qui les en empêche doit également y être relatée. (3)

Il est recommandé aux consuls de veiller à ce que ces actes soient toujours écrits lisiblement, que les noms des lieux soient exactement désignés et accompagnés, quand il s'agit de lieux situés en France, de l'indication du département. (4)

**351. Registres de l'état civil.** — L'inscription des actes se fait sur un ou plusieurs registres tenus doubles (5), c'est-à-dire que par le fait il est dressé de chaque acte deux originaux *absolument identiques* portant les mêmes dates, noms,

(1) Code civil, art. 34 et 35.
(2) Code civil, art. 37.
(3) Code civil, art. 38 et 39.
(4) Circulaires des affaires étrangères des 30 septembre 1826 et 4 mars 1858. (F.)
(5) Code civil, article 40. — Ordonnance du 23 octobre 1833, article 2. (F.)

formules, signatures tant de l'officier public que des parties et des témoins. (1)

Toute inscription d'actes de l'état civil faite sur une feuille volante et autrement que sur les registres à ce destinés, peut donner lieu, contre le contrevenant, à une demande de dommages-intérêts par les parties, sans préjudice des peines portées par le Code pénal. (2)

Les consuls peuvent n'avoir qu'un seul registre tenu double pour la réception de tous les actes de l'état civil proprement dits, tels que ceux de naissance, mariage, décès, etc.; mais ils doivent toujours tenir un registre spécial et particulier pour les publications de mariage. (3)

On peut composer ces registres de quelques feuilles réunies au moyen d'une faveur cachetée sur l'une de ses extrémités, et les intituler, sur la première page : *Registre des actes de l'état civil (id. des publications de mariage) reçus au consulat de France à... pendant l'année...*

Ces registres, dont le format réglementaire et uniforme a été fixé à 32 centimètres de haut sur 21 de large, en laissant sur chaque feuillet une marge de 8 centimètres (4), doivent être ouverts le 1ᵉʳ janvier, cotés par première et dernière, paraphés par les consuls et clos le 31 décembre. (5) Les actes doivent y être inscrits à la suite les uns des autres, par ordre de date et sans aucun blanc, intervalle, abréviation ni alinéa ; les dates, être mises en toutes lettres ; les mots, quels qu'ils soient, en entier. Il ne faut oublier ni l'âge ni le domicile des témoins ; avoir soin, l'acte une fois dressé, d'en donner lecture aux comparants, de faire mention de l'accomplissement de cette formalité et de n'omettre la signature, lisiblement écrite, d'aucun des comparants et témoins, pas plus

---

(1) Circulaire des affaires étrangères du 4 mars 1858. (F.)
(2) Code civ., art. 52. — Code pén., art. 192.
(3) Code civ., art. 63.
(4) Circulaires (F.) des affaires étrangères des 28 juillet 1850 et 4 mars 1858.
(5) Code civ., art. 42. — Ordonnance du 23 octobre 1833, art. 2. (F.) — *Formulaire des chancelleries*, t. I, mod. nᵒ 7.

que celle de l'officier instrumentaire ; enfin, les ratures et les
renvois doivent être approuvés et signés de la même manière
que le corps de l'acte : il ne suffirait pas de les parapher.
Lorsque les parties intéressées ne sont pas tenues de compa-
raitre en personne et qu'elles se font représenter par un
fondé de procuration spéciale et authentique, ces procurations, dûment paraphées par le consul et les personnes qui
les produisent, sont annexées aux actes auxquels elles se
rapportent, après y avoir été énoncées, et restent ensuite
déposées en chancellerie. (1)

**352. Envoi en France d'un des registres et des expéditions
des actes de l'état civil.** — Le 31 décembre de chaque année,
les registres sont clos et arrêtés par les consuls. (2) L'un des
doubles reste déposé en chancellerie, et l'autre, ou un certificat pour néant qui en tient lieu, doit être expédié dans le
mois, si faire se peut, au ministère des affaires étrangères,
par dépeche non numérotée, sous le timbre de la direction
des consulats et des affaires commerciales (sous-direction
des affaires de chancellerie). (3)

Lorsque l'envoi a lieu par voie de mer, le consul doit consigner le registre au capitaine qui en est chargé, en dresser
procès-verbal en chancellerie et faire mention du dépôt sur
le rôle d'équipage. Si, au contraire, l'envoi a lieu par terre,
les consuls doivent prendre toutes les précautions convenables, selon les lieux et les circonstances, pour le prémunir
contre toute perte.

Ces registres sont vérifiés en France dans les bureaux
du ministère, et, en cas de contravention, le ministre est autorisé à prendre contre le consul qui l'aurait commise telle
mesure qu'il appartiendrait. (4)

---

(1) Code civ., art. 36, 42 et 44. — Ordonnance du 23 octobre 1833, art. 16. (F.)
(2) *Formulaire des chancelleries*, t. i, modèle n° 7.
(3) Code civ., art. 43. — Ordonnance du 23 octobre 1833, art 9. (F.) — Circulaires des affaires étrangères des 30 septembre 1826 (F.) et 5 septembre
1860.
(4) Ordonnance du 23 octobre 1833, art. 10, 11 et 12. (F.)

Le registre des publications de mariage doit demeurer déposé dans la chancellerie du consulat. (1)

L'envoi du double des registres ne dispense pas les agents du service extérieur de transmettre au département des affaires étrangères une expédition de chaque acte de l'état civil, immédiatement après sa réception. (2) Ces expéditions, qui doivent porter en toutes lettres la date de leur délivrance (art. 45, C. c.), sont transmises par l'intermédiaire des préfets, en vue de la transcription sur les registres de l'état civil, au maire de la commune d'origine ou du dernier domicile des parents de l'enfant, du mari ou du défunt, selon qu'il s'agit d'un acte de naissance, de mariage ou de décès. (3) Quant aux doubles des registres de l'état civil, ils demeurent déposés au ministère des affaires étrangères qui est chargé d'en assurer la garde et d'en délivrer des extraits ou des expéditions. (4) (Voir ci-dessus, n° 225.)

**353. Destruction des registres par accident.** — En cas d'accident qui aurait détruit les registres de l'état civil à l'étranger, il doit en être dressé un procès-verbal que le consul transmet au ministre des affaires étrangères en lui demandant ses instructions sur les moyens à prendre pour réparer cette perte. (5)

**354. Obligations des officiers de l'état civil.** — Les agents extérieurs, comme tous dépositaires des registres de l'état civil, sont civilement responsables des altérations qui peuvent y être faites, sauf leur recours, s'il y a lieu, contre les auteurs du délit. Toute altération ou tout faux dans les actes de l'état civil donnent lieu à des dommages-intérêts envers les parties, sans préjudice des peines portées au Code pénal. (6)

---

(1) Code civ., art. 63
(2) Ordonnance du 23 octobre 1833, art. 2. (F.)
(3) Décision du ministre de la justice du 15 octobre 1814.
(4) Code civ., art. 48 complété par la loi du 8 juin 1893.
(5) Ordonnance du 23 octobre 1833, art. 13. (F.)
(6) Code civil, art. 51 et 52. — Code pénal, art. 145, 146 et 147.

Lorsqu'il y a urgence, les consuls sont obligés de recevoir les actes de l'état civil, même les dimanches et jours fériés. (1)

La rédaction des actes de l'état civil et leur inscription sur les registres ne donnent lieu à aucune perception, mais un droit de chancellerie est dû pour les expéditions réclamées par les parties. (2) Ces expéditions, légalement faites par les chanceliers et visées par les consuls, font foi en France jusqu'à inscription de faux. (3) Elles doivent porter en toutes lettres la date de leur délivrance. (4)

**355. Actes dans lesquels les agents sont partie.** — Enfin, les agents diplomatiques et les consuls, comme tous les autres officiers de l'état civil, ne peuvent valablement recevoir aucun acte de cette nature dans lequel ils sont appelés à figurer, soit comme partie, soit comme déclarants, ou à la rigueur comme témoins ; ils sont, dans ce cas, remplacés par le consul suppléant ou le chancelier attaché à leur résidence, lequel agit alors par empêchement du chef de poste.

**356. Transcription d'actes reçus par les autorités locales.** — Il arrive quelquefois que, pour conserver des renseignements précieux pour les familles, des Français qui n'ont pas eu recours aux agents diplomatiques et consulaires de leur pays, pour l'établissement des actes d'état civil les concernant, requièrent de ces mêmes agents la transcription sur les registres des chancelleries des actes reçus par les autorités locales.

Les agents peuvent déférer à ces demandes, mais une distinction est à faire en ce qui concerne les registres sur lesquels les documents présentés peuvent être transcrits.

S'il s'agit d'actes reçus par des agents consulaires Fran-

(1) Instruction du 30 novembre 1833 (F.) et Circulaire des affaires étrangères du 8 juillet 1890. (F.)
(2) Décret du 13 juillet 1807.
(3) Code civil, art. 42. — Ordonnance du 23 octobre 1833, art. 3. (F.)
(4) Id., art. 45.

çais, des fonctionnaires étrangers ou des ministres des cultes n'ayant pas les pouvoirs d'officier de l'état civil, les agents ne peuvent les transcrire que sur un registre spécial ou sur le registre des actes administratifs et divers. Ces actes sont, en effet, de simples certificats, et tant qu'une décision judiciaire ne leur a pas conféré le caractère authentique qui leur fait défaut, ils ne constituent pas un élément de preuve décisif, et il y a lieu de le faire observer aux intéressés, s'ils de-mandent qu'on leur en délivre des extraits certifiés conformes.

Quant aux actes, au contraire, qui ont été reçus par des fonctionnaires étrangers, rien ne s'oppose à ce qu'ils soient transcrits sur les registres d'état civil des postes diplomati-ques et consulaires, quand, reçus par les autorités locales compétentes et rédigés suivant la forme usitée dans le pays, ils ont, au regard de la législation territoriale, le caractère d'actes de l'état civil et remplissent les conditions voulues pour faire foi en France, suivant la disposition de l'art. 47 du Code civil. Les agents diplomatiques et consulaires n'ont point d'ailleurs, lorsqu'ils sont requis d'opérer de pareilles transcriptions, à contrôler la sincérité des énonciations por-tées dans les actes qui leur sont présentés, non plus qu'à se prononcer sur la validité des mariages ou des reconnaissan-ces : ce pouvoir n'appartient qu'aux autorités judiciaires et il suffit aux agents diplomatiques et consulaires de s'assurer, préalablement à la transcription, que les actes ont été reçus par des personnes régulièrement investies des fonctions d'officiers de l'état civil ; ces actes doivent être tenus pour réguliers tant qu'une décision n'en a pas infirmé la valeur. (1)

D'autre part, quand les agents ont obtenu, sans frais, des autorités étrangères, des actes concernant leurs nationaux, ils doivent les transcrire *d'office* sur leurs registres.

Quand ils procèdent à la transcription d'un acte, les agents doivent conserver par devers eux, après la transcription, la pièce qui leur a été présentée et l'annexer à celui de leurs

_____

(1) Circulaires des affaires étrangères (F.) des 14 mai 1881 et 25 mai 1889.

registres qui demeure en chancellerie : mention de cette annexe est faite dans l'acte de transcription. L'expédition à transcrire, duement légalisée, est copiée littéralement sur les deux registres : elle est paraphée par l'officier de l'état civil qui *signe seul l'acte transcrit*, et, s'il y a lieu, par le requérant.

S'il s'agit d'un acte établi en langue étrangère, il est nécessaire que l'expédition duement légalisée, remise à l'agent, soit accompagnée d'une traduction en français (1) ; c'est alors la traduction qui est transcrite et elle reste annexée avec l'expédition au double des registres conservé par le poste. Ces deux pièces sont paraphées par le requérant et par l'agent officier de l'état civil. (2)

**357. Mentions à porter en marge de certains actes.** — Le code civil prévoit dans un certain nombre de cas qu'un acte d'état civil, déjà inscrit sur les registres d'état civil, doit être complété par une mention sommaire se rapportant à un autre acte d'état civil postérieur qui vient modifier la situation de la personne que concerne l'acte primitif.

C'est ainsi que l'acte de naissance peut être complété par une mention ultérieure : 1° de reconnaissance, s'il s'agit d'un enfant naturel non reconnu au moment de sa naissance (art. 62 C. c.) ; 2° de légitimation, en cas de mariage subséquent des parents, s'il s'agit d'un enfant né hors mariage et que les parents ont reconnu avant leur mariage ou qu'ils reconnaissent dans l'acte même de mariage (art. 331 C. c.) ; 3° de mariage (art. 76 C. c.) ; 4° d'adoption (art. 101 et 359 C. c.)

Lorsqu'à défaut d'acte de naissance, il y a été suppléé par un jugement, la mention est portée en marge de la transcription de ce jugement sur les registres des naissances.

De même l'acte de mariage est, le cas échéant, complété par une mention du jugement ou de l'arrêt qui a prononcé le divorce entre les époux (art. 251 C. c.) Enfin, tout acte de

---

(1) Circulaire du Garde des Sceaux du 13 juillet 1811.
(2) Circulaire des affaires étrangères du 26 novembre 1897.

l'état civil rectifié doit porter en marge la mention du jugement ou de l'arrêt prononçant la rectification.

Aux termes de la loi du 17 août 1897 la mention dont il
s'agit doit être opérée *d'office* par l'officier de l'état civil qui
a dressé ou transcrit l'acte donnant lieu à mention, dans les
trois jours de la transcription ou de la passation de l'acte,
sur les registres qu'il détient. (1)

Quand le poste ne possède pas les registres sur lesquels
la mention doit être faite, ou lorsqu'il ne possède qu'un exemplaire de ce registre, ou enfin lorsqu'une copie de l'acte en
marge duquel la mention doit être opérée a déjà été transmise au ministère des affaires étrangères conformément aux
prescriptions de l'ordonnance du 23 octobre 1833, le consul
doit adresser au ministère des affaires étrangères un avis
spécial dont le modèle est annexé à la circulaire du 26 novembre 1897.

En transmettant au département le texte des mentions
opérées, dont le modèle a été communiqué aux agents par
la circulaire précitée, ou les avis de mention à effectuer, les
agents diplomatiques et consulaires doivent avoir soin de
consigner, dans la lettre d'envoi, des renseignements qui permettent de trouver sans peine l'acte sur lequel la mention
doit être inscrite. Il est par suite utile, lorsque l'enfant reconnu ou légitimé (s'il s'agit d'un acte de reconnaissance ou
d'une légitimation) ou lorsqu'un des époux (s'il s'agit d'un
mariage) n'est pas né en France ou dans les colonies françaises, d'indiquer quelle est l'autorité qui a reçu l'acte en
marge duquel la mention doit être portée.

Si l'acte de naissance de l'enfant reconnu ou légitimé a été
dressé par une autorité étrangère et n'a pas été transmis au
ministère des affaires étrangères, les agents devront engager
les intéressés à en produire une copie et à en faire effectuer
la transcription sur les registres du poste préalablement à

_____

(1) Loi du 17 août 1897.

l'établissement de l'acte contenant reconnaissance ou légitimation. (1)

Lorsque des actes ont été ainsi complétés par une mention visant un acte postérieur, il ne peut plus être délivré, sous peine de dommages-intérêts, d'expédition de l'acte primitif sans qu'il y soit ajouté la mention qui le complète.

SECTION II. — *Des actes de naissance.*

**358. Déclaration de naissance.** — Les déclarations de naissance doivent être faites à l'officier de l'état civil dans les trois jours de l'accouchement par le père ou, à son défaut, par les chirurgien, sage-femme ou autres personnes qui ont assisté à l'accouchement ou chez qui il a eu lieu. (2)

Ce délai de trois jours ne peut être dépassé, car tout retard plus considérable pourrait compromettre les droits de l'enfant et ceux qui peuvent lui advenir. Les officiers de l'état civil ne peuvent en conséquence inscrire les enfants qui leur sont tardivement présentés que d'après un jugement qui le leur prescrive et que les parents doivent obtenir. (3)

**359. Présentation de l'enfant.** — L'enfant doit être présenté à la chancellerie ; cette prescription a pour but de prévenir, par exemple, l'abus de l'inscription d'un enfant né depuis longtemps comme étant né récemment, ou une erreur dans le sexe. Si cependant l'état de l'enfant ou toute autre circonstance ne permet pas de le porter en chancellerie, il peut être passé outre, et l'officier de l'état civil peut même être requis de se rendre au lieu dans lequel il se trouve, mais il doit être fait dans l'acte mention expresse de cet empêchement.

**360. Rédaction de l'acte.** — L'acte de naissance doit énoncer le jour, l'heure et le lieu de la naissance, le sexe de l'en-

_____

(1) Circulaire des affaires étrangères du 26 novembre 1897.
(2) Code civil, art. 55 et 56.
(3) Avis du conseil d'État du 1 brumaire an XI (26 octobre 1802). — Arrêt de la cour de Colmar du 25 juillet 1828. — Ordonnance du 23 octobre 1833, art. 7. (F.)

fant et les prénoms qui lui sont donnés ; les prénoms, nom, profession et domicile des père et mère et ceux des témoins. (1)

Le nom *propre* de l'enfant ou nom de famille n'est pas donné dans l'acte : il résulte des énonciations que celui-ci renferme, et spécialement de l'indication des noms des père et mère. Quant aux prénoms, ils sont indiqués par la personne qui fait la déclaration, ou, à son défaut, par l'officier de l'état civil. Ils doivent être pris parmi les noms en usage dans les divers calendriers ou parmi ceux des personnages connus de l'histoire ancienne ; il est interdit aux officiers de l'état civil d'en admettre aucun autre dans leurs actes. (2)

Il doit également être fait mention dans les actes de naissance du dernier domicile des pères en France : si cette indication ne peut avoir lieu, on y supplée par celle du lieu de naissance. (3)

S'il s'agit d'un enfant né hors mariage, on doit se borner à indiquer les nom, prénoms, profession et domicile de la mère. Le père ne saurait être indiqué qu'autant qu'il ferait lui-même ou par un fondé de procuration spéciale et authentique la déclaration de naissance.

Les consuls ne doivent recevoir aucune déclaration d'où résulterait une naissance incestueuse ou adultérine. (4)

Les officiers de l'état civil n'étant chargés que de constater des faits matériels, ne sauraient rien ajouter aux déclarations qui leur sont faites ; il en résulte :

1° Que, si les déclarants, en présentant l'enfant, refusaient d'indiquer la mère à laquelle il appartient, l'officier de l'état civil, après leur avoir fait sentir l'importance dont il est pour l'enfant de connaître sa mère, devrait, sans pousser plus loin ses investigations, l'inscrire sur ses registres comme né de père et mère inconnus ; le prénom qui lui serait donné

(1) Code civil, art. 57.
(2) Loi du 11 germinal an XI (1er avril 1803).
(3) Circulaire des affaires étrangères du 30 septembre 1826. (F.)
(4) Code civil, art. 335.

deviendrait alors son nom patronymique, à moins que les déclarants ne voulussent lui donner un nom patronymique composé arbitrairement. Ce cas peut, du reste, difficilement se présenter à l'étranger, puisque l'enfant né d'un père et d'une mère inconnus naîtrait sujet du pays et non sujet français ;

2° Que, si le père se présente en refusant de faire connaître la mère, la déclaration doit être également reçue, sauf l'action de la justice criminelle en suppression d'état, car avant tout l'acte de naissance a pour objet de faire foi du fait de l'accouchement. (1)

**361. De l'enfant qui a été exposé.** — Si l'enfant a été exposé, l'officier de l'état civil auquel il est présenté par la personne qui l'a trouvé doit dresser procès-verbal des déclarations de ladite personne, en y énonçant l'âge apparent de l'enfant, son sexe, les noms qui lui sont donnés, l'autorité ou la personne à laquelle il en fait remise, et inscrire ce procès-verbal sur ses registres. (2) Il est encore difficile, pour ne pas dire impossible, que ce cas spécial se présente à l'étranger.

S'il arrivait, du reste, qu'à défaut des renseignements nécessaires, l'une de ces formalités que nous venons d'indiquer ne pût être remplie, l'officier de l'état civil aurait à en faire mention à l'endroit de l'acte où cette formalité devait être accomplie. (3)

SECTION III. — *Des actes de reconnaissance d'un enfant naturel.*

**362. Déclaration de reconnaissance.** — La reconnaissance d'un enfant naturel doit être faite par acte authentique, lorsqu'elle ne l'a pas été dans son acte de naissance ; les parties ne sont pas obligées de comparaître en personne, et elles peuvent se faire représenter par un fondé de procuration spéciale et authentique. (4)

(1) Arrêt de la cour de Rouen du 20 mai 1809.
(2) Code civil, art. 58.
(3) *Formulaire des chancelleries*, t. i, mod. n° 125.
(4) Code civil, art. 36 et 334.

**363. Rédaction de l'acte.** — L'acte de reconnaissance d'un enfant doit être inscrit sur les registres de l'état civil, à sa date, et il doit en être fait mention en marge de l'acte de naissance, s'il en existe un. A partir de cette époque, le consul ne peut plus délivrer d'expédition de cet acte sans la mention inscrite en marge. (1)

Cet acte doit énoncer : 1° Les noms, prénoms, professions et domiciles des parents ou de celui d'entre eux qui fait la reconnaissance, si un seul se présente ; 2° leur déclaration indiquant que l'enfant dont la naissance a été constatée par l'officier de l'état civil de tel endroit, sous telle date et sous tel nom, est fils ou fille desdits déclarants qui le reconnaissent pour être leur enfant naturel. (2)

S'il y a eu précédemment reconnaissance faite par le père ou la mère, et que le déclarant le fasse connaître, il doit en être fait mention dans l'acte dressé en chancellerie.

La loi n'indique pas expressément que la reconnaissance doive être attestée par témoins : l'acte qui la constate peut donc être signé seulement par l'officier de l'état civil et les comparants, lorsque ceux-ci savent et peuvent le faire ; dans le cas contraire, l'officier de l'état civil le mentionne avant de signer lui-même.

Cependant un grand nombre d'auteurs pensent que, par analogie avec les actes de naissance, les actes de reconnaissance doivent être attestés par deux témoins. Les formules employées par l'administration de la ville de Paris, ainsi que les modèles annexés à l'instruction du ministère de la marine du 3 octobre 1893 sur la réception en mer des actes de l'état civil, prévoient également la présence de deux témoins. La cour de Paris dans un arrêt du 1er février 1812, tout en posant le principe de la présence des témoins, a admis, cependant, que leur absence n'est pas une cause de nullité de l'acte. Les agents feront sagement, cependant, de se faire assister de deux témoins.

---

(1) Code civil, art. 62. — Code de procédure, art. 857. Loi du 17 août 1897.
(2) Formulaire des chancelleries, tome 1, p. 270.

**364. Qualités requises pour pouvoir reconnaître ou être reconnu.** — La reconnaissance peut avoir lieu avant la naissance de l'enfant.

Un mineur peut reconnaître un enfant naturel. (1) Le même droit appartient à un individu privé de ses droits civils.

La reconnaissance ne peut avoir lieu au profit des enfants nés d'un commerce incestueux ou adultérin. (2)

SECTION IV. — *Des actes d'adoption.*

**365. De l'adoption.** — L'adoption est un droit purement civil et qui ne peut s'acquérir que selon les règles expressément posées par la loi. (3) Ces règles sont tracées au chapitre premier du titre VIII du livre premier du Code civil; nous n'avons pas à les indiquer ici, l'intervention des officiers de l'état civil se bornant, à l'étranger, à la transcription sur leurs registres des arrêts des cours d'appel qui ont autorisé l'adoption, sauf l'exception pour les postes du Levant et de Barbarie, que nous indiquerons au livre VII.

**366. Transcription des arrêts d'adoption.** — En France, l'adoption doit, sous peine de rester sans effet, être inscrite dans les trois mois qui suivent l'arrêt, et à la requête de l'une ou de l'autre des parties, sur le registre de l'état civil du domicile de l'adoptant. (4) A l'étranger, ce délai est forcément augmenté en raison des distances légales et conformément à l'article 93 du Code de procédure civile ; mention de l'arrêt est portée en marge de l'acte de naissance de l'adopté. (5)

**367. Forme du procès-verbal de transcription.** — Le procès-verbal qui constate cette transcription constitue, à proprement parler, l'acte d'adoption; il doit indiquer les nom, prénoms, profession et domicile du requérant, c'est-à-dire de

---

(1) Arrêts de la cour de cassation des 22 juin 1813 et 4 novembre 1835.
(2) Code civil, art. 335.
(3) Arrêt de la cour de cassation du 22 novembre 1825.
(4) Code civil, art. 359.
(5) Code civil, art. 359 et 101. — Circulaire du 26 novembre 1897.

l'adoptant ou de l'adopté, reproduire *in extenso* l'arrêt de la cour qui a autorisé l'adoption, et être signé par l'officier de l'état civil et le requérant. (1) Cette transcription a lieu en double expédition et sur chacun des registres de l'état civil ; l'expédition de l'arrêt doit être annexée à l'exemplaire qui reste déposé dans les archives du poste.

Nous rappellerons à cet égard que les agents du service extérieur ne doivent mettre à exécution aucun arrêt de cour d'appel qui n'aurait pas été revêtu préalablement de la légalisation du ministère des affaires étrangères. (2)

SECTION V. — *Des actes de mariage.*

§ 1er. — De la compétence des agents français.

**368. Prescription du Code civil sur le mariage des Français à l'étranger.** — Le droit des agents diplomatiques et consulaires de célébrer le mariage des Français établis dans leur résidence, découle de la compétence absolue que leur confère l'article 48 du Code civil pour la réception de tous les actes de l'état civil.

L'article 170 du même Code, en déclarant valable le mariage contracté en pays étranger entre Français et entre Français et étrangers, lorsqu'il a été célébré dans les formes usitées dans le pays, précédé des publications légales, et que le Français n'a pas contrevenu aux dispositions générales de la loi, n'a pas établi d'exception au principe posé par l'article 48 ; il a seulement voulu donner aux Français une faculté de plus pour la célébration de leur mariage hors du territoire de la République.

**369. Mariage entre Français et étrangers.** — Lorsque les contractants sont tous deux Français, il leur est donc loisible de se marier devant l'agent de leur pays ou conformément aux usages locaux. Si, au contraire, l'un d'eux était étran-

---

(1) *Formulaire des chancelleries,* t. 1, mod. 127.
(2) Circulaire des affaires étrangères du 24 avril 1822. — Ordonnance du 23 octobre 1833, art. 10. (F.)

ger, l'agent français cessant d'être compétent, le mariage devrait forcément être célébré dans les conditions prévues par l'article 170 du Code civil. (1) A plus forte raison, un mariage contracté à l'étranger entre deux étrangers devant un agent français, serait-il radicalement nul, à raison de l'incompétence absolue de l'officier de l'état civil devant lequel il aurait été célébré. (2)

§ 2. — Des mariages célébrés par les agents français.

**370. Compétence des agents.** — Conformément à l'art. 74 du Code civil, le mariage doit être célébré en France dans la commune où l'un des époux a son domicile. Ce domicile s'établit, quant au mariage, par six mois d'habitation continue dans la même commune. L'observation de cette prescription à l'étranger est-elle absolue ? Un grand nombre d'auteurs se prononcent pour la négative. Le ministère de la justice penche également pour cette solution. Il estime, en se fondant sur les travaux préparatoires du Code civil, que l'obligation de six mois de résidence n'est pas exigible des Français qui se marient à l'étranger dans nos consulats, du moment où les futurs époux satisfont aux autres conditions prévues par le titre v du Code civil et par l'ordonnance du 23 octobre 1833. (3)

**371. Publications de mariage.** — Aucun mariage ne peut être célébré par un agent diplomatique ou consulaire, s'il n'a été précédé des publications prescrites par nos lois. (4)

Les publications de mariage sont au nombre de deux ; elles ont lieu à huit jours d'intervalle, un jour de dimanche, et doivent être faites dans le lieu le plus apparent de la chancellerie. (5) Elles sont rédigées sous la forme d'un procès-

---

(1) Arrêt de la cour de cassation du 10 août 1819. — Circulaires des affaires étrangères (F.) des 4 novembre 1833 et 28 juillet 1850.

(2) Jugement du tribunal de la Seine du 6 mars 1833.

(3) Lettre du ministre de la justice au ministre des affaires étrangères du 14 novembre 1888.

(4) Code civil, art. 192. — Ordonnance du 23 octobre 1833, art. 15 (F.)

(5 Code civil, art. 163. — Ordonnance du 23 octobre 1833, art. 14. (F.)

verbal qui énonce les jours, lieux et heures auxquels elles
ont été faites ; les prénoms, noms, professions et domiciles
des futurs époux ; leur qualité de majeur ou de mineur ; les
prénoms, noms, professions et domiciles de leurs pères et
mères (1) : elles sont inscrites sur un registre spécial. (V. section i de ce chapitre.)

Ces publications ne doivent pas être faites seulement dans
la chancellerie du lieu où le mariage doit être célébré, mais
pareillement et conjointement à la chancellerie ou à la
mairie du lieu où chacune des parties a son domicile ; lorsque celui-ci n'est pas établi, pour l'une des parties, par plus
de six mois de résidence, il doit en être fait à la municipalité
de son dernier domicile, s'il était en France, ou à la chancellerie de sa dernière résidence, si elle se trouvait à l'étranger.
Dans ce dernier cas, les parties doivent présenter à l'officier
de l'état civil qui les marie un certificat de publications et
de non-opposition délivré par l'agent dans la chancellerie
duquel cette formalité a été remplie (2), ou par le maire
compétent.

Indépendamment des publications que nous venons d'indiquer, lorsque les Français qui se marient à l'étranger se
trouvent sous la puissance de leurs parents, c'est-à-dire jusqu'à l'âge de vingt-cinq ans pour les hommes et de vingt et
un pour les filles, et que ces parents ont leur domicile en
France, il faut aussi que des publications y soient faites,
pour que ces derniers puissent s'opposer au mariage, s'ils le
jugent à propos. (3)

Dans les pays du Levant et de Barbarie, lorsqu'un mariage
est contracté entre Français nés en Levant de familles françaises qui y sont établies depuis plusieurs générations et
qui n'ont pas en France de domicile actuel ni de dernier
domicile connu, ou entre des étrangers d'origine devenus
Français par la naturalisation avec dispense de résidence,

---

(1) *Formulaire des chancelleries*, t. i, mod. 1.º 128.
(2) *Formulaire des chancelleries*, t. i, mod. nº 129.
(3) Circulaire des affaires étrangères du 10 juillet 1826. (F.)

et qui par conséquent n'ont jamais eu de domicile en France, il n'y a pas lieu, d'après l'avis du conseil d'État, de faire en France la publication dudit mariage. (1)

Par une induction tirée de l'article 169 du Code civil, les agents extérieurs sont autorisés, pour des cas graves dont l'appréciation est confiée à leur prudence, à dispenser de la seconde publication, lorsque toutefois il n'y a pas eu d'opposition à la première ou qu'une main-levée leur en a été présentée. (2) Cette dispense se constate par un acte spécial, lequel demeure déposé en minute dans les archives de la chancellerie, et dont une expédition est annexée à l'acte de célébration du mariage, dans lequel il doit être expressément mentionné. (3)

Le mariage ne peut être célébré avant le troisième jour depuis et non compris celui de la seconde publication, à moins que les parties n'aient été dispensées de cette dernière. Si le mariage n'a pas lieu dans l'année à compter de l'expiration du délai des publications, il ne peut plus être célébré qu'après que de nouvelles publications en ont été faites. (4)

**372. Oppositions au mariage.** — Les articles 172, 173 et 174 du Code civil déterminent quelles sont les personnes qui ont qualité pour former opposition à la célébration d'un mariage. Ce droit appartient au conjoint de l'une des parties contractantes ; au père et, à défaut du père, à la mère ; à défaut des pères et mères, aux aïeuls et aïeules des futurs, alors même que ceux-ci ne se trouveraient plus placés sous leur puissance par rapport au mariage ; enfin, à défaut d'ascendant, aux frères, sœurs, oncles et tantes, cousins ou cousines germaines, majeurs, lorsque les contractants mineurs n'ont pas obtenu le consentement de leur conseil de famille, et que l'opposition est fondée sur un état de démence constaté par une demande en interdiction.

(1) Circulaire des affaires étrangères du 10 juillet 1826. (F.)
(2) Ordonnance du 23 octobre 1833, art. 17. (F.)
(3) Arrêté du 20 prairial an xi (9 juin 1803), art. 4.
(4) Code civil, art. 64 et 65.

Les actes d'opposition sont dressés en chancellerie : ils doivent indiquer la qualité qui donne à l'opposant le droit de la former et, à moins qu'ils ne soient faits à la requête de l'ascendant, les motifs de l'opposition. Ils contiennent élection de domicile dans le lieu où le mariage doit être célébré et sont signés sur l'original et sur la copie par les opposants ou leurs fondés de pouvoirs, et signifiés par les chanceliers avec la copie des procurations, s'il y a lieu, au domicile des parties, et à l'officier de l'état civil qui doit viser l'original, afin qu'il soit bien constant que la copie de l'acte lui a été réellement remise. (1)

Les consuls doivent faire mention sur le registre des publications des oppositions qu'ils ont reçues, et inscrire en outre à la marge de celle-ci les jugements ou actes de main-levée dont expédition leur a été présentée. (2)

**373. Consentement des ascendants ou tuteurs.** — Les articles 148 à 152 du Code civil déterminent et distinguent les cas dans lesquels le consentement des ascendants est requis pour pouvoir contracter mariage : les agents diplomatiques et consulaires sont tenus de se conformer ponctuellement aux prescriptions de ces articles.

Le fils qui n'a pas atteint l'âge de vingt-cinq ans accomplis et la fille qui n'a pas vingt-un ans accomplis ne peuvent contracter mariage sans le consentement de leurs père et mère. En cas de dissentiment, le consentement du père suffit. Si les parents sont divorcés ou séparés de corps, en cas de dissentiment, le consentement de celui au profit duquel le divorce ou la séparation de corps aura été prononcé, et qui aura obtenu la garde des enfants, suffit. Si l'un d'eux est mort ou qu'il soit dans l'impossibilité de manifester son consentement, c'est-à-dire légalement absent ou aliéné, le consentement de l'autre suffit. Est assimilé à l'ascendant dans l'impossibilité de manifester sa volonté, l'ascendant

---

(1) Code civil, art. 66 et 176.
(2) Code civil, art. 67.

subissant la peine de la relégation ou maintenu aux colonies en conformité de l'article 6 de la loi du 30 mai 1854 sur l'exécution de la peine des travaux forcés. Toutefois, les futurs époux ont toujours le droit de solliciter et de produire le consentement donné par cet ascendant. Si le père et la mère sont morts ou incapables, d'après la loi, les aïeuls et aïeules les remplacent ; s'il y a dissentiment entre l'aïeul et l'aïeule de la même ligne, il suffit du consentement de l'aïeul ; s'il y a dissentiment entre les deux lignes, ce partage emporte consentement.

Lorsqu'il s'agit du mariage d'un enfant naturel, il lui faut le consentement de ses père et mère, s'il a été reconnu par eux ; s'il ne l'a été que par l'un d'eux, le consentement de celui-ci est seul nécessaire. A défaut de reconnaissance, ou en cas de mort du parent sus-mentionné, lorsque le contractant est âgé de moins de vingt-un ans, la loi exige le consentement d'un tuteur *ad hoc*. (1)

Enfin, s'il n'y a ni père, ni mère, ni aïeuls, ni aïeules, ou s'ils se trouvent tous dans l'impossibilité de manifester leur volonté, les fils ou filles mineurs de vingt-un ans ne peuvent contracter mariage sans le consentement de leur conseil de famille. (2)

Les parties qui se proposent de contracter mariage doivent présenter au consul l'acte *authentique* du consentement de leurs pères et mères, ou les actes qui peuvent, ainsi que nous allons le voir, en tenir lieu dans certains cas.

Si les ascendants appelés à donner leur consentement résident en pays étranger dans une localité où il n'existe pas d'officier public ayant qualité pour donner l'authenticité à leur consentement, les actes sous seing privé peuvent être regardés comme ayant un caractère suffisant d'authenticité, lorsqu'un fonctionnaire du pays atteste que l'acte a été fait en sa présence et en légalise les signatures. (3)

Lorsque les ascendants dont le consentement est requis

_____

(1) Code civil, art. 158 et 159.
(2) Code civil, art. 160.
(3) Code civil, art. 37, 148. — Circul. des affaires étrang. du 20 sept. 1866.(F.)

sont présents au mariage, leur présence suffit pour le constater ; si l'un d'eux est décédé, l'acte de décès doit être produit, à moins que le fait ne soit attesté par les aïeuls ou aïeules présents.

Cependant, lorsque des majeurs déclarent qu'ils sont dans l'impossibilité de prouver le décès ou l'absence de leur père, mère, aïeuls ou aïeules, cette déclaration faite sous serment et attestée par les quatre témoins de l'acte de mariage devant l'officier de l'état civil est suffisante. (1)

Dans ces deux derniers cas, il doit être fait mention dans l'acte des déclarations faites par les ascendants ou par les parties et leurs témoins.

**374. Actes respectueux.** — Les enfants de famille ayant dépassé l'âge de vingt-cinq ans pour les garçons et de vingt-un pour les filles, sont tenus, avant de pouvoir se marier, de demander conseil par un acte respectueux et formel à ceux de leurs ascendants sous la puissance desquels ils se trouvent encore placés relativement au mariage. A défaut de consentement sur l'acte respectueux, il peut être un mois après passé outre à la célébration du mariage. (2)

Les actes respectueux étant en France de la compétence des notaires, sont reçus à l'étranger par les chanceliers ; ils sont également notifiés par ces derniers aux ascendants, dont la réponse ou le refus de répondre doit être mentionné dans le procès-verbal de signification. (3)

La jurisprudence de nos cours a établi qu'il n'était pas nécessaire que l'enfant accompagnât le chancelier à l'étranger ou le notaire en France, ni qu'il se fit représenter auprès de son père par un fondé de pouvoir spécial autre que ledit chancelier ou le notaire. (4)

---

(1) Avis du Conseil d'État du 4 thermidor an XIII (23 juillet 1805). — Loi du 20 juin 1896. — Code civil, art. 155.

(2) Code civil, art. 151 (Loi du 20 juin 1896.)

(3) Code civil, art. 154.

(4) Arrêts de la cour d'Amiens du 8 avril 1825 et de celle de Douai du 27 mai 1835.

**375. Permission spéciale pour les Français établis en Orient.** — Les Français qui résident en Levant ne peuvent contracter mariage qu'après en avoir obtenu la permission du chef de l'État; ils la sollicitent auprès du ministre des affaires étrangères, par l'intermédiaire des agents diplomatiques ou consulaires. (1) On s'est demandé si cette disposition de l'ordonnance de 1781 n'était pas abrogée par l'article 170 du Code civil; le Conseil d'État consulté à cet égard a été d'avis que cette disposition, n'appartenant pas au droit civil, mais au droit public, et se rattachant à des intérêts diplomatiques, n'avait pas été abrogée par le Code; qu'au surplus, comme elle n'établissait aucun empêchement civil aux mariages autorisés par l'article 170, elle n'avait, ni en fait ni en droit, rien d'inconciliable avec ce même article. (2)

**376. Mariage des militaires et marins.** — Les militaires et marins en activité de service ne peuvent se marier sans la permission du ministre sous les ordres duquel ils se trouvent placés; cette permission doit toujours être représentée aux agents diplomatiques et consulaires, lorsque le mariage est contracté à l'étranger. (3)

Les hommes de la disponibilité et de la réserve de l'armée active peuvent se marier sans autorisation. (4) Ils justifient de leur situation par la présentation de leur livret militaire.

**377. Différence dans l'orthographe des noms des pères et des enfants.** — Lorsque le nom d'un des futurs n'est pas orthographié dans son acte de naissance comme celui de son père, et dans le cas où l'on aurait omis l'un des prénoms de ses parents, le témoignage des père et mère ou aïeuls assistant au mariage et attestant l'identité suffit pour qu'il puisse être procédé à la célébration; en cas de décès ou d'absence de tous les ascendants, l'identité est suffisamment constatée

---

(1) Ordonnance du 3 mars 1781, titre II, art. 24. (F.)
(2) Circulaire des affaires étrangères du 19 juillet 1826. (F.)
(3) Décrets des 16 juin, 3 août et 28 août 1808. — Circulaire des affaires étrangères du 30 avril 1875. (F.)
(4) Loi du 15 juillet 1889, art. 58. (F.)

pour les mineurs par le conseil de famille ou le tuteur *ad hoc*, et pour les majeurs par les quatre témoins de l'acte de mariage.

Lorsqu'au contraire les omissions d'une lettre ou d'un prénom se trouvent dans l'acte de décès des père, mère ou aïeuls, la déclaration sous serment des personnes dont le consentement est nécessaire pour les mineurs, et celle des parties et des témoins pour les majeurs, suffisent pour mettre à couvert la responsabilité de l'officier de l'état civil. Ces formalités ne sont exigibles que lors de l'acte de célébration, et non pour les publications, qui doivent toujours être faites conformément aux notes remises par les parties aux officiers de l'état civil. (1)

**378. Qualités requises pour pouvoir contracter mariage.** — L'homme avant dix-huit ans révolus, la femme avant quinze ans révolus, ne peuvent contracter mariage (2); cependant les agents diplomatiques et les consuls généraux résidant dans les contrées baignées par l'océan Atlantique sont autorisés à accorder, au nom du chef de l'État, des dispenses d'âge, conformément à l'article 145 du Code civil, à la charge de rendre compte immédiatement au ministre des affaires étrangères des motifs qui les ont portés à accorder cette dispense. (3) Il est inutile de dire que les agents auxquels cette faculté a été ou peut être spécialement déléguée ne doivent en user qu'avec beaucoup de réserve, et que les convenances veulent que les dispenses d'âge ne soient jamais accordées à des personnes qui n'auraient pas atteint l'âge où il est permis de se marier dans le pays.

Ces dispenses sont accordées par un arrêté spécial qui demeure déposé aux archives de la chancellerie, et dont une expédition, dans laquelle il est fait mention de ce dépôt, doit être annexée à l'acte de célébration du mariage. (4)

En ligne directe, le mariage est prohibé entre tous les as-

(1) Avis du Conseil d'État des 19-30 mars 1808. (F.)
(2) Code civil, art. 144.
(3) Ordonnance du 23 octobre 1833, art. 18. (F.)
(4) Arrêté du 20 prairial an xi (9 juin 1803), art. 5.

cendants et descendants légitimes ou naturels et les alliés dans la même ligne. En ligne collatérale, il est prohibé entre le frère et la sœur légitimes ou naturels et les alliés au même degré, et entre l'oncle et la nièce, la tante et le neveu. Néanmoins, le Président de la République peut lever pour des causes graves les prohibitions portées au mariage entre beaux-frères et belles-sœurs, et entre l'oncle et la nièce ou la tante et le neveu. (1)

La femme ne peut convoler en secondes noces qu'après dix mois révolus à partir de la dissolution de son premier mariage. (2)

**379. Célébration du mariage.** — Le mariage doit être célébré publiquement et dans la chancellerie. Cependant la cour de cassation ayant décidé qu'un mariage contracté en France n'est pas nul par cela seul qu'il a été célébré hors de la maison commune, il ne saurait être douteux qu'un mariage célébré à l'étranger hors de la chancellerie et dans des circonstances spéciales qui autoriseraient le transport des registres dans un domicile privé serait valable, si d'ailleurs il avait été satisfait à toutes les autres conditions requises. (3)

Au jour désigné par les parties et après l'expiration du délai légal des publications, l'agent qui célèbre le mariage doit, dans sa chancellerie et en présence de quatre témoins, parents ou non parents, faire lecture aux parties : 1° des pièces dont la production est requise pour la validité du mariage (4) ; 2° du chapitre vi du titre *du mariage* du Code civil sur les droits et les devoirs respectifs des époux.

Il interpelle les futurs époux, ainsi que les personnes qui autorisent le mariage, si elles sont présentes, d'avoir à dé-

---

(1) Code civil, art. 162 et 163. — Loi du 16 avril 1832.
(2) Code civil, art. 228.
(3) Arrêts de la cour de cassation des 22 juillet 1807 et 21 juin 1814.
(4) Les actes de naissance des futurs époux produits au consulat ne doivent pas avoir été délivrés depuis plus de trois mois, s'ils ont été délivrés en France, et depuis plus de six mois, s'ils ont été délivrés dans une colonie ou un consulat. (Loi du 17 août 1897.)

clarer s'il a été fait un contrat de mariage, et dans le cas de l'affirmative, la date de ce contrat, ainsi que les nom et lieu de la résidence de l'officier instrumentaire qui l'a reçu. Il reçoit de chaque partie, l'une après l'autre, la déclaration qu'elles veulent se prendre pour mari et femme, et prononce alors, au nom de la loi, qu'elles sont unies par le mariage. Il en est immédiatement dressé acte sans désemparer. (1)

**380. Rédaction de l'acte de mariage.** — L'acte de mariage doit énoncer : 1° Les prénoms, noms, professions, âges, lieux de naissance et domiciles des époux ; 2° s'ils sont majeurs ou mineurs ; 3° les prénoms, noms, professions et domiciles des pères et mères ; 4° le consentement des pères et mères, aïeuls et aïeules, et celui du conseil de famille dans le cas où ils sont requis; 5° les actes respectueux, s'il en a été fait; 6° les publications dans les divers domiciles; 7° les oppositions, s'il y en a eu, leur main-levée, ou la mention qu'il n'y a point eu d'opposition ; 8° la déclaration des contractants de se prendre pour époux, et le prononcé de leur union par le consul ; 9° les prénoms, noms, âges, professions et domiciles des témoins, et leur déclaration s'ils sont parents ou alliés des parties, de quel côté et à quel degré ; 10° la déclaration faite sur l'interpellation qu'il a été ou qu'il n'a pas été fait de contrat de mariage, et, autant que possible, la date du contrat, s'il en existe, ainsi que les nom et lieu de résidence de l'officier instrumentaire qui l'a reçu. (2) Il est signé, après lecture, par l'officier de l'état civil, les parties, les personnes dont le consentement est requis, si elles assistent, et les quatre témoins. Si l'une de ces personnes ne sait ou ne peut signer, il doit en être fait mention expresse dans l'acte. Toutes les pièces mentionnées et visées dans l'acte de mariage y demeurent annexées. Lorsque les père et mère ou l'un deux sont décédés, on doit également mentionner leur acte de décès.

(1) Code civil, art. 75. — Loi du 10 juillet 1850. (F.)
(2) Code civil, art. 76. — Loi du 10 juillet 1850. (F.) — *Formulaire des chancelleries*, t. I, mod. n° 130.

Quand il s'agit du mariage d'un enfant naturel non reconnu, les mentions relatives au père et à la mère sont supprimées; si l'enfant n'a été reconnu que par l'un de ses parents, on ne mentionne que celui dont émane la reconnaissance. Lorsque l'un des futurs est en état de viduité ou divorcé, on doit l'indiquer en termes exprès et relater l'acte de décès de son premier conjoint, ou la production d'une expédition enregistrée de la transcription du dispositif du jugement de divorce.

Mention du mariage doit ensuite être, s'il y a lieu, portée d'office dans les trois jours par le consul en marge des actes de naissance des époux.

**381. De la reconnaissance des enfants naturels par mariage.** — Les enfants nés hors mariage, autres que ceux nés d'un commerce incestueux ou adultérin, peuvent être légitimés par le mariage subséquent de leurs père et mère, lorsque ceux-ci les ont légalement reconnus avant leur mariage ou qu'ils les reconnaissent dans l'acte même de célébration. Cette légitimation est même permise au profit des descendants d'un enfant décédé. (1) Il est prescrit aux agents remplissant à l'étranger les fonctions d'officier de l'état civil de prévenir les parties de l'importance de cette disposition, attendu qu'une reconnaissance postérieure et faite pendant le mariage ne confère pas la légitimation et ne peut attribuer à l'enfant qui en est l'objet que les droits d'un enfant naturel reconnu. (2) Dans le cas de reconnaissance au moment de la célébration en chancellerie, il doit en être fait mention expresse dans l'acte de mariage en indiquant l'âge, le lieu de naissance, les prénoms et le sexe de l'enfant reconnu (*Voir* section III de ce chapitre), et en ajoutant que les époux entendent légitimer l'enfant par le présent mariage.

**382. Transcription des jugements de divorce sur les registres d'état civil.** — L'intervention des agents diplomatiques et consulaires peut être requise par les parties intéressées à l'effet

---

(1) Code civil, art. 331 et 332.
(2) Code civil, art 337.

de faire transcrire sur les registres d'état civil les jugements de divorce qui ont annulé des mariages contractés en chancellerie.

A cet effet, la partie qui a obtenu le divorce doit, dans les deux mois à partir du jour où la décision est devenue définitive, requérir la transcription par exploit d'huissier transmis aux agents dans les conditions prévues par l'article 69 du Code de procédure. A l'appui de sa demande elle produit : 1° la grosse du jugement ou de l'arrêt : 2° un certificat de l'avoué poursuivant constatant la signification du jugement ; 3° un certificat du greffier constatant, suivant le cas, qu'il n'existe contre le jugement ni opposition ni appel, et, en cas d'appel, qu'il n'y a pas eu pourvoi.

Le dispositif du jugement est transcrit sur les registres et signé par l'agent, et les pièces produites sont annexées à l'acte après avoir été paraphées. (1)

Mention du jugement de divorce est ensuite portée par l'agent en marge de l'acte de mariage. (2)

Si la partie qui a obtenu le divorce a négligé pendant le premier mois de demander la transcription du jugement, ce droit appartient concurremment pendant le second mois à l'autre partie. A défaut de transcription dans les deux mois, le divorce est considéré comme nul et non avenu ; au contraire le jugement dûment transcrit remonte, quant à ses effets entre époux, au jour de la demande.

La transcription doit être opérée par l'officier de l'état civil le cinquième jour de la réquisition, non compris les jours fériés.

§ 3. — Des mariages célébrés conformément à la législation territoriale.

**383. Mariages contractés dans les formes usitées dans le pays.** — Les agents diplomatiques et consulaires ne sont pas appelés à intervenir directement dans les mariages contractés en

---

( (1) Code civil, art. 251 et 252. — *Formulaire*, tome II, p. 861.
   (2) V. le modèle de cette mention au *Formulaire*, tome II, p. 862.

pays étranger entre Français ou entre Français et étrangers, conformément à l'article 170 du Code civil, c'est-à-dire dans les formes usitées dans le pays. Dans certaines contrées toutefois, notamment en Angleterre, en Suisse, en Hongrie, en Italie, l'autorité locale ne procède au mariage entre Français et étrangers que sur production de certificats dressés par le consul de France et attestant l'accomplissement des formalités requises par la loi française. Ce certificat est passible des taxes de l'article 166 du tarif des chancelleries. En général, le rôle de nos agents se borne à veiller autant que possible : 1° à l'accomplissement de la formalité des publications prescrite par la loi dans les deux cas suivants : si le Français a son domicile en France ou ne l'a pas perdu depuis plus de six mois ; si les parents sous la puissance desquels il est relativement au mariage ont leur domicile en France(1); 2° à ce que les parties soient prévenues des obligations auxquelles le Code civil subordonne la validité du mariage contracté en pays étranger (2); 3° à ce qu'on leur remette, pour être transmise au département des affaires étrangères accompagnée d'une traduction, une expédition authentique de l'acte de mariage civil ou religieux, dressé dans la forme consacrée par les usages du pays (3) ; surtout dans le cas où il n'existe pas, entre la France et le pays de la résidence de l'agent, d'arrangement diplomatique pour la remise réciproque des actes d'état civil dressés par l'autorité locale et concernant les nationaux respectifs. Les actes ainsi transmis sont conservés au Ministère des affaires étrangères, qui en délivre expédition, quand il y a lieu. (4)

---

(1) Circulaire des affaires étrangères du 19 juillet 1826. (F.)
(2) Arrêts de Cassation des 9 mars 1831 et 6 mars 1837, de la Cour de Paris des 10 décembre 1827 et 30 mai 1829, de la Cour de Montpellier du 15 janvier 1839 et de la Cour de Rennes du 6 juillet 1840. — Circulaire des affaires étrangères du 23 décembre 1884. (F.)
(3) Instruction des affaires étrangères du 14 février 1829. (F.)
(4) Code civil, art. 47.

SECTION VI. — *Des actes de décès.*

**384. Constatation des décès.** — Avant de rédiger l'acte qui doit servir à constater le décès d'un individu, l'officier de l'état civil doit s'assurer par lui-même de ce décès. (1) En France, cette constatation est déléguée à des médecins spéciaux attachés à ce titre au service des municipalités ; il peut en être de même à l'étranger, sauf à allouer une rétribution à l'homme de l'art chargé de ce soin. (2)

**385. Rédaction de l'acte.** — Les actes de décès sont rédigés par l'officier de l'état civil, en présence de deux témoins qui doivent être, autant que possible, les deux plus proches parents ou voisins, ou, lorsque le décès a eu lieu hors du domicile du défunt, la personne chez laquelle il a eu lieu et un parent ou tout autre. Ils doivent indiquer les prénoms, nom, âge, profession et domicile de la personne décédée, l'heure du décès ; les prénoms et nom de l'autre époux, si elle était mariée, divorcée ou veuve ; les prénoms, nom, âge, profession et domicile des déclarants, et, s'ils sont parents, leur degré de parenté. S'il est possible de connaître le lieu de la naissance du décédé et les prénoms, nom, profession et domicile de ses père et mère, il doit également en être fait mention dans l'acte de décès. (3)

Si la personne décédée avait eu un domicile en France et qu'il fût possible de le faire connaître, il devrait être également indiqué dans l'acte de décès.

**386. Indications particulières relatives aux marins.** — Nous rappellerons à cette occasion que, dans les actes de décès des marins morts à terre, il est indispensable de mentionner le port d'armement du navire sur lequel était embarqué le

(1) Code civil, art. 77.
(2) Circulaire des affaires étrangères du 30 septembre 1826. (F.)
(3) Code civil, art. 78 et 79. — *Formulaire des chancelleries*, t. I, mod. n° 132.

marin décédé (1), ou le quartier d'inscription du marin, si celui-ci avait été engagé hors de France.

**387. Devoirs des officiers de l'état civil en cas de mort violente.** — Dans tous les cas de mort violente, dans les prisons et maisons de réclusion, ou d'exécution à mort, il ne doit être fait aucune mention de ces circonstances, et les actes de décès doivent être rédigés dans la forme ordinaire (2) ; mais les agents diplomatiques et consulaires doivent, dans ce cas, se conformer aux dispositions des articles 81, 82 et 84 du Code civil, c'est-à-dire, lorsqu'il y a des signes de mort violente ou qu'il se présente telles circonstances qui donnent lieu de la soupçonner, dresser, avec l'assistance d'un chirurgien, un procès-verbal de l'état du cadavre, ainsi que des circonstances y relatives et de tous les renseignements qu'ils pourraient en outre recueillir. En pays de chrétienté, nos agents ne sont point compétents pour dresser seuls ces procès-verbaux, et ils doivent requérir l'intervention ou tout au moins l'assistance de l'autorité judiciaire territoriale : en Levant et dans l'Extrême-Orient, où ils ont pleine juridiction, ils agissent au contraire seuls.

En cas de décès dans les prisons ou d'exécution à mort, l'acte n'en doit être dressé que sur la déclaration des concierges, gardiens ou greffiers criminels compétents.

SECTION VII. — *Des actes de décès des enfants morts-nés.*

**388. Enfants morts-nés.** — Lorsqu'on lui présente le cadavre d'un enfant comme mort-né, l'officier de l'état civil ne doit pas exprimer que l'enfant est décédé, mais seulement qu'il lui a été présenté sans vie. Il reçoit de plus la déclaration des témoins touchant les nom, prénoms, qualité et demeure des père et mère de l'enfant et la désignation des an, jour et heure auxquels l'enfant est sorti du sein de sa

(1) Circulaire de la marine du 6 novembre 1841. — Ordonnance du 29 octobre 1833, art. 16, (F.)
(2) Code civil, art. 85.

mère. Cet acte doit être inscrit à sa date sur les registres de
décès, sans qu'il en résulte aucun préjugé sur la question de
savoir si l'enfant a eu vie ou non. (1)

Cependant il est une distinction fort importante en matière
de succession, et que les officiers de l'état civil, à l'étranger
comme en France, sont appelés à faire, lorsqu'ils ont à constater le décès d'un nouveau-né, à savoir s'il s'agit d'un enfant mort-né, ou né viable mais décédé avant la déclaration
de naissance.

Dans le premier cas, il doit être rédigé un simple acte de
décès dans lequel on déclare un enfant mort-né. Dans le
second, l'enfant a vécu ou il a été vivant ; dès lors il a pu
transmettre des droits ; il y a donc lieu de constater sa naissance et son décès par deux actes séparés, quoique inscrits
immédiatement à la suite l'un de l'autre, signés par les
mêmes déclarants, et dans chacun desquels, en renvoyant à
l'autre, on a soin d'indiquer non-seulement la date précise
de la naissance, mais aussi celle du décès, quand même
celui-ci n'aurait pas eu lieu le même jour. (2)

Il est bien évident que, lorsqu'il s'agit d'un enfant illégi-
time, les règles prescrites pour la constatation de ce genre
de naissances doivent être scrupuleusement suivies.

SECTION VIII. — *Des actes de l'état civil dressés en mer.*

**389. Compétence des officiers instrumentaires.** — S'il naît
un enfant ou s'il survient un décès pendant un voyage maritime, l'acte doit en être dressé dans les trois jours de la naissance ou les vingt-quatre heures du décès, en présence de
deux témoins pris parmi les officiers ou, à leur défaut, parmi les hommes de l'équipage, et s'il s'agit d'une naissance,
en présence du père, s'il est à bord. Ces actes sont rédigés
sur les bâtiments de l'État par l'officier d'administration de
la marine ou, à défaut, par le commandant ou par celui qui

(1) Décret du 4 juillet 1806. (V.)
(2) *Formulaire des chancelleries*, t. I, mod. nº 131.

en remplit les fonctions, et sur les bâtiments du commerce par le capitaine, maitre ou patron ou celui qui en remplit les fonctions : ils sont inscrits à la suite du rôle d'équipage. (1) Les mêmes officiers instrumentaires sont compétents pour dresser, dans les mêmes conditions, les actes de reconnaissance des enfants naturels.

Les mots de *voyage maritime*, employés par le Code civil, indiquent suffisamment que l'intention du législateur a été de limiter la compétence de ces officiers instrumentaires exceptionnels aux seuls cas où les bâtiments ou navires ne peuvent communiquer avec la terre. Il y a donc suspension de compétence, lorsque ces bâtiments ou navires relâchent dans des rades ou ports, et qu'il y a possibilité pour eux de communiquer avec les autorités civiles à terre. Dans les pays étrangers où il existe des agents français, ceux-ci sont seuls compétents pour recevoir les déclarations et dresser les actes des naissances ou des décès survenus en rade ou dans le port de leur résidence à bord de nos bâtiments. Pendant un arrêt dans un port, le capitaine redevient compétent pour dresser ces actes de naissance, de décès ou de reconnaissance, lorsqu'il y a impossibilité de communication immédiate avec la terre, ou lorsqu'il n'existe pas dans le port d'agent diplomatique ou consulaire investi des fonctions d'officier de l'état civil, ou qu'il n'y a pas d'agent français sur place ; les causes de l'empêchement doivent alors être mentionnées dans l'acte dressé à bord. (2)

390. **Dépôt des actes dans les chancelleries.** — Les officiers d'administration de la marine militaire et les capitaines, maitres ou patrons des navires marchands, sont tenus de déposer dans la chancellerie du premier port où ils abordent, par relâche forcée ou autrement, deux expéditions de tous les actes de l'état civil qu'ils ont pu être appelés à dresser en cours de voyage ; mention de ce dépôt est portée en marge

(1) Code civil, art. 59, 62 et 86.
(2) Code civil, art. 59. — Instruction de la marine du 3 octobre 1893.

des actes originaux par les consuls. Nous indiquerons au livre VIII, chapitres IV et VI, la destination que les consuls doivent donner à ces actes. (1)

**391. Procès-verbal dressé en chancellerie.** — Ce dépôt en chancellerie se constate par un procès-verbal que les déposants sont tenus de signer, et qui est transcrit ensuite sur les registres de l'état civil en même temps que l'acte de naissance ou de décès qui y a donné lieu; une expédition du procès-verbal est remise à l'officier instrumentaire pour sa décharge. (2)

**392. Actes irréguliers.** — Lorsqu'un agent reconnaît que l'acte de l'état civil dressé en mer dont il reçoit le dépôt présente des irrégularités, il n'en doit pas moins le transcrire tel quel sur ses registres, sauf à constater ces irrégularités dans le procès-verbal de dépôt. (3)

**393. Expéditions des actes déposés.** — Il est défendu aux officiers d'administration, capitaines ou autres officiers instrumentaires, de délivrer aux personnes intéressées, ou à tous autres, aucune expédition ou extrait régulier des actes de l'état civil inscrits sur leur rôle d'équipage et dont ils sont dépositaires. Aux termes de l'article 45 du Code civil, cette délivrance ne peut se faire qu'à terre par les soins des officiers de l'état civil sur les registres desquels ces actes ont été transcrits. (4)

**394. Actes qui n'ont pas été rédigés en temps utile.** — Les consuls ne doivent pas se borner à recevoir les expéditions des actes de l'état civil qui leur sont remises par des navigateurs: lorsqu'ils découvrent, soit par le rapport de mer,

<hr/>

(1) Code civil, art. 60, 62 et 87. — Ordonnances du 23 octobre 1833, art. 4, et du 29 octobre 1833, art. 16. (F.)— Circulaires des affaires étrangères des 12 juillet 1852 et 1er septembre 1881. (F.)
(2) *Formulaire des chancelleries*, t. I, mod. n° 133. — Instruction du 29 octobre 1833, art. 16. (F.)
(3) Ordonnance du 23 octobre 1833, art. 5. (F.)
(4) Instruction de la marine du 3 octobre 1893.

soit par l'interrogatoire de l'équipage ou par tout autre moyen, qu'un capitaine a négligé de dresser acte d'une naissance ou d'un décès survenu à son bord pendant la traversée, il leur est prescrit de dresser de ce fait un procès-verbal, dont une expédition est envoyée au ministère de la marine. Ils doivent en outre recueillir tous les renseignements qui peuvent servir à constater ces naissances ou décès, en rédiger un procès-verbal qu'ils font signer par les témoins qui leur ont révélé les faits, et l'adresser à la sous-direction des affaires de chancellerie du ministère des affaires étrangères, pour que les avis nécessaires puissent être donnés directement en France aux personnes intéressées. (1)

**395. Décès sur les bateaux de pêche.** — Les patrons des bateaux armés au bornage, à la pêche côtière ou au pilotage et en général des embarcations qui ne s'éloignent pas des côtes, ne sont point compétents, en principe, pour dresser acte des décès survenus à leur bord. Si un événement de ce genre se produit en cours de navigation, les cadavres doivent être rapportés à terre le plus promptement possible, pour que l'identité en soit constatée et que l'acte de décès soit dressé par l'officier de l'état civil du lieu où abordera le bateau.

Lorsque le mauvais temps ou toute autre cause de force majeure contraint ces bâtiments à se réfugier dans un port étranger, les patrons doivent s'adresser à l'agent français qui y réside, s'il est investi des fonctions d'officier de l'état civil, afin qu'il établisse l'acte de décès et en donne avis à l'autorité maritime du port d'attache du bateau.

S'il n'y a pas, dans ce port étranger, d'agent consulaire français, ou si l'agent qui s'y trouve n'est pas investi des fonctions d'officier de l'état civil, les maîtres ou patrons, ou, à leur défaut, ceux qui les remplacent, devront, s'ils sont âgés de 21 ans au moins et s'ils savent écrire, dresser à la suite du rôle d'équipage, en présence de deux des marins

(1) Ordonnance du 23 octobre 1833, art. 6. (F.)

sous leurs ordres, également âgés de 21 ans au moins, un acte de décès. Cet acte sera signé par eux et par les deux marins, ou mention sera faite de la cause qui empêchera ceux-ci de signer.

Si les maîtres ou patrons, ou ceux qui les remplacent, étant illettrés, n'ont pu rédiger d'acte de décès, ils devront s'adresser à l'autorité étrangère pour faire constater le décès et ils lui réclameront une expédition de l'acte dressé par elle, qu'ils remettront à leur arrivée en France au commissaire de l'inscription maritime.

Si, par suite de tempête ou de toute autre cause de force majeure, le bateau était forcé de tenir la mer au point qu'il fût impossible de conserver à bord le cadavre sans danger pour la santé de l'équipage, les maîtres ou patrons, ou ceux qui les remplacent, dresseraient l'acte de décès, après quoi le cadavre serait jeté à la mer.

L'acte de décès rédigé à bord, comme nous venons de l'indiquer, doit être dressé dans un délai de vingt-quatre heures comptées du moment du décès. Il en est remis deux expéditions, soit à l'agent consulaire français dans le port où se trouve le bateau, soit, à défaut, à l'agent consulaire ou au commissaire de l'inscription maritime dans le port de la première relâche qui suivra.

Les maîtres ou patrons et les hommes de leur équipage déclareront au commissaire de l'inscription maritime ou au consul, qui en dressera procès-verbal en double expédition, les circonstances du décès et, s'il y a lieu, les causes qui ont nécessité l'immersion du cadavre. L'une des expéditions sera jointe au rôle d'équipage ; l'autre, jointe à l'expédition de l'acte de décès destinée au ministère de la marine. Si la mort de l'individu pouvait donner lieu à des poursuites contre un ou plusieurs hommes du bord, le procès-verbal serait dressé en trois expéditions, dont la dernière serait jointe aux pièces constatant le délit. (1)

_____

(1) Instruction de la marine du 3 octobre 1893.

SECTION IX. — *De la rectification des actes de l'état civil.*

**396. Formes dans lesquelles un acte de l'état civil peut être rectifié.** — Aucun acte de l'état civil reçu dans un consulat ne peut, sous prétexte d'omissions, d'erreurs ou de lacunes, être rectifié que d'après un jugement rendu à la requête des personnes intéressées. (1)

La partie qui poursuit judiciairement la rectification d'un acte de l'état civil doit adresser au président du tribunal de première instance dans lequel est déposé le double du registre où se trouve inscrit l'acte qu'il s'agit de rectifier, une requête *ad hoc*, sur laquelle il est statué au rapport de l'un des juges et sur les conclusions du ministère public. (2)

S'il s'agit d'un acte dressé au cours d'un voyage maritime ou à l'étranger, la rectification doit être demandée au tribunal dans le ressort duquel l'acte a été transcrit conformément à la loi. Ainsi, la justice civile a seule qualité pour ordonner la rectification d'un acte de l'état civil. Ce droit n'appartient pas aux autorités administratives, ni aux magistrats du ministère public. A plus forte raison l'officier de l'état civil ne peut-il pas, de sa propre autorité, rectifier les actes par lui dressés.

**397. Transcription des jugements de rectification.** — Les jugements de rectification des actes de l'état civil sont transcrits par les consuls sur leurs registres aussitôt .qu'ils leur ont été remis, et mention en est faite en marge de l'acte rectifié. (3) Les consuls ne doivent admettre comme valables que les expéditions en forme exécutoire et dûment légalisées par le ministère des affaires étrangères. La rectification opérée, il ne peut plus être délivré, sous peine de dommages-intérêts, d'expédition de l'acte réformé sans qu'il y soit ajouté la mention qui énonce la rectification. (4)

---

(1) Code civil, art. 89. — Ordonnance du 23 octobre 1833, art. 7. (F.)
(2) Code de procédure, art. 855 et 856, et Code civil, art. 99.
(3) Code civil, art. 101. — Ordonnance du 23 octobre 1833, art. 8. (F.)
(4) Avis du Conseil d'État du 23 février-4 mars 1808. (F.)

**398. Des actes omis.** — Les principes consacrés par la loi pour la rectification des actes de l'état civil s'appliquent de tous points aux cas d'omission de ces actes sur les registres. Ainsi, il est également défendu aux officiers de l'état civil de recevoir ou de transcrire sur leurs registres aucune déclaration tardive qui ne serait pas appuyée sur un jugement *ad hoc*, rendu en connaissance de cause de l'omission. (1)

**399. Obligations des consuls.** — Si les agents du service extérieur sont incompétents pour rectifier les actes dressés par leurs soins, comme pour suppléer à leur omission sur les registres, ils n'en doivent pas moins recueillir et transmettre au ministère des affaires étrangères (sous-direction des affaires de chancellerie), soit au moyen d'actes de notoriété, soit de toute autre manière, les renseignements qui pourraient être utiles aux parties ou au ministère public pour éclairer la religion de ceux de nos tribunaux appelés éventuellement à se prononcer sur l'état civil des Français résidant ou ayant résidé dans leur arrondissement. (2)

---

(1) Avis du Conseil d'État du 8-12 brumaire an xi (4 novembre 1802). (F.)
(2) Ordonnance du 23 octobre 1833, art. 7. (F.)

# CHAPITRE V

## DES ACTES ET CONTRATS REÇUS DANS LES CHANCELLERIES DES POSTES DIPLOMATIQUES ET CONSULAIRES.

**400. Fondement légal du droit qu'ont les chanceliers de remplir les fonctions de notaires.** — Les notaires sont, en France, des fonctionnaires publics établis pour recevoir tous les actes et contrats auxquels les parties doivent ou veulent donner le caractère d'authenticité attaché aux actes de l'autorité publique, pour en assurer la date, en conserver le dépôt et en délivrer des grosses et expéditions. (1) Ces importantes fonctions sont dévolues à l'étranger, aux chanceliers des postes diplomatiques et consulaires.

Le droit qu'ont les chanceliers de remplir les fonctions de notaires, dans l'arrondissement du consulat auquel ils sont attachés, est légalement fondé sur les articles 20, 24 et 25 du titre IX du livre I de l'ordonnance de la marine de 1681, et il leur a été successivement reconnu par celle du 24 mai 1728, par l'édit de 1778, par l'ordonnance et l'édit de 1781. Lors de la révision des règlements consulaires en 1833, il fut constaté que, si les lois nouvelles n'avaient porté aucune atteinte aux droits que l'ancienne législation conférait aux chanceliers pour la rédaction des actes et contrats, il était néanmoins nécessaire de tracer à ces officiers des règles claires et précises relativement à la forme de ces actes et contrats, et de réglementer d'une manière uniforme l'exercice de leurs attributions à cet égard. L'instruction spéciale du 30 novembre 1833 (2) a satisfait à ces justes exigences en étendant aux chanceliers la majeure partie des dispositions de la loi du 25 ventôse an XI (16 mars 1803) sur l'organisation du notariat.

---

(1) Loi du 25 ventôse an XI (16 mars 1803), art. 1.
(2) *Formulaire des chancelleries*, t. II, page 132.

Nous allons examiner successivement quels sont, d'après cette instruction, les limites de la compétence des chanceliers, les obligations auxquelles ils doivent se conformer pour la réception des actes et pour la délivrance de leurs expéditions, et enfin les solennités spéciales dont certains actes, les testaments par exemple, doivent être accompagnés.

SECTION Irᵉ. — *De la compétence, du ressort et des devoirs des chanceliers.*

**401. Compétence des chanceliers.** — Lorsque des Français, résidant ou voyageant en pays étranger, veulent passer des actes ou des contrats authentiques, en assurer la date, en faire constater le dépôt ou s'en faire délivrer des expéditions exécutoires ou des copies, ils peuvent s'adresser dans ce but aux chanceliers des postes diplomatiques et consulaires, lesquels instrumentent seuls, lorsqu'ils sont titulaires du poste, et avec l'assistance du consul, quand, intérimaires ou substitués, leur titre d'institution ne consiste que dans un arrêté ministériel ou dans une décision provisoire du chef dont ils relèvent. (1)

Cette différence est très importante; si les chanceliers titulaires sont, en effet, directement responsables de tous leurs actes, il n'en est pas de même des intérimaires dont la responsabilité est toujours partagée par le consul sous le contrôle immédiat et permanent duquel ils sont placés.

Lorsque les chanceliers sont chargés de la gestion du poste auquel ils sont attachés, ou que, par toute autre cause, ils cessent temporairement d'exercer leurs fonctions, l'employé auquel celles-ci sont déléguées, conformément à l'article 4 de l'ordonnance du 23 août 1833, revêt bien le caractère notarial du titulaire de la chancellerie, mais il n'en peut exercer les attributions qu'avec l'assistance du consul ou du gérant du poste. Tous les actes reçus par les chanceliers titulaires doivent être visés gratis par le chef de poste.

---

(1) Instruction du 30 novembre 1833. (F.) — Décret du 1ᵉʳ décembre 1869. (F.) — Circulaire des affaires étrangères du 10 janvier 1870.

**402. Actes passés par des Français ou des étrangers.** — Les chanceliers sont tenus de prêter leur ministère à leurs nationaux toutes les fois qu'ils en sont requis; ils peuvent aussi recevoir les actes et contrats dont les étrangers voudraient assurer l'authenticité en France. Une circulaire du 24 septembre 1834 avait mis une restriction à cette faculté, en ce qui concerne les procurations passées en chancellerie, par des étrangers pour le transfert de rentes inscrites sur le grand livre de notre dette publique. Cette circulaire a été récemment abrogée (1), et il a été décidé que les chanceliers, vice-consuls et agents consulaires exceptionnellement autorisés à faire les actes attribués aux chanceliers en qualité de notaires pourront dresser les procurations dont il s'agit, destinées au bureau des transferts du ministère des finances. Les certificats de vie requis dans le même but par des étrangers pourront être également dressés dans les chancelleries, mais les chanceliers, et les autres agents pourvus des attributions notariales, devront s'abstenir de délivrer les certificats de propriété des rentes et les actes de notoriété prévus par la loi du 28 floréal an VII, lorsqu'il s'agira d'intérêts étrangers.

Dans toutes les résidences indistinctement, les chanceliers ne peuvent d'ailleurs recevoir aucun acte pour un étranger sans y avoir été spécialement autorisés par les consuls, qui ne doivent, de leur côté, en accorder l'autorisation qu'autant qu'il n'en peut résulter aucune difficulté dans leurs rapports avec les autorités territoriales ou leurs collègues étrangers. (2)

**403. Ressort des chanceliers.** (3) — Les chanceliers ne peuvent exercer leurs fonctions notariales hors de l'arrondissement du consulat auquel ils sont attachés, sous peine de destitu-

---

(1) Circulaire des affaires étrangères du 30 juin 1881. (F.)

(2) Instruction du 30 novembre 1833 (F.) et circulaire du 9 décembre suivant. (F.)

(3) Instruction du 30 novembre 1833. (F.)

tion, sans préjudice de tous dommages-intérêts envers les
parties ; mais ils peuvent instrumenter dans tout leur ressort ; et, quand ils en sont requis, ils peuvent, toutefois avec
l'agrément de leur chef, se transporter momentanément hors
de leur résidence pour y faire des actes de leur ministère.

404. Actes que les chanceliers ne peuvent recevoir. — Les
chanceliers ne peuvent recevoir des actes dans lesquels
leurs parents ou alliés, en ligne directe à tous les degrés, et
en ligne collatérale jusqu'à celui d'oncle ou de neveu inclusivement, seraient partie, ou qui contiendraient quelques
dispositions en leur faveur. Lorsqu'ils sont légalement em-
pêchés d'instrumenter, ils doivent, avec l'agrément du chef
dont ils dépendent, se faire remplacer par un chancelier *ad
hoc* qui agit alors par empêchement du chancelier titulaire.

Il leur est également interdit de recevoir aucun acte pour
des personnes dont l'identité ne leur serait pas suffisamment
démontrée, que les requérants soient Français ou étrangers.
Lorsque cette identité ne leur est pas connue, ils doivent la
faire attester par deux Français majeurs, ou, en cas d'impossibilité, par deux étrangers domiciliés, âgés de plus de vingt-
cinq ans. (1)

405. Consignation du coût des actes. — Les notaires peuvent se refuser en France à recevoir un acte pour lequel on
ne leur consignerait pas à l'avance les droits d'enregistrement. (2) Les droits portés au tarif des chancelleries étant
perçus pour le compte de l'État, il n'est pas douteux que l'application de cette disposition doive être faite dans les chancelleries, et que la consignation préalable du coût d'un
acte puisse toujours être exigée par le chancelier.

406. Observation des jours fériés. — L'observation des
dimanches et jours fériés n'est pas rigoureusement imposée
pour la réception des actes notariés. Il n'y a d'exception à

---

(1) Instruction du 30 novembre 1833. (F.)
(2) Arrêt de la cour de cassation du 2 novembre 1807.

cet égard, par application de l'article 63 du Code de procédure, que pour les actes qui participent, sous certains rapports, du caractère des actes judiciaires ou de procédure, tels que les inventaires, les actes respectueux, les actes de comparution sur sommation, etc.

Les fêtes légales sont : les dimanches, la Noël, l'Ascension, l'Assomption, la Toussaint (1), le premier janvier (2), le 14 juillet (3), le lundi de Pâques et le lundi de la Pentecôte de chaque année. (4)

SECTION II. — *De la réception des actes notariés.*

**407. Témoins des actes authentiques.** — L'acte authentique est celui qui a été reçu par un officier public ayant le droit d'instrumenter dans le lieu où ledit acte a été rédigé, et avec les solennités requises. (5) On entend par solennités requises la signature des parties et de l'officier qui reçoit l'acte, celle des témoins, la lecture de l'acte à haute voix, etc. Les actes dressés par les chanceliers doivent, en conséquence, être reçus et lus en présence de deux témoins, ceux-ci devant, autant que possible, être Français, majeurs et immatriculés; mais à défaut de Français ayant la capacité requise, impossibilité qui doit du reste être constatée dans l'acte même, les témoins peuvent être pris parmi les étrangers.

Les parents ou alliés, soit des chanceliers, soit des consuls, lorsqu'ils assistent aux actes, soit des parties contractantes, au degré que nous avons indiqué à la section précédente, leurs commis ou serviteurs ne peuvent être témoins. (6)

Aux termes de la loi du 25 juin 1843, la présence effective des témoins doit, à peine de nullité, être mentionnée dans les actes notariés contenant donation entre-vifs, donation entre

---

(1) Loi du 18 germinal an x (8 avril 1802).
(2) Avis du Conseil d'État du 20 mars 1810.
(3) Loi du 6 juillet 1880.
(4) Loi du 8 mars 1886.
(5) Code civil, art. 1317.
(6) Instruction du 30 novembre 1833. (F.)

époux pendant le mariage, révocation de donation ou de testament, reconnaissance d'enfants naturels et procuration pour consentir ces différents actes. (1)

**408. Registres des actes notariés.** — Les actes doivent être inscrits en minute sur des registres tenus doubles, à la suite les uns des autres et sans aucun blanc ; à l'exception des minutes des testaments solennels qui, ainsi que nous le verrons à la section IV, doivent être écrites par le chancelier lui-même, celles de tous les autres actes et contrats peuvent l'être par le chancelier ou par un commis indistinctement.

Les registres des actes notariés doivent, comme ceux des actes de l'état civil, avoir réglementairement dans tous les consulats 32 centimètres de haut sur 21 de large, en laissant en blanc une marge de 8 centimètres (2) ; ils doivent être cotés et paraphés par les chefs de mission ou consuls, et visés par eux tous les trois mois à la suite de l'acte de la date la plus récente. Ils sont clos à la fin de chaque année par le chancelier, ainsi que par le chef du poste : un des doubles demeure déposé dans les archives de la chancellerie, et l'autre est transmis sous le timbre de la direction des consulats (sous-direction des affaires de chancellerie) au département des affaires étrangères, où il en est délivré des expéditions ou extraits aux parties intéressées qui le requièrent. (V. livre IV, chapitre IV, section III.) (3)

**409. Actes reçus en minute.** — Les chanceliers peuvent néanmoins dresser des minutes, sur feuilles isolées, des actes dont la rédaction ne pourrait être faite en chancellerie, ou délivrer en brevet ceux des actes dont les lois ou usages exigeraient la représentation sous cette forme ; mais ces minutes ou brevets doivent être transcrits, ou, dans tous les cas, enregistrés sommairement à la réquisition des parties ou

---

(1) Circulaire des affaires étrangères du 21 mai 1892. (F.)
(2) Circulaire des affaires étrangères du 28 juillet 1850.
(3) Circulaire des affaires étrangères du 6 septembre 1860.

d'office par les soins des chanceliers. Cet enregistrement a lieu sans frais.

Les actes qui, d'après nos lois, peuvent être délivrés en brevet, sont : les procurations, les actes de notoriété, les quittances de fermages, de loyers, de salaires, d'arrérages de pensions ou de rentes, et les autres actes simples du ministère du notariat. (1)

**410. Des clauses prohibées.** — Il ne peut être inséré dans les actes et contrats passés en chancellerie aucune convention, clause ni énonciation interdite par nos lois. Les chanceliers ne sauraient, sans contrevenir à cette disposition, insérer dans les actes qu'ils dressent aucune clause ou expression féodale; ni d'autres mesures ou numération que celles de la République, etc. (2) Cependant cette défense ne s'applique qu'aux cas susceptibles d'être régis par nos lois, et n'exclut pas les modifications réclamées dans l'intérêt des parties par des circonstances exceptionnelles qu'une disposition générale ne saurait prévoir. (3)

Quant aux actes qui seraient contraires aux bonnes mœurs ou à l'ordre public, qui contiendraient des conventions prohibées par la loi, ou qui seraient injurieux à des tiers, nous avons à peine besoin de dire que les chanceliers doivent se refuser péremptoirement à les recevoir. (4)

**411. Protocole des actes.** — Les actes doivent être écrits en un seul et même contexte, c'est-à-dire de manière à ce que le caractère de l'écriture soit à peu près partout de la même grosseur, et que les lignes soient également espacées, lisiblement, sans abréviations ni blancs, sauf dans les procurations en brevet, où le nom du mandataire peut être laissé en blanc pour être rempli à la volonté du mandant, sans surcharges ni interlignes. Ils doivent énoncer le jour, l'année et

(1) Loi du 25 ventôse an XI (16 mars 1803), art. 20.
(2) Lois du 25 ventôse an XI, art. 17, et du 4 juillet 1837, art. 5.
(3) Circulaire des affaires étrangères du 9 décembre 1833. (F.)
(4) Code civil, art. 6, 900 et 1133.

le lieu où ils sont passés, si c'est avant ou après midi, les nom, prénoms, qualité et résidence du chancelier qui les reçoit, sa signature au bas de l'acte ne pouvant suppléer à l'omission de son nom dans le corps même de l'acte (1), ceux du chef de mission ou du consul, s'il y assiste, ainsi que les noms, prénoms, qualités et demeures des parties et des témoins. Les sommes et les dates doivent toujours être exprimées en toutes lettres. Si des parties sont représentées par des fondés de pouvoirs, les procurations doivent être transcrites à la suite des actes, et l'original demeure annexé à celui des registres qui reste déposé à la chancellerie.

Les actes doivent être signés par le chancelier avec les parties et les témoins après qu'il leur en a été donné lecture, ce dont il doit être fait mention expresse. Si les parties ne peuvent ou ne savent signer, il doit également être fait mention, à la fin de l'acte, de leurs déclarations à cet égard. La signature doit être du nom propre ou nom de famille; cela s'observe même par rapport aux femmes mariées, qui signent toujours de leur nom de fille, en ajoutant, si elles veulent, *femme* ou *veuve d'un tel;* nous pensons cependant qu'il faut respecter les usages locaux et admettre les signatures des femmes mariées comme femme ou veuve une telle, *née une telle.* La signature du chancelier qui clôt l'acte doit toujours être apposée la dernière.

**412. Renvois et apostilles.** — Les renvois et apostilles doivent être écrits en marge même de l'acte, signés tant par le chancelier que par les autres signataires, lorsque les mots rayés et ceux qui leur ont été substitués présentent deux sens différents ou contraires, et dans les autres cas, seulement paraphés. Si cependant la longueur d'un renvoi l'exige, il peut être transporté à la fin de l'acte, mais il doit alors être non-seulement signé ou paraphé comme les renvois écrits en marge, mais encore expressément approuvé par les parties. Les ratures doivent toujours être faites par une

---

(1) Décision du ministre des finances du 20 octobre 1807.

barre ou un simple trait de plume passant sur les mots, de manière à ce que le nombre de ceux qui sont rayés puisse être constaté à la marge de la page qui les contient ou à la fin de l'acte, et approuvé de la même manière que les renvois écrits en marge. (1)

**413. Style des actes.** — Quant au protocole ou style des actes, il est assez difficile d'en faire l'objet de règles absolues : que la rédaction soit claire et lucide, débarrassée des termes surannés que les notaires n'emploient que trop souvent encore en France, aussi bien que de ces expressions supplétives qui étendent le texte sans lui donner plus de force ; que les dispositions des contractants soient reproduites fidèlement, et les agents pourront se flatter de placer leurs actes à l'abri de reproches ou de toute critique sérieuse. Les consuls et les chanceliers trouveront, au surplus, dans le chapitre x du tome I du *Formulaire des chancelleries*, le modèle des actes le plus habituellement demandés dans les chancelleries (2), et dans les ouvrages spéciaux sur l'exercice du notariat, d'excellents conseils pour résoudre les doutes qui pourraient s'élever dans leur esprit sur la rédaction de certains actes.

**414. Répertoire des actes.** — En France, les notaires doivent tenir un répertoire de tous les actes qu'ils reçoivent. (3) Les chanceliers feraient bien de se conformer à la même prescription dont l'exacte observation ne peut que faciliter les recherches et compulsoires auxquels ils sont éventuellement obligés de se livrer. Ces répertoires, qu'il est bon de compléter par un index alphabétique des noms des contractants, doivent indiquer la date, la nature et l'espèce de tous les actes notariés passés dans la chancellerie, ainsi que les noms et qualités des parties.

---

(1) Loi du 25 ventôse an xi (16 mars 1803), art. 10 à 17. — Instruction du 30 novembre 1833. (F.)
(2) *Formulaire des chancelleries*, t. i, chapitre x.
(3) Loi du 25 ventôse an xi (16 mars 1803), art. 29.

SECTION III. — *Des contrats maritimes.*

**415. Compétence des chanceliers.** — Les chanceliers ont
une compétence exclusive et directe pour la réception des
contrats maritimes, dont en France la rédaction est indistinctement conférée, soit aux notaires, soit aux courtiers,
lorsque les parties n'ont pas eu recours à la forme du seing
privé. De ce nombre sont : les contrats d'affrètement ou no-
lissement; les polices de chargement et d'assurance; les contrats à la grosse et les actes d'achat ou de vente de navires
ou de marchandises.

Malgré le caractère absolu du droit qui leur appartient,
nous pensons que les chanceliers doivent en faire peu usage,
et renvoyer plutôt les parties à se pourvoir devant les officiers ministériels du pays, lorsqu'il s'agit d'actes ou de contrats qui ne sont pas exclusivement destinés à recevoir leur
exécution en France même, et dont la réalisation dans la
contrée où ils résident serait de nature à soulever des contestations ou des conflits de compétence. Cette recommandation s'applique surtout aux contrats d'affrètement, d'assurance, de vente et au règlement d'avaries, dans les pays où
les droits des consuls ne sont pas réglés par des stipulations
internationales.

**416. Forme des contrats maritimes.** — La forme des contrats
maritimes passés en chancellerie est soumise aux mêmes
règles et aux mêmes formalités que les actes notariés ordinaires, sauf les exceptions spécialement déterminées par le
Code de commerce, dont les chanceliers doivent invariablement suivre les prescriptions.

La marche à suivre pour la rédaction des actes de vente
de navires et des contrats à la grosse devant être indiquée
par nous au livre VIII, chapitre v, nous ne traiterons ici que
des affrètements et des polices d'assurance.

**417. Chartes-parties et affrètements.** — Le contrat de
charte-partie ou d'affrètement d'un navire est celui par le-

quel une personne appelée fréteur loue à une autre, nommée
affréteur, un navire en tout ou en partie, pour un usage déterminé, moyennant un prix convenu. L'acte qui le constate,
et que l'on nomme également charte-partie ou police de
chargement, doit indiquer : 1° le nom et le tonnage du navire; 2° les noms du capitaine, du fréteur et de l'affréteur;
3° le mode d'affrètement (total ou partiel) et le prix du fret;
4° le lieu et le temps convenus pour la charge et pour la décharge; 5° enfin, l'indemnité stipulée pour le cas de retard. (1)

**418. Polices d'assurance.** — Le contrat d'assurance maritime a pour objet de garantir contre les risques ou fortunes
de mer; il exige la réunion de trois conditions : une chose
assurée (2), des risques auxquels cette chose est exposée, et
un prix stipulé par l'assureur pour garantir ces risques.

Le contrat d'assurance ne comporte pas la preuve testimoniale; il doit être rédigé par écrit, et l'acte qui le constate s'appelle police d'assurance. Cette pièce doit énoncer :
1° le nom, le domicile et les qualités des parties, c'est-à-dire
si elles agissent comme mandataires ou en leur nom personnel; 2° les objets assurés, leur nature et leur valeur; 3° le
nom et la désignation du navire et du capitaine; 4° la somme
assurée; 5° la prime, c'est-à-dire le coût de l'assurance; 6° le
lieu où les marchandises ont été ou doivent être chargées;
le port d'où le navire a dû ou doit partir; les ports dans lesquels il doit entrer, charger ou décharger; 7° l'époque à laquelle commencent et finissent les risques; 8° la soumission
des parties à des arbitres en cas de contestation, si elle a été
convenue, et généralement toutes les autres conditions des
parties. (3)

---

(1) Code de commerce, art. 273. — *Formulaire*, t. i, mod. n° 340.
(2) L'assurance peut porter sur le navire et ses accessoires, les frais
d'armement, les victuailles, les loyers des gens de mer, le fret net, les
sommes prêtées à la grosse et le profit maritime, les marchandises chargées et le profit espéré de ces marchandises, le coût de l'assurance et généralement toutes choses estimables à prix d'argent sujettes aux risques de
la navigation. (C. com., art. 334. — Loi 12 août 1885.)
(3) Code de commerce, art. 332. — *Formulaire*, t. i, mod. n° 345.

Les compagnies d'assurances ont généralement adopté l'usage d'avoir des polices imprimées, dans lesquelles on se borne à ajouter les noms des parties, du navire, etc., ainsi que les conventions particulières.

L'acte ayant la même force obligatoire, lorsqu'il est rédigé sous seing privé, ce n'est que dans des cas tout à fait exceptionnels que les chancelleries diplomatiques et consulaires sont appelées à dresser un contrat formel d'assurance maritime.

Tous les contrats maritimes sans exception doivent, comme tous les actes notariés, être reçus en présence de deux témoins; cette prescription est de rigueur, et l'acte pour lequel elle n'aurait pas été observée serait nul comme acte authentique (1), mais, s'il avait été signé des parties, il vaudrait comme écriture privée. (2)

SECTION IV. — *De la réception des testaments dans les postes diplomatiques et consulaires.*

**449. Limites de la compétence des chanceliers.** — Sauf pour la délivrance des certificats de vie, ainsi que nous le verrons ci-après, chapitre VI, la compétence des chanceliers comme notaires de leurs nationaux est absolue et s'étend à la réception de tous les actes notariés. Nos lois consacrent encore une autre exception en ce qui concerne les testaments.

Le Code civil a défini le testament un acte par lequel le testateur dispose, pour le temps où il n'existera plus, de tout ou partie de ses biens, et qu'il peut révoquer (3); cet acte peut être fait en France, sous seing privé, par acte public ou dans la forme mystique, et le testament prend, suivant les cas, le nom d'olographe, de solennel ou de mystique. (4)

A l'étranger, un Français peut faire ses dispositions testamentaires par acte sous signature privée ou par acte authentique, avec les formes usitées dans le lieu où cet acte est

(1) Ordonnance d'août 1681, livre I, titre 9, art. 25. (F.)
(2) Code civil, art. 1318.
(3) Id., art. 895.
(4) Id., 970.

passé. (1) Sous l'empire de l'ancienne législation française, les testaments reçus à l'étranger par le chancelier assisté du consul et de deux témoins étaient réputés solennels. (2)

En présence des dispositions de l'article 999 du Code civil et des règles qu'il établit pour la réception des testaments des Français à l'étranger, on s'est demandé si l'ordonnance de 1681 n'était pas abrogée, et si les chanceliers ne devaient pas s'abstenir aujourd'hui de recevoir les actes de dernière volonté qualifiés de solennels par l'ancienne jurisprudence et que le Code civil appelle testaments par acte public.

Cette question, mûrement examinée par le Gouvernement, a été résolue négativement. (3) On a reconnu, en effet, que, si l'article 999 du Code civil comprend les testaments reçus par les chanceliers, ce ne peut être que pour les consacrer implicitement, puisqu'il dit qu'un Français à l'étranger pourra tester par acte authentique avec les formes usitées dans le lieu où cet acte sera passé, et que la réception des testaments par les chanceliers des postes diplomatiques et consulaires était précisément une de ces *formes usitées* à l'époque où le Code civil fut promulgué.

**420. Assistance des chefs de mission et des consuls.** — Les chanceliers sont donc aujourd'hui compétents comme ils l'étaient autrefois pour recevoir les testaments des Français par acte public; la seule restriction apportée en cette circonstance à leurs droits comme notaires, c'est que, qu'ils soient titulaires ou intérimaires et quel que soit le pays dans lequel ils résident, ils sont tenus, pour la réception des testaments, d'instrumenter en présence et avec l'assistance du chef de mission (4) ou du consul dont ils relèvent.

Peu de mots suffiront pour faire connaître les diverses for-

---

(1) Code civil, art. 999.

(2) Ordonnance d'août 1681, livre ı, titre ıx, art. 24. (F.)

(3) Circulaires des affaires étrangères des 2 novembre 1815 et 22 mars 1834. — Arrêt de cassation du 3 juin 1891. (F.)

(4) Le chef de mission peut déléguer pour le représenter un de ses secrétaires (Décision du Tribunal des conflits, 6 avril 1889).

malités auxquelles le Code civil soumet la réception des
testaments.

**421. Testaments olographes.** — Le testament olographe,
pour être valable, doit être écrit en entier, daté et signé de
la main du testateur; il n'est assujetti à aucune forme particulière. (1) C'est un acte privé qui peut être conservé par le
testateur ou déposé par lui, soit en France dans un office
public, soit à l'étranger dans les chancelleries.

La remise de testaments olographes entre les mains d'un
agent français se constate par un acte de dépôt dressé en
présence de témoins et dont une expédition est délivrée à la
partie pour lui tenir lieu de récépissé. Si le déposant veut
ensuite retirer son testament, il lui est restitué, après signature d'un acte de décharge, dont mention doit être faite en
marge de l'acte de dépôt. Cette remise peut être faite entre
les mains d'un mandataire muni d'une procuration authentique et *spéciale* qui reste alors déposée en chancellerie. (2)
Les règlements prescrivent aux agents de faire observer aux
déposants que, si leurs testaments olographes doivent être
exécutés en France, ils ont intérêt à en déposer, indépendamment de l'original, une copie séparée, afin de parer éventuellement à la perte de l'original. (3)

**422. Testaments solennels.** — Le testament par acte public
est reçu par le chancelier, assisté du consul, en présence de
deux témoins. Il doit être écrit sur une feuille volante et
transcrit ensuite sur les registres-minutes des actes notariés. (4)

Conformément aux prescriptions du Code civil, ces actes
doivent être dictés par le testateur et écrits par le chancel-
lier. Ils sont signés : 1° par le testateur, à moins que celui-ci
déclare ne pouvoir ou ne savoir le faire, auquel cas il doit

---

(1) Code civil, art. 970.
(2) Instruction du 30 novembre 1833. (F.)
(3) Circulaire des affaires étrangères du 9 décembre 1833. (F.)
(4) Circulaire du 22 mars 1831. (F.)

être fait dans l'acte mention de sa déclaration, ainsi que de la cause qui l'empêche de signer (1); 2° par les témoins; 3° par le consul et le chancelier, mais en présence du testateur, car le testament sur lequel les signatures des officiers et des témoins instrumentaires auraient été apposées hors de la présence du testateur ou après sa mort, serait nul. (2)

Pour la réception d'un testament authentique, les chanceliers doivent se conformer à toutes les règles prescrites par le droit commun et sont tenus, à peine de nullité, non-seulement d'observer les formalités exigées par l'art. 972 du Code civil, mais de faire encore mention expresse de l'accomplissement de chacune d'elles, notamment en ce qui concerne la dictée au notaire par le testateur, l'écriture par l'officier public et la présence effective des témoins. (3)

En conséquence, un chancelier qui reçoit un testament doit mentionner expressément que : 1° le testament lui a été dicté par le testateur et a été écrit par lui, chancelier, tel qu'il a été dicté, en présence du consul et des témoins; 2° que lecture du testament a été donnée par le chancelier au testateur, et que celui-ci a signé l'acte après lecture, en la présence réelle et simultanée du consul et des témoins.

Aucune expression n'est limitativement imposée par la loi pour les mentions dont il s'agit, pourvu qu'il en résulte, d'une manière non équivoque, que la formalité a été certainement remplie. (4)

Les témoins appelés à la réception des testaments authentiques doivent être Français, sans distinction de sexe (5), majeurs, jouissant des droits civils (6) et immatriculés au consulat. S'il était impossible de se conformer à cette condition, les témoins pourraient être choisis parmi les étran-

---

(1) Code civil, art. 972 et 973.
(2) Arrêt de la cour de cassation du 20 janvier 1840.
(3) Loi du 21 juin 1843. — Arrêt de cassation du 3 juin 1891. (F.) — Circulaire du 21 mai 1892. (F.)
(4) Arrêt de cassation du 3 juin 1891. (F.)
(5) Loi du 7 décembre 1897.
(6) Code civil, art. 980.

gers, pourvu que le défaut de Français, immatriculés ou non, fût constaté dans l'acte même.

Les légataires, à quelque titre que ce soit, leurs parents ou alliés jusqu'au quatrième degré inclusivement, et les commis des chanceliers par lesquels les actes sont reçus, ne peuvent être pris pour témoins du testament par acte public. (1) Cette prohibition ne s'étend ni aux parents ou domestiques du testateur, ni à la parenté respective des témoins entre eux.

Toute clause additionnelle d'un testament par acte public doit être accompagnée des mêmes formalités que le corps même de l'acte. (2)

Le notaire qui, en France, a reçu un testament et l'a placé dans ses archives ne peut, sur la demande du testateur, lui en rendre la minute. (3) Cette disposition s'applique de plein droit aux chanceliers, le testament solennel ne pouvant être annulé que par un testament postérieur et séparé.

Lorsque le testament authentique est reçu par un agent placé à la tête d'un vice-consulat, celui-ci doit, conformément à la loi de ventôse an XI, se faire assister par quatre témoins, la présence des 3e et 4e témoins suppléant à l'absence du second notaire.

**423. Testaments mystiques.** — Le testament mystique est celui qui est écrit par le testateur ou par une autre personne, si le premier sait lire, et présenté devant six témoins au moins à un officier public compétent, notaire ou chancelier, qui le clôt et le cachète, s'il ne l'a pas été par le testateur, et qui dresse un acte de suscription signé de lui, du testateur, s'il sait signer, et des témoins ; si le testateur ne sait ou ne peut signer, on appelle à l'acte de suscription un septième témoin qui le signe avec les autres, après mention de la cause qui a motivé son intervention. (4)

---

(1) Code civil, art. 975.
(2) Arrêt de la cour de Grenoble du 26 décembre 1832.
(3) Avis du Conseil d'État du 7 avril 1821.
(4) Code civil, art. 976, 977 et 978.

Celui qui ne peut lire, mais qui sait écrire, peut faire un testament mystique, à la charge : 1° d'écrire en entier, dater et signer l'acte de sa main ; 2° de présenter celui-ci, en présence même de témoins, à l'officier instrumentaire appelé pour le recevoir ; 3° d'écrire lui-même, en présence de ces personnes, au bas de l'acte de suscription, que le papier qu'il présente est son testament. Ces formalités remplies, l'acte de suscription est dressé en chancellerie, et il y est fait mention que le testateur a écrit ces mots en présence de l'officier instrumentaire et des témoins. (1)

L'obligation de clore et de sceller le testament existe alors même que l'acte de suscription est écrit sur le papier même qui renferme les dispositions testamentaires. On entend par sceller, cacheter avec une empreinte à la cire. (2) Le sceau employé peut être celui du testateur ou celui de l'agent qui reçoit l'acte.

L'acte de suscription doit, à peine de nullité, être écrit de la main du chancelier sur la feuille même qui contient le testament ou sur celle qui lui sert d'enveloppe. Il fait mention expresse et nominative des signatures du testateur, des témoins, du chef de mission ou du consul et du chancelier (3), ainsi que de leur présence à toute l'opération. Le fait de la présentation du testament par le testateur aux témoins et à l'officier instrumentaire qui dresse l'acte de suscription, doit également être mentionné dans l'acte, à peine de nullité. (4)

Les dispositions relatives à l'incapacité des légataires et autres, pour servir de témoins dans la réception d'un testament solennel, ne s'étendent pas à l'acte de suscription du testament mystique, par la raison que, le contenu de ce dernier devant demeurer secret, on ne peut savoir si les témoins appelés sont légataires ou non. Du reste, les témoins doivent

---

(1) Code civil, art. 979.

(2) Arrêt de la cour de cassation du 7 août 1810. — Circulaire du 22 mars 1834. (F.)

(3) Arrêt de la cour de Turin du 15 pluviôse an XIII (4 février 1805).

(4) Arrêt de la cour de cassation du 28 décembre 1812.

être choisis dans les mêmes conditions que pour les testaments authentiques.

Les actes de suscription des testaments mystiques doivent être transcrits sur les registres-minutes du consulat.

Il va sans dire que la présence des chefs de mission ou consuls à la présentation en chancellerie d'un testament mystique et leur concours à l'acte qui en est dressé sont aussi indispensables que leur assistance à la réception des testaments solennels, alors même que les chanceliers seraient titulaires de la chancellerie.

Le testateur qui veut révoquer son testament mystique peut en exiger la remise du chancelier dans les archives duquel il est déposé, mais celle-ci ne saurait avoir lieu que sur un acte de décharge. L'acte dressé en cette circonstance par le chancelier produit en fait les mêmes résultats que le dépôt d'un testament olographe, et peut, par conséquent, comme celui-ci, être sujet au retrait, lorsque le testateur veut en annuler ou en modifier les effets.

En matière d'actes de dernière volonté, les agents n'ont pas toujours à se renfermer exclusivement dans le rôle d'officiers instrumentaires ; ils sont parfois appelés à s'ériger en conseillers officieux et à éclairer les parties sur le plus ou moins de légalité des dispositions qu'elles ont en vue de prendre. Dans les indications qu'ils sont ainsi amenés à fournir, les consuls doivent s'attacher à être aussi exacts et précis que possible, et se guider invariablement d'après les règles que le Code civil a consacrées, soit quant à la capacité pour disposer ou pour recevoir par testament, soit quant aux conditions de validité ou de caducité des legs et des institutions d'héritiers. Du reste, la faculté de recevoir les testaments suivant la forme solennelle ou mystique n'étant accordée aux chanceliers des postes diplomatiques et consulaires que dans l'intérêt des Français qui ne peuvent recourir à un autre mode pour la constatation de leurs dernières volontés, il est dans l'esprit de l'ordonnance de 1681 que les agents invitent les personnes qui se présentent devant eux pour tester à adopter de préférence la forme du testament olographe, dont le dépôt seul s'effectuerait en chancellerie. (1)

**424. De la garde en chancellerie et de l'envoi en France des testaments.** — La garde des testaments déposés ou reçus dans les chancelleries diplomatiques et consulaires est soumise aux mêmes prescriptions réglementaires que celle de tous les autres actes du ministère du notariat. Quant à la transmission en France des testaments olographes, solennels ou mystiques, elle est impérieusement subordonnée aux décisions judiciaires dont le département des affaires étrangères notifie éventuellement la teneur aux agents constitués dépositaires des actes dont il s'agit. (2)

Ainsi, ce serait à tort et en engageant gravement sa responsabilité qu'un consul, sur la simple demande des héritiers ou légataires du testateur et avant qu'un jugement l'ait ordonné, transmettrait en France *l'original* même d'un testament déposé dans sa chancellerie. Lorsqu'ils sont saisis de demandes de cette nature, les agents doivent se borner à expédier au ministère des affaires étrangères *(sous le timbre de la sous-direction des affaires de chancellerie)* une copie authentique des testaments dont ils retiennent l'original.

Section V. — *Du dépôt en chancellerie des testaments faits en mer.*

Les consuls interviennent encore à l'étranger, sinon dans la réception, du moins dans la conservation d'une autre espèce de testament, de celui que nos lois appellent maritime.

**425. Réception des testaments en mer. (3)** — Au cours d'un voyage maritime, soit en route, soit pendant un arrêt dans un port, lorsqu'il y a impossibilité de communiquer avec la terre, ou lorsqu'il n'existe pas dans le port, si l'on est à l'étranger, d'agent diplomatique ou consulaire français in-

---

(1) Circulaire des affaires étrangères du 22 mars 1834. (F.)
(2) Instruction du 30 novembre 1833. (F.)
(3) Code civil, art. 988, 989 et 990. — Loi du 8 juin 1893. — Instruction de la marine du 3 octobre 1893.

vesti des fonctions de notaire, les testaments des personnes
présentes à bord sont reçus en présence de deux témoins:
sur les bâtiments de l'État, par l'officier d'administration ou,
à son défaut, par le commandant ou celui qui en remplit les
fonctions, et sur les autres bâtiments, par le capitaine, maître
ou patron, assisté du second du navire ou, à leur défaut, par
ceux qui les remplacent, l'acte indiquant celle des circonstances ci-dessus prévues dans laquelle il aura été reçu.

Sur les bâtiments de l'État, le testament de l'officier d'administration ou du commandant, selon le cas, est reçu par le
commandant, ou par l'officier qui vient après le commandant dans l'ordre du service. Sur les autres bâtiments, le
testament du capitaine, maître ou patron, ou celui du second
est dans les mêmes circonstances reçu par les personnes qui
viennent après eux dans l'ordre du service.

Dans tous les cas ci-dessus il est fait un double original
des testaments. Si cette formalité n'a pu être remplie à raison de l'état de santé du testateur, il est dressé une expédition du testament pour tenir lieu du second original ; cette
expédition est signée par les témoins et les officiers instrumentaires, et il y est fait mention des causes qui ont empêché de dresser un second original.

**426. Dépôt en chancellerie et envoi en France des actes de
dernière volonté. (1)** — Au premier arrêt, dans un port étranger
où se trouve un agent diplomatique ou consulaire français,
du bâtiment à bord duquel a été fait un semblable testament, il est fait remise, sous pli clos et cacheté, de l'un des
originaux ou de l'expédition du testament entre les mains
de ce fonctionnaire. Il est dressé de ce dépôt un procès-verbal
qui est signé à la fois par les déposants et l'agent diplomatique ou consulaire. Une expédition en est remise au capitaine pour sa décharge. Mention de la remise en chancellerie
des testaments est faite sur le rôle d'équipage dans la colonne mutations en regard du nom du testateur.

_____

(1) Code civil, art. 991 et 993.

Le paquet cacheté qui renferme le testament est ensuite transmis au ministère de la marine. Cet envoi donne lieu à la rédaction d'un second procès-verbal, dressé de concert entre le consul et le chancelier, et à une annotation spéciale sur le rôle, quand l'expédition du paquet se fait par voie de mer. On comprend, du reste, que, dans aucun cas, ce paquet ne doit être confié au bâtiment à bord duquel le testament a été reçu, puisque la loi, en prescrivant le dépôt en chancellerie d'un des deux originaux, a précisément eu en vue de parer aux chances de naufrage et de perte du navire.

Les règles établies pour le dépôt dans les consulats de l'un des originaux des testaments reçus en mer s'appliquent de plein droit à la remise en chancellerie de tout testament olographe et papiers cachetés ou non cachetés trouvés à bord d'un navire lors du décès ou de la disparition d'un individu embarqué.

Dans l'espèce, les consuls ont néanmoins le pouvoir de se guider suivant les circonstances, et de laisser au besoin les pièces entre les mains de personnes, parentes ou autres, embarquées sur le même navire, après avoir, s'il y a lieu, fait dresser acte de cette remise. (1) (V. livre VIII, chapitre VI.)

SECTION VI. — *De la délivrance des expéditions, grosses et copies.*

**427. Des expéditions.** — Hors les cas prévus par la loi et en vertu de jugements, les chanceliers ne peuvent pas se dessaisir de la minute des actes reçus par eux ; mais ils en délivrent des grosses et des expéditions qui, ainsi que nous l'avons déjà dit, doivent toujours, pour faire foi en justice, être légalisées par les consuls. (2)

On appelle *expédition* la copie littérale délivrée par un chancelier des minutes restées en sa possession, et *copie* la transcription littérale d'un acte qui n'a pas été reçu en chancellerie et qui est simplement produit pour servir de minute.

_____

(1) Instruction de la marine du 3 octobre 1893.
(2) Instruction du 30 novembre 1833.(F.)

Toute expédition ou copie doit contenir en moyenne, et l'une dans l'autre, vingt-cinq lignes à la page ou cinquante par rôle, et quinze syllabes à la ligne.

L'expédition doit être la copie fidèle de la minute ; l'orthographe et la ponctuation doivent y être suivies au moins de manière à ne pas altérer le sens, à ne donner lieu à aucune fausse interprétation ; elle doit être collationnée conforme à l'original, et signée par le chancelier seul, sans intervention des parties.

Toute expédition d'un acte à la minute duquel se trouve annexée une procuration ou un autre acte quelconque n'est valable et exécutoire qu'autant qu'on y joint la copie ou tout au moins l'extrait motivé de ladite annexe.

Il ne peut être délivré d'expédition ni donné connaissance des actes reçus par les chanceliers à d'autres qu'aux personnes intéressées en nom direct, leurs héritiers ou ayants cause, à moins que le consul ou tout autre juge compétent ne l'ait autorisé par une ordonnance spéciale, qui doit alors être mentionnée en marge de l'acte et inscrite sur le registre à ce destiné. (1)

**428. Des extraits.** — On appelle *extrait* l'expédition partielle ou abrégée d'un acte ou d'un écrit quelconque ; l'extrait littéral consiste à rapporter textuellement telle ou telle disposition d'un acte, et l'extrait analytique à rendre avec exactitude, mais non textuellement, le sens de tout ou partie d'un acte. Les extraits n'étant que des expéditions abrégées, les règles relatives à la foi due à celles-ci et au mode de les délivrer leur sont de tout point applicables.

**429. Des grosses.**— L'expédition d'un acte ne confère à celui qui en est porteur que le simple droit d'action, c'est-à-dire le droit d'agir en justice : celui de poursuivre directement l'exécution d'un acte au même titre que celle d'un jugement ne résulte que de la grosse.

(1) Loi du 25 ventôse an XI (16 mars 1803), art. 23. — Instruction du 30 novembre 1833. (F.)

On appelle *grosse* l'expédition en forme exécutoire d'une minute ou contrat délivrée par l'officier instrumentaire à celui au profit de qui le contrat est passé. La forme exécutoire, qui ne peut jamais être attachée à une expédition proprement dite, consiste dans l'emploi en tête et à la fin de la grosse des formes solennelles consacrées pour les jugements des tribunaux : elle est forcément sanctionnée par le sceau du consulat.

L'intitulé des grosses et le mandement qui les termine sont libellés au nom du chef de l'État.

La forme exécutoire ne peut être donnée qu'aux seuls actes dont la minute reste en chancellerie, ce qui exclut naturellement ceux qui sont en brevet, c'est-à-dire ceux dont l'original même est délivré à la partie.

La première grosse d'un acte ne peut être délivrée qu'aux parties qui ont caractère pour en poursuivre l'exécution. Chacune d'elles ayant le droit d'exiger la grosse dont elle a besoin, il peut être délivré plusieurs premières grosses d'un acte ; mais alors le chancelier est tenu de mentionner sur chaque grosse qu'elle est délivrée à *telle* partie, et de faire la même mention sur la minute. Du reste, dans les actes unilatéraux, tels que prêts, constitution de rentes, etc., il ne doit être délivré de grosse qu'au créancier et non au débiteur, car la remise volontaire de la grosse du titre fait présumer la remise de la dette ou le payement. (1)

Un chancelier ne peut délivrer de seconde grosse qu'en vertu d'une ordonnance consulaire ou d'une décision judiciaire qui, pour sa décharge, se transcrit sur le registre des actes de chancellerie et se mentionne par extrait en marge de l'acte. (2)

**430. Des ampliations.** — On appelle *ampliation* la grosse ou copie littérale d'un acte expédiée sur une autre grosse

___

(1) Code civil, art. 1283.
(2) Loi du 25 ventôse an xi (16 mars 1803), art. 26. — Instruction du 30 novembre 1833. (F.)

déposée dans une chancellerie. Les formes à suivre pour l'obtention d'une ampliation sont les mêmes que celles qui doivent être observées pour la demande en délivrance d'une seconde grosse.

**431. Des copies collationnées.** — Les chanceliers peuvent également délivrer des *copies collationnées* de pièces qu'on leur représente et qu'ils rendent dès qu'elles ont été copiées. Ces collations sont, en France, du ministère du notariat, lorsqu'elles ont lieu sur la simple réquisition des parties ; lorsque, au contraire, il y est procédé par ordonnance de juge, elles ont lieu sur la présentation de la minute au greffe. Il est peut-être superflu d'ajouter qu'en pays de chrétienté, les chanceliers n'ont qualité pour collationner une pièce ou un acte quelconque que dans le premier de ces deux cas, et que ce n'est qu'en Levant et en Barbarie que leur compétence est complète et absolue.

**432. Des copies figurées.** — Lorsqu'en vertu d'un jugement, les notaires sont amenés, en France, à se dessaisir de la minute d'un acte déposé dans leurs archives, ils en dressent au préalable une *copie figurée*, qui, après avoir été certifiée par le président du tribunal de première instance du ressort, est substituée à la minute dont elle tient lieu jusqu'à réintégration. (1) C'est ordinairement en matière de faux et de vérification d'écritures que se font de semblables copies ; elles doivent être le tableau trait pour trait de la minute, reproduire ses imperfections, ratures, surcharges, renvois et autres particularités. En Levant et en Barbarie, les chanceliers peuvent être appelés à dresser de ces sortes de copies figurées par mandement du tribunal consulaire ou du consul.

Quoique l'instruction réglementaire du 30 novembre 1833 n'ait pas prévu le cas où un tribunal français viendrait à requérir la production de l'original d'un acte reçu dans une chancellerie diplomatique ou consulaire, il est évident que

_____

(1) Loi du 25 ventôse an XI (16 mars 1803), art. 22.

les prescriptions de la loi de ventôse an xi (mars 1803) devraient au besoin être exactement suivies, en appliquant aux consuls ce qui y est dit des présidents de tribunaux.

**433. Application de l'impôt du timbre sur les actes passés à l'étranger.** — A l'exception de ceux qui en sont spécialement exemptés par la loi, les actes passés à l'étranger, tant devant les autorités locales que devant les agents diplomatiques et consulaires français, doivent, avant d'être produits en France, être soumis à la formalité du timbre. (1) Cette formalité est accomplie au moyen de l'apposition sur les actes de timbres mobiles de dimension; il importe donc que, pour éviter des frais inutiles aux parties, les agents ne fassent usage que du papier dont les dimensions correspondent autant que possible à celles du papier timbré français (petit et grand format).

SECTION VII. — *Du dépôt en chancellerie des actes publics ou sous seing privé.*

**434. Réception de dépôts de pièces.** — Les chanceliers peuvent, avec l'autorisation des chefs de mission ou des consuls dont ils dépendent, recevoir en chancellerie le dépôt d'actes reçus, soit en France, soit ailleurs, par les officiers publics compétents; ils peuvent également recevoir le dépôt d'actes sous seing privé dont les parties veulent assurer la date et la conservation. Dans l'un et l'autre cas, il doit être dressé un acte descriptif des pièces déposées avec mention sur celles-ci de la date du dépôt. Lorsqu'il s'agit d'actes sous seing privé ou de pièces dont la minute n'est point consignée dans un autre dépôt public, le texte doit être transcrit *in extenso* à la suite de l'acte de dépôt. (2)

**435. Conservation et retrait de pièces déposées.** — Les dépôts en chancellerie d'actes ou pièces quelconques, tels que

(1) Lois du 13 brumaire an vii, art. 13, et du 22 frimaire de la même année, art. 23.
(2) Instruction du 30 novembre 1833. (F.) — *Formulaire des chancelleries*, t. i, mod. n° 274.

reçus, obligations, lettres de change, etc., qui ne sont pas susceptibles d'être transmis à la caisse des dépôts et consignations de Paris, ne sont pas régis par les dispositions de l'ordonnance du 24 octobre 1833 et doivent par conséquent être conservés dans les postes diplomatiques et consulaires, tant qu'ils n'en sont pas légalement retirés.

Ce retrait peut être fait par les parties intéressées elles-mêmes, c'est-à-dire par les déposants ou par leurs héritiers ou ayants cause ; il en est dressé acte avec décharge et mention tant en marge des actes de dépôt que des pièces retirées elles-mêmes.

**436. Expéditions ou copies de pièces déposées.** — Les chanceliers peuvent, comme les notaires en France, délivrer des expéditions ou copies collationnées des actes ainsi déposés entre leurs mains ; mais toute copie doit être accompagnée d'une copie textuelle de l'acte de dépôt, ou de l'acte de décharge, lorsqu'il y a déjà eu retrait des pièces. (1)

**437. Responsabilité des dépositaires.** — Il n'est peut-être pas superflu de rappeler ici, en terminant, que le Code pénal punit de l'emprisonnement ou de la réclusion, selon le cas, le dépositaire négligent, greffier, archiviste ou notaire, et par conséquent le consul ou chancelier, par la faute duquel une pièce quelconque, papier, registre, acte ou effet contenu dans les archives ou dépôts publics, en aurait été soustraite ou enlevée. (2)

**438. Envoi en France du relevé des testaments et autres papiers déposés en chancellerie. (3)** — Dans les quinze premiers jours de chaque année, les chefs de poste doivent adresser au ministère des affaires étrangères, sous le timbre de la sous-direction des affaires de chancellerie, pour l'année qui vient de finir :

--------

(1) Circulaire des affaires étrangères du 7 septembre 1838.
(2) Code pénal, art. 254 et 255.
(3) Circulaire des affaires étrangères du 7 mai 1892. (F.)

1° Un état des dépôts des titres et papiers faits à leur chancellerie, sans faire mention, bien entendu, sur cet état des actes authentiques ou sous seing privé, déposés afin d'en assurer la date et la conservation, et d'en obtenir le cas échéant des copies ;

2° Un état des dépôts des testaments olographes ou mystiques remis en chancellerie du vivant du testateur, pour en assurer la conservation. — Il n'est point fait mention sur cet état des testaments déposés au rang des minutes de la chancellerie dans les conditions déterminées par l'art. 1007 du Code civil.

Ces deux états, dont le modèle a été arrêté par le département des affaires étrangères, mentionnent les pièces existant en dépôt au commencement de l'année à laquelle ils se rapportent, les dépôts effectués au cours de cette année ainsi que les retraits opérés. (Voir ci-dessus, livre IV, chapitre IV, section III.)

# CHAPITRE VI

## DES ATTRIBUTIONS ADMINISTRATIVES DES CONSULS.

SECTION I<sup>re</sup>. — *Des attributions des consuls en matière de passeports.*

**439. Considérations générales.** — Pendant longtemps, et à peu près partout, les passeports ont été considérés comme une précaution indispensable pour suivre et surveiller le mouvement des personnes, pour faciliter l'action de la police administrative et de la justice criminelle. La foi dans l'efficacité de ce moyen de contrôle se trouvait déjà singulièrement ébranlée, lorsque l'extension des voies ferrées et le développement du réseau télégraphique, aidés par l'accroissement des échanges internationaux et les facilités données au déplacement des personnes étaient venus en démontrer la complète inanité et le caractère aussi vexatoire qu'onéreux. Grâce aux arrangements, tantôt verbaux, tantôt écrits, que la France avait conclus avec l'Angleterre, la Belgique, le Danemark, l'Espagne, les Pays-Bas et la Suède et Norwège (1), les voyageurs français à destination de l'un ou de l'autre de ces pays étaient, sous le bénéfice de la réciprocité accordée par la France, exemptés de l'obligation de se munir de passeports.

D'autres contrées, sans renoncer aussi complètement aux anciennes traditions, avaient consenti à affranchir de toute taxe de chancellerie les visas diplomatiques ou consulaires auxquels ils continuaient d'assujettir les titres de voyage des personnes qui veulent entrer sur leur territoire.

Par contre, la Grèce, le Portugal et la Russie s'étaient refusés à toute entente amiable pour faciliter la circulation des

_____

(1) Circulaire des affaires étrangères du 11 juillet 1866 et *Moniteur universel* du 3 octobre 1866.

voyageurs et avaient maintenu la double exigence d'un passeport et d'un visa diplomatique ou consulaire passible des
taxes de chancellerie.

Le régime des passeports a été rétabli en France au mois
d'avril 1871, on sait à la suite de quelles circonstances. (1)

Depuis lors, des adoucissements considérables ont été apportés au régime des passeports. Aujourd'hui : 1° nos nationaux et les voyageurs anglais, belges, hollandais, allemands,
suisses, italiens et nord-américains sont admis sans passeport par tous nos ports et toutes nos frontières de terre, sauf
celle d'Espagne ; 2° les étrangers de toute nationalité peuvent entrer librement en France par les ports de la Manche
et par la frontière belge (2) ; 3° des passeports sont indispensables pour les personnes qui se rendent à Berlin, en Russie,
en Perse, en Turquie, en Haïti et généralement dans tous les
pays non énumérés sous le n° 1. (3)

§ 1er. — Du droit des consuls à délivrer ou refuser des passeports
aux Français et aux étrangers.

**440. Compétence des consuls.** — Les consuls sont autorisés,
après s'être assurés de la qualité et de l'identité des personnes, à délivrer des passeports pour toute destination aux
Français qui se présentent devant eux pour en obtenir; mais,
à moins d'exceptions spécialement autorisées, ils ne peuvent
plus, comme autrefois, en Angleterre notamment, accorder, à destination de France, des titres de voyage aux
étrangers qui le demandent. Ceux-ci doivent solliciter leurs
passeports, soit auprès des autorités territoriales, soit auprès
des agents diplomatiques ou consulaires de leur nation, et
réclamer ensuite *en personne*, à la chancellerie française, le

(1) Circulaire des affaires étrangères du 28 avril 1871.
(2) Circulaires des affaires étrangères des 26 mars 1874 (F.), 15 juillet 1874
(F.) et 26 août 1878.
(3) Avis du ministère de l'intérieur des 4 et 22 avril 1883. — Lettre de
l'ambassade de France à Berlin du 27 novembre 1885. — Circulaire de
l'intérieur du 11 août 1887.

visa nécessaire pour pénétrer sur le territoire français. (1)

Les agents peuvent cependant, en vue de circonstances toutes spéciales abandonnées à leur appréciation, autoriser, sous leur responsabilité, des exceptions à la règle qui exige la présence en chancellerie ; mais ils doivent invariablement refuser les visas réclamés de points situés en dehors de leur résidence, soit par l'intermédiaire d'un tiers, soit par la poste ou tout autre moyen de communication, à moins que la demande de visa ne leur ait été adressée, avec recommandation spéciale, par le gouvernement ou les autorités même du pays dans lequel ils sont établis. (2)

Dans certains pays, l'étranger ne peut sortir du territoire qu'après s'être muni d'un passeport auprès de la police locale, et avoir rempli certaines formalités telles, par exemple, que celle d'insérer dans les journaux un avis annonçant son intention de voyager, et ayant pour objet de mettre, au besoin, ses créanciers en mesure de s'opposer à son départ. Les Français doivent s'y soumettre.

Quelques gouvernements ne reconnaissent pas la validité des passeports consulaires pour voyager à l'intérieur ; dans ce cas, les Français doivent se pourvoir de passeports locaux que les consuls sont autorisés à viser.

Notre législation consacre aussi une exception pour la délivrance des passeports : elle s'applique au Levant et à la Barbarie, destinations pour lesquelles les consuls en pays de chrétienté ne sont autorisés à délivrer des passeports que lorsque les Français qui leur en font la demande fournissent des renseignements suffisants sur leur moralité et administrent la preuve qu'ils ont des moyens d'existence suffisants pour subvenir à leurs besoins, une fois arrivés à leur destination. (3)

---

(1) Instruction générale sur les passeports du 23 août 1816. — Ordonnance du 25 octobre 1833, art. 1, 4 et 5. (F.) — Circulaires des affaires étrangères (F.) des 4 nov. 1833, 25 et 30 janv., 8 fév., 12 et 30 mars 1858.

(2) Circulaires des affaires étrangères des 12 et 30 mars 1858. (F.)

(3) Circulaire des affaires étrangères du 30 mai 1835.

**441. Refus de passeports en pays de chrétienté et en Levant.**
— La délivrance des passeports n'est pas une obligation imposée d'une manière absolue, mais un pouvoir, une simple faculté reconnue aux consuls. Toutes les fois donc que ces agents ont des raisons graves à faire valoir ou que les circonstances l'exigent, ils sont en droit et même tenus de refuser le titre de voyage qu'on réclame d'eux.

En Levant et en Barbarie, où le droit de police des consuls à l'égard de leurs nationaux est absolu, et où l'action de l'autorité territoriale sur les étrangers est à peu près nulle, l'ordonnance de 1781 défend expressément aux consuls de délivrer des passeports aux personnes dont le départ pourrait compromettre la nation, et surtout à celles qui chercheraient par la fuite à se soustraire aux engagements qu'elles auraient contractés envers des tiers. (1)

Dans la plupart des États de l'Europe, l'autorité civile et judiciaire ayant le droit d'ordonner l'arrestation provisoire d'un étranger et la possibilité d'offrir ainsi aux créanciers des garanties sérieuses contre la mauvaise foi de leurs débiteurs, un consul est rarement appelé à mettre directement obstacle au départ de ses nationaux. Néanmoins, dans les pays où la délivrance des passeports fait partie des attributions consulaires, les agents manqueraient à leurs devoirs, s'ils facilitaient le départ de Français qui leur auraient été dénoncés comme cherchant à quitter furtivement le pays pour échapper à leurs créanciers, pour se soustraire à l'action de la justice, ou contre lesquels une plainte dûment justifiée leur aurait été portée, soit par un autre Français, soit même par un étranger.

De ce principe il ne faut cependant pas induire qu'un tiers a le droit absolu, à l'aide d'une simple opposition, d'empêcher un Français d'aller et de venir, de voyager ou de quitter le pays dans lequel il se trouve ; c'est au consul à appré-

_____

(1) Ordonnance du 3 mars 1781, titre III, art. 35. — Instruction du 6 mai 1781. (F.)

cier, avec une sage impartialité, la nature des circonstances
et le fondement de la demande qui lui est présentée en se
guidant d'après les règles consacrées en France.

Son refus de délivrer le passeport cesserait naturellement
d'être justifié, si le débiteur français possédait dans le pays,
soit un établissement de commerce, soit des immeubles d'une
valeur suffisante pour assurer le paiement de la dette réclamée, ou s'il fournissait une caution valable. (1)

Il est trois circonstances dans lesquelles le consul, sans
attendre la réquisition des tiers, doit d'office mettre obstacle
au départ d'un Français et lui refuser son titre de voyage : la
première est celle d'un mineur qui cherche à se soustraire à
l'autorité paternelle ; la seconde, celle d'une femme mariée
qui ne produirait pas l'autorisation de son mari ; la troisième,
celle d'un Français, chef de famille, qui, oubliant les obligations que cet état lui impose, voudrait quitter le pays où il
est établi et abandonnerait sa famille et ses enfants sans leur
laisser les moyens de pourvoir à leurs besoins.

Les consuls ne sauraient non plus, sans encourager en
quelque sorte la désobéissance aux lois, délivrer des passeports à d'autre destination que la France aux déserteurs et
aux Français en état de contumace.

Quant aux réfugiés politiques, même ceux qui demande-
raient à rentrer en France par suite de décrets d'amnistie, et
aux individus expulsés ou bannis du territoire qui figurent
sur les listes signalétiques du ministère de l'intérieur, il ne
doit nulle part leur être délivré ni passeport ni visa même,
avant que le consul en ait reçu l'autorisation expresse du
département des affaires étrangères. Pour chaque cas de
l'espèce, l'autorisation est demandée spécialement, et les
consuls sont tenus de joindre à la lettre par laquelle ils la
sollicitent la déclaration écrite de l'intéressé de se soumettre
loyalement au gouvernement et de respecter les lois. (2)

(1) Circulaire des affaires étrangères du 10 octobre 1848.
(2) Circulaires des affaires étrangères du 14 juin 1856 et du 25 janvier
1858. (F.)

**442. Passeports délivrés à des étrangers.** — Pendant un grand nombre d'années les consuls établis en Angleterre ont été autorisés à munir de titres de voyage non-seulement les étrangers de toutes nationalités, mais encore les sujets britanniques eux-mêmes qui voulaient se rendre sur le continent, le Foreign office ne délivrant que des passeports qualifiés de diplomatiques. On sait que le Royaume-Uni a adopté, au commencement de 1858, les usages consacrés sous ce rapport dans la plupart des autres contrées et que les voyageurs anglais, lorsqu'ils ont besoin de passeports, reçoivent désormais ces titres directement des autorités britanniques compétentes. Dans cet état de choses et sous l'empire des règlements en vigueur en France (1), les passeports que nos consuls peuvent être exceptionnellement autorisés à délivrer à d'autres personnes que leurs nationaux ne sauraient plus guère concerner dès lors que des étrangers momentanément placés sous la protection de la France ou des protégés levantins, tunisiens et algériens.

**443. Visa des passeports des étrangers.** — Tout étranger, autorisé à entrer en France sans être muni d'un titre de voyage, qui, néanmoins, requiert d'une de nos chancelleries le visa de son passeport, doit acquitter la taxe qui y est afférente (art. 155 du tarif).

Ces visas, et c'est là une disposition générale, sont valables pendant un an et n'ont pas besoin d'être renouvelés à chaque voyage.

Si, par suite d'un changement de destination, de nouveaux visas sont requis dans le courant de l'année, ils sont délivrés gratuitement. (2) D'autre part, les passeports d'ouvriers munis d'un livret régulier d'ouvrier sont visés ou délivrés au quart du droit. (3)

(1) Circulaires des affaires étrangères des 25-30 janvier, 8 février, 12 et 30 mars 1858.
(2) Circulaire des affaires étrangères du 31 août 1871. (F.) — Instruction des 30 novembre 1875 (F.), 12 mars et 27 décembre 1858. (F.)
(3) Instruction du 30 novembre 1875. (F.)

Quant aux passeports exceptionnellement délivrés à des étrangers par des autorités françaises, nos consuls doivent aussi les viser, mais dans le cas seulement où leur visa serait requis, soit pour en constater la validité aux yeux des autorités territoriales, soit pour permettre l'entrée ou la rentrée en France des porteurs. (1)

**444. Refus de visa.** — Les circonstances qui peuvent autoriser un consul à refuser de délivrer les passeports qui lui sont demandés s'appliquent de tous points au simple visa, surtout lorsqu'il s'agit de titres de voyage appartenant à des réfugiés politiques (2), ou à certains étrangers que des raisons politiques ou autres peuvent ou doivent momentanément faire exclure du territoire français, et à l'égard desquels le département des affaires étrangères est d'ailleurs dans l'usage de transmettre par avance des instructions formelles à ses agents.

Les étrangers qui ont été expulsés de France par mesure judiciaire ou administrative, comme troublant l'ordre public, ne peuvent jamais y rentrer sans l'assentiment du gouvernement. Afin d'empêcher autant que possible tout retour non autorisé sur notre territoire, ces expulsions sont nominativement et périodiquement notifiées aux légations et aux consulats par le département des affaires étrangères. (3)

L'accès du territoire français étant interdit à tous les étrangers qui se présentent sans justifier de moyens d'existence ou sans être porteurs de papiers attestant qu'ils peuvent gagner leur vie en travaillant, les consuls doivent, en principe, s'abstenir de viser les passeports des étrangers notoirement indigents, et plus particulièrement de ceux qui voudraient se rendre en Algérie. (4)

Nous devons ajouter que toutes les fois que le visa d'un

(1) Circulaire des affaires étrangères du 4 mai 1833.
(2) Circulaire des affaires étrangères du 14 juin 1856.
(3) Circulaires des affaires étrangères d'avril 1841 et du 25 janvier 1858. (F.)
(4) Circulaires des affaires étrangères des 28 avril et 25 novembre 1832.

passeport étranger est demandé à un agent diplomatique ou consulaire français, il ne doit en général être accordé qu'après que la police locale et l'agent de la nation à laquelle appartient le porteur y ont préalablement apposé les leurs.

§ 2. — De la délivrance et du visa des passeports.

**445. Constatation de l'identité du requérant.** — Les consuls ne peuvent, sans s'exposer aux peines édictées par la loi, délivrer ou viser aucun passeport sans s'être assurés à l'avance de l'identité et de la qualité des requérants, soit à l'aide de la preuve testimoniale, soit par la production d'un acte de notoriété, d'un passeport périmé ou de tout autre acte authentique. (1)

Lorsque le requérant qui, en règle générale, est tenu de se présenter en personne, est immatriculé dans une chancellerie diplomatique ou consulaire, son passeport lui est délivré sur le simple vu de son acte d'immatriculation.

Quand le passeport est délivré sur le dépôt d'un autre passeport périmé, ce dernier est retenu en chancellerie et reste déposé dans les archives, après que mention y a été faite de la date de la délivrance du nouveau passeport qui lui a été substitué.

Si le réclamant est étranger, son identité doit, en cas de doute, être attestée par deux témoins dignes de foi, ou de toute autre manière satisfaisante.

**446. Registre des passeports.** — Les passeports sont délivrés à l'étranger dans les formes prescrites par les lois, ordonnances et règlements en vigueur en France. (2) Ainsi, toutes les chancelleries doivent avoir un registre spécial pour les passeports et visas de passeports. (3) Ce registre réglementaire est ouvert, coté, paraphé et clos à la fin de chaque

(1) Code pénal, art. 155.
(2) Ordonnance du 25 octobre 1833, art. 1er. (F.)
(3) Circulaire des affaires étrangères du 21 floréal an v (10 mai 1797). *Formulaire des chancelleries*, t. 1, mod. nos 41 et 42.

année par l'agent diplomatique ou consulaire qui en fait usage. Il énonce la date des passeports, les prénoms, noms, âges, lieux de naissance, professions, domiciles, signalements et lieux de destination des requérants ; il reproduit leur signature, ou indique les motifs d'empêchement, et fait connaître en même temps si c'est sur le dépôt d'un ancien passeport, l'exhibition d'autres preuves de nationalité, ou bien l'attestation de témoins, que le passeport a été délivré. Pour les simples visas, le registre, outre les indications relatives aux requérants, doit rappeler la date et la destination primitive du passeport visé, ainsi que l'autorité qui en a fait la délivrance.

**447. Libellé des passeports.** — Les passeports français sont tous rédigés d'une manière uniforme, et leur durée ne peut dépasser une année. Ils sont délivrés au nom du chef de l'État, signés par l'agent diplomatique ou consulaire qui les expédie, et contresignés par l'un des secrétaires de la mission ou par le chancelier. (1) Ils indiquent les nom, âge, profession, domicile, signalement et destination du porteur ; celui-ci, à moins d'empêchement absolu dont il doit être fait mention expresse, est tenu d'apposer sa signature à la fois sur son titre de voyage et sur le registre des passeports de la chancellerie.

Les titres de voyage étant essentiellement individuels, et toute personne *majeure* étant, en principe, obligée de se munir d'un passeport séparé et distinct, il est défendu aux agents français de délivrer des passeports collectifs. Néanmoins, lorsqu'il s'agit de plusieurs personnes composant une seule famille, ils sont exceptionnellement autorisés à porter sur le même passeport le mari, la femme et les enfants *mineurs* ; seulement il leur est recommandé de ne jamais employer la locution générique : *N... avec sa famille et sa suite*, mais de spécifier, au contraire, séparément les noms, prénoms, quali-

---

(1) *Formulaire des chancelleries*, t. I, mod. n° 426.

tés ou professions et signalements de toutes les personnes inscrites sur le passeport.

Il est également de règle que les domestiques soient munis de passeports séparés, à moins qu'ils ne soient porteurs de livrets réguliers, auquel cas il suffit de mentionner leurs noms et prénoms, avec le numéro de leur livret, sur le passeport du maître qu'ils accompagnent. (1)

**448. Libellé des visas.** — Les visas sont de deux sortes : l'un, qualifié de *diplomatique* en marge même de la formule qui le constate, est délivré dans les ambassades et légations aux membres du corps diplomatique ou aux personnes dont la situation autorise une exception de ce genre, et est signé par l'un des secrétaires de la mission spécialement délégué à cet effet ; l'autre, ou visa *ordinaire*, est délivré dans les chancelleries et signé par les consuls ou par les chanceliers. (2) Tous deux se bornent d'ailleurs à indiquer la destination du porteur, et sont datés, signés et timbrés comme le passeport. (3)

Les passeports français qui n'ont pas pour objet un voyage fixe et déterminé, n'étant valables que pour une année, le visa doit en être refusé dès que la durée est expirée, et il y a lieu de leur substituer un nouveau titre de voyage.

Pour les passeports étrangers comme pour les passeports français, le visa est, nous l'avons déjà dit, valable pour un an. (4)

Les passeports étrangers conservent naturellement leur validité pendant toute la période de temps légalement assignée à leur durée.

Les anciens règlements (5) exigeaient que, lorsque le

---

(1) Circulaires des affaires étrangères des 10 octobre 1831 et 25 janvier 1858. (F.)

(2) Circulaire des affaires étrangères du 25 janvier 1858. (F.)

(3) *Formulaire des chancelleries*, t. i, mod. nos 433 et 434.

(4) Circulaire des affaires étrangères du 31 août 1874.

(5) Circulaire des affaires étrangères du 31 juillet 1810. — Instructions supplémentaires du 8 août 1814. (F.)

signalement n'était pas indiqué sur le passeport étranger
présenté au visa d'un consul, cette lacune fût remplie en
chancellerie avant l'apposition du visa. Cette règle est aujour-
d'hui tombée en désuétude, mais les agents restent maîtres
d'apprécier les circonstances qui pourraient exceptionnellement leur commander de la remettre en vigueur. Rappelons
seulement en terminant, d'une part, que l'obligation du
signalement n'a jamais été applicable aux passeports des
membres du corps diplomatique ni de ceux des personnes
connues et distinguées par leur position officielle ; d'autre
part que l'exigence du visa ne concerne point les courriers
de cabinet munis d'un titre de voyage spécial.

**449. Emploi du système métrique dans les signalements.** —
Aux termes de la loi du 4 juillet 1837, le système métrique
étant le seul qui puisse être employé légalement en France,
la taille des voyageurs doit être indiquée dans les passeports
délivrés par les agents diplomatiques et consulaires en
mesures métriques, et non en anciennes mesures françaises
ou en mesures étrangères. (1) Pour obvier également à toutes
les difficultés que peut présenter en France la vérification
de l'exactitude des signalements, lorsque sur des passeports
étrangers la taille des voyageurs a été indiquée en unités
étrangères, il est bon que dans leur visa nos agents rap-
pellent la concordance des mesures françaises avec celles
usitées dans le pays.

**450. Feuilles de route des marins.** — Les militaires ou
marins français qui se trouvent à l'étranger pour une cause
quelconque ne reçoivent pas de passeport. Aux termes des
règlements sur la matière, les consuls doivent se borner,
lorsqu'ils demandent à rentrer en France, à leur délivrer gratis une simple feuille de route valable pour le voyage. (2)
Ces feuilles de route s'inscrivent à leur date sur le registre

(1) Circulaire des affaires étrangères du 28 août 1841.
(2) Ordonnance du 25 octobre 1833, art. 3. (F.) — Instruction du 30 novembre 1875. (F.)

des passeports, et sont signées tant par le porteur que par l'agent qui les délivre : leur libellé est, du reste, le même que celui des passeports. (1)

**451. Contrats d'émigration tenant lieu de passeports.** — Les émigrants étrangers qui traversent, tous les ans, en si grand nombre le territoire français pour s'embarquer dans nos ports à destination des contrées transatlantiques ou de l'Algérie, sont, en principe, dispensés de l'obligation de se munir de passeports. Ils sont admis en France, sur la présentation du contrat passé par eux avec une compagnie d'émigration, pourvu que ce contrat, qui leur tient alors lieu de titre de voyage, renferme leur signalement et soit revêtu du visa d'une chancellerie diplomatique ou consulaire. Aux termes des règlements, ce visa s'accorde à titre gratuit, même sans déplacement, sous la garantie des agents d'émigration, et s'inscrit par ordre de date sur le registre des visas de chaque poste. (2)

SECTION II. — *Des attributions des agents extérieurs relativement aux légalisations.*

**452. Compétence des agents extérieurs.** — La législation de presque toutes les nations exige que les actes publics et les documents civils ou commerciaux sous seing privé, passés à l'étranger et destinés à faire foi ou à devenir exécutoires sur leurs territoires respectifs, soient préalablement légalisés ; elle réserve aussi en général aux agents diplomatiques et consulaires le droit exclusif d'apposer ces légalisations.

Aux termes de l'ordonnance de 1681, les actes expédiés dans les pays étrangers où réside un agent français ne font pas foi en France, s'ils ne sont pas légalisés par ce même agent. (3) Cette disposition, renouvelée et confirmée par l'ar-

---

(1) *Formulaire des chancelleries*, t. 1, mod. 125.
(2) Décret du 15 janvier 1855, art. 3. — Circulaire des affaires étrangères (F.) des 10 février 1855 et 7 avril 1858.
(3) Ordonnance d'août 1681, livre IX, art. 23, (F.)

ticle 32 de l'ordonnance du 24 mai 1728, a été définitivement consacrée par l'ordonnance du 25 octobre 1833.

D'après cette ordonnance commentée par les circulaires ministérielles des 4 novembre 1833 et 2 avril 1864, la compétence exclusive pour les légalisations appartient en principe dans les postes diplomatiques aux ambassadeurs et ministres, dans les postes consulaires aux consuls, vice-consuls et agents consulaires spécialement investis de ce droit.

Les agents diplomatiques sont autorisés à désigner pour légaliser les actes un des secrétaires de leur mission, sauf à faire parvenir au ministère des affaires étrangères, sous le timbre de la direction des consulats (sous-direction des affaires de chancellerie), son nom et le type de sa signature.

Quant aux consuls et agents consulaires autorisés, ils sont tenus de remplir eux-mêmes la formalité de la légalisation.

Pour les cas éventuels d'empêchement et dans la vue d'éviter tout retard nuisible à l'expédition des affaires, les consuls suppléants attachés aux consulats généraux et les chanceliers des postes diplomatiques et consulaires peuvent recevoir l'autorisation exceptionnelle de viser, par *délégation*, les pièces qui leur sont présentées ; mais on comprend que cette autorisation ne saurait, sauf circonstances exceptionnelles, s'étendre aux commis de chancellerie ni aux secrétaires ou commis des vice-consuls, et que, dans tous les cas, le type de la signature des agents auxquels a été éventuellement délégué le pouvoir de légalisation doit, avec la plus rigoureuse exactitude, être transmis à la sous-direction précitée. (1)

**453. Limites des obligations des agents.** — Les agents diplomatiques et consulaires français ont qualité pour légaliser les actes délivrés par les autorités ou fonctionnaires publics de leur arrondissement ; cette compétence constitue pour eux une obligation impérative, en ce sens qu'elle ne saurait

----

(1) Circulaire des affaires étrangères (F.) des 15 juillet 1862, 2 avril 1864 et du 23 mai 1885.

être déclinée sous le prétexte que les actes sont irréguliers
d'après la loi française. (1)

En effet, l'appréciation de la valeur intrinsèque des actes
étrangers appartient d'abord aux parties intéressées qui,
agissant à leurs risques et périls, sont en réalité juges des
formalités qu'elles désirent faire remplir, et en dernière
analyse, aux autorités compétentes, administratives ou judiciaires devant lesquelles les actes seront ultérieurement produits ; d'un autre côté, la légalisation des signatures apposées au bas d'un acte reçu par un fonctionnaire public ou
un officier ministériel étranger n'a pas pour effet ni pour
but de ratifier le contenu de la pièce sur laquelle elle est
apposée. Sans doute, si les agents pensaient qu'en raison de
certains vices de forme, des documents présentés à leur visa
ne seront pas admis par les magistrats français, il serait de
leur devoir de prévenir les ayants droit des inconvénients
auxquels ils s'exposent, tels que renvoi des pièces et payement de nouvelles taxes en chancellerie ; là se borne leur
rôle, et si, malgré leurs observations, la demande de légalisation était maintenue, il ne leur resterait plus qu'à y donner suite.

Toutefois l'intervention de l'agent français ayant pour conséquence d'attribuer à ce même acte l'authenticité légale
dont il était dépourvu (2), les chancelleries ne doivent légaliser les documents étrangers qui leur sont présentés qu'autant qu'elles sont en mesure : 1° d'attester la sincérité de la
signature du fonctionnaire public ou de l'officier instrumentaire ; 2° de certifier en pleine connaissance de cause que
celui-ci a ou avait, à la date de l'acte, la qualité officielle
qu'il y prend. (3)

Lorsque les consuls ont le moindre doute sur la réalité des
signatures présentées à leur légalisation, ou lorsque celles-ci

(1) Ordonnance du 23 octobre 1833, art. 6 (F.), et circulaire des affaires
étrangères du 15 juillet 1862. (F.)
(2) Code civil, art. 1317.
(3) Ordonnance du 23 octobre 1833, art. 7. (F.)

appartiennent à des officiers ministériels établis en dehors
du chef-lieu de leur arrondissement, ils doivent s'abstenir de
passer outre et imposer aux requérants l'obligation de faire
en premier lieu viser, légaliser ou certifier leurs actes par
l'autorité compétente de leur *résidence*. C'est là une recommandation qui ne saurait nuire en rien aux intérêts des parties : les agents qui ne s'y conformeraient pas exposeraient
gratuitement leur responsabilité et dépasseraient, selon nous,
leur compétence.

454. Légalisation des signatures particulières. — Les agents
diplomatiques et consulaires français sont libres d'accorder
ou de refuser la légalisation des actes sous signature privée,
les parties intéressées ayant toujours la faculté de passer ces
actes, soit en chancellerie, soit devant les autorités ou officiers
ministériels du pays.

Un usage presque universellement admis veut cependant
que cette légalisation ne soit jamais refusée : 1° lorsque les
signatures ont été apposées en chancellerie ou reconnues
par les parties elles-mêmes ; 2° lorsque ces signatures sont
accompagnées de légalisations ou d'attestations émanées, soit
des autorités locales, soit d'un agent diplomatique ou consulaire étranger. (1)

455. Formule des légalisations. — La formule de légalisation varie suivant que celle-ci porte sur un acte public ou
sur un acte sous signature privée : dans le premier cas, elle
certifie à la fois la qualité et la signature de l'officier instrumentaire ; dans le second, elle doit attester que les signatures ont été apposées ou dûment reconnues en chancellerie. (2)

Les règlements veulent que les légalisations soient données
isolément au bas de chaque acte, et non d'une manière
générale pour plusieurs actes de même nature qui auraient

(1) Ordonnance du 25 octobre 1833, art. 6 et 8. (F.)
(2) *Formulaire des chancelleries*, t. i, mod. nos 423 et 424.

été abusivement réunis pour échapper à l'application des taxes de chancellerie.

Lorsque, au contraire, un seul et même acte se compose de plusieurs rôles ou feuillets, les agents doivent exiger que ceux-ci soient tous réunis par des cordonnets et des sceaux officiels. Si un consul a la certitude qu'aucune fraude n'a eu lieu, cette réunion peut être effectuée en chancellerie. Dans tous les cas, les agents ne doivent pas oublier que la sous-direction des affaires de chancellerie du département des affaires étrangères serait en droit de refuser de légaliser des pièces de ce genre qui, quoique authentiques, lui seraient présentées sans que la réunion des diverses parties qui les composent eût eu lieu à l'étranger par les soins ou sur l'indication des chancelleries diplomatiques et consulaires. (1)

**456. Enregistrement des légalisations.** — Toutes les légalisations doivent être scrupuleusement enregistrées en chancellerie, soit sur un registre spécial, soit sur celui des *actes divers*, en indiquant leur date, la nature de l'acte, le nom du requérant et la signature légalisée. (2)

**457. Légalisation des actes passés en chancellerie.** — Tous les actes délivrés ou reçus directement par les chanceliers en leur qualité officielle de notaire public doivent, pour faire foi en France, être légalisés ou visés gratis par les chefs de mission diplomatique, ou les consuls sous les ordres desquels ces chanceliers sont placés. (3)

**458. Légalisation de la signature des agents consulaires.** — Cette obligation, conforme à ce qui a lieu en France, où les expéditions d'actes délivrées par les notaires et les greffiers ne font foi, hors de leur ressort, que lorsqu'elles ont été légalisées par le juge compétent de leur domicile, s'étend aux actes délivrés ou légalisés par les agents consulaires,

---

(1) Circulaires des affaires étrangères des 15 juillet 1827 et 15 juillet 1862. (F.)
(2) Circulaire des affaires étrangères du 21 floréal an V (10 mai 1797). — Instruction du 20 février 1820.
(3) Instruction du 30 novembre 1833. (F.)

qui ne sont valables qu'autant que leurs signatures ont été légalisées ou que les actes ont été visés par les chefs d'arrondissement. (1)

Dans tous les cas, cette légalisation ou ce visa doivent être considérés comme faits d'office, et ne donnent dès lors ouverture à aucune perception de chancellerie. (2)

**459. Légalisation des signatures d'autorités françaises.** — Les agents diplomatiques et consulaires sont parfois mis en demeure de légaliser des actes de fonctionnaires publics français. L'ordonnance du 25 octobre 1833 ayant formellement établi (3) que les arrêts, jugements ou actes rendus ou passés en France ne peuvent être exécutés ou admis dans les consulats qu'après avoir été légalisés par le ministère des affaires étrangères, nous pensons que les agents manqueraient à leurs devoirs s'ils ne refusaient leur concours pour régulariser des pièces ou des actes dépourvus de la légalisation ministérielle, d'autant plus qu'il leur est impossible de connaître *légalement* les signatures dont la légalisation leur serait demandée.

**460. Légalisation par les autorités coloniales des signatures des consuls français.** — Un certain nombre de nos postes diplomatiques et consulaires entretiennent, en raison de leur situation géographique, des relations assez fréquentes avec nos possessions d'outre-mer. Afin d'éviter les retards qui résulteraient de l'obligation d'envoyer en France, à fin de légalisation, les pièces dressées en chancellerie et destinées à être produites dans ces possessions, il a été décidé que la légalisation en serait donnée par les gouverneurs des colonies.

A cet effet, les agents ont été invités à transmettre le type de leur signature aux gouverneurs des différentes colonies avec lesquels ils entretiennent le plus de rapports, et il leur

---

(1) Circulaire des affaires étrangères du 25 mai 1806. — Ordonnance du 26 octobre 1833, art. 7. (F.)

(2) Tarif du 30 novembre 1875.

(3) Ordonnance du 25 octobre 1833, art. 10. (F.)

a été recommandé en outre d'adresser aux mêmes autorités, le cas échéant, le type de signature des gérants intérimaires appelés à les remplacer. (1)

**461. Différence entre la légalisation et le visa.** — Une distinction nous paraît devoir être établie entre la légalisation et le visa d'un document.

La légalisation mise par le consul sur un acte a, comme nous l'avons vu, seulement pour effet d'indiquer que la signature de l'officier qui a reçu l'acte ou de l'autorité qui l'a légalisé est authentique et qu'à l'époque où l'acte a été dressé ou la légalisation donnée, ledit officier public ou ladite autorité jouissaient bien de la qualité qu'ils se sont attribuée. Elle ne préjuge en rien la validité de l'acte.

Quant au visa, ses effets varient suivant qu'il est simple ou qu'il porte sur la teneur de l'acte. Dans le premier cas, le visa constate que la pièce a été présentée à la signature du consul qui n'a pas eu à s'inquiéter de la régularité de la pièce à lui soumise et qui se borne par sa signature à donner date certaine à l'acte. Tel peut être le cas pour des pièces quelconques, lettres missives par exemple, écrites par de simples particuliers et destinées à être produites en France.

Quand le visa porte au contraire sur la teneur de l'acte, comme lorsqu'il s'agit d'une patente de santé ou d'un certificat d'origine, le consul s'associe par son visa à la sincérité des énonciations portées dans l'acte ; il doit donc les contrôler soigneusement avant d'apposer sa signature.

SECTION III. — *De quelques autres fonctions administratives des consuls.*

§ 1er. — Des certificats de vie.

**462. Certificats des rentiers viagers et pensionnaires de l'État.** — Les certificats de vie des rentiers viagers et pensionnaires de l'État résidant en pays étranger sont délivrés, soit par les chefs de poste dans les légations ou les consu-

(1) Circulaire des affaires étrangères du 10 septembre 1876. (F.)

lats, soit par les magistrats du lieu, dans le cas où le domicile des rentiers ou pensionnaires est éloigné de plus de vingt-quatre kilomètres de la résidence d'un agent français. Le Trésor public admet ces derniers certificats toutes les fois qu'ils sont revêtus de la légalisation des agents ou consuls français. (1)

Pour les rentiers viagers, les certificats de vie peuvent même, sans aucune limite de distance ou d'éloignement, être délivrés par les notaires ou tous les autres officiers publics ayant qualité à cet effet, à charge, bien entendu, de légalisation dans une chancellerie française. (2)

Ces actes, dont la délivrance en chancellerie ne donne plus lieu qu'à la perception des droits réduits qu'ont consacrés les articles 163 et 164 du tarif de 1875, doivent indiquer avec précision l'âge, le lieu de naissance, les nom et prénoms du requérant; si c'est un rentier viager, rappeler le chiffre de la rente et son numéro d'inscription; si c'est un pensionnaire, faire connaître la nature et le taux de sa pension, et mentionner en outre que, depuis son obtention, l'ayant droit ne jouit d'aucune autre pension, ni d'aucun traitement d'activité, et n'a pas perdu la qualité de Français; et enfin ils sont signés par le comparant et le consul qui les reçoit. (3)

Ces formalités sont, du reste, spéciales pour les rentiers viagers et les pensionnaires civils, la délivrance ou plutôt le libellé des certificats de vie des pensionnaires militaires de la guerre et de la marine étant soumis à des formes particulières que nous allons exposer

**463. Autorisation de séjour à l'étranger. —** En principe, le droit à la jouissance d'une pension militaire est subordonné pour les pensionnaires français ou naturalisés français à la

---

(1) Ordonnance du 30 juin 1814, art. 4 (F.), et instruction du 30 novembre 1833. (F.)

(2) Ordonnance du 20 mai 1818, art. 1er, et circulaire du 31 août 1832.

(3) Circulaire des affaires étrangères du 15 mai 1842. — *Formulaire*, t. 1, modèle n° 415.

résidence du titulaire de la pension sur le territoire français, et les règlements considèrent comme une résidence hors de France emportant suspension de la pension, l'absence, sans autorisation, lorsque ladite absence se prolonge au-delà d'une année. (1)

Pour échapper à cette pénalité, les titulaires de pensions militaires qui ont besoin de s'absenter pendant plus d'une année, doivent au préalable solliciter l'autorisation du Gouvernement.

Lorsque les pensionnaires résident en France, ils adressent leur demande en autorisation, s'ils dépendent du ministre de la guerre, au ministre de l'intérieur par l'intermédiaire des autorités locales, et s'ils relèvent du ministre de la marine, à ce ministre par l'intermédiaire du commissaire de l'inscription maritime dans les quartiers maritimes, ou par celui des préfets dans les départements de l'intérieur.

Cette demande est accompagnée d'une déclaration faite en présence de témoins devant le maire du domicile des pensionnaires, justifiant des causes qui exigent le séjour à l'étranger : cette déclaration est établie conformément aux modèles n° 1 annexés aux ordonnances des 24 février et 11 septembre 1832. L'autorité qui reçoit cette déclaration et celle qui transmet la demande au ministre compétent doivent accompagner ces pièces de leur avis motivé. (2)

Si les titulaires de pensions sont déjà à l'étranger et ont besoin de prolonger leur séjour au-delà d'une année, ils doivent adresser aux ministres compétents une demande de prolongation qui est transmise, avec leur avis motivé, par les agents diplomatiques et consulaires accrédités, soit dans la résidence des pensionnaires, soit dans celle qui est la plus voisine.

A cet effet, l'impétrant doit produire :

1° Une demande adressée au ministre de l'intérieur, s'il

---

(1) Ordonnances (F.) du 24 février 1832, art. 1, et du 11 septembre 1832, art. 1.

(2) Ordonnances des 24 février et 11 septembre 1832, art. 3. (F.)

s'agit d'un pensionnaire de la guerre (au ministre de la marine, s'il s'agit d'un pensionnaire de la marine), avec signature certifiée. Par dérogation à l'article 12 de la loi du 13 brumaire an VII sur le timbre, l'emploi du papier libre est toléré;

2° Une déclaration réglementaire conforme au modèle n° 2 annexé à l'ordonnance du 24 février 1832 (du 11 septembre 1832 pour les marins) (1), contenant des indications précises sur la nature, le chiffre et le numéro d'inscription de tous les traitements ou pensions du pétitionnaire avec la mention de l'administration où ces traitements sont inscrits, et l'indication, s'il y a lieu, des traitements qui seraient payés sur le budget de la Légion d'honneur, notamment celui qui est affecté à la médaille militaire, ces traitements étant, en vertu de la loi du 23 mai 1834, assimilés aux pensions militaires;

3° L'avis motivé de l'agent qui reçoit la déclaration sur la suite qui lui paraît opportun de donner à la demande;

4° Enfin, en ce qui concerne les Alsaciens-Lorrains, une copie authentique de leur déclaration d'option pour la nationalité française.

Le dossier ainsi complété est adressé par l'agent diplomatique ou consulaire au département des affaires étrangères (sous-direction des affaires de chancellerie), qui le transmet au ministère de l'intérieur, s'il s'agit d'un pensionnaire de la guerre, ou envoyé directement au ministre de la marine, s'il s'agit d'un pensionnaire de ce département.

La réponse des ministres compétents parvient aux intéressés par la même voie. (2)

**464. Personnes dispensées de l'autorisation.** — Sont dispensés de l'obligation de demander l'autorisation de séjourner à l'étranger:

1° Les pensionnaires non militaires;

---

(1) Voir ce modèle au *Formulaire*, tome I, sous le n° 414.
(2) Circulaire des affaires étrangères du 12 juillet 1875. (F.)

2° Les anciens militaires de nationalité étrangère, non naturalisés ;

3° Les veuves de militaires français ou naturalisés Français ;

4° Les pensionnaires militaires de la guerre et de la marine résidant dans les pays soumis au protectorat de la France. (1)

**465. Forme des certificats de vie.** — La forme des certificats de vie à produire par les pensionnaires civils et militaires de l'Etat, résidant à l'étranger, a été arrêtée d'un commun accord entre les départements des affaires étrangères et des finances, et les agents sont obligés de se conformer aux modèles qui leur ont été communiqués par les circulaires des 15 mai 1842 et 18 novembre 1887. (2)

Le certificat de vie ayant pour but de constater la réalité de l'existence d'une personne à un jour donné, le titulaire d'une pension qui demande à un agent diplomatique ou consulaire de lui délivrer un document de ce genre, doit se présenter en personne en chancellerie et fournir à l'appui de ses déclarations son acte de naissance ou à défaut un acte de notoriété. Si le pensionnaire est établi à plus de vingt-quatre kilomètres de la résidence d'un agent consulaire, il peut faire dresser son certificat de vie par les autorités locales, et ce document est tenu pour valable en France, lorsqu'il a été revêtu de la légalisation de l'agent diplomatique ou consulaire français faisant mention de l'éloignement.

D'autre part, en France, quand un rentier viager ou un pensionnaire est atteint d'une maladie ou d'infirmités qui l'empêchent de venir requérir lui-même son certificat, le notaire n'est autorisé à délivrer ce certificat, que sur le vu d'une attestation du maire de la commune visée par le sous-préfet ou le juge de paix et constatant l'existence du titu-

(1) Ordonnance du 24 février 1832, art. 9. (F.) — Ordonnance du 11 septembre 1832, art. 28. (F.) — Circulaire des affaires étrangères du 24 juillet 1880. (F.) — Décret du 20 juin 1886. (F.) — Circulaire des affaires étrangères du 18 novembre 1887. (F.)

(2) Voir ces modèles au *Formulaire*, tome 1, sous les nos 415 et 416.

laire, sa maladie ou ses infirmités. Le certificat de vie contient alors la mention détaillée de cette attestation, qui reste déposée entre les mains du notaire et ne peut servir pour une autre échéance de paiement. (1) Le ministère des finances estime que, par analogie avec ces dispositions, l'attestation d'existence des titulaires qui ne sont pas en état de se transporter en chancellerie peut être dressée par les autorités locales compétentes et convertie ensuite par les agents diplomatiques ou consulaires en un certificat de vie régulier. (2)

**466. Incompétence des chanceliers.** — Anciennement les notaires français n'avaient pas tous indistinctement qualité pour délivrer des certificats de vie ; ceux qui avaient obtenu à cet égard une autorisation spéciale s'appelaient notaires certificateurs. (3) Aujourd'hui que tous les notaires ont, sous ce rapport, été placés sur la même ligne, on pourrait croire que les chanceliers des postes diplomatiques et consulaires, précisément parce qu'ils sont les notaires de leurs nationaux, sont également compétents pour libeller ces actes. Il n'en est rien, la délivrance des certificats de vie ayant été expressément réservée aux seuls chefs de missions diplomatiques et aux consuls. (4)

**467. Enregistrement des certificats.** — Le décret du 21 août 1806 prescrivait aux consuls de tenir un registre des têtes viagères et des pensionnaires auxquels ils délivraient des certificats de vie. Ce registre devait indiquer les nom, prénoms, domicile et âge des rentiers ou pensionnaires, et le montant de leurs rentes ou pensions. Cette disposition n'ayant pas été reproduite dans l'ordonnance du 30 juin 1814, les agents peuvent se borner à un simple enregistrement

---

(1) Instruction des Finances du 27 juin 1839.
(2) Lettre du ministre des finances au ministre des affaires étrangères du 3 août 1888.
(3) Décret du 21 août 1806, art. 1er.
(4) Circulaire des affaires étrangères du 26 mars 1831.

sommaire en chancellerie, qui permette de constater éventuellement l'existence de l'individu auquel l'acte a été délivré. (1)

**468. Certificats pour des motifs non spécifiés.** — Quant aux certificats de vie demandés aux agents pour des motifs non énoncés dans l'acte même, il va sans dire que le libellé et la délivrance en sont soumis aux formalités requises pour tous les actes de chancellerie.

§. 2. — Des certificats relatifs au commerce et à la navigation.

**469. Certificats d'origine.** — Le tarif des douanes de France impose, à certaines marchandises étrangères, des droits qui varient suivant qu'elles sont ou non le produit du sol ou de l'industrie du pays d'où elles proviennent ; l'origine véritable de ces marchandises se justifie à l'aide de certificats émanés, soit du consul en résidence dans le port d'expédition, soit des autorités locales, et légalisés ou visés par les consuls, quand il y a lieu.

Quoique peu de consulats soient appelés aujourd'hui à délivrer des certificats d'origine, nous n'en croyons pas moins devoir indiquer ici les règles générales auxquelles, le' cas échéant, ils doivent se conformer.

Nous dirons d'abord que, par les mots de produits d'un pays, il ne faut pas entendre exclusivement la province ou le port d'où l'exportation s'effectue, mais bien le pays auquel appartient ce même port.

Les instructions laissent à l'appréciation des consuls les moyens à employer pour s'assurer de l'origine des marchandises pour lesquelles des certificats leur sont demandés. Dans aucun cas, néanmoins, la simple déclaration des chargeurs ne doit être a *priori* considérée comme suffisante ; il est nécessaire qu'elle soit accompagnée de pièces justificatives, telles que lettres de voiture, connaissements, extraits de correspondance ou de livres de commerce, certificats, visés par

---

(1) Instruction des affaires étrangères du 20 février 1820.

les autorités territoriales, des propriétaires des biens-fonds où les produits dont il s'agit ont été récoltés, etc.; ces différentes pièces peuvent, au besoin, être suppléées par des attestations de courtiers-jurés ou d'experts nommés d'office pour vérifier ou reconnaître l'origine du produit.

Quand les consuls ne sont pas pleinement édifiés sur la validité des justifications produites, ou quand ils ont des motifs particuliers de croire que l'on cherche à tromper ou surprendre leur religion, ils doivent se refuser à délivrer des certificats d'origine, ou tout au moins les libeller de telle façon qu'ils ne puissent induire notre douane en erreur. (1)

Les certificats d'origine sont délivrés directement par les agents diplomatiques ou consulaires et contresignés par les chanceliers; ils doivent spécifier avec le plus grand soin les quantités de marchandises auxquelles ils se rapportent, les marques et numéros inscrits sur le manifeste, les noms des chargeurs et l'adresse des destinataires, l'espèce et le nom du navire sur lequel elles sont chargées, le nom du capitaine qui le commande et son port de destination. (2) En général, dans la pratique, l'intervention des consuls n'est nécessaire que pour la légalisation ou le visa des certificats délivrés par les autorités locales; ces documents consistent, soit en des attestations dressées par les autorités douanières ou les chambres de commerce, soit même tout simplement en déclarations faites par les intéressés devant les autorités municipales. Les déclarations faites devant l'autorité municipale sont soumises à la légalisation consulaire, tandis que celles qui sont reçues par l'autorité douanière sont exemptes de cette formalité, sauf dans les pays qui n'accordent pas la réciprocité pour les certificats dressés par les douanes françaises. (3)

L'autorité douanière française conserve d'ailleurs toujours la faculté de provoquer l'expertise légale, lorsque les carac-

(1) Circulaire des affaires étrangères du 30 janvier 1836.
(2) *Formulaire des chancelleries*, t. i, mod. n° 410.
(3) Circulaires des affaires étrangères des 6 novembre 1891 et 9 août 1897.

tères des produits paraissent infirmer l'exactitude des déclarations d'origine. (1)

**470. Certificats d'expédition et d'embarquement.** — La délivrance des certificats d'expédition de certaines marchandises qui jouissent d'une modération de droits selon que leur importation a lieu dans certaines conditions déterminées, telles que les grains, les riz, les huiles, etc., exige de la part des consuls les mêmes précautions. Il est, du reste, bon d'ajouter que ces pièces spéciales doivent toujours faire connaître si les produits auxquels elles se rapportent sont directement destinés à la consommation, ou seulement à être mis en entrepôt. (2)

Les certificats spéciaux d'embarquement de sels étrangers destinés à être employés à la pêche de la morue ne doivent être délivrés aux intéressés qu'après le dépôt, par le capitaine, de la soumission réglementaire d'acquitter ou faire acquitter les droits de douane au retour du navire en France.

**471. Transport direct, relâches forcées.** — Lorsque les marchandises ont été chargées *au point de départ sur le navire même* qui les apporte en France, le transport est considéré comme direct. On admet aussi que le transport direct par mer n'est pas interrompu par les escales faites, dans un ou plusieurs ports étrangers, pour y opérer des chargements ou des déchargements, lorsque les marchandises ayant droit à un régime de faveur n'ont pas quitté le bord et qu'il n'en a pas été chargé de similaires dans les ports d'escale.

Dans tous les cas d'escale suivies d'opérations de commerce, la justification du chargement au lieu du départ et des circonstances de la navigation s'établit, outre la présentation des papiers du bord, par la production d'un état général du chargement au lieu du départ, certifié par le consul

(1) *Tarif des douanes*, observation préliminaire n° 61.
(2) *Formulaire des chancelleries*, t. I, p. 554.

de France, et par des états, également certifiés par l'autorité consulaire française, des chargements et des déchargements effectués aux ports d'escale.

Les relâches forcées ne constituent, en aucun cas, une interruption du transport direct. Il est justifié des relâches forcées, des naufrages et autres événements de mer, par des certificats du consul de France, et à défaut d'autorité consulaire française, par des certificats des douanes ou des autorités locales.

Hors le cas de force majeure, toute marchandise transbordée en cours de transport par mer est réputée arriver du lieu où le transbordement a été effectué. Si, au contraire, par suite d'événements de mer, un bâtiment est devenu innavigable, les marchandises débarquées au lieu du sinistre et réexpédiées en droiture par un autre navire conservent leur droit au régime de faveur qui leur était applicable d'après leur provenance primitive. (1)

**472. Décharge des acquits-à-caution.** — Certaines marchandises ne peuvent être exportées ou réexportées en France qu'en remplissant diverses formalités, au nombre desquelles figure celle d'être munies d'un acquit-à-caution dont la décharge, au lieu de destination, doit être justifiée dans un délai déterminé.

Cette justification s'opère, non à l'aide de certificats isolés et séparés, mais par le visa de l'attestation que les agents diplomatiques et consulaires inscrivent au bas et au dos de l'acquit-à-caution délivré par la douane au lieu du départ. (2)

Toutes les fois qu'un bâtiment dont le chargement a été soumis à sa sortie d'un de nos ports à la formalité de l'acquit-à-caution, vient, par fortune de mer, à relâcher dans un port étranger autre que celui de sa destination, l'agent français qui y réside doit délivrer au capitaine un certificat spécial, qui constate les causes de sa relâche et la nature des

---

(1) *Tarif des douanes*, observations préliminaires.
(2) *Formulaire des chancelleries*, t. i, p. 556.

opérations auxquelles il a pu se livrer pendant la durée de celle-ci. (1)

**473. Certificats de coutume.** — L'intervention de nos agents est souvent réclamée à l'étranger, à l'effet d'établir des certificats de coutume relatant l'état, soit de la législation française, soit de celle du pays où ils exercent leurs fonctions.

Dans le premier cas, ils ne sauraient apporter trop de circonspection dans la délivrance des attestations de cette nature. Pour mettre leur responsabilité à couvert, ils doivent se borner à constater que la forme des actes ou la valeur des conventions est régie par tels ou tels articles de loi dont ils peuvent transcrire le texte en certifiant que ces dispositions sont toujours en vigueur. En cas de doute, ils ne doivent pas hésiter à consulter le département ou renvoyer les intéressés à s'adresser au ministère de la justice à Paris, en leur recommandant d'ailleurs de joindre à leur demande le nombre de feuilles de papier timbré nécessaires à l'établissement du certificat demandé. (2)

A défaut de disposition particulière, les certificats de coutume délivrés par les agents diplomatiques et consulaires, sont passibles des taxes inscrites à l'article 174 du tarif.

Lorsqu'il s'agit, au contraire, d'établir un certificat destiné à relater l'état de la législation du pays où ils exercent leurs fonctions, les agents doivent, en règle générale, s'abstenir et renvoyer les requérants à se pourvoir, soit auprès des autorités de ce pays, soit auprès de jurisconsultes. (3)

---

(1) *Formulaire des chancelleries*, t. ɪ, p. 555.

(2) Note du garde des sceaux, insérée au *Bulletin officiel du ministère de la justice*, du 4e trimestre 1891.

(3) Lettre du ministre de la justice au ministre des affaires étrangères du 18 septembre 1883.

# CHAPITRE VII

**474. Devoirs des consuls en matière de police sanitaire.** — Les devoirs que les consuls ont à remplir en matière de police sanitaire sont de deux sortes : les uns sont purement d'observation et de surveillance ; les autres plus actifs et d'une pratique, sinon plus constante, du moins plus journalière, concernent la délivrance et le visa des patentes de santé des navires qui s'expédient des ports de leur résidence à destination de France.

Section Ire. — *De la surveillance exercée par les consuls dans l'intérêt de la conservation de la santé publique en France.*

**475. Des informations sanitaires à transmettre par les consuls.** — Les agents français au dehors doivent se tenir exactement informés de l'état sanitaire du pays où ils résident et adresser au département des affaires étrangères pour être transmis au ministère de l'intérieur les renseignements qui importent à la police sanitaire et à la santé publique de la France. (1) La nature et l'étendue de cette correspondance varient naturellement suivant que les consuls résident dans des contrées réputées saines ou considérées, au contraire, comme habituellement contaminées, et rentrant, à ce titre, dans la catégorie de celles qu'atteignent les mesures sanitaires permanentes ; suivant surtout qu'une maladie pestilentielle est ou n'est pas signalée dans leur arrondissement consulaire.

En temps ordinaire, les devoirs des premiers se bornent à

_____

(1) Décret du 4 janvier 1896, art. 130.

transmettre à la direction des consulats et affaires commerciales du département des affaires étrangères les lois et
actes officiels concernant la santé publique que promulgue le
gouvernement près duquel ils résident : les règlements particuliers des lazarets, les tarifs des droits sanitaires ; en un
mot, tous les renseignements qui peuvent réagir sur les décisions à prendre en France pour modifier notre régime quarantenaire.

Quant aux agents placés dans les pays dont la situation
sanitaire est, en principe, frappée de suspicion, tels que le
I  ant, les côtes d'Afrique et les deux Amériques, ils n'ont
 ¹  seulement à tenir le gouvernement au courant des obli-
g  ons sanitaires imposées aux arrivages de nos ports et à
c  des autres contrées dans un but de précaution ou de
f  ple fiscalité, ils doivent encore adresser en France des
 ormations exactes et circonstanciées sur l'état réel de la
santé pu      dans le pays de leur résidence, et dans ceux
avec le       il est en libre et fréquente communication.
C'est là un devoir sérieux et parfois difficile à remplir, surtout au moment de la première apparition d'une épidémie, et
alors que l'autorité territoriale n'a que trop d'intérêt à ca-
cher la vérité pour ne pas éloigner les navigateurs étrangers
et ne pas effrayer, hors de propos, les populations avec lesquelles le pays se trouve en contact.

Plus est grande la responsabilité des consuls à cet égard,
plus ils doivent attacher d'importance à la rigoureuse exactitude des informations sanitaires qu'ils transmettent au
gouvernement.

Lorsqu'une épidémie s'est déclarée et que l'autorité territoriale en a confessé l'existence, le consul n'a plus qu'à instruire le gouvernement des faits certains, notoires et publics
constatés autour de lui. Sans attendre que ses renseignements particuliers aient reçu une confirmation officielle, l'a-
gent doit rendre compte d'urgence non-seulement de la
marche d'une épidémie une fois déclarée, mais encore de tout
indice de maladie contagieuse qui viendrait à sa connais-

sance. Quand, au lieu de certitude acquise, il n'y a que de simples soupçons, l'agent doit le faire connaître en discutant, selon sa conscience, le plus ou moins de fondement des bruits qu'il rapporte; mais il manquerait à son devoir, si, craignant de se faire l'écho de faux bruits, il négligeait de transmettre au gouvernement des avis que celui-ci ne manquerait sans doute pas de recevoir par la voie indirecte des journaux ou des lettres du commerce, ce qui pourrait alors faire suspecter sa bonne foi ou l'activité de son zèle.

En cas de péril, les agents français doivent non-seulement aviser le ministère des affaires étrangères, mais avertir en même temps l'autorité française la plus voisine ou la plus à portée des lieux qu'ils jugeraient menacés. (1)

Ajoutons ici que les consuls, et principalement ceux qui résident dans les ports habituellement infectés de l'une des maladies contre l'invasion desquelles les mesures sanitaires permanentes ont été établies, ne doivent pas oublier qu'il ne leur appartient pas de régler leurs informations ou leurs rapports, d'après l'opinion personnelle qu'ils peuvent avoir sur les caractères contagieux ou non contagieux de telle ou telle maladie, mais qu'ils doivent s'en tenir à leurs instructions officielles, c'est-à-dire rapporter les faits et se borner à dire que telle maladie s'est montrée dans le pays ou qu'elle en a disparu, sans chercher à discuter sa nature propre ou son mode de propagation. (2)

**476. Maladies réputées pestilentielles.** — Les règlements sanitaires actuellement en vigueur comptent trois maladies qu'ils désignent sous le nom de pestilentielles et qui déterminent l'application de mesures sanitaires permanentes : ce sont le choléra, la fièvre jaune et la peste. D'autres maladies graves, transmissibles et importables, notamment le typhus

(1) Décret du 4 janvier 1896, art. 130.
(2) Circulaire des affaires étrangères des 10 septembre 1811 et 30 novembre 1891. (F.)

et la variole, peuvent être exceptionnellement l'objet de précautions spéciales. (1)

L'expérience nous a appris que la période d'incubation de ces maladies était bien moins longue qu'on ne le croyait anciennement; cette expérience a été mise à profit, et la rigueur des précautions dont on usait autrefois à l'égard des provenances, tant des pays suspects que de ceux-là mêmes où sévit une épidémie, a été tellement adoucie qu'elles se bornent aujourd'hui, dans presque tous les cas où il en est encore pris, à une inspection médicale au départ et à l'arrivée des navires, à une désinfection appropriée, et enfin à la délivrance aux passagers, immédiatement débarqués, d'un passeport sanitaire permettant d'établir leur origine, de leur appliquer, en cas de maladie, les mesures d'isolement nécessaires et d'éviter ainsi la création d'un foyer. (2)

Ç'a été sans doute là un progrès incontestable que le commerce et l'intérêt de nos ports réclamaient depuis longtemps; mais il cesserait d'être un bienfait pour devenir un malheur public, si les précautions que commande la prudence venaient à être négligées. Ces précautions, c'est aux consuls qu'il, appartient de les provoquer, en partie par l'exactitude et la célérité de leurs rapports, et par la déclaration qu'ils sont éventuellement appelés à insérer dans les patentes de santé délivrées ou visées par eux, lorsque le pays dans lequel ils résident est infecté d'une maladie pestilentielle, ou même seulement soupçonné de l'être.

Une des modifications les plus considérables apportées à notre ancien régime quarantenaire depuis quelques années a été incontestablement celle qui, abolissant pour les provenances du Levant et de la Barbarie le régime de la patente suspecte, les a rangées sous celui de la patente brute ou de la patente nette, selon qu'au moment du départ il y avait ou

(1) Décret de 1896, art. 1er.
(2) Rapport au Président de la République annexé au décret du 4 janvier 1896.

non une maladie pestilentielle dans le pays. (1) D'autres progrès importants ont été réalisés, d'abord par la création de
médecins sanitaires en Levant, puis récemment par celle de
médecins semblables à bord de nos paquebots affectés à un
service postal ou au transport des voyageurs. (2)

**477. Médecins sanitaires en Levant.** — Nous venons de
mentionner parmi les précautions nouvelles prises au point
du départ, les seules auxquelles les consuls soient appelés à
concourir, l'institution de médecins français accrédités dans
tous les ports du Levant où leur présence a été jugée nécessaire
pour assurer l'accomplissement des mesures prescrites dans
l'intérêt de la santé publique. Ces médecins constatent,
avant le départ de chaque bâtiment, l'état sanitaire du pays,
et la patente de santé n'est délivrée au consulat que sur leur
rapport. (3)

L'institution de ces médecins qui agissent, pour l'accomplissement de leur mandat spécial, d'après les instructions
que leur transmet le ministère de l'intérieur, n'a amoindri
en aucune façon les attributions des consuls, qui, seuls responsables vis-à-vis de l'autorité territoriale, ont conservé
sur ce service, comme sur tous les autres, la plénitude d'autorité inhérente à leurs attributions.

Placés comme tous les autres Français sous la protection
et le contrôle des agents officiels du gouvernement, les médecins sanitaires, qui n'ont aucun rapport direct à entretenir
avec les autorités territoriales, doivent naturellement communiquer aux consuls établis dans leur résidence toutes les
informations qui sont de nature à intéresser la santé publique et la sûreté de nos relations avec le pays dans lequel ils
se trouvent. Afin, du reste, d'écarter toute responsabilité de
conflits ou de difficultés avec les gouvernements étrangers,

---

(1) Ordonnance du 18 avril 1847, art. 1er. — Décret du 24 décembre 1850,
art. 23.

(2) Décrets du 22 février 1876 (F.) et du 4 janvier 1896.

(3) Ordonnance du 18 avril 1847, art. 9. — Décret du 24 décembre 1850,
art. 31.

il est demeuré entendu que le département des affaires étrangères aurait connaissance de toute la correspondance que les médecins sanitaires sont appelés à entretenir avec le ministère spécial dont ils relèvent, et que ceux-ci auraient soin d'adresser leurs rapports en France, sous cachet volant, par l'intermédiaire des consuls. Ajoutons encore qu'ils ne peuvent s'absenter de leur résidence, sans l'acquiescement du consul et sans avoir fait agréer un de leurs confrères pour les remplacer intérimairement. (1)

SECTION II. — *De la délivrance et du visa des patentes de santé et des bulletins sanitaires.*

**478. — Obligation d'une patente à l'arrivée en France. —** Tout navire, arrivant en France ou en Algérie, doit être porteur d'une patente de santé faisant connaître, au moment de son départ, l'état sanitaire du lieu de sa provenance, et ne doit en avoir qu'une.

La patente de santé est le premier des éléments qui servent à juger si un bâtiment peut, sans danger pour la santé publique, être admis en libre pratique ou s'il doit être l'objet de précautions particulières.

L'énoncé de la patente ne fait pas seulement connaître l'état de la santé publique dans les lieux d'où le navire a été expédié ; en relatant le nombre des passagers et des gens de l'équipage, il fournit encore un moyen de contrôle efficace pour s'assurer si, pendant la traversée, il n'est survenu aucun décès à bord ou s'il n'a été embarqué personne dont la provenance fût suspecte.

La patente de santé est nette ou brute. Elle est *nette*, quand elle constate l'absence de toute maladie pestilentielle dans la ou les circonscriptions d'où provient le navire ; elle est *brute*, quand la présence d'une maladie de cette nature y est

(1) Circulaires des affaires étrangères des 25 mai 1847 et 18 novembre 1852.

signalée. Le caractère de la patente est apprécié par l'autorité sanitaire du port d'arrivée. (1)

La présentation d'une patente de santé, à l'arrivée dans un port de France ou d'Algérie, est, en tout temps, obligatoire pour les navires provenant :

1° Des pays situés hors d'Europe, l'Algérie et la Tunisie exceptées ;

2° Du littoral de la mer Noire et des côtes de la Turquie d'Europe sur l'archipel et la mer de Marmara.

Pour les régions autres que celles désignées ci-dessus, la présentation d'une patente de santé est obligatoire pour les navires provenant d'une circonscription contaminée par une maladie pestilentielle.

La même obligation peut être étendue, par décision du ministre de l'intérieur, aux pays se trouvant, soit à proximité de ladite circonscription, soit en relations directes avec elle. (1)

**479. Exceptions.** — Les navires faisant le cabotage français (l'Algérie comprise) sont, à moins de prescription exceptionnelle, dispensés de se munir d'une patente de santé. La même dispense s'applique aux navires qui relient directement, dans les mêmes conditions, la France et la Tunisie. (3)

**480. Délivrance des patentes de santé.** — Les patentes de santé sont délivrées en France par les autorités sanitaires, et à l'étranger, en ce qui concerne les bâtiments français, par les consuls du port de départ, ou, à défaut de consul, par l'autorité locale.

Pour les navires étrangers, à destination de la France et de l'Algérie, la patente peut être délivrée par l'autorité territoriale ; mais dans ce cas elle doit être visée et annotée par le consul français. (4)

Il en est de même pour les bâtiments français partant des

---

(1) Décret du 4 janvier 1896, art. 3, 4 et 5.
(2) Décret du 4 janvier 1896, art. 11 et 12.
(3) Ibid., art. 13.
(4) Ibid., art. 8.

ports étrangers où les règlements en vigueur ne permettent la sortie qu'aux navires pourvus de patentes délivrées par les autorités territoriales ; les consuls se bornent à viser la patente qui a été délivrée par les magistrats du lieu, en ayant soin de modifier ou de compléter, si besoin est, les attestations qui y sont contenues. (1) Il va sans dire que, si, en cas de relâche, la remise de cette nouvelle patente de sortie avait été, d'après les lois du pays, subordonnée au dépôt obligatoire de la patente française produite à l'arrivée, le visa consulaire devrait faire mention expresse du retrait de la patente primitive et spécifier, avec la nature de celle-ci, toutes les énonciations et les faits propres à intéresser la santé publique en France. (2)

**481. — Patente de santé destinée aux navires se rendant dans une colonie française.** — La présentation d'une patente de santé à l'arrivée, dans un port de nos colonies, est en tout temps obligatoire pour tout navire, quelle que soit sa provenance.

A l'étranger, la patente de santé est délivrée aux navires français à destination des colonies et pays de protectorat par le consul français du port du départ, ou, à défaut du consul, par l'autorité locale.

Les navires étrangers qui se rendent aux colonies munis de patentes délivrées par l'autorité locale, doivent faire viser ces pièces dans leur teneur par les agents français. (3)

**482. Libellé des patentes de santé et des visas.** — Les patentes de santé, délivrées par les consuls, sont rédigées conformément au modèle officiel annexé aux décrets du 4 janvier 1896, s'il s'agit de la patente d'un navire se rendant en France, ou du 31 mars 1897, s'il s'agit d'un navire se rendant dans une de nos colonies.

---

(1) Ordonnance du 29 octobre 1833, art. 49. (F.)
(2) Circulaires des affaires étrangères des 28 janvier et 6 août 1861.
(3) Décret du 31 mars 1897, art. 9 et 12.

Elles doivent :

1° Indiquer le nom, la force et le pavillon du bâtiment, le nom de son capitaine, le nombre des gens de l'équipage et celui des passagers, la nature de la cargaison, l'état sanitaire du bord au moment du départ ;

2° Mentionner, dans une formule précise, l'état sanitaire du pays de provenance et particulièrement la présence ou l'absence des maladies qui motivent des précautions sanitaires ;

3° Donner, s'il y a lieu, des indications analogues sur les pays avec lesquels on est en libre communication. (1)

Toute patente doit être datée, scellée du sceau du consulat, signée par l'agent diplomatique ou consulaire et contre-signée par le chancelier. Elle n'est valable que si elle a été délivrée dans les 48 heures qui ont précédé le départ du navire.

Quant au visa en chancellerie des patentes de santé délivrées par les autorités locales aux navires français ou étrangers à destination d'un port de France (2), surtout lorsqu'il s'agit de patentes substituées à celles dont les navires étaient munis à l'arrivée dans le port, il ne faut pas croire que ce soit une simple légalisation de signature: il est, pour nos administrations sanitaires, la confirmation de l'exactitude des renseignements contenus dans la patente. Ce visa doit même, le cas échéant, être le correctif de la patente; les. consuls doivent donc, s'il y a lieu, y mentionner tous les renseignements nécessaires pour éclairer nos administrations sanitaires. Dans le cas où, après le départ d'un navire, le consul constaterait qu'il y aurait eu lieu de modifier la patente dont il est muni, il devrait en aviser immédiatement le département, ou même télégraphier à l'administration sanitaire du port de destination, afin qu'elle en soit prévenue avant l'arrivée du navire. (3)

---

(1) Décret du 4 janvier 1896, art. 3.
(2) *Formulaire des chancelleries*, tome i, mod. n° 396.
(3) Circulaires des affaires étrangères des 21 mai 1833, 24 juillet 1834,

**483. Obligation d'un nouveau visa.** — En cas de séjour prolongé au-delà de quarante-huit heures après la délivrance ou le visa d'une patente, dans le lieu de départ ou de relâche d'un navire, un nouveau visa devient nécessaire. (1) Il est évident en effet que, si, après la délivrance ou le visa de sa patente, un bâtiment retarde son départ d'un ou de plusieurs jours, l'état sanitaire du pays, celui du bâtiment même peuvent éprouver des variations, et que, dans ce cas, un nouveau visa devient nécessaire pour constater, s'il y a lieu, la nature des changements survenus.

**484. Instructions à joindre aux patentes de santé.** — Les règlements exigent que les patentes de santé délivrées par nos consuls soient accompagnées d'une instruction destinée à rappeler aux capitaines de navires les obligations qui leur sont imposées par notre législation sanitaire, et des exemplaires de ces instructions avaient été adressés d'office à nos consuls. (2)

Le modèle de patente, aujourd'hui en vigueur, porte au verso les principales prescriptions du règlement général de police sanitaire maritime que les capitaines ne doivent pas perdre de vue.

**485. Patentes raturées ou surchargées.** — Les navires porteurs de patentes raturées, surchargées ou présentant toute autre altération ou irrégularité, sont soumis, à leur arrivée dans nos ports, à une surveillance particulière, sans préjudice de l'isolement et des poursuites à diriger, selon le cas, contre le capitaine ou patron, et, en outre, contre tous auteurs desdites altérations. (3) Nous croyons qu'il suffit d'avoir rappelé cette disposition, sans qu'il soit besoin d'insister sur la gravité des conséquences que pourrait avoir,

26 août 1845, 28 janvier 1861, 10 février 1872 (F.), 8 octobre 1873 (F.), 4 mars 1874 (F.), 20 octobre 1881 (F.), 9 août 1883 (F.), 7 septembre 1883 (F.), 30 novembre 1891. (F.)

(1) Décret du 4 janvier 1896, art. 3.
(2) Circulaire des affaires étrangères du 16 mai 1872.
(3) Décret du 1 janvier 1896, art. 4.

pour un capitaine, toute surcharge ou toute rature faite sur
sa patente, et sur la responsabilité qu'encourrait de son côté
un consul, dans le cas où ces corrections ou changements
auraient été effectués dans sa chancellerie.

**486. Changement de patente en cas de relâche.** — Il est
défendu à tout capitaine français de se dessaisir, avant son
arrivée à destination, de la patente qui lui a été délivrée au
port de départ. (1) Dans chaque port d'escale, celle-ci est
seulement visée par le consul français, ou, à son défaut, par
l'autorité locale qui y relate l'état sanitaire du port. (2) L'infraction de cette prescription peut donner lieu, contre le capitaine délinquant, suivant le cas, à une poursuite criminelle
indépendamment des mesures extraordinaires de surveillance.
Il arrive cependant parfois que les administrations des ports
étrangers dans lesquels nos navires entrent en relâche,
exigent le dépôt de la patente primitive, et que les capitaines
se trouvent ainsi en contravention forcée avec la loi. Dans ce
cas, il importe que la position de ces navigateurs soit régula-
risée dans les consulats, afin de prévenir les difficultés ou les
retards qu'entraînerait pour eux l'impossibilité de représenter la patente de santé délivrée au port de départ. Dans tous
les cas donc où un capitaine a été obligé de déposer sa patente
entre les mains des autorités étrangères, les consuls doivent
en faire mention sur la nouvelle patente qu'ils délivrent ou
sont appelés à viser. Cette mention doit même être apposée
d'office, si le capitaine négligeait de la demander. (3)

**487. Régime sanitaire des frontières de terre.** — Le régime
sanitaire n'est établi sur les frontières de terre que temporairement et lorsqu'il a été jugé nécessaire de restreindre les communications avec un pays infecté ou suspect.

---

(1) Décret du 4 janvier 1896, art. 9.
(2) Par exception, les navires qui font un service régulier dans les mers
d'Europe peuvent être dispensés par l'autorité sanitaire de l'obligation du
visa à chaque escale. (D. de 1896, art. 10.)
(3) Circulaire des affaires étrangères du 31 janvier 1818.

Lorsqu'il y a lieu, les provenances par terre des pays avec lesquels les communications ont été restreintes doivent, selon le cas, être accompagnées de passeports, bulletins de santé et lettres de voiture délivrés et visés par qui de droit, et faisant connaitre, soit dans leur contenu, soit dans leur visa, l'état sanitaire des lieux où elles ont stationné ou séjourné, ainsi que la route qu'elles ont suivie. Ces pièces, si elles ont été délivrées en pays étranger, doivent autant que possible être certifiées par les agents français. (1)

Ces documents sont pour les provenances de terre ce que sont les patentes de santé pour celles par mer. Ils sont donc, autant que leur nature le permet, soumis aux mêmes règles, et les agents français appelés à les viser doivent avoir soin de se conformer, dans leur visa, à ce qui est prescrit pour les patentes de santé.

---

(1) Ordonnance du 7 août 1822, art. 27.

# CHAPITRE VIII

### Devoirs des consuls relativement a l'application
### des lois militaires aux français résidant a l'étranger.

**488. Appel des jeunes soldats.** — Les Français qui se trouvent à l'étranger, au moment où leur âge les assujettit à la loi du recrutement, étaient autrefois tenus, sous peine d'être déclarés insoumis, de rentrer en France sur la notification qui leur était faite, par les agents diplomatiques ou consulaires, qu'ils faisaient partie du contingent de telle ou telle année.

Pour faciliter à ces agents l'accomplissement de cette partie de leurs devoirs, la direction des fonds du ministère des affaires étrangères leur transmettait, après l'appel de chaque classe, l'état nominatif des jeunes soldats qui se trouvaient dans le pays de leur résidence.

Aujourd'hui, il n'en est plus ainsi : la loi du 27 juillet 1872 et celle qui l'a remplacée, la loi du 15 juillet 1889, ont astreint tous les Français, qu'ils soient nés en France ou en pays étranger, aux obligations militaires et ont rendu nécessaire l'adoption de mesures ayant pour objet de comprendre tous les Français de cette catégorie dans les opérations du recensement annuel.

Des instructions, concertées entre le département des affaires étrangères et celui de la guerre, prescrivent en conséquence aux agents du service extérieur de dresser chaque année une liste exacte des jeunes gens nés ou établis dans leur circonscription et de l'envoyer au ministère des affaires étrangères, sous le timbre de la direction des consulats et des affaires commerciales (sous-direction des affaires consulaires), avant le 1er décembre de chaque année.

Cet état, dont le cadre est réglementaire (1), est dr  sé

---

(1) Voir *Formulaire des chancelleries*, t. i, mod. 38.

d'après les registres de l'état civil, ceux d'immatriculation et
d'après les déclarations que les agents reçoivent directement
à la suite d'avis publiés, sans frais, par leur chancellerie.

Il doit comprendre : 1° les jeunes gens ayant atteint ou
devant atteindre l'âge de vingt ans avant l'expiration de l'année courante ; 2° ceux des classes antérieures qui n'ont pas
concouru au tirage et qui, n'ayant pas atteint l'âge de trente
ans, doivent être portés sur les tableaux de recensement
comme omis. (1)

Un état pour néant doit, s'il y a lieu, être transmis au
ministère des affaires étrangères. Dans le même délai, c'est-
à-dire avant le 1er décembre de chaque année, les consuls
doivent faire parvenir *directement* aux différents préfets les
indications relatives aux conscrits ressortissant à leurs départements respectifs. Les avis dont il s'agit peuvent être joints,
sous plis, à l'état adressé au département des affaires étrangères, qui se charge de les faire parvenir aux préfets.

Quel que soit, d'ailleurs, le mode de transmission adopté,
les agents doivent mentionner sur l'état qu'ils adressent au
département la date à laquelle les jeunes gens appelés ont
été signalés par eux aux préfets des départements dans lesquels ils doivent tirer au sort.

Les jeunes gens, dont les noms figurent sur les états transmis par les consuls, sont portés sur les tableaux de recensement de leur commune d'origine. Si celle-ci n'est pas connue, ils sont portés sur ceux de la commune dont ils font choix,
et à défaut d'un choix fait par eux, il leur est assigné l'un des
domiciles de recrutement prévus par la loi du 4 juillet 1874.

Dans le cas où les jeunes gens inscrits auraient, pour une
raison quelconque, un domicile spécial de recrutement, mention de la commune dans laquelle ils sont appelés à concourir
au tirage au sort doit être faite sur l'état adressé au ministère.

_____

(1) Le tirage au sort s'appliquant à tous les jeunes gens qui ont eu 20 ans
révolus dans l'année qui précède celle où s'effectue le tirage, pour savoir
et déterminer la classe à laquelle appartient un jeune homme, il suffit d'a-
jouter le chiffre 20 au millésime de sa naissance.

Tous les jeunes Français, portés sur les listes dressées à l'étranger, sont prévenus par nos agents : 1° que, s'ils ne se présentent pas pour concourir au tirage, le maire tirera pour eux ; 2° que, s'ils se trouvent dans un des cas d'exemption ou de dispense prévus par les articles 20, 21, 22, 23 et 50 de la loi du 15 juillet 1889, ils doivent en faire la déclaration préalable et adresser ensuite, ou faire remettre par leur famille, avant l'époque des opérations du conseil de révision, au préfet du département où leur inscription a eu lieu, les pièces régulières constatant leurs droits.

Si leur position de fortune ne leur permet pas de se présenter devant le conseil de révision, et s'ils ont à faire valoir une infirmité apparente, ils peuvent, sur une demande expresse qu'ils peuvent faire parvenir par l'intermédiaire des consulats, être autorisés à se faire visiter au lieu de leur résidence. (1)

Dans ce cas, le préfet envoie directement au consul les pièces nécessaires pour cette visite, laquelle a lieu aux frais du requérant. Le résultat en est transmis par le consul au préfet et celui-ci le défère au conseil de révision du domicile, dont la décision n'est, d'ailleurs, nullement enchaînée par cet avis, qui n'a qu'une valeur purement consultative.

Les absents sont, aux termes de la loi, déclarés *bons* par le conseil de révision.

Enfin, les appelés qui demeurent en Europe, en Algérie, en Tunisie ou dans les îles voisines des contrées limitrophes de la France, et qui ne sont pas arrivés à leur destination au jour fixé par leur ordre de route, sont considérés comme insoumis après un délai de deux mois ; pour ceux qui habitent tout autre pays, ce délai est de six mois. (2)

**489. Individus astreints aux obligations du service militaire.** — Les lois des 26 juin 1889 et 22 juillet 1893 qui ont refondu

---

(1) Instructions des 26 novembre 1872 et 28 avril 1873.
(2) Loi du 15 juillet 1889. — Circulaires des affaires étrangères des 16 juin 1873 (F.) et du 4 mars 1890. (F.)

et codifié notre législation en matière de nationalité, énumèrent (art. 8 du Code civil modifié) cinq catégories de Français :

1° L'individu né d'un *Français* en France ou à l'étranger ;

2° L'individu *né en France de parents inconnus* ou *dont la nationalité est inconnue;*

3° L'individu *né en France de parents étrangers dont l'un y est lui-même né,* sauf la faculté pour lui, si c'est la *mère* qui est née en France, de décliner la qualité de Français dans l'année qui suivra sa majorité ;

4° L'individu *né en France d'un étranger* et qui, à sa majorité, *est domicilié en France,* à moins que dans l'année de sa majorité il ne répudie la qualité de Français;

5° L'étranger naturalisé.

A ces cinq catégories d'individus, la loi du 15 juillet 1889 impose indistinctement l'obligation du service militaire. Il n'y a de différence que pour l'époque à laquelle ils doivent être inscrits sur les tableaux de recensement. (1)

**490. Dispenses du service.** — Aux termes des articles 21, 22 et 23 de la loi du 15 juillet 1889, certaines catégories de jeunes gens peuvent, soit à raison de la composition de leur famille, soit comme soutiens indispensables de famille, soit sous la condition de contracter un engagement décennal dans l'instruction publique, obtenir, en temps de paix, la dispense du service militaire après avoir passé un an sous les drapeaux.

Les jeunes gens qui invoquent un droit à la dispense doivent, en principe, faire parvenir directement aux préfets de leurs départements, avant la clôture des listes, les pièces et certificats réglementaires destinés à établir leur situation ; si leur intervention est sollicitée pour l'envoi des pièces dont il s'agit, les consuls en effectuent la transmission aux préfets autant que possible en même temps que les extraits de l'état nominatif sur lequel sont inscrits les intéressés, c'est-à-dire avant le 1er décembre.

_____

(1) Instruction de la guerre du 15 décembre 1889, § 17 à 25. (F.)

C'est à la même époque que doivent être communiquées, par les soins des consuls, à l'autorité préfectorale les demandes tendant à obtenir l'autorisation de subir la visite médicale à l'étranger, dont nous avons parlé au paragraphe précédent.

Aux termes du règlement d'administration publique en date du 23 novembre 1889, les jeunes gens qui ont contracté l'engagement décennal doivent faire constater, chaque année, qu'ils se trouvent toujours dans les conditions en vue desquelles la dispense du service militaire leur a été accordée. Les consuls n'ont, en général, à veiller à l'exécution de cette prescription qu'en ce qui concerne les engagés décennaux au titre des écoles françaises d'Orient et d'Afrique (art. 23 de la loi du 15 juillet 1889). Leur rôle, à cet égard, a été défini par une circulaire du 6 mars 1890, à laquelle nous ne pouvons que renvoyer. (1)

**491. Exemption du service.** (2) — L'article 50 de la loi du 15 juillet 1889 accorde l'exemption du service militaire en temps de paix *aux jeunes gens qui, avant l'âge de 19 ans révolus, ont établi leur résidence à l'étranger hors d'Europe et qui y occupent une situation régulière.*

Pour bénéficier de cette faveur, les jeunes gens remplissant les conditions ci-dessus indiquées devront rester fixés hors d'Europe jusqu'à l'âge de 30 ans ; s'ils reviennent en France ou en Europe avant cet âge, ils auront, aux termes du dernier alinéa de l'article 50, à accomplir le service actif prescrit par la loi, sans toutefois pouvoir être retenus sous les drapeaux au-delà de leur trentième année. Pendant la durée de leur établissement à l'étranger, ils ne pourront séjourner accidentellement en France ou dans l'un des autres pays de l'Europe plus de trois mois et sous la réserve d'aviser le consul de leur absence.

____

(1) Circulaire du 6 mars 1890. (F.)
(2) Circulaires des affaires étrangères des 4 mars 1890 (F.), 8 octobre 1803, 15 mars 1893 (F.) et 30 janvier 1897.

Pour justifier de leurs droits à la dispense, les intéressés auront à produire devant le conseil de révision un certificat (Z) dont le modèle est réglementaire (1), qui leur sera délivré par les agents diplomatiques et consulaires et dont l'envoi au département doit faire l'objet d'une lettre spéciale dans le courant du 1er trimestre de l'année. Si le certificat a été dressé par un agent consulaire, ce dernier doit l'adresser d'urgence au chef de la circonscription consulaire qui légalise la pièce, la vérifie et l'envoie au dépa    ment des affaires étrangères. L'attestation de témoins n. est pas absolument indispensable ; l'autorité diplomatique ou consulaire peut, en cas de force majeure, établir seule le certificat, s'il lui est prouvé ou si elle a la certitude que l'intéressé remplit les conditions prévues par l'article 50 de la loi militaire. Les agents, en dressant le certificat, ne doivent pas oublier d'indiquer la classe à laquelle appartient l'intéressé et le département français où il tire au sort. L'omission de cette mention exposerait l'intéressé à être déclaré forclos et pourrait engager, le cas échéant, la responsabilité de l'agent qui a dressé le certificat.

Rappelons enfin que, lorsque l'intéressé se trouve en dehors du siège du poste diplomatique ou consulaire, rien ne s'oppose à ce que l'autorité consulaire n'oblige pas cet intéressé à se présenter en chancellerie et à ce qu'elle établisse par voie de correspondance le certificat Z, en réclamant à l'intéressé les mentions à insérer et en lui envoyant par poste le certificat à signer avant de le revêtir de la signature officielle.

D'après le même article 50, les jeunes gens qui ont bénéficié de la dispense doivent, chaque année, justifier de leur situation. Cette justification s'opère par la production d'un

---

(1) Voir au *Formulaire*, tome ii, appendice, page 860.

D'après l'instruction du ministère de la guerre du 28 mars 1800, le conseil de révision, en vérifiant ce certificat, doit s'assurer spécialement : 1° que le jeune homme est bien établi à l'étranger hors d'Europe, ce qui exclut tout territoire européen et toute colonie ou tout pays de protectorat où se trouvent stationnées des troupes françaises ; 2° qu'il n'était pas entré dans sa 20e année au moment de son établissement à l'étranger.

certificat établi par l'autorité diplomatique ou consulaire
d'après le modèle annexé à la circulaire du 4 mars 1890 (1) et
transmis par les agents, du 15 septembre au 15 octobre, au
ministère, lequel le fait parvenir à l'autorité militaire compétente. Ce certificat, comme le certificat Z, peut, d'ailleurs,
être établi par correspondance.

Il y a lieu de remarquer que les Français auxquels il est
fait application de l'article précité, doivent être inscrits, au
même titre que les autres, sur la liste de recrutement de la
classe à laquelle ils appartiennent.

**492. Du domicile de recrutement.** — Nous avons dit que les
jeunes gens nés à l'étranger, dont le domicile d'origine n'est
pas connu et qui se refusent à en choisir un, sont pourvus
d'office, par les soins de nos agents diplomatiques ou consulaires, d'un domicile qui devient obligatoire pour eux.

Ce domicile est fixé à Paris (mairie du vi° arrondissement)
pour les postes d'Angleterre, de Belgique, de Luxembourg,
des Pays-Bas, de Danemark, de Suède et de Norwège, de
la Russie, sauf le littoral de la mer Noire, d'Autriche-Hon-
grie et d'Allemagne ; — à Besançon, pour les postes de la
Suisse ; — à Marseille, pour ceux de Roumanie, de Bulgarie,
de Serbie, de Turquie, de tous les pays, sauf l'Espagne, bai-
gnés par la Méditerranée et les mers adjacentes, et de tous
les pays d'Asie et d'Océanie ; — à Bordeaux, pour les postes
d'Espagne, de Portugal, de l'Amérique du Sud et des côtes
occidentale et orientale d'Afrique ; — enfin, au Havre, pour
les postes de l'Amérique du Nord. (2)

**493. Disponibilité et réserve de l'armée active.** — Les hommes
de la disponibilité et de la réserve de l'armée active sont
autorisés par la loi à continuer à résider à l'étranger. Leurs
livrets leur sont remis par nos consuls, qui les reçoivent eux-
mêmes du ministère de la guerre par l'entremise du département des affaires étrangères.

(1) Voir au *Formulaire*, tome ii, appendice, page 861.
(2) Circulaire des affaires étrangères du 4 juillet 1874. (F.)

Chaque homme doit signer le procès-verbal de signification qui est annexé à son livret, et ces récépissés sont, avec les livrets dont les titulaires n'ont pas pu être retrouvés, renvoyés par les soins des consuls au ministère des affaires étrangères qui en assure la remise à l'autorité militaire compétente. (1)

**494. Changement de résidence.** (2)—Les Français qui, pendant qu'ils sont encore soumis au service militaire, continuent à résider à l'étranger ou vont s'y fixer, sont tenus de déclarer exactement leur résidence.

A cet effet, ils doivent, dans le mois qui suit leur arrivée, se présenter devant l'autorité diplomatique ou consulaire la plus voisine pour effectuer leurs déclarations ; le duplicata des déclarations est transmis dans les huit jours au ministère de la guerre par l'intermédiaire du département des affaires étrangères (sous-direction des affaires consulaires). L'importance de cette formalité a été récemment rappelée aux agents du service extérieur. Aux termes d'une instruction du ministère de la guerre en date du 3 octobre 1883, transmise aux agents le 31 du même mois, les hommes appartenant à la réserve ou à la disponibilité de l'armée active sont, aussitôt après avoir fait les déclarations de changement de résidence prescrites par la loi, considérés comme ajournés jusqu'à leur rentrée en France ; il n'est fait d'exception à ces dispositions qu'à l'égard des réservistes et territoriaux habitant les pays limitrophes, lorsque les commandants de corps d'armée reconnaîtraient que ceux-ci peuvent être momentanément rappelés en France pour accomplir leurs devoirs militaires, sans pour cela compromettre leur situation. Aussi longtemps que les hommes ainsi ajournés ne seront pas libérés définitivement du service militaire, ils seront tenus, s'ils rentrent en France ou en Algérie, d'accomplir la ou les périodes d'exercices pour lesquelles ils auront été con-

---

(1) Circulaire des affaires étrangères du 14 avril 1877. (F.)

(2) Loi du 15 juillet 1879, art. 65. — Circulaires des affaires étrangères (F.) du 31 octobre 1883 et du 4 mars 1890. Circulaires du ministre de la guerre (F.) du 3 octobre 1883 et du 21 novembre 1889.

sidérés comme ajournés, sans pouvoir toutefois, à moins
qu'ils n'y consentent ou ne le demandent, être conservés au
corps pendant la même année pour une durée excédant quatre
semaines. Les hommes qui atteindront le jour de leur libération définitive pendant la durée d'une convocation ainsi faite
par voie de rappel ou avant d'avoir accompli toutes les périodes
d'exercices, seront, de par l'effet de la loi même, considérés
comme définitivement dégagés de toutes leurs obligations
militaires. Les hommes classés dans les services auxiliaires
fixés ou voyageant à l'étranger et ayant fait les déclarations
prescrites, continueront à être dispensés des revues d'appel
auxquelles ils sont tenus d'assister en temps de paix au
moment des opérations des conseils de révision. Comme
conséquence des dispositions que nous venons de rappeler,
il n'est plus délivré de titres de dispense. Nous n'avons pas
besoin d'ajouter que les hommes fixés ou voyageant à l'étranger doivent toujours rejoindre en temps de guerre. (1)

**495. Service militaire des fils de Français naturalisés Suis-
ses. (2)** — Aux termes d'une convention intervenue entre la
France et la Suisse le 23 juillet 1879, les individus dont les
parents, Français d'origine, se font naturaliser Suisses et qui
sont mineurs au moment de cette naturalisation, ont le droit
de choisir dans le cours de leur 22ᵉ année entre les deux nationalités française et suisse. Ils sont regardés comme Français
jusqu'au moment où ils ont opté pour la nationalité suisse,
et ceux qui n'ont pas effectué la déclaration d'option dans le
cours de la 22ᵉ année sont considérés comme ayant définitivement conservé la nationalité française.

Les jeunes gens auxquels ce droit d'option est conféré ne
sont pas astreints au service militaire en France avant d'avoir
accompli leur 22ᵉ année. Ils peuvent toutefois, s'ils le de-

_____

(1) Loi du 15 juillet 1889, art. 53.—Circulaires des affaires étrangères (F.)
du 31 octobre 1883, du 4 mars 1890 et du 30 avril 1892. — Circulaires de la
guerre (F.) du 3 octobre 1883 et du 21 novembre 1889.

(2) Convention du 23 juillet 1879 (F.) et circulaires des affaires étrangères
(F.) du 9 novembre 1880 et du 7 février 1882.

mandent, remplir antérieurement à ce moment leurs obligations militaires ou s'engager dans l'armée française à la condition de renoncer à la nationalité suisse. Pour faciliter l'exécution de ces dispositions, il a été décidé que les jeunes gens
dont il s'agit devront faire connaître, dans l'année où ils
doivent atteindre l'âge de 20 ans, leur position spéciale aux
préfets de leurs départements d'origine, afin qu'il soit sursis
à leur inscription. Cette notification doit être faite par l'intermédiaire des agents diplomatiques et consulaires, qui
doivent, en outre, veiller à ce qu'une anotation spéciale soit
mise en regard des noms de ces jeunes gens sur les tableaux de
recensement adressés chaque année au ministère des affaires
étrangères, ainsi que sur les extraits envoyés aux préfets.

Les individus qui optent pour la nationalité suisse doivent
également notifier cette option au préfet de leur département d'origine, sous peine d'être portés d'office sur les listes
de recrutement dès qu'ils atteignent l'âge de 22 ans.

Les déclarations d'option ou de renonciation de nationalité
sont faites à l'étranger devant les agents diplomatiques et consulaires français et suisses. Lorsque ces déclarations sont reçues
dans une chancellerie française, une expédition doit en être
adressée immédiatement par l'agent qui l'a reçue au ministère
des affaires étrangères (direction des affaires politiques, sous-
direction du contentieux) et une seconde doit être transmise directement au préfet du département d'origine des intéressés.

Pour assurer la conservation des déclarations dont il s'agit
les agents ont été invités à les inscrire sur le registre spécial
dont la tenue a été prescrite en 1875 (1), cette inscription ne
donnant, d'ailleurs, ouverture à aucune taxe de chancellerie.

**496. Service militaire des fils de Français qui peuvent récla-
mer la nationalité belge.** (2) — Le défaut de concordance entre
les lois qui régissent en France et en Belgique la nationalité

_____

(1) Circulaires des affaires étrangères (F.) des 24 mai 1875 et 23 févr. 1889.
(2) Convention franco-belge du 30 juillet 1891. — Circulaire des affaires
étrangères du 1er juin 1892. (F.)

et le service militaire avait, depuis des années, donné lieu à
de multiples difficultés ; nombre d'individus étaient inscrits
à la fois sur les listes du recrutement dans les deux pays, et
s'ils remplissaient leurs obligations dans l'un, se trouvaient
nécessairement réfractaires dans l'autre. En vue de remédier
à un pareil état de choses, une convention a été conclue entre
les deux pays le 30 juillet 1891 ; le principe qui domine cet
arrangement a été d'ajourner, jusqu'à l'âge de vingt-deux ans
accomplis, l'appel des jeunes gens ressortissant à l'un ou à
l'autre pays, à qui les lois en vigueur, tant en France qu'en
Belgique, réservent une faculté d'option qui leur permet de
faire choix de leur nationalité définitive dans l'année de leur
majorité.

Aux termes de l'article 2 de cette convention, ne doivent pas
être inscrits d'office sur les listes du recrutement français :

(*A*)Les individus nés en Belgique d'un Français, qui peuvent
invoquer l'article 9 du Code civil belge ;

(*B*) Les individus nés d'un Français naturalisé Belge pendant leur minorité, lesquels peuvent acquérir la nationalité
belge en vertu de la loi belge du 6 août 1881 ;

(*C*) Les individus qui peuvent décliner la nationalité française conformément aux articles 8, § 4, 12, § 3, et 18 du Code
civil français.

Lorsque ces individus résident en France, ils doivent
adresser leurs demandes de sursis avec les pièces à l'appui
au maire de leur domicile de recrutement, tel qu'il est fixé
par l'article 13 de la loi du 15 juillet 1889 ; s'ils résident à
l'étranger, c'est à l'agent diplomatique ou consulaire français dans le ressort duquel ils sont établis, qu'ils devront
recourir. A cet effet :

I. Les individus compris dans la catégorie *A* devront, avant
le 1er janvier de l'année qui suit leurs *vingt ans* révolus, adresser audit agent français une requête dans laquelle ils demande-
ront de n'être pas inscrits sur les listes de recensement en
voie de formation dans la commune de leur domicile de

recrutement, non plus que sur celles de l'année suivante. Ils y joindront: a) une déclaration, sur papier libre, manifestant leur intention de se prévaloir de la loi belge ; b) leur acte de naissance dûment légalisé ;

II. Les individus compris dans la catégorie B adresseront dans *les mêmes limites d'âge* une demande de sursis à l'agent français, afin de n'être portés ni sur les listes de recensement en voie de formation dans la commune de leur domicile de recrutement, ni sur celles de l'année suivante, et joindront à leur demande: 1° une déclaration, sur papier libre, manifestant leur intention de se prévaloir de la loi belge ; 2° une copie certifiée de l'acte de naturalisation belge de leur père ; 3° leur acte de naissance dûment légalisé ;

III. Les individus appartenant à la catégorie C devront, avant le 1er janvier de l'année qui suit leurs *vingt et un ans* révolus, s'adresser à l'agent français pour obtenir de ne pas être inscrits sur la liste de recensement en voie de formation dans la commune de leur domicile de recrutement. A cet effet, ils lui remettront: 1° une déclaration, sur papier libre, manifestant leur intention de répudier la qualité de Français ; 2° les pièces exigées par la loi du 26 juin et le décret du 13 août 1889 pour souscrire cette déclaration.

L'agent diplomatique ou consulaire, français, après s'être assuré de la régularité de la demande, devra restituer à l'intéressé les pièces produites et le signalera sans retard au préfet du département français dans lequel il aura son domicile de recrutement, *comme ne devant pas être porté sur les listes de recensement avant ses 22 ans accomplis, attendu qu'il a justifié se trouver dans le cas de bénéficier de l'article 2 de la convention du 30 juillet 1891.*

Les jeunes gens qui, conformément à la convention, ont été ajournés et ont rempli les formalités légales pour devenir Belges, doivent, lorsqu'ils ont atteint leurs 22 ans, demander comme étrangers à ne pas figurer sur la liste du recensement français, ou, s'ils y ont été portés, à en être rayés définitivement. Ces individus ont cessé d'être Français et sont devenus,

Belges : les agents français n'ont donc plus à intervenir en ce
qui les concerne et c'est la légation belge à Paris à qui il
appartient de faire, par voie diplomatique, les démarches
nécessaires pour obtenir la non inscription ou la radiation
immédiate desdits jeunes gens.

**497. Mobilisation des inscrits maritimes.** — Les consuls
n'ont pas seulement à veiller à l'exécution à l'étranger de
toutes les prescriptions législatives et réglementaires concernant le recrutement de l'armée de terre, ils ont également à
exercer certains devoirs de surveillance vis-à-vis des inscrits
maritimes fixés ou naviguant hors de France.

Tout inscrit définitif, âgé de 20 à 40 ans, qui se fixe à l'étranger, est tenu de se présenter, à son arrivée, à l'autorité consulaire française, en soumettant à son visa le feuillet de mobilisation dont il est porteur ; les déplacements ultérieurs de
l'inscrit doivent être également portés à la connaissance des
consuls. Il en est de même pour les embarquements et débar-
quements des inscrits qui naviguent sous pavillon étranger.

Toute déclaration de mouvement faite par un inscrit maritime en chancellerie doit être inscrite sur un registre *ad hoc* :
elle donne ensuite lieu, de la part de l'autorité consulaire ou
diplomatique qui l'a reçue, à l'envoi au ministère de la
marine, par l'intermédiaire du ministère des affaires étrangères (sous-direction des affaires consulaires), d'un avis de
mutation dont le modèle est réglementaire. (1)

En cas de mobilisation ou de rappel de la catégorie à
laquelle ils appartiennent, les inscrits fixés à l'étranger sont
rapatriés sur France ou sur la colonie française la plus rapprochée par les soins des consuls, à moins qu'un bâtiment
de guerre français ne stationne à ce moment sur rade ou
dans un port voisin et que le commandant du bâtiment ne
consente à incorporer l'inscrit dans son équipage.

La disposition qui précède n'est pas applicable à l'inscrit
rappelé ou mobilisé, embarqué sur un navire de commerce

(1) *Formulaire des chancelleries*, tome I, page 64.

qui se trouverait en relâche à l'étranger lors d'un rappel ou d'une mobilisation : il a été décidé, en effet, que les navires de commerce conserveraient leurs équipages au complet jusqu'à leur arrivée en France. (1)

**498. Gratuité des actes délivrés pour le service militaire.** — Aux termes d'une instruction du ministère de la guerre en date du 29 novembre 1872, rendue exécutoire dans les chancelleries diplomatiques et consulaires par la circulaire du 16 juin 1873, les chefs de mission et les consuls ont été invités à faire délivrer, gratuitement, tous les actes réclamés par nos nationaux, en vue de se faire inscrire sur les tableaux de recensement ou de justifier devant les conseils de révision de leurs droits à l'exemption ou à la dispense.

Cette gratuité a été postérieurement étendue aux déclarations de changement de résidence que les Français astreints au service militaire ont à produire à l'autorité compétente, lorsqu'ils se transportent à l'étranger (2), aux visas et mentions que les agents apposent sur les livrets militaires, les demandes de dispense d'exercice, ou d'autorisation de subir à l'étranger des visites médicales ; aux déclarations de repentir des déserteurs ou insoumis, enfin à tous les actes requis par l'administration militaire dans un intérêt de service. (3)

**499. Mariage des hommes liés au service.** — Lorsqu'un Français se présente devant un consul pour contracter mariage, cet agent n'a aucune justification à lui demander, s'il est âgé de moins de vingt ans ou de plus de trente ans.

De vingt à trente, il doit produire une pièce établissant sa situation sous le rapport du recrutement, et, en outre, une autorisation de mariage délivrée par le ministre de la guerre, s'il appartient à l'armée active.

---

(1) Décret du 31 janvier 1887. — Instruction de la marine du 28 février 1887 et circulaire des affaires étrangères du 22 juin 1887. (F.)

(2) Tarif du 30 novembre 1875, art. 174.

(3) Circulaire des affaires étrangères du 30 mars 1881. (F.) — Instruction de la guerre du 4 décembre 1880. (F.)

Sont dispensés, sauf en cas de mobilisation, de produire l'autorisation dont il s'agit, les hommes en disponibilité de l'armée active et ceux de la réserve. (1)

Si un Français se trouve dans l'impossibilité ou refuse de produire les pièces exigées pour justifier de sa situation, le consul doit passer outre à la célébration du mariage ; mais, après avoir prévenu l'intéressé, il devra le signaler immédiatement au préfet du département de son domicile de recrutement, afin qu'il soit inscrit, s'il a été omis, sur les listes du prochain tirage. (2)

Dans tous les cas, les consuls doivent rappeler à tous ceux de leurs administrés qui leur demandent de les marier, que, d'après la loi, les hommes mariés restent soumis aux obligations de service imposées aux classes auxquelles ils appartiennent, sous la seule exception que les réservistes qui sont pères de quatre enfants vivants passent de droit dans l'armée territoriale.

**500. Engagement volontaire des jeunes Français résidant à l'étranger.** — Les jeunes Français qui n'ont pas encore atteint l'âge requis pour concourir au tirage au sort, c'est-à-dire qui sont âgés de moins de vingt ans, peuvent, s'ils le désirent, contracter un engagement volontaire.

Sous l'empire des anciens règlements, ces sortes d'engagements pouvaient être reçus par les consuls à titre provisoire, mais ne devenaient définitifs qu'après que ceux qui les avaient souscrits en avaient provoqué et obtenu la sanction régulière par acte passé devant l'autorité militaire en France. Les consuls ne pouvaient d'ailleurs recevoir comme engagés volontaires que des individus ayant atteint leur 18º année, sains et robustes, jouissant de leurs droits civils et munis d'un certificat de bonnes vie et mœurs. (3)

Mais, depuis que la loi du 21 mars 1832 a, par ses articles

--------

(1) Loi du 15 juillet 1889, art. 58.
(2) Circulaire des affaires étrangères du 30 avril 1875. (F.)
(3) Circulaire des affaires étrangères du 10 décembre 1824.

50 et 54, abrogé toutes les dispositions des lois, décrets ou règlements antérieurs et établi en termes formels que les engagements volontaires doivent être contractés devant les maires des chefs-lieux de canton dans les formes prévues par les articles 35, 36, 37, 38, 39, 40, 42 et 44 du Code civil, on a dû reconnaître que les consuls avaient perdu toute compétence pour recevoir en chancellerie des engagements militaires, même à titre provisoire. (1) Les agents du service extérieur n'ont donc plus, comme autrefois, le devoir de faire face aux frais de route et de nourriture des jeunes gens qui veulent entrer dans les rangs de notre armée. Cet état de choses a été expressément confirmé par les lois récentes de 1872 et 1889 sur le recrutement militaire. Les consuls n'ont à intervenir à propos d'aucun des jeunes gens qui désirent contracter, soit des engagements volontaires de 3, 4, ou 5 ans, soit un engagement spécial pour la durée d'une guerre ; toutes les formalités relatives à ces engagements doivent être remplies en France. (2)

**501. Secours et avances aux militaires français marchant ou séjournant en pays étranger: dépense de leur rapatriement.** (3) — Ont droit à être rapatriés au compte du département de la guerre, *sur la justification qu'ils ne possèdent pas de ressources suffisantes pour supporter les frais du voyage*, les hommes résidant à l'étranger qui se rendent en France, en Algérie et en Tunisie:

1° En temps de paix, pour répondre à un ordre d'appel sous les drapeaux ;

2° En cas de mobilisation, pour rejoindre le corps de troupe ou le service auquel ils sont affectés, qu'ils soient ou non porteurs d'un ordre de convocation. Le rapatriement des Français sans ressources, appelés sous les drapeaux par

(1) Circulaire des affaires étrangères du 22 mai 1866.
(2) Cf. Décrets des 28 septembre 1889 (armée de terre), 24 décembre 1889 (équipages de la flotte), 28 janvier 1890 (troupes de la marine).
(3) Décret du 11 janvier 1890. — Circulaire des affaires étrangères du 5 mai suivant.

voie de mobilisation, ne leur est toutefois accordé que s'ils produisent, soit un ordre de convocation, soit le livret militaire, soit la pièce qui en tiendrait lieu.

Les jeunes gens qui se rendent en France, en Algérie ou en Tunisie pour prendre part au tirage au sort ou pour contracter un engagement volontaire, ne peuvent être rapatriés au compte du département de la guerre.

Les hommes appartenant à la réserve ou à la disponibilité de l'armée active, en résidence hors du territoire français, sont, comme nous l'avons vu plus haut, considérés en principe comme ajournés ou dispensés des revues d'appel : pour ce motif ils sont exclus du droit au rapatriement. Cependant, ceux d'entre eux qui résident dans les pays limitrophes peuvent être convoqués pour une période d'instruction : ils rentrent dans la catégorie des hommes répondant en temps de paix à un ordre d'appel sous les drapeaux et, s'ils sont indigents, peuvent être rapatriés.

Tout homme venu de l'étranger en France, en Algérie ou en Tunisie dans le but exclusif d'accomplir un service militaire, soit comme appelé, soit comme engagé volontaire, est transporté jusqu'à la localité où il avait sa résidence, aux frais du département de la guerre, lorsqu'il est libéré définitivement ou par anticipation, réformé, retraité, pourvu d'un congé de convalescence donnant droit aux allocations de route, ou d'un congé comme soutien indispensable de famille, ou lorsqu'il a terminé la période d'instruction pour laquelle il a été convoqué comme habitant un pays limitrophe de la frontière française : c'est un droit absolu pour lui.

Les hommes qui retournent à l'étranger sont munis d'une feuille de route indiquant l'itinéraire qu'ils doivent suivre, ainsi que le montant de l'allocation qu'ils ont reçue au corps pour effectuer ce voyage. Tantôt cette allocation représente le prix total du voyage, tantôt elle ne comprend que la somme suffisante pour permettre au militaire libéré de se rendre jusqu'à la localité où se trouve le poste diplomatique ou consulaire le plus voisin de la frontière sur l'itinéraire à suivre. Dans ce cas, les agents diplomatiqués ou consulaires doivent, sur la présentation de la feuille de route, remettre au militaire libéré les allocations nécessaires (prix d'un billet de chemin de fer, dernière classe, et indemnité journalière décomptée au taux de 1 fr. 25 par journée de route), soit pour terminer définitivement son voyage, soit pour se rendre dans une autre résidence diplomatique ou consulaire située sur son itinéraire dans les conditions les plus économiques. Il ne doit d'ailleurs être jamais alloué d'indemnité de *séjour* aux militaires libérés, alors même qu'ils seraient obligés de stationner dans une ville.

D'un autre côté, les militaires français qui se trouvent en pays étranger par suite d'évasion ou de relaxation des prisons de l'ennemi, de naufrages ou autres événements extraordinaires, les déserteurs qui ont fait leur soumission et dont l'identité a pu être établie, reçoivent, par les soins des agents diplomatiques et consulaires représentant le gouvernement français, les secours en argent, en vivres ou en vêtements, ainsi que les moyens de transport qui peuvent leur être nécessaires pour rentrer en France.

Les secours en argent sont proportionnés aux besoins: ils ont notamment pour objet de procurer aux militaires les vivres en séjour ou en route et les moyens de se transporter en chemin de fer jusqu'à la frontière française ou jusqu'au port d'embarquement pour la France. Lorsque pour revenir en France les militaires doivent faire en route un ou plusieurs séjours avant d'atteindre le territoire national ou le port d'embarquement, les secours en argent ne leur sont accordés que pour le trajet à accomplir jusqu'à la localité où réside un agent diplomatique ou consulaire pouvant, de la même manière, pour la continuation du parcours, renouveler les allocations dans la mesure nécessaire. Dans le cas où sur la route à suivre il n'existerait pas d'agent français, les secours en argent sont accordés au point de départ pour toute la durée du voyage à l'étranger. Il en est toujours ainsi pour les offi-

ciers auxquels les indemnités pour subsistance et pour transport sont toujours payées en totalité au départ.

Si les militaires à l'étranger se trouvent dans le dénue-
ment, les autorités diplomatiques ou consulaires leur procu-
rent les effets dont ils ont besoin. Ces fournitures doivent
être faites dans des conditions aussi économiques que possible et limitées aux vêtements strictement nécessaires, suivant
les saisons, les régions et la durée du voyage. Des vêtements civils, en remplacement de leur uniforme, lorsqu'ils
en sont encore revêtus, doivent être fournis aux déserteurs,
alors même qu'ils refuseraient de faire leur soumission.

Lorsque des militaires réunis en détachement, six hommes
au moins sous le commandement de l'un d'eux, reçoivent des
secours, l'agent diplomatique ou consulaire qui les leur accorde, dans la proportion qu'il apprécie, se fait remettre par
le chef de la troupe, en vue du remboursement ultérieur, un
état certifié par ce dernier où les hommes sous sa direction
sont désignés par noms, prénoms et grades avec indication
du corps auquel ils appartiennent.

Indépendamment des indemnités pour subsistance et transport à l'étranger, les agents diplomatiques et consulaires ont
la faculté d'accorder aux officiers des avances en argent.
Toutefois ces avances ne peuvent excéder le montant d'un
mois de solde pendant toute la durée du séjour ou du voyage
de l'officier en pays étranger. Le reçu de l'avance est adressé
immédiatement au ministre de la guerre par l'intermédiaire
du ministre des affaires étrangères (division des fonds).
Mention de l'avance est, en outre, consignée sur le titre de
route dont l'officier doit être muni.

Les militaires à l'étranger, à renvoyer en France, doivent
être rapatriés par mer, toutes les fois que cette voie est la
plus économique, sauf exception pouvant résulter de circonstances particulières. Il est fait emploi : des bâtiments de
l'État de préférence aux navires de commerce ; des navires
de commerce français de préférence aux navires étrangers.
Les militaires admis à bord des bâtiments de l'État sont

compris sur les états d'embarquement établis par l'autorité maritime. L'embarquement à bord des navires de commerce français a lieu en vertu de réquisitions délivrées par les agents diplomatiques et consulaires français. Il doit être mentionné sur les titres d'embarquement par l'autorité qui les délivre, l'obligation pour le capitaine de remettre au débarquement, entre les mains de l'autorité militaire, les passagers de la guerre autres que les officiers. Aucune allocation en argent ne doit être faite aux militaires pour le temps que dure la traversée, ceux-ci étant nourris à bord.

A bord des navires de l'Etat, le passage donne simplement lieu au remboursement du prix de la nourriture, suivant la table à laquelle les rapatriés ont été admis et d'après les tarifs arrêtés par le ministère de la marine. A bord des navires de commerce français, le prix du passage (nourriture comprise) est fixé à 2 francs par jour sur un navire à voiles et 4 francs par jour sur un navire à vapeur. Cette condition doit toujours être inscrite sur les réquisitions d'embarquement des militaires. Sur les navires de commerce étrangers, le prix du passage avec nourriture est réglé de gré à gré avec le capitaine du navire par l'autorité consulaire. Ce prix doit faire l'objet d'un contrat, établi en double, dont chacune des parties contractantes garde un exemplaire. Sur le vu du contrat dont il est porteur et sur l'attestation du débarquement du ou des passagers, le capitaine étranger obtient, à destination, la somme qui lui est due par les soins du service de l'intendance au port de débarquement. S'il l'exige, le prix du transport lui est payé avant le départ par l'agent consulaire, soit par acompte, soit en totalité, et mention de la somme avancée doit être inscrite et signée sur le contrat passé pour l'exécution du transport.

Les consuls sont tenus d'accorder les mêmes secours aux militaires faisant partie des corps qui appartiennent au ministère de la marine, ainsi qu'aux inscrits maritimes fixés ou naviguant à l'étranger et qui viendraient à être rappelés ou mobilisés.

Le remboursement des dépenses effectuées par les agents français à l'étranger pour le compte du département de la guerre, s'opère conformément aux dispositions du décret du 20 décembre 1890 et de l'instruction du 10 mai suivant sur la comptab'lité des chancelleries. (Voir ci-après, livre IX.)

Les dispositions relatives aux secours à accorder aux militaires français à l'étranger et à leur rapatriement sont de tous points applicables aux déserteurs qui rentrent en France par suite d'une amnistie générale ou après avoir fait leur soumission dans un consulat.

**502. Déserteurs de l'armée de terre.** — Les cartels pour l'échange des déserteurs de l'armée de terre qui nous liaient aux puissances étrangères ont été successivement dénoncés en 1830, et la France a depuis lors cessé d'une manière absolue de reconnaître chez elle, comme d'invoquer au dehors, le principe de l'extradition des hommes qui se sont soustraits par la fuite aux obligations du service militaire. D'un autre côté, la désertion étant un délit successif et imprescriptible (1), les déserteurs de l'armée de terre ne peuvent, à moins d'une amnistie générale qui aurait éteint les poursuites à leur égard, rentrer en France à aucune époque sans y être poursuivis et jugés comme tels par les tribunaux militaires.

*Lorsqu'un décret d'amnistie a été rendu* en faveur des soldats déserteurs, ceux d'entre eux qui se trouvent à l'étranger et veulent en recueillir le bénéfice, doivent se présenter devant l'agent français établi dans le pays de leur résidence. Celui-ci reçoit leurs déclarations de repentir et leur remet ensuite, avec une expédition du décret d'amnistie et du règlement concernant les formalités à remplir pour en profiter, un duplicata de la déclaration, ainsi qu'une feuille de route et les secours nécessaires pour rentrer en France dans les délais de rigueur déterminés par le Gouvernement. Nous devons seulement faire observer à cette occasion que le bénéfice de toute amnistie est presque toujours subordonné à l'obligation

(1) Arrêt de la cour de cassation du 7 février 1810.

de revenir en France, et que la question de la libération définitive du service qui en peut être la suite est le plus généralement laissée en dehors de la compétence des consuls et abandonnée à l'appréciation exclusive de l'autorité militaire française. (1)

Quant aux déserteurs qui, pendant leur séjour à l'étranger,
se repentent et veulent rentrer dans leur pays pour s'y faire
juger, les consuls sont tenus de recevoir leur soumission et
les rapatrier. Sous ce rapport, il n'y a aucune différence
entre les déserteurs de l'armée de terre et ceux de l'armée
de mer.

L'acte de soumission est dressé en chancellerie sous forme
de procès-verbal ou d'acte de notoriété (2) ; une copie certifiée
en est remise au déserteur au moment de son départ, avec
injonction inscrite sur la feuille de route d'avoir à se présenter lors de son arrivée en France devant l'autorité militaire du lieu de débarquement. Pour prévenir tout abus
quant à l'usage de ces papiers et des secours qui d'ordinaire
en accompagnent la remise, les consuls ne doivent rien
négliger pour s'édifier sur la sincérité du repentir des déserteurs, et s'attacher autant que possible à ne rapatrier ceux-ci
que par la voie de mer.

Les lois du 16 mars 1880 et du 19 juillet 1889 sont les derniers actes législatifs portant amnistie générale en faveur des
déserteurs et insoumis de la guerre et de la marine, ainsi
qu'en faveur des marins de l'inscription maritime, déserteurs
des bâtiments de commerce.

Cette amnistie comportait deux degrés : dans le premier,
l'amnistie était absolue ; dans le second, elle impliquait l'obligation de rentrer en France et d'y terminer le temps de service réglementaire.

Avaient seuls droit à l'amnistie entière et sans condition
de servir : 1° les insoumis et déserteurs âgés de plus de 45

---

(1) Circulaire des affaires étrangères du 8 avril 1831.
(2) *Formulaire des chancelleries*, t. i, p. 562.

ans au moment de la promulgation de la loi ; 2° les insoumis et déserteurs que des infirmités rendaient impropres à tout, service actif ou auxiliaire dans les armées de terre ou de mer.

Les premiers étant amnistiés de plein droit, du jour de la promulgation de la loi en France, et devant être rayés des contrôles, il peut leur être délivré à toute époque dans les consulats un certificat d'amnistie entière conforme au modèle annexé à l'instruction du ministère de la guerre du 23 mars 1880. (1) Quant aux hommes atteints d'infirmités, ils ne sont amnistiés sans condition de servir qu'après constatation de ces infirmités. Si ces infirmités sont apparentes (cécité, perte d'un membre, etc.), elles peuvent être constatées à l'étranger par les médecins attachés aux missions diplomatiques ou aux postes consulaires ; les infirmités non apparentes doivent être constatées en France par la commission de réforme.

L'amnistie était conditionnelle pour les hommes âgés de moins de 45 ans. Ceux-ci, sauf les exceptions prévues pour les hommes mariés ou veufs avec enfants et les hommes pouvant invoquer des cas de dispense, étaient astreints à un service actif jusqu'à leur trentième année, et après 30 ans ils restaient soumis aux obligations de la classe à laquelle ils appartenaient par leur âge.

Pour bénéficier de l'amnistie conditionnelle, les déserteurs et insoumis étaient tenus de présenter leurs déclarations de repentir aux autorités désignées par le ministre de la guerre et de la marine, dans un délai qui avait été fixé à 3, 6, 12 et 18 mois suivant qu'ils résidaient en France, en Europe ou en Algérie, hors du territoire européen en deça ou au delà du cap de Bonne-Espérance ou du cap Horn. Ces délais étant de rigueur, les déserteurs et insoumis qui les ont laissé expirer sans se présenter pour réclamer le bénéfice de l'amnistie avec condition de servir ou ceux qui, après avoir pris une feuille de route, ne se seraient pas rendus à destination, sont susceptibles d'être de nouveau recherchés et poursuivis.

_____

(1) Voir *Formulaire*, tome i, p. 579.

**503. Mesures spéciales concernant les Français établis dans le Levant.** — Le recrutement des jeunes gens nés ou établis dans le Levant s'effectue conformément aux dispositions des circulaires des 16 juin 1873, 1er décembre 1880, 4 et 6 mars 1890. Nous avons indiqué plus haut dans quelle forme doit être établi par les consulats l'état nominatif des jeunes gens nés ou fixés à l'étranger et astreints au service ; nous avons ajouté que les agents doivent joindre aux extraits de cet état adressés aux préfets les pièces destinées à établir les droits des jeunes gens qui réclament la dispense à l'un des titres prévus par les articles 21, 22, 23 et 50 de la loi du 15 juillet 1889. Nous rappellerons qu'en ce qui concerne ces pièces, il a été décidé que les certificats des trois pères de famille ayant des fils sous les drapeaux, dont les modèles sont annexés à l'Instruction du ministère de la guerre du 4 décembre 1889, et qui doivent être produits à l'appui des demandes de dispense, pourront, dans le Levant, être remplacés par des certificats signés par trois notables français établis dans le pays ; on a admis de même, que, pour les dispenses à titre de soutien de famille, prévues par les articles 21 et 22 de la loi de 1889, on pourra considérer comme équivalentes aux avis du Conseil municipal du domicile, les attestations que délivreront les consuls avec l'assistance de deux membres de la colonie, établis au siège du Consulat et désignés par les agents. Les attestations dont il s'agit pourraient même, le cas échéant, être reçues par le consul seul, mais porteraient alors la mention de l'impossibilité de faire comparaître les autres parties à l'acte. Elles sont adressées directement par les agents aux préfets, de manière à parvenir en France dans les premiers jours du mois de septembre de l'année du tirage.

Quant à l'aptitude physique des jeunes gens, elle peut être constatée, sur la demande des intéressés, et après autorisation de l'autorité préfectorale compétente, par des commissions consultatives établies à Constantinople, Smyrne, Beyrouth, Alexandrie d'Egypte et qui devront toujours être assistées d'un officier et d'un médecin appartenant à un bâtiment de guerre français. Les procès-verbaux constatant le résultat de ces visites sont adressés autant que possible aux préfets en même temps que les états nominatifs avec les pièces de dispense.

Il importe d'ailleurs que les agents préviennent les intéressés que les avis des Commissions locales sont purement consultatifs et que c'est au conseil de révision seul qu'il appartient de prendre une décision définitive sur les motifs d'exemption invoqués.

# CHAPITRE IX

## DES DÉPÔTS DANS LES CHANCELLERIES DES POSTES DIPLOMATIQUES ET CONSULAIRES.

SECTION I<sup>re</sup>. — *De la réception et de la conservation des dépôts.*

**504. Législation en matière de dépôt.** — Les agents diplomatiques et consulaires ont été de tout temps autorisés à recevoir en dépôt les sommes d'argent, valeurs, marchandises ou effets mobiliers dont leurs nationaux voulaient assurer la conservation à l'étranger. (1)

Les anciens règlements sur cette matière ont été complétés et mis en harmonie avec les principes qui régissent aujourd'hui l'institution consulaire, par l'ordonnance spéciale du 24 octobre 1833 et par le décret présidentiel du 20 décembre 1890.

Le principe sur lequel sont fondés ces deux actes est le même que celui qui sert de base aux dispositions réglementaires sur la comptabilité des chancelleries, c'est-à-dire que le chancelier est comptable, le consul ou chef de mission diplomatique surveillant et contrôleur, et que la responsabilité des chanceliers à l'égard des dépôts est la même que celle que ces agents encourent pour la gestion des deniers de l'État. (2) Les précautions prescrites pour la conservation des dépôts ont été combinées de manière à ce que la responsabilité administrative du contrôleur ne pût être invoquée que dans les cas où sa surveillance se serait réellement trouvée en défaut.

Les chefs de missions diplomatiques sont au surplus autorisés, pour les dépôts comme pour la comptabilité des fonds

---

(1) Ordonnances des 4 décembre 1691, 11 septembre 1731 et 3 mars 1791, titre I, art. 128 et suivants. — Instr. supplémentaire du 8 août 1814.

(2) Ordonnance du 24 octobre 1833. (F.) — Décret du 20 décembre 1890. (F.) — Instructions (F.) du 10 mai 1891 et du 7 mai 1892.

du Trésor, à déléguer, sous leur responsabilité, à l'un des secrétaires placés sous leurs ordres, le contrôle financier de leur chancellerie, sauf, bien entendu, à donner avis de cette délégation au ministère des affaires étrangères. (1)

**505. Dépôts volontaires et d'office.** — Les dépôts sont de deux espèces : *obligatoires* ou *d'office*, et *volontaires*.

Les dépôts faits d'office sont ceux qui ont lieu en vertu de sentences des consuls dans les pays où ils exercent juridiction, ceux qui proviennent de sauvetages et ceux qui dépendent de successions dévolues à des absents. Les consuls qui ont seuls qualité pour les recevoir et en prescrire le versement sont tenus de les consigner immédiatement à leur chancelier. (2)

Les dépôts volontaires sont ceux qui sont faits du consentement libre des déposants. Ils sont reçus par les chanceliers, en leur qualité de comptables du Trésor, sur la demande qui leur en est faite par leurs nationaux ou dans leur intérêt, après en avoir obtenu l'autorisation de leurs chefs. (3) Mais si les consuls ont ainsi le droit de décliner la réception dans leur chancellerie de dépôts de cette nature, leur refus doit reposer sur des motifs sérieux ; tout ce qui, en cette matière, assumerait le caractère d'un déni de justice ou d'un refus de protection, exposerait l'agent qui s'en serait rendu coupable à encourir un blâme sévère de la part du Gouvernement.

**506. Mode de réception des dépôts.** (4) — La réception en chancellerie d'un dépôt est constatée d'une manière différente, suivant qu'il s'agit d'un dépôt en nature ou d'un dépôt en numéraire.

Les dépôts en numéraire, c'est-à-dire les dépôts de sommes d'argent faits dans la même monnaie que celle adoptée pour les opérations de la chancellerie, sont inscrits à l'entrée

---

(1) Décret du 20 décembre 1890, art. 30. (F.)
(2) Circulaire des affaires étrangères du 4 novembre 1833. (F.)
(3) Ordonnance du 24 octobre 1833, art. 2. (F.)
(4) Instructions (F.) du 10 mai 1891 et du 7 mai 1892.

ét à la sortie sur le registre à souche spécial prévu par le décret du 20 décembre 1890 et l'instruction de comptabilité du 10 mai 1891, et ils motivent la délivrance à la partie prenante d'une quittance à souche. (Voir ci-après, livre IX.)

Les dépôts en nature, c'est-à-dire : 1° les dépôts de sommes d'argent en monnaie autre que celle adoptée pour les opérations de la chancellerie ; 2° les dépôts de matières précieuses ; 3° les dépôts de valeurs négociables (actions, obligations, titres de rentes, parts d'intérêts dans les compagnies de finance, de commerce ou d'industrie, lettres de change, billets à ordre, etc.; en résumé, les titres au porteur ou nominatifs représentant des sommes exigibles, des biens incorporels qui sont meubles par détermination de la loi aux termes de l'article 529 du Code civil); 4° les dépôts de marchandises et d'effets mobiliers, — sont constatés par un acte que le chancelier dresse en présence du consul et qu'il inscrit sur un registre spécial.

Aucun des dépôts mentionnés ci-dessus n'est inscrit sur le registre à souche des dépôts en numéraire, de même que les dépôts en numéraire ne sont pas inscrits sur le registre administratif des dépôts en nature.

Le registre administratif des dépôts est au nombre de ceux dont la tenue est obligatoire dans toutes les chancelleries des postes diplomatiques et consulaires. Il doit être ouvert, coté et paraphé par le chef du poste, clos et arrêté par lui à la fin de chaque année.

La rédaction des actes de dépôt est fort importante et réclame de la part des agents la plus scrupuleuse attention. Avant de recevoir dans leur chancellerie un dépôt quelconque et de dresser l'acte destiné à constater la remise qui leur en est faite, les agents doivent épuiser tous les moyens d'information dont ils peuvent disposer pour se procurer les renseignements les plus complets et les plus circonstanciés sur la nature et l'origine du dépôt.

Les actes établis à l'effet de constater les consignations de dépôts en nature sont numérotés (une nouvelle série de numéros étant ouverte au commencement de chaque année); ils indiquent : 1° la date de la remise du dépôt en chancellerie ; 2° les nom, prénoms et qualités du déposant ; 3° la nature des valeurs ou objets déposés ; 4° la valeur estimative de ces objets en monnaie servant de base aux opérations de la chancellerie au moment de la consignation ; 5° les motifs et l'origine du dépôt (les renseignements à insérer sur ces deux points doivent être aussi complets et circonstanciés que possible) ; 6° les noms, prénoms et domicile des ayants droit, quand on les connaît.

Lorsqu'il s'agit de marchandises ou effets volontairement déposés, les actes de dépôt doivent mentionner, conformément aux articles 6 et 8 de l'ordonnance du 24 octobre 1833 : 1° que la vente aux enchères de ces marchandises pourra être ordonnée par le consul, lorsqu'il se sera écoulé deux ans sans qu'elles aient été retirées, ou bien lorsque lesdites marchandises seront, au dire d'experts, menacées de perte pour détérioration ou autre cause ; 2° que le dépôt desdites marchandises et effets ne pourra être conservé en chancellerie au delà de cinq ans à compter du jour du dépôt.

Quand il s'agit d'un dépôt d'office provenant, par exemple, d'une succession vacante ou d'une faillite, l'acte qui s'y rapporte doit relater en outre le lieu et l'époque de la naissance du décédé ou du failli, ainsi que le lieu et la date précise du décès ou de la faillite.

La mention de la qualité du déposant a une importance spéciale au point de vue des perceptions de chancellerie, parce que, suivant le cas et selon l'article 176 du tarif, elle motive la substitution de la taxe proportionnelle de 1/2 pour cent à celle de 2 pour cent.

**507. Évaluation des dépôts.** — Au moment même où il est consigné en chancellerie, tout dépôt en nature doit recevoir une évaluation en monnaie servant de base aux opérations de la chancellerie, laquelle est inscrite sur les registres.

L'évaluation du dépôt se fait, soit par experts, soit d'après

la cote officielle des valeurs sur la place, soit approximativement. Quant aux titres de rente perpétuelle ou viagère, le
capital en est estimé d'après les bases établies par les articles
99 et 100 du tarif des chancelleries.

La valeur estimative, attribuée aux dépôts en nature au
moment de la consignation, reste immuable jusqu'au moment
du retrait.

Nous avons vu plus haut que sous la dénomination de
dépôts en nature sont compris les titres au porteur, etc., et les
biens incorporels qui sont meubles par détermination de la
loi, c'est-à-dire les titres ayant pour objet des sommes exigibles. Les actes et papiers (titres de propriétés, reçus, testaments, registres de commerce) qui ne rentrent pas dans
cette définition, ne peuvent figurer parmi les dépôts en nature.
Ils font l'objet, à l'entrée et à la sortie, d'actes inscrits sur des
registres spéciaux et leur dépôt est régi par des conditions
spéciales que nous avons précisées en traitant des attributions notariales des consulats. (1)

**508. Avis à donner en France.** — Toutes les fois qu'un dépôt,
en numéraire ou en nature, a été effectué dans une chancellerie, le chef de poste doit en donner immédiatement avis au
département, sous le timbre de la direction des consulats et
des affaires commerciales (sous-direction des affaires de
chancellerie); il transmet en même temps, soit un extrait du
registre à souche des dépôts en numéraire contenant toutes
les indications portées sur ce registre, soit une copie de l'acte
de dépôt, suivant qu'il s'agit d'un dépôt en numéraire ou en
nature. (2)

**509. Garde et conservation des dépôts.** — Chaque agent est
tenu d'affecter dans sa chancellerie un local spécial fermant
à clef ou cadenassé, à la garde des effets et marchandises
reçus à titre de dépôt.

---

(1) Circulaire des affaires étrangères du 24 décembre 1877. (F.)
(2) Instruction du 7 mai 1892. (F.)

Quant aux espèces monnayées, matières précieuses, valeurs négociables ou autres, comprises dans la dénomination de dépôts en nature, elles doivent être renfermées et conservées dans la caisse du poste.

Les dépôts sont renfermés dans la caisse en présence du consul et, dès que la consignation en est inscrite sur les registres, ils sont mis sous des enveloppes ou dans des sacs sur lesquels doit être apposé le sceau du consulat, et qui portent des étiquettes indiquant le nom des propriétaires et, suivant le cas, la nature des objets ou l'espèce et le montant des monnaies ou valeurs déposées. (1)

**510. Vérification et contrôle des dépôts.** — Sauf la faculté de délégation prévue pour les missions diplomatiques, les règlements imposent aux chefs de poste l'obligation de vérifier *personnellement* la situation des dépôts en espèces ou en nature confiés à leur chancellerie. Les agents sont libres de faire cette vérification toutes les fois qu'ils la jugent utile ; mais elle leur est impérativement prescrite au dernier jour de chaque trimestre et à chaque mutation de titulaire du poste ou de chancelier. Toute négligence à cet égard engagerait la responsabilité administrative du chef de poste qui pourrait même, suivant le cas, être rendu pécuniairement responsable par décision ministérielle. (2)

Le résultat de la vérification trimestrielle des dépôts donne lieu à l'envoi d'états spéciaux à la sous-direction des affaires de chancellerie (3); les mouvements des dépôts en numéraire sont de plus enregistrés dans un cadre spécial du compte trimestriel transmis à la division des fonds.

Si la vérification opérée par le chef de poste fait constater des irrégularités dans la gestion de l'agent percepteur, il y a lieu d'aviser immédiatement le département.

---

(1) Ordonnance du 23 octobre 1883, art. 4 et 5. (F.) — Instruction du 10 mai 1891. (F.)

(2) Circulaire des affaires étrangères du 21 avril 1877.

(3) Voir ces modèles au tome III du *Formulaire*, pages 3 et 7.

**511. Perte de dépôts par force majeure.** — En cas d'enlèvement ou de perte d'un dépôt par force majeure, la déclaration du vol doit être immédiatement faite aux autorités locales
compétentes. Le chef de poste est tenu en même temps de
faire dresser par le chancelier un procès-verbal dont il certifie le contenu et qu'il transmet ensuite avec ses observations
et les pièces à l'appui au ministère des affaires étrangères
(direction des consulats). De son côté, l'agent percepteur, le
chancelier, adresse par le plus prochain courrier et par l'entremise du chef du poste un rapport circonstancié à la division des fonds et de la comptabilité. (1)

**512. Responsabilité des dépositaires.** — Si l'enlèvement ou la
perte du dépôt, au lieu de provenir de force majeure, était le
fait du consul ou du chancelier, celui qui s'en serait rendu
coupable serait punissable des peines portées par le Code
pénal contre les dépositaires publics convaincus de soustraction frauduleuse des deniers, valeurs et autres objets confiés entre leurs mains à raison de leurs fonctions. (2)

Toutes les règles de droit commun sur les obligations et la
responsabilité des dépositaires étant d'ailleurs applicables
aux dépôts en chancellerie, il en résulte que dans les cas de
négligence ou d'infidélité les ayants droit seraient fondés à
invoquer à la fois les dispositions du Code pénal sur les
dépôts publics et celles du Code civil sur les dépôts privés.

Néanmoins, pour pouvoir, dans ce cas, exercer utilement
leur recours, les déposants sont tenus, pour tout dépôt en
nature, de produire un extrait de l'acte de consignation délivré par le chancelier et visé par le consul. S'il s'agissait d'un
dépôt fait en numéraire, ils devraient en outre joindre à cet
extrait la quittance à souche qui leur a été remise au moment
de la consignation. Cette dernière pièce engage, en effet,

---

(1) Ordonnance du 24 octobre 1833, art. 12. (F.) — Circulaires des affaires
étrangères des 24 avril et 24 décembre 1877. (F.)
(2) Code pénal, art. 169 et 173.

directement le Trésor et forme titre pour la saisie éventuelle du traitement ou du cautionnement des comptables. (1)

Quant aux dépôts faits d'office, si, à leur égard, la responsabilité des agents dépositaires reste la même en cas de négligence ou d'infidélité, il va de soi que, dans les conditions spéciales où ils sont constitués, les intéressés ont rarement en mains la pièce probante de leur consignation et qu'en cas de perte ou de soustraction ils ne peuvent justifier de leurs droits que par les voies administratives à l'aide de correspondanc . .a pièces supplétives.

**513. Vente d'office des objets déposés.** — Les agents diplomatiques et consulaires sont autorisés à faire vendre aux enchères les marchandises ou effets volontairement déposés entre leurs mains, lorsqu'il s'est écoulé deux ans sans qu'ils aient été retirés ; ils peuvent même en ordonner la vente avant ce délai, lorsque la nécessité et l'urgence en sont constatées par un procès-verbal d'experts. Cette double faculté laissée aux consuls doit être rappelée dans les actes de dépôt. (2) On conçoit, en effet, que le consentement préalable des intéressés soit exigé pour que leur propriété puisse ainsi être dénaturée en quelque sorte sans leur concours, car la position d'un consul qui reçoit un dépôt volontaire ne diffère pas légalement de celle des autres dépositaires privés ; comme ceux-ci, il doit apporter dans la garde de la chose déposée les mêmes soins qu'il apporterait dans la garde des choses qui lui appartiennent en propre, et il est tenu, sauf impossibilité absolue, de rendre identiquement la même chose qu'il a reçue. (3)

Quant aux marchandises ou effets provenant de dépôts administratifs ou judiciaires, les consuls peuvent, en vertu du même droit qui a placé ces dépôts entre leurs mains, les dénaturer et prendre toutes les mesures nécessaires à la

---

(1) Ordonnance du 21 octobre 1833. (F.) — Instruction du 10 mai 1891. (F.)
(2) Ordonnance du 21 octobre 1833, art. 6. (F.)
(3) Code civil, art. 1927 et 1932.

conservation des droits des intéressés. Dans ce cas, en effet, ils n'agissent plus comme dépositaires, mais bien comme cura- teurs aux biens des absents, administrateurs de la marine ou juges, et comme tels ils doivent, suivant les circonstances, faire usage des pouvoirs administratifs ou judiciaires dont ils se trouvent investis. (1)

Ces ventes de marchandises ou d'objets mobiliers, qu'elles proviennent de dépôts faits d'office ou de dépôts volontaires, doivent toujours avoir lieu en vertu d'une ordonnance consu- laire spéciale et, lorsque la législation territoriale le permet, par l'intermédiaire du chancelier: le produit net est versé dans la caisse des dépôts pour compte de qui il peut appar- tenir.

**514. Durée légale des dépôts.** — Lorsque les sommes déposées pour le compte d'administrations publiques ou de particuliers ne comportent ni prélèvement ni déduction d'aucune sorte, notamment à titre de droit de chancellerie, elles sont, après inscription sur le registre à souche des recettes pour cor- respondants administratifs, converties le jour même en traites sur Paris, à l'ordre du caissier payeur central du trésor. Ces traites sont transmises à la division des fonds accompagnées d'un certificat de change, en même temps que les pièces rela- tives à la gestion administrative sont transmises au service compétent du département (2); dans tout autre cas et, à moins d'ordre exprès du ministre, les dépôts, soit volontaires, soit d'office, ne peuvent être envoyés en France, dans la forme réglementaire prévue par l'article 18 du décret du 20 dé- cembre 1890, qu'au bout de cinq ans à compter du jour du dépôt.

**515. Retrait des dépôts.** — Pour les dépôts en nature (valeurs, marchandises, effets mobiliers, monnaie autre que celle des opérations de la chancellerie), la sortie en est comme

---

(1) Circulaire des affaires étrangères du 4 novembre 1833. (F.)
(2) Décret du 20 septembre 1890. — Instruction du 7 mai 1892.

l'entrée constatée par un acte dressé conjointement entre le consul et le chancelier et inscrit sur un registre spécial.

Les actes de retraits de dépôts qui sont numérotés (une nouvelle série de numéros étant recommencée chaque année) indiquent: 1° la date du retrait; 2° les noms, prénoms et qualités des parties opérant le retrait; 3° la nature des valeurs ou objets retirés, la date et le numéro de la consignation, la valeur estimative assignée au dépôt au moment de l'entrée en chancellerie; 4° les motifs du retrait et la destination donnée aux valeurs et objets retirés; 5° les pièces justificatives sur la production desquelles le retrait a eu lieu.

Les ayants droit à un dépôt volontaire de cette espèce sont astreints à représenter l'acte ou un extrait de l'acte qui a pu leur être délivré au moment de la consignation faite par eux.

Quant aux retraits de dépôts en numéraire, ils sont effectués sur production de la quittance à souche fournie lors du versement. Celle-ci doit être rendue au comptable et sert à justifier l'opération concurremment avec le reçu de la partie remboursée, lequel doit être apposé au dos de la quittance à souche.

Lorsque cette dernière pièce a été perdue ou ne peut être représentée pour une cause quelconque, il y est suppléé ou par un extrait certifié de l'acte de dépôt ou au moyen d'une copie délivrée par le chancelier, certifiée conforme par le chef du poste et revêtue d'une déclaration de perte affirmée par la partie. Cette copie est établie sur papier libre, et il est interdit aux comptables de se servir pour cet objet de quittances détachées de leur registre à souche.

En cas de retrait partiel du dépôt, la somme remboursée est annotée *en toutes lettres* au verso de la quittance à souche qui reste entre les mains de l'ayant droit et qui est remplacée, pour décharge d'ordre, par une copie certifiée semblable à celle prévue en cas de perte; la quittance à souche originale n'est alors rendue au comptable qu'au moment où il rembourse le solde final.

Enfin, lorsque le montant des dépôts doit être transmis à

Paris pour le compte de la caisse des dépôts et consignations, de la caisse des Invalides de la marine, etc., ou de particuliers, la remise que le chancelier en fait au consul est considérée comme un remboursement et est justifiée par la quittance à souche primitive ou une copie certifiée de cette quittance acquittée pour ordre par le chef de poste. (1)

Pour assurer la régularité et le contrôle des retraits de dépôts en numéraire, les chanceliers doivent tenir un registre spécial des remboursements (2) qu'ils effectuent et sur lequel ils inscrivent jour par jour :

1° Le numéro d'ordre des opérations ;

2° La date du remboursement ;

3° Les noms, prénoms et qualités des parties remboursées ;

4° La date du dépôt primitif ;

5° Le numéro de la quittance à souche délivrée à l'origine;

6° Les motifs du remboursement avec indication des pièces justificatives produites à l'appui ;

7° Le montant des remboursements ;

8° L'indication du change appliqué au dépôt au moment de l'entrée ;

9° L'évaluation en monnaie française des sommes remboursées. (Cette évaluation ne variant pas, quelle que soit la durée du séjour du dépôt dans la chancellerie, doit être effectuée pour la même somme que celle qui a été constatée à l'entrée. Les retraits partiels sont également calculés d'après le change en vigueur au moment du dépôt.)

Nous n'avons pas besoin d'ajouter que ce registre doit, comme tous ceux qui se rattachent à la comptabilité des chancelleries, être coté, paraphé, clos et arrêté par période trimestrielle ou par gestion comptable.

**516. États de dépôts.** — Conformément au décret du 20 décembre 1890, le contrôle des dépôts par le ministère des

---

(1) Ordonnance du 21 octobre 1833. (F.) — Instructions (F.) des 10 mai 1891 et 7 mai 1892.

(2) V. *Formulaire*, tome III, modèle n° 59 *bis*.

affaires étrangères se partage comme celui des recettes de
chancellerie, et d'après les mêmes principes, entre la division des fonds et la direction des consulats.

En tant qu'opérations de trésorerie, les mouvements des
dépôts en numéraire, à l'entrée et à la sortie, se justifient
sous le timbre de la division des fonds, dans l'un des cadres
du compte trimestriel des recettes et dépenses de la chancellerie, dont l'envoi en France doit avoir lieu dans les cinq
premiers jours de chaque trimestre. A l'appui de ce résumé,
les agents sont tenus de fournir, en double expédition : 1° un
état détaillé des dépôts en numéraire reçus pendant le trimestre ; 2° un état détaillé des remboursements de dépôts en
numéraire effectués pendant le trimestre avec les quittances
des ayants droit ; 3° avec le compte trimestriel arrêté au 31
décembre, l'état détaillé justificatif du solde des dépôts en
numéraire.

En ce qui concerne la forme de ces états, nous ne pouvons
que renvoyer aux explications que nous fournissons plus
loin, au livre IX.

Au point de vue administratif, c'est la direction des consulats qui continue à surveiller l'exécution des règlements en
ce qui concerne le mouvement général des dépôts, qu'ils
soient effectués en nature ou en numéraire, volontairement ou
d'office, et qu'ils soient destinés à des particuliers ou à un
service public tel que la caisse des Invalides, la caisse des
dépôts et consignations, les administrations des douanes et
de l'enregistrement, etc.

Pour assurer le contrôle de cette partie de leurs attributions, les chefs des postes diplomatiques et les consuls
doivent, dans les quinze premiers jours de chaque trimestre,
adresser au département, sous le timbre de la direction des
consulats (sous-direction des affaires de chancellerie) (1), par
dépêche non numérotée et en simple expédition, un état des

_____

(1) Instruction du 7 mai 1892. (F.)

dépôts en numéraire et un état des dépôts en nature dont le modèle est réglementaire. (1)

L'*état des dépôts en numéraire* est subdivisé en huit colonnes, savoir :

### A. — Entrée des dépôts.

1° Date des dépôts (inscription sur le registre des dépôts en numéraire);

2° Numéro d'ordre ;

3° Noms, prénoms et qualités des déposants ;

4° Motifs et origine des dépôts. — (Il y a lieu de fournir dans cette colonne des indications précises et complètes relativement à l'origine des dépôts (succession, faillite, recouvrement, dépôt volontaire, décision judiciaire, etc.). Pour les dépôts représentant le produit de la conversion ou de la vente de dépôts en nature, il convient d'indiquer la date du dépôt primitif, ainsi que le numéro d'ordre sous lequel ce dépôt était inscrit au registre des dépôts en nature.);

5° Noms, prénoms et domicile des ayants droit ;

6° Montant des sommes existant en consignation au commencement du trimestre ou consignées pendant le trimestre (monnaie servant de base aux opérations de la chancellerie);

### B. — Sortie des dépôts.

7° Retraits effectués pendant le trimestre ;

8° Observations. — (Il y a lieu de mentionner dans cette colonne la date des retraits totaux ou partiels; les noms, prénoms et qualités des personnes à qui les remises ont été faites) ; les motifs des retraits (payement de frais imputables sur le montant des dépôts, remises aux ayants droit sur place, envoi de fonds au département ou au ministère de la marine) et, le cas échéant, les pièces produites en vue de ces retraits — enfin, les oppositions et autres circonstances qui peuvent mettre obstacle à l'envoi des fonds dans les délais réglementaires. Il convient d'indiquer, en outre, dans la même

---

(1) V. ces modèles au *Formulaire*, tome III, pages 3 et 7.

colonne, le taux du change auquel les opérations de la chancellerie ont été effectuées pendant le trimestre.

L'*état des dépôts en nature* est subdivisé en 9 colonnes, savoir:

### A. — Entrée des dépôts.

1° Date de la remise en chancellerie ;

2° Numéro d'ordre du registre des dépôts en nature ;

3° Noms, prénoms et qualités des déposants ;

4° Motifs et origine des dépôts (succession, faillite, recouvrement, dépôt volontaire, décision judiciaire, etc.) ;

5° Noms, prénoms et domicile des ayants droit ;

6° Nature et nombre des valeurs ou objets déposés, existant au commencement du trimestre ou consignés pendant le trimestre. [Dans cette colonne il y a lieu d'énumérer les valeurs et objets déposés (sommes d'argent en monnaie autre que celle servant de base aux opérations de la chancellerie, titres au porteur ou nominatifs, matières précieuses, marchandises, effets mobiliers, etc.).] ;

7° Valeur estimative en monnaie, servant de base aux opérations de la chancellerie, des objets déposés ;

### B. — Sortie des dépôts.

8° Retraits effectués pendant le trimestre ;

9° Observations. (On indique dans cette colonne, outre le change du trimestre, la date des retraits totaux ou partiels ; les noms, prénoms et qualités des personnes à qui la remise a été faite ; les motifs des retraits (conversion en monnaie, servant de base aux opérations de la chancellerie, des sommes d'argent primitivement consignées en une autre monnaie ; vente d'objets mobiliers ou de marchandises ; remise sur place aux ayants droit ; envoi au département ou au ministère de la marine), et le cas échéant, les pièces justificatives produites en vue du retrait ; enfin, les oppositions et autres circonstances qui peuvent mettre obstacle au retrait dans les délais réglementaires.

Ces états sont certifiés conformes aux registres du poste

par le chancelier ou par le vice-consul ; dans les missions
diplomatiques et les consulats, ils sont vérifiés et visés par le
chef du poste.

A la différence des états de comptabilité, les états administratifs concernant les dépôts sont établis par trimestre et
non par gestion ; il ne doit donc être transmis qu'un seul état
pour un même trimestre, lors même que plusieurs agents
comptables se sont succédé au poste pendant la durée de ce
trimestre. (1).

S'il n'y a eu aucune consignation ou aucun retrait de dépôt
dans le cours d'un trimestre, les chefs de poste transmettent
au lieu des états ci-dessus spécifiés des certificats pour néant
dont le modèle a été arrêté par la circulaire du 7 mai 1892.

**517. Dépôts d'objets non réalisables en numéraire.** — Les
dispositions réglementaires que nous venons de rappeler ne
s'appliquent qu'aux seuls dépôts qui consistent en sommes
d'argent, marchandises ou valeurs réalisables. En traitant au
chapitre v du présent livre des actes notariés en général, nous
avons fait connaître la marche à suivre pour les dépôts en
chancellerie d'obligations, registres de commerce, titres de
propriété, testaments ou autres actes de même nature qui ne
sont pas susceptibles d'être envoyés à la caisse des dépôts et
consignations ou à la caisse des Invalides de la marine. Les
dépôts de cette catégorie ne doivent pas figurer sur les relevés trimestriels auxquels se réfère le paragraphe précédent ;
ils font l'objet de relevés spéciaux (un pour les titres et papiers, un pour les testaments) que les agents adressent au
département, sous le timbre de la sous-direction des affaires
de chancellerie, dans les quinze premiers jours de chaque
année.

Ces états mentionnent les pièces existant en dépôt au
commencement de l'année à laquelle ils se rapportent, les
dépôts effectués pendant le cours de l'année, ainsi que les
retraits opérés. — S'il s'agit du dépôt de titres et papiers, il y

(1) Instruction du 7 mai 1892, art. 16, 17 et 18. (F.)

a lieu de mentionner sur ces états : 1° le numéro d'ordre du dépôt d'après le registre spécial ; 2° la date du dépôt ; 3° les nom, qualités et domicile du déposant ; 4° la nature des titres ou papiers déposés ; 5° enfin, la date et les motifs du retrait quand il y a lieu, dans la colonne des observations. — L'état des dépôts des testaments mystiques ou olographes fait connaître la date du dépôt, les nom, prénoms et qualités du déposant, la nature des testaments déposés avec les nom, prénoms et qualités du testateur; enfin, dans la colonne des observations, la date et le motif du retrait, s'il y a lieu. (1)

**518. Dépôts maritimes.** — Les dépôts qui ressortissent à la caisse des Invalides de la marine, et dont nous nous occuperons au livre VIII, ne rentrent pas sous l'application des dispositions relatives aux dépôts de chancellerie proprement dits. (2) Ils sont enregistrés, selon les cas, d'après les prescriptions des articles 13, 15, 16 et 19 du décret du 20 décembre 1890.

SECTION II.   — *De la transmission des dépôts en France.*

**519. Obligation des consuls.** — Les formes dans lesquelles doit avoir lieu la transmission au ministère des affaires étrangères, pour le compte de la caisse des dépôts et consignations, de celle des Invalides de la marine, d'administrations publiques ou de particuliers, des sommes provenant des dépôts en numéraire ou de la conversion des dépôts en nature effectués dans les chancelleries des postes diplomatiques et consulaires, sont les mêmes pour toute espèce de dépôts, soit d'office, soit volontaires. Disons tout d'abord que cette transmission est forcée et que, quelles que soient les communications ou réclamations particulières qu'ils aient pu recevoir à cet égard, il est expressément défendu aux consuls de remettre aux

---

(1) Circulaires (F.) des 24 décembre 1877, 15 février 1881 et 7 mai 1892.
(2) Règlement de la marine du 17 juillet 1816, art. 37 et 82. — Ordonnances (F.) du 24 octobre 1833, du 10 et du 29 octobre 1833, art. 16 et 38. — Circulaires de la marine du 23 février 1831 et du 31 août 1848, (F.) — Circulaires des aff. étrang. (F.) des 12 décembre 1885, 8 octobre 1886 et 7 mai 1892.

ayants droit résidant en France les fonds qu'ils ont en leur pouvoir. (1) On conçoit en effet que la vérification des titres des réclamants pourrait entraîner à l'étranger des inconvénients, qui se trouvent évités par la transmission à la caisse des dépôts et consignations.

**520. Mode d'envoi des fonds en France.** — L'envoi en France de la valeur des dépôts est fait en traites à l'ordre du caissier payeur central du Trésor public, acquises au cours de la place sous la responsabilité de l'agent percepteur et celle du chef de poste solidairement. Ces traites sont à *vue* ou à *trente jours de vue* au plus et doivent être autant que possible payables à Paris ; elles ne doivent porter aucune mention spécifiant la nature des fonds transmis. Les bénéfices ou les pertes de change profitent ou incombent aux parties qui touchent le montant de la traite.

En même temps que la traite est transmise sous le timbre de la division des fonds, les pièces justificatives de la gestion de l'affaire sont expédiées sous le timbre administratif compétent.

**521. Pièces justificatives.** — Lorsqu'il s'agit d'affaires ressortissant à la sous-direction des affaires de chancellerie, ces pièces sont : 1° un état de liquidation, en double exemplaire, mentionnant la date, les motifs et le montant de toutes les recettes et de toutes les dépenses effectuées ; le compte doit être certifié exact par le chancelier, visé et vérifié par le consul ; 2° les pièces justificatives des dépenses (reçus des parties prenantes ou déclarations destinées à en tenir lieu, quittances à souche des droits de chancellerie) ; 3° un bordereau de versement en double expédition ; 4° une copie de la quittance détachée du registre à souche des recettes pour divers correspondants administratifs.

Le bordereau de versement (2) dressé par le chancelier, visé et vérifié par le consul, présente l'extrait, en ce qui con-

(1) Instruction du 7 mai 1892. (F.)
(2) Voir ce modèle au tome III du *Formulaire*, page 13.

cerne le dépôt transmis en France, de l'état général du mouvement des dépôts transmis à la fin de chaque trimestre au département des affaires étrangères. Il doit indiquer : 1° pour compte de qui la consignation est faite (si c'est pour celui du déposant ou de personnes dont les droits sont d'ores et déjà dûment établis, il convient de mentionner les noms, prénoms et qualités, professions et domiciles des ayants droit, le titre constitutif de leur droit et les sommes revenant à chacun ; si l'envoi est fait pour le compte d'une succession, d'une faillite, etc., dont le produit n'a pas été réparti par l'autorité locale, il faut indiquer les nom, prénoms, qualités, profession et domicile du défunt, du failli, etc. ; la commune, le canton, l'arrondissement et le département où il est né, le lieu et la date précise de la mort, de la faillite, etc.; il y a lieu enfin de faire connaître si les fonds et valeurs doivent être versés à la caisse des dépôts et consignations ou s'ils peuvent, au contraire, être remis directement aux ayants droit ; 2° la date des versements (date de l'inscription sur le registre des recettes pour divers correspondants administratifs) ; 3° la date et le numéro d'ordre des dépôts, tels qu'ils figurent sur les registres des dépôts en numéraire ou sur ceux des dépôts en nature ; 4° la nature (dépôt d'office ou dépôt volontaire, la provenance (succession, faillite, recouvrement, décision judiciaire, etc.) des dépôts et versements ; 5° le montant brut et net (dépenses payées) des dépôts ou des versements ; 6° enfin, dans la colonne des observations, les oppositions pouvant exister à la charge des sommes transmises.

Indépendamment de ces pièces, dont l'envoi est obligatoire et réglementaire pour toute espèce de versement, il y a lieu de transmettre tous les documents et renseignements de nature à faciliter le contrôle des opérations effectuées et à mettre le service chargé d'assurer la remise des fonds en mesure de n'en faire la délivrance qu'aux véritables ayants droit. De ce nombre sont les actes de décès, copies de testament ou d'inventaire, procès-verbaux de vente et de liquidation qui doivent accompagner la remise de fonds prove-

nant de successions, ou être relatés sur les états de versement, lorsque l'envoi séparé en a été fait au département des
affaires étrangères.

Pour les dépóts provenant de successions, l'envoi des actes
de décès est absolument indispensable pour dégager la responsabilité de la caisse des consignations. Si, comme cela a
lieu dans certaines contrées d'Amérique, il y avait impossibilité matérielle de se procurer des actes de décès réguliers,
les agents devraient y suppléer, soit par un acte de notoriété
pouvant en tenir lieu, soit par une déclaration des autorités
locales servant au moins de commencement de preuve par
écrit.

Lorsque les fonds transmis représentent le produit de successions liquidées et réparties par l'autorité locale, il faut,
autant que possible, joindre aux pièces ci-dessus relatées une
expédition ou un extrait de la décision d'où résulte la répartition.

Il est d'ailleurs à noter que les différentes expéditions ou
copies qui viennent d'être mentionnées ne doivent pas être
soumises aux taxes du tarif, lorsqu'elles sont établies en chancellerie, attendu qu'il s'agit de documents dressés dans un
intérét administratif ; il convient au reste que les agents
fassent ce qui dépend d'eux pour les obtenir gratuitement,
lorsqu'elles sont délivrées par l'autorité locale. (1)

---

(1) Circulaires des affaires étrangères (F.) du 8 octobre 1886 et du 7 mai
1892.

# LIVRE SEPTIÈME

## DE LA JURIDICTION DES CONSULS.

**522. Observations générales.** — Après avoir traité dans les livres précédents des rapports des consuls avec leurs nationaux et de leurs fonctions administratives, nous allons nous occuper dans celui-ci de leurs fonctions judiciaires ou de leur juridiction proprement dite.

Il s'est établi dans les temps modernes de grands changements dans cette partie des attributions consulaires : à mesure que l'institution des consuls, créée pour satisfaire aux besoins particuliers du commerce en Levant et en Barbarie, s'est propagée et naturalisée en Europe, elle a nécessairement dû subir les modifications réclamées par la différence caractéristique entre la politique d'isolement des peuples musulmans et la politique expansive des nations chrétiennes. Ainsi, tandis qu'en Orient les agents ont à peu près conservé la plénitude des droits et prérogatives attachés à leur charge dès l'origine même de l'institution, les consuls établis dans les pays de chrétienté se sont vu dépouiller, à l'égard de leurs nationaux, de l'exercice de tout attribut inhérent à la souveraineté territoriale ; tandis que, en Orient, l'étranger est demeuré distinct du national et placé exclusivement sous la protection du droit des gens, partout ailleurs il a de plus en plus été assimilé au national et admis à la protection du droit civil.

# CHAPITRE PREMIER

SECTION Iʳᵉ. — *Des actes du ministère de juge faits par les consuls.*

**523. Bases du pouvoir judiciaire attribué aux consuls.** — Si, dans les ordonnances qui ont réglementé, en 1833, les parties les plus importantes du service des consulats, on ne trouve rien de relatif à la juridiction, c'est que la commission chargée de leur élaboration avait reconnu que la juridiction des consuls ne pouvait être assise sur des bases certaines qu'avec le concours du pouvoir législatif. Mais, en attendant qu'une loi, rapprochant les anciennes ordonnances de la législation moderne, ait concilié autant que possible avec les dispositions de cette dernière les mesures exceptionnelles réclamées par l'intérêt des Français à l'étranger, une instruction spéciale, approuvée par le roi le 29 novembre 1833, a tracé à cet égard aux consuls, *en pays de chrétienté*, les règles générales de la conduite qu'ils ont à tenir en matière de juridiction; cette instruction ne laisse subsister aucune incertitude sur les limites dans lesquelles les consuls doivent circonscrire leur action à cet égard.

Le pouvoir judiciaire des consuls a ses bases légales dans l'article 12 du titre IX du livre Iᵉʳ de l'ordonnance de 1681, ordonnance enregistrée à tous les parlements, et qui, ainsi que nous avons déjà eu souvent l'occasion de le répéter, s'exécute encore aujourd'hui dans toutes celles de ses dispositions auxquelles il n'a pas été formellement dérogé. Cet article est ainsi conçu : « *Quant à la juridiction tant en ma-* » *tière civile que criminelle, les consuls se conformeront* » *à l'usage et aux capitulations faites avec les souverains* » *des lieux de leur établissement.* »

Ce mot de *capitulations* employé dans l'ordonnance, et

qui s'entend d'une manière spéciale des conventions conclues avec la Porte ottomane, doit être pris ici dans son ac-
ception la plus large et étendu à toutes les stipulations conventionnelles existant entre la France et les États étrangers,
sans distinction.

D'après les termes précis de cet article, le droit de juridiction est reconnu aux consuls, mais l'exercice en doit demeurer subordonné, soit à l'usage, soit aux traités existant
entre la France et les différentes puissances près desquelles
ces agents sont établis. Or, nos conventions actuelles avec
les divers États chrétiens ne contenant rien de relatif à la juridiction contentieuse, ce n'est, à proprement parler, que
dans les usages généralement consacrés qu'il faut aujour-
d'hui rechercher les limites du pouvoir judiciaire dont ces
agents sont investis. Ces limites sont tellement restreintes,
que l'on peut établir en fait que les consuls, *dans les pays
de chrétienté*, n'ont ni juridiction criminelle, ni juridiction
contentieuse, en dehors des circonstances en quelque sorte
exceptionnelles que nous allons faire connaître.

**524. Des limites de la juridiction consulaire à l'égard des
marins.** — Conformément aux principes posés dans la plupart des traités de commerce et de navigation et des conventions consulaires, et à l'usage devenu en quelque sorte le
droit commun par l'ancienneté et l'uniformité de sa pratique,
les consuls exercent, dans l'intérieur des navires marchands
de leur nation, la police et l'inspection en tout ce qui peut
se concilier avec les droits de l'autorité territoriale, et tant
que la tranquillité publique à terre n'a pas été compromise.
Mais, ainsi que nous aurons l'occasion de le dire au chapitre vi du livre VIII, dès que l'exercice de ce droit sort de
la limite des attributions administratives des consuls et rentre dans la compétence de l'autorité judiciaire, il est prudent
que ces agents, *en pays de chrétienté*, s'abstiennent et ren-
voient la connaissance de l'affaire, et souvent même son instruction, aux juges compétents en France. Si, dans ce cas-

là, l'autorité territoriale ne peut, d'après les principes généralement admis du droit public des nations, connaître d'un
fait qui s'est produit sous notre pavillon et dans lequel des
Français sont seuls intéressés, ce n'est pas une raison pour
que les consuls aient à le juger et puissent rendre valablement, au nom du Gouvernement, des sentences exécutoires en
pays étranger.

L'usage et plusieurs de nos traités reconnaissent encore
dans beaucoup de pays la compétence des consuls pour juger
les contestations qui peuvent s'élever entre les capitaines et
leurs matelots, et même entre ceux-ci et des passagers français. Ce n'est toutefois pas comme juges qu'ils peuvent être
appelés à connaître des contestations de cette nature, mais
uniquement à titre de conciliateurs et d'arbitres volontaires.

**525. Juridiction commerciale.** — En chargeant les consuls
tant de la réception des rapports de mer des capitaines que
du droit d'autoriser ces navigateurs à vendre des marchandises ou à emprunter en cours de voyage, en ordonnant que
les avaries seront réglées en chancellerie, il est hors de doute
que le Code de commerce a reconnu aux consuls, à cet égard,
le caractère de juges commerciaux. Mais si, sous ce rapport,
la loi moderne a confirmé le principe général des anciens
règlements, on verra par ce que nous en disons à propos des
rapports des consuls avec la marine commerciale, que le
pouvoir dont il s'agit ici est subordonné, dans son exercice,
soit à l'esprit de la législation territoriale, soit à celui de nos
stipulations conventionnelles.

**526. Juridiction volontaire.** — Les consuls n'ont pas à s'immiscer dans les contestations particulières des Français,
parce que le droit de ceux-ci à les terminer au gré de
leurs convenances et de leurs intérêts ne doit jamais être
amoindri par l'autorité consulaire ; mais, s'ils ne doivent pas
aller au-devant des difficultés qu'une intervention trop personnelle de leur part pourrait susciter, leur devoir, tel que le
leur trace l'instruction du 29 novembre 1833, n'en est pas

moins de rechercher à terminer par une amiable composition toutes les contestations qui leur sont volontairement déférées par leurs nationaux, et qui, sans leur intervention officieuse, pourraient souvent dégénérer en procès ruineux pour les deux parties.

En cas de conciliation, les consuls doivent faire signer aux parties une transaction dans la forme qui peut le mieux en garantir la validité, d'après les lois territoriales ; si l'exécution de cette transaction doit être poursuivie en France, l'acte authentique qui la constate est rédigé en chancellerie. (1) Lorsque, au contraire, les parties n'ont pu se mettre d'accord, on se borne, si l'une d'elles le requiert, à en dresser un procès-verbal sommaire. (2)

**527. Juridiction arbitrale.** — Les consuls sont également tenus, à moins que les lois territoriales ne s'y opposent, de se charger de tous les arbitrages qui leur sont déférés par leurs nationaux voyageant ou résidant à l'étranger.

Le principal avantage de cette juridiction étant de fournir aux parties un titre exécutoire à la fois dans le pays et en France, les compromis doivent être rédigés dans la forme consacrée par les lois du pays. Mais, pour éviter en même temps que ces actes ne soient ultérieurement soumis à des débats devant l'autorité territoriale, ils doivent porter expressément (et autant que possible avec stipulation de dédits ou de clauses pénales propres à en assurer l'effet) renonciation à tout appel et recours devant les tribunaux du lieu, et autorisation pour les consuls d'agir comme amiables compositeurs, sans formalités de justice. (3) Ce n'est même qu'à ces conditions qu'il est prescrit aux consuls d'accepter le mandat d'arbitres entre leurs nationaux ; si les parties ne s'y soumettent pas, ils devraient, après avoir essayé de les concilier,

---

(1) Code civil, art. 2044. — *Formulaire des chancelleries*, t. i, p. 178.
(2) *Formulaire des chancelleries*, t. i, p. 205.
(3) Instruction du 29 novembre 1833. (F.)

les renvoyer devant le tribunal compétent pour connaître de leurs griefs.

Lorsque les décisions arbitrales des consuls sont destinées à recevoir leur exécution à l'étranger, c'est aux parties en faveur desquelles elles sont rendues qu'appartient le soin de les faire revêtir, par tel juge que de droit, du mandement exécutoire. Si, au contraire, elles doivent recevoir leur effet en France, les consuls délivrent, à la partie qui le requiert, une expédition dans la forme exécutoire prescrite pour les jugements rendus sur notre territoire. (1)

**528. Exécution des commissions rogatoires.** — Il est une autre question qui, sans tenir précisément à la juridiction des consuls, s'y rattache cependant d'une manière assez directe et au sujet de laquelle nous devons, par conséquent, entrer ici dans quelques explications : c'est l'exécution des commissions rogatoires qui peuvent leur être adressées par nos tribunaux, bien qu'en général ceux-ci aient, le plus souvent, recours aux juges des lieux comme pouvant plus efficacement arriver aux fins de la justice. Lors donc que des commissions rogatoires sont adressées aux consuls par des juges ou d'autres autorités françaises, et que la transmission de ces actes leur a été régulièrement faite par le département des affaires étrangères, ils doivent procéder *d'office et sans frais* à leur exécution. A cet effet, ils assignent les Français qui doivent être entendus, et s'il est nécessaire de faire comparaître des étrangers, ils doivent employer auprès de l'autori'é territoriale les moyens qu'ils croient les plus propres à décider ces étrangers à paraître devant eux. Si les personnes qui doivent être entendues n'ont pas comparu, et dans tous les cas où des obstacles de force majeure ont empêché l'exécution d'une commission rogatoire, les consuls en rédigent un procès-verbal qu'ils adressent, avec le texte original de la commission, au ministère des affaires étrangères. (2)

---

(1) Code de procédure, art. 146. — Instruction du 29 novembre 1833. (F.) — Décret du 2 décembre 1852.

(2) Instruction du 29 novembre 1833. (F.)

Les consuls sont également autorisés à déférer aux commissions rogatoires qui peuvent leur être adressées par des juges étrangers pour entendre des Français établis dans l'étendue de leur arrondissement. Dans ce cas spécial, toutes les fois qu'une commission rogatoire doit, pour son exécution, être suivie d'un acte du ministère du consul, elle doit être déposée en chancellerie et annexée à cet acte, parce qu'elle constitue le mandat du consul, et que cet agent ne saurait s'en dessaisir. (V. livre IV, chapitre IV, section III.)

SECTION II. — *Des actes conservatoires faits par les consuls dans l'intérêt de leurs nationaux, et particulièrement des absents.*

**529. De la protection des absents.** — Les consuls sont spécialement chargés de veiller, en pays étranger, à la conservation des droits de leurs compatriotes absents ; ils doivent faire dans ce but toutes les démarches que la prudence peut leur suggérer, et recourir, s'il y a lieu, aux autorités de leur résidence chargées de la protection des absents, en se conformant dans tous les cas, soit aux traités et conventions, soit aux lois et usages des pays respectifs. (1) Ce droit de protection officieuse, l'une des attributions les plus importantes des consuls, est aujourd'hui universellement admis, mais il ne saurait évidemment aller nulle part jusqu'à la mise en cause de la personne de l'agent.

L'étendue de ce droit, et la forme du recours auprès des tribunaux qui peut en être la conséquence, a été quelquefois contestée. La jurisprudence consacrée en France par une décision du conseil des prises rendue en l'an VIII, ne permet pas qu'un consul étranger, reconnu par le gouvernement français, puisse à ce titre, et en vertu de son seul mandat d'agent politique, intervenir dans des contestations particulières entre des négociants français et des négociants de sa nation, ni faire des demandes et intenter des actions pour le compte et au nom de ces derniers. Cette décision a été

_____

(1) Instruction du 29 novembre 1833. (F.)

attaquée par un grand nombre de publicistes comme n'étant fondée ni en droit ni en justice; cependant, si on laisse de côté la nature du tribunal spécial qui l'a rendue, elle nous paraît, au contraire, parfaitement juste, et nous croyons qu'elle doit servir de règle de conduite à nos consuls.

Il est de principe, en effet, dans la législation moderne, que nul ne peut comparaître ou agir en justice sans titre. La question se réduit donc à savoir si un consul a un titre pour se présenter en justice au nom d'un de ses nationaux absents. Or, le titre en vertu duquel ils agissent, leur commission, ne donne aux consuls qu'un mandat de leur gouvernement, et ne les constitue pas représentants de leurs nationaux; d'un autre côté, on sait qu'il leur est interdit d'accepter aucune procuration spéciale, afin que les privilèges attachés à leur caractère public ne puissent jamais se trouver compromis. Dès lors, comment un consul pourrait-il se croire autorisé à intervenir juridiquement sans mandat devant un tribunal étranger au nom d'un de ses nationaux absents, lorsque, fût-il muni d'un semblable titre, les règlements lui défendraient d'en faire usage directement sans l'autorisation préalable du ministre des affaires étrangères? On pourrait sans doute répondre que c'est précisément par cette raison que le Français est absent, et que ses intérêts sont compromis faute d'être représentés, que le consul doit prendre sa défense en mains et le couvrir de sa protection. Il est très vrai qu'un consul doit sa protection à ses nationaux absents et présents, aux premiers peut-être plus encore qu'aux derniers, puisque ceux-ci ne peuvent agir par eux-mêmes; mais il y a une différence entre protéger ses nationaux et agir pour eux en leur nom : induire de cette obligation générale de protection le droit et le devoir d'agir *en justice* dans leur intérêt, ce serait implicitement reconnaître aux consuls le pouvoir de compromettre les intérêts des tiers malgré eux et à leur insu; or, une telle conséquence est évidemment inadmissible. Ce serait, en outre, fournir un encouragement déplorable à l'incurie des particuliers qui pourraient avoir des intérêts à l'étranger, et assurer aux absents, en pays étranger, une protection beaucoup plus étendue que celle qui est réservée par nos lois aux absents dans leur propre patrie.

En résumé, les consuls doivent protéger leurs nationaux absents au même titre et dans les mêmes limites que s'ils se trouvaient sur les lieux, c'est-à-dire en éclairant les autorités judiciaires ou administratives par des notes, des mémoires, des représentations, des protestations même, mais toujours en se renfermant dans le rôle d'agents du gouvernement, et sans prendre jamais le caractère de mandataires spéciaux, qu'ils devraient, au contraire, repousser dans les pays où une législation, moins précise que la nôtre, admettrait que leur qualité officielle constitue à cet égard un titre suffisant.

**530. Des actes conservatoires.** — Il est, du reste, certains actes conservatoires que les consuls sont autorisés, par l'usage général comme par les traités, à faire dans l'intérêt de leurs nationaux et particulièrement des absents.

Ainsi, dans le cas où des Français établis à l'étranger ont reçu de France des marchandises ou autres objets mobiliers et veulent, pour la conservation de leurs droits, ou pour justifier en temps et lieu leurs réclamations contre les expéditeurs, assureurs, etc., faire constater la nature, la quantité et la qualité des choses envoyées, les consuls procèdent à ces vérifications, font rédiger les procès-verbaux requis et prennent ou provoquent, dans l'intérêt des ayants droit absents, toute mesure conservatoire nécessaire, telle que dépôt, séquestre, transfert dans un lieu public, etc. (1) La marche à suivre à cet égard est celle que nous ferons connaître à propos des procédures d'avaries. (V. livre VIII, chap. VI.)

Nous rappellerons seulement que les experts commis pour la vérification de marchandises doivent être Français au-

_____

(1) Instruction du 29 novembre 1833. (F.)

tant que possible, prêter _.rment et n'employer dans leurs opérations que les mesures françaises. (1)

**531. Intervention des consuls dans l'administration des successions françaises et dans l'organisation des tutelles.** — L'administration des successions de Français décédés en pays étranger a été maintes fois une source de graves conflits entre les consuls et les autorités de leur résidence. C'est là une question des plus délicates, et qui exige, par conséquent, de notre part, quelques développements.

En principe, un consul, dans toute affaire de succession, doit prendre pour première règle de conduite les stipulations de nos traités avec la nation sur le territoire de laquelle il réside; à défaut de traité, il doit se guider d'après les usages, les précédents et les lois du pays. (2)

Dans l'application de ce principe, il faut distinguer si le Français décédé a laissé ou non sur les lieux des héritiers majeurs ou mineurs, ou seulement des enfants naturels; s'il est mort *intestat* ou après avoir testé. Enfin, il importe particulièrement de distinguer la nature des biens qui composent sa succession, c'est-à-dire si celle-ci contient des valeurs purement mobilières ou des immeubles, ou bien encore si elle contient tout à la fois des biens meubles et immeubles. Cette distinction est d'autant plus nécessaire, que le droit d'intervention du consul dans l'administration, la liquidation et le partage des successions, est nécessairement subordonné au principe qui soumet en tous cas les immeubles à la législation du pays où ils sont situés.

Lorsque les héritiers laissés sur les lieux par le défunt sont majeurs, c'est-à-dire aptes à faire valoir leurs droits, le consul n'a pas à intervenir *d'office* dans l'administration de la succession; c'est à eux, s'ils le croient nécessaire pour

---

(1) Ordonnance du 3 mars 1781, tit. 2, art. 78 et 79. (F.) — Arrêt de la Cour de cassation du 9 mars 1831. — Circulaire des affaires étrangères du 26 mai 1831.

(2) Circulaire des affaires étrangères du 22 juin 1858.

leur intérêt, pour celui des créanciers ou de leurs cohéritiers absents, à se pourvoir devant l'autorité compétente.

La compétence variant naturellement, comme nous venons de l'indiquer ci-dessus, selon la nature des biens dont la succession se compose, nous nous bornerons à rappeler que, d'après les règles du droit français, les meubles sont régis par la loi et les juges du pays auquel le décédé appartient au moment de sa mort, les immeubles, au contraire, par la loi et les juges du pays où les biens sont situés, et qu'à ces derniers juges sont généralement attribués l'examen et le règlement des contestations survenues entre héritiers ou ayants droit quelconques, à l'occasion d'une succession composée à la fois de meubles et d'immeubles situés dans leur ressort. A moins de traités stipulant le contraire, ou de successions exclusivement composées de valeurs mobilières, ce sont donc les juges territoriaux qui sont seuls compétents pour connaître des réclamations des héritiers.

Si, au contraire, les héritiers sont mineurs, c'est évidemment à leur tuteur qu'il appartient d'agir en leur nom ; mais, dans le cas où ces mineurs seraient héritiers directs, c'est-à-dire enfants du décédé, ou bien encore dans le cas où la veuve de celui-ci, étrangère d'origine, serait mineure et considérée comme telle suivant les lois de son pays, les consuls doivent organiser leur tutelle, quand les traités ou l'usage leur en accordent la faculté, et, dans les autres cas, donner les avis convenables aux officiers de justice des lieux spécialement chargés de pourvoir à la conservation des droits des mineurs. (1)

A défaut de traité reconnaissant aux consuls le droit d'organiser la tutelle de leurs nationaux, nous estimons que, lorsque les autorités du pays où ils résident ne se chargent pas de pourvoir à la tutelle de ces mineurs, et lorsque ces derniers n'ont en France ni biens, ni famille, ni domicile

_____

(1) Ordonnance de 1681. (F.) — Instruction du 29 novembre 1833. (F.)

connu, les consuls peuvent (1), vu la protection à laquelle
ont droit tous les mineurs régis par la loi française, assem-
bler un conseil de famille, le présider et inviter les membres
qui le composent à nommer un tuteur et un subrogé tuteur
à l'enfant mineur du Français décédé dans leur arrondissement; ils peuvent, en un mot, procéder en pareil cas comme
le juge de paix procède en France; mais ils doivent avoir le
soin de motiver dans le procès-verbal de la délibération du
conseil de famille leur intervention exceptionnelle et directe
dans cette circonstance, et la fonder, d'une part, sur le refus
de concours des autorités territoriales, d'autre part, sur
l'impérieuse nécessité où ils se sont trouvés de pourvoir à la
conservation des droits et des biens du mineur que la loi
française ne permet pas de laisser sans protection, et dont
aucune considération ne saurait justifier l'abandon.

Il est peu vraisemblable que les actes d'une tutelle ainsi
organisée soient exposés à être attaqués avec succès devant
les tribunaux français ou étrangers; car à supposer qu'on ne
voulût point reconnaître cette tutelle comme légale et définitive, il faudrait au moins y voir une administration provisoire,
que les consuls ont incontestablement le droit d'organiser en
leur qualité de protecteurs naturels des absents et des incapables. Mais il doit être bien entendu que, si les mineurs
avaient en France des biens, des parents ou un domicile
connu, c'est-à-dire l'ancien domicile de leurs père et mère,
on devrait recourir, pour organiser leur tutelle, à l'intervention, soit du juge de paix dans le ressort duquel seraient
situés les biens, soit du juge de paix du domicile des parents
ou des père et mère des mineurs.

**532. Successions testamentaires.** — Quand le Français,
décédé sans laisser d'héritiers présents, a testé avant de
mourir, l'ouverture du testament doit être faite par le juge
compétent du lieu où s'ouvre la succession. Si le testament

---

(1) Lettres du ministre de la justice à celui des affaires étrangères des
11 octobre 1847 et 27 août 1850.

est déposé au consulat, le consul doit, autant que possible, en provoquer d'office l'ouverture ; mais si le juge territorial refuse d'intervenir et crée ainsi un cas de force majeure, ou si le consul est autorisé, soit par les traités, soit par l'usage, à faire acte de juridiction dans le pays de sa résidence, il peut y procéder lui-même dans les conditions prévues par l'article 1007 du Code civil (1) ; il fait alors déposer le testament au rang des minutes de la chancellerie. Dans tous les cas, le consul doit transmettre au département des affaires étrangères, avec l'acte de décès et une expédition régulière du testament, tous les renseignements qui peuvent être utiles à la famille du décédé ou autres intéressés, en ayant soin d'indiquer, aussi exactement que cela lui est possible, le domicile de ceux-ci. (2)

Si un consul apprend qu'un Français dont le testament est déposé dans sa chancellerie est décédé hors de son arrondissement, il doit procéder de la même manière, et donner ensuite à son collègue dans la résidence où a lieu le décès, tous les renseignements qu'il peut juger utiles et nécessaires.

Si le décédé a institué un ou plusieurs exécuteurs testamentaires, c'est à ceux-ci qu'il appartient de veiller à ce que le vœu du testateur soit rempli, et par conséquent à ce que la succession soit recueillie par les légataires. Les exécuteurs testamentaires ayant seuls qualité pour gérer et administrer les biens, à la charge d'en rendre compte à qui de droit dans les délais légaux, les consuls, après avoir fait procéder aux actes d'ouverture de la succession, notamment à l'inventaire, n'ont point à s'immiscer dans leur gestion, dont ils doivent néanmoins surveiller les opérations dans l'intérêt des légataires ou héritiers absents ; l'autorité territoriale elle-même, à moins de disposition contraire dans les lois du pays, ne doit intervenir en pareil cas que pour assurer la régularité de ces opérations.

(1) Lettre du ministre de la justice au ministre des affaires étrangères du 6 mars 1884.
(2) Circulaires des affaires étrangères (F.) des 22 juin 1858 et 8 mai 1886.

**533. Successions ab intestat.** — Enfin, si le décédé n'a point fait de testament, s'il n'en existe pas sur les lieux, ou si les héritiers ne sont pas présents, la succession étant alors considérée comme vacante, l'autorité consulaire intervient pour en assurer la conservation dans l'intérêt des ayants droit.

La première formalité à remplir dans ce cas consiste dans l'apposition des scellés au domicile du décédé. Plusieurs gouvernements, pour assurer le payement des créanciers éventuels, font immédiatement procéder à cette opération par leurs officiers de justice ; d'autres, et c'est le plus grand nombre, reconnaissent aux consuls le droit de croiser de leurs sceaux ceux de l'autorité territoriale ; quelques-uns, enfin, consentent à ce que le consul seul appose ses sceaux, à la condition toutefois que, dans le cas où il se présenterait des créanciers sujets du pays où le décès a eu lieu, leurs droits seront réservés.

A l'expiration des délais légaux, on procède à la reconnaissance et à l'enlèvement des scellés, ainsi qu'à la formation de l'inventaire ; celui-ci est fait, soit par le consul, soit par l'autorité locale en présence du consul. Lorsque le soin de dresser seul l'inventaire est abandonné aux consuls, c'est le chancelier qui instrumente, assisté de deux témoins ayant la capacité requise et du consul représentant légal des ayants droit absents. (1) Lorsque, au contraire, l'autorité territoriale compétente intervient conjointement avec le consul pour l'accomplissement de cette formalité, c'est à son greffier qu'il appartient de tenir la plume.

Si, pendant la rédaction de l'inventaire, on trouve un testament, il doit être mis sous scellés pour être ultérieurement ouvert dans la forme légale.

Tous les renseignements recueillis sur les successions des Français morts *intestats*, les copies des procès-verbaux et inventaires dressés par les chancelleries, ou à leur défaut une expédition dûment traduite de ceux qui ont été rédigés

---

(1) *Formulaire des chancelleries*, t. i, p. 425.

par les agents du gouvernement territorial, doivent, ainsi
que nous l'avons déjà dit au chapitre IV du livre IV, être transmis par les consuls au département des affaires étrangères,
sous le timbre de la sous-direction des affaires de chancellerie. (1)

Les effets inventoriés sont conservés en dépôt, soit au
consulat, soit dans la maison même du décédé, par les soins
des consuls auxquels, le plus généralement, d'après les traités, l'autorité territoriale abandonne le soin de la liquidation
des successions. Dans certains pays cependant, c'est cette
autorité qui administre et liquide les successions, et qui ensuite en tient le produit à la disposition des héritiers légitimes ou les remet aux consuls.

Lorsque les consuls administrent seuls les successions, ils
agissent, dans ce cas, comme pour les biens des naufragés :
ils vendent les objets susceptibles de dépérissement, et conservent les autres jusqu'à ce que les héritiers aient fait connaître leurs intentions pour la conservation ou l'aliénation
des biens délaissés. A cet égard, ils ne sont, en quelque sorte,
que les curateurs des successions vacantes.

Du reste, pour accélérer la liquidation et dans l'intérêt
même des ayants droit, les règlements prescrivent aux consuls de procéder dans le moindre délai possible à la vente
des objets mobiliers susceptibles de dépérissement ; ils doivent, d'ailleurs, conserver en nature, pour être envoyés en
France, les objets ayant le caractère de souvenirs de famille.
En cas de doute sur l'opportunité de ces sortes d'envois, dont
les frais absorbent trop souvent la valeur intrinsèque, par
exemple s'il s'agissait de malles d'effets périssables, il convient de réclamer et d'attendre les ordres du département.

Toutes les fois qu'une succession ne se compose pas exclusivement d'objets mobiliers, les consuls doivent nommer un
administrateur spécial qu'ils chargent de recouvrer l'actif et
de liquider les dettes de la succession ; cet administrateur

_____

(1) Circulaire des affaires étrangères du 22 juin 1858. (F.)

qu'ils nomment sous leur responsabilité et qu'ils doivent contrôler rigoureusement, rend ensuite aux héritiers ou à leur
fondé de pouvoirs, par acte dressé en chancellerie, un compte
détaillé de sa gestion, et leur remet le net produit réalisé
par ses soins ; en l'absence de ceux-ci, l'administrateur verse
ce produit dans la caisse des dépôts du consulat.

Les intérêts étrangers engagés dans les affaires de successions sont une source de difficultés qu'il faut traiter avec
beaucoup de circonspection. Un sujet territorial qui se croit
lésé en circonstance pareille s'adresse immédiatement, pour
obtenir réparation de ce préjudice à ses juges naturels, les
seuls auxquels il se regarde comme soumis ; c'est au consul
à savoir, dans ce cas, concilier toutes les prétentions, afin
de n'en froisser que le moins possible, et à ménager les intérêts de chacun de manière à prévenir une action judiciaire
qui, quelle qu'en soit l'issue, ne pourrait qu'entraîner des
frais inutiles ; s'il n'y réussit pas, cet agent, se rappelant
alors qu'il n'est pas légalement le juge préposé à la liquidation des successions, mais seulement le curateur d'office des
biens délaissés par ses nationaux, doit laisser les dissidents
engager l'action devant les juges territoriaux, et charger
l'administrateur particulier qu'il a nommé, ou un délégué
spécial, de repousser judiciairement leurs prétentions. Toute
autre marche serait irrégulière, illégale même, et pourrait,
par cela seul, entraîner les conséquences les plus graves. A
bien plus forte raison le consul devrait-il s'abstenir d'entamer
lui-même des poursuites ou d'autoriser une action judiciaire,
si la valeur de la succession n'était pas largement suffisante
pour couvrir les frais du litige ou si les recouvrements opérés ne s'élevaient pas à la somme nécessaire pour y faire
face. Ce devoir d'abstention lui est imposé même dans le cas
où il aurait reçu à cet effet une procuration des héritiers, à
moins que ceux-ci n'eussent justifié avoir versé une provision suffisante entre les mains de l'agent comptable des chancelleries.

Si, avant que la succession soit entièrement liquidée, les

héritiers venaient à se présenter en personne ou constituaient un fondé de pouvoirs sur les lieux, le consul serait tenu de se dessaisir entre leurs mains de toute l'affaire, après s'être fait remettre les actes constatant la légitimité de leurs droits, ainsi qu'une quittance en bonne forme du produit réalisé, et tous frais déjà faits dûment acquittés. L'autorité judiciaire serait évidemment, dans ce cas, seule compétente pour statuer tant sur les droits des héritiers que sur ceux de tous les réclamants qui se présenteraient simultanément pour une même succession.

**534. Envoi en France des produits de succession.** — Quant aux successions non réclamées et liquidées d'office par les consuls, leur produit doit être transmis en France dans les formes que nous avons déjà indiquées pour la transmission à la caisse des dépôts et consignations des dépôts faits dans les chancelleries consulaires (1), c'est-à-dire conformément aux dispositions des instructions du 10 mai 1891 et du 7 mai 1892.

_____

(1) Circulaire des affaires étrangères du 22 juin 1858. (F.)

# CHAPITRE II

**535. Régime applicable aux Français résidant en Levant et en Barbarie.** — Les Français résidant en Levant et en Barbarie y sont, comme tous les autres étrangers, placés sous un régime exceptionnel qui rend, dans ces contrées, leur position toute différente de ce qu'elle est en pays de chrétienté : ce régime exceptionnel résulte de nos capitulations ou traités avec la Porte ottomane et les régences barbaresques.

Les capitulations ne règlent pas seulement de la manière la plus avantageuse les conditions auxquelles les Français peuvent résider en Orient et s'y livrer au commerce ; elles prévoient encore, pour en atténuer l'effet par de sages dispositions, la plupart des inconvénients que peut faire craindre, pour la sûreté des personnes et des propriétés, le contact de nos nationaux tant avec les autorités qu'avec les habitants du pays.

---

(1) Le cadre même de cet ouvrage nous imposait l'obligation de nous en tenir aux principes généraux de chacune des branches de service qu'il embrasse et à l'analyse des règles officiellement tracées aux agents pour leur application pratique. Par cela même et en dehors de certains cas particuliers, d'importance tout-à-fait exceptionnelle, nous avons dû laisser à l'écart, surtout pour la matière si délicate de la juridiction, l'examen des espèces, c'est-à-dire la jurisprudence consacrée par nos cours d'appel, pour les affaires décidées en première instance dans les consulats du Levant et de Barbarie qui leur ont été déférées par voie d'appel. Parmi les ouvrages spéciaux dans lesquels les agents du service extérieur trouveront pour l'étude approfondie et raisonnée des questions se rattachant à l'exercice de leurs fonctions judiciaires, les éléments que notre Guide n'avait pas à développer, nous ne pouvons moins faire que de signaler et de recommander ici le *Traité de la juridiction française dans les échelles de Levant et de Barbarie*, par M. Féraud-Giraud, conseiller à la Cour de cassation, 2 vol. in-8°, dont la deuxième édition a été publiée à Paris en 1866, chez A. Durand et Pedone-Lauriel, éditeurs, 13, rue Soufflot.

Mais, de tous les privilèges qu'elles assurent aux Français, le plus précieux est sans contredit celui de n'être justiciables des tribunaux musulmans ni pour les crimes et délits qu'ils peuvent commettre, ni pour les contestations dans lesquelles aucun sujet territorial ne se trouve partie intéressée, et de n'être soumis, dans les deux cas, qu'à la loi et aux tribunaux français. C'est aux consuls que les capitulations ont attribué le pouvoir de prononcer en matière civile ou de simple police, et d'exercer les poursuites en matière criminelle.

Les devoirs et les droits de ces agents, posés en principe dans l'ordonnance de la marine de 1681, ont été plus exactement et plus complètement définis, d'abord par l'édit du mois de juin 1778, qui fut, comme on sait, enregistré au parlement de Provence, et en dernier lieu par la loi du 28 mai 1836.

La doctrine qui se dégage de cette législation et des capitulations est que nos nationaux jouissent des immunités de l'exterritorialité. Dans les contestations qui s'élèvent entre eux, ils sont régis par leur loi, jugés par leur magistrat et ces jugements sont exécutés par la chancellerie consulaire, en dehors de toute ingérence des autorités locales, avec leur appui, si le consul le requiert.

Cette constitution spéciale de l'autorité consulaire a son principe, ainsi que l'a décidé la Cour de cassation (arrêt du 28 novembre 1887), dans une délégation partielle de la souveraineté ottomane attribuée au consul.

Ces privilèges doivent naturellement fléchir, lorsqu'il y a un intérêt ottoman en cause, ou lorsqu'il s'agit de questions immobilières. Nous traitons plus loin de ces deux exceptions.

Ayant déjà eu occasion de traiter, dans le chapitre II du livre VI, de l'exercice des fonctions de haute police conférées aux consuls dans les pays musulmans, nous nous bornerons à énumérer et à préciser ici les fonctions spéciales de ces agents, comme juges tant au civil qu'au criminel.

Section I<sup>re</sup>. — *De la juridiction en matière civile et commerciale.*

§ 1<sup>er</sup>. — De la compétence des consuls et des tribunaux consulaires.

**536. Étendue de la juridiction des consuls.** — En matière civile ou commerciale, les consuls connaissent, en première instance, des contestations, de quelque nature qu'elles soient, qui s'élèvent entre Français négociants, navigateurs ou autres, dans l'étendue de leur arrondissement. (1) Les prescriptions contenues à cet égard dans l'édit de 1778 n'ont rien perdu de leur force obligatoire, et doivent, aujourd'hui encore, être exactement observées. Notre législation actuelle ne met, en effet, aucun obstacle à l'exercice de cette partie de la juridiction des consuls ; elle a seulement établi que l'appel des jugements consulaires qui était autrefois porté au parlement de Provence, le serait à l'avenir à la cour d'appel d'Aix. (2)

En cas de vacance des consulats, d'absence ou d'empêchement de leur titulaire, les officiers ou autres personnes appelées à les suppléer exercent la plénitude de leurs fonctions judiciaires et de leurs attributions administratives de toute nature. (3)

**537. Organisation du tribunal consulaire.** — Les jugements en matière civile (et nous employons ce mot dans son sens le plus large, comme embrassant à la fois les questions de droit civil et celles de droit commercial) ne sont pas rendus par les consuls seuls. Sous le régime de l'ordonnance de 1681, il fallait le concours des députés et de quatre notables de la nation (4) ; mais la difficulté de trouver dans la plupart des consulats quatre notables négociants capables de donner leur avis sur les procès, ou du moins de les rassembler à cet effet auprès du consul, fit décréter, en 1722, qu'il suffi-

---

(1) Edit de juin 1778, art. 1<sup>er</sup>.
(2) Circulaire des affaires étrangères du 18 janvier 1816.
(3) Edit de juin 1778, art. 81. (F.)
(4) Ordonnance d'août 1681, livre 1<sup>er</sup>, titre 9, art. 13. (F.)

rait qu'à l'avenir les consuls rendissent leurs jugements ou sentences en matière civile avec deux députés de la nation, ou, à leur défaut, avec deux des principaux négociants français. (1) L'édit de 1778 ne fait plus mention des députés; il a seulement adjoint aux consuls, pour les sentences *définitives* en matière civile, deux assesseurs choisis parmi les notables, ayant voix délibérative et prêtant serment une fois pour toutes. Il permet même aux consuls de juger seuls dans les échelles où il n'a pas été possible de se procurer les deux notables; mais cette impossibilité doit alors, à peine de nullité, être relatée dans le préambule des jugements. (2)

Le même principe a été appliqué aux procédures criminelles qui n'exigent également que le concours de deux assesseurs choisis parmi les Français notables immatriculés en chancellerie, et que ne pourraient *en aucun cas* remplacer les agents placés sous les ordres et la dépendance immédiate des consuls, tels que consul suppléant, commis de chancellerie, secrétaires particuliers ou interprètes. En nous occupant de la juridiction criminelle, nous aurons occasion de discuter les objections plus spécieuses que justes qui, à diverses époques, ont été élevées contre la nomination directe par les consuls des assesseurs appelés à constituer avec eux le tribunal consulaire criminel; mais nous ne pouvons nous empêcher d'exprimer ici le regret qu'en matière civile, une sanction pénale n'oblige pas les Français à accepter le mandat d'assesseurs, lorsqu'il leur est déféré par le consul.

Dans l'état actuel des choses, le consul rend pour chaque cause civile une ordonnance spéciale de nomination des deux assesseurs; cette ordonnance est annexée en minute au dossier de l'affaire, notifiée par copie aux assesseurs, et signifiée aux parties dans la forme ordinaire.

La désignation des assesseurs par le chef du poste a donné lieu plus d'une fois, de la part des justiciables, à des plaintes

_____

(1) Déclaration du 25 mai 1722.
(2) Édit de juin 1778, art. 6 et 7. (F.)

qui n'étaient pas toutes sans fondement. Dans la plupart des postes, dans ceux où le consul ne choisit pas les assesseurs qui lui conviennent, la liste des Français que leurs lumières et leur honorabilité rendent dignes de siéger au tribunal est dressée au commencement de chaque année par le consul, et le roulement s'établit entre eux d'après l'ordre alphabétique, mais rien n'oblige le consul à s'y astreindre, et c'est là un mal. Nous estimons que le chef du poste ne devrait pas avoir le droit de choisir les assesseurs qui doivent l'assister et que ceux-ci devraient être, soit désignés par le sort pour chaque affaire, soit appelés à siéger selon un ordre établi à l'avance qui ne saurait être que l'ordre alphabétique.

Un autre système a été adopté par certains tribunaux consulaires(1) et rappelle celui qui est suivi en France pour la formation des diverses listes du jury. Le consul, en audience publique avant le commencement de l'année, tire 36 noms de l'urne dans laquelle ont été déposés des bulletins portant les noms des notables de la colonie ; ces 36 notables forment pour l'année qui suit le collège des assesseurs. Les trois premiers — deux titulaires et un suppléant — composent le tribunal consulaire pendant le premier mois, et il en est ainsi pour chaque mois, suivant l'ordre dans lequel les noms sont sortis de l'urne. Cette liste est affichée en chancellerie.

Un tribunal serait incomplet s'il n'avait pas un greffier ; c'est le chancelier qui en remplit les fonctions, et qui donne en outre, comme huissier d'office, toutes les assignations et toutes les significations. (2)

**538. Compétence du tribunal consulaire.** — Avant d'indiquer les règles de la procédure à suivre devant les consuls en matière civile, nous devons dire quelles sont les limites de la juridiction de ces agents et préciser, autant que possible, les bornes de la compétence des tribunaux consulaires.

Nos codes font dépendre la compétence des juges, soit de

---

(1) Constantinople, Alexandrie.
(2) Édit de juin 1778, art. 8. (F.)

la nature et de l'importance des litiges, soit du domicile des parties en cause.

Au point de vue de la nature et de la valeur des contestations, la compétence consulaire en Levant et en Barbarie est complète, absolue, et s'étend, sauf pour les immeubles, à *toute* affaire contentieuse, civile ou commerciale, qui s'agite entre Français *établis* dans les échelles. Les capitulations entre la France et la Porte n'ont fait à cet égard aucune espèce de distinction; d'un autre côté, la jurisprudence comme la doctrine ont invariablement admis que les tribunaux consulaires en Orient réunissent entre leurs mains l'ensemble des attributions acquises en France aux tribunaux civils et aux tribunaux de commerce, et que, dès lors, c'était violer la lettre non moins que l'esprit de l'édit de 1778 que de leur dénier le droit de connaître en premier ressort de certaines causes civiles. (1)

Une seule et importante restriction doit être mentionnée ici, c'est celle qui concerne les immeubles situés en Levant et en Barbarie. A l'origine de leurs établissements fixes en Orient, les Européens ne pouvaient, d'après les lois du Coran, devenir propriétaires d'immeubles ; mais, par la suite des temps, avec le développement des échanges commerciaux et l'accroissement de la population étrangère, on a compris la nécessité d'adoucir en fait les rigueurs des lois musulmanes et de ne plus interdire d'une manière aussi absolue la possession des immeubles à ceux qui, par leur intelligence, leur activité, leurs richesses, étaient le mieux placés pour faire fructifier la fertilité naturelle du sol. Après avoir d'abord admis à titre de compromis que les Européens pourraient acquérir des immeubles, par contrats fictivement passés au nom de

---

(1) V. Féraud-Giraud, t. ii, p. 211 à 428, et arrêts de la cour d'Aix des 18 avril 1832, 3 mai 1845, 19 octobre 1846, 15 mai 1850, 11 juin 1857, 9 novembre 1858, 23 juillet 1859, 5 janvier, 14 juin et 21 décembre 1860, 5-12 juillet 1861, 12 mai, 12 juin et 8 août 1862, 11 mai et 7 juin 1864, 26 juin 1865 et 26 janvier 1826. (*Adoption, dommages-intérêts, entreprises de travaux et fournitures, loyers, validité de mariages et saisies, règlement de travaux, remises de titres, successions, etc.*)

rayas ou de femmes du pays, la Sublime-Porte a fini par
effacer toute restriction en consacrant, dans une loi spéciale
promulguée le 10 juin 1867 (7 sepher 1284), le droit absolu
de la propriété immobilière en faveur de tous les sujets
étrangers habitant l'empire. Toutefois, afin de prévenir en
même temps les difficultés pratiques auxquelles la nouvelle
loi ne pouvait manquer de donner lieu, la Porte a en même
temps conclu avec toutes les puissances des arrangements
spéciaux réglant les limites de l'action de l'autorité locale
et de la juridiction consulaire en matière immobilière.

Cet arrangement, en ce qui concerne la France, se trouve
résumé dans le protocole signé à Constantinople le 9 juin
1868 (1), qui confère aux tribunaux locaux un droit exclusif
de compétence pour le jugement de toutes les actions immobilières.

C'est la consécration du droit commun. Cette règle régit le
statut réel dans toutes les législations (art 3. du Code civil
français).

Les tribunaux chargés de connaître des questions immobilières dans la nouvelle législation ottomane sont les tribunaux civils, dont nous parlerons plus loin.

Si, sous le rapport de la nature et de la valeur des contestations, l'action judiciaire des consulats du Levant, de Barbarie et de l'Indo-Chine n'admet d'autre restriction que celle
relative aux immeubles situés dans le pays, il n'en est pas
absolument de même en ce qui tient à la compétence inhérente au domicile des parties. Sans doute, il n'est pas absolument nécessaire, pour qu'il y ait attribution de compétence,
que la partie ait dans l'arrondissement consulaire un domicile présentant tous les caractères du domicile tel qu'il est
réglé par le Code civil. La Cour d'appel d'Aix n'a pas varié
dans sa jurisprudence à cet égard et a établi par de nombreux arrêts (2): d'une part, que la résidence habituelle dans

_____

(1) V. *Recueil des traités de la France,* t. x, p. 76 et 173.
(2) Arrêts des 5 janvier et 21 janvier 1860, 22 janvier et 12 mai 1862,
12 février et 25 août 1863, 18 février et 25 novembre 1864, 28 janvier 1865.

une échelle, l'inscription sur les registres matricules de la nation suffisaient pour faire acquérir domicile et, en cas de décès, fixer le lieu d'ouverture de la succession; d'autre part, que les agences ou succursales levantines de maisons ou compagnies de commerce et de navigation ayant leur siège en France, étaient aptes pour représenter celles-ci dans toutes les opérations de leur fonctionnement en Orient et avaient qua... pour défendre à raison des contestations que la part d'action qui leur est dévolue peut faire naître.

Il ne faut, d'ailleurs, pas perdre de vue qu'interpréter dans un sens trop étroit l'édit de 1778 qui ne se sert jamais du mot domicile serait, dans beaucoup de cas, rendre inapplicable la juridiction consulaire, et s'exposer à laisser en souffrance les intérêts particuliers que les consuls du Levant et de Barbarie ont pour mission spéciale de sauvegarder. (1) Mais les principes sainement entendus veulent, surtout en matière civile, que, pour qu'il y ait attribution légale de compétence, le défendeur possède dans l'échelle une résidence sérieuse, réelle, habituelle, caractérisée par un établissement fixe ou par l'immatriculation sur les registres du consulat. Un passage momentané dans une échelle, auquel ne se rattacherait aucune des conditions que nous venons d'indiquer, ne suffirait évidemment pas pour faire perdre au Français le bénéfice de son domicile d'origine et pour attribuer à la juridiction consulaire la connaissance de toutes les actions civiles qui pourraient être dirigées contre lui pendant le cours de ses pérégrinations fugitives en Levant et en Barbarie. Tel serait, notamment, le cas pour les contestations tenant à l'état des personnes et pour les questions dont la loi réserve exclusivement la solution au *juge naturel* des parties, c'est-à-dire à celui de leur véritable domicile. Dans les affaires de cette nature, lorsqu'elles intéressent des Français

— Jugement du tribunal consulaire de France à Constantinople en date du 18 avril 1881. — Arrêt confirmatif de la cour d'Aix.

(1) Arrêt de la cour d'Aix du 28 juillet 1865, affaire Ben-Ayad, Féraud-Giraud, t. 11, p. 241.

*voyageurs* ou *de passage*, comme dans toutes celles qui ne sont pas régies directement par la loi du lieu où elles surgissent, nous pensons que les consuls sont aussi incompétents pour en connaitre dans les pays musulmans que le seraient les juges territoriaux des pays de chrétienté où ces agents résident. Toutefois, si, à nos yeux, le jugement, dans ces cas particuliers, rentre dans le domaine propre des tribunaux français, nous n'hésitons pas à penser que les consuls ont pleinement qualité pour procéder à tous les actes d'instruction destinés à en faciliter la solution.

**539. Conciliation amiable entre les parties.** — Avant de saisir le tribunal consulaire des affaires qui lui sont déférées, les consuls devraient, ainsi que cela leur était prescrit autrefois, essayer de concilier amiablement leurs nationaux, afin de leur épargner les longueurs et les frais d'une procédure inutile. Ce que nous avons dit à cet égard, dans le chapitre précédent, du rôle de conciliateur attribué aux consuls, s'applique à tous les pays de consulat ; il va sans dire seulement qu'en Levant et en Barbarie ainsi qu'en Perse et dans l'Indo-Chine, ce rôle n'a d'autres limites que celle du pouvoir judiciaire que nos lois leur accordent et que nos traités leur garantissent. (1)

Dans certains consulats, et sauf de rares exceptions justifiées par la nature même de l'affaire, le consul fait appeler les parties en conciliation devant le chancelier qui remplit ainsi les fonctions d'un juge de paix.

**540. Débat entre le consul et ses nationaux.** — Les débats entre un consul et l'un de ses nationaux ne peuvent être jugés qu'en France. L'ordonnance de 1681 avait attribué la connaissance de ces sortes d'affaires à l'amirauté de Mar-

---

(1) Édit de 1778, art. 1er. — Loi du 8 juillet 1852, art. 1er. — Arrêt de la cour d'Aix des 3 mai 1845, 13 janvier 1848, 15 mai 1850, 5 janvier et 24 décembre 1860 et 26 juin 1865. — Circulaire des affaires étrangères du 9 décembre 1833. (F.)

seille. (1) Elle appartient aujourd'hui au tribunal du domicile du consul.

Cette disposition de l'ordonnance est exclusivement applicable aux consuls et ne saurait être étendue aux débats des chanceliers, drogmans ou autres employés des consulats avec les Français. Les consuls sont, en effet, les juges naturels de leurs subordonnés comme de tous les autres citoyens français, et connaissent de leurs contestations avec des négociants, comme de celles qui surviennent entre tous les autres particuliers.

**541. Contestations entre Français et autres étrangers. —** Les dispositions de l'édit de 1778 ne sont applicables qu'au jugement des contestations entre Français ou entre protégés français qui, par le fait de la protection dont ils jouissent, sont soumis de plein droit à l'autorité administrative et judiciaire française.

Mais quel devait être le juge compétent pour connaître des contestations entre Français et autres étrangers ?

Ce ne pouvait être le juge territorial, puisque les capitulations passées entre la Sublime-Porte et les Puissances chrétiennes excluent son intervention. Il a donc été convenu que les tribunaux consulaires seraient appelés à statuer sur ces différends, en se conformant à l'ancienne maxime: *Actor forum sequitur rei.*

On transportait ainsi une règle du droit civil dans le domaine du droit international, et c'était le moyen le plus juridique et le plus pratique à la fois de résoudre ce problème : nul ne peut être distrait de ses juges naturels. C'est, d'ailleurs, au juge qui a prononcé la décision d'en assurer l'exécution par toutes les voies de droit, et ce pouvoir d'exécution, c'est-à-dire le droit d'entrer dans le domicile d'un citoyen pour y faire notifier des actes de justice ou après des saisies, n'appartient qu'au consul de la partie qui a succombé.

Ainsi, l'acte initial de tout débat est celui par lequel le

(1) Ordonnance d'août 1681, livre 1er, titre 9, art. 10. (F.)

demandeur étranger sollicite de son consul l'autorisation de
se soumettre à la juridiction du tribunal consulaire duquel
dépend le défendeur. Mais cette soumission à une juridiction
étrangère est renfermée dans ses frontières naturelles et limitées au litige en question ; l'étranger demandeur peut être
débouté, mais il ne pourrait être condamné, et si le défendeur lui oppose des demandes reconventionnelles, le tribunal ne saurait les accueillir qu'autant qu'elles ne dépassent
pas la demande principale, à titre de compensation.

**542. Tribunaux mixtes.** — Ainsi, d'après le droit capitulaire
et les institutions primitives de l'empire ottoman, deux séries
de tribunaux fonctionnaient parallèlement :

1° Les tribunaux consulaires chargés de statuer sur les
différends qui pouvaient s'élever entre les étrangers de diverse ou de même nationalité ;

2° Les tribunaux ottomans (tchérié) qui statuaient sur
toutes les questions qui divisaient les Ottomans entre eux.

Mais la Sublime-Porte avait aussi des sujet rayas, c'est-à-
dire non musulmans ; quelle juridiction devait connaître des
différends nés à l'occasion de leur statut personnel ? de plus,
quel tribunal devait statuer entre étrangers et sujets ottomans ? La réforme législative, inaugurée par le Hatt-Sché-
rif et le Hatt-Humayoun, a résolu ces deux questions.

Ces deux rescrits ont institué une juridiction spéciale,
celle des communautés non musulmanes. Les procès qui
touchent à la dot, au mariage, aux successions, en un
mot au statut personnel, soit entre chrétiens, soit entre sujets non musulmans, sont renvoyés devant les patriarches,
les chefs religieux et les conseils de ces communautés.

Quant aux procès qui surgissent entre étrangers et ottomans, les articles 23 et 69 des capitulations avaient essayé
d'y pourvoir, soit au point de vue de la procédure et des
moyens de preuve, soit au point de vue de la juridiction appelée à trancher les débats de cette nature. Ainsi, le premier
de ces textes faisait prévaloir la preuve écrite même devant

le Cadi, contrairement à la règle constante des tribunaux religieux qui jugent d'après la preuve testimoniale, et le second disposait que ces procès, dont l'objet dépasserait 4.000 aspres, seraient portés au divan impérial. Là une commission mixte était instituée et rendait une décision sans appel.

Cette organisation surannée n'existe plus. A la suite du Hatt-Humayoun de Gul-Hané (loi du Tanzimat), promulgué le 3 novembre 1839, et du Hatt-Humayoun de 1856, la révolution législative est accomplie. Diverses ordonnances organiques, un code de commerce calqué sur le code français, un code de procédure, un code pénal ont été publiés, et les tribunaux de commerce dits Mekkhémès Tidjaret, ainsi que des tribunaux civils, dits réglementaires, ont été institués pour appliquer la nouvelle législation.

Les tribunaux de commerce (Tidjaret) connaissent de toutes les contestations commerciales entre étrangers et Ottomans, ainsi que des contestations civiles dont la valeur est supérieure à dix livres turques (230 francs) ; ces tribunaux sont composés de cinq membres, dont trois permanents nommés par le gouvernement ottoman, et deux temporaires désignés par le consul dont relève l'étranger intéressé aux débats. Le drogman assiste aux audiences et aux délibérations, à peine de nullité du jugement. Dans les provinces, ces causes mixtes peuvent passer par deux degrés de juridiction. A Constantinople, ces jugements sont rendus sans appel. Ils ne peuvent être attaqués que par les voies d'opposition ou de rétractation.

Les tribunaux civils ou réglementaires (1) jugent comme nos tribunaux de 1re instance et ont une compétence civile à la fois et correctionnelle. Ce sont eux qui, en principe et à l'exclusion des tribunaux religieux (tchérié), statuent sur les questions immobilières intéressant les étrangers.

**543. Restriction de la juridiction en Égypte.** — La loi du 17 décembre 1875 a autorisé le gouvernement à restreindre la juridiction exercée par nos consuls en Égypte.

_____

(1) Loi du 4 mouharrem 1286.

Aux termes de cette loi et des actes internationaux qu'elle vise, il ne s'agissait que d'une expérience dont la durée ne devait pas dépasser cinq ans. En fait le consentement de la France au maintien des tribunaux mixtes en Égypte a été successivement prorogé, en vertu d'une série d'autorisations législatives dont la dernière porte la date du 31 janvier 1894, et l'on peut considérer aujourd'hui comme vraisemblable que la juridiction consulaire ne sera pas rétablie en Égypte et que les tribunaux mixtes qui ont été institués en 1875 continueront à fonctionner, avec ou sans modification de l'état de choses actuel, selon que l'expérience en aura démontré la nécessité ou la convenance.

Quant à l'organisation judiciaire actuelle en Égypte, nous ne croyons pas devoir analyser les documents spéciaux sur lesquels elle est basée : nous nous bornerons à renvoyer au tome XI du *Recueil des traités de la France* dans lequel ils sont reproduits. Nous ajouterons, toutefois, que, bien que sous le régime provisoire actuel nos consuls soient dessaisis de toute intervention personnelle dans les affaires civiles et commerciales dans lesquelles leurs nationaux ne sont pas exclusivement intéressés, ils conservent la plénitude de leurs attributions dans les actions civiles *entre Français*, ainsi qu'en matière correctionnelle et criminelle.

**544. Procès entre Français résidant en France et étrangers résidant en Levant.** — Jusqu'ici nous n'avons parlé que des contestations nées des rapports que les étrangers de nationalité différente et résidant en Levant ont entre eux ; il nous reste à dire quelques mots de celles que ces étrangers peuvent avoir avec des Français domiciliés en France, et à indiquer la voie par laquelle ces contestations peuvent arriver à une solution.

La plupart de nos négociants en France sont persuadés qu'après avoir fait prendre à l'étranger, avec lequel ils contractent, l'engagement d'élire domicile en France et de soumettre aux tribunaux français l'examen et le règlement des contestations auxquelles pourra donner lieu l'exécution des clauses de leur contrat, il leur suffit, pour avoir raison de cet étranger, de l'assigner devant nos tribunaux, aux termes de l'article 14 du Code civil, et de faire rendre contre lui un jugement contradictoire ou par défaut : c'est là une erreur grave dont les suites ne peuvent être que fort préjudiciables à leurs intérêts.

Lorsque l'étranger défendeur possède sur notre territoire des biens quelconques, le jugement rendu contre lui peut bien y être exécuté, sans difficulté aucune, dans le délai prescrit par la loi ; mais, s'il n'en possède pas, l'exécution du jugement ne peut avoir lieu que dans le pays où il réside et avec le concours et l'appui de ses juges naturels, qui ordonnent que la sentence émanée du tribunal français sera exécutée dans leur ressort, après ou sans révision. Or, en Levant, les juges naturels de l'étranger défendeur sont, dans ce cas, ceux qui composent le tribunal consulaire de sa nation ; ce tribunal est donc le seul compétent pour autoriser l'exécution *de plano* du jugement français, ou pour renvoyer le demandeur qui la poursuit devant la commission judiciaire mixte appelée à en connaître.

Ce serait en vain que les Français qui ont obtenu en France de pareilles sentences contre des étrangers s'adresseraient, pour en obtenir l'exécution *forcée*, en Levant, au ministère des affaires étrangères ou à ses agents. Quelque intérêt qu'inspire leur position, ce recours ne pourrait être pour eux d'aucune efficacité, attendu : 1° que le ministère ainsi que ses agents ne sauraient, en principe, dans le but d'assurer l'exécution de ces sentences, procéder par voie de contrainte envers des étrangers que leur nationalité met complètement en dehors de la juridiction française ; 2° que, du moment où le consul de France a mis en demeure son collègue de la nation à laquelle le défendeur appartient de pourvoir à cette exécution, et où ce dernier refuse positivement d'y concourir en se fondant sur l'incompétence des juges qui ont rendu ces sentences, le premier a fait, dans l'intérêt du demandeur, tout ce que les lois qui régissent notre institution consulaire lui prescrivaient de faire, en pareil cas ; 3° enfin, qu'un consul ne pourrait aller au-delà sans excéder ses pouvoirs et, dès lors, sans engager la responsabilité de son gouvernement d'une manière très grave vis-à-vis du gouvernement du pays du défendeur.

**545. Frais de procédure devant les tribunaux consulaires.** — Le tarif des chancelleries spécifie, dans ses articles 7 à 63, le taux des droits applicables aux divers actes de la juridiction civile, commerciale et criminelle. Le recouvrement de ces droits ne s'opère souvent qu'avec beaucoup de difficultés.

Les taxes dues par les parties pour les procès qu'elles suivent devant les tribunaux consulaires méritant à tous égards d'être assimilées aux droits de greffe, il a été reconnu que les consuls étaient pleinement fondés à exiger la consignation préalable entre leurs mains du coût de chacun des actes requis dans le cours d'une instance, soit par le demandeur, soit par le défendeur. Toutefois, la consignation des frais de justice ne peut être exigée des plaideurs qu'au fur et à mesure de la délivrance des actes requis. Si le demandeur était étranger, rien ne s'opposerait d'ailleurs à ce que le consul, à défaut du dépôt préalable des taxes, amenât le Français défendeur à réclamer de son adversaire la caution *judicatum solvi* par application de l'article 166 du Code de procédure. Mais cette marche ne peut être suivie à l'égard de tous les étrangers ; car il en est qui, aux termes des traités conclus entre la France et leur pays, sont affranchis de l'obligation de fournir la caution *judicatum solvi* devant nos tribunaux. (1)

§ 2. — De la procédure à suivre dans les consulats en matière civile.

L'édit de 1778 a tracé d'une manière très claire, et qui exige par conséquent fort peu d'explications, les règles de la procédure à suivre devant les consuls pour avoir jugement

1) Circulaires des affaires étrangères (F.) des 1er nov. 1864 et 13 juillet 1869.

en matière civile : notre Code de procédure n'y a point dérogé et ne l'a modifié en rien. (1)

**546. Assignation.** — Lorsqu'il s'agit de former quelque demande ou de porter quelque plainte, la partie présente elle-même sa requête au consul, ou, en cas d'empêchement, fait faire à la chancellerie par un procureur fondé une déclaration circonstanciée dont il lui est délivré expédition, et qui est présentée au consul pour tenir lieu de ladite requête. Sur le vu et au bas de cette déclaration, le consul rend un décret non susceptible d'appel ni d'opposition, et par lequel il ordonne que les parties comparaîtront en personne aux lieu, jour et heure qu'il juge à propos d'indiquer, selon la distance des lieux et la gravité des circonstances. (2) Hors les cas qui requièrent célérité, et qui exigent que l'assignation ait lieu d'une heure à l'autre, le délai d'assignation doit être d'au moins un jour franc, et d'un jour en sus par trois myriamètres de distance, lorsqu'il y a éloignement.

La requête ou déclaration est signifiée par le chancelier avec les pièces à l'appui de la demande qui y est formulée ; mais si ces pièces sont trop étendues ou trop volumineuses, elles sont seulement déposées en chancellerie pour être communiquées sans déplacement au défendeur. (3) Toutefois, l'omission de joindre copie des pièces, ou d'insérer dans l'assignation l'offre d'en prendre connaissance en chancellerie, ne serait pas une cause de nullité, parce que le demandeur peut se réserver la faculté de les produire en temps et lieu ; seulement, lorsqu'il en est ainsi, mention doit en être faite dans l'assignation.

Le chancelier ne pouvant instrumenter que dans l'étendue du consulat auquel il est attaché, tout exploit fait contrairement à cette disposition serait nul. Mais, même dans l'arron-

---

(1) Avis du Conseil d'État du 22 mai-1er juin 1807.
(2) Édit de juin 1778, art. 9 et 10. (F.) — Loi du 3 mai 1862. — Code de procédure civile, art. 73.
(3) Édit de juin 1778, art. 11. (F.)

dissement du consulat, le chancelier n'est pas toujours capable pour instrumenter légalement ; ainsi un huissier ne peut instrumenter à peine de nullité pour aucun de ses parents et alliés, ni pour ceux de sa femme en ligne directe à l'infini, ni encore pour ses parents et alliés collatéraux jusqu'au degré de cousin germain inclusivement. (1) Cette prohibition de la loi, fondée sur ce qu'un huissier pourrait sacrifier ses devoirs à l'intérêt de ses proches parents, doit évidemment être étendue aux chanceliers. Toutefois, le Code de procédure, en interdisant aux huissiers d'instrumenter pour leurs parents, ne leur a pas défendu de le faire contre eux ; et, bien que dans ce cas les convenances ne puissent être que blessées, l'exploit n'en produirait pas moins tous ses effets.

Dans tous les cas où le chancelier ne peut ou ne doit instrumenter, il est remplacé, sur décret du consul, par un des drogmans de l'échelle ou par un commis de la chancellerie.

Les significations de demandes à comparaître sont faites en parlant à la personne du défendeur ou à son domicile ; quand celui-ci n'est pas connu, comme en cas d'absence ou d'empêchement, l'ajournement se donne par affiches apposées en chancellerie ; enfin les navigateurs et les passagers qui n'ont d'autre demeure que leur navire, sont assignés à bord. Les sociétés de commerce, tant qu'elles existent, doivent être assignées au domicile social, et s'il n'y en a pas, en la personne ou au domicile de l'un des associés ; après leur dissolution, on assigne chaque associé à son domicile particulier. Les unions et directions de créanciers après faillite doivent être assignées en la personne ou au domicile de l'un des syndics ou directeurs. Lorsqu'une des parties a fait élection de domicile dans une convention, elle peut être assignée à ce domicile élu. Il doit être fait mention dans l'original, ainsi que dans la copie de tout exploit d'ajournement, du nom du défendeur, de la personne à laquelle l'assignation a été laissée ou de l'affiche qui en a été faite. Il est donné assi-

_____

(1) Code de procédure, art. 66.

gnation au défendeur à comparaître devant le consul aux jour, lieu et heure indiqués par son ordonnance, et l'original, ainsi que la copie de l'exploit, doivent être datés et signés du chancelier. L'observation de toutes ces formalités est exigée à peine de nullité. (1)

Par analogie avec ce qui se pratique en France, nous pensons qu'à l'étranger une assignation ne pourrait être légalement signifiée un dimanche ou un jour de fête légale, à moins qu'il y eût péril dans la demeure et autorisation expresse du consul. Nous sommes également portés à croire qu'un exploit ne saurait être valablement remis de nuit, c'est-à-dire avant six heures du matin et après six heures du soir du 1er octobre au 31 mars, et avant quatre heures du matin et après neuf heures du soir depuis le 1er avril jusqu'au 30 septembre. (2)

**547. Assignation par un demandeur étranger.** — Les notifications et remises de pièces se font en Levant par l'intermédiaire de la chancellerie du consulat dont relève celui auquel cette pièce est destinée. C'est là une pratique constante (3) ; nous le reconnaissons, mais en ajoutant qu'elle n'est aucunement obligatoire. La Cour de cassation a déclaré par arrêt du 10 juin 1864, en réformant un jugement du tribunal du Caire dans un sens contraire, qu'aucune loi n'oblige l'étranger demandeur devant un tribunal consulaire français à introduire son action par l'intermédiaire de la chancellerie de sa nation, et qu'il peut dès lors l'introduire directement.

**548. Comparution.** — Les parties assignées sont tenues de se présenter en personne devant le consul dans le lieu, aux jour et heure indiqués ; toutefois, en cas de maladie, d'absence ou autres empêchements, elles peuvent envoyer au consul des déclarations ou mémoires signés d'elles, contenant

---

(1) Édit de juin 1778, art. 12 et 13. (F.) — *Formulaire des chancelleries*, t. i, mod. 140.

(2) Code de procédure, art. 63 et 1037.

(3) Féraud-Giraud, *Juridiction française dans les échelles*, t. ii, p. 157 et 278.

leurs demandes et défenses, en y joignant les pièces à l'appui, ou se faire représenter par des fondés de pouvoirs ad hoc. (1)

**549. Police de l'audience.** — L'édit du mois de juin 1778, en conférant au consul, comme président du tribunal consulaire, la police de l'audience, s'est borné à rappeler le principe général de notre organisation judiciaire, mais n'a rien spécifié quant à l'exercice de ce droit de police ni quant au mode de répression des actes délictueux qui peuvent troubler l'administration de la justice en Levant et en Barbarie. La loi spéciale du 28 mai 1836 n'ayant non plus tracé sur ce point aucune règle particulière, les consuls, pour l'exercice de leur droit de police à l'audience, ne nous semblent pouvoir suivre d'autre guide que celui fourni par les dispositions du Code de procédure civile, du Code d'instruction criminelle et du Code pénal que nous allons analyser.

Les parties peuvent se défendre elles-mêmes; mais le tribunal a la faculté de leur interdire ce droit, s'il reconnaît que la passion ou l'inexpérience les empêche de discuter leur cause avec la décence convenable ou la clarté nécessaire pour éclairer les juges. (2)

Elles sont, en tout cas, tenues de s'expliquer avec modération devant le juge et de garder le respect qui est dû à la justice; si elles y manquent, le juge les y rappellera d'abord par un avertissement; en cas de récidive, elles pourront être condamnées à une amende qui n'excèdera pas la somme de dix francs, avec affiche du jugement. (3)

Dans le cas d'insulte ou d'irrévérence grave envers le juge, il en dressera procès-verbal et pourra condamner à un emprisonnement de trois jours au plus. (4)

Les jugements, dans les cas prévus par les deux paragraphes précédents, sont exécutoires par provision. (5)

_____

(1) Édit de juin 1778, art. 14 et 15. (F.)
(2) Code de procédure civile, art. 85.
(3) Code de procédure civile, art. 10.
(4) Code de procédure civile, art. 11.
(5) Code de procédure civile, art. 12.

Les personnes qui assistent aux audiences doivent se tenir découvertes, dans le respect et le silence : tout ce que le président ordonnera pour le maintien de l'ordre sera exécuté ponctuellement et à l'instant. La même disposition sera observée dans les lieux où les juges exerceront les fonctions de leur état. (1)

Si un ou plusieurs individus, quels qu'ils soient, interrompent le silence, donnent des signes d'approbation ou d'improbation, soit à la défense des parties, soit aux discours des juges, soit aux interpellations, avertissements ou ordres du président, soit aux jugements ou ordonnances, causent ou excitent du tumulte de quelque manière que ce soit, et si, après l'avertissement des huissiers, ils ne rentrent pas dans l'ordre sur-le-champ, il leur sera enjoint de se retirer, et les résistants seront saisis et déposés à l'instant dans la maison d'arrêt pour vingt-quatre heures : ils seront reçus sur l'exhibition de l'ordre du président qui sera *mentionné au procès-verbal d'audience*. (2)

**550. Publicité des audiences.** — Il résulterait de ce que nous venons de dire que les audiences des tribunaux consulaires jugeant en matière civile sont publiques. Sans doute c'est ce qui a lieu généralement aujourd'hui, mais la loi ne le dit pas, et deux arrêts de la cour d'Aix en date du 24 mai 1858 et du 12 février 1863 ont jugé que la publicité des audiences des tribunaux consulaires n'est nullement obligatoire.

Rien n'est plus légal sans doute. L'édit de 1678, confirmé par celui de juin 1778, n'oblige en aucune façon les consuls à juger en audience publique ; la loi du 28 mai 1836 n'a statué sur ce point et dans un sens différent qu'en matière correctionnelle et de police ; mais nous estimons que nos agents en Orient feront bien de continuer à agir comme le font

---

(1) Code de procédure civile, art. 88.

(2) Code de procédure civile, art. 89. — Code d'instruction criminelle, art. 504, 505 et 506.

leurs collègues étrangers, c'est-à-dire à rendre la justice publiquement et au grand jour.

**551. Jugement.** — Lorsque, sur la comparution des parties ou sur les mémoires, pièces ou déclarations envoyés par elles, le tribunal consulaire juge la cause suffisamment instruite, le jugement est rendu sans désemparer. (1) La décision est prise à la pluralité des voix, et le consul dicte à l'audience même au chancelier le dispositif du jugement; la minute en est ensuite signée tant par le consul et ses assesseurs que par le chancelier.

Les jugements doivent toujours contenir les noms des juges; les noms, prénoms, nationalités, professions et demeures des parties; les conclusions prises respectivement par elles; l'exposé sommaire des points de fait et de droit; les motifs, le dispositif et la date du jugement; les noms des défenseurs qui ont présenté des observations pour les parties, et, dans les cas où celles-ci se sont fait représenter par des mandataires, les noms, prénoms, professions et demeures de ces mandataires, avec l'indication de l'acte leur conférant leur mandat, acte qui doit être déposé en chancellerie. Le défaut d'indication des points de fait et de droit et des conclusions des parties entraîne la nullité du jugement, le juge d'appel ne pouvant dans ce cas vérifier ce qui a fait l'objet du litige en première instance, ni s'assurer si l'on forme devant lui des demandes nouvelles ou si le premier juge a statué sur des choses non demandées.

Si le défendeur n'a pas comparu ou n'a pas répondu à la citation, le sursis du défaut doit être adjugé au demandeur comparant, et la cause entendue et jugée sur ses réquisitions; si c'est, au contraire, le demandeur qui ne comparaît pas, le tribunal donne au défendeur présent *congé* de l'action intentée contre lui. (2)

---

(1) Édit de 1778, art. 16. (F.)

(2) Code de procédure civile, art. 141 et 146. — *Formulaire des chancelleries*, t. i, modèles nos 176 à 181. — Arrêts de la cour d'Aix des 5 janvier 1860, 27 février 1861, 1er avril et 12 mai 1862.

Nous ne saurions trop recommander à l'attention des consuls les libellés des jugements qu'ils sont appelés à rendre et la stricte observation des prescriptions contenues dans les articles 141 et 146 du Code de procédure. Plusieurs fois, en effet, la cour d'Aix a pu constater que des jugements consulaires, bien rendus au fond, présentaient dans la forme des irrégularités tellement graves que, pour y remédier, elle s'est vue dans l'obligation d'annuler les sentences qui lui étaient déférées, sauf à évoquer immédiatement le fond et à rendre un arrêt conforme dans son dispositif à la décision attaquée devant elle. De cette manière, le mal se trouve sans doute réparé, mais ces annulations entraînent des frais et retardent l'expédition des procès. (1)

**552. Interrogatoire sur faits et articles.** — Si l'audition personnelle d'une des parties légitimement empêchée de se présenter en personne est jugée nécessaire par le tribunal, celui-ci, après en avoir délibéré, commet un de ses membres, un des officiers du consulat, ou même un des notables de la nation pour se transporter au domicile de la partie, et l'interroger sur les faits qui peuvent exiger des éclaircissements. Ce commissaire doit être assisté du chancelier, lequel rédige par écrit l'interrogatoire, que signent ensuite tous ceux qui y sont intervenus, et dont le chancelier apporte immédiatement après la minute à l'audience. (2)

**553. Transport sur les lieux.** — Dans le cas où le tribunal juge nécessaire une descente sur les lieux, il peut déléguer ce soin à l'un de ses membres ou à un commissaire spécial. Le jugement qui ordonne ce transport doit indiquer le lieu, le jour et l'heure où il sera procédé en présence des parties dûment appelées par la signification qui leur en est faite. Au jour indiqué pour le transport, que les parties comparaissent ou fassent défaut, il y est procédé par le consul ou le

_____

(1) Circulaire des affaires étrangères du 15 septembre 1862. (F.)
(2) Édit de juin 1778, art. 17. (F.)

juge commis par le tribunal consulaire, assisté du chancelier, lequel est chargé d'en dresser procès-verbal. (1)

**554. Expertises.** — Dans les affaires où il s'agit seulement de connaître la valeur, l'état ou le dépérissement des marchandises, le tribunal consulaire peut se borner à nommer d'office, parmi les Français de l'échelle, des experts, qui, après avoir prêté serment devant le consul, procèdent aux visites ou estimations nécessaires et en dressent un procès-verbal qui reste déposé en chancellerie. (2)

Les procès-verbaux d'expertise et de transport sur les lieux ne sont point signifiés : les parties en reçoivent communication en chancellerie sur leur demande, mais sans déplacement ; il peut même, lorsqu'elles le requièrent, leur en être délivré des expéditions, sur lesquelles elles ont le droit de fournir leurs observations.

Les jugements à intervenir sur le vu de ces procès-verbaux et d'après les faits qui y sont constatés, doivent toujours être rendus avec toute la célérité possible, soit en présence des parties ou de leurs fondés de pouvoirs, soit après en avoir délibéré. (3)

Dans le cas d'expertise, il peut arriver que la nature de la vérification à faire ne permette pas, par suite de la spécialité des connaissances requises, de commettre des Français : tel peut être, notamment, le cas de vérifications d'écritures, lorsqu'une pièce ou un acte est argué de faux. Le tribunal peut alors commettre tels experts qu'il juge à propos, sauf à constater dans son jugement que ceux-ci acceptent le mandat qu'il leur confère, vu l'impossibilité où il se trouve de faire porter son choix sur des Français.

**555. Faux incident.** — Cette question de la vérification des écritures nous amène à relever une omission commise dans l'édit de 1778, lequel n'a pas prévu le cas de l'inscription de

---

(1) Édit de juin 1778, art. 18. (F.)
(2) Édit de juin 1778, art. 19. (F.) — *Formulaire*, t. 1, mod. 158.
(3) Édit de juin 1778, art. 20. (F.)

faux qui arriverait incidemment dans le cours d'une procédure. Le cas échéant, les consuls devraient suivre à cet égard les règles tracées au titre xi du livre ii du Code de procédure civile. S'il s'agit d'un faux incident, le tribunal consulaire a le droit de le juger. S'il s'agit, au contraire, d'un faux principal, il doit être sursis jusqu'après le jugement du crime, car l'action publique interrompt le cours de l'action civile (1) ; mais le jugement à intervenir sur l'action publique ne détruisant pas l'action civile, le tribunal consulaire aura plus tard à se prononcer sur cette dernière d'après les preuves et les moyens soumis à son appréciation, sans que la décision des juges au criminel puisse aucunement l'obliger. (2)

**556. Enquêtes et interlocutoires.** — Les enquêtes se font par devant le tribunal et dans la forme sommaire, au jour fixé par l'interlocutoire; les témoins doivent être sur-le-champ indiqués par les parties présentes : c'est là une disposition spéciale à la procédure des tribunaux consulaires. Si l'enquête est ordonnée en l'absence des parties ou de l'une d'elles, il doit être fixé un délai assez long pour que les noms des témoins puissent être envoyés au chancelier, et que ceux-ci puissent eux-mêmes être assignés avant le jour fixé pour les entendre. Les témoins *français* sont directement assignés par le chancelier en vertu du jugement interlocutoire. Les non-comparants qui n'auraient pas justifié d'une cause légitime d'absence ou d'empêchement sont condamnés à une amende de trente francs pour le premier défaut, et de cent francs pour le deuxième ; ces amendes sont ensuite doublées pour chaque récidive, lors même que les actes de désobéissance réitérée du témoin condamné se seraient produits dans d'autres affaires. Le tribunal peut également, fût-ce sur le premier défaut, ordonner que les non-comparants seront contraints par corps à venir déposer.

---

(1) Code civil, art. 1318. — Code de procédure civile, art. 240. — Code d'instruction criminelle, art. 3.

(2) Arrêt de la Cour de cassation du 24 novembre 1824.

A l'égard des témoins *étrangers*, le consul s'adresse aux
autorités locales ou à ses collègues par simple demande, à
charge de réciprocité et suivant les usages de chaque échelle,
pour obtenir l'ordre de les faire comparaître ; mais il est bien
évident que le tribunal français ne peut avoir sur ces témoins,
même lorsqu'ils refusent d'obéir à l'ordre du consul de leur
nation, aucun pouvoir direct d'assignation, ni aucun moyen
de contrainte quelconque. Beaucoup de consuls recourent,
en pareil cas, à la voie des commissions rogatoires, ainsi que
le font, en pays de chrétienté, les magistrats chargés de
l'instruction des affaires criminelles ou civiles. Il résulte de
ce mode de procéder une simplification qui produit d'excellents résultats dans le Levant, où l'administration de la justice est si souvent entravée, quand elle n'est pas rendue impossible, par la différence de nationalité des justiciables.

En ce qui est des sujets territoriaux, lorsque leur comparution est nécessaire, les consuls doivent se conformer aux
capitulations et aux usages observés à cet égard dans les
différents consulats : l'usage général est de s'adresser à leurs
magistrats.

Si les témoins résident dans une autre échelle ou ailleurs,
le consul délègue par une commission rogatoire qu'il adresse,
soit à leur consul, soit à l'autorité du lieu où ils demeurent,
le soin de les entendre. Ce cas ne peut évidemment se présenter que très rarement dans les affaires du genre de celles
qui sont soumises à la décision des tribunaux consulaires en
matière civile.

Les parties en présence desquelles la preuve par témoins
a été ordonnée, sont tenues, sans qu'il soit besoin d'assignation, de comparaître devant le tribunal, aux jour et heure
indiqués, pour recevoir la déposition des témoins ; à l'égard
des parties qui n'ont pas comparu en personne, la signification qui leur est faite du jugement interlocutoire, pour qu'elles
aient, s'il y a lieu, à nommer leurs témoins, suffit et tient
lieu de toute assignation pour assister à l'enquête.

A l'audience, les reproches qui seraient articulés contre

les témoins doivent être proposés verbalement par les parties ou leurs fondés de pouvoirs, et il en est fait mention dans le jugement qui tient lieu de procès-verbal; les témoins sont ensuite entendus sommairement, et leurs dépositions sont également reproduites dans le jugement. Les témoins reprochés sont entendus de la même manière ; le tribunal apprécie ensuite la foi qui doit être ajoutée à leur déposition.

Les étrangers qui ne savent pas la langue française sont assistés, pour faire leurs dépositions, d'un interprète désigné par le tribunal, et qui prête à l'audience, avant de remplir son mandat, le serment de traduire fidèlement les dépositions des témoins qu'il assiste ; les drogmans et autres interprètes attachés au consulat et déjà assermentés sont toutefois dispensés du serment. (1)

L'ordonnance de 1778 ne dit pas qu'avant de répondre aux questions qui leur sont faites, les témoins prêteront serment de ne dire que la vérité; cette formalité, exigée en France par le Code de procédure, ne saurait donc être étendue en Levant aux interrogatoires et enquêtes faits à l'audience. Toutefois, si une partie le requérait, le serment pourrait être déféré par le tribunal, et serait alors prêté selon les rites particuliers de la religion du témoin appelé ; si celui-ci refusait de déposer sous serment, et sauf, bien entendu, le cas où sa religion ne lui permettrait aucune espèce d'affirmation solennelle, sa déclaration deviendrait nulle, et il serait lui-même assimilé à un témoin défaillant.

Les témoins entendus, le tribunal peut juger la contestation sur-le-champ, ou ordonner que les pièces seront laissées sur son bureau, pour en être délibéré. Dans ce dernier cas, le jour où le jugement sera prononcé à l'audience doit être indiqué par la sentence de mise en délibéré.

**557. Signification des jugements.** — Les jugements par défaut, contradictoires ou définitifs, sont signifiés aux parties par le chancelier, dans la forme ordinaire de toutes les cita-

(1) Édit de juin 1778, art. 21 et 26. (F.)

tions et assignations, sans qu'il soit besoin d'aucun autre commandement ou sommation. (1) Les parties sont, en conséquence, tenues et contraintes d'exécuter lesdits jugements par toutes les voies légales et d'usage dans chaque poste consulaire.

A peine de nullité, la copie du jugement signifié doit indiquer la personne à laquelle la signification a été laissée. (2)

**558. Opposition.** — Les jugements des consuls étant soumis aux voies de recours ordinaires, ceux qui ont été rendus par défaut sont susceptibles d'opposition dans les trois jours de la signification à la partie ou à son fondé de pouvoirs. Néanmoins, dans le cas où la partie condamnée est absente et n'est pas représentée, le délai d'opposition ne court contre elle que du jour où il lui a été donné connaissance de la condamnation. Les sentences par défaut peuvent cependant être exécutées sur les biens des défaillants trois jours après la signification faite à la personne ou à son domicile ou par affiches. Par le fait, il existe donc deux défauts : l'un contre le procureur fondé, avec trois jours pour l'opposition à partir de la signification ; l'autre contre la partie absente au moment de la signification, avec faculté d'opposition jusqu'à exécution. C'est une distinction analogue à celle qui est faite en France entre les défauts contre avoué et ceux contre partie. Les instances sur opposition sont vidées à bref délai, dans la forme que nous avons déjà indiquée, et suivant les circonstances de la cause. (3)

**559. Appel.** — Les jugements des tribunaux consulaires, tant contradictoires que ceux rendus par défaut après le délai d'opposition, sont susceptibles d'appel par devant la cour d'Aix. L'acte d'appel est reçu en chancellerie et signifié à la

---

(1) Édit de juin 1778, art. 27. (F.) — *Formulaire des chancelleries*, t. I, mod. n° 191.

2) Arrêt de la cour d'Aix du 8 août 1862.

(3) Édit de juin 1778, art. 28 et 29. (F.) — *Formulaire des chancelleries*, t. I, mod. n° 181.

partie adverse, à la requête de l'appelant. (1) Il doit contenir constitution d'avoué près la cour devant laquelle l'appel est porté et assignation dans les délais de la loi. Nous n'avons pas besoin d'ajouter que les jugements consulaires sont susceptibles d'être déférés à la cour de cassation.

Certains consulats du Levant ont adopté l'usage d'exiger des plaideurs le dépôt en chancellerie des titres originaux des conventions dont l'interprétation ou l'exécution fait l'objet du litige. Lorsque ces titres ne sont pas rendus après le jugement et que l'affaire est portée en appel devant la cour d'Aix, les dossiers n'en contiennent que des copies certifiées. Si, dans un certain nombre d'instances, ces copies peuvent suffire, il est beaucoup de cas aussi où la production des originaux est absolument indispensable, et nous pensons dès lors qu'en règle générale il sera toujours préférable, pour ne pas mettre en péril les intérêts des justiciables et fournir aux magistrats français les éléments d'appréciation dont ils ont besoin, de restituer aux parties les originaux des pièces qui doivent servir de base à leur appel. (2)

**560. Délais d'appel.** — L'article 37 de l'édit de 1778 a bien créé une compétence légale pour la réforme des jugements consulaires, mais ne contient aucune disposition particulière sur les délais dans lesquels l'appel doit être interjeté devant la cour d'Aix. Pour apprécier cette question, il faut donc recourir aux principes consacrés par les lois générales ou spéciales qui régissent la matière en France, notamment à la loi du 3 mai 1862 qui, modifiant les dispositions des articles 73, 443, 445, 446, 483, 484, 485, 486, 1033 du Code de procédure civile, et 160, 166, 373, 375, 645 du Code de commerce, a réduit de trois mois à deux mois les délais en matière civile et commerciale. Divers arrêts de la cour d'Aix et de la cour de cassation (3) ont d'ailleurs décidé que ce délai de deux

(1) Édit de juin 1778, art. 37. (F.) *Formulaire des chancelleries,* t. II, appendice, p. 862.
(2) Circulaire des affaires étrangères du 15 septembre 1862. (F.)
(3) Loi du 3 mai 1862. — Arrêts de la cour d'Aix des 23 avril 1863,

mois, quand les deux parties ont leur domicile en Levant, ne devait subir aucune augmentation en raison de la distance qui sépare l'échelle du siège de la cour d'appel, ainsi qu'on serait porté à l'induire de la teneur des articles 73 et 445 du Code de procédure civile, lesquels sont uniquement applicables à l'appel des jugements rendus en France.

**564. Exécution provisoire.** — L'opposition et l'appel ont pour effet de suspendre l'exécution des jugements consulaires toutes les fois que le tribunal n'en a autrement ordonné. Sous l'empire de l'ordonnance de 1681, l'exécution provisoire était de droit, mais à charge de donner caution (1); aujourd'hui, elle n'est plus obligatoire que pour les lettres de change, billets, comptes arrêtés ou autres obligations par écrit. Dans les affaires où il s'agit de conventions verbales ou de comptes courants, le tribunal peut ordonner l'exécution provisoire moyennant caution, mais dans ce cas le jugement ne saurait être exécuté qu'après que le demandeur aurait fait accepter la caution offerte dans les formes ci-après prescrites.

Celui qui veut exécuter un jugement frappé d'appel doit présenter en chancellerie une requête par laquelle il indique sa caution; le consul ordonne que les parties se présenteront à l'audience, dont il fixe l'heure et le jour, pour que le juge du référé procède, s'il y a lieu, à la réception de la caution ; cette requête et l'ordonnance y faisant droit sont signifiées au défendeur, avec assignation à comparaître devant le consul jugeant en état de référé.

Une caution, pour être admissible, n'a pas besoin de fournir un état de ses biens : il suffit qu'elle soit notoirement solvable. Il peut, du reste, être suppléé à la caution par le dépôt dans la caisse du consulat du montant des condamnations ; les jugements sont alors exécutés après la signification faite de l'acte  le dépôt reçu en chancellerie  (2)

13 mars et 1er mai 1865. — Arrêt de la Cour de cassation du 3 janvier 1865  — V. Féraud-Giraud, t. ii, p. 319.

(1) Ordonnance d'août 1681, livre i, titre 9, art. 13. (F.)

(2) Édit de juin 1778, art. 30 à 34. (F.)

La contrainte par corps en matière civile ayant été abolie (1), l'exécution des jugements consulaires en matière de commerce, de dommages-intérêts, etc., ne peut plus se faire que par saisie de biens. (2) Cette saisie a lieu, en vertu du jugement et à la requête de la partie en faveur de laquelle elle a été prononcée, par les soins du drogman-chancelier ou de tout autre officier du consulat spécialement commis à cet effet ; il en est dressé procès-verbal en présence de deux témoins, et le dépositaire d'office est institué dans le même acte, lorsque les objets saisis ne sont pas transportés au consulat. (3) Les dispositions du Code de procédure sont à cet égard le meilleur guide à suivre par les officiers instrumentaires.

**562. Exécution en France.** — Les jugements consulaires ne sont pas seulement exécutoires dans le pays où ils ont été rendus, ils ont encore virtuellement la même force que s'ils avaient été rendus en France, où l'on ne peut dès lors s'opposer à leur exécution que dans la forme tracée par le Code de procédure (4) ; il n'est besoin d'aucun mandement de justice particulier, le pouvoir judiciaire des consuls en matière civile et commerciale étant complet et absolu. Il est toutefois bien entendu que la partie qui veut faire exécuter en France un jugement rendu à son profit doit s'en faire délivrer en chancellerie une expédition ou grosse rédigée dans la forme exécutoire. (5)

---

(1) Loi du 22 juillet 1867, art. 1er.

(2) Édit de juin 1778, art. 36. (F.) — On sait que cet article n'a pas cessé d'être en vigueur et que c'est par suite d'une erreur matérielle, rectifiée par erratum à la suite du *Bulletin des lois*, n° 445, que le texte primitif de l'art. 82 de la loi de 1836 a indiqué comme abrogés les art. 36 et suivants de l'édit de 1778, au lieu des *art. 39 et suivants, jusques et y compris l'art. 81.*

(3) *Formulaire des chancelleries*, t. I, mod. n° 187.

(4) Édit de juin 1778, art. 35. (F.)

(5) Code de procédure, art. 146. — Décret du 2 décembre 1852. — *Formulaire des chancelleries*, t. I, mod. 174.

§ 3. — Des actes conservatoires et de quelques autres actes
de juridiction.

**563. Commissions rogatoires.** — D'après les principes que
nous avons précédemment exposés, on comprend qu'en pays
de chrétienté, l'intervention des consuls pour l'exécution des
commissions rogatoires est purement officieuse. En Levant
et en Barbarie, au contraire, l'autorité consulaire n'ayant à
cet égard d'autres limites que celles du pouvoir judiciaire,
il est évident que ces commissions, en tant qu'elles n'ont
pour objet que de provoquer des actes dans lesquels des
Français seuls sont parties intéressées, doivent être complètement exécutées, le consul dût-il pour cela user de son droit
de contrainte sur ses nationaux.

**564. Exécution des arrêts et jugements rendus en France.** —
Les arrêts ou jugements rendus en France par nos cours ou
tribunaux sont également exécutoires de plein droit en Levant
et en Barbarie, à la diligence des chanceliers et sur l'ordre
des consuls, qui ne doivent toutefois y donner suite qu'autant
que les expéditions qui leur sont représentées portent la
légalisation du ministère des affaires étrangères. (1) Les
formes à suivre pour assurer l'exécution de ces jugements
ou arrêts sont les mêmes que celles que la loi a consacrées
pour l'exécution des jugements rendus par les tribunaux
consulaires.

**565. Des successions et tutelles.** — En matière de successions ou de tutelles, les consuls établis dans les pays musulmans jouissent, d'après nos capitulations, de la plénitude
des droits attribués en France aux juges de paix pour l'apposition et la levée des scellés, la convocation des conseils de
famille, l'organisation de la tutelle des mineurs français, etc.;
aux notaires pour la confection des inventaires, et aux tribunaux pour ordonner les dépôts et séquestres.

_____

(1) Circulaire des affaires étrangères du 24 avril 1822. — Ordonnance du
26 octobre 1833, art. 10. (F.)

L'autorité judiciaire territoriale ne peut, à aucun titre, intervenir dans l'administration et la liquidation des successions françaises : celles-ci sont donc gérées par les consuls dans l'ordre et dans les conditions indiqués au chapitre i de ce livre pour les agents en pays de chrétienté, avec cette différence, cependant, que, l'action de nos agents étant ici souveraine et absolue, ils sont appelés à statuer, soit seuls en leur qualité de présidents des tribunaux consulaires, soit avec le concours de leurs assesseurs, sur toutes les questions contentieuses que l'administration, la liquidation et le partage des successions françaises peuvent faire naître.

**566. Des faillites.** — Les négociants français qui font faillite dans les échelles du Levant et de Barbarie sont tenus de déposer leur bilan en chancellerie. Les consuls apposent les scellés sur les effets des faillis, en se conformant, d'ailleurs, à l'égard de ceux-ci et autant que les lois et les usages du pays peuvent le permettre, aux prescriptions générales de notre législation sur la matière. Le premier soin à prendre dans ces sortes d'affaires consiste à veiller à ce que les négociants faillis ne puissent détourner aucune partie de leur actif au préjudice de leurs créanciers. Les capitulations n'ayant accordé aucune préférence aux sujets territoriaux sur les Français ou autres étrangers dans les faillites, les consuls manqueraient à leur devoir s'ils ne maintenaient une égalité parfaite entre tous les créanciers. (1)

Mais ici se présente une question délicate, celle de savoir où seront déposés les deniers de la faillite. Un certain nombre d'agents ont induit de l'article 489 du Code de commerce qui prescrit en France le dépôt à la caisse des dépôts et consignations, qu'à l'étranger ces sortes de dépôts devaient invariablement être versés dans les caisses des chancelleries. Examinée de près, cette interprétation a dû être reconnue fautive et inadmissible comme règle générale. D'une part, en

(1) Ordonnance du 3 mars 1781, titre ii, art. 83. (F.) — Instruction du 6 mai 1781. (F.)

effet, aucun texte formel de loi n'a, en matière de faillite, assimilé les caisses des chancelleries à la caisse des dépôts et consignations; d'autre part, les caisses des consulats ne remplissent pas la condition principale en vue de laquelle la loi oblige les syndics des faillites à consigner dans une caisse publique les sommes appartenant à la masse, puisque, si le dépôt fait en chancellerie assure la conservation des valeurs, il ne les rend jamais productives d'intérêt, et, en donnant lieu au profit du Trésor à un prélèvement de 1/2 pour 0/0, aggrave même la condition des créanciers que la loi avait évidemment pour but d'améliorer.

Aussi le ministre des affaires étrangères a-t-il décidé (1) qu'en cas de faillite, en Levant ou en Barbarie, le juge commissaire serait libre d'ordonner le versement des fonds entre les mains de personnes sûres et solvables, s'engageant à en payer les intérêts à la masse, et qu'il ne serait tenu d'en ordonner la consignation en chancellerie que s'il était absolument impossible de leur trouver un autre placement qui, tout en étant moins onéreux aux créanciers, leur offrit une sécurité suffisante.

Quant à la compétence du consul pour le jugement et la liquidation des faillites, elle varie suivant que le failli avait son principal établissement à l'étranger, ou dépendait directement d'une maison établie en France. Dans ce dernier cas, la direction de la faillite appartient, d'après la loi, au tribunal français, et le consul, le moment venu, n'a qu'à faire exécuter la décision qui lui est régulièrement notifiée; si, au contraire, le failli a son principal établissement dans le Levant, l'ordonnance de 1781 veut que ce soient le consul et son tribunal qui prennent connaissance de l'affaire et se guident d'après les formes sommaires de procédure établies par l'édit de 1778. (2)

_____

(1) Circulaire des affaires étrangères du 1er novembre 1861. (F.)
(2) Code de commerce, art. 437 et suiv. — *Formulaire des chancelleries*, t. I, modèles nos 159 à 173.

**567. Actes de la juridiction volontaire.** — En dehors des actes de juridiction civile ou commerciale dont nous venons de parler, il en est d'autres que leur caractère également judiciaire fait, en Levant et en Barbarie, rentrer dans la compétence exclusive des consuls : de ce nombre sont les actes de consentement d'adoption, d'acceptation de tutelle officieuse, de convocation et de réunion de conseils de famille, d'émancipation de mineur, d'autorisation de mineur ou de femme mariée pour faire le commerce, d'opposition au payement de titres ou billets perdus, de renonciation à la communauté ou à une succession, etc.

Les prescriptions contenues à l'égard de chacun de ces actes dans les Codes civil, de commerce et de procédure, sont trop précises pour que nous ne jugions pas superflu d'entrer ici dans des explications détaillées sur les cas dans lesquels ces actes peuvent être reçus en chancellerie. (1)

**568. Application des lois nouvelles dans les échelles du Levant.** — Nous venons de voir que les Français sont régis en Orient, sous les divers points de vue de l'organisation judiciaire, de la compétence, de la procédure, des pouvoirs du magistrat, par un système spécial de législation, dont les principaux monuments sont les ordonnances d'août 1681 et de juin 1778.

Ces ordonnances ont un caractère de droit public ou politique ; elles ont leur principe dans des traités, elles sont la loi de nos nationaux résidant sur un territoire étranger ; elles constituent un corps de loi dont les consuls doivent observer les dispositions, toutes les fois qu'elles ont réglé la matière en discussion, de préférence aux dispositions contenues dans notre droit métropolitain qui y seraient contraires. (2)

Quand cette législation spéciale est muette, le consul doit recourir au droit commun ; mais à quel moment une loi nou-

---

(1) *Formulaire*, t. I, mod. nos 135, 149, 150, 154, 155, 185 et 186.

(2) Jugement du tribunal consulaire de France à Constantinople, en date du 22 novembre 1880.

velle est-elle obligatoire dans les échelles du Levant? Au-, cune disposition législative n'a tranché cette question.

La présomption de l'article premier du Code civil est textuellement spéciale au territoire de la France ; les tribunaux consulaires ne peuvent donc décider que par analogie et choisir entre deux systèmes :

1° Celui de l'article 73 du Code de procédure civile, qui accorde un délai de deux mois, nécessaire aux yeux de la loi, pour qu'un acte soit réputé avoir atteint l'intéressé ;

2° Celui du décret des 5-11 novembre 1870, en vertu duquel la promulgation des lois résulte de leur insertion au *Journal officiel*. D'après ce système, les lois nouvelles seraient obligatoires dans les échelles du Levant un jour après celui où le *Journal officiel* serait parvenu à la chancellerie. (1)

SECTION II. — *De la juridiction en matière criminelle et correctionnelle.*

§ 1ᵉʳ. — De la poursuite des contraventions, délits et crimes commis par des Français.

**569. Compétence des consuls.** — Nos consuls, dans les échelles du Levant, tiennent des capitulations, de l'édit de juin 1778 et de la loi du 28 mai 1836, des pouvoirs de police et de juridiction répressive très étendus ; cette juridiction du consul est entière et complète à l'égard de ses nationaux. Il a le droit de poursuivre la répression des crimes et délits commis sur le territoire ottoman par des Français au préjudice de Français ou d'étrangers ; il a le droit de faire des règlements de police obligatoires pour ses administrés ; il peut enfin faire arrêter et renvoyer en France tout citoyen français qui « par sa mauvaise conduite ou par ses intrigues pourrait être nuisible au bien général ».

Il a donc à *fortiori* le pouvoir d'assurer l'arrestation de

_____

(1) Jugement du tribunal consulaire de France à Constantinople, en date du 25 juin 1886.

ceux de ses nationaux qui sont poursuivis ou condamnés pour crimes et délits commis en France. La chambre des mises en accusation de la Cour de Paris avait pensé (1), contrairement à ces principes, que l'autorité consulaire n'avait pas le droit de faire arrêter, en vertu de ses pouvoirs propres, un Français coupable en France et réfugié en Turquie, tant que sa conduite en pays ottoman ne donnait lieu à aucun reproche grave. D'où cette conséquence que, pour s'assurer de sa personne, le gouvernement français devait provoquer son extradition.

Il faut, au contraire, reconnaître que l'arrestation d'un Français, dans ces conditions, n'a nullement pour base un acte d'extradition. Les pouvoirs de haute police attribués aux consuls sont généraux et absolus ; il n'y a pas de traité d'extradition entre la France et la Turquie, les capitulations y ont suppléé en accordant à nos nationaux l'exterritorialité. La Cour de cassation a proclamé ces principes dans un arrêt du 28 novembre 1887.

Dans tous les cas prévus par les traités, ou lorsqu'ils y sont autorisés par l'usage, les consuls en Levant et en Barbarie informent, soit sur plaintes et dénonciations, soit d'office, et sans qu'il soit besoin de ministère public, sur les contraventions, délits et crimes commis par des Français dans l'étendue de leur arrondissement. (2) En cas de vacance des consulats, d'absence ou d'empêchement des consuls, les fonctions judiciaires de ces derniers sont remplies par les officiers ou autres personnes appelées à les remplacer, suppléer ou représenter. (3)

Le texte de nos capitulations ne confère le droit de juridiction à l'autorité française qu'autant que le crime a été commis par un Français à l'égard d'un autre Français, ce qui s'entend également, comme en toute question de juridiction, des citoyens français comme des protégés ; mais l'usage gé-

---

(1) Arrêt du 30 août 1887.
(2) Loi du 28 mai 1836, art. 1. (F.)
(3) Loi du 28 mai 1836, art. 2. (F.)

néral a étendu cette concession aux cas où des étrangers s'y trouvent intéressés ; de plus, toutes les fois que nos consuls ont réclamé la faveur de s'emparer des poursuites contre un de nos nationaux prévenu de crime à l'égard d'un naturel du pays, il est sans exemple que cette faveur leur ait été refusée. Les consuls devaient donc être investis, comme ils l'ont été en effet, des pouvoirs nécessaires pour procéder dans ces différents cas, et faire profiter nos nationaux du bénéfice de la tolérance des autorités musulmanes ; mais ils ne sauraient évidemment s'autoriser de cette disposition pour donner à leur juridiction une portée que l'usage n'aurait pas positivement consacrée dans leur arrondissement, et les instructions du département des affaires étrangères leur interdisent sévèrement tout acte qui dépasserait cette limite. (1)

En attribuant aux consuls la connaissance des crimes, délits et contraventions dans l'étendue de leur échelle, la loi n'a pas borné leur juridiction à ceux qui seraient commis à terre. Les puissances musulmanes s'étant départies par l'article 15 de nos capitulations, à l'égard des Français, de leur droit de police et de juridiction pour tous les lieux où elles auraient pu l'exercer, il est évident que les consuls doivent connaître de tous les faits qui se passent sur des bâtiments de commerce français, dans les ports, mouillages et rades dépendant du pays dans lequel ils résident. Nous examinerons leur compétence à cet égard en commençant, au chapitre VI du livre VIII, l'article 19 de l'ordonnance du 29 octobre 1833 et le décret-loi du 24 mars 1852. Quant aux crimes ou délits commis par les marins sur les bâtiments de l'État, il va sans dire que la connaissance en appartient exclusivement aux tribunaux maritimes français.

**570. Compétence des chanceliers.** — Les chanceliers remplissent, en matière de juridiction criminelle, des fonctions particulières et spéciales qui n'ont pas été expressément in-

(1) Circulaire des affaires étrangères du 15 juillet 1836. (F.)

diquées dans la loi de 1836. Aux termes de l'art. 8 de l'édit de 1778, les chanceliers des consulats, sous la foi du serment qu'ils ont prêté, remplissent les fonctions de greffier tant en matière civile qu'en matière criminelle, donnent toutes les assignations et font en personne toutes les significations requises pour suppléer au défaut d'huissier.

Bien que cette disposition ne soit point expressément rappelée dans la loi du 28 mai 1836, qui ne fait aucune mention des chanceliers, on n'en est pas moins fondé en principe à induire du silence même de cette loi sur ce point que, du moment où elle n'a point formellement abrogé les dispositions de l'édit de 1778 qui s'y rapportent, ces dispositions doivent être maintenues et continuer d'avoir leur effet. Les chanceliers ont donc pu jusqu'ici conserver sans obstacle leurs doubles fonctions de greffier et d'huissier, fonctions dans lesquelles, en cas d'absence ou d'empêchement, ils sont suppléés par la personne qui les remplace hiérarchiquement et qui prête serment avant d'entrer en fonctions. (1)

**571. Composition du tribunal consulaire.** — Le jugement des contraventions de simple police appartient au consul seul, tandis que la connaissance des délits et crimes ressortit au tribunal consulaire.

Sous l'empire de l'ordonnance de 1681, le tribunal consulaire était composé de deux députés et de quatre notables ; la déclaration de 1722 n'avait réduit le nombre de ces juges à deux que pour les affaires civiles. L'édit de 17.., en ne parlant pas de la composition du tribunal consulaire en matière criminelle, paraissait avoir laissé subsister l'ancienne législation.

La loi de 1836 a posé, à cet égard, des principes nouveaux, et établi qu'à moins d'impossibilité dûment constatée, le tribunal consulaire serait invariablement composé du consul ou du gérant du consulat et de deux Français choisis par lui

_____

(1) Circulaire des affaires étrangères du 15 juillet 1836. (F.) — *Formulaire des chancelleries*, t. 1, mod. n° 4.

parmi les notables de l'arrondissement. Ces deux assesseurs sont désignés pour toute l'année et peuvent être indéfiniment renommés. En cas d'absence ou d'empêchement, ils sont temporairement remplacés par tels autres notables que le consul désigne ; mais les causes de leur remplacement doivent alors être relatées dans l'ordonnance ou jugement du tribunal consulaire. Les assesseurs prêtent serment entre les mains du consul avant d'entrer en fonctions ; il en est de même de ceux qui sont appelés à les remplacer. Pour les uns comme pour les autres, la prestation du serment donne toujours lieu à la rédaction d'un procès-verbal qui se transcrit sur le registre des ordonnances consulaires.

Dans les résidences où il y a impossibilité de compléter le tribunal consulaire par l'adjonction de deux assesseurs, soit parce qu'il n'y aurait pas de Français sur l'échelle, soit parce que ceux qui s'y trouveraient auraient été frappés de récusation, ou seraient, pour cause de parenté, de subordination à l'égard du consul ou autre, dans un cas de légitime empêchement, le consul procède seul, à la charge toutefois de faire mention de cette impossibilité dans toutes les ordonnances ou décisions qu'il est appelé à rendre. (1)

Lorsque le tribunal consulaire est, selon le vœu de la loi, composé de trois personnes, une expédition de l'arrêté consulaire qui a désigné les assesseurs doit demeurer affichée dans la chancellerie pendant toute la durée de leur exercice. Les conditions requises pour être considéré comme notable et pouvoir, à ce titre, être appelé à faire partie du tribunal consulaire, n'ont pas été nettement définies par la loi. Sous l'empire des principes qui régissent encore actuellement nos établissements en Levant, nous pensons qu'une seule classe de Français possède un droit réel et incontestable à être considérée comme notable, c'est celle des Français immatriculés comme chefs ou gérants d'un établissement commercial ; quant aux autres nationaux immatriculés, mais qui sont

_____

(1) Loi du 28 mai 1836, art. 37, 38, 39 et 40. (F.) — Circulaire des affaires étrangères du 15 juillet 1836. (F.)

étrangers à la profession du commerce, c'est aux consuls qu'est laissé le soin de déterminer, par l'appréciation de leurs lumières, de leur position et de leur moralité, s'ils sont dignes de participer à l'administration de la justice. Toutefois, comme il importe que rien de vague ne subsiste sur la composition, dans chaque échelle, du corps dans lequel sont choisis les notables appelés à former le tribunal consulaire, les règlements veulent que la liste en soit arrêtée au mois de décembre de chaque année, immédiatement avant la désignation des deux assesseurs entrant en exercice au premier janvier suivant. Cette liste, qui indique à quel titre chaque notable y a été porté, doit être régulièrement transmise au ministre des affaires étrangères ; dans les échelles où il y a impossibilité de composer par des notables le tribunal consulaire, le consul est tenu, chaque année à la même époque, d'en donner avis officiel au gouvernement. (1) Les fonctions judiciaires attribuées aux consuls étaient autrefois dévolues à Constantinople à l'un des secrétaires de l'ambassade assisté de deux notables de la nation ; un consulat ayant été établi dans cette ville, en 1872, elles sont aujourd'hui remplies par le consul, et celles de greffier et d'huissier par le chancelier.

**572. De la nomination des assesseurs.** — Dans ces dernières années, des susceptibilités se sont éveillées en Levant, et même en France, au sujet du pouvoir direct de nomination attribué aux consuls pour le choix des assesseurs, et, afin de donner à ceux-ci des garanties plus sérieuses d'indépendance, le vœu a été émis que leur nomination fût à l'avenir dévolue à l'assemblée de la nation. Il est évident qu'il ne saurait être fait droit à ces réclamations qu'autant que cette concession s'accorderait avec le respect dû à notre droit public : or, on ne peut nier que celui-ci ne s'oppose à ce que le choix des assesseurs soit confié à une assemblée délibérante. En effet, ces assesseurs sont de véritables juges, tant en matière civile qu'en matière criminelle ; et quoique leurs fonc-

_____

(1) Circulaire des affaires étrangères du 15 juillet 1836. (F.)

tions soient temporaires, les faire nommer par leurs pairs serait une innovation qui n'a d'autre précédent dans notre législation actuelle que la composition des tribunaux de commerce, et encore cette exception est-elle fondée sur le motif que ces tribunaux n'ont à s'occuper que de matières spéciales. Dans tous les autres cas, l'élection directe est formellement interdite pour les tribunaux ayant plénitude de juridiction, comme celle qui est attribuée aux tribunaux présidés par les consuls. Ainsi, pour ne parler que d'un état de choses qui présente beaucoup d'analogie avec ce qui se passe dans les échelles, dans quelques possessions françaises, le défaut de magistrats en nombre suffisant pour composer les tribunaux a forcé de recourir pour les compléter à des habitants notables ; mais ceux-ci sont nommés par le gouverneur sur une liste présentée par le chef du service judiciaire de la colonie. (1)

Nous pourrions citer aussi les lois des 21 novembre 1872 et 31 juillet 1875 sur le jury. Ici, il ne s'agit que des juges du fait, non de ceux du droit, et, cependant, on a multiplié les précautions de toute sorte. Ainsi : 1° la liste générale est restreinte par des conditions d'âge et de capacité ; 2° une commission dont la composition offre toute garantie dresse annuellement une liste préparatoire, sur laquelle le préfet choisit un tiers pour former la liste définitive ; 3° enfin, le droit de récusation non motivée que nos Codes accordent tant au ministère public qu'aux accusés a été conservé intact. En présence de tant de mesures prises pour assurer une bonne justice, quand il s'agit de la désignation de juges qui n'ont à résoudre que des questions de fait, il serait d'autant plus dangereux d'accorder, dans les échelles, à l'assemblée de la nation le choix sans contrôle des assesseurs, que ceux-ci, par leur nombre, forment la majorité dans les tribunaux consulaires, et qu'ils statuent sur le fait comme sur le droit, sur la fortune aussi bien que sur l'honneur des citoyens. (2)

---

(1) Ordonnance du 27 mars 1844, art. 23.
(2) Circulaire des affaires étrangères du 25 juin 1849.

§ 2. — De l'instruction des contraventions, délits et crimes.

**573. Comment le consul est saisi.** — L'instruction des crimes, délits ou contraventions a lieu sur la plainte d'une partie civile, sur dénonciation ou d'office : elle est, dans tous les cas, confiée au consul seul.

Dans les poursuites d'office, le premier acte de la procédure est le procès-verbal qui doit constater le corps du délit, c'est-à-dire le fait et toutes les circonstances qui s'y rattachent ; dans les autres, la dénonciation ou la plainte précède nécessairement ce procès-verbal.

Tout individu peut porter une dénonciation sans avoir aucun intérêt direct ou personnel à la répression du fait qu'il dénonce. C'est même une obligation que la loi impose en certains cas, et les fonctionnaires chargés de recevoir ou de rédiger les dénonciations, lorsqu'ils en sont requis, ne peuvent pas se dispenser de remplir ce double devoir. (1)

Pour être admis en justice à introduire une plainte sur une infraction punissable par nos lois pénales, il faut en avoir éprouvé quelque dommage en sa personne, en ses biens ou en son honneur, en un mot, avoir un intérêt direct, fondé en droit, à faire constater l'infraction punissable, lorsqu'elle existe, et à en poursuivre la réparation contre le délinquant. (2)

Il y a cette différence entre le dénonciateur et le plaignant, que ce dernier peut se porter partie civile quand il en prend la qualité, soit dans sa plainte, soit par un acte subséquent dans lequel il formule sa demande de dommages-intérêts : la loi lui accorde vingt-quatre heures pour se désister de ses conclusions comme partie civile et pour faire rentrer sa plainte dans la classe des dénonciations.

La partie civile qui ne demeure pas dans le lieu de la résidence du consul saisi de la poursuite, est tenue d'y élire domicile par déclaration faite en chancellerie, faute de quoi

---

(1) Code d'instruction criminelle, art. 31.
(2) Code d'instruction criminelle, art. 63.

elle ne serait pas admise à se prévaloir du défaut de notification d'aucun des actes de l'instruction. (1)

Les dénonciations ou les plaintes peuvent être faites en personne par les dénonciateurs et les plaignants, ou par un fondé de pouvoirs spécial ; dans ce dernier cas, le titre du mandataire doit être annexé à l'acte.

Elles peuvent être faites par requête ou par déclaration en chancellerie ; dans les deux cas, elles doivent énoncer avec précision : 1° le fait incriminé et les circonstances principales qui peuvent servir à le caractériser ; 2° le lieu et le moment de l'action ; 3° le nom des témoins ; 4° les noms, prénoms et domiciles tant du dénonciateur ou du plaignant que ceux des auteurs ou complices du fait, s'ils sont connus ou présumés.

Enfin, toute dénonciation comme toute plainte doivent être signées au bas de chaque feuillet et à la fin de l'acte par le dénonciateur et le plaignant ou leurs fondés de pouvoirs, ainsi que par le chancelier, lorsqu'elles sont reçues par ce dernier en forme de déclaration. Si le déclarant ne sait ou ne peut pas signer, il en est fait mention dans l'acte, avec indication des motifs de l'empêchement. (2)

Le retrait d'une plainte ou la renonciation à l'action civile ne saurait arrêter ni suspendre l'exercice de l'action publique (3), ni, par conséquent, les poursuites que le consul croirait devoir ordonner d'office.

Avant de dire la suite qui doit être donnée par le consul aux plaintes ou dénonciations déposées dans sa chancellerie, nous devons consigner ici une observation importante : c'est que, pour arriver au moment où un individu inculpé d'un délit ou d'une contravention sera condamné ou absous, il n'est pas indispensable de passer par la filière des informations, des récolements, des confrontations et des renvois à l'audience par décision du tribunal consulaire. Dès les pre-

(1) Loi du 28 mai 1836, art. 3. (F.)
(2) *Formulaire des chancelleries*, t. 1, mod. n°s 218 et 224.
(3) Code d'instruction criminelle, art. 4.

miers pas d'une procédure, le consul peut rendre une ordonnance pour renvoyer directement le prévenu à son audience ou devant le tribunal ; il est même tenu de le faire toutes les fois qu'il peut nettement reconnaître qu'il ne s'agit que d'une contravention et qu'une instruction préalable serait superflue.

Le consul a le même droit après l'information, et peut toujours ordonner le renvoi à l'audience au lieu de passer au récolement. Si les poursuites sont faites à la diligence de la partie civile, celle-ci est également autorisée à citer l'inculpé directement à l'audience. (1)

**574. Transport sur les lieux.** — Sur la plainte ou dénonciation déposée en chancellerie, ou sur la connaissance acquise par la voix publique d'un crime ou d'un délit commis par un Français, le consul se transporte, s'il est nécessaire, avec toute la célérité possible, assisté du chancelier, sur le lieu du crime ou du délit pour en dresser un procès-verbal destiné : 1° à constater l'existence du crime ou le corps du délit ; 2° à en faire connaître la nature, le lieu, l'époque et les circonstances ; 3° à relater toutes les preuves qui peuvent servir à établir la vérité des faits dénoncés.

Les consuls sont autorisés à faire toutes les visites et perquisitions qu'ils jugent nécessaires aux domicile et établissement de l'inculpé, et à saisir les pièces de conviction. S'il s'agit de voies de fait ou de meurtre, le consul doit se faire accompagner d'un officier de santé, qui, après avoir prêté le serment formulé par l'article 64 du Code d'instruction criminelle, visite le blessé ou le cadavre, constate la gravité des blessures ou le genre de mort, et fait sur le tout sa déclaration au consul. Cette déclaration est insérée au procès-verbal après la mention du serment prêté, et signée ensuite tant par le consul et le chancelier que par le déclarant. Lorsque le blessé est en état de faire une déposition, il doit également être interrogé et signer sa déclaration. Tous les témoins

1) Circulaire des affaires étrangères du 15 juillet 1836. (F.)

et toutes les personnes présentes ou appelées doivent aussi
être entendues sur les lieux et sans qu'il soit besoin d'assignation ; les uns et les autres sont tenus de signer leur déposition, à moins qu'ils ne sachent ou ne puissent le faire, ce
qui, alors, est constaté par le procès-verbal. Toute information doit avoir lieu tant à charge qu'à décharge. Si l'inculpé
ou le prévenu du délit ou du crime constaté est présent sur
les lieux, il doit être interrogé et mis en présence du blessé
ou du cadavre du défunt, s'il y a eu voies de fait ou meurtre ;
ses réponses sont consignées au procès-verbal, qu'il signe
ensuite, à moins qu'il ne veuille ou ne sache signer. Le
procès-verbal est en outre signé, après clôture, par le consul,
qui doit en coter et parapher chaque feuillet, et enfin par le
chancelier. S'il a été saisi des pièces de conviction, elles
doivent être décrites dans le procès-verbal et, en outre,
paraphées par le consul et le chancelier en tant qu'il s'agit
de papiers ou documents écrits. Elles sont ensuite déposées
en chancellerie, et il est dressé de ce dépôt un acte spécial
signé tant par le consul que par le chancelier. (1)

**575. Arrestation de l'inculpé.** — Dans tous les cas où le fait
constaté est qualifié crime par le Code pénal, il y a lieu à
l'arrestation immédiate de l'inculpé. Lorsqu'il y a eu transport sur les lieux, l'arrestation peut être ordonnée au pied
du procès-verbal et immédiatement effectuée par le chancelier ; sinon, le consul fait signifier à l'inculpé une ordonnance spéciale d'arrestation, et le fait appréhender au corps
dans la forme usitée dans le pays, c'est-à-dire le plus ordinairement par l'un des janissaires du consulat. (2) S'il s'agit
d'un délit emportant la peine de l'emprisonnement, et si,
dans ce dernier cas, l'inculpé n'est pas immatriculé, soit
comme chef actuel ou ancien, soit comme gérant d'un établissement commercial, sa détention peut également être

(1) Loi du 28 mai 1836, art. 4, 5, 6, 12 et 16. (F.) — *Formulaire des chancelleries*, t. i, mod. n° 230.
(2) *Formulaire des chancelleries*, t. i, mod. n° 225.

décrétée par le consul. Cette exception en faveur des chefs ou gérants d'établissements commerciaux est une garantie accordée par la loi au commerce, et qui, restreinte dans cette limite, étend encore l'affranchissement de la détention à un plus grand nombre de cas que ne le fait le droit commun de la législation française. (1)

Les protégés ne participent pas à l'exemption que la loi accorde aux Français immatriculés. Cela résulte formellement de la discussion qui eut lieu à la Chambre des députés, sur l'article 8 de la loi du 28 mai 1836 ; mais la loi n'obligeant les consuls à faire arrêter que les Français prévenus de crimes, nous pensons que nos agents usent avec raison du pouvoir qu'elle leur laisse à l'égard de protégés prévenus d'un simple délit.

**576. Mise en liberté sous caution.** — En cas de prévention de délit, la mise en liberté provisoire peut être accordée en tout état de cause à l'inculpé, s'il offre caution, en prenant l'engagement de se représenter, et s'il élit domicile au lieu où siège le tribunal consulaire : le cautionnement, dans ce cas, est fixé par le consul. S'il existe une partie civile, le cautionnement doit être augmenté de toute la valeur du dommage présumé, laquelle est provisoirement arbitrée par le consul. Néanmoins, les vagabonds et les repris de justice, c'est-à-dire les individus condamnés à des peines afflictives ou infamantes, ne peuvent, en aucun cas, être mis en liberté provisoire. (2)

La loi, en laissant aux consuls une entière latitude pour fixer le taux du cautionnement, a eu égard aux difficultés matérielles que l'emprisonnement peut présenter dans certains consulats, à la position particulière dans laquelle les justiciables français peuvent se trouver au dehors, et aux autres circonstances au milieu desquelles se rend la justice

(1) Loi du 28 mai 1836, art. 8.
(2) Loi du 28 mai 1836, art. 8 et 9. (F.) — Décret du 23 mars 1848, qui a abrogé le § 1er de l'art. 119 du Code d'instruction criminelle.

dans les échelles du Levant. Ces considérations exigeaient, dans l'intérêt du prévenu, aussi bien que dans celui de la répression, que les consuls eussent la faculté d'élever ou d'abaisser le montant du cautionnement suivant qu'ils le jugeraient à propos. Il est impossible à l'étranger, et surtout en Levant, que la solvabilité de la caution soit justifiée comme en France par des immeubles : le cautionnement doit donc se faire ou par le dépôt en chancellerie de la somme en argent, ou, comme en matière civile, par l'engagement d'un négociant solvable qui fasse sa soumission en chancellerie. (1) Le cautionnement est affecté : 1° au payement des frais et aux réparations dues à la partie civile ; 2° aux amendes, sans préjudice des frais de la partie publique. S'il y a partie civile, il doit lui être remis, si elle le requiert, une expédition de l'acte de soumission de caution en forme exécutoire, pour le cas où il y aurait ultérieurement lieu à contrainte contre la caution.

**577. Assignation et interrogatoire.** — L'inculpé contre lequel il n'a pas été décerné d'ordonnance d'arrestation, est assigné, pour être interrogé, aux jour et heure que le consul indique par son ordonnance. (2) Celui, au contraire, qui a été mis en état d'arrestation doit être interrogé dans les vingt-quatre heures, à moins d'empêchement de force majeure, dont mention expresse devrait alors être faite au procès-verbal d'interrogatoire.

Les prescriptions du Code d'instruction criminelle doivent être observées dans l'interrogatoire des inculpés et dans la rédaction du procès-verbal qui en est dressé. Ce procès-verbal doit être coté et paraphé à chaque page par le consul; après avoir été lu et clos, il est ensuite signé par le consul, le chancelier et l'inculpé, à moins que celui-ci ne puisse ou ne veuille le faire, ce dont il est fait mention expresse.

Les consuls ont la faculté de réitérer l'interrogatoire de

---

(1) *Formulaire des chancelleries*, t. i, mod. n° 142.
(2) *Formulaire des chancelleries*, t. i, mod. n° 227.

tout inculpé autant de fois qu'ils le jugent nécessaire pour l'instruction de l'affaire. Les pièces de conviction saisies lors du transport du consul sur les lieux doivent être représentées à l'inculpé dans son interrogatoire. Celui-ci est tenu de déclarer s'il les reconnait ou non; s'il s'agit d'écritures et de pièces sous signatures privées ou d'actes authentiques, elles ont dû être paraphées par le consul et le chancelier au moment de leur saisie, et, si elles ne l'ont pas été alors par l'inculpé, celui-ci doit être interpellé de le faire. S'il se refuse à reconnaitre les signatures ou les écritures saisies, le consul doit se procurer, autant que cela est possible, des pièces de comparaison qu'il paraphe et joint au dossier après les avoir représentées à l'inculpé dans la même forme en lui adressant les mêmes interpellations que pour les pièces saisies.

La vérification de ces écritures est faite, plus tard, devant les juges qui procèdent au jugement définitif, tant sur ces mêmes pièces que sur toutes autres qui pourraient être produites avant le jugement. En matière de faux, il doit être procédé par les consuls, ainsi que nous venons de le dire, sauf à être plus tard suppléé autant que faire se pourra, aux autres formalités par les juges du fond. (1)

Lors de la discussion de la loi de 1836 à la Chambre des députés, il fut objecté que l'article 12, ne parlant que des écritures et signatures privées, semblait par cela même refuser au consul le droit de s'emparer des écrits authentiques pouvant, sans aucun doute, servir de preuves ou indices, quelquefois même ces écrits étant l'instrument ou le produit du crime, ils tombaient, sous ce double rapport, sous l'application de l'article 4, qui enjoint au consul de saisir toutes les pièces de conviction. A la vérité, dans le sens de l'article 12, les écritures et signatures privées n'étant elles-mêmes que des pièces de conviction, cet article peut sembler une répétition inutile. Mais ce reproche n'est pas fondé, car l'article ne se borne pas à prescrire la saisie, il a encore

--------

(1) Loi du 28 mai 1836, art. 10, 11, 12, 13, 14, 15 et 16. (F.)

pour but de tracer les formalités à remplir pour les cas particuliers, et d'indiquer les précautions à prendre pour constater l'identité des pièces saisies avec celles qui pourront plus tard être produites dans le cours des débats. (1)

**578. Interrogatoire des témoins.** — Lorsque les témoins n'ont pu être entendus sur le lieu du crime ou du délit, le consul rend une ordonnance spéciale portant fixation du jour ou de l'heure auxquels ils seront tenus de se présenter devant lui.

Les Français sont directement cités par le chancelier en vertu de l'ordonnance du consul. Les défaillants peuvent être condamnés à une amende qui n'excède pas cent francs ; ils sont cités de nouveau, et s'ils produisent des excuses légitimes, le consul peut les affranchir de cette peine. Dans tous les cas, et même sur le premier défaut, le consul a toujours le droit d'ordonner qu'ils seront contraints par corps à venir déposer.

Quant aux étrangers, les consuls se conforment pour les faire comparaître au mode usité pour réclamer la comparution des témoins assignés en matière civile.

Les témoins déposent oralement et séparément l'un de l'autre. Avant sa déposition, chaque témoin doit prêter serment de dire toute la vérité et rien que la vérité. Si toutefois sa croyance religieuse s'opposait à ce qu'il prêtât serment ou à ce qu'il fît aucune espèce d'affirmation solennelle, il serait passé outre à son audition, après que le fait aurait été constaté au procès-verbal. Le témoin interrogé doit déclarer ses nom, prénoms, âge, qualité, demeure ; s'il est domestique, serviteur, parent ou allié, soit de la partie plaignante, soit de celle qui a éprouvé le dommage, soit de l'inculpé. Toute demande adressée à un témoin doit être mentionnée au procès-verbal d'interrogatoire et suivie de sa réponse. Les pièces de conviction, s'il en a été saisi, doivent être représentées aux témoins, et ceux-ci interpellés de déclarer s'ils

_____

(1) Discours du rapporteur de la commission : *Moniteur* du 19 février 1836.

les reconnaissent et, dans ce cas, la connaissance qu'ils peuvent en avoir.

Les témoins qui n'entendent pas le français, doivent être assistés d'un des drogmans assermentés du consulat ou de tel autre interprète commis par le consul. Dans ce dernier cas, l'interprète doit, avant de remplir son mandat et conformément aux articles 322 du Code d'instruction criminelle et 33 de la loi du 28 mai 1836, prêter le serment de traduire fidèlement les réponses ou la déposition du témoin, ce dont il est ensuite dressé un procès-verbal qui est joint à la procédure. Ce serment, une fois prêté, reste valable pour tous les actes de la procédure qui peuvent requérir le ministère du même interprète. Si la croyance religieuse de l'interprète commis s'oppose à ce qu'il prête le serment requis, ou fasse aucune espèce d'affirmation solennelle, cet empêchement est constaté au procès-verbal.

Chaque déposition est écrite en français à la suite de l'interrogatoire de l'inculpé et sur le même cahier d'information coté et paraphé à chaque feuillet par le consul, et signée tant par le témoin après que la lecture lui en a été donnée et qu'il a déclaré y persister, que par le consul et le chancelier; si le témoin ne peut ou ne sait signer, il en est fait mention. Lorsqu'il s'agit de témoins ne sachant pas le français, l'interprète doit signer au procès-verbal de leur interrogatoire, dans tous les endroits où ils ont signé eux-mêmes ou déclaré ne pouvoir le faire. (1)

Ordinairement toute la procédure, depuis le procès-verbal de transport sur les lieux jusqu'à la clôture de l'interrogatoire des témoins, est écrite sur un même cahier, appelé *cahier d'information*, lequel est invariablement coté et paraphé à chaque feuillet par le consul.

**579. Clôture de la procédure.** — Lorsque tous les comparants et témoins cités ont été interrogés, la procédure est close.

_____

(1) Loi du 28 mai 1836, art. 14, 16, 17, 18, 19, 23 et 33. (F.) — *Formulaire des chancelleries*, t. I, mod. nº 231.

Le consul examine alors si les faits sont de sa compétence ou de celle du tribunal consulaire ; dans ce dernier cas, il renvoie l'inculpé à l'audience, sinon il rend une ordonnance afin qu'il soit procédé à un supplément d'information, et, s'il y a indice de crime passible d'une peine afflictive ou infamante, la procédure est renouvelée par récolement et confrontation.

**580. Confrontation et récolement.** — La confrontation des témoins avec le prévenu, facultative dans toutes les instructions où le consul le juge convenable, devient obligatoire quand il y a indice de crime, et, sous le nom de *récolement*, elle s'entoure de formes particulières et favorables au droit de défense, puisqu'il faut recommencer, en présence du prévenu, toute l'instruction faite en son absence. L'une des critiques élevées contre la loi de 1836 porte sur ce qu'il aurait été plus expéditif d'appeler, dès le commencement, le prévenu à tous les actes de procédure. Mais, si l'on tient compte de la situation exceptionnelle des pays où la loi s'exécute, on reconnaîtra sans doute qu'il est difficile de priver la justice des renseignements que procure l'instruction écrite, et que la présence du prévenu aurait souvent pour résultat infaillible d'arrêter les révélations.

Lorsqu'il y a lieu de récoler les témoins en leurs dépositions et de les confronter au prévenu, l'ordonnance qui le prescrit doit fixer le jour et l'heure auxquels il y sera procédé. Cette ordonnance doit être notifiée au prévenu, avec une copie de l'information, trois jours avant celui qu'elle a fixé pour le récolement. Le prévenu doit être en même temps averti de la faculté qu'il a de se faire assister par un conseil lors de la confrontation. S'il n'use pas de cette faculté, le consul peut lui désigner d'office un conseil qui a le droit de conférer librement avec lui. (1)

Les témoins sont assignés et cités à comparaître pour procéder au récolement dans la même forme et sous les mêmes

_____

(1) Loi du 28 mai 1836, art. 20, 21 et 22. (F.)

peines, s'ils sont Français, que pour la première information. Néanmoins, les témoins qui ont déclaré ne rien savoir, ne sont cités que si le prévenu le requiert. Le procès-verbal de récolement est ouvert dans la forme ordinaire ; tous les feuillets sont ensuite, et au fur et à mesure, cotés et paraphés par le consul. Pour procéder au récolement, lecture est faite séparément, et en particulier, à chaque témoin, de sa déposition, par le chancelier, et le témoin déclare s'il n'y veut rien ajouter et s'il y persiste. Le consul peut, en outre, leur faire telles questions qu'il juge nécessaires pour éclaircir ou expliquer leurs dépositions. Les témoins signent le récolement après que lecture leur en a été donnée, ou déclarent qu'ils ne savent signer, auquel cas le fait est constaté au procès-verbal, qui n'est plus signé alors que par le consul et le chancelier. (1)

L'édit de 1778 ordonnait des poursuites contre le témoin qui, après son récolement, se rétractait. Cette disposition n'a pas été conservée dans la loi de 1836, et, à cet égard, les témoins ont été replacés dans le droit commun ; ils ne peuvent être poursuivis comme faux témoins que s'il y a motif suffisant ; mais, dans ce dernier cas, ils doivent toujours l'être d'office et à la diligence des consuls.

Après le récolement, les témoins sont confrontés au prévenu ; à cet effet, celui-ci est amené devant le consul, et chaque témoin prête de nouveau, en sa présence, le serment de dire toute la vérité et rien que la vérité. La déclaration du témoin est lue au prévenu, après l'interpellation faite au premier de déclarer si celui-ci est bien la personne dont il a entendu parler. Le prévenu et son conseil ont le droit d'adresser au témoin, par l'organe du consul, toutes les interpellations qu'ils peuvent juger nécessaires pour l'explication de sa déposition ; mais ils ne peuvent interrompre un témoin dans le cours de ses déclarations, et le conseil du prévenu ne peut répondre pour celui-ci, ni lui suggérer aucun dire ou réponse.

_____

(1) Loi du 28 mai 1836, art. 24. (F.)— *Formulaire des chancelleries*, t. i, p. 371.

Si un témoin ne peut se présenter à la confrontation, il y est suppléé par la lecture de sa déposition au prévenu, en présence de son conseil, et les observations du premier sont consignées au procès-verbal.

**581. Conseils des prévenus.** — La faculté pour le prévenu d'avoir un conseil qui l'assiste dans les diverses périodes de la procédure est une des principales garanties que la loi de 1836 a voulu lui assurer, et dont il était privé sous l'empire de la législation de 1778. Mais cette garantie serait illusoire si l'on devait exiger que le défenseur fût gradué, car cette condition serait presque toujours impossible à remplir dans les échelles. Toute latitude est donc laissée au prévenu pour la désignation de son défenseur, qu'il peut même choisir parmi les étrangers. Au surplus, nos Codes et la loi de 1836 elle-même, en donnant aux consuls la police de l'audience, leur assurent tous les moyens de maintenir ces défenseurs, quels qu'ils soient, dans le respect dû à la justice. (1)

Autant que possible, du reste, les consuls doivent désigner d'office un défenseur aux prévenus qui n'en auraient pas eux-mêmes choisi un pour les assister. Si la loi ne leur en a pas imposé l'obligation, c'est uniquement parce qu'ils seraient sans moyen de contrainte s'ils éprouvaient un refus de la part du défenseur qu'ils désigneraient.

**582. Reproches contre les témoins.** — La loi laisse au prévenu, en tout état de cause, tant avant qu'après la connaissance des dépositions, le droit de proposer par lui-même ou par son conseil des reproches contre les témoins. Elle a essentiellement modifié, sur ce point les dispositions correspondantes de l'édit de 1778, d'après lesquelles le prévenu était tenu de fournir les reproches avant la lecture de la déposition du témoin. Cette disposition, conforme à notre droit commun, a le double objet de mettre, en tout temps, le prévenu en mesure de révéler à la justice les motifs de suspicion

---

(1) Circulaire des affaires étrangères du 15 juillet 1836. (F.)

qui s'élèvent contre toute personne appelée en témoignage, et de consacrer le droit d'information générale du consul sur les faits qui motivent les reproches contre les témoins.

S'il est fourni des reproches au moment de la confrontation, le témoin doit être interpellé de s'expliquer sur ces reproches, et il est fait mention au procès-verbal de ce que le prévenu et le témoin ont dit réciproquement. Lorsqu'il y a plusieurs prévenus, ils sont également confrontés les uns aux autres, après qu'ils ont été séparément récolés en leurs interrogatoires dans les formes prescrites pour le récolement des témoins.

Les confrontations sont écrites par le chancelier à la suite des récolements et sur le même cahier de procédure. Chacune d'elles est signée séparément tant par le consul et le chancelier que par le prévenu et le témoin, ainsi que par l'interprète qui aurait assisté celui-ci, à moins que les premiers ne sachent ou ne veuillent le faire, ce qui doit alors être constaté. (1)

**583. Témoins à décharge.** — Nous avons déjà dit que toute information devait avoir lieu tant à charge qu'à décharge. En tout état de cause, même après le récolement, le prévenu a le droit de proposer les faits justificatifs, et la preuve de ces faits peut être admise, bien qu'ils n'aient été articulés ni dans les interrogatoires, ni dans les actes mêmes de la procédure. Dès qu'ils ont été proposés, le prévenu est interpellé de désigner ses témoins. Le chancelier dresse de cette déclaration du prévenu un procès-verbal au bas duquel le consul ordonne d'office que les témoins seront appelés et par lui entendus aux jour et heure qu'il fixe, suivant les règles et dans les formes prescrites pour les informations. Dans leurs interrogatoires les témoins sont d'abord interpellés de s'expliquer, sous serment, sur les faits justificatifs énoncés dans le procès-verbal ; mais le consul peut leur faire ensuite,

_____

(1) Loi du 28 mai 1836, art. 25 à 30, (F.) — *Formulaire*, t. i, mod. n° 252.

et selon leurs réponses, toutes les questions qu'il juge nécessaires à la manifestation de la vérité. (1)

**584. Procédure par contumace.** — L'instruction, telle que
nous venons d'en indiquer les formes, suppose la présence
du prévenu ; mais il arrive fréquemment qu'il n'a pu être
saisi, ou même que, depuis son arrestation, il est parvenu à
s'évader. Dans ce cas, la procédure n'est pas interrompue,
elle s'instruit par contumace. Le consul commence par constater, dans un procès-verbal *ad hoc* qu'il signe avec son
chancelier, les faits ou l'évasion du prévenu, et l'inutilité des
perquisitions faites pour s'assurer de sa personne. Ce procès-
verbal, joint à la procédure, tient lieu de toute autre formalité pour justifier la contumace. Le consul saisit ensuite tous
les effets, titres et papiers appartenant au prévenu fugitif,
dont le chancelier dresse un inventaire détaillé, et qui sont
ensuite déposés en chancellerie. Quant à la procédure elle-
même, elle doit être instruite avec toute la célérité possible,
par des informations, par le récolement des témoins, et par
la représentation aux témoins des titres et autres objets qui
peuvent servir à conviction. (2)

**585. Convocation du tribunal.** — L'instruction terminée,
l'affaire est soumise au tribunal consulaire, sur renvoi direct
du consul, et en vertu d'une ordonnance spéciale rendue pour
sa convocation. (3)

Dans certains postes, lorsque la cause est en état, et deux
ou trois jours avant la convocation du tribunal, le chancelier
remet le dossier aux assesseurs, pour qu'ils aient le temps
de prendre une connaissance préalable de l'affaire qu'ils
sont appelés à juger. Ce mode de procéder, qui produit souvent d'utiles résultats dans les affaires civiles, peut néanmoins être dangereux dans les procès au criminel, et il est
plus convenable que les pièces de la procédure ne sortent

---

(1) Loi du 28 mai 1836, art. 31 et 32. (F.)
(2) Loi du 28 mai 1836, art. 34, 35 et 36. (F.)
(3) Loi du 28 mai 1836, art. 37. (F.) — *Formulaire*, t. i, mod. n° 233.

pas de la chancellerie, où les assesseurs peuvent toujours sans inconvénient en prendre communication. C'est ce qui a lieu presque partout.

**586. Décision en chambre du conseil. —** Le tribunal consulaire composé, soit du consul et de ses deux assesseurs, soit du consul seul, ainsi que nous l'avons dit au paragraphe précédent, s'assemble en chambre du conseil, et lecture est faite par le chancelier du cahier d'information, de celui de récolement et de confrontation, ainsi que de toutes les autres pièces de l'instruction. Lorsque le consul juge seul, il doit sur-le-champ rendre une ordonnance de non-lieu, ou renvoyer le prévenu à l'audience, et prendre alors, directement et sans aucun retard, sa décision sur la procédure instruite. Lorsque c'est le tribunal qui doit procéder sur cette même procédure, il statue également par ordonnance, suivant les distinctions ci-après :

Si le fait ne présente ni contravention, ni délit, ni crime, ou s'il n'existe pas de charges suffisantes contre l'inculpé, le tribunal déclare qu'il n'y a pas lieu à poursuivre ;

Si le tribunal est d'avis que le fait n'est qu'une simple contravention, l'inculpé est renvoyé à l'audience du consul pour y être jugé conformément à la loi.

Dans les deux cas, l'inculpé, s'il est en état d'arrestation, est mis immédiatement en liberté, et, s'il a fourni un cautionnement, il lui en est donné main-levée.

Si le tribunal reconnaît que le fait constitue un délit et qu'il y a des charges suffisantes, le prévenu est renvoyé à l'audience du tribunal. Dans ce dernier cas, le délit pouvant entraîner la peine de l'emprisonnement, le prévenu, s'il est en état d'arrestation, doit y demeurer provisoirement, à moins qu'il ne soit admis à fournir caution ; mais si le prévenu est immatriculé comme chef ou gérant d'un établissement commercial, ou si le délit ne doit pas entraîner la peine de l'emprisonnement, le prévenu est mis en liberté, à charge de se présenter au jour de l'audience, lequel est fixé par la décision même du tribunal.

Enfin, si le fait emporte peine afflictive ou infamante, et si la prévention est suffisamment établie, le tribunal décrète par l'ordonnance l'arrestation du prévenu et son renvoi devant les juges qui doivent connaître du fond. (1)

**587. Opposition de la partie civile.** — Lorsque le tribunal consulaire a déclaré qu'il n'y a pas lieu à suivre, ou lorsqu'il a renvoyé à la simple police un fait d'abord dénoncé comme crime ou délit, ou enfin lorsqu'il a attribué à la police correctionnelle le jugement d'un fait ayant l'apparence d'un crime, la partie civile a le droit de former opposition à l'exécution de l'ordonnance ; mais elle est tenue d'en faire la déclaration en chancellerie dans le délai de trois jours, à compter de la réception de la signification de cette ordonnance par le chancelier. La partie civile doit, en outre, faire notifier son opposition à l'inculpé dans la huitaine suivante, avec sommation de produire devant la chambre d'accusation de la cour d'Aix tels mémoires justificatifs qu'il jugera convenables. Cette opp'     .o' ne saurait empêcher la mise en liberté de l'inculpé, si celle-ci avait été ordonnée avant la réception de l'acte en chancellerie ou prononcée depuis, sans préjudice, bien entendu, de l'exécution d'une nouvelle ordonnance de prise de corps qui viendrait à être rendue ultérieurement par la chambre des mises en accusation de la cour. (2)

**588. Opposition du procureur général près la cour d'Aix.** — Le droit d'opposition appartient, dans tous les cas, au procureur général près la cour d'Aix. Pour que ce droit puisse être exercé, la loi enjoint aux consuls d'envoyer au ministère des affaires étrangères, *sous le timbre de la direction des consulats et des affaires commerciales (sous-direction des*

---

(1) Loi du 28 mai 1836, art. 41, 42 et 43. (F.) — *Formulaire des chancelleries*, t. I, mod. n° 234.

(2) Loi du 28 mai 1836, art. 41. (F.)

*affaires de chancellerie*, un extrait de toutes les ordonnances
rendues par les tribunaux consulaires en chambre du conseil, un mois au plus tard après qu'elles sont intervenues.
Cet envoi doit avoir lieu en double expédition, l'une d'elles
devant être transmise au ministère de la justice par les soins
du département des affaires étrangères. Suivant les instructions qu'il reçoit du garde des sceaux, le procureur général
près la cour d'Aix a le droit de se faire envoyer les pièces et
procédures ; lorsqu'il exerce son droit d'opposition, il en fait
la déclaration au greffe de la cour et fait dénoncer l'opposition à la partie avec sommation de produire son mémoire,
si elle le juge convenable. Cette notification à la partie est
faite à l'aide d'un exploit signifié par le chancelier après la
transmission au consulat, par le ministère des affaires étrangères, de la déclaration d'opposition. Dans tous les cas, ces
déclaration, notification et citation doivent, sous peine de
déchéance, avoir lieu dans le délai de six mois à partir de la
date des ordonnances.

**589. Envoi de la procédure en France.** — Lorsque l'opposition de la partie civile ou du procureur général près la cour
d'Aix a été déclarée en chancellerie, le consul doit transmettre en France toutes les pièces de la procédure, et les adresser, comme nous venons de le dire pour les ordonnances du
tribunal consulaire, au ministère des affaires étrangères, qui
les fait tenir au parquet de la cour d'Aix par l'intermédiaire
du ministère de la justice. (1)

§ 3. — Du jugement des contraventions et délits.

**590. Compétence du consul et du tribunal consulaire.** — En
matière de simple contravention, comme en matière de délit,
les consuls doivent avant tout s'efforcer de concilier les parties et d'amener entre elles des transactions amiables, afin
de rendre tout-à-fait superflue l'instruction d'une procédure

(1) Loi du 28 mai 1836, art. 45, 68 et 78. (F.) — Circulaire des affaires étrangères du 28 mars 1881. (F.)

écrite; ce n'est que lorsqu'ils ont échoué dans leurs tentatives à cet égard, qu'ils doivent intervenir et prononcer comme juges.

Le consul statue seul sur les contraventions de simple police, et, avec l'assistance du tribunal consulaire, sur les délits qui ressortissent à la police correctionnelle. Le tribunal est saisi, soit par citation directe, soit par le renvoi qui lui est fait par le consul après information, ou par la chambre du conseil après instruction complète : de quelque manière qu'on procède, le consul doit toujours rendre une ordonnance qui indique le jour de l'audience. En cas de citation directe, cette ordonnance doit être placée en tête de la citation, et il doit y avoir au moins un délai de trois jours entre celle-ci et l'audience, lorsque le prévenu réside au siège du consulat. Dans le cas contraire, l'ordonnance détermine, d'après la distance des localités, le délai pour la comparution. (1)

**591. Comparution.** — La personne citée comparaît par elle-même ou par un fondé de procuration spéciale. Toutefois, en matière correctionnelle, lorsque la loi prononce la peine de l'emprisonnement, le prévenu est obligé de se présenter en personne; dans les autres cas, le tribunal peut toujours ordonner sa comparution. (2)

**592. Instruction à l'audience.** — L'instruction se fait à l'audience. Sauf dans les cas où le droit commun en France autorise le huis clos, les audiences, tant du tribunal de simple police que du tribunal correctionnel, sont publiques. Cette publicité des audiences est une innovation apportée par la loi de 1836 dans la législation spéciale du Levant. Elle a principalement pour objet d'assurer la bonne administration de la justice, et d'attirer le respect sur ses décisions en leur donnant plus de solennité. Mais, en transportant ainsi sur un

---

(1) Loi du 28 mai 1836, art. 46 et 47. (F.) — Circulaire des affaires étrangères du 15 juillet 1836. (F.) — *Formulaire*, t. I, mod. nos 227 et 233.
(2) Code d'instruction criminelle, art. 185. — Loi du 28 mai 1836, art. 48. (F.)

territoire étranger l'application de l'un des principes les plus salutaires de notre législation, la loi n'a pas voulu fournir une occasion de trouble ou de scandale. En conséquence, elle a limité le droit d'être admis à l'audience aux seuls Français qui sont immatriculés dans les chancelleries. (1) Toutefois les séances des tribunaux sont aujourd'hui publiques, et l'on y tolère partout la présence des étrangers, lorsque le consul n'y voit pas par avance des inconvénients.

L'instruction à l'audience a lieu dans l'ordre suivant : le chancelier lit les procès-verbaux et rapports qui ont pu être dressés ; les témoins à charge et à décharge sont appelés, prêtent serment et sont entendus ; les reproches proposés contre eux sont jugés, sans qu'il puisse être sursis aux débats ; lecture est ensuite faite des déclarations écrites de ceux des témoins qui, à raison de leur éloignement ou pour toute autre cause légitime, n'ont pu comparaître. Les témoins défaillants, hors le cas d'empêchement jugé légitime, peuvent être condamnés et contraints à comparaître de la même façon que ceux appelés à déposer dans toute instruction faite par le consul. Les témoins étrangers qui ne parlent pas la langue française sont assistés d'un interprète qui prête serment avant de remplir son mandat. Les pièces pouvant servir à conviction ou à décharge sont représentées aux témoins et aux parties.

La partie civile est entendue : le prévenu ou son conseil ainsi que les parties civilement responsables, proposent leurs moyens de défense. Il est permis à la partie civile de répliquer ; mais le prévenu, ou son conseil, a toujours la parole le dernier. Le jugement est prononcé immédiatement ou au plus tard à l'audience suivante, qui ne peut être différée au-delà de huit jours.

**593. Prononcé du jugement.** — Le jugement doit contenir la mention expresse de l'accomplissement de toutes les for-

---

(1) Loi du 28 mai 1836, art. 52. (F.) — Circulaire des affaires étrangères du 15 juillet 1836. (F.)

malités que nous venons de rappeler; il doit être motivé, et
s'il prononce une condamnation, il est indispensable que le
texte de la loi appliquée y soit intégralement inséré. (1) La
partie qui succombe est condamnée aux frais, même envers
la partie publique, et les dépens sont liquidés par le jugement même. La minute du jugement doit être signée par le
consul et les assesseurs dans les vingt-quatre heures du jour
où il a été rendu. Le consul, pour l'action publique, et la
partie civile, pour son propre compte, poursuivent l'exécution du jugement, chacun en ce qui le concerne. Si le prévenu est acquitté, il est mis en liberté sur-le-champ, ou
il lui est donné main-levée de son cautionnement. (2)

**594. Procès-verbal d'audience.** — En matière correctionnelle,
le chancelier doit dresser un procès-verbal d'audience qui
énonce les noms, prénoms, âges, professions et domiciles
des témoins qui ont été entendus; leur serment de dire la
vérité, rien que la vérité; leurs déclarations s'ils sont parents, alliés, serviteurs ou domestiques des parties; les reproches qui ont été fournis contre eux; enfin le résumé de
leurs déclarations. Dans les jugements contradictoires en
matière de simple police (et c'est la seule différence dans la
manière de procéder en matière de contravention ou en
matière de délit), la rédaction du procès-verbal d'audience
est superflue. Le consul prononce, en effet, définitivement et
sans appel, même quand il y a partie civile. Toutefois, si
la demande en réparation excède cent cinquante francs, le
consul, tout en statuant sur la contravention, renvoie la partie
à se pourvoir à fins civiles. (3)

**595. Police de l'audience et répression des délits commis
dans l'enceinte du tribunal.** — Le principe général qui confère la conduite des débats et la police de l'audience au
consul, président du tribunal, n'est pas moins absolu en

---

(1) *Formulaire*, t. i, mod. n° 229.
(2) Loi du 28 mai 1836, art. 48 et 49. (F.)
(3) Loi du 28 mai 1836, art. 53 et 54. (F.)

matière correctionnelle et criminelle qu'en matière civile. (1)

« Lorsque, dit le Code d'instruction criminelle dans son
» article 504, soit à l'audience, soit dans tout autre lieu où se
» fait publiquement une instruction judiciaire, un ou plusieurs
» des assistants donneront des signes publics, soit d'approba-
» tion, soit d'improbation, ou exciteront du tumulte de quelque
» manière que ce soit, le président ou le juge les fera expulser;
» s'ils résistent à ses ordres ou s'ils rentrent, le président ou
» le juge ordonnera de les arrêter et conduire dans la maison
» d'arrêt; il sera fait mention de cet ordre dans le procès-ver-
» bal et, sur l'exhibition qui en sera faite au gardien de la
» maison d'arrêt, les perturbateurs y seront reçus et retenus
» pendant vingt-quatre heures. » (2)

« Si, ajoute l'article 505 du même Code, le tumulte avait
» été accompagné d'injures ou de voies de fait donnant lieu à
» l'application ultérieure de peines correctionnelles ou de po-
» lice, ces peines pourront être séance tenante, et immédiate-
» ment après que les faits auront été constatés, prononcées,
» savoir :

» Celles de simple police sans appel ;
» Celles de police correctionnelle, à charge d'appel si la
» condamnation a été portée par un tribunal sujet à appel
» ou par un juge seul. » (3)

Ces deux textes de lois sont trop précis pour avoir besoin
de commentaire. Bornons-nous à faire remarquer que le
consul ne doit recourir à l'arrestation des perturbateurs de
l'audience, qu'après avoir inutilement tenté la mesure plus
douce de l'expulsion, et que ce n'est que dans le cas où l'irrévérence aurait dégénéré en délit, qu'il serait pleinement
fondé à procéder de suite, par voie de jugement rendu
séance tenante.

Ce que nous venons de dire ne concerne toutefois que les
délits contraires à la police du prétoire. S'il s'agissait de

_____

(1) Code d'instruction criminelle, art. 267.
(2) Code de procédure civile, art. 10, 11, 12, 88 et 89.
(3) Loi du 9 septembre 1835, art. 8, 9, 10, 11 et 12.

délits ordinaires commis dans l'enceinte et pendant la tenue de l'audience, mais n'ayant aucun rapport avec l'affaire spéciale qui occupe le tribunal, par exemple d'un vol, le consul aurait à se guider d'après l'article 181 du Code d'instruction criminelle, lequel est ainsi conçu :

« S'il se commet un délit correctionnel dans l'enceinte et » pendant la durée de l'audience, le président dressera pro-» cès-verbal du fait, entendra le prévenu et les témoins, et le » tribunal appliquera, sans désemparer, les peines pronon-» cées par la loi. (1) Cette disposition aura son exécution pour » les délits correctionnels commis dans l'enceinte et pendant » la durée des audiences de nos cours et même des audiences » du tribunal civil, sans préjudice de l'appel de droit des ju-» gements rendus dans ce cas par les tribunaux civils ou cor-» rectionnels. »

Nous avons à peine besoin d'ajouter que, dans l'ordre de juridiction et de compétence spéciales consacré par la loi du 28 mai 1836, les principes que nous venons de poser ne sauraient s'appliquer qu'aux délits, et que, s'il s'agissait de voies de fait ayant dégénéré en crime ou de tous autres crimes flagrants commis à l'audience, il y aurait lieu de procéder comme nous l'expliquerons ci-après, § 4, pour la mise en accusation et le jugement des crimes. (2)

**596. Jugements définitifs en matière de contravention.**— Si, à l'audience, le fait qualifié délit vient à se transformer en une simple contravention de police, le tribunal prononce comme eût fait le consul et sans appel ; si, au contraire, il prend le caractère de crime, le tribunal renvoie, suivant le degré d'instruction qu'a reçu l'affaire, soit devant le consul pour procéder à l'instruction ou au récolement (dans le cas où le tribunal aurait été saisi par citation directe comme en

---

(1) Code de procédure civile, art. 10 et suivants, 88 et 89. — Code d'instruction criminelle, art. 267 et 504. — Code pénal, art. 222.

(2) Code d'instruction criminelle, art. 506 et 507. — Code pénal, art. 222, 223, 224 et 228. — Lois des 17 mai 1819, 25 mars 1822 et 9 septembre 1835, art. 8 à 12.

matière de délit), soit devant la cour d'Aix (chambre des mises en accusation), avec ordonnance de prise de corps, lorsque l'instruction criminelle se trouve être complète. (1)

Cette décision est exécutoire alors même que la chambre du conseil aurait jugé qu'il n'y a ni crime ni délit, et sans qu'il soit besoin de recourir à règlement de juges. C'est là une exception aux règles générales posées par notre Code d'instruction criminelle, et qui se justifie suffisamment par la position des Français en Orient.

**597. Opposition aux condamnations par défaut.** — Les condamnations par défaut, en matière de simple police et de police correctionnelle, sont sujettes à l'opposition. Celle-ci doit être formée par le condamné dans les huit jours de la signification du jugement, soit à sa personne, soit à son domicile réel ou élu, soit enfin à sa dernière résidence lorsqu'il n'a plus ni domicile, ni résidence actuels dans l'arrondissement du consulat. Le tribunal peut, toutefois, lorsqu'il le croit nécessaire, proroger par son jugement ce délai d'opposition, suivant l'éloignement du dernier domicile du condamné et le plus ou le moins de facilité des communications.

Les défauts sont vidés dans la forme ordinaire de tous les autres jugements. Toutefois, en cas d'acquittement prononcé par le jugement définitif, les frais du défaut, c'est-à-dire ceux de l'expédition et de la signification du jugement par défaut, ainsi que de l'opposition, peuvent être mis par le tribunal à la charge du prévenu. (2)

**598. Recours en cassation.** — Les jugements de police correctionnelle sont soumis au recours en cassation dans la forme ordinaire ; s'il y a cassation, la cause est renvoyée devant un autre tribunal. La consignation d'amende exigée par l'article 419 du Code d'instruction criminelle s'applique

_____

(1) Loi du 26 mai 1838, art. 50. — *Formulaire des chancelleries*, t. I, mod. 231.

(2) Loi du 28 mai 1836, art. 51. (F.)

aux pourvois formés contre les jugements consulaires rendus dans les échelles du Levant. (1)

**599. Appel.** — Les délits punissables de peines pécuniaires
pouvaient seuls, d'après l'ancienne législation, être jugés
dans les échelles. La compétence des tribunaux consulaires
s'étend aujourd'hui, en matière correctionnelle, à toute espèce
de délits, sauf appel devant la cour d'Aix. La faculté d'appeler appartient tant au procureur général près cette cour, au
prévenu et aux personnes civilement responsables, qu'à la
partie civile. (2)

Pour que la faculté d'appeler puisse être exercée par le
procureur général près la cour d'Aix, les consuls doivent
envoyer au département des affaires étrangères un extrait
par duplicata de tous les jugements rendus en matière correctionnelle par le tribunal de leur résidence, et ce, au plus
tard, dans le mois de leur date. Ces extraits sont transmis
par le ministre des affaires étrangères à celui de la justice
qui donne à leur égard les instructions nécessaires au procureur général près la cour d'Aix. L'appel de ce magistrat est
ensuite déclaré dans les formes et les délais que nous avons
indiqués au paragraphe précédent pour son opposition aux
ordonnances rendues par les tribunaux consulaires en chambre du conseil. (3)

La déclaration d'appel doit être faite en chancellerie par
l'appelant, en personne ou par fondé de pouvoirs, dans les
dix jours au plus tard après le prononcé du jugement, si
celui-ci est contradictoire. Cette déclaration doit contenir
élection de domicile dans la ville d'Aix, faute de quoi les
notifications à faire à l'appelant seraient valablement faites
au parquet du procureur général près la cour d'Aix, et sans
qu'il fût besoin d'aucune prorogation de délai à raison des
distances.

---

(1) Arrêt de la cour de cassation du 5 janvier 1838.
(2) Loi du 28 mai 1836, art. 55. (F.)
(3) Loi du 28 mai 1836, art. 55 et 79. (F.)

Pendant le délai de dix jours accordé au condamné pour appeler et pendant l'instance d'appel, il est sursis au jugement de condamnation.

La loi refuse au condamné défaillant le droit de faire appel en matière correctionnelle d'un jugement rendu contre lui par défaut. Cette disposition est toute d'ordre public ; elle a en vue d'empêcher que des Français cités devant le tribunal consulaire refusent de comparaître dans le seul but de braver son pouvoir par une manifestation publique de désobéissance. Mais le défaillant peut toujours attaquer par la voie du recours en cassation les jugements rendus contre lui par contumace. (1)

La déclaration d'appel de la partie civile est faite également en chancellerie dans les mêmes délais, et soumise à la même obligation d'élection de domicile dans la ville d'Aix ; elle doit être notifiée au prévenu par le chancelier dans la huitaine, avec citation à comparaître devant la cour, mais elle n'a pas d'effet suspensif à l'égard du jugement, et n'empêche pas la mise en liberté de l'inculpé, lorsque celle-ci a été ordonnée par le tribunal. (2)

La procédure, la déclaration d'appel et la requête, s'il s'agit de l'appel de la partie civile, l'original de la notification de sa déclaration contenant citation, sont immédiatement transmis par le consul au ministère des affaires étrangères qui les fait tenir, par l'intermédiaire de celui de la justice, au procureur général près la cour d'Aix.

**600. Envoi en France des condamnés appelants.** — Le condamné, s'il est détenu, doit être embarqué sur le premier navire français destiné à faire son retour en France, et il est conduit dans la maison d'arrêt de la cour d'Aix. Cette disposition est rarement mise à exécution, car la loi permet que la liberté provisoire soit accordée, même en cause d'appel ;

_____

(1) Loi du 28 mai 1836, art. 56 et 57. (F.) — Circulaire des affaires étrangères du 15 juillet 1836. (F.)

(2) Loi du 28 mai 1836, art. 41 et 57. (F.)

seulement, le cautionnement à fournir doit être, dans ce cas, au moins égal à la totalité des condamnations résultant du jugement de première instance, y compris une amende spéciale calculée à raison de dix francs au plus par chacun des jours de l'emprisonnement prononcé. (1) (Voir livre VIII, chapitre VI.)

La loi, ordonnant que le condamné appelant soit envoyé en France par la plus prochaine occasion de mer, a voulu, avant tout, que sa comparution devant la cour d'Aix ait lieu le plus promptement possible ; mais elle s'en est rapportée à la prudence des consuls quant aux moyens d'éviter aux condamnés une détention indéfinie dans les échelles. Si donc il ne se trouvait pas de bâtiments français dans le port de sa résidence, ou s'il ne devait pas en venir prochainement, le consul, plutôt que de prolonger la détention de ces individus, devrait chercher à les faire passer dans une autre échelle où il aurait la perspective d'accélérer leur envoi en France.

Lorsque l'embarquement pour la France d'un condamné appelant a lieu sur un bâtiment de l'État, la demande de passage doit être faite par le consul de la manière prescrite par l'ordonnance du 7 novembre 1833. (V. livre VIII, chapitre IV.)

Les frais de passage des condamnés appelants sont à leur charge, les consuls n'intervenant que pour requérir les capitaines de les recevoir à leur bord. Si cependant ils étaient indigents, l'indemnité due pour leur passage devrait être réglée dans la forme ordinaire par l'autorité consulaire, et acquittée en France au même titre que les autres frais de justice. (2)

**601. Jugement sur appel.** — Immédiatement après l'arrivée des pièces et du condamné, s'il est détenu, l'appel est porté à l'audience de la cour d'Aix, chambre des appels de police

--------

(1) Loi du 28 mai 1836, art. 59 et 75. (F.)

(2) Loi du 28 mai 1836, art. 58, 61, 80 et 81. (F.) — Circulaire des affaires étrangères du 15 juillet 1836. (F.)

correctionnelle. L'affaire est jugée comme urgente et dans les formes prescrites par le Code d'instruction criminelle. Néanmoins, le condamné non arrêté et celui qui a été admis à fournir caution, peuvent se dispenser de comparaître en personne à l'audience, et se faire représenter par un fondé de procuration spéciale. L'arrêt intervenu est ensuite mis à exécution à la diligence du consul, s'il y a lieu.

Lorsque la cour, en statuant sur l'appel, reconnaît que le fait sur lequel le tribunal consulaire a prononcé comme tribunal correctionnel, constitue un crime, elle procède ainsi qu'il suit : si l'information préalable a été suivie de récolement et de confrontation, elle statue comme chambre des mises en accusation, et décerne une ordonnance de prise de corps. Dans tous les autres cas, elle ordonne un complément d'instruction, et, à cet effet, elle délègue le consul, sauf ensuite, lorsque la procédure sera complète, à prononcer comme dans le cas précédent. Les consuls se conforment à cet égard, aux réquisitions de la cour qui leur sont notifiées par l'entremise du département des affaires étrangères (1).

§ 4. — De la mise en accusation et du jugement des crimes.

**602. Ordonnance de prise de corps.** — Lorsqu'il a été déclaré par le tribunal consulaire, soit en chambre du conseil, soit à la suite de l'instruction directe en audience correctionnelle, que le fait incriminé emporte peine afflictive ou infamante, l'ordonnance de prise de corps est immédiatement notifiée au prévenu, qui est embarqué sur le premier navire français en destination d'un de nos ports, et envoyé, avec la procédure et les pièces de conviction, au procureur général près la cour d'Aix (2).

**603. Envoi des prévenus en France.** — Les obligations des capitaines des bâtiments de commerce français sont les mêmes, qu'il s'agisse de prévenus de crime ou de condamnés

_____

(1) Loi du 28 mai 1836, art. 60, 62 et 63. (F.)
(2) Loi du 28 mai 1836, art. 61. (F.)

appelants en matière correctionnelle. Nous n'avons donc pas
à revenir sur ce que nous avons déjà dit au paragraphe précédent, ni à insister sur le soin que les consuls doivent mettre
à ce que les prévenus soient envoyés en France le plus tôt
possible, et à leur éviter une détention préventive indéfinie
dans les échelles. Nous rappellerons seulement que le prix
du passage des prévenus et celui du transport des pièces de
conviction sont réglés par les consuls et acquittés à l'arrivée
en France, après le débarquement des prévenus et leur remise à l'autorité judiciaire compétente (V. livre VIII, chapitre VI.)

**604. Mise en accusation et jugement.** — Dans le plus bref
délai, le procureur général fait son rapport à la chambre des
mises en accusation, laquelle procède dans la forme indiquée
par le Code d'instruction criminelle, et sans distinguer si la
procédure lui a été envoyée sur ordonnance de prise de corps,
ou si elle a été saisie par l'opposition, soit du procureur général, soit de la partie civile.

Quand la chambre des mises en accusation reconnaît que
le fait a été mal qualifié, et qu'il ne constitue qu'un délit,
elle renvoie le prévenu devant le consul ou devant le tribunal
correctionnel d'Aix, suivant qu'il est resté libre à l'étranger
ou a été transporté en France par suite d'une ordonnance de
prise de corps.

Si, au contraire, la mise en accusation est ordonnée, la
cour d'Aix procède au jugement de l'accusé dans la forme
prescrite par le Code d'instruction criminelle combiné avec
les dispositions de la loi du 28 mai 1836.

**605. Publicité donnée aux arrêts de condamnation.** — Tout
arrêt portant condamnation à une peine afflictive ou infamante doit être affiché dans les chancelleries des consulats
établis dans les échelles. Pour satisfaire à cette disposition
de la loi, le procureur général près la cour d'Aix adresse,
au département des affaires étrangères, par l'intermédiaire
de celui de la justice, un nombre suffisant d'affiches impri-

mées du dispositif de chaque arrêt de condamnation; ces
affiches sont ensuite transmises dans les consulats, où leur
contenu reçoit la publicité déterminée par la loi (1).

**606. Jugement des accusés contumaces.** — Pour le jugement
des accusés contumaces, il doit être procédé suivant les articles 465 à 478 du Code d'instruction criminelle ; néanmoins,
lorsque l'accusé est domicilié dans les échelles, l'ordonnance
de contumace doit être notifiée, tant à son domicile qu'à la
chancellerie du consulat, dans l'arrondissement duquel ce
domicile est situé et où elle doit être affichée (2). Dans la
discussion à laquelle cette prescription donna lieu à la Chambre des députés, il fut établi qu'en renvoyant à telles ou telles
dispositions du Code d'instruction criminelle, il était bien
entendu que ces dispositions devaient être combinées avec
celles des articles corrélatifs de la loi de 1836, et appliquées
dans la mesure déterminée par cette même loi. C'est donc
dans ce sens que doit être appliqué l'article 476 du Code d'instruction criminelle, qui dit que si le contumace se constitue
prisonnier ou vient à se présenter, il sera procédé à son
égard *dans la forme ordinaire*, c'est-à-dire dans la forme
prescrite spécialement pour le jugement des crimes commis
dans les échelles, et non pas dans la forme ordinaire suivie
en France pour le jugement des mêmes crimes.

§ 5. — Des peines et des frais de justice.

**607. Application des dispositions du Code pénal.** — Les
contraventions, les délits et les crimes commis par des Français en Levant et en Barbarie, sont punis des peines portées
par les lois françaises (3). Il y a cependant deux exceptions
à cette règle générale.

Ainsi, en matière de simple police ou de police correctionnelle, les consuls ou les tribunaux consulaires, après avoir

---

(1) Loi du 28 mai 1836, art. 69 à 73. (F.)
(2) Loi du 28 mai 1836, art. 74. (F.)
(3) Loi du 28 mai 1836, art. 75. (F.)

prononcé la peine de l'emprisonnement, peuvent, par une disposition insérée dans la sentence ou le jugement de condamnation, convertir cette peine en une amende calculée à raison de dix francs au plus par chaque jour d'emprisonnement, amende spéciale qui concourt avec celle qu'aurait encourue le délinquant aux termes des lois pénales ordinaires et ne se confond pas avec elle. Le législateur, en ne fixant pas de minimum à cette amende de compensation, a voulu que la condamnation pécuniaire pût être proportionnée aux moyens des individus. Cette faculté de convertir les peines, accordée aux tribunaux consulaires par dérogation à notre droit commun, était commandée par la position exceptionnelle des pays où la loi doit recevoir son exécution. Dans beaucoup de résidences du Levant, en effet, il n'y a pas de prison à la disposition du consul, ou s'il en existe une, elle est malsaine ; il pourrait arriver, en outre, que la peine de l'emprisonnement fût une cause de ruine pour le Français qui est venu seul fonder un établissement dans un pays étranger où personne ne peut le remplacer dans la direction de ses affaires. La loi a donc dû laisser aux juges la faculté d'apprécier, dans ces différents cas, la convenance de substituer la peine pécuniaire à celle de l'emprisonnement. Mais dans tout état de cause, cette substitution ne peut avoir lieu qu'en vertu d'une disposition expresse du jugement même (1).

La seconde exception à la règle générale qui veut que les contraventions, les délits et les crimes commis par des Français en Levant et en Barbarie, soient punis des peines édictées par le Code pénal, est celle d'après laquelle les contraventions aux règlements faits par les consuls pour la police des échelles, sont punies d'un emprisonnement qui ne peut excéder cinq jours et d'une amende dont le maximum est fixé à quinze francs, ces deux peines pouvant être prononcées cumulativement ou séparément. Cette disposition qui est conforme à notre Code pénal pour l'étendue de la peine, en

---

(1) Circulaire des affaires étrangères du 15 juillet 1836. (F.)

diffère cependant, en ce qu'elle ne divise pas comme lui les contraventions en trois classes, et en ce qu'elle rend toujours facultative l'adjonction de l'emprisonnement à l'amende, adjonction que ce Code n'autorise que pour quelques cas, et qu'il n'ordonne que pour les récidives.

Du reste, l'emprisonnement, lorsqu'il est prononcé, ne peut être moindre d'un jour, et les jours d'emprisonnement sont de vingt-quatre heures. Les amendes prononcées au profit de l'État, emportent encore aujourd'hui la contrainte par corps, bien que cette dernière peine ne puisse plus être appliquée pour le recouvrement des frais judiciaires. Toutefois, la durée de la contrainte, lorsqu'elle peut être exercée, ne doit pas excéder quinze jours, à moins que des dépens et dommages-intérêts ne soient dus à la partie civile dont les droits s'exercent avant le recouvrement de l'amende. Dans ce cas, la durée de la contrainte par corps est graduée ainsi que cela est réglé par l'article 9 de la loi du 22 juillet 1867. Il y a lieu également à la confiscation des choses qui ont fait l'objet de la contravention, des matières ou instruments qui ont servi ou étaient destinés à la commettre (1).

**608. Frais de justice et amendes.** — Tous les frais de justice faits, tant dans les consulats qu'en France, en exécution de la loi sur la poursuite et la répression des contraventions, délits et crimes commis par des Français dans les échelles du Levant et de Barbarie, et dans lesquels se trouve comprise l'indemnité due aux capitaines pour le passage des prévenus, sont avancé par l'État. Les amendes et autres sommes acquises à la justice sont versées au Trésor public (2). Quant aux frais de justice faits à l'étranger, ils sont avancés quand il y a lieu par les consuls, auxquels le département des affaires étrangères les rembourse sur la production d'états certifiés et appuyés de toutes les pièces justificatives nécessaires. En ce qui concerne le produit des amendes et

---

(1) Loi du 22 juillet 1867, art. 9.
(2) Loi du 28 mai 1836, art. 81. (F.)

autres sommes acquises à la justice, les consuls en font successivement passer le montant au département des affaires
étrangères, dans la forme prescrite par l'instruction de
comptabilité du 10 mai 1891.

Lorsque les jugements ne sont plus susceptibles d'opposi-
sition ou d'appel, le chef de poste doit en transmettre sous
le timbre de la sous-direction des affaires de chancellerie un
extrait certifié conforme destiné au percepteur des amendes
à Paris. Cet extrait indique la date du jugement, les noms
du condamné, la nature et le détail des condamnations pécuniaires dont le montant est acquis à l'État (amendes : dé-
cimes additionnels, frais de justice y compris les frais postérieurs au jugement liquidés par le jugement, dommages-
intérêts alloués à l'État) ; ces indications sont reportées en
marge de l'extrait. A cet envoi doit être jointe, quand il y a
lieu, la copie des exécutoires concernant les frais qui n'ont
pas été liquidés par le jugement.

Si les condamnations n'ont pas été recouvrées dans le délai
de trois mois à partir du jour où la sentence est devenue
définitive, les consuls ont à transmettre au département des
pièces constatant soit l'état d'indigence des redevables, soit
les diligences faites pour assurer le recouvrement desdites
condamnations.

Indépendamment des extraits de chaque jugement, les
consuls doivent transmettre au département, au mois de janvier de chaque année, le relevé par ordre de date de tous les
jugements rendus pendant l'année précédente et portant des
condamnations pécuniaires ; cet état est au besoin établi pour
néant. (1)

_____

(1) Circulaire des affaires étrangères du 30 décembre 1884. (F.)

# CHAPITR

DE LA JURIDICTION CONSULAIRE EN CHINE, AU JAPON, EN CORÉE, AU SIAM ET DANS L'IMANAT DE MASCATE.

**609. Base légale du pouvoir judiciaire des consuls en Extrême Orient.** — Nos traités du 24 septembre 1844 et du 17 novembre suivant avec la Chine et l'imanat de Mascate, comme ceux du 15 août 1856 avec le royaume de Siam, du 9 octobre 1858 avec le Japon (1) et du 4 juin 1886 avec la Corée, stipulent en termes formels, au profit de nos consuls établis dans les ports de ces puissances, une juridiction complète sur leurs nationaux, avec exclusion de toute intervention de la part des autorités territoriales.

L'application pratique de ce principe a été consacrée et réglementée par les lois spéciales des 8 juillet 1852, 18 mai 1858 et 28 avril 1869, et les décrets des 31 janvier 1881 et 16 décembre 1889.

**610. Juridiction civile.** — Dans les cinq États dont nous nous occupons, les contestations entre Français en matière tant civile que commerciale sont jugées, conformément à celles des dispositions de l'édit du mois de juin 1778 qui sont encore en vigueur dans les échelles du Levant. (*Voir section 1 du chapitre précédent.*) Toutefois, les tribunaux consulaires jugent en dernier ressort: 1° toutes les demandes dans lesquelles les parties justiciables de ces tribunaux et usant de leurs droits, ont déclaré vouloir être jugées définitivement et sans appel ; 2° toutes les demandes personnelles et mobilières dont le principal n'excède pas 3,000 francs en Chine, au

---

(1) Le traité du 9 octobre 1858 entre la France et le Japon cessera de produire ses effets à partir du jour où entrera en vigueur le nouveau traité conclu entre les deux pays le 4 août 1896.

Japon, en Corée ou au Siam et 1,500 francs dans l'imanat de Mascate ; 3° les demandes reconventionnelles ou en compensation, lors même que, réunies à la demande principale, elles excèdent 3,000 francs en Chine, au Japon, en Corée ou au Siam et 1,500 francs dans l'imanat de Mascate. Si l'une des demandes principales ou reconventionnelles s'élève au-delà des limites ci-dessus indiquées, le tribunal consulaire ne prononce sur toutes qu'en premier ressort, mais il est statué en dernier ressort sur les demandes en dommages-intérêts lorsqu'elles sont fondées exclusivement sur la demande principale elle-même.

L'appel des jugements des tribunaux consulaires en Chine, au Japon, en Corée ou dans le royaume de Siam, est porté devant la cour d'appel de Saïgon, et celui des jugements de ces tribunaux dans l'imanat de Mascate devant la cour de la Réunion.

Le recours en cassation contre les jugements rendus par les tribunaux consulaires, tant en Extrême-Orient que dans l'imanat de Mascate, n'est ouvert aux parties que pour cause d'excès de pouvoir (1).

**611. Juridiction criminelle.** — La loi du 28 mai 1836 relative aux contraventions, délits et crimes commis par des Français dans les échelles du Levant et de Barbarie, est applicable aux contraventions, délits et crimes commis par des Français en Extrême-Orient ou dans l'imanat de Mascate, sauf toutefois quelques légères modifications que nous allons indiquer.

Les jugements par défaut en matière correctionnelle peuvent être attaqués par la voie de l'appel, après les délais de l'opposition.

En cas de contumace, l'ordonnance qui la déclare doit être notifiée au domicile de l'accusé et en outre affichée dans la chancellerie du consulat.

---

(1) Loi du 8 juillet 1852, art. 1, 2, 3, 4 et 13. (F.) — *Id.* du 18 mai 1858, art. 2. (F.)

Les attributions conférées par la loi de 1836 à la cour d'appel et au tribunal de première instance d'Aix, appartiennent, pour les faits accomplis en Chine, au Japon, en Corée ou dans le royaume de Siam, à la cour d'appel et au tribunal de Saigon, et pour les faits accomplis dans l'imanat de Mascate à la cour d'appel de la Réunion et au tribunal de Saint-Denis.

Les témoins présents sur le territoire de Saigon ou dans l'île de la Réunion, peuvent seuls être cités devant la cour où le tribunal.

Les prévenus et condamnés qui, dans les cas prévus par les articles 58 et 64 de la loi du 28 mai 1836, doivent être transportés à Saigon ou à la Réunion, peuvent, à défaut de navires français ou, dans le cas où un capitaine français se refuserait à prendre à son bord un nombre de prévenus supérieur au cinquième de son équipage, être embarqués par les consuls sur des bâtiments étrangers.

En matière correctionnelle, le prévenu peut toujours, s'il demande à n'être pas transféré, demeurer en l'état au lieu de sa détention. En matière criminelle, le consul est autorisé à accorder la même faveur au prévenu qui la demande; néanmoins le procureur général et la cour peuvent toujours ordonner que le prévenu soit transféré.

Enfin, indépendamment de l'extrait de leurs ordonnances et jugements qu'aux termes de l'article 78 de la loi de 1836, les consuls doivent adresser au ministère des affaires étrangères, il est prescrit à ces agents d'envoyer directement un pareil extrait au procureur général près la cour d'appel soit de Saigon, soit de la Réunion, selon le cas, et ce magistrat a toujours le droit de réclamer l'envoi des pièces et des procédures (1).

A ces détails près, nos consuls en Extrême-Orient et dans l'imanat de Mascate, doivent se guider dans l'exercice de leur juridiction en matière criminelle et correctionnelle d'après

(1) Loi du 8 juillet 1852, art. 6, 7, 8, 9, 10, 11, 12 et 14. (F.) — Id. du 18 mai 1858, art. 2. (F.) — Décrets des 31 janvier 1881. (F.) et 16 décembre 1889. (F.)

les principes et la marche que nous avons indiqués à la section 2 du chapitre précédent en commentant la loi du 28 mai 1836.

**612. De l'exercice du droit de haute police.** — Dans les mers de l'Indo-Chine et sur la côte orientale d'Afrique nos consuls sont investis du droit de haute police conféré à leurs collègues dans les échelles du Levant par les articles 82 et 83 de l'édit de juin 1778. (V. livre VI chapitre II, section 4.) Ils peuvent même, en cas d'urgence et s'il y a impossibilité absolue de renvoyer directement en France un Français expulsé de leur résidence en vertu de ce droit, embarquer celui-ci sur un bâtiment français ou étranger pour être dirigé, suivant les circonstances, sur l'un de nos établissements dans les Indes ou dans l'Océanie, ou sur un lieu de station navale française (1).

**613. Contestations entre des Français et des sujets territoriaux.** — Les contestations entre Français et Chinois sont réglées conformément aux dispositions de l'article 25 du traité du 24 septembre 1844, aux termes duquel si le Français est demandeur, il doit exposer ses griefs au consul qui, après avoir examiné l'affaire, tâche de l'arranger amiablement. Si c'est au contraire un Chinois qui a à se plaindre d'un Français, le consul doit encore écouter sa réclamation et tâcher d'amener un accommodement entre les parties ; lorsque, dans l'un ou l'autre cas, un règlement est impossible, le consul doit requérir l'assistance du fonctionnaire chinois compétent et tous deux, après avoir examiné l'affaire, statuent suivant l'équité (2).

Le traité du 15 août 1856 avec le Siam et celui du 9 octobre 1858 avec le Japon ont consacré absolument les mêmes principes et prescrit là même marche pour le règlement des contestations entre Français et Siamois et entre Français et Japonais, c'est-à-dire solution déférée au consul de France agissant seul, ou, en cas d'impossibilité d'arriver à une

---

(1) Loi du 8 juillet 1852, art. 16 et 17. (F.) — *Id.* du 18 mai 1858, art. 2. (F.)
(2) Traité du 24 septembre 1844, art. 25. — Loi du 8 juillet 1852, art. 5. (F.)

entente amiable, décision prise de concert entre le consul et l'autorité territoriale compétente (1).

Dans l'imanat de Mascate, en cas de contestation entre un Français et un habitant du pays ou un musulman quelconque, c'est la juridiction du défendeur qui doit en connaître. Toutefois, lorsqu'un Français a fait citer un habitant du pays devant le sultan de Mascate ou un juge du pays, il ne peut être procédé au jugement qu'en présence du consul de France ou d'une personne déléguée par lui pour assister à la procédure (2).

En Corée, tout Français mis en cause par l'autorité coréenne ou par un sujet coréen est jugé par l'autorité consulaire française, et réciproquement tout Coréen mis en cause par l'autorité française ou par un Français est jugé par l'autorité coréenne. Les crimes ou délits commis par un Français sont punis par l'autorité française compétente et conformément à la loi française. De même les crimes ou délits dont un Coréen se rendrait coupable en Corée au préjudice d'un Français sont jugés et punis par les autorités coréennes et conformément à la loi coréenne. Dans toutes les causes, soit civiles soit pénales, portées devant un tribunal coréen ou un tribunal consulaire français en Corée, un fonctionnaire appartenant à la nationalité du demandeur et dûment autorisé à cet effet peut toujours assister à l'audience et, quand il le juge nécessaire, citer et interroger contradictoirement les témoins et protester contre la procédure et la sentence.

**614. Des contestations entre Français et autres étrangers.** — L'autorité territoriale n'intervient ni en Chine, ni au Japon, ni en Corée, ni à Siam, ni dans l'imanat de Mascate, dans les contestations entre les Français et les autres sujets étrangers. L'usage dans ces sortes d'affaires est qu'elles soient réglées officieusement par les consuls des deux parties, et, en cas d'impossibilité, jugées par le consul du défendeur.

---

(1) Traité du 15 août 1856, art. 8. — Lois du 8 juillet 1852, art. 8, et du 18 mai 1858, art. 2. (F.)

(2) Traité du 17 novembre 1844, art. 6. — Loi du 8 juillet 1852, art. 15. (F.)

**615. Régime des concessions.** — Dans divers ports ouverts de la Chine, il existe des quartiers connus sous le nom de « concessions » qui, primitivement, ont été affectés à la résidence exclusive des étrangers. Dans quelques unes de ces concessions, comme celles de Shanghai et de Tientsin, à la longue des Chinois ont été autorisés à habiter également. Ces concessions s'administrent elles-mêmes et possèdent à cet effet des municipalités élues par les possesseurs des divers lots de terrain qui les composent. Leur régime découle des règlements édictés lors de l'organisation de chacune de ces concessions, le consul restant le président de droit de la municipalité. Tous ces règlements n'étant pas identiques, il y a lieu de s'y référer pour se rendre compte des pouvoirs spéciaux des consuls dans les concessions. L'autorité consulaire conserve d'ailleurs en outre, cela va sans dire, les droits de juridiction qu'elle tient des traités et des lois sur la matière (1).

---

(1) Voir au surplus, sur cette question très complexe des concessions, l'ouvrage spécial de MM. Dislère, conseiller d'État, et de Mouy, maître des requêtes, intitulé : *Droits et devoirs des Français dans les pays d'Orient et d'Extrême-Orient.* — Paul Dupont, éditeur, Paris, 1893.

# CHAPITRE IV

## DE LA JURIDICTION CONSULAIRE EN PERSE.

**616. Juridiction consulaire en Perse.** — Le traité d'amitié et de commerce qui a été conclu entre la France et la Perse le 12 juillet 1855, a posé les bases de la juridiction de nos consuls et en a, en même temps, précisé les limites.

Tout procès, toute contestation, toute dispute élevée en Perse entre des Français, doivent être déférés intégralement et exclusivement à la décision du consul de France, qui statue d'après les lois françaises.

Tout litige soulevé en Perse entre Français et Persans doit être porté, quelle que soit la nationalité du défendeur, devant le tribunal persan, juge ordinaire de ces matières, dans le lieu où réside un consul de France, puis discuté et jugé selon l'équité en présence d'un délégué de ce consul.

Enfin, tout procès ou toute contestation soulevés en Perse entre des Français et d'autres étrangers doivent être jugés et terminés par l'intermédiaire des consuls respectifs des parties (1).

Ainsi donc, toute affaire civile dans laquelle un Persan se trouve engagé rentre dans l'appréciation des tribunaux persans, mais ceux-ci n'interviennent en aucune façon dans les questions soulevées entre étrangers, quelle que soit d'ailleurs la nationalité de ceux-ci.

Enfin, les affaires de la juridiction criminelle dans lesquelles des Français peuvent se trouver compromis en Perse, doivent être jugées suivant le mode adopté envers les sujets de la nation la plus favorisée. Or, c'est dans le traité conclu à Turckmantchai, le 10-22 février 1828, entre la Perse et la

---

(1) Traité du 12 juillet 1855, art. 5. (Voir *Recueil des traités de la France*, tome VI, page 571).

Russie, que se trouve fixé, quant à la juridiction criminelle sur les Européens, le traitement le plus favorable. Aux termes des articles 9 et 10 de ce traité et du protocole y annexé, c'est aux agents diplomatiques et consulaires de Russie qu'appartiennent exclusivement la connaissance et le jugement des crimes dont les sujets russes se rendraient coupables les uns envers les autres. Mais si le crime a été commis par un Russe contre un indigène ou de complicité avec un indigène, l'instruction se fait par les juges persans avec l'assistance d'un agent russe, s'il s'en trouve sur les lieux ou à proximité, et le coupable russe est remis, avec les résultats de l'instruction, aux agents de sa nation qui doivent l'envoyer en Russie pour y être puni suivant les lois de l'Empire. L'expression de crime nous semble au surplus, dans les traités avec les nations musulmanes, devoir s'entendre dans le sens le plus large et comprendre toute espèce de délits contre les personnes ou les choses.

C'est dans les dispositions conventionnelles que nous venons de résumer que les agents français en Perse doivent trouver, vis-à-vis du gouvernement persan, les règles et les limites de leur compétence en matière criminelle et correctionnelle. Quant à la sanction donnée à cette compétence par notre législation, elle résulte de la loi du 18 mai 1858, qui a étendu aux agents français en Perse les lois et règlements concernant les consuls de France dans les échelles du Levant et de Barbarie, notamment l'édit de juin 1778 sur la juridiction civile, et la loi du 28 mai 1836 sur la poursuite et la répression des contraventions, délits et crimes. Nous renvoyons en conséquence à ce que nous avons dit de l'esprit et de la portée de ces deux actes législatifs, dans les sections 1 et 2 du chapitre II du présent livre ainsi que dans la section 4 du chapitre II du livre VI.

FIN DU TOME PREMIER.

A. PEDONE, Éditeur, 13, rue Soufflot, Paris

# COLLECTION DE CODES ÉTRANGERS
## traduits en français, annotés.

I. — **CODE CIVIL ESPAGNOL**, promulgué le 24 juillet 1889, traduit et annoté par A. Levé, vice-président du tribunal civil d'Avesnes, 1890, in-8.     8 fr.

II. — **CODE PÉNAL ITALIEN**, promulgué le 1er janvier 1890, suivi des dispositions transitoires, traduit et annoté par Turrel, avocat général à Monaco, membre de la Société de Législation comparée, 1890, 1 vol. in-8.     5 fr.

III. — **CODE DE COMMERCE ESPAGNOL**, traduit et annoté par M. Prudhomme, docteur en droit, substitut à Sens, membre de la Société de Législation comparée, 1891, 1 vol. in-8.     8 fr.

IV. — **CODE DE COMMERCE ITALIEN**, traduit et annoté par Edm. Turrel, avocat général à Monaco, 1892, 1 vol. in-8.     6 fr.

V. — **CODE DE COMMERCE CHILIEN**, traduit et annoté par M. Prudhomme, substitut à Sens, 1895, 1 vol. in-8.     8 fr.

VI. — **CODE DE COMMERCE ARGENTIN**, traduit et annoté par M. Prudhomme, substitut à Sens, 1893, 1 vol. in-8.     8 fr.

VII. — **CODE CIVIL DU CANTON DES GRISONS**, traduit avec introduction par Raoul de La Grasserie, juge au tribunal civil de Rennes, membre de la Société de Législation comparée, 1893, in-8.     4 fr.

VIII. — **CODE CIVIL PORTUGAIS**, traduit avec introduction par M. Lepelletier, docteur en droit, avocat à la cour de Caen, 1894, 1 vol. in-8.     10 fr.

IX. — **CODE DE COMMERCE HONGROIS**, traduit, annoté et précédé d'une introduction, par M. Raoul de La Grasserie, juge au tribunal civil de Rennes, 1894, 1 vol. in-8.     8 fr.

X. — **CODE DE COMMERCE MEXICAIN**, traduit et annoté par M. Prudhomme, substitut à Lille, 1894, 1 vol. in-8.     8 fr.

XI. — **CODES SUÉDOIS** (CIVIL, PÉNAL, COMMERCIAL), traduits et annotés par M. de La Grasserie, juge à Rennes, 1895, 1 vol. in-8.     10 fr.

XII. — **CODE DE COMMERCE ROUMAIN**, traduit et comparé aux principaux Codes de l'Europe, par Joan Boil, docteur en droit, avocat près la cour d'Amsterdam, 1895, 1 vol. in-8.     8 fr.

XIII. — **CODE MARITIME BRITANNIQUE.** — Loi anglaise sur la Marine marchande, en vigueur depuis le 1er janvier 1895, traduite avec introduction par Henri Fromageot, docteur en droit, avocat, 1896, 1 vol. in-8.     8 fr.

XIV. — **CODE ITALIEN DE LA MARINE MARCHANDE**, traduit, annoté, avec introduction par M. Prudhomme, substitut du procureur de la République à Lille, 1896, 1 vol. in-8.     8 fr.

XV. — **LOI ROUMAINE SUR LA FAILLITE** (20 juin 1895) réglementant l'exercice des actions commerciales et leur durée, traduite par MM. Edouard de Bonnemains et R. P. Voinesco, 1896, 1 vol. in-8.     3 fr.

*8 Janvier 18*

XVI. — **CODE DE COMMERCE ALLEMAND**, traduit et annoté par M. Carpentier, avocat à Lille, 1896, 1 vol. in-8. 8 fr.

XVII. — **LOIS CIVILES DE MALTE**, traduites par M. Billiet, président du tribunal de Philippeville, 1890, in-8. 6 fr.

XVIII. — **CODE CIVIL ITALIEN**, traduit, annoté par M. Prudhomme, substitut du procureur de la République à Lille, membre de la Société de Législation comparée, 1896, 1 vol. in-8. 10 fr.

XIX. — **CODE CIVIL ALLEMAND**, traduit, annoté par M. de La Grasserie, juge à Rennes, membre de la Société de Législation comparée, 1897, 1 vol. in-8. 10 fr.

XX. — **CODE DE COMMERCE RUSSE**, traduit, annoté par M. Tchernoff, lauréat de la Faculté de droit de Paris, 1898, 1 vol. in-8. 7 fr.

César VIVANTE

Avocat, Professeur de Droit commercial a la Faculté de Bologne

# TRAITÉ THÉORIQUE ET PRATIQUE

### des

# ASSURANCES MARITIMES

### OUVRAGE COURONNÉ

par l'Académie « dei Lincei » de Rome (Prix royal de 1897)

*Traduit, annoté, complété et mis en rapport*
*avec la législation et la jurisprudence françaises et belges.*

Par Victor YSEUX

Avocat à Anvers, Docteur en droit de la Faculté de Bologne.

1898. — Un vol. (XL-564 p.) — Prix : **10** fr.

# LA NATIONALITÉ FRANÇAISE

Par ROUARD DE CARD

Professeur à la Faculté de droit de Toulouse.

1893. — 1 vol. in-18, cartonné . . . . . **5** fr.

La Rochelle, Imprimerie Nouvelle Noël Texier.

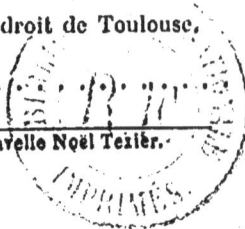

.

www.ingramcontent.com/pod-product-compliance
Lightning Source LLC
Chambersburg PA
CBHW071137270326

41929CB00012B/1774